ISBN 978-1-333-15849-1
PIBN 10692837

1 MONTH OF
FREE
READING

at

www.ForgottenBooks.com

By purchasing this book you are
eligible for one month membership to
ForgottenBooks.com, giving you
unlimited access to our entire
collection of over 700,000 titles via
our web site and mobile apps.

To claim your free month visit:

www.forgottenbooks.com/free692837

English
Français
Deutsche
Italiano
Español
Português

www.forgottenbooks.com

Mythology Photography **Fiction**
Fishing Christianity **Art** Cooking
Essays Buddhism Freemasonry
Medicine **Biology** Music **Ancient
Egypt** Evolution Carpentry Physics
Dance Geology **Mathematics** Fitness
Shakespeare **Folklore** Yoga Marketing
Confidence Immortality Biographies
Poetry **Psychology** Witchcraft
Electronics Chemistry History **Law**
Accounting **Philosophy** Anthropology
Alchemy Drama Quantum Mechanics
Atheism Sexual Health **Ancient History**
Entrepreneurship Languages Sport
Paleontology Needlework Islam
Metaphysics Investment Archaeology
Parenting Statistics Criminology
Motivational

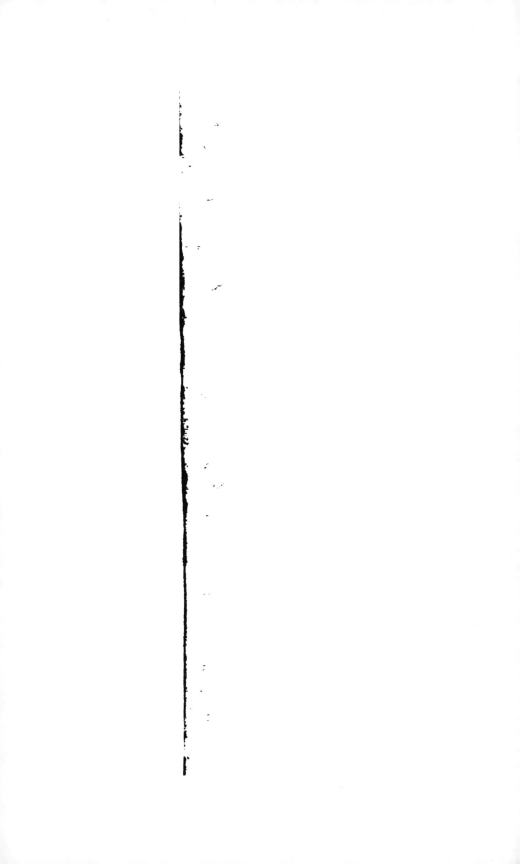

Historisch-geographisch-statistisches

Gemälde der Schweiz.

———•✕•———

Fünftes Heft.

Der Kanton Schwyz.

Von

Gerold Meyer von Knonau.

————

> Die Alten baueten ihre Tempel immer auf An-
> höhen. — Auf Euern Alpen, Ihr Schweizer! ste-
> hen die alten, unsichtbaren Tempel der Freiheit
> und der Religion; lasset sie nie einsinken! —
> Diese Pyramiden der Gottheit zeigen mit Rie-
> senfingern nach dem Aether der Freiheit, nach
> dem Himmel der Zukunft.
>
> Jean Paul.

St. Gallen und Bern 1835,
bei Huber und Compagnie.

Der

Kanton Schwyz,

historisch, geographisch, statistisch geschildert.

Beschreibung

aller in demselben befindlichen Berge, Seen, Flüsse, Heilquellen,
Flecken, Dörfer, so wie der Burgen und Klöster;

nebst

Anweisung denselben auf die genußvollste und nützlichste Weise
zu bereisen.

Ein

Hand- und Hausbuch

für Kantonsbürger und Reisende,

von

Gerold Meyer von Knonau.

Es ist das schöne Vorrecht hoher Menschenwürde,
niemals still zu stehen, nie am Ziele sich zu glauben;
denn was die Väter beglückte, paßt nicht mehr ganz
für die Söhne, und was diese bedürfen, würde schwerlich mehr den Enkeln genügen; aber dagegen steht es
unerschütterlich fest, daß, wo es dem allgemeinen
Wohle gilt, dem persönlichen Vortheil, den hergebrachten Gewohnheiten entsagt werden muß, und das Glück
der Gesammtheit allein Richtschnur seyn und bleiben
darf.
Pauline Fürstin von Lippe-Detmold.

St. Gallen und Bern 1835,
bei Huber und Compagnie.

Den Herren

Melchior Diepenbrock,

Domdechant in Regensburg,

Carl Friedrich von Roth

in München,

königl. baierischem Staatsrathe, Reichsrathe, Oberconsistorial-
Präsidenten, Ritter des Civil-Verdienstordens der baierischen
Krone, Mitgliede der Akademie der Wissenschaften,

und

Friedrich Wilhelm Schubert,

Dr. Philos., ordentlichem Professor der Geschichte und
Staatskunde an der Universität in Königsberg,

überreicht

diesen Versuch eines Gemäldes

des Landes Schwyz

als öffentliches Zeichen.

ausgezeichneter Verehrung.

der Verfasser.

Vorrede.

Schon als siebenjähriger Knabe durchwanderte ich, von treuer Vaterhand geleitet, die ausgezeichnetesten Berg- und Thalgelände des schönen Kantons Schwyz, und mein Gemüth wurde hier zuerst mit den großen Eindrücken, welche die erhabene Natur der innern Schweiz hervorbringt, und mit den Bildern classischer Erinnerungen erfüllt, die für jeden Schweizer so anziehend sind. Immer erhielten sich diese Eindrücke und ich gewann den Schauplatz derselben so lieb, daß ich auf wiederholten Wanderungen sie nicht nur erfrischte, sondern neue Kunde des Wissenswürdigen zu erhalten suchte. Nachdem ich vor bald zwei Jahren mich entschlossen, die Schilderung des noch nie vollständig beschriebenen Kantons Schwyz zu unternehmen und mich mit den bereits vorhandenen Materialien bekannt gemacht hatte, durchzog ich in verschiedenen Malen wochenlang, so wie einige andere, mir zum Vorbild gewordene Männer, die geräuschlos alles Wissenswerthe zu erkundigen bedacht waren, mit der Wandertasche auf dem Rücken beinahe jeden zugänglichen Alpenpfad und verweilte in Flecken und Dörfern, da wo ich Belehrung und Aufschlüsse von Unterrichteten oder aus dem Munde des treuherzigen Volkes selbst zu erhalten im Falle war. Die freundliche Theilnahme, welche diese Unternehmung bei vielen Schwyzern fand, knüpfte manchen Briefwechsel an und brachte viele Besuche bis in meine Wohnung, so daß mir der große Vortheil beschieden wurde, oft über die nämliche Sache aus den verschiedensten Quellen von Gelehrten und Ungelehrten, und von Männern der entgegengesetzesten Ansichten Notizen zu erhalten, deren Ausmittelung selbst für manchen Eingebornen schwierig gewesen wäre.

Fehlt dem Verfasser einer so mannigfaltigen Schilderung die stete unmittelbare Anschauung des Gegenstandes, so ist er vielleicht durch seine unbefangenere Stellung desto geeigneter zu unpartheiischer Darstellung. Mit treuem Herzen und reinem Willen geht er darauf aus, das mannigfaltige Schöne und Gute, was sich von

dem Lande und dem Volke mit Recht sagen läßt, allen
seinen Lesern kund zu machen, aber er soll weder sich
noch Andere täuschen und daher den Schatten nicht in
Licht oder Sonnenschein verwandeln. Streng habe ich
mir bei der Schilderung meines eigenen Kantons Unpartheilichkeit zur Pflicht gemacht, und bei der gegenwärtigen glaube ich, mir die Regel vorsetzen zu sollen,
daß derjenige, der dem Publikum seine Nachbaren schildert, eher noch zurückhaltender und behutsamer seyn
soll, als der, welcher von sich und den Seinigen spricht.
Niemandem zu Leide sind daher die Stellen dieses Buches, die von Einigen als Tadel angesehen werden könnten, niedergeschrieben worden. Sie sind entweder ur-
kundlich bewährt oder sie beruhen auf mehrfach öffentlich gewordenen Darstellungen, oder auf der Aussage
von Männern, deren Glaubwürdigkeit der Verfasser auf
verschiedene Weise erprobt hat. Sollten sich hin und
wieder kleinere Fehler eingeschlichen haben oder Gegenstände übergangen worden seyn, die nicht etwa nur für
Einzelne, sondern auch für ein größeres Publikum erheblich sind, wie dies bei einer solchen Arbeit kaum
vermieden werden kann, so werde ich Belehrungen gerne
annehmen.

Möchte dieses Werkchen etwas dazu beitragen, daß
in dem Lande, welches von Gott als zusammenhängendes Ganzes, als eines der starken Bollwerke schweizerischer Eidgenossenschaft geschaffen zu seyn scheint und
mit kräftigen, sinnigen Menschen bevölkert wurde, manche jetzt auf bedauerliche Weise gähnende Spalte sich
schlösse, daß abgewandte Hände sich wieder in einander
fügten, daß geistliche und weltliche Obere, wie dies
schon von manchen derselben tief gefühlt wird, sich immer mehr vereinigen könnten, dem für Belehrung so
fähigen und empfänglichen Volke, diejenige Geistesnah-
rung zukommen zu lassen, ohne welche nützliche Thätigkeit, Sittlichkeit und ein berichtigter Volkssinn nie
gedeihen können. Möge Schwyz das, was allen Eids-
genossen in neuern Zeiten nur zu oft zugerufen werden
mußte, wohl ins Auge fassen, daß die großen Namen
der Väter und die Erinnerungen an ihre Thaten nur
dann einen Werth haben, wenn der Nachkömmling dem
Ahnen gleicht, und daß die Jetztwelt ihre Schuld nie
mit demjenigen bezahlen kann, was die Vorwelt sey
es auch noch so reichlich ausspendete, sondern daß gerade von daher Treue und richtige Leistungen am mei-

sten erwartet werden, von woher einst solche herkamen. Möchte Schwyz bald wieder einträchtig, verjüngt, in sich stark und gerne zu gemeinschaftlichen Zwecken das Seinige leistend in dem Kreise seiner Bundesbrüder auftreten und eine vorzügliche Stelle in demselben einnehmen.

Du geistig und körperlich von der Vorsehung glücklich ausgestattetes Volk des Kantons Schwyz sey darauf bedacht, deine günstigen Anlagen auszubilden, so werden deine Tüchtigkeit und Thätigkeit sich vermehren, so werden neben der Alpenwirthschaft, der Haupterwerbsquelle deiner schönen Heimath, auch andere Zweige einträglichen Landbaues und viele Kunstfertigkeiten sich vervollkommnen und deinen Wohlstand vergrößern. Sittlichkeit und der schöne religiöse Sinn, der dir eigen ist, werden auf dieser Bahn nicht leiden, sondern sich veredeln, und du wirst unter dem mächtigen Beistande Gottes neben der Begründung irdischer Wohlfahrt auch für das Ewige und Unvergängliche bauen.

Zürich, am 15. November 1835.

Gerold Meyer v. Knonau.

Inhalt.

Literatur.

Zwar nicht sehr ausgedehnt, aber doch wichtig wegen ihres Inhaltes ist die Literatur des Kantons Schwyz, welche diejenige der beiden andern Urkantone entschieden übersteigt.

Geschichte des Kantons Schwyz. Verfaßt von Thomas Faßbind, bischöflichen Commissarius, Kammerer des Vierwaldstätter-Kapitels, Protonotarius apostolicus und Pfarrer in Schwyz, herausgegeben von einem Zögling und Verehrer des Verfassers, (Pfarrer Caspar Rigert in Gersau). Schwyz, 1832 bis 1834. Bis jetzt 4 Bande. 8. — Geschichte vom Kampf und Untergang der Berg- und Waldkantone, besonders des alten, eidsgenössischen Kantons Schwyz. Von Heinrich Zschokke. Bern und Zürich, 1801. 8. — Goldau und seine Gegend, wie sie war und was sie geworden, in Zeichnungen und Beschreibungen, zur Unterstützung der übrig gebliebenen Leidenden in den Druck gegeben, von Carl Zay, Dr. in Arth. Zürich, 1807. 8. — Kurzgefaßte Geschichte des Freistaates Gersau, sammt Nachtrag und Memoriale. (Von Pfarrer Caspar Rigert in Gersau). Erste Auflage. Zug, 1817. 8.; zweite, ebend. 1817. 8. — Wahrhaftige und gründliche Histori vom Leben unnd Sterben des H. Einsiedls vnnd Martyrers St. Meinradts, auch von dem Anfang, Aufgang, Herkommen vnd Gnaden der H. Waldstatt vnd Capell vnser lieben Frauwen; deßgleichen von der ordentlichen Succession aller Prelaten desselben Gottshauß zu den Einsidlen, sampt etlichen herrlichen Wunderwerken, die Gott der Herr allda durch sein gebenedeyte Mutter Maria gewirket hat. Mit angehencktem Leben vnd Leyden der übrigen Patronen desselben Gottshauß, nämlich deß Heiligen Märtyrers vnnd Hauptmann St. Mauritzen, sampt seiner Gesellen, St. Sigmunds, St. Justen deß neunjährigen Knabens, St. Gerolds deß Einsidels vnnd Sanct Wolfgangs, Bischoff zu Regenspurg. Freyburg in der Eidgnoßschaft, 1587. 4. Dieses Buch ist unter verschiedenen Titeln, mit neuen Zusätzen sehr oft herausgegeben worden und insbesondere unter dem Namen Einsidlerchronik bekannt. Wir führen folgende Ausgaben an: 1603, 1606, 1612, 1619, 1630, 1654, 1661, 1674, 1690, 1700, 1718, 1728, 1739, 1752 und 1783. Die letzte erschien unter dem Titel: Einsiedlische Chronik oder Kurze Geschichte des Fürstlichen Gotteshauses Einsiedlen: Wie auch der allda sich befindlichen H. Gnaden-Capelle. 8. (Diese Ausgabe wurde von Fintan Steinegger und Marianus Herzog besorgt.) — Einsiedlische Chronik oder Geschichte des Stiftes und der Wallfahrt zu Maria Einsiedeln. Vorzüglich für Wallfahrter. Von P. Jos. Tschudi, Capitular und Archivar des Stiftes Einsiedeln. Einsiedeln, 1823. 8. — In französischer Sprache erschienen

Ueberſetzungen: 1686 (von Claude Jacquet von Pontarlier), 1699, 1733, 1750 und 1775. In italieniſcher Sprache: 1605, 1609 (beide Ausgaben von Bonaventura Olgiato), 1712 unter dem Titel: Cella di S. Meinrado, 1740 (von Giuseppe Cacciati) — Annales Heremi Deiparae Matris, Monasterii in Helvetia Ordinis St. Benedicti, antiquitate, religione, frequentia, miraculis, toto orbe celeberrimi. Auctore R. P. F. *Christophoro Hartmanno*, ibidem Monacho et Bibliothecario. Friburgi Brisgoviae, 1612, in folio. — Das wichtigſte Werk über das Kloſter Einſiedeln iſt folgende Sammlung: Documenta Archivi Einsidlensis digesta labore, et industria, reverendissimi et illustrissimi S. R. J. Principis ac Domini, D. Placidi, ejusdem Monasterii Abbatis, ac jurium quâ prudentia, quâ constantia propugnatoris ad perpetuam in posteris gloriam cedro dignissimi. Einsidlen. Dieſes Werk iſt höchſt ſelten. Es beſteht aus drei Foliobänden. Der erſte erſchien 1665. Er enthält nach der Eintheilung der Kloſterurkunden die ſechs erſten Capsulas: I. 66 päpſtliche Bullen. II. 55 päpſtliche Briefe. III. Ueber Erwählung und Beſtätigung von Aebten, 46 Stücke, auch andere hiſtoriſche Merkwürdigkeiten. IV. Ordinationes et statuta abbatem et conventum concernentia. V. Chyrographa professionum, probationes nobilitatis etc. VI. Anniversaria, fundationes etc. Der zweite, 1670, enthält die übrigen acht Capsulas. VII. Die kaiſerlichen Schenkungen und Freiheiten. VIII. Der Fürſtentitel, Regalien und Lehen. IX. Advocatia, comitia imperialia, asyla, X — XIV. Litterae Einsidlensem districtum continentes. Der dritte Band iſt nur angefangen und betrifft die Herrſchaft St. Gerold. Fortſetzung und Vervollſtändigung dieſer Sammlung wären zu wünſchen. — Rigiberg, der Himmelskönigin eingeweiht, unter dem Titel: Maria zum Schnee. Oder: Urſprung der heiligen Kapelle; ſammt einigen alldort gehaltenen Gnaden und Gutthaten u. ſ. f. Von P. Gotthard, Kapuziner von Zug. Vermehrte Auflage. Zug, 1829. 8.

Kurze geographiſch - ſtatiſtiſche Darſtellung des Kantons Schwyz. (Von Dr. Carl Zay). Im helvetiſchen Almanach für das Jahr 1807. 16. — Der Rigiberg. In Zeichnungen nach der Natur von Heinrich Füßli und Heinrich Keller. Mit einer Beſchreibung begleitet von Johann Heinrich Meyer. Zürich, 1807., in Royal-folio. — Beſchreibung des Rigibergs, aller auf denſelben führenden Wege und der berühmten Kulm-Ausſicht. Von Heinrich Keller zur Erklärung ſeines Panorama. Zürich, 1823. 8. — Schwyzeriſches Wochenblatt, mit Genehmigung der Regierung des Kantons. 1823 bis 1828. 4. — Schwyzeriſches Volksblatt. 1829 und 1830. 4. (Es enthält viel wiſſenswerthe Dinge von und über den Kanton Schwyz). — Die Regierungsbehörden mit ihren Mitgliedern in dem Löblichen Kanton Schwyz; auf das Jahr 1815. 8. u. ſ. f. — Regierungs-Etat ſammt Verzeichniß der Hochwürdigen Geiſtlichkeit des Eidgenöſſiſchen katholiſchen Standes Schwyz für das Jahr 1835. Schwyz, 1835. 8. — Ausführlicher Bericht vom Heilwaſſer in Seewen u. ſ. w., welches ſchon vor undenklichen Jahren berühmt, aber im J. 1718 von M. E. H. Hauptmann Joſ. Ant. Ab-Yberg von allen Unreinigkeiten und allen andern hinzulaufenden Brun-

nenquellen abgesöndert und zu einer bequemen Trink- und Bade-
cur mit Aufbauung eines neuen Badehauses und dazu gehörigen Gelegenheiten glücklich geendet und zugerichtet worden.
1724. 8. — Das Heilwasser oder Bad zu Seewen im Kanton Schwyz. Luzern, 1830. 8. — Badeanzeige oder Eröffnung
des Mineralwassers zu Seewen, ohnweit Schwyz, bei Franz
Carl Ab Egg, Landesfürsprech, Gastwirth und Badebesitzer zum
weißen Kreuz in Seewen. (Von Dr. J. Finsler.) Schwyz,
1832. 8. — Chemische Untersuchung des Mineralwassers zu
Seewen im Kanton Schwyz. Von Dr. Carl Löwig, Professor der Chemie in Zürich. Zürich, 1834. 8. — Humoristisch-male-
rische Blicke auf Ruolen am Zürchersee im Kanton Schwyz und
Beschreibung der neuen Badeanstalt daselbst, von Gabriel
Rusch, Med. Dr. in Speicher. Bern und Chur. 1832. 8. —
Organische Gesetze des Hohen Eidgenössischen Standes Schwyz.
Schwyz, 1835. 8.

Außer diesen sich bloß auf den Kanton Schwyz beziehenden Schriften müssen von topographischen Werken folgende als
schätzbare Materialiensammlungen angesehen werden: Die Staats-
und Erdbeschreibungen von J. C. Fäsi, J. C. Füßli und
S. P. H. Normann, und als unentbehrliche gründliche Ge-
schichtswerke J. von Müllers Geschichtbücher schweizerischer
Eidgenossenschaft mit den Fortsetzungen und L. Meyers von
Knonau Handbuch der Geschichte der schweizerischen Eidgenossenschaft.

Daß des Landes, in welchem die Rigi sich befindet, die
Abtei Einsiedeln liegt und aus dessen Verbindungen mit Uri
und Unterwalden die schweizerische Freiheit hervorgegangen ist,
in einer Menge von Reisebeschreibungen gedacht wird, ist nicht
befremdend. Dutzende derselben sind in der Fluth der sich drängenden Schriften untergegangen, während andere entweder durch
Originalität und Geist oder durch schöne Schreibart sich erhalten werden. Vor allem nennen wir: U. Hegners Berg-,
Land- und Seereise. Zürich, 1818. 8.; dann P. Bridels
Journal d'une course à pied dans l'intérieur de la Suisse
en Juillet 1790. 8., mit dem wahren Sinnspruche: „Beaucoup
en ont parlé, mais peu l'ont bien connu." — Die Reise
auf die Rigi und nach den Thälern von Lowerz und Goldau
im ersten Theile von Eugenia's Briefen, verfaßt von H. Hirzel. 8. — Wanderung ins Muotathal von J. R. Wyß, dem
ältern. 16. — Wanderungen in weniger besuchte Alpengegenden der Schweiz von Hirzel-Escher, 8. u. s. f.

Der Verfasser dankt den vielfach verdienten Männern, die
ihn mit zahlreichen Notizen unterstützten, die ihm unzugänglich
geblieben wären; und wenn er dieselben hier nicht nennt, so
geschieht es nur, weil er weiß, daß sie selbst dieß nicht wünschen.
Gleichwohl kann er, obgleich er auch da vielleicht gegen den
Wunsch und die Bescheidenheit eines von ihm geachteten Mannes verstößt, nicht unterlassen, dem Herrn Spitalpfarrer Augustin Schibig in Schwyz öffentlich dafür zu danken, daß
er ihm seine handschriftliche historisch-topographische Arbeit über
den Kanton Schwyz auf die freundschaftlichste Weise zur Benutzung überließ.

Karten.

Eine Abbildung der Länder Uri, Schwyz und Unterwalden nach ihrer Lage im Mittelalter findet sich in Chatelain's Atlas, Blatt 3. — Zu der Erläuterung der Verhältnisse älterer Zeiten dient vorzüglich die Karte von Sanson d'Abbeville, mit der Aufschrift: Tugeni in Helvetiis, le Zuggow en Suisse, Lucerne, Uri, Schwyz etc. Paris, 1684. — Die Darstellung des Landes Schwyz in der Karte von Hans Jakob Scheuchzer ist mangelhaft. Gebirge und Thäler haben meistens falsche Richtungen, viele Ortschaften sind nicht genannt, andere versetzt. — Der Pagus Helvetiae Suitensis, cum adjacentibus terrarum tractibus, in lucem editus per *Math. Seuter*, Sac. Caes. Maj, Geogr., Aug Vindel. ist ein Auszug derselben. Diese Karte enthält nur den Flecken Schwyz und die Pfarrdörfer und ist mit ungeheuern Bergen angefüllt, so daß Füßi sagte, „sie stelle den durch eine milde Natur sich auszeichnenden Kanton Schwyz einem Sibirien ähnlich dar." — Die homannische Karte von 1767 mit der Aufschrift: C. Schweiz, sive Pagus Helvetiae Suitensis cum confinibus recenter delineata per *Gabrielem Walser*, ist nur ein Nachstich der seuterischen und dazu noch mit Nachlässigkeit ausgeführt. Diese Karte wurde auch für Füßli's Erdbeschreibung in Quartformat gebracht. — Der ganze Kanton befindet sich auf dem siebenten Blatte des Schweizeratlasses von Rudolph Meyer und ist mit größerer Genauigkeit als viele andere Gegenden der Schweiz gezeichnet; doch hätte noch vieles einzelne in derselben angebracht werden können. — Eine Verjüngung dieser Karte besorgte J. Scheuermann. Sie diente zu dem helvetischen Almanach. In die frühern Exemplare ist der Bergsturz von Goldau noch nicht eingetragen, was in den spätern nachgeholt ist. — In J. E. Wörls Karte der Schweiz, mit angrenzenden Ländertheilen, in 20 Blättern, im Maßstabe von 1 zu 200000, die über andere Theile der Schweiz, z. B. die Umgebungen des Gotthards wesentliche Verbesserungen enthält, wird der Kanton Schwyz ohne Vervollständigungen dargestellt. Meyers Karte und Delkeskamps Relief sind im Ganzen sorgfältig benutzt; doch wäre in der Gebirgszeichnung mehr Bestimmtheit zu wünschen; so erscheint unter anderm die Schindellege mit Richtensweil auf gleicher Höhe. Die Straßen sind roth eingedruckt, was sie von den Flüssen deutlich unterscheidet und hier bei dem Kanton Schwyz den Ueberblick nicht stört, was hingegen bei andern Kantonen, die von sehr vielen Straßen durchschnitten sind, weniger gesagt werden kann. — Im vierten Bande von Faßbinds Geschichte des Kantons Schwyz findet sich eine Karte dieses Landes, die nur diejenige des helvetischen Almanachs im größern Maßstabe liefert. — Ein Bild der ehemaligen Beschaffenheit des Thales von Goldau, seiner nächsten Umgebungen, des obern Endes des Lowerzersees und des eingestürzten Berges selbst giebt die dem zayischen Werke beigefügte Karte, die der Pfarrer Zay in Art gleich nach dem Unfalle, zwar aus dem Gedächtnisse, aber aus genauer Kenntniß der Gegend und nach vielfachen Erkundigungen verfertigt hat.

Für die Kenntniß des Landes sind folgende künstlerische Arbeiten zu bemerken:

Nachdem Heinrich Keller schon in dem bekannten Rigiwerke die Aussicht vom Kulme geliefert hatte, verwandte er in den Jahren 1813 und 1814 mehrere Monate auf die Zeichnung des Rigipanoramas, welches 1815 erschien. In den Jahren 1816, 1820, 1822 und 1823 wurden neue Entdeckungen in dasselbe eingetragen, so daß es gegenwärtig 570 Namen enthält. Keller ging dabei weniger auf malerische als auf treue und vollständige Darstellungen aus, und erreichte diesen Zweck so, daß es nicht nur für die Reisenden, sondern auch für die Topographen einen großen Werth hat. In den neuesten Jahren zeichnete er die Kulmaussicht mit der nämlichen Genauigkeit in größerm Maßstabe in der Länge von 12 Fuß, nachdem er eine Menge von Winkeln vermittelst der Schmalkalder Boussole bestimmt hatte. Diese Arbeit zog die Aufmerksamkeit vorzüglicher Männer, des österreichischen Feldmarschalls Freiherrn von Welden, des preußischen Generals von Valentini und Anderer so auf sich, daß ich meinen Freund auffordern möchte, auch diese vollendete Arbeit dem Publikum mitzutheilen. — Von der Rigi besitzt man auch ein Panorama von dem Luzerner, Oberst Ludwig Pfyffer von Wyher, das sich durch Reinheit des Stichs wie durch Treue der Darstellung auszeichnet. Die ganze ungeheure Aussicht des Rigitulms ist in einer weiten Zirkelfläche perspectivisch dargestellt, so daß man auf dem Papiere, wie auf dem Kulme selbst alles in einem Blicke übersieht. Nicht nur die Namen der Gegenden, Kantone, der nahen und fernen Berge, die vor dem Blicke des Schauenden aufsteigen, sind seitwärts angegeben, sondern auch die Lage und Entfernung aller dem Auge sich nicht darbietenden Hauptstädte der Schweiz und die Höhen der Berge sind bezeichnet. — Das kellersche und das pfyffersche Panorama werden in malerischer Wirkung durch dasjenige von Wilhelm Oppermann in Basel wesentlich übertroffen; allein gerade weil es auf Effect ausgeht, steht es den genannten Arbeiten sowohl in der Gebirgszeichnung als in richtiger Darstellung der flächern Gegenden nach. Es wird nächstens zu Zürich bei Friederich Füßli in Aquatinta Stahlstich in zwei Blättern, zusammen 6 französische Fuß lang, erscheinen. — Die beste sinnliche Darstellung des Kantons Schwyz giebt das malerische Relief des klassischen Bodens der Schweiz, welches Friederich Wilhelm Delkeskamp, von Bielefeld, in Preußen, nach der Natur (im Vogelperspektive) zeichnete und radirte, und das von Fr. Hegi und J. J. Speerli in Aquatinta vollendet wurde. Delkeskamp, den Rheinreisenden durch sein Panorama der Gegend von Mainz bis Cöln rühmlich bekannt, hat in dieser Arbeit ein Werk geliefert, welches in Treue der Aufnahme sowohl der hohen Gebirgsnatur als der bewohnten Gegenden, und in geschmackvoller Ausführung schwer erreicht und kaum übertroffen werden kann. Bewundernswürdig ist der Fleiß des Künstlers, der keine Entbehrungen, selbst Lebensgefahr nicht scheute, um die mannigfachen Hindernisse zu besiegen. Vier Sommer verwandte er auf die ganze Arbeit, zeichnete auf mehr als 700 Standpunkten, größtentheils auf den Gipfeln der Berge, bis zur Höhe von 9500 Fuß über das Meer, oft von Schnee und Eis umstarrt, oft von Nebelwolken eingehüllt, oft vom Regen übergossen, Stundenlang auf günstige Augenblicke wartend. Dieses Werk darf mit Recht das genaueste Bildniß des Charakters der Alpennatur und der eigenthümlichen Physiognomie aller Gebirge der Urkantone genannt werden. Der Kanton Schwyz ist auf den Blättern 1. 2. 6. 7. 8. dargestellt. Wir fordern die Schweizer und die ausländischen Wanderer, denen es um eine genaue Kunde dieser Gegend zu thun ist, und die oft bei der Masse von Landschaften, Trachten u. s. f., wovon so viele sich nicht über die Mittelmäßigkeit erheben, unschlüssig werden, eine Auswahl zu treffen, auf, sich dieses vorzügliche Werk anzuschaffen.

Erster Theil.

Allgemeine Uebersicht der Geschichte.

Der Einzelne bedarf des Schlafs,
die Völker dürfen nur Augenblicke
schlummern.

Niebuhr.

Während daß große Weltgegenden und in Europa selbst weit ausgedehnte Landschaften beinahe ohne eine wirkliche Geschichte sind, liefert hier ein Bezirk von wenigen Quadratmeilen nicht nur eine vollständige, charakteristische, für sich bestehende Geschichte, aus welcher, wenn schon in enge geographische Schranken eingeschlossen, ein entschiedener Volkssinn hervorleuchtet, sondern diese Geschichte wird die Grundlage derjenigen einer europäischen Volkerschaft.

Zwar nicht so weit hinauf als in manchen Gegenden der flächern Schweiz reichen im Kanton Schwyz bewahrte historische Denkmähler; denn er gehört zu demjenigen Theile, den die erste römische Zivilisation nicht umfaßt zu haben scheint. Er liegt auch ganz außer dem Gange der bekannten römischen Stationenlinie, und aus den dürftigen geschichtlichen Bruchstücken der spätern Jahrhunderte ist nicht zu erkennen, wie weit jene Weltherrschaft bis in das dritte und vierte Jahrhundert die an die Hochalpen sich lehnenden Landschaften näher mit sich vereinigt habe. Nichts desto weniger ist auch in den Geschichtbüchern der Landschaft Schwyz jenes Streben nach historischem Alterthume vielfach anzutreffen, durch welches man in ältern Zeiten einem Land ein größeres Ansehen und gleichsam eine Art von Volksadel zu geben sich bemühte, indem man den Leser soweit als möglich in entfernte Jahrhunderte hinaufführte. Daß während der Einfälle der wilden teutschen Völker, vielleicht auch derjenigen der Hunnen, Bewohner des flächern Helvetiens in diesen abgeschlossenen Berggegenden eine Zuflucht gesucht und gefunden haben mögen, ist kaum zu bezweifeln. Ebenso ist die Sage, daß nach dem Falle des gothischen Reiches in Italien sich gothische Abtheilungen in die Hochalpen zurückgezogen und theilweise in den Umgebungen der Rigi und der Mythen sich niedergelassen haben, wenn schon nicht erwiesen, doch nicht unwahrscheinlich. Mit dem ganzen Lande diesseits der Alpen machte diese Gegend einen Bestandtheil des fränkischen Reiches aus und theilte die Schicksale desselben. Daß in jenen Zeiten dort und namentlich zunächst an den Mythen und im Muotathale viele reichsfreie Leute gewesen seyen, ist unbestreitbar, daß aber die Bewohner dieses Ländchens schon damahls als eine Art von unabhängiger Völkerschaft angesehen worden seyen, ermangelt jedes geschichtlichen Beweises. Ebenso verhält es sich mit den Behauptungen, das Volk von Schwyz habe von Papst Anastasius ein seither verlorenes Panner erhalten; es sey Stephan III. zu Hülfe gezogen und habe ihm Städte erobert; 829 habe es von Gregor IV. ein Panner empfangen, das jetzt noch gezeigt wird, mit der Ueberschrift: „Protectoribus et Defensoribus Sanctæ Romanæ Ecclesiæ." Nach der Eintheilung in Gaue wurde diese Landschaft zum Thur- oder Zürichgau gezählt. Ihr oberer Gerichtshof war zu Zürich; doch bewirkte die Leibeigenschaft oder Hörigkeit Ausnahmen wie anderswo; denn die Untergebenen des Klosters Murbach gehörten an den Gerichtshof zu Luzern, und in nachfolgender Instanz an denjenigen zu Ostheim im Elsaß; und als gräfliche Befugnisse im Reiche sich festkitteten, finden wir in diesen Gegenden die Grafen von Lenzburg, als die Mittelbehörde zwischen dem Volke und dem Oberherrscher. Eine Stellung, welche die Vaterlandsliebe der schweizerischen Schriftsteller gerne nur als ein schirmherrliches oder schirmvögtliches Verhältniß bezeichnet. Der oberste einheimische Beamte hieß, wie in den meisten andern Berggegenden, Landammann (Amtsmann des Landes). In wie weit die freien Einwohner in jenen Zeiten auf dessen Wahl einwirkten, ist nicht bekannt; daß sie aber von einem Höhern (dem Grafen) auch abhing, ist keineswegs zu bezweifeln, und zwar um soviel weniger, als über Schwyz und Uri zuweilen nur Ein Landammann gesetzt gewesen seyn soll.

Neben den freien Leuten befanden sich viele Leibeigene oder Unfreie. Die Klöster Einsiedeln, Muri, Pfäfers, Murbach, Wettingen, das Stift Schännis, das Frauenmünster in Zürich und andere besaßen Leibeigene, Tagwenrechte (Handdienstleistungen), Meyer- und Lehenhofe. In Ibach hatte Einsiedeln ein Maiengericht. Im Iberg bezog es den Fall. Neben dem Grafen von Lenzburg besaßen noch andere weltliche Herren, die Grafen von Rappersweil, von Toggenburg, die Freiherren von Thorberg Güter und Gefälle. Art, Steinen, Steinenberg, Sattel, Lowerz u. s. f. standen unter dem Grafen von Lenzburg in gewöhnlichen lehenrechtlichen Verhältnissen mit Twingen und Bännen, die sich nach Erlöschung dieser Grafen an das Haus Kyburg, von diesem 1264 an Habsburg vererbten. Die Twingrödel (Offnungen, örtliche Statuten) setzten die Zahl der Wohnungen und Feuerstätten fest, die ohne die Bewilligung des Herrn nicht vermehrt werden konnten. Das Land (hieher der sogeheißenen Platten) war in Viertel eingetheilt: Das Alt-, das Neu-, das Muotathaler- und das Niederwasserviertel. Es bezahlte eine Reichssteuer von dreizehn Pfunden, wozu die Personen und das Vermögen beitrugen. In Verfolgung seines Planes, eine zusammenhängende Herrschaft in Schwaben und Kleinburgund zu begründen, nöthigte Herzog, nachher König Albrecht I. viele Klöster und Herren, ihm ihr Eigenthum zu verkaufen. Dem Kloster Murbach bezahlte er für seine Gerechtsame und Besitzungen im Lande Schwyz 200 Mark Silber. Auch Beromünster, Engelberg u. a. mußten ihm die ihrigen abtreten. Er besaß den Kirchensatz (Patronat) zu Schwyz, im Muotathale u. s. f.

Einen der wichtigsten Theile der Landesgeschichte nimmt der mehr als zweihundertjährige Streit mit dem Kloster Einsiedeln ein. Den finstern Wald, wo Meinrad, aus dem gräflichen Hause Sulgen, in frommer Abgeschiedenheit ein einsiedlerisches Leben geführt hatte und von dem Volke der Umgegend hochverehrt wurde, soll Herzog Hermann von Alemanien gegen die Mitte des zehnten Jahrhunderts dem Grafen von Rapperswil abgekauft und dem neugestifteten Kloster geschenkt haben. So lange die Bevölkerung noch gering war und mächtige Waldungen die Berge bis in die Thäler hinunter deckten, hatten die Männer von Schwyz von der einen, das Kloster und die Seinigen von der andern Seite ihre Bedürfnisse in Wald und Weide befriedigt, ohne gegen einander in Zerwürfnisse zu gerathen. Allmählig wurden auch in dieser Einöde die dichten Waldungen gelichtet, neue Weideplätze gewonnen, Hirten und Forstleute beider Theile trafen mit gegenseitigen Ansprüchen zusammen und unter dem zehnten Abte Gero brach der Zwist 1114 vollends aus. Einsiedeln erstreckte seine Forderungen bis auf die höchsten Firsten, welche die beiden Thalgründe scheiden; allein aus dem Thale von Schwyz stellte sich ihm entschiedener Widerstand entgegen, der die einsiedelnschen Ansprüche und die Grenzen seines finstern Waldes tiefer hinunter wies. Der Abt lud seine Gegner, den Grafen Rudolph von Lenzburg und die Landleute zu Schwyz, mit der Klage, sie benutzen sein Eigenthum, vor den Kaiser Heinrich V., der sie nach Basel vor sich beschied. Auf eine Urkunde Kaiser Heinrich II. von 1018, welcher diese Gegend als eine dem Kaiser zugehörende Besitzung dem Kloster zueignete und die Marken auf den höchsten Firsten der Stagelwand, des Sonnenbergs und der Rothenfluh festsetzte, verurtheilte der Kaiser die Beklagten und eignete dem Kloster den angesprochenen Bezirk zu. Der Graf wurde um 100 Pfund gestraft und mußte die Erfüllung des Urtheils angeloben. Weder geschreckt, noch belehrt durch das kaiserliche Urtheil, behaupteten die Männer von Schwyz, die streitigen Bezirke seyen ihr altes Eigenthum, immer von ihnen benutzt worden und der Kaiser könne dasselbe nicht mit der Wildniß jenes finstern Waldes vereinigen. Die Widersprüche dauerten fort, und daß der Herr wie das Volk, in denselben beharrten, beweist ein neuer Urtheilsspruch des Kaisers Conrad III. von 1114, der den frühern bestätigte. Er benennt als Gegner des Klosters den Grafen Ulrich von Lenzburg und die Landleute von Schwyz. Bereits lagen Acht und Bann auf den Verurtheilten. Gewaltsame Vollstreckung und kaiserliche Rache drohten, als 1152 Kaiser Conrad III. starb und Friederich I., der Rothbart, den Thron bestieg. Als Freund des Grafen hob er die Acht auf und machte dem Bann ein Ende.

Durch die veränderte Stellung der Parteien zu dem Reichsoberhaupte verstummte auf lange Zeit der Streit, und von da an beginnt die Entwickelung der politischen Verhältnisse des Landes. Die Schwyzer zogen 1155 mit Friederich nach Italien, wo er seine Gegner bezwang und zu Rom als Kaiser gekrönt wurde; 1158 begleiteten sie ihn, als er Besitzungen, die der römische Stuhl an sich gebracht hatte, wieder an das Reich zog, und kein Bann machte sie von ihm abwendig. Bei des Kaisers Versöhnung mit dem Papste Alexander III. wur-

1**

den sie von dem Banne frei. Mittlerweile war Graf Ulrich von Lenzburg 1172 gestorben, und eingedenk ihrer Dienste begünstigten sie der Kaiser und seine Nachfolger; allein als Otto IV. den Thron bestieg, setzte er um 1210 den Grafen von Habsburg als Reichsvogt über sie und sogleich erneuerte auch Einsiedeln die nur eingeschlummerten Ansprüche; doch kam 1217 ein Vergleich zu Stande. Dem Kaiser Friederich II. waren die Schwyzer ebenso ergeben als Friederich I. Selbst als Papst Gregor IX. das Kreuz gegen ihn predigen ließ, blieben sie ihm treu, und er belohnte ihre Dienste und ihr Ausdauern bei der Belagerung von Faenza, 1240, mit der Zusicherung der Reichsunmittelbarkeit. Während des Zwischenreiches und der allgemeinen Zerrüttung beobachteten die Schwyzer sorgfältig das früher schon oft zu gegenseitigem Vortheile gepflogene Einverständniß mit Uri und mit Unterwalden, und 1257 wählten die drei Länder den Grafen Rudolf von Habsburg zu ihrem Hauptmanne, was kurze Zeit nachher auch die benachbarte Reichsstadt Zürich that. 1291 gab ebenderselbe als König allen Freien im Lande Schwyz eine Urkunde, daß kein Leibeigener ihnen zum Richter gegeben werden solle, ein Beweis, daß dieß bisweilen geschah und daß die Freien im Lande es besorgten. Als nach Rudolphs Tode das teutsche Reich wieder in Gährung gerieth, zwei Thronbewerber gegen einander auftraten, Albrecht, der Sohn des Verstorbenen, und Adolph, Graf von Nassau, glaubten Uri und Schwyz durch Verbindungen sich stärken zu sollen, und vereinigten sich 1291 *) zum ersten Mahle mit Zürich durch ein dreijähriges Schutzbündniß, in welchem man sich neben anderm verhieß, „daß wenn jemand aus einem dieser Bundesländer (seiner Obrigkeit) nicht gehorsam wäre, die Bundesgenossen ihn nicht schirmen sollen, ehe er wieder gehorchen werde," woraus es sich ergiebt, daß Mißvergnügte in ihren Kreisen sich befanden. Im August desselben Jahres schlossen Schwyz, Uri und Unterwalden ebenfalls ein Schutzbündniß, welches in der Urkunde Erneuerung eines alten Bundes genannt wird, den man aber nicht genauer kennt.

Die Versuche König Albrechts, eine zusammenhängende unbedingte Herrschaft in diesen Ländern immer fester zu begründen, seine Nichtachtung der hergebrachten Rechte und Freiheiten, sein Verfahren, in welchem er die Reichsfreien ganz wie Untergebene behandelte, die Aufstellung von Landvögten an die Stelle der alten Reichsvögte, ihre Gewaltthaten gegen die Eingebornen, die darauf angelegt schienen, sie zu raschen Schritten zu reizen und dadurch einen Anlaß zu finden, sie als strafbare Widerspenstige zu erdrücken, sind aus der allgemeinen Schweizergeschichte Jedem bekannt. Albrecht verweigerte nach seiner Thronbesteigung, 1298, Schwyz und den beiden andern Ländern die Bestätigung ihrer Freiheiten. Als in demselben Jahre die Landsgemeine das Kloster in der Au zu Steinen mit einer Steuer belegte, sprach im folgenden Jahre

---

*) Nicht 1251, wie bisher nach Tschudis Angabe gelesen wurde; siehe meine Beschreibung des Kantons Zürich, S. 3.

nicht der König, sondern die Königin Elisabeth, Albrechts
Gemahlin, die Klosterfrauen durch Urkunde davon frei. Un-
zweifelhaft sah man voraus, daß keine Gunst von dem Könige
zu erwarten war, und suchte gerne, die Verbindungen in der
Nähe zu vermehren. 1308 vereinigte sich Schwyz mit dem
Grafen von Homberg, Herrn der March und des Wäggithales,
und half ihm das Land Gaster bekriegen, von dem die Seinigen waren geschädigt worden. Das Stift Schännis wurde
geplündert und durch Feuer geschädigt; aber der Gefahr der
Zeiten eingedenk versöhnten die Schwyzer sich bald wieder mit
demselben. In der Entwickelung seiner Plane fortschreitend,
setzte der König über das Land Schwyz als Vogt den Hermann Geßler, der von der Burg zu Küßnacht dasselbe strenge
und mit gebieterischem Trotze verwaltete, indeß er zugleich auch
über Uri gesetzt war. Die höhnischen Worte, mit denen er
einen der Angesehenen des Landes, Werner Stauffacher von
Steinen, tief kränkte und durch sie allem Volke zu erkennen
gab, was es zu erwarten habe: „Ich will nicht, daß die Bauern
Häuser bauen, ohne meinen Willen," tragen den Stempel der
Volksverachtung, die sich selbst stürzt. Wo der Obere Gewaltthaten ausübt, erlaubt sie sich auch der Nachgesetzte. Der
Burgherr auf Schwanau, dem lieblichen Eilande im Lowerzersee, wagte es, eine Jungfrau zu entführen, auf sein Raubnest
zu schleppen und zu mißhandeln. Es war nichts mehr zu verlieren. Ohne öffentlich zu trotzen, ohne das tiefbewahrte Geheimniß durch unvorsichtige Worte oder Thaten laut werden zu
lassen, traten auf dem Rütli im Lande Uri die Männer aus
den drei Ländern zusammen, welche die Tyrannen zu stürzen
entschlossen waren, zuerst und an der Spitze der Eingeweihten
aus Schwyz der beleidigte Stauffacher. Sie verbanden sich
zu festem Zusammenwirken für Befreiung des Vaterlandes und
schwuren einander ewige Treue. Als Wilhelm Tell aus Uri
sich vor Geßlers Rache flüchten mußte und über den Achsen-
berg durch die Thäler von Schwyz dem nach Küßnacht heim-
schiffenden Vogt voraneilte, geschah auf einer Stelle, die zwar
damahls noch nicht, doch aber jetzt zu dem Lande Schwyz gehört, einer der großen Schlage, welcher die Entwickelung herbeiführte. In der hohlen Gasse zwischen Küßnacht und Immensee fiel der Landvogt getroffen vom Pfeile des Schützen *).
Am Neujahrstage 1308 wurde die Burg zu Schwanau erstiegen, zerstört; mit dem Tode büßte der Mädchenräuber sein
Verbrechen, und noch andere Burgen theilten das Schicksal
der Schwanau. Schon am 6. des Januars traten zu Brunnen aus jedem der drei Länder zehn Abgeordnete zusammen
und beschwuren einen zehnjährigen Bund, die Grundlage der
schweizerischen Eidgenossenschaft. Edle, Freie und
Unfreie waren von dem namlichen Geiste beseelt. Die erstern

---

*) Melchior Ruß in seiner Chronik, die er um 1482 schrieb
und die Joseph Schneller 1834 herausgab, läßt Tell gleich
nach dem Heraussprüngen aus dem Schiffe die That voll-
bringen. Siehe den schweiz. Geschichtforscher, neunter
Band, erstes Heft, S. 64.

ließen sich nicht abhalten durch den Gedanken, nicht mehr durch fremde Gunst über die letztern zu gebieten, und vielleicht einst diesen gleich zu werden. Sie fühlten sich größer, neben Vielen frei zu seyn als mit Wenigen auf den Schultern Anderer sich zu erheben. Heftig war der Zorn des Königs, als er den Aufstand des Volks der drei Länder vernahm. Die Märkte zu Luzern und Zug wurden ihnen gesperrt und ein Angriff gegen sie vorbereitet. Albrecht war aus der Ferne wieder in seine obern Lande zurückgekehrt, als sein ebenfalls tiefgekränkter Neffe, Herzog Johann von Schwaben, unterstützt von einigen mit ihm einverstandenen Rittersmännern die verhängnißvolle Ermordung an ihm verübte. Jetzt war keine Zeit mehr zur Züchtigung der aufgestandenen Bergvölker vorhanden. Die Familie und die Getreuen des Königs befürchteten eine größere Empörung. Sie mußten für sich selbst auf der Huth seyn, und sobald sie sich sicher glaubten, waren ihre Aufmerksamkeit und ihre Kräfte zunächst auf die Blutrache gerichtet, die sie auch an den entferntesten Theilnehmern, an bloßen Verwandten und Untergebenen der Thäter verübten. Den neuen Kaiser Heinrich VII. für sich zu gewinnen und um wieder als Reichsländer, nicht als österreichische Unterthanen betrachtet zu werden, begleiteten sie ihn 1310 gerne auf seinem Zuge nach Italien.

Gegen Einsiedeln entglimmte der alte Markenstreit aufs neue. Mit zunehmender Bevölkerung vermehrte sich auch der Viehstand und immer besuchter wurden die Alpenweiden. Oefterer traf man auf denselben zusammen. Noch dehnte Einsiedeln seine Ansprüche bis auf die Höhen der Mythen aus. Die Schwyzer vertheidigten die ihrigen mit den Waffen. Die Klagschrift des Klosters meldet, dreihundert Mann stark seyen sie auf Feuerschwanden gekommen, wo ein Mann von Einsiedeln erschlagen worden. Hundert und fünfzig Schwyzer und ebenso viele Männer von Steinen seyen mit fliegendem Panner auf Bimbuch erschienen, wo sie geplündert, und das Vieh des Klosters weggetrieben haben. Beide Theile wurden des Streites müde. Zürich suchte zu vermitteln; schon war ein Schiedsspruch entworfen, als am 6. April 1311 zwischen zwei schwyzerischen Pilgern und sechs einsiedelnschen Conventherren auf dem Platze Brühl neben dem Kloster ein Wortwechsel entstand. Die letztern ergriffen die Waffen und verwundeten diese zwei Männer. Hoch ergrimmte das Volk von Schwyz und sagte dem Kloster ab. Der Abt Johann both Genugthuung an, aber Schwyz hielt ihn nicht für stark genug, ihre Beleidiger aus freiherrlichem Stamme nach Verdienen ahnen zu können. Die Vorladung eines zürcherischen Obmanns verwarf Schwyz und entfernte dadurch Zürich von sich. Der Abt wandte sich an Oesterreich, als an den ihm von König Albrecht gegebenen Kastenvogt. In Luzern und Zug wurde wieder gegen Schwyz und die beiden andern Länder gesperrt, und man nahm gegenseitig feindselige Stellungen an. Plötzlich überfielen am 1. März 1314 mehrere hundert Schwyzer, die auf verschiedenen Wegen sich genähert hatten, Einsiedeln. Die österreichische Schutzwache wurde in die Flucht gejagt, die bewaffneten Waldleute zersprengt, das Kloster besetzt, viele Schriften verbrannt und

andere Gegenstände zertrümmert. Die Schwyzer führten am
folgenden Morgen jene Conventualen, unter ihnen den Pfarrer
und den Schulmeister, einige Bediente des Klosters, viel Vieh
und andern Raub mit sich fort. Die Bedienten wurden am
Rothenthurm entlassen, die sechs Geistlichen hingegen nach
Schwyz gebracht, wo sie lange in harter Gefangenschaft aufbehalten wurden. Gegen die Verzichtleistung auf verschiedene
Forderungen des Klosters wurden die Gefangenen endlich frei
gegeben, aber die Grenzstreitigkeiten blieben unerörtert. Sich
gekränkt fühlend, neigte sich Zürich auf die Seite des Hauses
Oesterreich, dessen Haupt, Herzog Friederich, der Nebenbewerber
Ludwigs von Baiern, in der getheilten damahligen Königswahl,
Acht und Bann über die Schwyzer brachte. Ludwig löste die
erste, und ließ den Bann durch den Erzbischof von Mainz
aufheben.

Noch einmahl wiederhohlten sich Acht und Bann und deren
Aufhebung, ohne den Sinn der Schwyzer zu biegen, die aber
ferne von jedem unnöthigen Trotze, die Freundschaft mit den
benachbarten Glarnern sorgsam pflegten, obgleich diese Oesterreich unterthänig waren. Oesterreich glaubte, die entschiedene
Widersetzlichkeit und die Gewaltthaten des Bergvolkes nicht
länger dulden zu können. Herzog Leopold kam nach Baden
und rüstete seine Streitkräfte. Vergeblich versuchte Graf Friederich von Toggenburg Aussöhnung. Leopolds Ultimat, die drei
Länder sollten ihre Anhänglichkeit an Ludwig von Baiern aufgeben und sich Oesterreichs Herrschaft unterwerfen, wiesen sie
kurz von sich. Aus der ganzen flächern Gegend von Zürich,
Luzern, Winterthur, Zug sammelte der Herzog ansehnliche
Verstärkung. Auf Art schien der Hauptangriff gerichtet, aber
den Adel des Landes hatte Oesterreich nicht ungestraft tiefge-
kränkt. Heinrich von Hünenberg schoß aus der Landwehr der
Zuger einen Pfeil auf den Boden der Schwyzer hinüber, an
dem geschrieben stand: „Hütet Euch auf St. Othmar am
Morgarten." Die Schwyzer 600 Mann stark, von 400 Ur-
nern und 300 Unterwaldnern unterstützt, sammelten sich am Berge
Sattel und fünfzig aus dem Lande Verbannte *), die aber
Vaterlandsliebe im Herzen trugen, bereit mit dem Blute die
Heimkehr zu erkaufen, stellten noch entfernter auf dem Matt-
lugütsch sich auf, unter welchem das ganze Heer der Oesterreicher
auf engem Pfade zwischen Berg und See daherziehen mußte.
Zahlreiche gefällte Baumstämme und loses Gestein bedeckten den
Boden. Am 15. November Morgens mit Anbruch des Tages
zog das feindliche Heer von Einigen auf 9000, von Andern noch

*) Heftige innere Gährungen hatten schon von langem her das
Land Schwyz in Bewegung gesetzt. 1260 sollen Viele, Einige
sagen aus edeln Geschlechtern, aus dem Lande verjagt, ihre
Burgen und Häuser gebrochen und damals viele Letzinen
(Grenzschanzen) erbaut worden seyn und 1274 habe König
Rudolph die Herstellung des größern Theils derselben wie-
der vermittelt. Aehnliche Reibungen müssen fortgedauert
haben, deren Folge die ungewöhnliche Zahl von fünfzig
Verbannten gewesen seyn muß.

höher angegeben, von Negeri her, schwer gerüstet die Reisigen
meistens voraus. Im Bereiche der Verbannten angekommen,
donnerte auf sie der zermalmende Sturm der Baumstämme und
der Steine herab, und nun stürzten auch die 1300 von der
Schorno herunter auf die erschrockenen Scharen. Ueber Tausende sollen am Engpasse und im See ihren Tod gefunden haben. Fünfzig Zürcher lagen nahe beisammen, in ihrer Stadt-
farbe, weiß und blau gekleidet. Aufgelöst floh das Kriegerheer,
und erschrocken eilte der Herzog bis nach Winterthur. Nur
44 Mann sollen die Sieger eingebüßt haben. Doch jetzt traf
die Nachricht ein, der Graf von Straßberg sey mit einem andern Heere über den Brünig in Unterwalden eingefallen und
verübe die Schrecknisse des Krieges. Ohne Zögern eilten vom
Schlachtfelde 100 Schwyzer mit den Unterwaldnern zum zweiten Siege an demselben Tage. Diese Niederlage und die Verluste Oesterreichs gegen Ludwig von Baiern mußten den Muth
der drei Länder erhöhen. Sie erneuerten am 9. December 1315
zu Brunnen ihren Bund auf ewige Zeiten, und nannten in
demselben sich Eidgenossen. Man verhieß sich gegenseitige
Hülfe auf eigene Kosten inner- und außerhalb des Landes gegen
jede ungerechte Gewalt; kein Land soll ohne das andere sich
beherren (einen Schirmherrn annehmen) oder einen Eid gegen
Aeußere thun, doch soll jeder seinem Herrn ziemliche (die schuldigen) Dienste leisten; auch wolle man keinen Richter nehmen,
der nicht Landmann sey. Schon damahls nannte man die Verbündeten Schweizer, weil in der Fehde mit Einsiedeln und
in der Schlacht am Morgarten die Schwyzer am meisten von
sich zu reden gaben. Am 23. März 1316 erklärte Kaiser Ludwig die drei Länder und ihre Umgebungen reichsunmittelbar
und Oesterreich seiner dortigen Rechte verlustig.

1318 schlossen die Schwyzer mit Oesterreich einen Frieden
oder vielmehr einen Waffenstillstand, lösten ihn aber nach wenigen Jahren wieder, als der König, ihr Beschützer, sie dazu
aufforderte. Vom Schlachtfelde zu Mühldorf, 1322, wo Ludwig
seinen Gegner den Herzog Friederich den Schönen von Oesterreich geschlagen und gefangen genommen hatte, schickte er den
Grafen von Aarberg - Valendis in die drei Länder als Land-
oder Reichsvogt und um ihnen von seinem Siege Kunde zu geben.
Froh und willig huldigten sie ihm. Der von dem Grafen in
seinem Namen am Freitage nach St. Leodegar 1323 zu Beggenried ausgestellte Schirmbrief sicherte aufs neue das so hoch-
geschätzte Vorrecht zu, „daß nur ein Landmann aus ihnen ihr
Richter seyn, und daß sie an keine auswärtigen Gerichte vorgeladen werden sollen." Am 1. September machten die Schwyzer mit den Glarnern, Oesterreichs Untergebenen, ein Bündniß
(eigentlich einen Waffenstillstand), so locker waren damahls die
Bande der Unterthanen gegen ihre Herren, und noch einmahl
erneuerte sich der Krieg gegen Oesterreich; doch beschränkten
sich die Feindseligkeiten auf wechselseitige Schädigungen, denen
aber bald ein gänzlicher Friede folgte.

Nicht müßig war mittlerweile Herzog Leopold; denn er
bewirkte von Carl dem Schönen, König von Frankreich, eine
zu Bar sur Aube am 17. Juli 1323 ausgestellte Urkunde, worin

dieſer dem Herzog verhieß, wenn er an des genannten Ludwigs Stelle zum teutſchen Kaiſer gewählt werden ſollte, ihn in
ſeine Herrſchaft über Schwyz und Unterwalden wieder einzu-
ſetzen. 1327 trat Schwyz neben Uri und Unterwalden, durch
Zürichs und Berns Verwendung mit Mainz, Straßburg, Baſel,
Conſtanz und andern teutſchen Städten in eine Verbindung, die
1329 verlängert wurde. Am St. Johanntage im Sommer 1329
gab Kaiſer Ludwig den drei Ländern aus Pavia eine Urkunde,
daß kein jetziger oder künftiger Reichsvogt ſie drängen ſolle an
Leib oder Gut, und beſtätigte ihnen alle früher von den Kaiſern
erhaltenen Freiheiten.

Mit klarer Einſicht waren Schwyz und die beiden andern
Länder weder eiferſüchtig noch gleichgültig gegen die ihnen vorliegenden Städte, ſondern ſie ſuchten die errungene Freiheit
auf jede Weiſe gegen Oeſterreich zu ſtärken. So begleiteten
1331 die Bothen der drei Länder die Zürcher zu dem Kaiſer nach
Regensburg, um ſie aus der öſterreichiſchen Pfandſchaft wieder
loszubitten. Mit Luzern, welches ſich immer mehr von Oeſterreich gedrückt und durch die öftern Fehden mit dieſen drei Nachbaren in ſeinem wichtigſten Verkehre und in der Verbindung
mit Italien geſtört ſah, ſchloſſen ſie 1332 einen zwanzigjährigen
Waffenſtillſtand und als Oeſterreich durch geheime Einverſtänd-
niſſe die Schweizerpartei in Luzern niederdrücken wollte, dieſe
aber mißglückten, und Luzern zu einem entſchiedenen Schritte
ſich entſchließen mußte, in demſelben Jahre einen ewigen
Bund. Gleichwohl wagte Luzern noch nicht, Oeſterreich den
Gehorſam zu verweigern; es behielt im Bundesvertrage die
Rechte und Gerichte ſeines Herrn vor, wie die Länder daſſelbe
für das Reich thaten. In dieſem, dem Vierwaldſtätterbunde,
verſprach man ſich „gegenſeitige Hülfe auf eigene Koſten, kein
Bündniß einzugehen, ohne die Einwilligung der andern Bundesglieder, Mißhelligkeiten der Einzelnen durch unparteiiſche
Schiedrichter aus den andern Ländern entſcheiden zu laſſen und
die Widerſpänſtigen zum Gehorſame zu nöthigen. Wenn zwei
Länder zuſammenſtimmen, ſoll Luzern an ſie ſich anſchließen.
Man ſoll einander nicht pfänden (mit Arreſt belegen), ſondern
vor dem zuſtändigen Gerichte belangen, und verurtheilten Haupt-
verbrechern keinen Aufenthalt geben.“ Dieſe Verbindung mit
Luzern veranlaßte eine neue Fehde mit Oeſterreich, die aber
1334 wieder beigelegt wurde.

1337 trug die Hülfe der Schwyzer zu dem Siege der Zürcher über den Grafen von Rappersweil bei Grynau bei, und
zwei Jahre ſpäter eilten aus Schwyz 300 Mann, vereint mit
andern 600 aus Uri und Unterwalden, als Bern durch Johann
von Kramburg ihre Hülfe angerufen hatte, dem von allen Mächtigen des Uechtlandes bedrohten Freiheitsſitz an der Aare zu
Hülfe. Kräftig war ihre Theilnahme an dem glorreichen Siege
bei Laupen, 21. Juni 1339. Was ſie an Pferden, Harniſchen
und anderm eingebüßt hatten, vergütete das dankbare Bern.

Der Streit mit Einſiedeln war wieder heftiger geworden.
Die Schwyzer traf noch einmahl der Bann. Keineswegs durch
denſelben gebeugt, nahmen ſie mit kecker Selbſthülfe den einſie-

delnschen Conventualen Marquard von Bechburg auf einer Durchreise gefangen und hielten ihn an, ihnen zu schwören, das Kloster zur Versöhnung zu bewegen. Der Zweck wurde nicht erreicht und 1344 machten die Schwyzer wieder einen Zug nach Einsiedeln. Abt und Convent entflohen nach Pfäffikon. Nur ein Conventual, ein Freiherr von Zimmern, fiel in die Hände der Bergleute und leistete den nämlichen Eid, den der von Bechburg abgelegt hatte. Endlich wurden beide Theile eines Streites müde, dessen Dauer, wie es meistens geschieht, unendlich weit mehr Uebel gebracht hatte, als der Gegenstand desselben werth war. 1350 gelang es der Weisheit des von den Parteien bevollmächtigten Abtes von Disentis, Thüring, entsprossen aus dem für Uri und die Eidgenossen vielfach verdienten Stamme der Freiherren von Attinghausen, den alten Zwist durch eine sehr ausführliche Grenzbestimmung beizulegen, der Einsiedeln von den angesprochenen Felsenfirsten tiefer in die Thäler hinunter wies. In diesem Schiedspruche wird von keinem Grafen oder Obern, sondern nur von dem bereits in voller Reichsunmittelbarkeit stehenden Lande Schwyz gesprochen. Sogleich erfolgte auch die Aufhebung des langwierigen Interdictes oder Bannes. In der bischöflichen Zuschrift sind die Pfarreien Schwyz, Steinen, Muotathal, Art und Morschach angeführt. Eine andere Streitigkeit und ihre Beseitigung durch unparteiische Freunde hatte die Schwyzer belehrt, daß eine solche Vermittelung der heilsamste Ausweg in dergleichen Fällen sey. Eine Grenzstreitigkeit zwischen ihnen und Uri hatten 1348 zehn Männer von Luzern und eilf aus Unterwalden geschlichtet.

1351 trat Schwyz neben seinen Eidgenossen mit dem von Oesterreich hart angefochtenen Zürich in einen ewigen Bund und während der wiederhohlten Belagerungen erfreute sich Zürich der Hülfe des Volkes der Länder. Am Lichtmeßtage 1352 wurde eine von den Oesterreichern aus Luzern versuchte Landung bei Art zurückgeschlagen. In dieser Fehde legten die Feinde Küßnacht, Immensee und Mörlischachen in Asche. Zwei und vierzig Schwyzer, wovon 17 ihren Muth mit dem Tode bewährten, kämpften dabei mit ausgezeichneter Tapferkeit. 1352 vermehrten Glarus und Zug, zwar noch nicht mit vollen gleichen Rechten, und 1353 Bern den eidgenössischen Verband, der von dieser Zeit an in der Geschichte derjenige der VIII alten Orte genannt wird. Jetzt war das Gefühl der Freiheit bereits so mächtig geworden, daß man nicht mehr nur politisch, sondern auch bürgerlich frei seyn wollte, und daß, nachdem der Ausgang des Kampfes mit Einsiedeln gezeigt hatte, daß Beharrlichkeit und fester Muth mächtig dem Ziel entgegenführen, man nicht immer auf bloße Unterhandlungen sich beschränkte. Gerne hatten die meisten Gemeinden jeden Anlaß benutzt, um sich von Lehenpflichten loszumachen, die im Namen der Herren von Meyern und Vögten verwaltet wurden. Schon 1269 hatten die Einwohner von Steinen, Sattel, Biberegg, Steinenberg, Thurm (Rothenthurm) sich von den Grafen von Habsburg losgekauft. Sie wurden hierauf als ein fünftes (Steinerviertel) von der Genossenschaft der ältern Viertel aufgenommen und bezahlten die Reichssteuer. In einem Klagenverzeichnisse des Klosters Einsiedeln aus dem Anfange des vierzehnten Jahrhunderts heißt es:

„Sie klagen auch, daß die Landlüth von Schwyz sie entwehrthend ihres Gerichts und ihres Meyerhoofes ze Ybach, da die Gozshuslüth zweymal im Jahr zu Mayen und Herbst zu Gericht sollen gahn und daß sie der Gerichte, Twinges und Bännen entwehrt sind." 1353 kaufte sich Schwyz von jährlichen Steuern oder Zinsen mit 75 Pfund Stäbler aus. Damahls besaß das Frauenmünster in Zürich zu Schwyz noch Leibeigene, und 1362 verlieh der Freiherr von Thorberg mehrere Lehen zu Schwyz. Art, Golßau, Röthen u. s. f. kauften sich von den ehemahligen lenzburgischen Gerechtsamen, Twingen und Bännen 1353 um 200 Mark Silber los, und wurden als sechstes und letztes Viertel aufgenommen. Der niedere Hof zu Art enthielt 6 Huoben, welche 6 Mütt Kernen (Korn), 15 Malter Haber, 18 Ziegen und 6 Lämmer zahlten; im obern waren 11 Schuppofen (Schupf-Handlehen) u. s. f. Noch 1465 kauften die Einwohner von Steinen das Kloster Einsiedeln um Güter und Güterzinsen aus.

In dem neuen Bunde der VIII Orte zeichnete Schwyz sich durch Wachsamkeit und Entschiedenheit aus. Als der ungetreue zürcherische Bürgermeister Brun, einverstanden mit Oesterreich, seine Stadt überredet hatte, eine vom Kaiser entworfene Ausgleichung anzunehmen, durch welche Zug und Glarus wieder vom Bunde getrennt, auch noch andere Vortheile Oesterreich eingeräumt werden sollten, rief Schwyz schnell die Bundesglieder nach Zürich zusammen und vereitelte den Plan. Dennoch wollte Oesterreich seine Ansprüche nicht aufgeben; es bedrohte Glarus und Zug mit kriegerischem Ueberfalle. Von Schwyz zu Unterstützung der Bedrängten aufgefordert, zögerten die andern Bundesglieder. Die Schwyzer allein zogen gerüstet unter dem Panner aus, besetzten beide Landschaften, und erneuerten gegenseitig die 1352 beschworenen Bündnisse.

Obgleich rasch und von schnellem Entschlusse, waren die Schwyzer nicht taub gegen die Stimme des Rechtes. Einer ihrer Landleute, Stälzing, machte eine Forderung von 1000 Gulden an den Ritter Ulrich von Ems. Dieser widersprach. Die Schwyzer fanden Gelegenheit, ihn gefangen zu nehmen, und er mußte bezahlen, ehe er losgelassen wurde. Nun erhob er Klage gegen Stälzing vor dem Richter zu Schwyz. Er bewies, daß Stälzings Forderung unbegründet sey. Dieser mußte die Summe zurückerstatten, Kosten und Schaden vergüten und wurde bestraft. 1370 schloß Schwyz mit Zürich, Zug und den andern Waldstätten einen neuen Vertrag, der den Namen des Pfaffenbriefes führt, und verhüten sollte, daß die Geistlichkeit nicht von auswärtigen Herren abhange, oder auswärtige Gerichte über Staatssachen anrufe, auch für die öffentliche Sicherheit sorgte, die durch Gewaltthätigkeiten des Propsts Brun zu Zürich schwer war verletzt worden, weil dieser den Schultheiß Peter von Gundoldingen von Luzern und dessen Begleiter, Johann in der Au, nahe bei Zürich hatte anfallen und gefangen setzen lassen.

Den Grafen Gottfried von Habsburg-Laufenburg hielt 1371 eine Schar Schwyzer und Urner zu Einsiedeln an. Er wurde nicht losgelassen bis er seinen Anforderer Scheitler von

Uri bezahlt und eine Urfehde (Eid) geleistet hatte, sich nicht zu rächen.

Als 3000 freiwillige Eidgenossen den Visconti, die sich zu Herren von Mailand gemacht hatten und mit dem Papste und andern italienischen Herren Krieg führten, zu Hülfe zogen, erhielt Schwyz von Papst Gregor XI. 1373 eine Abmahnung, worin die Visconti „Söhne der Verdammniß" genannt und die Schwyzer mit Excommunication bedroht wurden. Diese Aufforderung wirkte so viel, daß man nachher Eidgenossen unter den päpstlichen Fahnen antrifft.

Einer Verbindung der Eidgenossen mit mehrern Reichs- städten setzte Schwyz sich entgegen, und hielt die Länder davon ab. Gegen die Gugler, das zahlreiche Heer, mit welchem Enguerrand von Concy Ansprüche auf österreichische Besitzun- gen geltend machen wollte und bis in die Gegend von Bern und Luzern vordrang, zog es nicht zu Felde, und hinderte auch die Waldstätte und Zug, weil es Concy als den Gegner eines noch nähern Feindes betrachtete. Im Sempacherkriege eroberten die Schwyzer mit Zug die Feste St. Andreas, und übergaben sie den Zugern. Sie besetzten auch Einsiedeln und die untere March, und ließen sie sich huldigen. An dem Siege bei Sempach, 1386, nahmen sie thätigen Antheil, und bei dem- jenigen zu Näfels, 1388, stärkte die zwar wenig zahlreich herbei- eilende schwyzerische Mannschaft den Muth der standhaften, aber von der Ueberzahl schwer bedrängten Glarner.

Vor allen andern Eidgenossen, und meistens aus sich selbst handelnd, unterstützte Schwyz die Appenzeller in ihrem helden- müthigen Kampfe um Erringung der Freiheit und Abwerfung des hart drängenden Joches, welches der Abt von St. Gallen immer schwerer ihnen aufgelegt hatte. Indeß die übrigen Eid- genossen sich nicht entschließen konnten, mit den Appenzellern, die am 8. November 1402 sich durch einen Eidschwur vereinigt hatten, in Verbindung zu treten, entsprachen die Schwyzer der Aufforderung des bedrohten Völkchens am Säntis, schlossen mit ihm ein Landrecht und gaben ihm einen Ammann und ei- nen Hauptmann. 300 Schwyzer und 200 freiwillige Glarner halfen den großen Sieg der Appenzeller am 15. Mai 1403 an der Vögelisegg erkämpfen und die Feinde in die Ebene hinunterwerfen. Bald wurde das Schwert der Appenzeller so furchtbar und der Arm der Schwyzer so wichtig, daß Winter- thur, Rapperswyl und andere Angehörige Oesterreichs bei ih- nen Schutz und sicheres Geleit gegen den Angriff der Appen- zeller suchten. Zum Danke für die fortdauernde Unterstützung schenkten die Appenzeller dem Land Schwyz die dem Haus Oesterreich zugehörende mittlere March oder die Landschaft von Lachen hinweg bis ins Wäggithal, welche sie am Ende des Jahres 1405 besetzt hatten. Oesterreich berief sich auf seinen Waffenstillstand mit den Eidgenossen, forderte die entrissene Landschaft wieder; die Eidgenossen wiesen die ihnen angebo- tene Theilnahme an dieser Erwerbung von sich, und ermahn- ten die Schwyzer zur Zurückgabe; allein diese verschlossen ihr Ohr und behielten das Erworbene, weil es nicht eine Erobrung, sondern eine Schenkung von Freunden sey. 1407, als die Appenzeller vom Rheine her bedroht wurden, ließen die schlagfertigen Schwyzer von Zürich sich nicht abhalten, Kyburg zu erobern, welches damahls dem Grafen Wilhelm von Montfort, Herrn zu Bregenz, von Oesterreich verpfandet war. Laut mißbilligten die Eidgenossen das rasche Verfahren, und die Besatzung wurde aus dem eingenommenen Platze wieder zurückgezogen. Fortwährend unterstützte Schwyz die Appenzeller auf ihren bis in das Tyrol sich ausdehnenden Kriegszügen. Sie und die Glarner halfen Weil erobern und den Abt in das Kloster St. Gallen zurückführen, und am 13. Januar 1408, als die kleine Zahl der allzusehr auf den erworbenen Ruhm und die Kraft ihrer Waffen vertrauenden Appenzeller, welche Bregenz belagerten, von ihren Feinden mit großer Ueberlegenheit überrascht wurden, fiel der schwyzerische Hauptmann Albrecht Kupferschmied mit andern Tapfern. Als endlich dieser heftige Krieg durch die Dazwischenkunft des Kaisers Ruprecht beigelegt wurde, vermittelte auch Schwyz zwischen dem Abte und den Appenzellern, und in der fünfzigjährigen Verlängerung des Friedens oder Waffenstillstandes zwischen dem Herzoge Friederich von Oesterreich und den Eidgenossen, den 28. Mai 1412, entsagte dieser seinen Ansprüchen auf die March, welche der Kaiser im Jahre 1408 zu Constanz durch seine Entscheidung ihm ausdrücklich vorbehalten hatte.

Hingerissen von ihrem, durch die glänzenden Erfolge der Theilnahme an dem Freiheitskampfe der Appenzeller gehobenen Selbstgefühle und der Nähe des Schauplatzes, der sie die Verhältnisse des ganzen Bundesvereins nicht einsehen ließ, gaben sich die Schwyzer in dem innern Zwiste der Zuger im Spätjahre 1404 einer großen Uebereilung hin, und veranlaßten dadurch die erste wichtige Spaltung unter den Eidgenossen. Die äußern Gemeinden Baar, Menzingen und Aegeri hatten auf die Aufbewahrung des Panners und Siegels Ansprüche gemacht. Gestützt auf den Bundesbrief, der jede Stadt, jedes Land bei ihren Rechten schirmt, berief sich die Stadt Zug auf das alte Herkommen und wandte sich an die Eidgenossen. Zürich, Luzern und ebenso die Demokraten von Uri und Unterwalden forderten die äußern Gemeinden auf, sich dem eidgenössischen Rechte zu unterwerfen. Die Mehrheit des Rathes zu Schwyz, welche die richtige Bahn einzuschlagen wünschte, wurde von einer demagogischen Minderheit und der Volksmenge überstürmt. Ohne den Eidgenossen zu antworten, überfiel eine große Anzahl Schwyzer, vereinigt mit dem Volke der äußern Gemeinen, bei Nacht die Stadt Zug. Durch Beschädigungen und Raub litten die Umgebungen, und die Stadt mußte sich dem Gebote der Schwyzer unterwerfen. Die einseitige Gewaltthat nicht duldend, versammelten sich jene Orte sogleich zu Luzern. Zug wurde besetzt, und binnen drei Tagen standen 10,000 Mann von Zürich, Luzern, Uri und Unterwalden zu Steinhausen beisammen. Sie rückten zu Baar ein, und die drei Gemeinden unterwarfen sich. Bern, Glarus und Solothurn traten als Vermittler auf. Das Volk von Schwyz erkannte seinen Irrthum, und ein Ausspruch, den Bothen Zürichs und der drei Waldstätte zu Beggenried thaten, bestimmte:

„die Schwyzer sollen das Vorgegangene gegen Niemand rächen, die Zuger nicht beunruhigen, sie bei den eidgenössischen Bunden verbleiben lassen, keine Zuger zu Landleuten annehmen, diejenigen ausgenommen, welche in ihr Land ziehen; Schwyz müsse an die Kosten tausend Gulden bezahlen u. s. f." Nun wandte sich der Unwille des Volkes gegen die acht Rathsglieder, welche die Aufwallung begünstigt hatten. Sie wurden entsetzt und mußten 200 Gulden an die Kosten beitragen, die übrigen 800 Gulden nahm das Land auf sich.

An den Fehden der Urner und Unterwaldner mit dem Herzoge von Mailand und andern welschen Herren nahmen 1410 auch die Schwyzer Antheil. Voll Schrecken unterwarf sich das Thal von Domo d'Ossola den Eidgenossen. Zürich wollte von der fernen Eroberung keinen Vortheil ziehen. Als die zurückgelassene Besatzung von den Welschen zu Domo, denen der Muth wieder wuchs, da sie nur noch eine kleine Zahl der gefürchteten neuen Gebieter in ihrer Mitte sahen, verrätherischer Weise ermordet wurde, war Schwyz 1411 auch bei dem strafenden Zuge, dem die Mailänder ohne Widerstand wichen, in welchem die Schlösser der Verräther zerstört und die Burg zu Domo geschleift wurde.

1414 schlossen die Waldleute von Einsiedeln mit denen von Schwyz ein Landrecht, worin sie diese „ihre liebe Herren" nennen, und am Sonntag nach Pauli Bekehrung 1415 bestätigte König Sigmund den Landleuten von Schwyz alle ihre Freiheiten.

Immer mehr nahmen die Hirten an der Muota den Charakter und die Stellung eines Herrschervolkes an; allein je stärker von dieser Zeit her sein Wirken in die allgemeine Schweizergeschichte hinüber geht und dieser angehört, desto weniger kann es in der gegenwärtigen geschichtlichen Darstellung ausführlich entwickelt werden. Die nachfolgende Erzählung wird demnach nur über dasjenige sich ausbreiten, was sich unmittelbar auf Schwyz selbst bezieht; anderes kann hier höchstens angedeutet und muß aus der eidgenössischen Geschichte vervollständigt werden.

Aus Veranlassung großer Unordnungen und Spaltungen in geistlichen Dingen sollte eine Kirchenversammlung zu Constanz die Ordnung herstellen; Papst Johann XXIII. entwich, seinem Wort ungetreu, aus derselben, und Herzog Friederich, der ihm Vorschub gethan hatte, wurde von dem Kaiser Sigmund, welcher ihm ohnehin abgeneigt war, in die Reichsacht und von der Kirchenversammlung in den Kirchenbann erklärt. Die Eidgenossen wurden hierauf in ihrer dem unglücklichen Fürsten noch vor drei Jahren gemachten Zusage wankend. Die Bothen der VII östlichen Orte traten in der Mitte des Aprils 1415 in Schwyz zusammen, wo auch eine kaiserliche Abordnung eintraf. Man schläferte ihr Gewissen durch Loszählung von den Verpflichtungen ein und als sie hörten, daß Bern bereits losgeschlagen habe und im Aargau vorschreite, zückten auch sie das Schwert. Die Schwyzer und Glarner verbrannten Burden und die Brücke von Rapperswil. Ihnen und den übrigen V Orten ergaben sich schnell Mellingen, Bremgarten und die Freienämter im Wagenthale. Nur Baden und vornämlich der Stein (das Schloß) leisteten langern Widerstand, bis auch die Bernerschaaren auf die Mahnung der Eidgenossen mit den ihrigen sich vereinten. Die Eroberung der Grafschaft Baden und der Freienämter, an der auch Schwyz Antheil nahm und sie der Reihe nach bevogtete (Landvögte in dieselbe wählte), war der Anfang der gemeinen Herrschaften, deren Verwaltung allmählig so ausartete, daß sie nur zu viele unauslöschliche Rostflecken in die vaterländische Geschichte brachte und das Innere der Kantone, vorzüglich der Demokratien verdarb. In demselben Jahre verlieh Kaiser Sigmund den Schwyzern den Blutbann, die Loszählung von den Reichsgerichten und den bisherigen Gerechtsamen des Hauses Oesterreich, alles in der Form des Reichslehens, ebenso auch den Blutbann über die Waldstatt Einsiedeln.

Bald erneuerten sich die Züge über den Gotthard und ins Eschenthal. Von den Zürchern begleitet erfochten die Schwyzer 1410 einen Sieg am Eingange desselben. Gegen die Hussiten leisteten sie dem Kaiser Sigmund Hülfe, doch ohne glücklichen Erfolg. 1424 traten Küßnacht, Immensee, Haltikon und Bischofszeil in ein beständiges Landrecht mit ihren lieben Herren von Schwyz, und in demselben Jahre übertrug der Kaiser den Schwyzern die Kastvogtei über das Kloster Einsiedeln. Statt des Hauses Oesterreich, seines ehemahligen Beschützers, die alten, immer höher sich emporhebenden Widersacher jetzt ganz über sich zu sehen, war den adelichen Herren, aus denen der einsiedelnsche Convent bestand, unerträglich. Auch sie wandten sich an den beweglichen Kaiser, der endlich beide Theile 1433 nach Basel vor sich lud, wo der durch große Eigenschaften sich auszeichnende Landammann, Ital Reding der ältere, dem Fürstabt Burkhard gegenüber stand. Von Großen des Reichs und von Doctoren umgeben, that Sigmund den Ausspruch: „Der 1424 ertheilte Majestätsbrief sey aufgehoben; Schwyz soll die Kastvogtei des Klosters Einsiedeln haben inwendig und die Vogtei auswendig mit Leuten und mit Gut, wie Oesterreich sie besaß; es soll wegen dieser Vogtei nicht in die alten Rechte und Freiheiten Einsiedelns eingreifen, auch den Abt, den Convent und ihre Leute nicht bedrängen, und dem Kloster dafür eine Urkunde ausstellen u. s. f.“

In ausgezeichneter Stellung zeigte sich Schwyz während der letzten Lebensjahre des Grafen Friederich von Toggenburg in den Bewerbungen um den Nachlaß desselben und bei dem Ausbruche des innern Krieges, den die Schweizergeschichte den alten Zürichkrieg nennt. Klug, besonnen, entgegenkommend, ohne Schwäche, behutsam, zurückhaltend, wo es die Umstände geboten, rasch vorschreitend, wo sie es forderten, tapfer und ausdauernd in den Zeiten der Entscheidung, immer den Rathschlägen seines weisen Staatsmannes, Ital Reding, folgend, und nie durch eifersüchtige Parteien geschwächt, strebte es seinem Ziel entgegen und trat nur nach Erreichung seines Zweckes mit Ruhm und Ansehen aus dem Kampfe, ohne daß der Feind seinen Boden verletzte. Ihm gegenüber handelten Zürich und seine Führer beinahe immer nur durch Leidenschaft geleitet. Sie verwechselten Würde mit Anmaßung, schwächten nutzlos ihre Kräfte, suchten ungewisse Vortheile durch große Opfer zu erringen, bewahrten nach Aeußerungen von Muth und Tapferkeit keine Ausdauer, entfernten durch Unbiegsamkeit alle Eidgenossen, erbitterten einen Theil ihres Volkes gegen sich, zerfielen in innere Partheiungen und schloffen den Kampf mit Abtretungen statt mit Erwerbungen, und mit einem beinahe ganz zerstörten Gebiete. Wie eine reiche Erbin, um deren Hand man sich bewirbt, oder von der man wenigstens ein Vermächtniß zu erhalten hofft, behandelten Zürich und Schwyz den kinderlosen Grafen Friederich. Er hatte dem ersten entschiedene Beweise von Zuneigung gegeben, mit ihm ein sehr günstiges Burgrecht geschloffen, aber Mangel an politischer Aufmerksamkeit, ein zu Zürich verlorener Rechtshandel und das unbedachtsame Benehmen des Bürgermeisters Stüßi, der vorher in großem Ansehen bei dem Grafen gestanden war, entfernten den sich hochfühlenden Herrscher wieder von der befreundeten Stadt. Nicht so das Hirtenvolk, das man bisher nur derb auftreten zu sehen gewohnt war. Reding, sein Führer, weit entfernt in polterndem Benehmen und hochtönenden Worten Stärke zu suchen, lenkte den Sinn des Grafen zu ihm hinüber. Dieser hatte schon 1417 ein Landrecht auf 10 Jahre mit Schwyz geschloffen, 1428 erneuerte er dasselbe oder er ging vielmehr ein diesem Lande vortheilhaftes Bündniß ein, welches fünf Jahre über seine Lebenszeit hinaus dauern sollte, den Schwyzern auf seinen Tod hin die Herrschaft über Tuggen und deffen Umgegend und die toggenburgischen Angehörigen in der March zusicherte und erklärte, seine Festen sollen offene Häuser der Schwyzer seyn. — Zürich wurde zudringlich. Es verlangte, Friederich sollte noch vor seinem Tode den Erben ernennen, damit es wiffe, an wen es sich wegen seiner Verburgrechtungen zu halten habe. Der Graf gab Hoffnungen, seine Gattin, die Gräfin Elisabeth von Mätsch, zu ernennen, die den Zürchern zugethan war; allein er dachte an seine Vettern und ließ einige Zeit vor seinem Tode die Schwyzer die Schließung einer Verlandrechtung des Toggenburgs und der Landschaft Uznach hoffen. Er starb am 30. April 1436 und mit ihm erlosch sein alter Stamm. Schwyz nahm von Tuggen und den Unterthanen in der obern March die Huldigung ein und that den zu Bern verbürgerten Bewerbern auf einen Theil des toggenburgischen Nachlaffes Vorschub; Zürich suchte dagegen Gaster und Sargans, wo das Volk unter sich uneinig war, für sich zu gewinnen, und schloß sich an die Gräfin an, von der es die Zusicherung erhielt, daß nach ihrem Tode ihm die Stadt Uznach, der Berg, das Goldingerthal und Schmerikon heimfallen sollten. Die Herrschaftsleute von Uznach, welche die Schenkung verwarfen und Zürich die Huldigung verweigerten, stieß der Bürgermeister Stüßi durch anmaßende Worte vollends von sich. Schwyz war den Einwohnern des Gasters freundlich entgegengegangen. Der alte Herzog Friederich von Oesterreich gestattete ihnen, ein dreißigjähriges Landrecht mit Schwyz zu schließen und um desto sicherer zu seyn, nahm Schwyz die Glarner, wo der Landammann Jost Tschudi beinahe ebenso hoch stand als in Schwyz Ital Reding in die Gemeinschaft auf.

Die Einwohner des Gasters besetzten das Städtchen Wesen, zwangen dasselbe zum Beitritte in das Landrecht und nahmen den Zürchern zwei Schiffe weg. Zürich schlug ihnen den Besuch seines Kornmarktes ab, ging mit den Sargansern ein ewiges Burgrecht ein, indessen Schwyz sich der Schlösser Grynau und Uznach bemächtigte. Große Theurung und Pest vermehrten die Noth des Volkes. Schon besetzten im Anfange des Jahres 1437 Zürich und Schwyz ihre Grenzen, als die Eidgenossen schnell sich zu Luzern auf einer Tagsatzung versammelten. Vier Wochen lang waren sie mit der Vermittelung beschäftigt, sie besuchten die Veruneinigten in ihrer Heimath, ließen sich durch die von Schwyz und Glarus angebotene Gemeinschaft nicht aus der unpartheiischen Stellung hervorlocken und die Zürcher wollten sich weder mit der bloßen Gemeinschaft des Ganzen, noch mit dem einzigen Uznach befriedigen. Mißtrauisch schlug Zürich das eidgenössische Recht aus. Nun wurden 19 Schiedrichter aus den fünf unpartheiischen Orten und Solothurn aufgestellt, die theils einmüthig, theils mit Mehrheit ein ausgleichendes Urtheil gaben, welches die Zürcher nicht anerkannten, den Schwyzern und Glarnern mit Beziehung auf die damahlige Theuerung den Markt beschränkten, und so die Eidgenossen gegen sich aufreizten. Ein Schiedgericht sprach aus, der verwittweten Gräfin stehe keine Befugniß über den Nachlaß Friederichs zu, und seine Erben schlossen mit Schwyz und Glarus ein Landrecht. Auf einer dritten Zusammenkunft in Luzern wurden die Ansprüche der Schwyzer günstig beurtheilt. Ein Zug, den die Zürcher, der Abmahnung der Eidgenossen zuwider, ins Sarganserland machten, rief die Schwyzer und Glarner noch einmahl an die Grenze; doch hörten sie auf die Stimmen der Eidgenossen, welche sie nach Hause mahnten. Ungeachtet der Aufforderung des Kaisers, an den sich Schwyz und Glarus gewandt hatten, versagte ihnen Zürich beharrlich den Zutritt zu seinem Markte. Graf Heinrich von Sax-Masor verpfandete das Sarganserland an Schwyz. Die Erben des Grafen Friederich thaten gegen Erlegung von tausend Gulden das Nämliche mit Uznach. Endlich folgte der alte Herzog Friederich diesem Beispiel mit der Herrschaft Windeck gegen dreitausend Gulden; doch mit Vorbehalt ihrer Freiheiten. Jetzt bot Zürich das Recht auf den römischen König an; die unparteiischen Eidgenossen bedrohten dagegen denjenigen Theil, der nicht auf sie hören würde. Im Anfange des Mai 1439 stellten sich die Zürcher 4000 Mann stark bei Pfäffikon auf. Die Schwyzer besetzten sogleich den über dasselbe sich erhebenden Etzel, und beide Theile mahnten die Eidgenossen. Die Glarner von den Toggenburgern und den Einwohnern des Gasters unterstützt, bewachten ebenfalls die Grenze gegen Zürich und mit Schwyz die Stadt Sargans, indeß die dortige Landschaft sich für Zürich erklärte. Zuerst begannen die Zürcher die Feindseligkeiten und verloren 11 Mann bei unvorsichtigem Vorrücken am Etzel; doch konnten die Eidgenossen und viele Städte, welche dazwischen traten, einen Waffenstillstand auf ein Jahr zu Stande bringen, während dessen Dauer Zürich die Durchfuhr auswärts gekaufter Lebensmittel erlaubte. Fruchtlos blieben 1440 die Verwendungen der bekümmerten Eidgenossen. Beide Theile sperrten gegen einander,

und plötzlich besetzten Schwyz und Glarus das Sarganserland.
Noch einmahl mahnten die Veruneinigten die Eidgenossen,
und Zürich gab sich leeren Hoffnungen über die Gesinnungen einzelner Stände hin. Hülfsvölker aus Gersau, aus dem luzernerischen Wäggis, aus dem Saanenlande und aus Nidwalden
waren bereits bei den Schwyzern eingetroffen. Ohne auf die
Abmahnung der Eidgenossen zu achten, sagten die Schwyzer,
Glarner und ihre Helfer am 2. November den Zürchern ab.
2000 Mann stark bewachten sie den Etzel und noch zahlreicher
versammelten sich die Zürcher wieder am Fuße desselben. Der
Pannermeister von Uri lenkte den Zuzug seines Landes und den
von Unterwalden zu den Schwyzern hinüber, und nun entschieden sich auch ihre Lander für Schwyz. Den Anführern der
Zürcher, die so lange von keiner Nachgiebigkeit hatten hören
wollen, entfiel sogleich der Muth. Während der Nacht entwichen sie mit 52 Schiffen auf das rechte Seeufer. Von ihren
Herren verlassen und um den Schrecknissen des Krieges zu entgehen, unterwarfen die Bewohner der Höfe Pfäffikon und Wollerau sich den einrückenden Feinden, huldigten den Schwyzern
und wurden aus getreuen Angehörigen Zürichs ebenso beharrliche Genossen des neuen Obern. Bald zwar das Gebiet der
Zürcher von allen Seiten von den Eidgenossen angegriffen.
Schwer fühlte es die Folgen des Krieges, und das nicht nur
verlassene, sondern mit einer harten Antwort aus Zürich zurück-
gewiesene Amt Grüningen schwur zu Schwyz und Glarus. Als
endlich Zürich sich bequemte, den Bünden Folge zu leisten, forderten Schwyz und Glarus die Eroberungen für sich und die
Eidgenossen. Zürich schlug ihnen den Reichslandvogt in Schwaben, Jakob Truchseß von Waldburg, oder die Eidgenossen zu
Schiedrichtern vor. Sie gaben dem erstern den Vorzug, aber
die Eidgenossen gestatteten diese Vermittelung nicht, und endlich kam auf Andreastag zu Luzern, unter dem Vorsitze Hein-
richs von Bubenberg, der Friede zu Stande. „Das Liegende
und Fahrende, was die Zürcher über dem Wallensee (im Sar-
ganserlande) verloren, soll den Schwyzern und Glarnern bleiben.
Die Höfe Pfäffikon, Wollerau, Hurden und die Ufenau tritt
Zürich an Schwyz ab, alle andern Ansprüche werden nach eid-
genössischem Rechte zu Einsiedeln entschieden, der freie Verkehr
wird hergestellt, nur wegen des fremden Weines macht Zürich
Vorbehalte. Die übrigen Eroberungen übergiebt Schwyz an Bern
und dieses an Zürich und die Zürcher entsagen ihren Rechten
auf die Johannitercommende Wadensweil." Schon hatten die
Schwyzer alle Vorräthe aus dem Schlo.. Grüningen wegge-
führt und nur ungerne unterwarfen sich die dortigen Herrschaftsleute dem Ausspruche, der sie wieder unter Zürichs Botmassig-
keit versetzte. Jetzt fühlten die Zürcher die Folgen jener Ver-
irrung, in welcher sie geglaubt hatten, auf Niemand Rücksicht
nehmen zu sollen. Daß sie Miteidgenossen einen Theil ihres
Gebietes hatten abtreten müssen, konnten sie nicht verschmerzen.
Statt denen wieder die Hand zu bieten, in deren Vereine sie
seit bald hundert Jahren gegen die Macht der Herren, vornämlich die des Hauses Oesterreich gekämpft hatten, warfen sie sich
in die Arme der bisherigen Feinde, schlossen mit Oesterreich
einen Bund, und traten beinahe die ganze Grafschaft Kyburg

für unsichere Hoffnungen und einige scheinbare Vorzüge dieser Macht wieder ab. Der neue Kaiser Friederich, Enkel des bei Sempach gefallenen Leopolds, versuchte es auf mannigfaltige Weise, die Eidgenossen einzuschüchtern. Große Hoffnungen wachten bei allen Gegnern des Schweizervolkes auf, daß man als einen gefährlichen Widersacher gesetzlicher Gewalt ansah; aber ungeschreckt forderten die Eidgenossen von Zürich Aufschluß über den mit Oesterreich eingegangenen Bund, den es zu entschuldigen suchte. 1442 bestätigte der neue Kaiser den Schwyzern ihre Freiheiten nicht. Eine Tagsatzung folgte der andern nach. Schwyz besuchte eine solche zu Baden nicht mehr, und Zürich wollte im Anfange des Mai 1443 zu Einsiedeln nicht über den österreichischen Bund sich einlassen. Schon hatte es teutsche Anführer und Reisige in seinen Mauern. Das Volk am Zürchersee, eingedenk des empfundenen Schadens, bewachte die Gränze. Die Schwyzer sagten am 20. den Zürchern und den Oesterreichern ab, und schlugen am 22. einen Angriff derselben bei Freienbach zurück. Noch einmahl vereinigten sich alle Eidgenossen gegen Zürich, dessen Land jetzt weit mehr als früher allen Verheerungen Preis gegeben wurde, während daß seine von dem Adel unterstützten Streiter beinahe immer den Eidgenossen weichen mußten, die mitten in ihren Siegen nie übermüthig, es nicht unterließen, gegen die Kurfürsten und Fürsten des Reiches sich über ihre kriegerischen Vorschritte zu entschuldigen. Zürich selbst wurde von den Eidgenossen belagert und seine Umgebungen in eine Wüste verwandelt. An den meisten dieser Waffenthaten und Streifzüge nahmen die Schwyzer lebhaften Antheil. Auch ihre Streiter kämpften und fielen 1444 in der Heldenschlacht zu St. Jakob bei Basel im Streite gegen die französische Uebermacht, welche die Kraft der Eidgenossen zu brechen bestimmt war; aber bei Greifensee, auf Nünikens Matte brachte der jüngere Landammann Ital Reding, auf den nur der feste Muth seines verstorbenen Vaters, nicht dessen höherer Sinn sich vererbt hatte, durch seine blutige Rache an den tapfern Vertheidigern des Schlosses Greifensee einen bleibenden Schatten, nicht sowohl auf sein Land, als auf seinen eigenen Nachruf. Gegen die Schwyzer und ihre Eidgenossen erschienen neue Absagebriefe von Fürsten und Herren; Verstärkungen von Reisigen kamen nach Zürich. Beharrlich wurden die Anforderungen Oesterreichs von den Eidgenossen zurückgewiesen. Auf das während dieser Zeit von den Oesterreichern besetzte Rapperswyl wurden vergeblich mehrere Angriffe versucht, und mit Vortheil fochten auf dem Zürchersee die Schiffe und Flöße der Zürcher gegen die Schiffe und eine große Flöße der Schwyzer; doch hatte ein erneuerter Versuch der Zürcher und Oesterreicher auf die Höfe am 16. December 1445 nur Verheerungen und den Gewinn einiger Schiffe zur Folge. Am 6. März 1446 nahmen auch Schwyzer an dem Siege der Glarner über die Oesterreicher bei Ragatz Theil. Nur die Leidenschaften konnten die Fortdauer des Krieges bewirken. Die Gegenden, wo er geführt wurde, waren erschöpft, die Ueberlegenern unter den Eidgenossen fühlten das Bedürfniß des Friedens, aber die stolzen Sieger wollten nichts aufopfern und die Tongeber unter den Besiegten schauerten vor dem Schlusse der Rechnung. Eine Zusammenkunft auf dem Zürchersee bahnte die Unterhandlungen an. Sie wurden zu Constanz eingeleitet. Vor andern war der Kurfürst Ludwig von der Pfalz dabei thätig. Im tiefen Gefühle des Bedürfnisses dem Zustand der Rechtlosigkeit ein Ende zu machen, beschränkte man sich zuerst auf die Herstellung eines friedlichen Zustandes. Man trennte die Sache Zürichs von der österreichischen, und setzte lange Fristen für die anzuhebenden Unterhandlungen fest. Ein vorläufiger Ausspruch des Schiedsrichters Peters von Argun, Bürgermeisters zu Augsburg, hielt die Zürcher an, die ewigen Bünde zu beobachten, demzufolge auf der in denselben zwischen Zürich und Schwyz bestimmten Wallstatt Einsiedeln zu erscheinen. Die eidgenössischen Schiedsrichter näherten sich allmählig, die Streitfragen wurden vereinfacht und endlich am 8. April 1450 zu Cappel den Zürchern ihr verlorenes Gebiet wieder zuerkannt, mit Ausnahme der Höfe u. s. f. Die Entschädigungsforderungen wurden gegenseitig aufgehoben und Zürichs Verhältnisse gegen Wädensweil hergestellt. Endlich machte am 13. Juli desselben Jahres der Ausspruch des Schultheißen Heinrich von Bubenberg zu Einsiedeln durch Bestätigung des Ausspruches der eidgenössischen Schiedrichter und durch Aufhebung des österreichischen Bundes der unseligen Fehde ein Ende.

Bald sah man die so lange feindselig Entzweiten wieder für gemeinschaftliche Zwecke zusammenwirken. 1451 schlossen Zürich, Luzern, Schwyz und Glarus mit dem Abte von St. Gallen ein Burg- und Landrecht für seine Länder zwischen dem Boden- und Zürchersee, aus welchem das nachherige, schirmörtliche Verhältniß dieser vier Kantone zu dem Kloster St. Gallen hervorging, auf welchem ihr Einfluß auf dasselbe beruhte, und aus dem auch hauptsächlich der sogeheißene Toggenburgerkrieg war herbeigeführt worden.

Gleichwie von dieser Zeit an Schwyz an allen wichtigen Verträgen der Eidgenossen Theil nahm, so schloß es 1452 mit den übrigen VII alten Orten den ersten Bund mit Frankreich, der als immerwährend eingegangen wurde und die Grundlage aller nachherigen Verbindungen mit diesem Königreiche ist. Weil der Hirtenberuf oft freie Zeit übrig läßt, Viele sich an ein müßiges kriegerisches Leben gewöhnt hatten und bei diesem, neben der Aussicht zur Beute, damals meistens einen sehr großen Sold fanden, so waren die Schwyzer nie die letzten, wenn eidgenössische Scharen von fremden Herren oder Städten aufgefordert, oft über ihre Grenzen und bis weit ins teutsche Reich hinauszogen, wobei man wenig unterschied, ob die Hülfe Herren oder Freien geleistet wurde. In Verbindung mit den Glarnern unterstützten sie 1453 den Grafen von Werdenberg-Sargans gegen schwäbische Reichsstädte, die zum Ersatze genöthigt wurden, und bald nachher erneuerten sie das Landrecht mit dem Grafen. Noch waren die vorörtlichen Verhältnisse unter den Eidgenossen nicht genau ausgemittelt und aus dem langwierigen Bundesgenossenkriege her war Schwyz als eines der einflußreichsten Glieder bekannt. Zu ihm schickte nach der 1453 erfolgten Eroberung Constantinopels im folgenden Jahre Papst Nikolaus V. eine Gesandtschaft, um die Eidgenossen zu vermögen, auf Versöhnung des Herzogs Franz Sforza von Mailand und der Venetianer einzuwirken, damit die Kräfte der christlichen Mächte gegen die von Osten her Europa und die Kirche bedrohende Gefahr vereinigt werden könnten. Schwyz schrieb eine Tagsatzung nach Luzern aus, welche eine Gesandtschaft an den Herzog abschickte, der bald nachher mit den Venetianern Friede schloß.

Tief in seinem Innern wurde das Land durch eine Entzweiung der Angesehensten erschüttert. Auch da bewährte sich die Erfahrung, daß in solchen Fällen nur die Dazwischenkunft von Drittmännern helfen kann, wenn nähmlich diese redlich gesinnt sind. 1464 erstach Hans Ulrich den Werner Ab-Yberg im Flecken Schwyz vor seiner Hausthüre. Die Ab-Yberg forderten Strafe, die Ulrich vertheidigten ihren Namensgenossen und drangen auf Begnadigung. Allgemein wurde die Spaltung und die Obrigkeit getraute sich nicht, ein ordentliches Richteramt auszuüben. Sie sah sich genöthigt, die eidgenössischen Stände um Rath und Hülfe anzugehen. Bern allein blieb aus. Es wurde entschieden, eine Landsgemeine soll das Urtheil ausfällen, zu welcher man die Küßnachter, die aus der March, aus Einsiedeln, Pfäffikon und den Höfen als Unparteiische berief. Ulrich wurde auf Zeitlebens aus der Eidgenossenschaft über den Rhein verbannt, aber noch im Spätjahre trieb ihn die Sehnsucht in das Vaterland zurück, er wurde im Lande Uznach ergriffen, von der Obrigkeit in Schwyz zum Schwerte verurtheilt; doch aber die Strafe zu Uznach vollzogen, um neue Stürme in der Heimath zu verhüten.

In den großen Kämpfen des eidgenössischen Heldenzeitalters wider Burgund, wider den Kaiser und das Reich im Schwabenkriege, in der Lombardei, wo der Gewinn des Reislaufens und der Einfluß erkaufter Parteihäupter die Kriegslustigen bald unter die Fahnen des Kaisers, bald unter diejenigen des Königs von Frankreich oder des Papstes und noch anderer Mächte führte, waren die Schwyzer beinahe immer zugegen. Im Schwabenkriege war Schwyz unter denjenigen, die vorzüglich auf Beförderung des Friedens drangen, obgleich aus der alten Landschaft nur 12 Mann in demselben umkamen. Die Zahl der Gebliebenen aus den äußern Bezirken ist unbekannt und ebenso derjenigen, die an ihren Wunden starben. In den lombardischen Kriegszügen raffte die einzige Schlacht bei Novarra mehr Leute hin als das doppelte dessen, was in manchen Schlachten die Vertheidigung des Vaterlandes gekostet hatte. Aus der alten Landschaft fielen 29 Streiter. Die Riesenschlacht bei Marignano 1515 kostete die alte Landschaft 174 und den fünfundsiebenzigjährigen Landammann Ulrich Käti. Diese schweren Erfahrungen blieben nicht ohne tiefen Eindruck. Schon 1415 wurde in Schwyz eine von den vielen Tagsatzungen gehalten, welche den Unfugen der Reisläufer und Volksaufwiegler Schranken setzen und die öffentliche und die häusliche Ordnung herstellen sollten. Im Februar 1516 hielten Zürich, Uri, Schwyz, Basel und Schaffhausen zu Schwyz wieder eine Tagsatzung, weil diese Kantone sich verpflichtet glaubten, an den Kaiser und das Reich sich zu halten und Kaiser Maximilian I., der kurz

2 *

vorher den Schwyzern wie noch andern Eidgenossen ihre Freiheiten und Rechte bestätigt, sie aufgefordert hatte, mit ihm nach Italien zu ziehen, und die Lehenpflicht Mailands als eines Bestandtheiles des heiligen römischen Reiches herzustellen. Die verlangte Hülfe wurde ihm zugesichert. Den 12,000 Schweizern, welche für ihn nach Mailand zogen, standen 13,000 andere, größtentheils aus Bern und den westlichen Kantonen entgegen. Dem Kaiser fehlte das Geld zur Bezahlung. Er selbst rieth bald zum Frieden mit Frankreich und dieses zwar in die Schweizergeschichte gehörende Bruchstück ist eine Probe der Geschichte jenes Zeitalters. Durch das Unglück der Zeiten belehrt und unterstützt verschafften sich vaterländisch gesinnte Männer Einfluß auf die öffentliche Meinung. Vergeblich machte Schwyz mit Zürich vereinigt, den Eidgenossen den Antrag, französischen und andern Jahrgeldern zu entsagen und beide widersetzten sich eine Zeit lang neuen Bundesverträgen mit dem Auslande. Nicht ohne lebhaften Widerstand der Freunde des Reislaufens wurde auf einer Landsgemeine beschlossen, sich von dem mit Frankreich in Gemeinschaft der Eidgenossen eingegangenen Bündnisse zu trennen und 25 Jahre lang sich der Jahrgelder und der Dienste fremder Herren zu enthalten. Der Eindruck des großen Verlustes, den das schweizerische Heer 1522 in dem mißlungenen Angriffe auf die französische feste Stellung bei Bicocca in der ganzen Eidgenossenschaft gemacht hatte, erlosch bald. In Kurzem verzehrten die Wirren im Mailändischen Viele durch das ansteckende Fieber des Reislaufens gelieferte Opfer, und in der blutigen Schlacht bei Pavia 1525 fochten noch einmahl Schwyzer. 1512 trat auch Schwyz zu der Besitznahme der Landschaft Neuenburg, die achtzehn Jahre lang als eine gemeinschaftliche Herrschaft der Eidgenossen verwaltet wurde.

Im Kanton Schwyz hatte, ungeachtet Zwingli in Einsiedeln und sein Freund Balthasar Trachsel, Pfarrer zu Art, von dorther die Reformation beförderten, sie nur eine beschränkte Zahl erklärter Anhänger gefunden, die keinen entscheidenden Einfluß erhielten und als die seit vielen Jahren bestandenen politischen Spaltungen der Kantone in kaiserlich, französisch, päpstlich, benetianisch Gesinnte u. s. f. der religiösen Trennung zwischen den Bekennern des alten und denen des neuen Glaubens gewichen waren, oder sich doch dieser letztern untergeordnet hatten, trat Schwyz unter den erklärten Freunden des Hergebrachten auf und schloß sich an dessen beharrliche Vertheidiger an. Als die der Reformation beitretenden Kantone eine engere Verbindung unter dem Namen des christlichen Bürgerrechtes eingingen, vereinigten sich Schwyz, Luzern, Uri, Unterwalden und Zug enger und alle lehnten sich an das Haus Oesterreich an. Eine Hochzeit wurde benutzt, um zu Feldkirch die Einleitungen zu machen und zu Waldshut wurde zwischen dem Erzherzoge Ferdinand von Oesterreich und diesen Kantonen das sogeheißene ferdinandische Bündniß im Frühlinge 1529 geschlossen, dessen Zwecke strenge Bestrafung der Neuerer, gegenseitige Hülfe gegen Vergewaltigungen und Beschützung des alten Glaubens bis auf eine Reformation oder ein allgemeines Concilium mit Vorbehalt der Ahndung eingeschlichener Mißbräuche waren. — Als Zürich die Reformation im Kloster St. Gallen und in dessel-

fen alter Landschaft beförderte, stand Schwyz mit Luzern und
den übrigen drei innern Kantonen derselben nach Kräften entgegen. Indeß die Reformation, vornämlich von Zürich unterstützt, sich immer mehr, insbesondere auch in den gemeinen
Herrschaften verbreitete, die V Orte hingegen schwere
Strafen gegen Beförderer derselben eintreten ließen, erhitzten
sich die Gemüther noch starker. Die Genossen des christlichen
Bürgerrechtes forderten von den V Orten die Aufgebung des
ferdinandischen Bündnisses und im Juni zogen beide Theile
gegen einander ins Feld, doch wurde, ohne daß Feindseligkeiten
waren verübt worden, am 24. desselben Monats durch die unparteiischen Stände und teutsche Städte der Friede wieder
vermittelt. Als die Mißverständnisse sich erneuerten, die Erbitterung stieg, Anreizungen häufiger wurden und endlich die
Bürgerstädte am 16. Mai 1531 zu Zürich die Zufuhr von Korn,
Salz, Wein, Stahl und Eisen zu sperren beschlossen, wurden
die V Orte mehr als je durch diese Vorkehrungen erbittert
und bekeinigt. Mit Umsicht und Besonnenheit nahmen sie ihre
Maßregeln. Am 7. October mahnten die V Orte das Gaster, die Zufuhr zu öffnen und zu seinen Herren von Schwyz
nach Einsiedeln zu ziehen; allein die Mehrheit der Landschaft
beschloß, sich nicht von Zürich zu trennen. In gemäßigter
Sprache erließen am 9. die V Orte ihre Kriegserklärung.
Unter der Anführung des Ammanns Reichenmuth nahmen die
Schwyzer am 11. October an der Schlacht und dem Siege bei
Cappel über die Zürcher Antheil. Ihre Grenzen gegen das
Zürichgebiet und gegen die Linth hielten sie bewacht; doch auf
dieser Seite fielen keine wirklichen Feindseligkeiten vor. Bei
dem zweiten Siege über die Reformirten auf dem Gubel war
das Panner von Schwyz nicht zugegen, aber mit Thätigkeit
wurden die erfochtenen Vortheile benutzt. Noch während der
Friedensunterhandlungen besetzten die Schwyzer am 18. Rappersweil. In dieser Stadt, in den Höfen und im Gaster wurde
der katholische Gottesdienst wieder eingeführt. Dem Gaster
wurden ohne Rücksicht auf die Mitherrschaft der Glarner, Geldstrafen aufgelegt und sein Fähnchen weggenommen, und nach
dem Friedensschlusse wirkte Schwyz mit allem Nachdrucke auf
Wiederherstellung und Ausbreitung des während der verflossenen
Jahre beschränkten Einflusses der V Orte in den teutschen
gemeinen Herrschaften und in andern eidgenössischen Verhältnissen. Zunächst mit den übrigen innern, dann aber auch mit
den andern katholischen Kantonen und zugewandten Orten
knüpfte man engere Verbindungen an, so mit Wallis, später
mit dem Bischofe von Basel und mit beiden wurden die Bündnisse von Zeit zu Zeit erneuert. Während der Religionskriege
in Frankreich zog aus Schwyz zahlreiche Mannschaft dem französischen Hof zu Hülfe; aber gegen Heinrich III., nachdem
dieser an seinen Nachfolger Heinrich IV. sich angeschlossen hatte,
und gegen diesen letztern fochten die Schwyzer in den Reihen
der Ligue, bis er zum katholischen Glauben übertrat. Auch
nachher nahm dieser Stand immer wesentlichen Antheil an dem
französischen und an dem spanischen Kriegsdienste. Auf den
niederländischen Kriegsschauplätzen stritten oft und zahlreich die
Schwyzer für die spanische Herrschaft, vorübergehender anderer

Capitulationen und Dienstleistungen hier nicht zu erwähnen. Den Bundeserneuerungen mit der Krone Frankreich trat Schwyz jedesmahl bei. Am 4. October 1586 beschwor es mit Luzern, Uri, Unterwalden, Zug, Freiburg und Solothurn zu Luzern den goldenen oder boromaischen Bund, der unter den Bundesgliedern eine engere, eidgenössische Verbindung zunächst zwar zum Schutze der katholischen Religion, dann aber auch zu allgemeiner gegenseitiger Beschützung feststellt. — Und nach jener Vereinigung der beiden französischen Heinriche trat Schwyz neben den so eben genannten Kantonen, Solothurn ausgenommen, am 12. Mai 1587 in ein Bündniß mit der Krone Spanien, das in seinem vierten Artikel die wichtige Bedingung enthielt, daß der Durchpaß spanischen Kriegsvolkern zwar unter Einschränkungen gestattet wurde, was für Spanien, welches damahls Mailand, die Freigrafschaft Burgund und die Niederlande besaß, einen großen Werth hatte. Die Entzweiungen in Graubünden während des dreißigjährigen Krieges, die Besetzungen dieses Landes durch die Oesterreicher, Spanier und Franzosen, die Theilnahme der katholischen Orte an der Sache der beiden erstern Mächte, diejenige der Reformirten an den Unternehmungen der Franzosen, wodurch neues Mißtrauen und Erbitterung zwischen den beiden Religionsparteien veranlaßt wurden, brachten auch in den Kanton Schwyz manche Aufregungen gegen anders denkende Nachbaren. Noch größer wurde dieselbe, als 1633 ein schwedisches Heer ohne Widerstand über die Brücke der unter Zürichs Oberherrschaft stehenden Stadt Stein auf das linke Rheinufer hinüberging und auf thurgauischem Boden Constanz belagerten. 3000 Mann aus den III Ländern und Zug rückten in die St. Gallische Landschaft vor. Der Obristwachtmeister des Thurgaues, Kilian Kesselring, welcher einige Zeit vorher das zürcherische Bürgerrecht erhalten hatte, wurde von den Anführern dieser 3000, als er in der Stadt Weil sich bei ihnen einfand, gefangen genommen, weil man ihn und Zürich des Einverständnisses mit den Schweden beschuldigte. Als er auf der Folter nichts eingestand, wurde er nach Schwyz geführt und ungeachtet der Verwendung der unparteiischen Orte und des französischen Hofes 70 Wochen lang in harter Gefangenschaft gehalten, mit ungewöhnlichen Martern belegt, endlich zu einer Geldstrafe von 5000 Gulden und zur Bezahlung von 8356 Gulden an die Kosten und 100 Kronen für die Aerzte verurtheilt und nicht losgelassen, bis diese Summe bezahlt war.

Durch die Religionsverhältnisse in den gemeinen Herrschaften, insbesondere im Thurgau, gerieth Schwyz in Verbindung mit den übrigen innern Kantonen gegen Zürich in große Mißverständnisse, die sich mehrere Mahle so weit ausdehnten, daß Kriegsrüstungen gemacht, Hochwachen besetzt und sogar die Religionsgenossen zu getreuem Aufsehen gemahnt wurden; so 1610 im Gachnangerhandel, 1651 wegen unwichtiger Veränderungen zu Uttweil und Lüstorf, 1664 im Wigoldinger- und 1695 im Wartauerhandel. — Zwischen Schwyz und dem Kloster Einsiedeln entstand eine von den frühern ganz verschiedene Streitigkeit. Der Abt Placidus, aus Einsiedeln gebürtig, einer derjenigen, die sich großen Planen überlassen, ohne die Mittel und die Folgen genug zu erwägen, forderte 1634 eine Landsteuer von

der Waldstatt Einsiedeln und sprach endlich sogar die Landeshoheit an. Der Gewinn davon war, daß Schwyz 1637 einen
Landvogt nach Einsiedeln setzte. Eine katholische Tagsatzung,
die sich in Luzern versammelte, bewirkte keine Vermittelung,
doch söhnten die Betheiligten nach vier Jahren sich wieder aus.

1642 erlitt der Flecken Schwyz durch eine große Feuersbrunst einen empfindlichen Verlust, hatte sich aber hierauf auch
der Unterstützung seiner Miteidgenossen beider Religionen zu
erfreuen.

Als 1653 zuerst im Entlebuch und hierauf in dem größten
Theile des Kantons Luzern eine Volksbewegung ausbrach und
die Unzufriedenen sich der Stadt Luzern näherten, schickten
Schwyz und die beiden andern Länder im März, von der dortigen Obrigkeit aufgefordert, eine Besatzung von 400 Mann in
die bedrohte Stadt. Als dennoch der sogeheißene Bauern-
krieg sich auch über die Kantone Bern, Solothurn und Basel
ausdehnte, das Volk sich durch einen Bundesvertrag gegen die
Obrigkeiten oder die regierenden Städte in ein selbstständiges
Verhältniß zu setzen suchte und die Einwohner der freien Aemter sich an die Aufgestandenen anschlossen, erhoben sich auch im
Kantone Schwyz einzelne Stimmen für die Unterthanen der
Städte, die manche gegründete Beschwerde über bedrückende
Einrichtungen und eigenmächtiges Verfahren der Beamten zu
führen hatten; allein die Landesvorsteher setzten sich denselben
entgegen und die große Mehrheit des Volkes, welchem seine
Herrscherrechte über die zahlreichen gemeinen Herrschaften, die
es durch die Freiämtner bereits gefährdet sah, von hohem
Werthe waren, betrachtete die Volksbewegung aus demselben
Gesichtspunkte. Gleichwohl forderte man auf der schwyzerischen
Landsgemeine, daß die Hülfsmannschaft des Kantons sich zwischen der Stadt Luzern und dem Landvolke aufstelle, und bei
dem Gefechte des Ländercontingents an der Gyslikerbrücke mit
dem luzernerischen Landvolke sollen Manche aus dem erstern
gerufen haben, sie seyen nicht da, um die Bauern todt-
zuschlagen. Schon hatte bei vielen Eidgenossen die große
Erschütterung des Bauernkrieges die Ueberzeugung von dem
Bedürfnisse innerer Verbesserungen und einer nähern Verbindung hervorgebracht, als kirchliche Ursachen, deren Hauptsitz im
Kanton Schwyz lag, die VII alten Orte plötzlich wieder in
offenem Kriege einander gegenüberstellten. Sechs und dreißig
der evangelischen Religion zugethane Einwohner aus Art hatten
sich aus Furcht vor drohender Strafe in der Nacht vom 23.
auf den 24. December 1655 in den Kanton Zürich geflüchtet.
Die dortige Obrigkeit nahm sie auf und forderte die Heraus-
gabe ihres auf 15,000 Kronen geschätzten Vermögens. Eine
aus zehn Gliedern bestehende Gesandtschaft der evangelischen
Orte versuchte zu Schwyz vergeblich, diese zu erhalten. Als
Zürich das eidgenössische Recht anrief, lehnte Schwyz dasselbe
ab, sich darauf stützend, das Vorgegangene komme, zufolge der
Kantonalsouverainetät, seiner Beurtheilung zu, und in Verbindung mit den übrigen katholischen Orten stimmte es der von
den evangelischen geforderten Beschwörung der Bünde, die bereits in ein Instrument zusammengetragen waren, aus Besorg-

niß vor Ueberlistung nicht zu. Auf wiederhohlte Aufforderung erklärte Schwyz, es würde sich eher an den Kaiser wenden, von welchem es den Blutbann erhalten habe und seine Gesandten verließen die nach Baden zusammenberufene Tagsatzung. Schon hatte Zürich seine Grenze bei Cappel, die innern Kantone hingegen Bremgarten und Mellingen besetzt, als am Schluße des Jahres die Zürcher die Feindseligkeiten eröffneten, und eigenmächtig in ihrer Kriegserklärung im Namen der sechs evangelischen Orte sprachen. Vor Rapperswyl, wohin Schwyz schnell eine Besatzung warf, die durch 200 aus dem Mailändischen eingetroffene Spanier verstärkt wurde, verzehrten die Zürcher während einer langen unthatig geführten Belagerung ihre Kräfte. Eine übelgeleitete Unternehmung derselben auf das Schloß Pfäffikon mißlang. Der leidenschaftliche Charakter, den der nunmehr ganz als Religionskampf geführte Krieg annahm, verleitete schwyzerische Kriegsleute, die unter Hauptmann Faßbind an der Glarnergrenze standen, zwei Häuser im Nußbühl zu plündern, und kaum konnten die reformirten Glarner von Erwiederung der Feindseligkeiten abgehalten werden. Ein Einfall aus dem Kanton Schwyz in den Wädensweilerberg war mit Grausamkeiten an Wehrlosen, der Abbrennung der Kirche und 21 Häuser in Hütten verbunden, und hatte die Folge, daß die Zürcher das Geschehene durch die Einäscherung einiger Häuser im Schwyzer- und noch mehrerer im Zugergebiete erwiederten. Zu Rapperswyl that die Besatzung unter dem tapfern schwyzerischen Befehlshaber Wiget immer beharrlichen Widerstand. Ein Sturm der Zürcher wurde mit nicht unbedeutendem Verluste zurückgeschlagen und die Niederlage, welche die Berner aus gänzlichem Mangel an Wachsamkeit von den Luzernern und Freiämtern bei Villmergen erlitten, gab den Friedensvermittelungen der unparteiischen Orte, die von dem Kaiser, vornämlich aber von Frankreich und Savoien unterstützt wurden, so viel Gewicht, daß die beiden erbitterten Gegner, Zürich und Schwyz, zu Beilegung der Feindseligkeiten Hand bieten mußten. Am 7. März wurde zwar kein vollständiger Friedensvertrag, doch aber ein ewiger Friede nach Laut der Bünde geschlossen, der Vergessenheit des Geschehenen, Amnestie den gemeinschaftlichen Unterthanen, welche Theil an dem Kriege genommen hatten, aussprach und Besitznehmungen zurückgab; Kostenforderungen und viele andere Streitpunkte blieben der Erörterung der Schiedrichter vorbehalten; allein ungeachtet langer Verhandlungen konnten sich diese nicht vereinigen, und ebenso wenig verständigte man sich über einen Obmann, so daß nichts weiteres ausgetragen wurde, die Erbitterung fortdauerte und es der heilenden Zeit vorbehalten blieb, allmählig die gähnende Wunde des gemeinschaftlichen Vaterlandes ein wenig zu schließen.

Mit Uri gerieth Schwyz unmittelbar nach diesem Kriege in ein mehrjähriges Mißverhältniß. Der urnerische Oberst Zweier, einer der Anführer der katholischen Orte im Rappersweilerkriege, in dessen Schloße Hilfikon, bei Villmergen, die Berner (wie dieß oft in Kriegszeiten geschieht) eine Schutzwache gegeben hatten, wurde darüber verdächtigt und ein Conventual von Einsiedeln veranlaßte das Gerücht, er sey auch von Zürich bestochen worden. Schwyz sprach das Richteramt an, Uri vertheidigte das seinige. Die übrigen Orte und die Tagsatzung beschäftigten sich mit dieser Streitigkeit, die endlich mehr entschlief als beigelegt wurde.

Die häufigen Kriege zwischen Oesterreich und Frankreich, die den Kriegsschauplatz bis unmittelbar an die Eidgenossenschaft brachten und durch welche Basel, bisweilen auch die solothurnische Grenze gefährdet wurden, hatte die Eidgenossen belehrt, daß bestimmte Regeln über das Verhältniß, in welchem jedes Glied des Bundesstaates zu der gemeinschaftlichen Vertheidigung beitragen müsse, durchaus nothwendig seyen. Die Zahl der einzelnen Contingente, die Weise, nach welcher die Oberbefehlshaber von den Kantonen ernannt werden sollten u. a. m. wurden bestimmt. Man hieß dieß das Defensional. Schwyz wurde auf 600 Mann angesetzt, eine Zahl, die allerdings das Verhältniß seiner Bevölkerung zu den größern Kantonen überstieg, und auf der damahligen Ansicht aller Eidgenossen beruhte, daß das gleiche Stimmenrecht in den eidgenössischen Verhandlungen eine größere Leistung der Stimmegebenden Kantone fordere, als diese aus der bloßen Seelenzahl hervorgehen würde. Auch räumten die katholischen Orte den reformirten nicht gerne eine große Ueberlegenheit in der gemeinschaftlichen Bewaffnung ein. Eine erste Uebereinkunft von 1647 war 1668 näher bestimmt worden; allein sie erlitt 1677 durch Wolfgang Dieterich Schorno von Schwyz eine empfindliche Störung. Durch gehässige Mißdeutungen der Vorschriften über das Verfahren in Straffallen, sogar durch herumgebotene falsche Abschriften u. a. m. erregte Schorno bei vielen Einwohnern des Kantons Schwyz ein allgemeines Mißtrauen gegen diesen eidgenössischen Staatsvertrag und sogar den Verdacht, man suche durch aristokratische Einrichtungen die Volksfreiheit zu unterdrücken. Ungeachtet die drei übrigen Waldstätte und Zug öffentlich bekannt machten, jedem Ort sey die Gerichtsbarkeit über die Seinigen vorbehalten, beschloß die schwyzerische Landsgemeine, sich auf die allgemeinen Bundespflichten zu beschränken und sich von dem Defensionale loszusagen. Die Beförderer desselben wurden verdächtigt und bedroht. Umsonst erinnerten die übrigen Orte, die veränderten Kriegseinrichtungen der großen Staaten fordern auch von der Schweiz schnellere und bestimmtere Maßregeln. Schwyz trennte sich von den Eidgenossen in den Berathungen über die Grenzbewachung und katholisch Glarus, über welches sich das nämliche Mißtrauen verbreitet hatte, folgte seinem Beispiele nach. Dieses Ereigniß hatte die Folge, daß die Tagsatzung ein ungewöhnliches, höheres eidgenössisches Richteramt ausübte, indem sie den Schorno und noch zwei seiner Gehülfen, Heller und Frischherz, als Störer der öffentlichen Ruhe erklärte, sie aus allem eidgenössischen Gebiete verbannte und auf Schorno 100 Dukaten setzte. Eine Aufregung der Menzinger blieb nur dadurch ohne Folgen, daß Baar fest sich an die Stadt Zug anschloß; allein im folgenden Jahre brachten demagogische Einflüsse Uri und Obwalden dahin, daß auch sie zurücktraten.

Langwierige Uneinigkeiten veranlaßten die Reibungen zwischen der Abtei St. Gallen und der Landschaft Toggenburg, über welche die Abtei ihre Oberherrschaft immer mehr auszudehnen trachtete, indeß die Landschaft bald bei diesen, bald bei jenen Kantonen Schutz und Hülfe suchte. Schwyz nahm im Laufe der Jahre dabei ganz veränderte Stellungen an, und am Ende führten die Zwistigkeiten einen neuen innern Krieg der Eidgenossen herbei, der unter dem Namen des Zwölfer- oder Toggenburgerkrieges bekannt ist. Der Befehl des Abts Leodegar zu St. Gallen an die toggenburgische Gemeinde Wattweil, eine Straße durch den Hummelwald nach Utznach anzulegen und die Widersetzlichkeit der Gemeinde gab dem schon lange glimmenden Feuer neue Nahrung. Schwyz, welches eine solche Straße wünschte, begünstigte die Unternehmung, um bei Mißhelligkeiten mit Zürich eine von diesem Kanton unabhängige Verbindung mit dem Bodensee, dem Kornmarkte zu Rorschach und mit Teutschland zu haben. Ein Bündniß, welches der Abt mit Oesterreich schloß und die veränderte Stimmung der Wattweiler, die sich bequemten, die gewünschte Straße anzulegen, gaben der Sache eine neue Gestalt. Auf den Antrieb des Standes Glarus und des Rathsherrn Joseph Anton Stadler von Rothenthurm lenkte sich die Landsgemeine zu Schwyz, ungeachtet des Widerstandes der meisten Landesvorsteher, auf die Seite der Toggenburger. Beunruhigt durch das Bündniß des Abtes mit Oesterreich, durch welches sie ihre Verhältnisse zu den Toggenburgern gefährdet glaubten, sicherten Schwyz und Glarus diesen ihren Schutz zu, und das harte Benehmen des Abtes gegen sie vermehrte die Theilnahme der beiden Kantone. Sie erneuerten mit den Toggenburgern 1703 das alte Landrecht. Immer blieb indeß der größte Theil der Vorsteher des Kantons Schwyz der Sache des Abtes zugethan, während daß Stadler mit Leidenschaft die Volksgunst an die Sache der Toggenburger zu fesseln bemüht war. Zwölf Rathsglieder, unter ihnen der Landammann Dominik Bettschart, auch der Landschreiber Joseph Franz Mettler liefen auf seine Anschuldigung Gefahr, als Verräther an den Rechten des Standes von dem aufgebrachten Volke mißhandelt oder vollends erschlagen zu werden. Stadler erhielt die Landvogtei Rheinthal, Aegidius Schorno, ein anderer Beförderer der toggenburgischen Sache, die Landammannsstelle zu Schwyz. Die raschen Vorschritte der Toggenburger, ihre Annäherung an Zürich und Bern, die Religionsfreiheiten, welche die Reformirten im Toggenburg sich zu verschaffen wußten, die Klagen der katholischen Orte und die lauten Aeußerungen der schwyzerischen Geistlichkeit veränderten allmählig die Stimmung des Volkes. Schon 1707 drohte Stadlern auf der Landsgemeine die nähmliche Gefahr, die er über jene 13 Landesbeamten gebracht hatte. Der Landammann Schorno und andere frühere Gehülfen traten als Ankläger gegen ihn auf; doch noch einmahl erhob er sich wieder; allein er wurde verhaftet und im September 1708 zum Schwerte verurtheilt, eines der vielen Beispiele von der Gefahr, die Volksgunst zu Intriguen und zu Zwecken zu gebrauchen, die mit den gewöhnlichen Ansichten eines solchen Volkes im Widerspruche sind. Nicht nur wurden ihm Fälschungen in diesem Geschäfte, sondern auch in seinen Privatverhältnissen beigemessen. Seine Oekonomie befand sich ganz zerrüttet;

dennoch blieben ihm und Andern, die zu gleicher Zeit an Geld,
Ehre oder durch Verbannung gestraft wurden, nachher manche
Vertheidiger nicht nur unter Weltlichen, sondern auch in der
Zahl der Geistlichen. Von jetzt an nahm der Kanton Schwyz
wieder mit den übrigen katholischen Orten die Partei des Abtes,
gleichwie Zürich und Bern die Sache der Toggenburger unter-
stüzten, bis endlich die Spannung so hoch stieg, daß 1712 der
Krieg ausbrach. Nachdem der Abt einige Besatzungen in das
Toggenburg gelegt, die Toggenburger sich bewaffnet, auch Zürich
und Bern zu ihrer Unterstützung sich in Bewegung gesetzt hatten, mahnte Schwyz Luzern. Die V Orte traten zu Brunnen
zusammen, erließen am 17. Mai an Zürich und Bern eine Abmahnung und am 18. rückten die Schwyzer auf ihre Grenzen,
und 400 Luzerner vereinigten sich zu Pfäffikon mit ihnen.
Schwyz begann die Eröffnung des Feldzuges mit Thätigkeit.
Es berief die Beamten der Freienämter zu das Kloster Muri
zusammen, forderte durch sie diese Landschaft zur Anschließung
an die V Orte auf, und gemeinschaftlich mit Uri und Unterwalden besetzte es Rapperswil. Nach der Auflösung einer
nach Baden einberufenen Tagsatzung war sein Gesandte am
31. Mai der letzte, welcher bei der Zusammenkunft der Katholischen zu Olten sich einfand und schon vorher hatte es Luzern
zu einem allgemeinen Angriffe aufgefordert. Mit Unterwalden
und Zug war Schwyz bei den nachherigen Unterhandlungen
nicht geneigt, den nachgebenden Gesinnungen der Luzerner und
Urner beizutreten, und nahm keinen Antheil an dem ersten
Friedensschlusse, der am 18. Juni zu Aarau zu Stande kam.
Vorsteher, welche man beschuldigte, sie theilen diese Gesinnungen,
wurden entsetzt und durch eine Folge der großen Aufregung
einige Richter Stadlers in Untersuchung gezogen. In Schwyz
und in den beiden gleichgesinnten Kantonen herrschte eine heftige Gährung und man wirkte nach Möglichkeit auf das Luzer-
nervolk und auf Uri. An dem Ueberfalle bei Sins und dem
Siege, der daselbst über die Berner gewonnen wurde, hatten
die Schwyzer Antheil. Der Oberst Reding, einer der Anführer, büßte dabei sein Leben ein. Am 22. geschah vornähmlich
durch das Volk von Einsiedeln, der March und der Höfe ein
Einfall in den Kanton Zürich am Richtensweilerberge, bei
welchem an Wehrlosen große Grausamkeiten ausgeübt wurden;
doch mußten, ungeachtet der Unthätigkeit mehrerer zürcherischen
Posten, die Eingefallenen den auf sie andringenden zürcherischen
Abtheilungen weichen, und beide Parteien büßten an Todten
und Verwundeten ein. Die Niederlage des katholischen Heeres
bei Villmergen berührte die Schwyzer unmittelbar nur wenig,
weil ihr Volk größtentheils bei Muri stehen geblieben war.
Durch diesen großen Sieg der Berner war der kriegerische Sinn
gebrochen; und am 1. August verpflichtete sich Schwyz, die bisherigen Verhandlungen zu Aarau zu genehmigen, seine Besatzung von Rapperswil abzurufen, die Schindellege, Hurden,
das Hurdenfeld und das Schloß Pfäffikon mit Vorbehalt der
Rechte des Fürsten von Einsiedeln, den Zürchern einzuräumen,
drei Pfandmänner zu liefern u. s. f. Die March hat mit
Besetzung verschont zu werden, und versprach, auch ihre Bewaffneten zurückzuziehen. Zwar war die Gährung bei einem

Theile des Volkes noch sehr groß; doch widersetzte man sich dem
Friedensvertrage nicht, der am 9. und 11. August zu Aarau
endlich unterzeichnet wurde. Er kostete Schwyz seinen Antheil
an der Mitregierung der Grafschaft Baden und der untern
Freienämter, die Oberherrlichkeit über die Stadt Rappersweil
und deren Höfe, auch das Dörfchen Hurden, ein Verlust, der
spater noch von Schwyz und den andern dabei betheiligten
Kantonen tief empfunden wurde.

Wegen der großen Spannung, die nun zwischen den Katholischen und Reformirten, vornämlich zwischen den V Orten
und den beiden ersten reformirten Kantonen entstand, schloß
Schwyz in Verbindung mit den übrigen katholischen Orten
1715 mit Frankreich ein besonderes Bündniß (Trücklibund),
das ihnen einige Hoffnung auf Frankreichs Unterstützung gab,
sie aber in ein Verhältniß von Abhängigkeit gegen diese Krone
versetzte.

Erneuerte Kriege zwischen Frankreich und Oesterreich (pol-
nischer Nachfolge- und österreichischer Erbfolgekrieg) weckten
wieder das Bedürfniß von Grenzbesetzungen, doch blieb Schwyz
von der Tagsatzung weg, welche im November 1733 für diesen
Zweck zusammentrat.

Zu heftigen innern Bewegungen, welche die übrige Eidgenossenschaft nicht berührten, gab 1764 die allgemeine Erneuerung der Capitulation mit Frankreich für den schweizerischen
Kriegsdienst die Veranlassung. Eine beständige Eifersucht waltete, wie dieß oft in den Schweizerkantonen zwischen den Of-
fizieren der meisten ausländischen Kriegsdienste der Fall war,
auch in Schwyz zwischen den in Spanien und den in Frankreich Angestellten. Die Erstern hofften durch einen Bruch mit
Frankreich ihre Werbungen zu erleichtern, sie machten aufmerksam auf die nachtheiligen Seiten der Capitulation und
dieß wirkte um soviel mehr, als schwyzerische Landleute sich
durch die Beschränkung der schweizerischen Privilegien und
durch das Droit d'Aubaine (Jus Albinagii, Ansprüche des
Königs auf den Nachlaß Auswärtiger) betroffen fanden. Angesehene Geistliche traten der spanischen Partei bei. Man
machte das Volk auf die ungünstigen Bestimmungen des 1715r
Bundes aufmerksam. Jetzt hörte man Viele aussprechen, es
sey besser, in keine Verbindungen zu treten, als Freiheit, Ruhe
und Frieden für Vortheile in Gefahr zu setzen, welche meistens nur Einzelnen zu Theil werden. Von der entgegenge-
setzten Seite stellte man allzu gebieterisch Frankreichs Schutz
als unentbehrlich dar und drohte mit der Unterstützung anderer
Kantone und Frankreichs, wodurch man den Spanischgesinnten
das Mittel einräumte, die französische Partei als Feinde der
Freiheit und der Religion anzuklagen. Französisches Geld floß
jetzt reichlicher, und dieß gab der Beschuldigung, Frankreich
suche dadurch größere Vortheile und seine Söldner seyen Verräther, ein stärkeres Gewicht, und von beiden Seiten wurde
das Volk aufgeregt. Die Harten, so hieß man die spanische
Partei, bedrohten ihre Gegner (die Linden) mit Hauptcrimi-
nalstrafen. Der Vorwurf der Lauheit und Gleichgültigkeit
traf, wie dieß gewöhnlich geschieht, diejenigen, welche die Leu-

benschaften zu mäßigen suchten. An der Spitze der Linden
standen die alt Landammänner Jütz und Ceberg und der Amts-
statthalter Carl Reding. Als der Landrath sah, daß sein
Widerspruch gegen die neue Capitulation ohne Wirkung blieb,
stellte er die Werbungen ein, und als die Jahrgelder und das
burgundische Salz zurückbehalten wurden, schrieb man dieß
dem Einflusse der Französischgesinnten zu. An die Spitze der
Harten hatten sich Hauptmann Carl Anton Pfeil und der
Schneider Städeli gesetzt. Die französische Partei durch die
Gemahlin des im Dienste dieser Krone stehenden Generals Jo-
seph Nazar Reding ermuntert gab ihre Hoffnungen nicht auf.
Sie hatte noch Anhänger und rechnete auf nachdrückliche Einwirkungen von Außen. Die Generalin forderte ein schriftliches
Erkenntniß. Bange vor Frankreich und der Möglichkeit eines
Umschwunges getraute der Landrath sich nicht, ein solches zu
ertheilen. Nun wandte die Generalin sich unerschrocken an die
Landsgemeine, weil ihr Gatte sich durch ein Verbot über das
Ausbleiben der Rekruten rechtfertigen müsse. Sie erhielt ein
solches, zugleich aber auch einen Auftrag an den General, sich
für die Forderungen des Kantons bei Hofe kräftiger zu verwenden. Mit unklugem Trotze ließen die Werkzeuge Frank-
reichs die Geworbenen noch die französische Cocarde tragen und
mit Jubel und Gesang fortziehen. Jetzt loderte der Zorn des
Volkes auf und eine neue Landsgemeine strömte zusammen.
Furchtlos und mit männlicher Beredsamkeit vertheidigte die
Gemahlin Redings vor derselben vergeblich ihren abwesenden
Gatten. Große Volksmassen drangen gegen die Bühne, auf
welcher die Obrigkeit und die Rednerin standen. Dem Pfarrer, der in der Chorkleidung hervortrat, gelang es nicht, den
Zorn des Volkes zu besänftigen. Der General und sein Kriegsvolk wurden bei Verlust des Landrechtes heimgerufen. Frankreich dankte nun selbst die Schwyzer ab, sagte sich von dem
Bunde mit Schwyz los, und unbekümmert that das schwyzerische Volk das nämliche. Nicht alle Angeworbenen traten
aus dem französischen Solde. Sie wurden in andere Compagnien eingereiht; doch an der Spitze seiner Gardecompagnie
kehrte der General im Februar 1765 gehorsam in die Heimath
zurück und zog mit fliegender Fahne zu Schwyz ein; allein
weder sein Gehorsam, noch die mit ruhiger Entschlossenheit vor-
getragene Darstellung seines Unvermögens das Geschehene zu
hindern, hielt die ergrimmte Menge ab, ihn mit Mißhandlun-
gen und dem Tode zu bedrohen. Er wurde mit Geldstrafen
belegt, die ihn mehr als 30,000 Gulden kosteten. In Uri fand
er Schutz und auf der nächsten Tagsatzung klagte dieser Kanton über Schwyz, man habe von dorther sein Volk aufgehetzt
und durch eine Vorladung, die ein Läufer dem General Reding gebracht habe, das urnerische Gebiet verletzt. Gegen die
Werbungen und die Verwendung der Jahrgelder waren zu
Schwyz strenge Untersuchungen eingeleitet worden. Der regierende Landammann, Franz Anton Reding, welcher unregel-
mäßige Abstimmungen an einer Landsgemeine, deren Zahl oft
in stürmischer Gestaltung bis auf 24 stieg, nicht gestatten wollte,
mußte blutend und bewußtlos nach Hause getragen werden.
Eine neue Landsgemeine entsetzte ihn, den Statthalter Reding,

Ceberg und Jüz ihrer Ehren und Aemter, belegte ſie mit Geld-
ſtrafen und ſechs Wochen lang wurden ſie in ihren Häuſern
auf eigene Koſten ſtreng bewacht. Noch Andere wurden ent-
ſetzt und um Geld geſtraft, der Rathsherr Franz Dominik
Pfeil zum Landammann gewählt und von dem Hauptmanne
Pfeil hing jetzt Erhöhung und Erniedrigung ab. Demagogen-
künſte blieben nicht geſpart und unentgeldlich ausgetheilte Getränke ſollen nicht ohne Wirkung geweſen ſeyn. Ein Schrek-
kensſyſtem waltete; man drohte die Todesſtrafe denjenigen,
welche gegen das Beſchloſſene auftreten würden. Auch dieß-
mal führten die Uebertreibungen der Tongeber und das Aufhören der Gegenreizungen das Volk zur Beſonnenheit zurück,
und Viele ſehnten ſich wieder nach den franzöſiſchen Dienſt-
und Gnadengeldern. Ein vorher wenig beachteter Mann, der
Schmid Johann Georg Felchli von Jbach trat vor einer ſchon
vorbereiteten Landsgemeine auf, und entwickelte ihr die ganze
Angelegenheit aus einem neuen Geſichtspunkte. Laut tönte
ihm der Beifall entgegen. Von Hauptmann Pfeil und Stä-
beli wandte die Volksgunſt ſich weg und ihnen blieb nichts
übrig, als ſchnelle Entfernung. Vorgeladen erſchienen ſie nicht.
Sie wurden auf Lebenszeit verbannt und in den vier Haupt-
ſtraßen des Fleckens als Friedensſtörer und infame Verbrecher
ausgekündigt. Die meiſten entſetzten Magiſtratsperſonen wurden bald wieder gewählt. Sehr bemerkenswerth iſt es, daß
ungeachtet dieſes Wechſels der Volksgunſt, in Abſicht auf die
Perſonen der Eindruck, den die Sache gemacht hatte, tief in
ſehr vielen Gemüthern zurückblieb. Noch einmal wurden Werbungen für Frankreich ſtrenge verboten; doch ſchon 1771 wählte
die Landsgemeine den geächteten General zum Landsſtatthal-
ter, 1773 zum Landammann und die ſeltene Ehre einer wiederholten Wahl wurde ihm 1775 zu Theil. Ihm gelang es,
die Verbindung ſeines Kantons mit Frankreich herzuſtellen;
1776 erklärte Schwyz ſich für das zwiſchen allen Eidgenoſſen
und dieſer Krone unterhandelte neue Bündniß, und half daſſelbe 1777 zu Solothurn beſchwören.

Die politiſchen Bewegungen im alten Lande weckten in
der benachbarten Waldſtatt Einſiedeln ein ſchon lange im Ver-
borgenen glimmendes Feuer zur lobernden Flamme. Nicht
ſowohl über harte Bedrückungen des Kloſters, ſondern über
eine allgemeine Bevormundſchaftung von Seite deſſelben be-
ſchwerten ſich von frühern Zeiten her viele der angeſehenſten
Einwohner. Sie fanden zu Schwyz Rath und Beifall. Lange
hatten die Mißvergnügten ihre Klagen, das Kloſter ſeine Wei-
gerung fortgeſetzt, als durch die Bewegung in Schwyz ermu-
thigt die Unzufriedenheit 1764 in einen wirklichen Aufſtand
überging. Nur vermittelnd ſchritt zuerſt die Obrigkeit von
Schwyz ein; doch bald erneuerte ſich die Empörung, denn man
hoffte auf eine kräftige Unterſtützung von Schwyz. Die Freunde
der Waldſtatt brachten die Angelegenheit derſelben vor die
Landsgemeine, aber ſchon im nächſten Jahre gelang es dem
Kloſter und ſeinen Gönnern, es dahin zu bringen, daß die
Landsgemeine zwei Capitularen anhörte und ſich ſo für das
Kloſter erklärte, daß der Wortführer der Waldleute angehal-
ten wurde, knieend den Fürſten von Einſiedeln um Verzeihung

zu bitten und seine Behauptungen zu Schwyz öffentlich zu widerrufen. Nicht sogleich begriffen die Aufuhrer der Waldleute den gänzlichen Umschwung des schwyzerischen Volkswillens. Beharrlich vertheidigten sie die erhaltene Stellung; allein das Volk von Schwyz blieb seiner neuen Ansicht getreu. Zwei Hauptaufführer entflohen, Andere wurden zu Schwyz gefangen gesetzt, drei aus ihnen enthauptet, mehrere mit schweren Strafen belegt und noch im Mai 1767 mußten vierzehn aus den Waldleuten dem Fürsten und dem Capitel, im Namen aller Theilnehmer an dem Aufstande, knieend Abbitte leisten.

Ueber einen geringfügigen Gegenstand, wie der Wellenschlag da, wo der Zürchersee das Ufer der einst von Zürich an Schwyz abgetretenen Höfe bespühlt, die Grenze bestimme, erhob sich zwischen beiden Kantonen ein hartnäckiger Zwist, indem der See durch kaiserliche Schenkung der Stadt Zürich zugetheilt war, das Land hingegen unbestritten dem Kanton Schwyz zugehörte. Vom See ausgeworfene Leichname, die Frage, wo oder wie eine Schiffstellung angebracht werden dürfe u. dergl. gaben der Streitigkeit Nahrung, und zwei angesehene Magistratspersonen, der Landammann Hedlinger von Schwyz und der Statthalter, nachherige Bürgermeister Ott von Zürich, welche beide, Jeder für seinen Kanton die Ehre des Sieges davon zu tragen suchten, erhöhten die Erbitterung. Eidgenössische Vermittler vermochten nicht sie beizulegen, und endlich stieg sie so hoch, daß man in beiden Kantonen zur Zeit der Bundesverhandlungen mit Frankreich oft von der Möglichkeit eines nahen Krieges sprach. Diese Eifersucht trug aber bei, sowohl das lange dem französischen Bündnisse widerstrebende Zürich, als das mit Frankreich entzweite Schwyz mit dem Gedanken eines neuen Bundesschlusses zu versöhnen, um nicht vereinzelt zurückzustehen. Nach wenigen Jahren hörte man auf, ein Gewicht auf diese Sache zu legen, und als die französische Staatsumwälzung die schwyzerischen Magistraten zu schrecken anfing, versöhnten beide Kantone sich 1796 bald durch eine einfache Uebereinkunft.

Als der Ausbruch des Revolutionskrieges eidgenössische Zuzüge 1792 zur Grenzbesetzung nach Basel führte, war der schwyzerische der letzte, welcher nur nach wiederhohlten Mahnungen daselbst eintraf, und schon im Februar 1793 mußte Schwyz mit noch einigen Standen von den übrigen wieder erinnert werden, sein Contingent zu senden.

Gleichwie durch alle schweizerischen Landschaften, so wurde auch im Kanton Schwyz die allgemeine Aufmerksamkeit von dem großen politischen Schauspiele angezogen, welches sich in dem nahen Frankreich seit 1789 entwickelte. Daß dasselbe die innern Verhältnisse je stören würde, ahnete kaum Jemand im Kanton Schwyz, aber allgemein fing man an, andere tief eingreifende Folgen davon zu empfinden. Die Abdankung der Schweizerregimenter 1792 entzog vielen Gliedern der angesehenen Familien ihre bisherigen Besoldungen und führte auch manchen gemeinen Kriegsmann gegen seinen Willen in die väterliche Hütte zurück. Die französischen Jahrgelder hörten auf, was der Staat und die Privaten gleich empfanden. Statt

der lange genoffenen Vortheile kamen Laften an die Tagesord-
nung, die man feit einem halben Jahrhunderte nicht mehr getragen hatte. Die Bewegungen, welche der Reihe nach in
vielen schweizerischen Gegenden sich äußerten, ließen die Magistratspersonen und die einflußreichen Familien bereits Besorgnisse faffen, die politische Krankheit mochte auch auf die gewinnreichen gemeinen Herrschaften übergehen, und man machte
die Erfahrung, daß selbst die nächsten Verhältnisse nicht unge-
fahrdet bleiben follten. Schon am 18. April 1792 suchte die
Landschaft March bei dem „hochweisen gesessenen Landrathe"
zu Schwyz um Milderung ihrer Beschränkungen nach; allein
man fühlte sich noch zu stark und wußte, daß die Forderung
nur von einem Theile jener im Ganzen intellectuel tiefstehenden
Bevölkerung herkam. Der Landesherr wies sie ab mit dem
Bedeuten, „er möge ihre Freiheiten mit oder ohne Ursachen
mindern, mehren oder des gänzlichen aufheben," und alles
Aufstreben verstummte. Als 1795 die zürcherische Seegemeinde
Stäfa mit Execution bedroht, sich, gleichwie an die übrigen
innern Stände, auch an Schwyz wandte, fanden ihre Abgeordneten kaum bei dem Landammann Schuler am Rothenthurm einiges Gehör, nirgends aber Anklang. Der Kampf
der Ansichten über Freiheit und Volksglück, der die ganze flächere Schweiz durchdrang und einen großen Theil des Volks
unzufrieden den Obrigkeiten gegenüber stellte, war für das alte
Land Schwyz ein Gegenstand ernster Aufmerksamkeit, weil die
Männer, die in ihrem engern Kreise die vollste Freiheit auszuüben gewohnt waren, sich gegen die äußern Bezirke ihres
eigenen Kantons und gegen die große Zahl der gemeinen
Herrschaften als Oberherren betrachteten, deren Vorrechte und
Vortheile jetzt in Gefahr standen. Den Unterthanen der aristokratischen Kantone gönnte ein Theil des demokratischen Volkes eine vermehrte Freiheit, aber die eigenen Vortheile wollte
man gegen seine Unterthanen nicht verlieren. Man sah, wie
französischer Einfluß das Mißtrauen der Untergebenen gegen
die Obern anfachte und unterstützte, wie jedes feste Zusammenwirken gehindert, gemeinschaftliche Thatkraft gelähmt wurde
und wie französische Uebermacht bereits die alte schweizerische
Grenze gefährdet hatte. Man begriff, daß vielleicht das mächtige Bern gedemüthigt, Zürich, Luzern und andere Städte-
kantone politisch umgestaltet werden könnten, aber für sich selbst
war man nur wenig besorgt. Auf den 21. December 1797
wurde das Volk von Schwyz zusammenberufen und beschloffen
die katholische Religion und die hergebrachte Staatsform fest
zu behaupten. Der Landammann Aloys Weber und der alt
Landammann Meinrad Schuler wurden auf die letzte (alt
eidgenössische) Tagsatzung nach Aarau abgeordnet. Man fühlte
wie sehr es zu wünschen sey, daß die aristokratischen Regierungen mit ihren Untergebenen ausgeglichen werden könnten, um
nicht selbst ein Opfer der Politik französischer Machthaber zu
werden. Schwyz wurde so umsichtig, daß es sich gegen die
Folgen verwahrte, als zwei eidgenössische Abgeordnete in das
Waatland geschickt wurden, um diese von Frankreich vorzugsweise unterstützte Landschaft an Bern festzuhalten, und am
27. Januar 1798 ermahnte Schwyz noch einmahl Bern zur

Nachgiebigkeit gegen das waatländische Volk. Nichtsdestoweniger wurde am 1. Februar beschlossen, zwei Bataillone, jedes von 600 Mann, zu Berns Unterstützung in Bereitschaft zu setzen. Am 7. Februar versammelten die Boten der drei Länder sich zu Brunnen, um sich über die Stellung zu berathen, die man bei der unverkennbaren Gefahr der Berner nehmen wolle. Am 11. zog, nach Zürichs Vorgange, ein Bataillon (der erste Zuzug) unter Aloys Reding zu Berns Hülfe aus, und als nach wenigen Tagen beunruhigende Nachrichten über die Losreißung der italienischen Unterthanen von der alten Herrschaft eintrafen, wurde das zweite Bataillon für die Beschützung der urnerischen Grenze bestimmt. Die Stunde war gekommen, wo das Streben nach größerer Freiheit den Kanton unmittelbar bewegen sollte. Am 11. Februar beschloß die Landsgemeine der March, gegen vollständige Freiheit und gänzliche Entlassung aus der Oberherrschaft des Landes Schwyz wolle sie für Freiheit, Vaterland und Religion zu Felde ziehen. Man war zu Schwyz bestürzt; aber das gereizte Gefühl des Herrschervolkes antwortete in höherm, landesväterlichem Tone und suchte durch einen Aufruf nicht nur die March, sondern auch die Waldstatt Einsiedeln, Wollerau, Pfäffikon und Küßnacht zu stillen. An die Vorsteher der March insbesondere sprach Schwyz in einem Schreiben vom 16. Februar von empörenden Schritten, gewaltsamer Losreißung von der natürlichen Oberherrlichkeit, von irregeführtem Volke und von Verantwortlichkeit. Aechtes Freiheitsgefühl erlosch indeß nicht in der Brust des schwyzerischen Volkes, und mit Jubelgeschrei beschloß es auf der Landsgemeine vom 18. Februar, den unmittelbaren Angehörigen gleiche Rechte zu ertheilen; nur wurde die March, gegen die es war eingenommen worden, mit Stillschweigen übergangen. Das Schwyzercontingent, welches an der Grenze des Kantons Bern stehen geblieben war, wurde als die Feindseligkeiten zwischen den Franzosen und der bernerischen Kriegsmacht begonnen hatten, am 2. März aufgefordert, nach Oberweil bei Büren vorzurücken. Ohne Unterstützung sich sehend, ging es noch in der nämlichen Nacht bis Herzogenbuchsee zurück und marschirte von da nach Worb. Zum Beistande der im Grauholze kämpfenden Berner angerufen, entschuldigten sich die Kriegsräthe der drei Länder mit Unkenntniß der Stellungen. Die Kunde des Sieges bei Neueneck rief die bereits Weitergezogenen noch einmahl bis Worb zurück, aber die Nachricht von Berns Falle am 5. März entschied ihre gänzliche Heimkehr. Am 4. hatte die Landsgemeine von Schwyz neue Anstrengungen beschlossen. Verläumdung, Gährung und Verwirrung herrschten wie durch die ganze übrige Schweiz, doch übersah man keineswegs das Bedürfniß der Zeit. Am 6. März erkannte Schwyz auch die Unabhängigkeit von Gaster, Utznach und Wesen an. Die drei Länder hatten beschlossen, die Luzernergrenze zu bewachen, dennoch aber die Gesinnungen des luzernerischen Volkes zu erforschen, ob es zur Vertheidigung entschlossen sey, und auf diesen Fall hin befehligte Schwyz seine beiden Bataillone zur Theilnahme an derselben. Zur nämlichen Zeit forderte auch die Stadt Zürich das eidgenössische Aufsehen und der Hinblick auf den gänzlichen Umschwung der Dinge in diesem angrenzenden Kanton bewog Schwyz, der drohenden March eine unbedingte Befreiungsurkunde zuzustellen, und am 10. erklärte es vollends alle Unterthanen unabhängig. Brunes blendende Verheißung, die er einer Sendung der fünf innern Demokratien am 16. zu Bern gab, gegen sie habe er keine feindlichen Absichten, und seine Ankündigung eines von der helvetischen Republik abgesönderten Tellgaues beruhigte sie vollends, doch schon am 22. Marz wurde eine Eine und Untheilbare helvetische Republik von Brune proclamirt. Jetzt rüstete das Hochland sich wieder und selbst die alt St. Gallische Landschaft wandte sich an Schwyz. Am 1. April versammelten sich die Abgeordneten von Uri, Schwyz, Nidwalden, Zug und Glarus zu Schwyz; diejenigen des Toggenburgs, Rheinthales und Sarganserlandes hob die muthige Sprache der Boten der fünf Orte und nun trafen auch noch Gesandte der beiden Appenzell, der Landschaft und der Stadt St. Gallen ein; dennoch sönderten sich jene fünf Orte und ließen die Anschließung und Zusammenwirkung Suchenden eine besondere Sitzung halten. Auch die March wurde zu der engern Versammlung zugelassen. Zwar sollte Ein Umschlag die beiden Erklärungen nach Paris bringen, und eine Gesandtschaft der Vereinten eilte nach Bern zu Schauenburg und Lecarlier. Diese wiesen alles zurück, weil schwyzerische Kantonsgenossen auf der luzernerischen Grenze Anregungen begünstigt, einen Freiheitsbaum umgehauen und ein dreifarbiges Fähnchen weggeführt hatten. Lecarlier suchte am 11. April durch eine Aufforderung, die nicht in dem gewöhnlichen anmaßenden Tone abgefaßt war, die Widerstrebenden zu besänftigen, allein am nähmlichen 11. April machte Schauenburg die Priester und Magistraten jener Landschaften mit ihren Köpfen für die Folgen der Nichtanschließung verantwortlich. Eine strenge Sperre gegen die Vereinigten wurde mit diesen Erklärungen verbunden; doch alle diese Maßregeln vermehrten die Aufreizung, und noch einmahl wandten sich beide Versammlungen aus Schwyz schriftlich an das französische Directorium, indeß vom Hochgebirge bis an den Bodensee alles in großer Bewegung war. Am 16. verband sich zu Ibach die schwyzerische Landsgemeine, ihre Freiheit mit den Waffen zu vertheidigen. Ein Kriegsrath aus 6 Männern, bevollmächtigt noch 6 andere Landleute zuzuziehen, erhielt volle Gewalt über die Maßregeln der Vertheidigung. Die in Schwyz versammelt gewesenen Stände und Landschaften wurden durch Eilboten zur Theilnahme eingeladen. Abgeordnete der Freienämter und von luzernerischen Gemeinden erschienen, um mit den Schwyzern gemeinschaftliche Sache zu machen. Von jenen früher nach Schwyz gekommenen hielten nur das Sarganserland, Gaster, Uznach und die March fest an den Kantonen, deren Seele Schwyz war; die übrigen Landschaften waren unschlüssig. Schwyz setzte sich zur Unterstützung Nidwaldens in Bereitschaft, denn Obwalden hatte die helvetische Verfassung angenommen, und am 18. wurden auch von der Landsgemeine die Beisassen, welche zur Vertheidigung sich anschlossen, mit ihren Nachkommen als freie Landleute aufgenommen. Glarus, Zug und Nidwalden versammelten sich mit Schwyz daselbst zu einem Kriegsrathe, und es gelang ihnen, die wankende Landsgemeine von Uri zur Besuchung des Kriegsrathes zu vermögen. Man wollte angriffsweise zu Werke gehen, aber Uri widersetzte sich und zog seine Abgeordneten zurück. Die Geistlichen predigten, geweihte Fahnen verhießen denen, die um sie her streiten, vollkommene Absolution, und Schlachtlieder von dem zu einem europäischen Rufe gelangten Zschokke und von Dr. Zay aus Art belebten den Muth; aber die gesammte Vereinigung vermochte kaum 10,000 Mann zu bewaffnen. Eine Abtheilung stellte sich am obern Zürchersee auf, eine andere war gegen die Freienämter bestimmt, eine dritte sollte Luzern besetzen und diesen Kanton aufregen, eine vierte, zu der sich endlich auch 600 Obwaldner gesellten, vom Brünig her ins Berneroberland eindringen. Das Kloster Einsiedeln bot tausend Louisd'or und noch größere Unterstützungen an. Das neue helvetische Vollziehungsdirectorium ermahnte am 24. April die Gewaffneten zur Nachgiebigkeit. Rappersweil öffnete ohne Widerstand den Vereinigten seine Thore. Bei dem ersten Angriffe der Franzosen bei Dottikon blieben die muthigen zugerischen Scharfschützen ohne Unterstützung, und die Zuger mußten sich zurückziehen. Im Kanton Schwyz hatten mittlerweile zwei Männer, Marianus Herzog, Pfarrer zu Einsiedeln, und der Capuziner, Paul Stiger, durch die Kraft der ungestümsten Volksberedsamkeit, die nur von der größten Gefahr der Religion und der Freiheit sprach, und gehoben durch den Nimbus ihres Standes das Volk in die höchste Begeisterung versetzt. Nur sie vermochten auf dasselbe zu wirken, und allein durch Anschließung an sie konnte es die Obrigkeit. Abgeordnete des luzernischen Landvolkes riefen die in Küßnacht stehenden Schwyzer zu Hülfe und am 29. früh rückten diese, von Aloys Reding und Paul Stiger geführt, zu Luzern durch Capitulation ein, gerade als die Franzosen über die Reuß in den Kanton Zug eindrangen, nachdem am 27. der französische Oberbefehlshaber eine nochmahlige Aufforderung an die Vereinigten erlassen hatte. Kein luzernerisches Landvolk fand sich ein und umsonst mahnten die schwyzerischen Anführer ihr Kriegsvolk von Plünderungen ab, die auch einen Theil der Vorräthe des Zeughauses trafen. Schnell zogen die Schwyzer sich wieder aus Luzern zurück, und am 30. nahmen die Franzosen ihre Stelle ein. Küßnacht, Art, die übrige Grenze gegen Zug und insbesondere diejenige gegen Zürich wurden von Schwyz besetzt. Am 30. griffen die Franzosen die mit der Kriegsschar der Höfe vereinigten Glarner und Oberländer bei Wollerau an. Sie wurden zuerst bis Richtersweil hinuntergeworfen und drängten dann die Vertheidiger bis Wollerau zurück. Des Nachmittags stand abermahls der Sieg inne; allein die Verwundung der glarnerischen Anführer, Hauser und Paravicini, brachten diese zum Rückzuge, und die Franzosen besetzten die Höfe. Am nähmlichen Abend machten die Franzosen einen Angriff bei Immensee, der von keinem Erfolge war. Bei Küßnacht wurden sie von den schwyzerischen Scharfschützen zurückgetrieben und am 1. Mai noch einmahl von Immensee bis über den Riemen geworfen; doch ergab sich am 2. Mai Küßnacht den Franzosen, die vom luzernerischen Landvolke unterstützt waren. Von dem Volke zum Heerführer gefordert, trat der in der Geschichte der Eidgenossenschaft hochstehende Aloys Reding an die Spitze des an den Grenzen gegen Zug und Zürich aufgestellten Kriegsvolkes, bei welchem auch 500 Urner eintrafen. Schon standen die Franzosen zu Lachen, und keine Hülfe war von dort her zu erwarten. Frauen und Mädchen zogen die von Luzern gebrachten Kanonen von Brunnen bis auf den Berg über Steinen, und brachten sie den versammelten Kriegern. In Hirtenhemden mit einer weißen Binde um die Stirne und Viele aus ihnen mit Keulen bewaffnet blieben sie hier auf dem Kampfplatze nahe, fingen Flüchtlinge auf und führten sie ins Treffen zurück. Auch Greise und Knaben eilten zu den Schlachthaufen. Kurz, einfach und kräftig, mit der Besonnenheit, die der wahre Muth einflößt, forderte Reding die Standhaften auf, bei ihm zu bleiben, die Schüchternen, sich lieber vor dem Kampfe zu entfernen. Alle blieben, und Führer und Geführte schwuren sich Treue und Standhaftigkeit. Am 2. Mai Morgens 10 Uhr erschienen 2000 Franzosen vor der Schindellege. Die Scharfschützen hielten sie über zwei Stunden lang zurück, und gegen ein Uhr hörte das französische Feuer auf. Mit großer Tapferkeit hatten die Schwyzer gefochten, als die unerwartete und erschütternde Nachricht eintraf, Marianus Herzog, der mit 600 Einsiedlern den Etzel besetzte, habe denselben verlassen und die Franzosen rücken nach Einsiedeln vor. Nun mußten auch die Schwyzer sich auf Rothenthurm zurückziehen. Sie zählten 24 Todte und 50 Verwundete. Am St. Jost waren die andringenden Franzosen den Schwyzern gewichen. Den Zwölfhunderten, die bei Reding standen, näherten sich von allen Seiten die Feinde. Nach wenigen Schüssen stürzten die Schwyzer über die weite Ebene, dem Feuer der Franzosen bloß gestellt, mit dem Bajonette auf diese los, und bald waren sie mit starkem Verluste geworfen. Dreihundert Urner näherten sich, als schon die Franzosen von der Höhe des Morgartens gegen den Sattel vorrückten. Fünfzig Urnerscharfschützen hielten sie zurück. „Nehmen wir sie unter die Kolben“ riefen die schwyzerischen Landesvertheidiger. Nach zwei Angriffen waren sie in die Flucht geschlagen und wurden bis Egeri verfolgt. Am nämlichen Tage war das Bataillon Siwerber aus dem Haslithale zurückgekommen und bis auf die Hackeneck vorgerückt, um den Paß von Einsiedeln zu decken. Am 3. Mai Morgens 3 Uhr naherten sich die Franzosen St. Adrian. Bei der Kapelle war der stärkste Angriff. Sechs Walchweiler und 20 Schwyzer fielen; 20 waren verwundet. Inzwischen gelang es den Franzosen an der Rigi die Schwyzer zu umgehen, aber noch einmahl wurden sie von den Unerschrockenen überwältigt und zogen sich nach Immensee zurück. Die Schwyzer hatten hier 3 Todte und 12 Verwundete. Obgleich Sieger, waren die entschlossenen Streiter durch die steten Anstrengungen erschöpft. Lange kämpfte in ihrer Brust die Ungewißheit, ob man capituliren wolle oder nicht. Endlich wurde Einstellung des Kampfes bei der Mehrheit zur Ueberzeugung, und ein Abgeordneter ging zu General Rouvion in das Kloster Einsiedeln, indeß die Urner nach Hause zogen. Am nämlichen Abend kam im Kloster selbst eine Capitulation zu Stande, welche dem Land die katholische Religion sicherte und denjenigen Theilen des Landes, die noch nicht von den Franzosen besetzt waren, die Waffen ließ; dagegen sollte Schwyz die helvetische Verfassung annehmen, wozu ein Waffenstillstand von 24 Stunden bewilligt war. Am 4. versammelte sich die Landsgemeine zu Schwyz; nur die von Art bewachten ihre Grenzen. Bewaffnet war die ganze Gemeine, doch auf die verschiedenste Weise. Aloys Reding selbst rieth nun zur Annahme der Capitulation. Gährung durchdrang die Versammlung, und Viele richteten ihre Waffen gegen einander. Chorherr Schuler übernahm die schwere Aufgabe, aufgereizte Leidenschaften zu belehren. Er zeigte die Unmöglichkeit des Widerstandes, daß das größte Bedenken, die Sorge für die Religion befriedigt sey, daß man von den Grenzen zurückgezogen jetzt schon den Beweis habe, die Franzosen halten Wort, und daß nur eine kurze Frist noch übrig sey, um zwischen Krieg oder Capitulation zu wählen. Nur ungefähr 100 Mann stimmten gegen diese. Die Franzosen sollen in allen Gefechten 2754 Mann, die Bergkantone 236 Todte, wovon Schwyz 172 eingebüßt haben. Schauenburg ehrte den Muth des Anführers und des Volkes. Junge Knaben hatten denjenigen Scharfschützen, die mehrere Gewehre mit sich führten, dieselben geladen, um sie ihre Zeit nicht mit Laden verlieren zu lassen; ein Schütze, dem Kugeln mangelten, drückte eine solche aus seiner Wunde, um sie dem Feinde zurückzugeben, und noch mehrere ähnliche Züge könnten angeführt werden. Schwyz war der letzte Kanton, welcher der französischen Gewalt nachgab, doch derselben nicht erlag; und wer kann hier die Betrachtung unterdrücken, was Schweizer vermögen würden, wenn sie frei, durch den Gedanken an ein Vaterland und eine Verfassung, die Jedem ein Gegenstand der Liebe, für Keinen eine Frucht des Zwanges seyn muß, emporgehoben, in brüderlicher Eintracht, nicht zerrissen durch gegenseitige Kränkungen, Hohn und Verspottung sich überzeugen, daß die heimathliche Hütte besser an der Schweizergrenze vertheidigt werde. So würden sie auf Gott und ihren Arm vertrauend auch den schwersten Kampf bestehen. — Marianus Herzog und Paul Stiger hat mehr als eine Erzählung zu Bösewichtern und Verräthern gestempelt; allein sie gehören nur in die Classe der Schreier, die in jeder aufgeregten Zeit bald aus blindem Irrthume, bald aus Eitelkeit, Ehrgeiz, Haß, Parteigeist oder andern Leidenschaften die Menge aufreizen, den auf Einsicht und Erfahrung begründeten Rath als Feigheit oder Zweideutigkeit darstellen und gewöhnlich zuletzt ihre Anhänger entweder mit sich ins Verderben stürzen oder ebenso oft im Augenblicke der Entscheidung zaghaft verlassen. — Wer denkt hier nicht an Aloys Reding, der keineswegs das Volk zum höchst ungewissen, verspäteten Kampfe verleitete, wohl aber als er gerufen wurde, sein Leben männlich wagte und dann zur Nachgiebigkeit rieth, als unnützer Widerstand auch die Schuldlosen ein Opfer der blinden Wuth der Feinde werden zu lassen drohte.

Schwyz nahm die helvetische Verfassung an und wurde ein Theil des Kantons Waldstätten. Wollerau und Pfäffikon wünschten noch mit Schwyz vereinigt zu bleiben, aber die Verfassung verbot es. Mächtig aufgeregt durch den übelberechneten, unglücklichen Heldenkampf der Nidwaldner im September 1798

gegen die helvetische Verfassung und die französischen Krieger-
scharen, blieb es dennoch von Erschütterungen frei; allein als
1799 der Krieg wieder ausbrach, der Schauplatz desselben sich
auf eidgenössischen Boden ausdehnte und Oesterreichs Heere sich
näherten, erblickte der größte Theil des Volkes in ihnen die
Retter aus einem erniedrigenden Zustande. Die Angesehenern
im Lande, welche Behutsamkeit anriethen, sah es dagegen als
Treulose an, die an Frankreich verkauft seyen. Der 28. April
war zu Vertilgung der Franzosen im Bezirke Schwyz bestimmt.
Am frühen Morgen zogen mehrere tausend Landleute in ihren
Hirtenhemden, mit demjenigen bewaffnet, was jeder als das
tauglichste Werkzeug zum Kampfe sich hatte verschaffen können,
von allen Seiten gegen den Hauptflecken. Die Franzosen, wenige hundert stark, wurden aufgefordert, den Kanton zu räu-
men. Man schlug sich in den Straßen; die Franzosen mußten
sich nach Brunnen und über den See zurückziehen. Der Landammann Schuler, der Landeshauptmann Reding und andere
verständige Männer waren thätig zur Rettung der Verwundeten und Gefangenen. An den Grenzen sah man nach wenigen
Tagen das zürcherische Aufgebot; über Einsiedeln rückte der
General Soult an der Spitze französischer Truppen drohend
in die Wohnplätze der zuerst Aufgestandenen und am 3. Mai
zu Schwyz ein. In Art, Küßnacht und um Zug her waren die
ruhig gebliebenen Einwohner von den Bewegungsmännern verfolgt und mißhandelt worden (Hirtenhemdlikrieg).

Nach der ersten Schlacht bei Zürich (im Juni 1799) hatten
die Oesterreicher den größten Theil des Kantons Schwyz besetzt.
Ein Angriff, den Lecourbe am 3. Juli vom See her auf Brunnen
machte, wurde von ihnen, dem schwyzerischen Landvolke und den
Glarnern, welche sie unterstützten, zurückgeworfen. Diese letz-
tern waren es, die Brunnen wieder einnahmen und die Franzosen von Schwyz abhielten. In Verbindung mit einer allgemeinen Bewegung von der Furka hinweg bis an den obern
Zürchersee griff der französische General Boivin am 14. August
Morgens frühe von Art her bei Seewen die Oesterreicher und das
Volk von Schwyz an, die einen heftigen Widerstand leisteten.
Massena selbst eilte herbei und Boivin drängte endlich die Oesterreicher und Schwyzer durch das Muotathal nach Glarus. Beim
Abzuge nahmen die Oesterreicher beinahe alles Vieh weg und
plünderten wie nachher die Franzosen. Viele Häuser blieben
mehrere Wochen hindurch von den Bewohnern verlassen, die
sich auf die Berge geflüchtet hatten. Kaum konnten 15 Män-
ner versammelt werden, als der Freiheitsbaum auf französischen
Befehl zu Schwyz wieder aufgestellt werden mußte. Vereinigte
Angriffe von der Schindellege, dem St. Jost, von Morgarten
und von Schwyz her warfen die übrigen österreichischen Truppen
an den Etzel und nach wiederhohlten Kämpfen am 15. August bei
Grynau über die Linth zurück. Von kurzer Dauer war die
Waffenruhe und ein nie gesehenes Kriegsvolk, von dem nur
Wenige den Namen der Landschaften kennen mochten, in denen
sie einen mehrtägigen Todeskampf bestehen sollten, stieg am 27.
und 28. September 1799, aus Uri herkommend über den Kinzigkulm, in das Muotathal herab. Es war das russische Heer
unter Suwarow (Suworoff), bestimmt in Verbindung mit dem

von Korsakow befehligten, die Franzosen aus der Schweiz her-
auszuschlagen; allein der so eben bei Zürich über den Letzten
erfolgte Sieg verschaffte den Franzosen freiere Haub. Hart-
näckig und blutig waren die beiden Kämpfe, in welchen die
Russen den Ausgang nach Schwyz hin sich zu eröffnen versuchten. Noch lange wird im Angedenken der Thalbewohner
das grause Schauspiel bleiben, wo im schauerlichen Gedränge
Reihen der Franzosen von der Muotathalbrücke in das tiefe,
felsichte Flußbett hinunterstürzten. Belehrt von dem Rückzuge
seiner Waffenbrüder blieb Suwarow nichts übrig als sich mit
den Waffen einen Ausweg nach dem Kanton Glarus über den
Pragel zu bahnen, wo ihm die besonnene französische Tapferkeit schon wieder entgegentrat. Am 29. und 30. September
und 1. October verschwand diese merkwürdige Erscheinung aus
dem einsamen Thale, um mit unerhörter Anstrengung und un-
besiegtem Muthe sich den Gebirgslabyrinthen zu entwinden, in
die man sich vertieft hatte.

Jetzt war das helvetische System hergestellt, aber bei jeder
der auf einander folgenden Crisen waren das Volk von Schwyz
und seine Führer immer unter denjenigen, welche den helvetischen Verband loser zu machen und die Selbständigkeit der
Kantone herzustellen suchten. Aloys Reding trat als erster
Landammann im Spätjahre 1801 an die Spitze der sogeheißenen Octoberregierung, welche die drei Länder soviel wie möglich begünstigte, bis ein neuer Umschwung am 17. April 1802 sie
auflöste. Als aber über die helvetische Verfassung vom 20. Mai
1802 abgestimmt wurde, zählte man in Schwyz 5317 Verwer-
fende gegen 150 Annehmende, und so lebendig war die öffentliche
Meinung, daß nur 28 Stimmfähige sich nicht erklärten. Am
30. Juli fand der eidgenössische Commissär Keller (nachherige
Schultheiß zu Luzern) in Schwyz entschiedenen Widerstand gegen die Maßregeln der helvetischen Regierung. Am 1. August
wurde eine Landsgemeine gehalten und beschlossen, durch die zu
ernennenden Behörden die Verhältnisse zu der helvetischen Regierung feststellen zu lassen, auch ein Landrath aus dreißig Glie-
bern gewählt, was eine unzweideutige Verweigerung des Gehor-
sames war. Man forderte Einsiedeln, Küßnacht, die March, die
Höfe und die vormahlige unabhängige kleine Republik Gersau,
die 1798 dem Kanton Waldstätten war einverleibt worden, auf,
sich anzuschließen und Landräthe in der nähmlichen Anzahl wie
Schwyz es gethan hatte, zu ernennen. Die vier zuerst angeführten Bezirke wurden dabei erinnert, von dem Beschlusse der
Landsgemeine vom 18. Februar 1798 Gebrauch zu machen. Nicht
alle entsprachen sogleich. Küßnacht und die March zögerten
einige Tage. Unter dem Vorwande, durch eine Räuberbande
sey das Land unsicher geworden, bewaffnete man in Schwyz
das Volk und stellte Wachen aus. Mit den benachbarten Städten und Ländern suchte man sich in Verbindung zu setzen und
durch Einverstandene in Zürich, die des Nachts einen Pulver-
behälter erbrachen, wurden 1037 Pfund Pulver in den Kanton
Schwyz gebracht. Von dem französischen Gesandten Verninac
erhielten die schwyzerischen Abgeordneten Zusicherungen der Ge-
wogenheit des ersten Consuls Bonaparte. Mit Uri und Unterwalden sönderte es sich von der helvetischen Republik ab und

wies die Aufforderung zur Wiederanschließung zurück. Als die helvetischen Truppen den Angriff auf Zürich aufgegeben hatten, nach Bern marschirten und die Insurrection gegen die helvetische Regierung in den Kantonen Bern und Aargau begonnen hatte, nahm eine in Schwyz zusammentretende Tagsatzung der Kantone Uri, Schwyz, Unterwalden, Glarus und Appenzell den Charakter einer obern eidgenössischen Behörde an. An alle schweizerischen Landschaften erließ sie Zusicherungen über Beobachtung der erworbenen Freiheit, forderte aber nur die alten Kantone auf, Abgeordnete, doch nicht einzig aus den regierenden Städten, sondern auch von der Landschaft nach Schwyz zu senden. Ungefähr 1600 Mann Bewaffnete aus Schwyz und den übrigen Bergkantonen führte Auf der Maur (der nachherige niederländische General) zu dem im Kanton Bern sich versammelnden Kriegsheere der Insurgenten. Am 27. September wurde die Tagsatzung zu Schwyz im Freien und in Gegenwart einer großen Volksmenge eröffnet und der Grundsatz der Gleichheit der Rechte ausgesprochen, doch ohne mit dessen Ausführung in den vormahls aristokratischen Kantonen schnell vorzuschreiten; aber mit desto mehr Thätigkeit arbeitete man auf eine neue Organisation und Vereinigung der Kräfte der Schweiz hin. Als nach der Ankunft des französischen Generals Rapp und der Annäherung französischer Truppen Bern und die übrigen westlichen Kantone ihren Widerstand aufgaben, beschloß die Tagsatzung in Schwyz, der helvetischen Regierung nicht nachzugeben, und wandte sich am 8. October noch einmahl an den ersten Consul, mit Berufung auf den Lunevillerfrieden, welcher der Schweiz das Recht einräume, sich eine Verfassung zu geben, und erst als die Franzosen im Innern der Schweiz vorrückten, löste sich die Tagsatzung auf, nachdem sie in einer Verwahrung die Rechte der Schweiz vorbehalten und erklärt hatte, sie sehe die helvetische Regierung nur als von Frankreich aufgedrungen an.

Durch die Mediationsacte wurde der Kanton Schwyz wieder hergestellt ohne irgend ein Verhältniß von Unterthanenschaft der äußern Bezirke, und Gersau blieb angeschlossen. Ruhig und in glücklichem Wohlstande gingen die zehn Jahre derselben vorüber; doch als Napoleon durch seinen unersättlichen Durst nach Vergrößerung alle Mächte gegen sich vereinigt hatte, und vor Weihnacht 1812, zum Theil von Schweizern selbst veranlaßt, ausländische Heere die Schweiz durchzogen, wachte auch im Kanton Schwyz die Sehnsucht nicht nur nach der alten Kantonalsouverainetät, sondern ebenso sehr nach den ehemaligen Vorrechten wieder auf. Als der Landammann Reinhard am 20. December die Tagsatzung nach Zürich einberief, antworteten am 24. Landammann und Rath von Schwyz nicht ihm, sondern sie schrieben an Bürgermeister und Rath des Kantons Zürich: „In dem Augenblicke, wo die Vermittelungsacte aufhöre, die Schweiz zu regieren, und wo der Kanton Schwyz sich wieder als souverainer unabhängiger Kanton constituire, laden sie Zürich ein, die Leitung der Geschäfte wieder als Vorort zu übernehmen." Nachdem Bern und Solothurn eine dreizehnörtige Tagsatzung gefordert hatten, traten am 2. März 1813 die drei Länder und von ihnen eingeladen Luzern in Gersau zusammen, und indeß die übrigen Kantone nach der Mitte des

Mārz sich in Zürich zu einer Tagsatzung versammelten, eröffneten diese vier Waldstätte mit Bern, Zug, Freiburg und Solothurn eine andere zu Luzern, vereinigten sich aber, von den Gesandten der fremden Mächte aufgefordert, bald mit der zürcherischen. Mißvergnügte aus Gaster, Uznach und Sargans, welche Trennung vom Kanton St. Gallen und Anschließung an Schwyz und Glarus verlangten, unterstützte Schwyz mit Nachdruck und ungeachtet der frühern Verzichtleistungen gab es wie die übrigen Länderkantone viele Forderungen an die vormahligen gemeinen Herrschaften ein. Ungeachtet der Einwirkungen der ausländischen Gesandten waren schwyzerische Abgeordnete nicht immer bei der Versammlung in Zürich gegenwärtig. Aloys Reding, der lange die Bestrebungen seines Kantons vertheidigt hatte, jetzt aber das Unhaltbare der gesteigerten Forderungen begriff, sah seinen treuen Rath wirkungslos und seinen Einfluß geschwächt. Man nannte ihn lau, furchtsam, und verunglimpfte seinen Umgang mit Staatsmännern, welche die Schritte der Parteiführer mißbilligten, die jetzt die Menge in Schwyz in Gahrung setzten. Schwyz und Nidwalden wurden immer heftiger. Am 17. September beschworen 32 Abgeordnete von Nidwalden und der Landrath von Schwyz das Bündniß von 1315 in der dortigen Hauptkirche, und man unterließ keinen Versuch, um Uri und Obwalden auch dazu zu bewegen. Indeß Napoleons plötzliche Rückkehr auf die damahlige große und kleine Diplomatik electrisch wirkte, entsprachen Schwyz und Nidwalden der Einladung nicht, ihre Gesandtschaften mit der Tagsatzung in Zürich zu vereinigen, obgleich das ebenfalls abwesende Appenzell der innern Rhoden dem Ruf nachgab. Aus der Summe, welche der Wienercongreß den Kantonen Aargau, St. Gallen und Waat in der Gestalt eines Loskaufes an die Kantone Unterwalden, Uri, Schwyz, Zug, Glarus und die innern Rhoden von Appenzell zu bezahlen auflegte, mit der Bestimmung, daß sie vorzugsweise auf den öffentlichen Unterricht, dann aber auch auf die übrige Verwaltung verwendet werden sollte, erhielt Schwyz 97912 Franken. Endlich nahm am 30. April die Landsgemeine von Schwyz den Bundesvertrag mit einigen Bedingungen, die Erklärungen des Wienercongresses aber unbedingt an.

Aus seiner eigenen Verfassung entfernte es wieder die Beschränkungen des unmittelbaren Volkseinflusses, welche die Mediationsacte in dieselbe gelegt hatte; die den äußern Bezirken 1798 gewährte unbedingte Freiheit erfuhr mehrere Eingriffe, und in dem Dorfe Reichenburg wachte wieder ein herrschaftliches Verhältniß des Klosters Einsiedeln über die dortigen Einwohner auf. Den neuen Landleuten wurde die zum Danke für ihre an den letzten Kämpfen des alten Kantons gegen die Franzosen ertheilte Gleichstellung mit den alten Einwohnern schon 1814 angefochten und 1828 wieder entzogen, indem der Landsgemeine vorgetragen wurde, zur Zeit der Ertheilung sey das Volk von Schwyz nicht frei gewesen, sondern habe nur dem Drange der Umstände nachgegeben.

Eine Streitigkeit zwischen der Waldstatt Einsiedeln und dem Kloster erregte nicht nur die allgemeine Theilnahme der Gegend, allmählig des ganzen Kantons, sondern sie zog auch

Schwyz.   3

die Aufmerksamkeit der benachbarten Kantone und des gebildetern schweizerischen Publikums überhaupt auf sich. Das Kloster, welchem einst die Einöde und der finstere Wald geschenkt wurden, stand ohne Zweifel damahls zu der Gegend wie die Abtei St. Gallen oder das fürstliche Frauenstift in Zürich zu ihren Umgebungen, aber wie neben ihm Ansiedler sich zahlreich vermehrten, Freiheit ringsumher sich entwickelte, der ursprüngliche Lehenmann Eigenthümer wurde, und das freie Volk von Schwyz seine Landeshoheit über das Kloster ausdehnte, konnte auch in der Waldstatt Einsiedeln ein Dienstverhältniß nicht fortdauern. Die Einwohner wurden Eigenthümer, wie die vormahligen Leibeigenen der Grafen von Lenzburg u. a. m. — Mißverständnisse waren unvermeidlich. Ueber die Benutzung der Almeinden (Gemeinheiten) erhob sich in der zweiten Hälfte des sechszehnten Jahrhunderts ein langwieriger Streit, der zwar beigelegt wurde, sich aber in der Folge erneuerte. Am 19. Novmber 1816 erließen Abt Conrad und der Convent ein sogeheißenes Ultimat über ausschließliche Eigenthumsrechte, gemeinsame Rechte und Mitverwaltungsrechte. Der Flecken nahm dasselbe an; allein über dessen Auslegung entstanden aus Veranlassung des Verkaufes des Krummsluhwaldes neue Streitigkeiten, und die zur Vermittelung angerufene Kantonsregierung schickte eine Abordnung in das Kloster. Obgleich die Regierung in ernstem Tone zu der Waldstatt sprach, wollte sich diese nicht zu der Annahme eines vorgeschlagenen Vergleiches bequemen. Den Anspruchstiteln des Klosters stellte sie ihren Hofrodel, das Waldstattbuch, andere Documente und fortgesetzte Rechnungen seit 1570 entgegen, um darzuthun, daß sie immer frei über das Gemeindgut verfügt habe und daß das Kloster als Theil der Gemeinde nur Miteigenthümer sey; das Kloster hingegen sprach nunmehr die Hälfte des streitigen Gutes, in was es bestehen möge, Nutznießungen oder Realien, als wahres und unbedingtes Eigenthum an. Auf den 10. Februar 1829 wurden die Parteien nach Schwyz vor den Landrath geladen, und ohne die Anwälde anzuhören, entschied der Landrath auf den Bericht der aus 19 Gliedern bestehenden Untersuchungscommission, obgleich mehrere seiner Mitglieder sich mit der Aeußerung entfernten, weil sie die Parteien nicht selbst gehört haben, wollen sie auch nicht urtheilen. Der beinahe einmüthige Ausspruch erkannte das Kloster als Miteigenthümer, Mitverwalter und Mitnutznießer der sogenannten drei zertheilten Güter oder Almeinden, so wie der diesen Almeinden zustehenden Capitalien an, bestellte eine von beiden Theilen in gleicher Zahl zu wählende Verwaltungscommission unter einem von dem Kloster zu ernennenden Präsidenten, der aber keine Stimme haben soll und erklärten diese Behörde unabhängig von dem Bezirksrathe. „Jeder Partei wird das Recht auf seinen Antheil vorbehalten, doch soll der Ertrag kleinerer Holzverkäufe, der Sträue und drgl. auf bisherige Weise verwendet werden mögen."

Als im Winter von 1830 bis 1831 beinahe in allen nicht ganz demokratischen Kantonen Staatsveränderungen vorgingen, und die seit dem Sturze der Mediationsverfassung wieder eingeführten Vorrechte einzelner Classen aufgehoben wurden, wachte in den äußern Bezirken, vornämlich in der March und der Waldstatt Einsiedeln das Verlangen nach Herstellung der 1798 erhaltenen und während der Mediationszeit genossenen Rechtsgleichheit wieder auf, und ähnliche Ansprüche erhoben auch die Beisassen oder neuen Landleute. Ungeachtet des Widerspruches des alten Landes oder des Bezirkes Schwyz, an den sich der Bezirk Wollerau anschloß, trennten sich die Bezirke March, Einsiedeln, Pfäffikon und Küßnacht und entwarfen eine Verfassung, die am 6. Mai 1832 von ihnen angenommen wurde. Der seit dem Frühlinge 1831 von einem Theile der Kantone geforderten Veränderung der Bundesverfassung von 1815 war das alte Land Schwyz immer entschieden entgegengestanden. Seine Gesandten vereinigten sich mit denjenigen von Uri, Unterwalden, Stadt Basel und Neuenburg in Sarnen (daher der Name Sarner) im Spätjahre 1832 für die Behauptung dieser Bundesverfassung, indeß eine Conferenz in Luzern mit der Bearbeitung des Entwurfes einer neuen Bundesacte beschäftigt war. Auch blieb es in Verbindung mit jenen Kantonen von der Tagsatzung weg, welche sich im März 1833 außerordentlich zu Zürich versammelte. Abgeordnete dieser Stände traten nun in Schwyz zusammen, und erklärten am 9. März ihr Ausbleiben gegen die Tagsatzung, die am 11. eröffnet wurde und den Vorort beauftragte, „die dissentirenden Stände" aufzufordern, die Tagsatzung durch Gesandte zu beschicken. Am 21. verweigerten die fünf Kantone ihren Beitritt, gegründet auf die Zulassung der Gesandtschaft von Basel-Landschaft. Eine neue, sowohl an die Stände als an die Versammlung zu Schwyz gerichtete Aufforderung vom 28. wurde von den Eingeladenen durch Bestätigung ihrer Erklärungen vom 9. und 21. beantwortet mit der Anzeige, sie werden keine Tagsatzung besuchen, an welcher Gesandte von Ständen Theil nehmen, die nicht von allen andern Kantonen anerkannt seyen und mit Ablehnung jeder Verantwortlichkeit, die daraus entstehen könnte. Außer-Schwyz wurde hierauf am 25. April in die Tagsatzung aufgenommen. Vor dem Zusammentritte der ordentlichen Tagsatzung im Juli begründeten die Gesandten jener fünf Stände in einer unterm 28. Juni an den Vorort gerichteten Zuschrift ihre Absönderung auf die Zulassung von Außer-Schwyz und Basel-Landschaft in die oberste Bundesbehörde, wobei die Tagsatzung eine rechts- und bundeswidrig zusammengesetzte Versammlung genannt wurde. Als sie eine abermahlige Aufforderung des Vorortes wieder ablehnend beantwortet hatten, wurde auf den Antrag der Gesandtschaft von Graubünden, es möchte eine Conferenz zu Hebung der wegen der Angelegenheiten der Stände Schwyz und Basel in der Eidgenossenschaft eingetretenen Spannung abgehalten werden, eine solche von der Tagsatzung beschlossen und von dem Vororte auf den 5. August ausgeschrieben. Mittlerweile hatte im Bezirke Küßnacht eine Minderheit immer auf Schwächung des neuen politischen Verhältnisses von Außer-Schwyz und auf Wiedervereinigung mit dem alten Lande Schwyz hingearbeitet, und als einige Störungen der öffentlichen Ruhe gerügt werden sollten, rückten am 31. Morgens, unter Anführung des eidgenössischen Obersten, Theodor Ab-Iberg, verschiedene Truppenabtheilungen, ungefähr 600 Mann stark, aus dem alten Kanton, der kleinere Theil davon vollständig bewaffnet, zu Küßnacht zu Unter-

3 *

ſtüzung der Schwyzeriſchgeſinnten ein; allein dieſe Waffen-
bebung und die ſchnelle Kunde, daß noch in andern ſchweizeriſchen Gegenden Spuren von Gährungen vorhanden ſeyen,
veranlaßten den Vorort und die Tagſazung zu ſchnellen Ge-
genmaßregeln. Am 1. Auguſt beſchloß die Tagſazung, Truppen
marſchiren zu laſſen. Am 3. war Oberſt Ah-Jbergs Hauptquar-
tier noch in Küßnacht; allein die Eingedrungenen entfernten
ſich, ehe am 4. die eidgenöſſiſchen Truppen daſelbſt einrückten,
während daß an demſelben Tage, und noch einmahl am 6. Landammann und Rath von Schwyz bei dem Vororte den Zug nach
Küſnacht rechtfertigten und zugleich Einſtellung der angeordneten
militäriſchen Maßnahmen begehrten. Am 7. erneuerten die Ge-
ſandten der fünf Stände, die Schwyz verlaſſen hatten, aus
Beggenried ihre Proteſtation. Der Beſezung des alten Landes
am 8. wurde kein Widerſtand entgegengeſezt und kein vergoſſe-
nes Bürgerblut machte die Folgen jener Friedenäſtörung dem
Eidgenoſſen noch ſchwerer. Nachdem am 12. die Tagſazung die
Garnerconferenz für aufgelöſt erklärt hatte, beſchloß am 16.
der dreifache Landrath von Schwyz Trennung von derſelben
und Beſchickung der Tagſazung, und am 19. trat die Geſandt-
ſchaft des innern Landes wieder in den Kreis der Eidgenoſſen.
Die eidgenöſſiſchen Commiſſarien, Landammann Nagel aus
Appenzell Außerrhoden und Schultheiß Schaller aus Freiburg
ließen ſich die Herſtellung der politiſchen Ordnung angelegen
ſeyn. Bereits am 17. verſammelten ſich die Ausſchüſſe der
ſämmtlichen Bezirke des Kantons im Flecken Schwyz. Die
Commiſſarien entſprachen der Einladung, den fernern Verhandlungen beizuwohnen, nicht, damit ihre Anweſenheit nicht den
Anſchein einer Einmiſchung in Verfaſſungsangelegenheiten erhalte, und am 28. kam man über einen Grundvertrag überein,
der am 1. September von allen Bezirkslandsgemeinen angenommen wurde. Auf den Antrag der Commiſſarien wurde
von der Tagſazung am 4. eine Verminderung der über den
ganzen Kanton vertheilten Occupationstruppen beſchloſſen. Der
auf den 7. einberufene Verfaſſungsrath vollendete am 19. ſeine
Arbeiten, und die ſämmtlichen auf den 29. entweder zu Annahme oder zu Verwerfung des Verfaſſungsentwurfes verſammelten Bezirkslandsgemeinen entſchieden ſich durch eine Mehrheit, die zwei Drittheile der Stimmen überſtieg, für die
Annahme. Ueber den Verſammlungsort der Kantonslandsgemeine entſtanden neue Mißverſtändniſſe. Der wieder einberufene Verfaſſungsrath entſchied ſich am 5. October für Rothenthurm, als den am meiſten im Mittelpunkte des ganzen Landes
gelegenen Ort. Am 11. wurde auch dieß von den Bezirkslandsgemeinen angenommen und am 13. die Kantonslandsgemeine
am Rothenthurm gehalten, die Verfaſſung beſchworen, auch
die drei erſten Landesbeamten gewählt, worauf die Occupationstruppen ſogleich von der Tagſazung gänzlich zurückgezogen wurden.

Oberherrschafts- und Gebietsverän-
derungen.

Durch die helvetische Staatsumwälzung verlor der Kanton Schwyz seinen Antheil an der Oberherrschaft über die Landgrafschaft Thurgau, die Herrschaft Sargans und die obern freien Aemter, die er mit den übrigen VII alten Orten, — über das Rheinthal, das er mit diesen und Appenzell, — über Lauis, Luggarns, Mendrys und Maynthal, die er mit allen Kantonen, Appenzell ausgenommen, — über Gaster, Uznach und Gambs, welche er mit Glarus, — und über Bellenz, Riviera und Bollenz, die er mit Uri und Unterwalden allein besaß; durch die Mediation erhielt der Kanton hingegen Gersau und das Dörfchen Hurden.

Geschichtliche Denkmahle.

Von römischen Alterthümern sind nur Münzen gefunden worden. Auf der Altmatt, an der Ibergeregg, im Muotathale, im Gibelwalde, auf Eigenwies, zu Morschach, neulich zu Küßnacht 4000 Stück (eherne), meistens von Kaiser Gallienus (aus den Jahren 259 bis 268) u. A. m.

Denkmähler aus dem Mittelalter sind noch zahlreich vorhanden. Von der Burg Schwanau ist ein viereckigter Thurm und ein Stück Mauer übrig. Diese Ruine beweiset die ungemeine Festigkeit der 1308 zerstörten Burg. Von der Burg Engenberg erheben sich noch einige Mauerstücke. Auf den weiten Umfang des Schlosses zu Brunnen, das mit Gräben umgeben und durch mehrere Thürme befestigt war, läßt sich aus dem ungeheuern Schutte schließen, der jetzt ganz begrast ist. Von einer andern Burg zu Brunnen oder vielleicht der Letze sieht man noch einige Trümmer. Daß die Burg der Reding zu Biberegg einen weiten Umfang gehabt habe, zeigen die nun mit Rasen bewachsenen Erhabenheiten. Ein großer Thurm soll auf dem Platze der jetzigen Kapelle gestanden haben. Das Archivgebäude zu Schwyz mag auch eine Burg gewesen seyn. Der Thurm ist von unbehauenen Steinblöcken aufgeführt. Seine Mauern sind ungemein dicht und fest; auch hat er ein unterirdisches Gewölbe. In der Wart, oberhalb Ufgau, findet man alte Mauerstöcke, vermuthlich von einer Burg, und auf der Almeinde, wo der Weg nach der Alp Hessisbohl führt unweit Kasgadmeren und des Gutes Oberberg, sind noch starke, sechs Fuß breite Mauern zu sehen, die sich an einem Hügel hinaufziehen und um denselben sich herumwinden, vielleicht Ruinen eines alten, weitläufigen Thurmes. Auch auf Degenberg, im Gute Blatterlin, nimmt man Spuren eines ehemahligen Schlosses wahr. Von der Letze am Rothenthurm ist noch der alte Thurm vorhanden; auch bei Schorno ein Thurm; von der Letze bei Art noch einzelnes Pfahlwerk im See und kleine Trümmer. In der March sind das Schloß Grynau und bei Altendorf die Burgtrümmer von Alt - Rapperswil bemerkenswerth.

Von alten Kirchen und Kapellen führen wir hier vorläufig an: den Kerker auf dem Gottesacker in Schwyz, die dem heil. Johannes dem Täufer und der heil. Agatha geweihte Kapelle beim Klösterli in Schwyz, die Grabkapelle beim Frauenkloster im Muotáthale, das Beinhaus in Steinen, den Rest eines Flügels des Klosters auf der Au daselbst, die Kirche St. Peter und Paul und die dabei stehende Kapelle auf der Insel Ufenau, die Kapelle St. Johann über Altendorf und die Kirche in Nuoleh. Die Kapellen zu Steinen und Küßnacht, welche ursprünglich andere Bestimmungen hatten, indem die erstere zum heiligen Kreuz, die andere zu den vierzehn Nothhelfern genannt wurde, sind jene dem Andenken Stauffachers, diese demjenigen Tells zugeeignet worden. Bei Schorno findet sich eine Kapelle zum Gedächtniß der Schlacht am Morgarten.

Unter den alterthümlichen Gegenständen müssen auch aufgezählt werden: Eine sehr alte Fahne, von der die Sage geht, sie sey 825 wider die Saracenen nach Rom getragen worden. Eine Fahne, die 1315 in der Schlacht am Morgarten erobert wurde. Die Fahne, die 1339 in der Schlacht bei Laupen und diejenige, welche 1386 in dem Heldenkampfe bei Sempach gewesen war. Eine im alten Zürcherkriege am Etzel eroberte Fahne. Ein Landespanner, das im Waldshuterzuge (1468), in der Murtnerschlacht, auf den Feldzügen ins Welschland und in noch andern entfernten Kriegen gebraucht wurde. Das Panner, welches Papst Julius II. 1512 dem Lande Schwyz schenkte. In demselben ist das Kreuz des Welttheilandes nebst den Leidensinstrumenten gemahlt. Das Panner, welches 1531 in der Schlacht zu Cappel getragen, eine Fahne, die Melchior Herlobig in diesem unglücklichen Bundesgenossenkriege eroberte, und noch andere, von denen in spätern innern Kriegen Gebrauch gemacht wurde, wobei die Geschichte aufmerksam noch die Namen der Männer aufbehalten hat, welche sie trugen. Viele schöne eroberte Fahnen und Panner sollen durch die Feuersbrunst in Schwyz 1642, welche auch die Pfarrkirche ergriff, zerstört worden seyn.

A.

Das Land.

Schön ist Mutter Natur, deiner Erfindung Pracht
Auf die Fluren verstreut, schöner ein froh Gesicht,
Das den großen Gedanken
Deiner Schöpfung noch einmahl denkt.

Klopstock.

Lage und Umfang des Kantons.

Der Kanton Schwyz liegt in dem östlichen Theile der Schweiz und ist von den Kantonen Zürich, St. Gallen, Glarus, Uri, Unterwalden, Luzern und Zug umschlossen. Von dem Hohe-Rhone oder Dreiländersteine zieht sich die Grenze gegen Zürich zwischen Hütten und Richtensweil — und der Schindellege, Wollerau und Bäch an den Zürchersee hinab. Gegen St. Gallen wird dieselbe durch die Mitte des Sees und des Linthkanals gebildet. Bei Reichenburg findet zwischen Schwyz und Glarus keine natürliche Grenze statt, diese setzt sich dann aber mit der einzigen Unterbrechung im hintern Klönthale, wo der Kanton Schwyz bis unter Richisau auf die Glarnerseite hinabsteigt, über die höchsten Firsten bis an den Scheienstock fort. Die südliche Grenze gegen Uri ist bis zum Urnersee größtentheils auch auf der Gräthe der Gebirge zu suchen; denn auf einigen Punkten senkt sich das Land von Uri in das von Schwyz hinunter. Wo Sisikon beinahe abgeschieden von aller Welt am Vierwaldstättersee liegt, scheidet bis zu der Gersauerlandspitze, obere Nase genannt, dieser See von Uri und Unterwalden. Die Grenze gegen Luzern beginnt bei der obern Nase, zieht sich über den Fiznauerstock, den Dossen, den Tabakgütsch, den Schilt, die First, den Faulenbühel und den Rothstock (Bestandtheile des Rigigebirges) zu dem Küßnachtersee hinab, und von Mörlischachen über den Bergrücken nach Immensee. Von hier bis St. Adrian durchschneidet die Grenze den Zugersee. Ihre Fortsetzung zieht sich zuerst durch ein langes und tiefes Tobel (Schlucht), durch welches der sogenannte Schmid- oder Rußbach fließt, auf die Gräthe des Rufi- oder Roßberges, über den Ka den Morgarten und endlich über den St. Jostenberg zu dem Hohe-Rhone. Der Kanton Schwyz hat demnach größtentheils natürliche Grenzen.

Seine größte Länge erreicht der Kanton in der Richtung von Westen nach Osten oder von Morlischachen bis zu den Richisaueralpen, in gerader Linie 9 Stunden. Seine größte Breite von Norden nach Süden oder von der Mündung der Linth in den Zürchersee bis auf die Glattalp beträgt 8 Stunden. Das Land Schwyz macht ein zusammenhängendes Ganzes aus, das, wie Basel, einige Aehnlichkeit mit einer kriechenden Schnecke hat.

Wie bei den meisten Schweizerkantonen wird auch sein Flächeninhalt sehr verschieden angegeben. Crome nimmt nach der scheuchzerischen und meyerischen Karte 20 Quadratmeilen an; nach einer im Kanton Schwyz vorgenommenen Berechunng enthält er etwas mehr als 21 Quadratmeilen; Jehr und Körner bestimmten ihn auf 11 Quadratmeilen, der Verfasser dieses Werkes auf 16,5. Da die trigonometrischen Vermessungen der Schweiz ihrem Ende sich nahen, so dürften diese Abweichungen bald berichtigt werden.

Natürliche Beschaffenheit.

Berge.

Der Kanton Schwyz gehört zu den sogenannten Bergkantonen der Schweiz. Er ist von verschiedenen Bergreihen durchzogen, von denen wieder Verastungen auslaufen. Da er ausserhalb der Hochalpen liegt, und dieselben ihn nur auf einzelnen Stellen seiner Grenzen berühren, so liegt nur hinten im Bisithale auf den Berghöhen und auf dem Pfannen- und Redertenstock Firn und ewiger Schnee. Beinahe überall sind die höchsten Gipfel seiner Berge dem kleinern und auch dem größern Vieh zugänglich; der Hirt kann auf ihnen sein heiteres und gemachliches Leben führen und ihre Abhänge sind noch immer weit hinauf mit Waldung bekleidet.

Durch die Vierwaldstätter-, Zuger- und Lowerzerseen und durch die Seewern und Muota wird die Felspyramide der Rigi beinahe zu einer Insel, deren höchste Kuppe unstreitig zu den schönsten Warten der Welt gerechnet werden darf. Ihr gegenüber ist der Rufi- oder Roßberg, welcher durch den Bergfall im Jahre 1806 eine traurige Berühmtheit erlangt hat. Dieser Gebirgsstock, wie seine Nachbaren, der schön abgerundete Kaiserstock, der St. Jostenberg, durch eine Kapelle freundlich belebt, und der bis auf seine Höhe mit Waldung bekleidete Hohe-Rhone verlieren sich in der Ebene des Kantons Zug.

Ueber Brunnen und Morschach erhebt sich die prächtige, noch allzuwenig bekannte Frohnalp, auf deren aussichtreichem Gipfel ein Kreuz den frommen Glauben der Anwohner verkündigt. Sie bildet einen Theil des Stoßberges, der auf der Rigi sich durch seine weißübertünchte Kapelle dem schärfern Auge bemerkbar macht.

Der aussichtreiche Roßstock, das Faulhorn, die Lidbern, alle drei durch ihre zuckerhutförmige Gestalt leicht erkennbar, mit ihrer sich in das Muotathal herabsenkenden Fortsetzung, Achslenstock, so wie der durch seine Form an den Pilatus erinnernde Wasserberg, die schöne Pyramide des Pfannenstockes und die Silbern, eine weit in den Frühling hinaus mit Schnee silbergleich bedeckte breite, glatte Felsmasse, sind nördliche Verästungen jener gewaltigen Bergreihe, die von dem Furcht erregenden großen Achsen am Urnersee nach dem kühn über Glarus emporsteigenden Glärnisch sich hinzieht.

Theils auf der Grenze gegen Glarus, theils in das Innere des Landes Schwyz hinein erstreckt sich, einen vollkommenen

Halbkreis bildend, von dem abgerundeten Hirzli bis zu dem steilen Katzenstrick, oder bis in die Nähe der Vereinigung der Flüsse Biber und Sihl, eine andere Bergreihe, in welcher sich folgende Berge befinden: Der bollwerkähnliche Küpfenstock, der abschüssige Trebscheren, das zerrissene Bockmattli, der gibelartige und auf der nördlichen Seite seinen Namen bezeichnende Scheinberg, der Obelisk des Hochfläschen, die Felspyramide des Brünnelistockes, der Zündli- oder Zünglispitz, einer mit der Spitze aufwärts stehenden Ochsenzunge nicht unähnlich, die hohen, kahlen Felsen des Redertenstockes, welchen die Thalbewohner Muteriberg heißen und der den Hintergrund des Wäggithales schließt, die alpenreiche Miesern, die gewaltige Masse des Druhsberges, die kahlen, kegelförmigen Felsspitzen des großen und kleinen Mythen und die Bergeinsenkung Hacken, jährlich von vielen hundert Pilgern zu der Mutter Gottes in Einsiedeln betreten.

Von diesem Halbmonde gehen eine größere und drei kleinere Verästungen mit nördlicher Richtung aus. In der ersten oder östlichen bemerken wir die steilen Felswände des Fluhberg, im Einsiedlerthale Diethelm geheißen, den kleinen und den großen Auberig, auf dessen breitem, flachen Kamme man einer ungemein großen Aussicht genießt, und den finstern Etzel. Diese Verästung scheidet das Waggithal und die Gegend am Zürchersee von dem Sihlthale und Einsiedeln.

Eine zweite Verästung zieht sich über den Twäriberg, in welchem eine große Höhle sich befindet, den Fitesberg und die Wannefirst, eine ungeheure Felsmasse bildend, die Todtenblank, und endigt sich in der hüttenbesäeten Hirschfluh.

Eine andere geht über den Röggenstock, einen spitzigen Fels, worauf ein Kreuz steht, und läuft in der steilen Gugrekfluh aus, wo auf luftiger Höhe die Pfarre Iberg sich befindet.

Der vierte und westlichste Ast ist derjenige, welcher den scharfkantigen Spitalberg enthält. Er trennt das Sihl- von dem Alpthal.

Auf der nördlichsten Grenze des Kantons ist der untere Buchberg, der seinen Namen nicht ohne Grund trägt.

Ueber diese verschiedenen Bergketten führen folgende Pässe: 1. und 2. aus dem Bisithale sowohl nach dem Urnerboden als in das Stachelbergerbad, 3. 4. und 5. von der Kirche Muotathal über den Pragel in das Klön-, über den Kinzigkulm in das Schächenthal, und über Illgau nach Iberg und dem Sihlthale, 6. und 7. von Schwyz über den Hacken in das Alpthal und nach Einsiedeln, und über die Ibergeregg nach Iberg, 8. und 9. von Stauden auf dem Pragelpaß, und nach dem Hinterwäggithale, 10., 11. und 12. von Hinterwäggithal nach Näfels, in das Klönthal und nach Euthal, 13. und 14. von Vorderwäggithal nach Euthal und Willerzell, und 15. und 16. von Galgenen nach Willerzell und der Teufelsbrücke an der Sihl. Fahrstraßen verbinden Einsiedeln mit Lachen, mit Richtensweil und mit Schwyz.

3 **

dellege, wo sie durch eine hügelichte *) Fortsetzung von dem tief unten liegenden Zürcherfee abgedämmt, ihren Lauf westlich zu nehmen genöthigt wird. Ihre Fluthen bringen sehr viel Holz in den Kanton Zürich. — Ob das teutsche Wort sihlen für flößen mit dem Worte Sihl, da dieser Fluß in seinem ganzen Laufe zu diesem Zwecke benutzt wird, in Verbindung stehe? — In der Gegend von Iberg führen über die Sihl mehrere ungedeckte Brücken von beträchtlicher Länge, die mit großen Kosten erbaut wurden, und deren Unterhaltung eine nicht geringe Ausgabe verursacht. Bei Willerzell und Euthal verbinden zwei gedeckte Brücken die beiden Ufer. Die jetzige Teufelsbrücke wurde unter dem Fürsten Beat erbaut. Sie ruhet auf zwei starken Bogen, die, wie die Brücke selbst aus gehauenen Steinen aufgeführt sind, und darf ein Meisterstück genannt werden. Sie ist gedeckt. Unausgemittelt ist es, woher die Brücke ihren abentheuerlichen Namen erhalten habe; vermuthlich, daß man wie bei der Teufelsbrücke am Gotthard glaubte, einfaches menschliches Wissen hätte einen solchen Bau nicht zu Stande gebracht. Bei der Schubellege geht ebenfalls eine gedeckte Brücke über die Sihl. Ueber die Alp führen 2 gedeckte Brücken (die eine in der Nähe des Frauenklosters, die andere bei Einsiedeln) und über die Biber ebenfalls 2, unfern vor ihrem Zusammenflusse mit der Alp.

Von Biberegg und Sattel her eilt dem Lowerzersee die Aa zu, über die im Dorfe Steinen eine gedeckte Brücke geht. Dieser Bach führt so viel Geschiebe mit sich und füllt den See dadurch so an, daß nach und nach die Strecke zwischen dem Ufer und der Burg Schwanau ausgefüllt werden dürfte.

Aa heißt auch der vom Rigi kommende Bach, welcher in den Zugersee mündet.

Der Abfluß des Lowerzersees, die Seewern, fließt nach kurzem Laufe in die Mnota. Die letztere entquillt dem Glattsee auf der Glattalp. Von der Nordseite her fließen der Mnota im Mnotathale folgende Bäche zu: der Hinteribergbach, über welchen eine gedeckte Brücke führt, der g'stübt Bach oder Kindlibach, der Mettelbach, der Bachlernbach nahe bei der Kirche, der Hofbach nahe beim Kloster, der Teufbach hieher des Staldens und die Starzlen, welche auf dem Pragel entspringt; von der Südseite her der Stoßbach, der Blackerlibach, der Tschuppelbach, der nahe an der Thalfläche auf eine überraschende Weise aus den Felsen hervorsprudelt, der Rambach, der Gruds-

*) „Rechts des Fußsteiges ist eine Art von natürlichem Walle, hinter dem die Sihl herfließt. Dem ersten Anblick nach sollte es an einigen Stellen nicht große Mühe und Kosten erfordern, den Hügel mit einem Stollen zu durchfahren und soviel Wasser als man wollte zu Wässerung und Werken in die unterhalb liegende Gegend zu leiten; ein Unternehmen, das freilich in einem demokratischen Kanton und bei der Complication der Grundstücke, die es betreffen würde, nicht denkbar ist," schrieb Göthe am 28. September 1797.

blackenbach und der Hürenbach. Mehrere dieser Bäche bilden
hübsche Wasserfälle. Nachdem die Muota die enge Felsschlucht
am Ausgange des Thales durchschäumt hat, strömt sie in selbst-
gemachten Krümmungen dem Vierwaldstättersee zu. Auch auf
der Muota werden große Massen Holz geflößt. Wo der Fluß
sich zwischen den engen Felsen hindurchdrängen muß, da stockt
sich das Flößholz bald. In solchen Fällen wird Einer der
Flößer an langen Seilen in den Abgrund hinabgelassen, wo er
über dem schäumenden Strome mit seinem Hacken die Klöze
wendet, bis sie Lauf gewinnen, oder, wofern dieß nicht hilft,
sie selbst mit der Axt löst. Schon mehrmahls verloren die Herz-
haften dabei ihr Leben, was unter anderm dem Wanderer die
Tafeln an drei Kreuzen erzählen, die an einer Scheune auf
dem Wege von Oberschönenbuch nach dem Muotathale befestigt
sind. — Die Muota nährt schmackhafte Forellen oder Lachse,
wie sie Einige nennen, dergleichen schon oft 12, 14 bis 16 Pfund
schwere gefangen wurden. Man hält dafür, daß sie zur Laichzeit aus dem See hinaufsteigen. Ueber die Muota führen mehrere Brücken, wovon fünf gedeckt sind: die erste bei der Kirche
im Muotathale, die zweite in der Nähe der ehemahligen steinernen Brücke zwischen Fluhen hinter Schönenbuch, die dritte zu
Ibach vor dem alten Landsgemeindeplatz, über die vierte geht
die Straße nach Brunnen und über die fünfte diejenige von
der Härte in Ingenbohl nach Weilen. Eine gedeckte Brücke
hinter dem Kloster im Muotathale wurde am 9. August 1831
weggeschwemmt und ist bisher nur durch eine offene ersetzt
worden.

Der Fallenbach, welcher von der Hochfluh zwischen Gersau und Brunnen in den Vierwaldstättersee hinabstürzt, bietet
bei Regenwetter ein grauses Schauspiel dar.

Seen zählt der Kanton Schwyz 5. Der größte der im
Innern des Landes liegenden ist der Lowerzersee. Im
Jahr 1806 füllte der Goldauerbergsturz einen Viertheil dieses
Sees aus. Er ist jetzt noch drei Viertelstunden lang. Die
Breite beträgt eine Viertelstunde. Seine Ufer sind am Fuße
der Rigi ziemlich wild, die nordöstlichen mit Wiesen, Obstbäumen und Häusern besetzt. In ihm liegen zwei liebliche kleine
Inseln. Der andere Binnensee ist der Glattalpsee. Den
Kanton bespühlen auf langen Strecken der Vierwaldstät-
ter-, Zuger- und Zürchersee. Von dem Zugersee gehört
beinahe der dritte Theil zum Kanton Schwyz. Die Beschreibung des Vierwaldstättersees findet sich im Gemälde des Kantons Uri, verfaßt von Dr. Lusser (Seite 122 ff.). Den Zürchersee schilderte ich in meinem Gemälde des Kantons Zürich
(Seite 35 ff.). Den Zugersee wird das Gemälde des Kantons Zug, von Herrn Hauptmann Utinger, darstellen.

Barometrische Höhenbestimmungen.

Standpunkt.	Beobachter.	Höhe über das Meer in franz. Fußen.
Küßnacht, Wirthshaus zum Adler, M. 10 über dem See	Michaelis.	1327.
Vierwaldstättersee bei Gersau, 15 Fuß über dem Wasserspiegel	Heinrich Pestalozzi in Zürich.	1333.
Schwyz, Gasthof zum Rößli, zweiter Stock	P.	1552.
Ebendaselbst	Oswald Heer v. Matt	1565.
Goldau beim Wirthshause	Hch. Weiß in Zürich.	1577.
Muotathal, im Wirthshause neben der Kirche	P.	1912.
Muotathal	H. v. M.	1929.
Bei der Kirche im Vorderwäggithal	Hirzel-Escher in Zch.	2302.
Bei der Kirche im Illgau	Wß.	2337.
Bei dem Pfarrhause im Hinterwäggithal	H. E.	2650.
Sattel, Kirche	Müller in Engelberg.	2685.
Sihlfluß bei Hummelberg	Georg Wahlenberg.	2735.
Einsiedeln	H. v. M.	2699.
Ebendaselbst	H. E.	2736.
Bei der Kirche im Euthal	Wß.	2737.
Frauenkloster Au bei Einsiedeln	Wbg.	2774.
Unteres Dachli auf dem Wege zu Maria zum Schnee	P.	2930.
Ebendaselbst	Wbg.	2935.
Alpthal, Dörfchen	Wbg.	3055.
Höhe von Enzenau	H. E.	3066.
Kapelle auf dem Etzel	M. in E.	3310.
Hochetzel	Wbg.	3402.
Im Pfarrhause in Iberg, 10 Fuß über dem Hausplatze	Wß.	3483.
Maria zum Schnee auf der Rigi	Wbg.	4035.
Rinderhütte am Rebertenstocke	H. E.	4066.
Sattelalp	Wbg.	4227.
Paßhöhe des Hacken	Wbg.	4135.
Ebendaselbst	H. v. M.	4365.
Ebendaselbst	H. E.	4416.
Wirthshaus im kalten Bad (Schwesternborn) auf der Rigi	Wbg.	4404.
Höhe des Passes über die Sternenegg, Bergübergang aus dem Euthal nach Muota	Wß.	4613.
Fiznauerstock zwischen Gersau und Wäggis	M. in E.	4656.
Schilt, Gipfel des Rigigebirges	Wß.	4787.
Pragel bei den Hütten	H. v. M.	4822.
Gnyppenspitze am Roßberg ob. Ruffi.	Wbg.	4825.
Rigistaffel	Wbg.	4866.

Standpunkt.	Beobachter.	Höhe über das Meer in franz. Fußen.
Sennhütten auf den Ochsenfeldalp, auf der Glarnergrenze	H. E.	4890.
Schneealp, eine sumpfige Ebene auf der Rigi	Wbg.	5103.
Rothstock, Gipfel des Rigigebirges	Wß.	5118.
Ebendaselbst	Wbg.	5141.
Dossen, Gipfel des Rigigebirges . .	Wbg.	5190.
Großauberig	H. E.	5239.
Hochfluh, Gipfel des Rigigebirges .	Jak. Eschmann in Zch.	5256.
Ebendaselbst	M. in E.	5315.
Frohnalp über Morschach	M. in E.	5430.
Rigikulm, aus 120 im Jan. u. Febr. 1827 angestellten, sehr sorgfältigen Beobachtungen . .	J. Eschm. in Zch.	5479.
„ aus dem Mittel von 10 Beobachtungen	D.	5484.
„ Wirthsh., Kabinet N. 20.	Mich.	5485.
„	M. in E.	5486.
„	Casp. Horner v. Zch.	5520.
„ (trigonometrische Messung).	Joh. Fehr v. Zürich.	5527.
„	Wß.	5533.
„	Benzenberg, Preuße.	5550.
„	Wbg.	5555.
Mythen	M. in E.	5860.
„	Lud. Pfyffer v. Luz.	5868.
Flußberig	M. in E.	6335.
Miesern	M. in E.	6995.
Rederkenstock oder Muteriberg . .	H. E.	7111.
Wasserberg	M. in E.	7335.
Roßstock	M. in E.	7700.

Climatische Verhältnisse.

Das Clima des Kantons Schwyz hat nach der Verschiedenheit der Lage der Landestheile mit demjenigen der angrenzenden Kantone Aehnlichkeit, und es zeigen sich auch hier auffallende Abweichungen.

Das Clima des Thales von Schwyz ist sehr den Veränderungen unterworfen. Es giebt Jahre, wo es mehr zu den rauhern Gegenden gezählt werden kann, andere wo es milde ist. Gewöhnlich fängt es im November an zu schneien, doch nicht daß dann schon Schlittbahn vorhanden ist; auf den Bergen fällt im October, sogar im September zuweilen Schnee. Gewöhnlich zieht indeß der Winter mit seinem ganzen Gefolge erst zu Ende Decembers ein, und dauert bis in den März, alsdann tritt der Nordostwind ein, und nachdem er gewichen, der Frühling. Die Sommerwitterung hält auch bis Ende Septembers an. — Die Temperatur auf der Hochebene von Ein-

ſiedeln iſt ſo veränderlich, daß der Unterſchied der Wärme und
Kälte oft in zwei Tagen bis zwanzig Grad beträgt. Der
Winter, oft mit drei bis vier Fuß Schnee, dauert meiſtens
bis in den Mai. Die Kälte ging ſchon bis auf 23 Grad Re-
aumur hinunter. Der Frühling iſt ſehr kurz; nicht ſelten iſt
beinahe keiner. Die größte Hitze kommt nicht vor dem Auguſt
und häufig iſt ſie drückend. Der Herbſt dauert ſehr lange. — In
Küßnacht iſt das Clima etwas milder als im Thale von Schwyz,
das höher und mehr in den Bergen liegt; doch zu den ganz
milden gehört es gerade nicht. Bemerkenswerth iſt, daß der
Vierwaldſtätterſee höchſt ſelten friert, während der 40 Fuß tiefer liegende Zugerſee ganz und dicht zugefroren und gangbar
iſt. — Das Clima der Gegend am Zürcherſee iſt ebenfalls zu den
milden zu rechnen, und der Lauf der Jahreszeiten gleicht demjenigen des untern Zürcherſeethales. — In den Hochthälern und
auf den Gebirgen iſt das Clima kühler und rauher; oft wech-
ſelt der Winter mit dem Sommer ohne Zwiſchenjahreszeiten
und der Temperaturwechſel iſt ungemein häufig. So z. B.
geht auf der Rigi der Schnee gewöhnlich im Mai und ſeine
letzten Spuren im Juni weg. Deſſen ungeachtet bringt eine
kalte Temperatur der Luft öfters in der Mitte des Sommers
Schneeflocken ſtatt Regen. Im Jahre 1816 zu Ende Julis fiel
ein halber Fuß tiefer Schnee auf dem Kulm und blieb einige
Tage liegen. Die Höhe des Berges macht es dennoch nothwendig, daß ſelbſt in den Sommermonaten beinahe jeden Morgen eingeheizt werden muß, und bei regnichter oder ſonſt kalter
Witterung auch des Abends. Oft hingegen, insbeſondere in
den ſpätern Sommermonaten, wenn in der Tiefe alles in kal-
tem Nebel ſtarrt, ſteht der Kulm in warmem Sonnenglanze.

Im Thale von Schwyz iſt kein Wind häufiger als der
Südwind oder Föhn, insbeſondere im Früh- und Spätjahre.
Uebrigens erſcheint er oft auch während der andern Jahreszeiten. Mehrmahls hat er ſich ſo heftig eingeſtellt, daß mehrere
Stunden lang alle Feuer ausgelöſcht werden mußten, was in
Brunnen am Vierwaldſtätterſee oft der Fall iſt. Der Weſt-
und Nordwind ſind nicht fremd, Oſtwinde hingegen ſeltener.
Regelmäßig alle Jahre einmahl zeigt ſich der Nordoſtwind
zwiſchen Mitte März und Ende April. — Auch auf der Hochebene von Einſiedeln iſt der Föhn heftig. Der Regenwind iſt
am anhaltendſten von Weſt oder Südweſt. Der dauernd käl-
teſte Wind weht von Oſten her. — In Küßnacht ſind die häu-
figſten Winde die Nord-, Weſt- und Südweſtwinde; der Föhn,
vom Wäggiſerhorn aufgehalten und gebrochen, tobt höchſt ſelten, während er in Schwyz und Gerſau wüthet. Der gere-
gelteſte dieſer Winde iſt der Gregori oder Beiswind (Nordwind), der im Anfang des März kommt und ſechs bis ſieben
Wochen anhält. — In der Gegend am Zürcherſee ſind ſchädliche
Winde: 1) der Nordoſtwind mit ſeiner ſchneidenden Kälte.
Er ſtellt ſich regelmäßig Ende März oder Anfangs April ein,
dauert oft mehrere Tage und ſchadet den Baumblüthen ungemein, wenigſtens dadurch, daß er die Entwickelung der Blüthen
hindert. 2) Der Föhn iſt ſehr nachtheilig, wenn er zur Zeit
eintrifft, wo die Kirſchbäume die Blüthen fallen laſſen. Bei
längerm Anhalten dieſes Windes zeigt ſich bald an den jungen

Kirschen der sogenannte Bohrer (wo das Früchtchen kleine
Löcher zeigt). Um den h. Michaelistag bleibt der Südwind
selten aus. Der Westwind, der im Februar oder im März
gewöhnlich sich einstellt, ist nur dann gefährlich, wenn er in
Folge eines Sturmes erscheint. In diesem Falle wirft er
Bäume um, deckt Dächer ab u. dgl. Der Nord-, Südost-
und Südwestwind bringen selten besondern Schaden. Im
Sommer erhebt sich regelmäßig um 9 oder 10 Uhr des Morgens der Nordnordwest oder Gutwetterwind.

In Beziehung auf die Gewitter ist große Verschiedenheit, sowohl in Absicht auf die Gegenden als auf die Jahre.
So giebt es im Thale von Schwyz Sommer, wo vom Mai
an bis Ende August beinahe täglich Gewitter sich zeigen; in
andern Jahren sind sie weit seltener. Im Jahre 1822 erlebte
man beinahe keines, 1834 hörte man kaum einige Mahle don-
nern, nur am 17. September sah man öftere Blitze und vernahm vom Morgen bis auf den Abend mehrere Donnerschläge.
Ihr Weg ist gewöhnlich von Westen nach Osten, auch hat man
sie schon die entgegengesetzte Richtung nehmen sehen, sehr selten kommen sie von Süden her. Am 23. August 1818 war ein
so heftiges Gewitter auf der Rigi, wie man noch wenige daselbst
wahrnahm. Ein Blitz traf das Kreuz auf dem Kulme und
zerschmetterte einen Theil desselben. Bei den Wirthshäusern
zu Maria zum Schnee schneite es dabei so dicht, daß man
kaum die Blitze durch das Schneegestöber sehen konnte. Auf
der Hochebene von Einsiedeln sind die Gewitter nicht häufig,
die meisten ziehen sich in das südlich und südöstlich gelegene
Gebirge; in Küßnacht hingegen sind sie zahlreich und schlagen
nicht selten ein, theils in Häuser (auch am See), theils in Bäume
oder in der Nähe von solchen. Im Herbste von 1834 schlug
der Blitz zuerst in einen Baum, fuhr von da aus in eine
Getreideschenne und setzte sie im Augenblicke in den wildesten
Brand. Man hält es in Küßnacht für eine Regel, von woher am Himmelfahrtstage Christi der Wind komme, von da
werden auch im Sommer die Gewitter herkommen. Meistens
nehmen sie die Richtung von Nordwest nach Südost, vielmahls
von Norden nach Süden. Höchst selten umgekehrt. — In der
Gegend am Zürchersee sind sie in dem eigentlichen Thalgelände
nicht sehr zu besorgen, so daß man sich seit einigen Jahrzehenden nur eines starken Hagelwetters (1825) erinnert, das die
Bäume und den Weinstock auf zwei Jahre geschadigt und ge-
schwacht hat. Die gefährlichsten Gewitter sind diejenigen, welche von Osten her über die Berghöhe von Rieden oder dann
von Südwest über den Etzel hereinbrechen. Rein westliche gehen gewöhnlich im Thale unschädlich vorüber, denn sie theilen
sich in zwei Arme, deren einer über die südlichen, der andere
über die nördlichen Berghöhen sich hinwälzt. Wenn der Südwind mit andern Winden im Kampfe steht, so folgt ein Gewitter auf das andere, bis endlich der Nordwestwind mit über-
wiegender Macht einbricht und den Südwind zurückdrängt.
Bei diesem entscheidenden Kampfe um den Sieg durchkreuzen
sich die Blitzstrahlen furchtbar über den See hinauf.

Stürme giebt es jährlich, aber höchst selten sind sie so
heftig, daß sie Häuser abdecken und Bäume entwurzeln. Solche

orkanähnliche Stürme hat man in diesem Jahrhundert z. B. in dem Thale von Schwyz kaum 4 erlebt, den ersten im November 1800, den zweiten im December 1806, den dritten im Jahre 1821, ebenfalls im December, und den vierten, welcher aber nur ein Paar Stunden angehalten hatte, im März 1819. Die Stürme in dem Thalkessel von Schwyz rühren gewöhnlich von dem Wechsel des Föhn- und Westwindes her.

Es ist nicht selten, daß sich Nebel oft anhaltend zeigen, insbesondere zur Herbstzeit; auch im Frühling in den letzten Monaten des Jahres giebt es oft dichte, widerliche Nebel, woraus Schlüsse auf Gewitter und Krankheiten gezogen werden, die sich gerne verwirklichen. Eine sonderbare Erscheinung ist es, daß bisweilen von Lachen über den Marchboden hinauf der Nebel sich ansetzt, und bis auf Ruolen, obgleich dort viel Rieder (Sumpfland) vorhanden sind, nicht vordringt. Dieser Nebel kommt gewöhnlich aus der Limmatgegend und zieht sich längs des Albis und über den See hinauf. Wenn er im August sich an den Höhen ansetzt und sich entweder in der Luft zertheilt oder gegen die Glarnergebirge sich hinwendet, so ist das Wetter schön; fällt er aber in den See, so erfolgt ein Gewitter oder Regen.

Der Reif zeigt sich insbesondere im Frühling oft an Stellen, wo Luftstille ist, und an Flüssen und auf sumpfigem Lande; doch hat sich, z. B. in Einsiedeln, seit Menschengedenken, wo viel Land urbar gemacht wurde, die Zahl der Reifen sehr vermindert.

Tabellen über den Barometer- und Thermometerstand werden im Lande selbst nicht verfertigt. Zwar besitzen alle Vermöglichern, selbst unter den Bauern Barometer und geben genaue Achtung darauf, „doch", schrieb dem Verfasser ein einsichtiger Meteorolog, Herr Pfarrer Feyerabend in Küßnacht, „täuschen sie sich Sommer und Winter damit".

Bemerkenswerthe Thermometer- und Barometer-Beobachtungen machte Wahlenberg im Jahre 1812 *). Durch gleichzeitige, zum Behufe seiner Höhenmessungen, in Zürich und an andern Orten angestellte Beobachtungen und Angaben der Temperatur an dem freien und dem an der Quecksilbersäule fixirten Thermometer erhalten die seinigen einen um so größern Werth.

Die Ergebnisse finden sich in folgender Tabelle:

---

*) S. de vegetatione in Helvetia septentrionali, 1813.

	Barometer.	Fixer Thermometer.	Freier Thermometer.	Barometer in Zürich.	Fixer Ther.	Freier Ther.
					⁵/₀ über die See.	
Rigikulm	20,10,7	11,5		26.10.9	10	15,3
Großauberig . . .	23,3,8	16,8		27.0.6	15.0	15,2
Dossen	23,4,2	13,4		24,4,5	8,4	14,0
Schneealp	23,4,05	9,3		27,0,0	10,0	15,2
Roßalp	23,7,1	11,1		27,0,5	10.	12,9
Sattelalp	24,1,5	9,9		27,0,2	15,0	16,2
Hackenweg . . .	24,1,3	11,6		27,0,3	13,7	12,8
Maria z. Schnee .	24,4,3	11,5	8,8	27,1,2	14,7	13,3
Hohe-Rhone . . .	24,6,4	11.2		27,0,4	14,0	
Hochetzel	24,11,3	12,5		27,0,5	13,0	13,2
Alpthal	25,3,6	16,8		25,6,7	14,8	16,8
Einsiedeln	25,6,2	13,1	10,7	27,0,26	13,5	12,2

Doctor Ebel machte im Juli 1818 auf dem Rigistaffel folgende Thermometerbeobachtungen. Das Instrument gegen Norden und im Schatten zeigte am 12. Juli

14° um 10 Uhr Morgens
16° „ 3 „ Nachmittags.

In der Sonne beim Hospitium wechselte es am 13., 14., 15. und 16. zwischen 9° bis 14°. Auf dem Rigistaffel zeigte es

den 17. 9° um 9 Uhr Morgens.
4½° „ 3 „ Nachmittags.
7° „ 8 „ Abends.
den 18. 9° „ 9 „ Morgens.
11° „ 2 „ Nachmittags.
9° „ 8 „ Abends.
den 20. 11° „ 9 „ Morgens } Am Abend war ein
15° „ 2 „ Nachmittags Sturm und während
9° „ 8 „ Abends der Nacht regnete es.
den 21. 9° „ 8½ „ Morgens.
13° „ 2 „ Nachmittags.
8° „ 8 „ Abends.
den 22. 9° „ 9 „ Morgens.
14½° „ 3 „ Nachmittags.
8° „ „ Abends.
den 23. 14° „ 10 „ Morgens.
17° „ 2 „ Nachmittags.
9° „ 8 „ Abends.
den 24. 15° „ 9 „ Morgens.

Im Januar 1827 machten die schweizerischen Ingeniere Eschmann und Hofer auf dem Rigikulme meteorologische Beobachtungen. Der tiefste Stand des Barometers war den

22. Januar = 3 h 25' des Abends = 21" 10"', 43 fester Thermometer — 2,7 freier Thermometer — 9,3 S. W. 4 ⊙ Nebel. Der höchste Stand war den 28. Januar 10 h 20 m Abends = 22", 9,21"' fester Thermometer, 0,6 freier Thermometer. — 1,8 W. 1. klar. Die kälteste Temperatur war den 24. Januar 5 h 30' des Morgens — 15°,2 R. Die wärmste den 31. Januar 12 h 30 m Nachmittags = 6°,4 R. — Merkwürdig ist dagegen die am 30. August 1827 von Heinrich Zschokke beobachtete Temperatur; denn am Morgen um 6 Uhr war der Thermometerstand (des im Freien hängenden) — 18° R, Mittags + 5°, Abends 7 Uhr 2½. Am 24. und 25. desselben Monats war so viel Schnee gefallen, daß er noch am 30. häufig umher lag, und in jenen Tagen bis unterhalb des Kaltenbades gegangen war.

Naturhistorische Umrisse [*].
Geognostisches und Mineralien.

Der Kanton Schwyz liegt innerhalb der Streichungslinie des Alpenkalksteins, der Nagelflueformation und der Molasse. Seine Berge sind daher sämmtlich Flözgebirge, wovon die Schichten der Kalkfelsen zwar vielfältig sich krümmen, umbeugen und Gewölbe bilden; im allgemeinen aber an die südlicher gelegenen Gebirge sich anlehnend nördlich einsenken, von der im Norden sie unterteufenden Nagelflue, aber wie dieselbe, und eher noch steiler, südlich abdachen, die der Molasse aber mehr wagrecht liegen. Die Streichung dieser Schichten folgt im allgemeinen der gewohnten Streichungslinie von W. S. W. nach O. N. O. Durchschneidet man dieselbe unter einem beinahe rechten Winkel, zum Beispiele von dem an der südöstlichen Grenze gelegenen Glatten, bis zu dem im Nordwesten liegenden Zügersee, und diesem entlang bis Immensee, und untersucht die in jedem Querdurchschnitte häufigen nackten Felsen, so wird man folgendes geognostische Verhältniß wahrnehmen.

Gleich über den Niederschlägen dritter Art oder dem merkwürdigen Grauwackeschiefer und Alpensandsteingebilde, welches in Schwyz nur noch in den tiefsten Einschnitten der südlichsten Ausläufer des Bisithals an wenigen Stellen zu Tage ausgeht, liegt Kalkschiefer von dunkelgrauer Farbe, mit thonigen Ablösungsflächen von schwarzer, mitunter aber ziegelrother Farbe. Die Schichten desselben sind von geringer Mächtigkeit, und öfters finden sich dazwischen thonige, mit gelbweißem Spathe durchtrümmerte Zwischenschichten. Ueber demselben lagert in etwas mächtigern Schichten körniger, in das Schieferige übergehender Kalkstein mit rauher braunlicher Außenfläche. Stellenweise ist derselbe stark kieselhaltig und hat dann einen feinkörnigen

---

[*] Dieser Abschnitt ist aus der Feder des Nachbars des Kantons Schwyz, eines gründlichen Kenners seiner naturh. Verhältnisse, meines theuren Freundes, Herrn Doctors Lusser, in Altdorf.

festglänzenden Bruch; stellenweise aber mehr thonschieferartig
mit grönsandartigen Körnchen sparsam untermischt, und enthält
dann gerne Numuliten, Encriniten und andere Versteinerungen, jedoch meist nur in undeutlichen Fragmenten. Diese genannten Kalksteinarten sind, wie die ältesten Kalkslöze, oder
Niederschläge erster Art, ungemein vielen Abänderungen unterworfen, daß man öfters aus einzelnen Blöcken und Bruchstücken
die Felsart nicht mehr zu erkennen vermöchte. Bald nimmt
das Thonige so überhand, daß das Kalkartige bloß noch als ein-
gesprengte Körner erscheint, bald verdrängt das Kieselartige das
Thonige und Kalkige so sehr, daß die Felsart körnigem Quarz
ähnlicher, als dem Kalkstein wird. An andern Stellen ist das
feinkörnige Gefüge von Kalk und Quarz mit zusammenhängenden Flächen von Thonschiefer so enge durchzogen, daß der Stein
ein gneusartiges Aussehen bekommt. Hie und da findet man
auch in diesem Kalksteine feine, senskornartige Körner von Thon-
eisen und rothe eisenschüssige Färbung der Felsart. Die aus
dieser Gebirgsart bestehenden Felsenkämme sind fast überall außerordentlich zertrümmert. Ueber diese erste Reihe des Alpenkalks
lehnen sich wenige Schichten thonigen, durch Spathadern nach
allen Richtungen durchtrümmerten Kalkschiefers, dann dichter,
lichtgrauer Kalkstein in vielen mächtigen Schichten, dann mehr-
facher Wechsel zwischen dunkelgrauem, dichtem, muscheligem und
schieferigem feinerdigem Kalksteine, und endlich wieder bläulichgrauer und rauchgrauer, von feinen Spathblättchen schimmernder, oft feine runde und eckige Körnchen und Encriniten-
trümmerchen enthaltender Kalkstein. Alle genannten zur zweiten
Art des Alpenkalksteins gehörenden Abarten unterscheiden sich
schon von außen durch weißgraue Farbe der Felsen, und deren
Nacktheit, und enthalten außer seltenen Feuersteinnieren fast
nichts fremdartiges. Nur in den untergeordneten thonigern
Schichten finden sich hie und da viele Fragmente von kammartigen Ostraciten, scharfrückigen Gryphiten, flachgedrückten
ovalen Ammoniten, glatten und gerippten Terebratuliten und
Spathangen, aber nur höchst selten findet man vollständige, wohlerhaltene Exemplare.

Ueber genannte Felsarten hinlehnend folgt feinkörniger, im
Bruche schimmernder, stark mit Kieselerde gemengter, und hie
und da von Spathäderchen durchtrümmerter ungleichförniger
Kalkstein in mehreren starken Schichten deren unterste mitunter
grüne Körner und Numuliten enthalten. Sodann gleichartiger
Kalkstein mit härtern Nieren, wodurch die Außenfläche sonder-
bar warzig und wie krätzig wird, dann eben solcher mit größern
und kleinern Nieren, und Gängen von braunem und schwarzem,
nach allen Richtungen zerklüftetem Kieselschiefer, dann wieder
etwas feinkörnigerer, feinschimmernder, ungleich mit Kieselerde
gemengter grauwackenartiger Kalkstein, der hin und wieder,
doch nur selten, kleine, gerippte Terebratuliten enthält, in vielen
sich folgenden Schichten. Alle aus eben genannten Gebirgsarten
bestehenden Felsen haben eine rauhe, etwas röthlich graue Außenfläche, wodurch sie sich schon von weitem von den aus dichtem
Kalksteine bestehenden unterscheiden. Dann folgt dunkelgrauer,
schieferiger, wenig schimmernder, bald mehr thonartiger, bald
mehr kieseliger Kalkschiefer mit dunkelgrauer oder bräunlicher,

rauher Außenfläche in vielen sich folgenden ungleichen Schichten.
Die thonigern enthalten nicht selten grönsandartige Körner, und
dann auch Fragmente von glatten Austern, und auch Spathangen, und Belemniten. An diese Felsen lehnt sich wieder dichter
asch- oder bläulichgrauer von Spathblättchen schimmernder Kalkstein, der häufig von Spathadern so sehr durchtrümmert ist,
daß er beinahe aus solchem zu bestehen scheint. Diese Gebirgsart, welche hin und wieder auch eisenschüssig und röthlich gefärbt ist, bildet in mehrern mächtigen Schichten weißgrau aussehende Felsen, die auffallend von den unter- und überliegenden
abstechen; dann folgen einige nicht sehr mächtige, von aus-
sen gelblichgrau aussehende Schichten grauen Kalkschiefers mit
sehr viel grönsandartigen Körnern, die oft so vorwalten, daß
das Gestein im frischen Bruche dem Chloritschiefer nicht unähnlich sieht. Diese Schichten sind voll großer Numuliten, enthalten aber auch doch seltener Ammoniten, Pectiniten, Ostraciten,
Echiniten und andere Versteinerungen. Solche finden sich auch,
jedoch viel seltener, in thonigern grönsandartigern Schichten des
darauf folgenden, aus sehr vielen dünnen Schichten bestehenden,
ungleichen, bald mehr dichten, bald mehr schiefrigkörnigen, an
der Außenfläche grauen rauhen Kalksteins, dessen Felsen ungemein zerklüftet und altem römischen Mauerwerk sehr ähnlich
sind. Ueber diesen lagert in vielen mächtigen Schichten ein
grauer, feinerdiger, dichter Kalkstein mit mergelartigen Zwischenschichten. Die daraus bestehenden Felsen haben wieder eine
weißgraue glatte Außenseite. Ebenfalls weißgrau ist die Oberfläche des dieselben in wenigen, aber dichten Schichten überla-
gernden rauchgrauen Kalksteins; allein seine Oberfläche ist sehr
uneben, und wie mit erhabenen Hieroglyphen überschrieben, was
von einer Menge Muscheltrümmer herrührt, welche in demselben
liegen, und der Verwitterung besser widerstehen, als das krei-
denartige Gestein. Diese Trümmer scheinen größtentheils von
flachrückigen Gryphiten herzurühren, wovon man hie und da
noch wohlerhaltene Exemplare wahrnimmt. Dann folgt un-
gleichförmiger, grauer, ins Schwarze gehender, von Spathblättchen schimmernder, an der Außenfläche rauher, warziger, theils
dunkelgrauer, theils gelblichbrauner Kalkstein, der bald mit
mehr thonartigem, feinschimmernden Grönsand und Numuliten
nebst andern Petrefacten enthaltendem Kalksteine, dessen oberste
Schichten wohl auch größere und kleinere Nieren dichten Kalksteins enthalten, wechselt. Ueber demselben, zwischen welchem
auch bald mehr bald weniger Mächtigkeit zeigende Kettenlager
eines körnigen, weißen und lichtgrauen Gypssteines streichen,
liegt feinerdiger, im Bruche muscheliger, kreidenartiger Kalkstein von meistentheils lichtgrauer, hie und da, z. B. an der
Spitze der großen Mythe, auch rother Farbe. Dieses Kalkge-
bilde lenkt nun um, und senkt auf einmahl steil südlich ein.
Nach diesem folgt in gleicher Einsenkung der früher genannte
dunkle, körnige Kalkstein mit allen seinen Modificationen und
fremdartigen Beimengungen und hier, wie es scheint, in etwas
größerer Ausdehnung. Auch geht diese Felsart stellenweise
theils in Thonschiefer, theils in ein hornsteinartiges Gestein
über. Bald folgt wieder lichtgrauer, mit vielen Spathäderchen
durchtrümmerter, numulitenreicher Kalkstein, der stellenweise

so eisenschüssig ist, daß die kleinen Numuliten zu Eisenlinsen umgewandelt sind; so an der Straße gegenüber der schönen Insel Schwanau. Die Felsen davon haben von außen wieder ein hellergraues Aussehen. Darauf folgt in wenigen Schichten dunkelgrauer, zum Theil stark mit Spathadern durchzogener Kalkschiefer, wechselnd mit feinkörnigem gleichfarbigen Kalksteine, der aber oft ganz grün von Grünsandkörnern ist, und dann gewöhnlich viele Pectiniten, Ostraciten und andere Petrefacten enthält, und dessen Versteinerungen nicht selten mit Marcasit wie vergoldet, oder davon angefüllt sind. Nun folgen regellose Uebergänge von Kalkschiefer in Grauwacke oder Alpensandstein, und von diesem in eine nagelflueartige Bildung vom Saubartigen bis zum Grobkörnigen; doch sind noch die scheinbaren Geschiebe lauter Kalkstein verschiedener Art, und nicht selten setzen weiße Spathadern in gerader und gekrümmter Richtung mitten durch dieselben. Diese nagelflueartige Bildung wechselt wiederholt mit schwarzem, von Kalkspath überall durchtrümmertem, krummschaaligen Kalkschiefer, feinerdigem, mergelartigen Kalksteine in dünnen Schichten und grauer, zuweilen aus bloßen Knauern bestehender Grauwacke, bis nach der Tiefe hin die Nagelflue immer ausgebildeter und mächtiger wird.

Die Knauer oder Geschiebe derselben erreichen nur selten die Größe von acht Zoll Durchmesser, sind gewöhnlich nur wenige Zoll dick, und bestehen meistens aus kohlensaurem Kalk von mattem und compacten Bruche (kreidenartigem Alpenkalk); auch andere Flözkalkarten und Grauwacken, Feuersteine, Quarze, selbst Granitbrocken, welche meistens roth und porphyrartig sind, finden sich darin. Diese Knauer sind nebst rundem und eckigem Sand durch ein theils kalkartiges, theils thonartiges, oft roth gefärbtes eisenschüssiges Cäment zusammengekittet, welches vom Zahn der Zeit stark angegriffen wird, so daß die Außenflächen der Felsen einem ausgewaschenen Straßenpflaster nicht unähnlich sehen und dieselben nirgends scharfe Kanten zeigen.

Die Schichten der ausgebildeten Nagelflue so wie des untergeordneten und in der Tiefe wieder vorwaltenden Mergelsandsteines laufen sehr parallel und dachen unter einem Winkel von 25 Graden südlich ab, da hingegen die dem Kalkstein zunächst liegenden Schichten der unvollkommenen Nagelflue steil südlich einzuschießen scheinen.

Zwischen thonigern und mergeligern Lagern des Mergelsandsteines, der mit der Nagelflue wechselt und vorzüglich deren Unterlage bildet, findet man hin und wieder dünne Lagen staubartiger Steinkohle. In der Höhe des Spitzenbühels finden sich in Klüften derselben Felsart etwas größere Stücke, sowohl glänzend schwarze hie und da von Marcasit-Anflug schimmernde, als auch bräunliche, an der Oberfläche die Holztertur noch deutlich verrathende Steinkohle; daneben verkohlte Abdrücke von Ahorn-, Erlen-, Birken-, Weiden- und Laubmoosblättern; in thonigem Mergel eingedrückt selbst calcinirte Heliciten, welche organische Ueberreste wahrscheinlich einer lokalen Bergeinsenkung und Infiltration von Wasser ihr Dasein verdanken. Immerhin ist die Nagelflue, welche dem Alpenkalk entlang von der Rigi über den Steinerberg, Haken, Sattel, Katzenstrick,

Einsiedeln und über die March hinaus den ganzen Kanton durchschneidet, eine gefährliche Gebirgsart, insbesondere wo die Schichtensenkung etwas steil ist, weil nur zu leicht durch zufällig entstandene Querspalten Wasser hineinsintert, die tiefern thonigern Schichten des Mergelsandsteines auflockert, selbst wegspühlt, dadurch die oft sehr mächtigen Schichten der Nagelflue der Unterlage beraubt, und daher deren Einsinken oder Abgleiten veranlaßt, auf welche Weise auch am zweiten September 1806 die gräßliche Verschüttung von Goldau entstanden seyn mag.

Von dieser Nagelflue nordwärts verbreitet sich über den ganzen nördlichen Theil des Kantons die Molasse oder Sandsteinformation, welche sowohl in Feinheit des Korns als in Festigkeit des bindenden Caments viele Abweichungen zeigt, mit lockerer Nagelflue und mergeligten Petrefactenlagern wechselt, und an mehreren Orten Braunkohlen enthält. Da in dieser Felsart seltener nakte Felsenprofile vorkommen, so ist es schwer, deren Schichtensenkung genau zu bestimmen, doch scheint dieselbe im Allgemeinen der Horizontallage sich zu nähern.

Die Thalgründe im ganzen Lande bestehen aus aufgeschwemmtem Land, und sind an abschüssigen Orten größtentheils mit guter Dammerde bedeckt. Die Bedeckung der Bergabhänge aber ist größtentheils lehmig. In mehreren Hochthälern, z. B. auf der Altmatt, um Einsiedeln ꝛc. sind ausgedehnte Torfgründe. Ueberall zerstreut finden sich sogenannte Fündlinge, insbesondere am Urmiberge Granit und Gneusblöcke aus den Thälern des Gotthards, welche aber unbenutzt liegen; dagegen wurden aus dem schönen dichten Kalkstein bei Seewen dauerhafte Brunnentröge, Thürpfosten und dergleichen gehauen. Marmor wurde bei Schwyz am Giebel gebrochen und zu Denkmählern auf dem Gottesacker daselbst benutzt. Im Wäggithale und in der Nähe von Einsiedeln soll ähnlicher Marmor vorkommen, und ohne Zweifel findet sich von dieser Linie südwärts in den Tiefen des Alpthals, Sihlthals, Wäggithals, Muotathals, Bisithals und Ibergs, welche theils ganz im Gebiete des Alpenkalks liegen oder doch in dasselbe einschneiden, noch an mancher Stelle Marmor. Eine von Herrn von Hettlingen früher in Schwyz errichtete Marmorsäge ist längst wieder eingegangen, wie die Gypsmühlen bei Seewen, wozu der weiche körnige Gypsstein oberhalb Rickenbach aus einem ziemlich mächtigen Lager gebrochen worden, welches Lager auch an der Ostseite der Mythe und Rothenfluh zu Tage geht, wo man auch Salzspuren entdeckt haben will. Auch Schieferplatten, deren auf Hessisbohl gebrochen werden, finden sich hin und wieder dem Kalkstein untergeordnet, insbesondere in der Nähe der Nagelflue und namentlich bei Einsiedeln. Sandsteinbrüche sind in den Höfen am Fuße des Buchbergs und am Etzel mit Nutzen eröffnet worden. Der im Ueberfluß vorhandene Lehm wird in zahlreichen Ziegelhütten zu Ziegeln geformt und gebrannt, und mit diesen selbst benachbarte Kantone versehen. Im Bezirke Einsiedeln und auf der Altmatt im Bezirke Schwyz wird jährlich eine große Menge Torf ausgebeutet, und in der March wurde bei Wangen eine Braunkohlengrube eröffnet, welche ergiebige Ausbeute verspricht. Arm aber ist der Kanton an

Metallen. Das früher versuchte Goldwaschen im Goldbache
auf dem Diethelm lohnte nicht die Mühe. Der Schmelzofen
bei Lowerz ist längst zerfallen, weil es an Erz gebrach. Das
dasige Eisenerz ist zwar gut, aber es kommt bloß nesterweise
und in keinem ausgedehnten zusammenhängenden Lager vor.
Von Mineralquellen werden besonders die eisenhaltigen von
Seewen benutzt, welche ihre schöne Lage und die bessere Einrichtung der Badeanstalt in neuerer Zeit zu mehrerer Berühmtheit erhoben haben. Ferner die alaunhaltigen von Nuolen,
welche wegen wohleingerichteter Wirthschaft ebenfalls in bessere
Aufnahme gekommen sind. Beide verdienen aber auch wegen
der wirksamen Bestandtheile vermehrte Benutzung, so wie die
reichhaltige Schwefelquelle im Yberg, fälschlich Sauerbrunnen
genannt, die jetzt zu öffentlichem Gebrauch in einen Brunnen
gefaßt ist, mehrere Würdigung verdiente.

Fruchtbarkeit des Bodens.

Neben den vielen grasreichen und fruchtbaren Alpen hat
der Kanton Schwyz auch an den tiefern Bergabhängen und in
den Thälern mehrere vorzüglich fruchtbare Gegenden. Im Bezirke Schwyz gehören hieher Schwyz und Art, im Bezirke
Gersau ist es der am See liegende Theil; im Bezirke Küßnacht ist die Fruchtbarkeit mehr Wirkung des Fleißes, weil die
Grundlage bald aus Leim, bald aus Kies besteht; der Bezirk
Einsiedeln ist schon wegen seiner hohen Lage weniger fruchtbar;
ganz vorzüglich hingegen ist es der Boden der March, der bei
geschickter Bearbeitung zu dem ausgezeichnetesten des Zürchersees gehoben werden könnte; diese Fruchtbarkeit dehnt sich auch
über einen Theil der Bezirke Pfäffikon und Wollerau aus.

M. v. K.

Pflanzen.

Die Flora dieses aus rauhen Gebirgen, nackten schroffen
Felsen, Waldungen, Alptriften, schönen Berg- und Thalwiesen,
Sümpfen, Torfmooren, Ackerland und einigen Weinbergen
zusammengesetzten, von Seen bespülten und vielen Bächen
durchflossenen Landes muß natürlich sehr reichhaltig seyn, doch obwohl die Pflanzen der Ebene von den Ufern des Zuger- und vorzüglich des Zürchersees hineindringen, weit nicht so reichhaltig, als
die Flora des Kantons Uri, weil in Schwyz die aus Urfels
bestehenden Gebirge gänzlich fehlen, und keine bedeutende Firne,
blos einige kleine im Hintergrunde des Bisithales, die dortigen
weniger hohen Berge krönen.

Von Getreide- und Gemüsearten, von Obstbäumen, Oel-
pflanzen und anderen ökonomischen Gewächsen werde ich hier
um so weniger reden, da, zumahl in den tiefern Thalgründen
von Art, Schwyz, Lachen u. s. f. alle diese unzähligen
Dinge eben so gut gedeihen, als in andern Kantonen, und
namentlich im Kantone Zürich, weshalb ich betreff derselben
so wie hinsichtlich der Ziergewächse auf das erste Heft dieses
Werkes, das Gemälde des Kantons Zürich, Seite 49 bis 56
verweise, und blos die innerhalb den Grenzen des Kantons
Schwyz ohne alle Kultur wildwachsenden Pflanzen anführe.

Schwyz.   4

Die faftreichen Matten der fchönen Thalgründe find bedeckt mit einer Menge Individuen folgender Grasarten. Dactylis glomerata. Phleum pratense, Alopecurus pratensis. Anthoxantum odoratum. Poa pratensis, gregalis, annua. Briza media. Festuca elatior. Avena elatior, mollis, flavescens, pubescens. Lolium perenne, tenue. Cynosurus cristatus. Zwifchen diefen Häufern blühen zu verfchiedenen Seiten mehr oder weniger zahlreich Hyacinthus racemosus und botryoides. Narcissus pseudonarcissus. Polygonum bistorta. Rumex acetosa, obtusifolius. Plantago major, media und lanceolata. Primula veris, elatior, acaulis. Euphrasia officinalis. Salvia pratensis. Prunella vulgaris. Ajuga reptans, pyramidalis, und feltener auch genevensis. Myosotis palustris, und arvensis in allen Spielarten. Scabiosa arvensis. Centaurea scabiosa. Bellis perennis. Chryanthemum leucanthemum. Leontodon taraxacum. Crepis biennis. Apargia hastilis, hispida, autumnalis. Tragopogon pratense. Picris hieracioides. Hyppochæris radicata. Daucus carotta. Heracleum sphondilium. Chærophyllum sylvestre, hirsutum. Pimpinella magna. Lotus corniculatus. Trifolium pratense, hybridum, repens, procumbens, filiforme. Cucubalus behen. Lychnis floscuculi. Ranunculus acris, bulbosus, Campanula rapunculus etc.

Längs Wegen und Mauern wachfen dafelbft vorzüglich Poa compressa, humilis. Hordeum murinum. Carex præcox. Panicum verticillatum, sanguinale. Agrostis stolonifera, spicaventi. Urtica urens, dioica. Chenopodium bonus henricus. Antirrhinum linaria. Verbena officinalis. Galeopsis ladana. Galeobdolon luteum. Ballota nigra. Leonurus cardiaca. Clinopodium vulgare. Cynoglossum officinale. Borago officinalis, Oenothera biennis. Echium vulgare. Verbascum thapsus, lychnitis, nigrum. Cynanchum vincetoxicum. Asperula cynanchica. Carduus acanthoides. Erigeron cannadense, acre. Hieracium pilosella, dubium, murorum. Crepis fœtida, taraxacifolia, virens. Campanula rotundifolia. Onobrychis sativa. Ononis spinosa. Fragaria sterilis. Potentilla anserina, verna, reptans. Sedum acre, sexangulare. Arenaria rubra. Cerastium vulgatum, viscosum, arvense. Sagina procumbens. Polygala vulgaris. Malva rotundifolia, sylvestris. Glecoma hederacea. Melissa calamintha. Veronica chamædrys. Vuillantia cruciata. Erodium cicutarium. Geranium pusillum, dissectum, molle, columbinum. Thlaspi campestris, bursapastoris. Draba verna. Sisymbrium arenosum. Erysimum officinale, alliaria. Chelidonium majus. Lamium maculatum. Solanum nigrum, dulcamara: Hyosciamus niger. Parietaria officinalis. Myosotis lappula etc.

Unter dem Schutze von Hecken und Bäumen aber gedeihen Arum maculatum. Paris quadrifolia. Convallaria multiflora, polygonatum. Allium ursinum. Lathræa squamaria. Galium aparine, mollugo. Vicia sepium, tenuifolia. Adoxa moschatellina. Saponaria officinalis. Viola odorata, alba canina. Fumaria officinalis. Corydalis bulbosa, und feltener halleri. Ficaria ranunouloides. Helleborus viridis. Anemone nemorosa, hepatica. Qrnithogalum umbellatum, luteum. Leucoium vernum etc.

An Hecken, Bäumen und Mauern klettern hinauf, oft schöne Geländer und Lauben bildend, Tamus communis, Humulus lupulus. Convolvulus sepium. Lonicera Periclimenum. Hedera helix. Vitis vinifera hie und da ver= wildert. Clematis vitalba. Cuscuta europæa und selten Bryonia alba.

Die zahlreichen Hecken, Gebüsche (dichtes Gehölze an Fluß= betten) bestehen aus einer Menge Weiden, als: Salix acumi= nata, stylaris, nigrescens, capræa, aurita, alba, monandra, triandra, riparia, fragilis. Alnus glutinosa und in höhern Gegenden incana et viridis. Corylus avellana. Cornus sanguinea. Rhamnus catharcticus, Frangula. Evonymus europæus und viel seltener latifolius. Buxus sempervirens. Ilex Aquifolium. Coronilla emerus. Prunus spinosa und seltener auch insititia und padus. Sorbus aucuparia. Pyrus communis und malus. Cratægus aria, oxyacantha, mono= gyna, torminalis, Mespilus germanica, amelænchier, coto= neaster, chamæmespilus. Berberis vulgaris. Ribes gros= sularia, uva crispa, und in höhern Gegenden auch alpina. Ligustrum vulgare, seltener auch Syringa vulgaris. Rosa arvensis, montana, spinosissima, villosa, rugosa, pyre= naiea, rubrifolia, dumetorum, rubiginosa, canina, um= bellata. Lonicera nigra, xylostium, und höher alpigena. Viburnum lantana, opulus. Sambucus niger, racemosus. Populus tremula und als Riese über die Schachen emporra= gend auch nigra.

Die eigentlichen Waldungen bestehen vorzüglich aus Buchen Fagus sylvatica, und Tannen Pinus abies, picea, sylves= tris, zwischen welchen weniger allgemein Carpinus betulus. Betula alba. Tilia europæa. Quercus robur. Ulmus campestris. Fraxinus excelsior. Acer pseudoplatanus, pla= tanoides, campestris, und durch Vögel hingepflanzt Prunus avium. Iuglans regia, und Castanea vesca. Die obersten Waldungen bildet Pinus mughus.

Den Schatten solcher Wälder und Gebüsche lieben insbe= sondere eine Menge Farrenkräuter, welche häufig als Streue benutzt werden, als: Polypodium phægopteris, dryopteris, vulgare. Aspidium lonchitis, aculeatum, rigidum, monta= num, dilatatum und filix mas. Athyrium filix fœmina. Scolopendrium officinarum. Pteris aquilina. Ferner carex alba und viele andere anderwärts angeführte Riethgräser oder Seggen. Milium effusum. Aira cæspitosa, flexuosa und seltener caryophyllea und montana. Melica nutans, cœrulea. Poa nemoralis. Festuca sylvatica. Elymus europæus. Agrostis calamagrostis. Luzula vernalis, flavescens, maxima, campestris, albida. Bromus giganteus, gracilis, pinnatus. Convallaria verticillata, bifolia und seltener majalis. Orchis maculata seltener auch pallens. Ophrys nidus avis, cordata. Epipactis latifolia, rubra, ensifolia. Cypripedium calceolus.

Euphorbia sylvatica. Mercurialis perennis. Daphne me-
zereum. Cyclamen europæum. Lysimachia vulgaris, nemorum, Nummularia, insbefonbere wo Waffer fließt. Digi-
talis ambigua, lutea. Veronica officinalis, urticæfolia,
montana. Lithospermum officinale. Euphrasia odontites.
Melampyrum sylvaticum, pratense. Tozzia alpina. Oro-
banche major, caryophillacea. Monotropa hypopythis. An-
dromeda polifolia. Salvia glutinosa. Teucrium Scoro-
donia. Galeopsis Tetrahit. Stachis sylvatica, palustris,
alpina. Origanum vulgare. Pulmonaria officinalis, an-
gustifolia. Atropa belladonna. Physalis alkekengi. Vinca
minor. Pyrola minor, secunda. Asperula odorata, tau-
rina. Galium rotundifolium, sylvaticum, lucidum. Sambucus Ebulus. Asarum europæum. Melissa nepeta. Scabiosa sylvatica, succisa. Centaurea montana. Gnaphalium
rectum, sylvaticum, uliginosum. Tussilago Farfara unb
höher petasites, alba, unb noch höher bie faum baben ber-
fdiebene nivea. Bidens cernua. Inula salicina. Senecio
viscosus unb in ben Gebirgswalbungen häufig saracenicus,
ebenba. Sonchus alpinus Lapsana communis. Hieracium
sylvaticum, ramosum, paludosum. Prenanthes purpurea,
muralis. Phyteuma spicatum. Campanula trachelium, urticæfolia. Sanicula europæa. Caucalis Anthriscus. Chærophyllum temulum. Lathyrus sylvestris. Orobus vernus,
tuberosus. Vicia sylvatica, dumetorum. Galega officinalis. Astragalus glyciphyllos. Spiræa Aruncus. Rubus
idæus, fruticosus, cæsius, glutinosus, saxatilis. Geum
urbanum, intermedium. Agrimonia eupatoria. Fragaria
vesca, elatior. Epilobium alpestre, angustifolium. Circæa
lutetiana unb in ben Alpenwälbern auch alpina. Saxifraga
rotundifolia, cuneifolia. Stellaria nemorum, dichotoma.
Arenaria trinervia. Hypericum montanum, hirsutum.
Oxalis acetosella. Geranium robertianum, purpuræum.
Impatiens noli tangere. Lunaria rediviva. Dentaria penta-
phyllos. Cardamine impatiens. Thalictrum aquilegifolium
unb gegen ben obern Saum ber Alpwalbungen major unb
minus. Rannunculus auricomus, platanifolius, montanus,
lanuginosus. Actæa spicata. Aquilegia vulgaris unb noch
viele andere, die noch bei benen auf Felfen unb im Sumpfe
wachfenben aufgezählt werben follen.

Die weitläufigen Berg- unb Alpwiefen bis zur Felfenregion
hinan find bebeckt mit Lycopodium alpinum unb Selaginoides.
Ophyoglossum vulgatum. Osmunda lunaria. Onuclea spicata. Agrostis canina, alba, patula. Phleum alpinum,
hirsutum. Nardus stricta. Poa alpina ēt vivipera, tri-
vialis, setacea, distichophylla. Festuca pumila, rubra,
alpina, nigrescens, scheuchzeri. Avena aurata, pratensis,
versicolor. Aira montana, flexuosa. Allium Schœnoprasum.
Veratrum album. Crocus vernus. Satyrium viride, album,
nigrum. Ophrys monorchis, spiralis, arachnitis, mono-
phyllos, Myodes, ovata. Orchis conopsea, ustulata, morio
mit weißer, rother unb bioletter Blüthe, unb bifolia, odo-
ratissima, globosa. Cymbidium corallorhizon boch nur felten.
Rumex montanus et alpinus insbefonbere um bie Alphütten

sowie auf Düngerhaufen Panicum erus galli. Polygonum bistorta, und höher viviparum. Thesium montanum, alpinum. Plantago montana, alpina. Soldanella alpina et Clusii Veronica aphylla, alpina, in mehrern Abarten, fruticulosa, serpyllifolia, saxatilis und reuctium. Rhinantus hirsuta. Bartsia alpina. Euphrasia offiicinalis und minima. Pedicularis foliosa, verticillata, recutita, comosa, versicolor. Betonica officinalis. Prunella alpina Ajuga alpina. Myosotis nana. Cuscuta epithymum. Gentiana lutea, purpurea, nebst den Varietäten, campanulata, punctata. Ferner Gent, asclepiadea, acaulis, verna, bavarica, nivalis, ciliata, campestris, amarella. Swertia perennis. Rhododendron hirsutum, ferrugineum. Azalea procumbens Pyrola uniflora, rotundifolia Arbutus alpina, uvaursi. Vaccinium Myrtillus, uliginosum, vitis idœa. Galium halleri, bocconi, hirsutum. Scabiosa integrifolia, columbaria, Cnicus acaulis, heterophyllus, spinosissimus. Sonchus Plumieri. Carlina vulgaris, acaulis und caulescens. Gnaphalium dioïcum, rectum, sylvaticum, alpinum, supinum, Leontopodion. Tussilago alpina. Cacalia alpina. nebst den Spielarten albifrons, leucophylla und pigmæa. Arnica montana, Scorpioides und seltener doronicum. Senetio Doronicum. Solidago virga aurea und insbesondere deren Standortsverschiedenheiten alpestris und minuta. Aster Amellus und viel häufiger noch alpinus. Achillea maerophylla, atrata. Chrysanthemum alpinum, halleri, atratum, montanum. Erigeron alpinum und uniflorum. Cineraria cordifolia und seltener alpina und aurantiaca. Buphthalmum salicinum. Hypochæris helvetica, maculata. Hyoseris fœtida Hieracium alpinum, pumilum, aurantiacum, villosum, valdepilosum, montanum, prenauthoides, aureum, b'attarioides, grandiflorum. Crepis apargioides Apargia alpina, taraxaci. Phyteuma ovata, orbicularis, betonicæfolia, scheuchzeri hemisphærica Campanula linifolia, patula, rhomboidea, glomerata, Thyrsoidea, barbata, cœspitosa, pusilla. Eryngium alpinum. Astrantia major und minor. Bupleurum stellatum, ranunculoides. Laserpitium latifolium siler, simplex. Phellandrium mutellina. Chærophillum-aureum, hirsutum oft mit rothen Blüthen, ebenso Pimpinella magna und saxifraga. Imperatoria ostruitium. Hypocrepis comosa. Trifolium cespitosum, alpinum, alpestre, ochroleucum, montanum, badium. Astragalus campestris, montanus, alpinus, uralensis. Ononis rotundifolia. Coronilla minima. Anthyllis vulneraria Polygala amara mit blauer und weißer Blüthe, und Chamæbuxus. Phaca frigida. Lotus corniculatns minimus oft mit orangefarbiger Blüthe. Geum montanum, reptans. Potentilla argentea, aurea in ihren mannigfachen Spielarten. Tormentilla erecta. Dryas octopetala. Alchemilla alpina, montana, pentaphylea. Sanguisorba officinalis. Poterinm sanguisorba. Rosa alpina. Epilobium alpinum. origanifolium. Dianthus carthusianorum, auch die stellose Abart, superbus, sylvestris. Silene nutans, acaulis. Lychnis diurna, dioica, alpina. Cherleria sedoides. Spergula saginoides,

Stellaria cerastoides. Arenaria ciliata, serpyllifolia, saxatilis, cespitosa, laricifolia. Viola palustris, biflora, cenisia,
calcarata, grandiflora. Hypericum perforatum, dubium,
quadrangulare. Geranium sylvaticum, unb feltener pyrenaicum. Cardamine alpina, bellidifolia, resedifolia Le-
pidium alpinum. Sisymbrium pyrenaicum. Delphinium
elatum. Aconitum Napellus, neomontanum, cernuum, cam-
marum unb Lycoctonum, welche leştere beibe auch tiefer in
die Walbungen hinabfteigen, ebenfo baš Lilium martagon.
    Von ben Ufern beš Vierwalbftätterfeeš biš auf bie höchften
Kuppen ber fchwpzerifchen Berge entfeimen ben Felfenrippen
ober Mauern im Verhältniß zu ben verfchiebenen Regionen,
außer bielen ber ebengenannten Pflanzen unb früher angeführten Sträucher, noch vorzüglich Asplenium trichomanes,
ruta muraria, unb höher alternifolium, septentrionale, bane-
ben Cyathea rhætica, montana, fragilis. Carex ciliata,
clandestina, firma, saxatilis, capillaris. Agrostis alpina,
rupestris, hispida, arundinacea. Phleum nodosum, aspe-
rum. Festuca ovina, stricta, duriuscula. Bromus simplex,
elongatus, asper, sterilis, montanus, gracilis. Cynosurus
cœruleus. Melica ciliata. Allium carinatum, angulosum,
victoriale. Lilium bulbiferum biš zu ben Alpen, auf Mauern
aber Hæmerocallis fulva. Iris germanica, unb eine biefer
ähnliche, aber boch verfchiebene, bie ich für sambucina halte.
Juniperus communis, montanus. Taxus baccata. In ben
Alpen bie fleihen Weiben Salix retusa, reticulata, hastata,
herbacea, arbutifolia, arenaria. Rumex acetosella, digy-
nus, scutatus. Daphne alpina, cneorum. Primula auricula, integrifolia, unb viscosa nebft ben Varietäten villosa,
ciliata, hirsuta, puhescens mit weißen, blauen unb rothen
Bluthen. Androsace chamæjasme unb feltener laetea. Aretia
helvetica Erinus alpinus. Antirrhinum Cymbalaria in ber
Tiefe ber Thaler, unb alpinum in ben höhern Alpen wie bie
vorgenannten. Stachys recta. Thymus serpillum, acinos,
alpinus. Nepeta Cataria. Cerinthe major. Valeriana trip-
teris, montana. Gentiana cruciata. Erica vulgaris, herbacea, Galium saxatile. Globularia nudicaulis, cordifolia.
Cardnus defloratus. Artemisia mutellina, unb noch feltener
an wenigen Felfen beš Bifithalš spicata. Doronicum bellidias-
trum. Ianacetum vulgare. Matricaria Pasthenium. Conyza
squarrosa alle brei in tiefern Gegenben. Hieracium angustifolium, piloselloides, staticefolium, amplexicaule, umbellatum, albidum, saxatile, cymosum, glaucum, woron
jeboch einige bloš Stanbortšverfchiebenheiten feyn bürften.
Athamanta Libanotis, Cervaria, cretensis. Rhamnus alpinus, pumilus. Onobrychis montana. Hedysarum obscu-
rum. Trifolium rubens, flexuosum. Medicago falcata,
lupulina. Potentilla caulescens. Saxifraga Aizoon, mu-
tata, bryoides, intermedia, aizoides, androsacea, opposi-
tifolia, stellaris, exarata, muscoides, cæspitosa. Sedum
dasyphyllum, hispannicum, album, saxatile, atratum,
Telephium. Sempervivum tectorum, arachnoideum hir-
tum, montanum. Silene rupestris. Gypsophilla muralis,
repens, proʒtata, unb höher saxifraga. Dipsacus pilosus.

Arenaria verna, tenuifolia, multicaulis. Cerastium alpinum, subacaule, strictum, latifolium. Mœhringia muscosa. Cistus alpestris, œlandicus, helianthemum, polifolius. Ruta montana. Hypericum coris. Geranium sanguineum. Thlaspi montanum, alpinum. Draba tomentosa, pyrenaica, aizoides. Biscutella levigata, subspatulata. Brassica erucastrum. Turritis glabra, hirsuta, stricta, ciliata Arabis alpina, nutans, bellidifolia, pumila Papaver alpinus. Ranunculus aconitifolius, montanus, alpestris, glacialis, nivalis. Anemone vernalis, alpina, apiifolia, narcissiflora Anthericum ramosum, und höher hinauf liliago und serotinum. Myagrum saxatile. Teucrium chamædris, montanum und supinum, welches jedoch nur eine Abart des vorigen zu seyn scheint. Epilobium angustissimum. An feuchten Stellen noch viele solche, die in großer Zahl an Bächen, Wassergraben, in Sümpfen und auf feuchten sauern Wiesen und Torfgründen, deren es sowohl in den Thälern als auf den Bergen so viele hat, wachsen.

Da finden sich nämlich: Equisetum palustre, limosum, fluviatile, hiemale, sylvaticum. Scirpus palustris, cespitosus, setaceus, sylvaticus. Eriophorum vaginatum, polystachium, und höher capitatum und alpinum. Cyperus flavescens, fuscus. Carex davalliana, vulpina, muricata, elongata, leporina, stricta, montana, digitata, pedata, flava, fulva, pallescens, panicea, hirta, glauca, paludosa, ampullacea, pulicaris, dioica, und in höhern Gegenden fuliginosa, ferruginea, pauciflora, foetida, paniculata, curta, curvula, atrata, cespitosa, pilulifera. Ferner remota, stellulata, tomentosa, alba, pendula, filiformis, chodorhiza, und wahrscheinlich noch andere in den weitläufigen Riedtern und Torfgründen bei Brunnen, in der March, dem Waggithal u. f. w. Phalaris arundinacea. Alopecurus geniculatus. Aira aquatica, cœrulea Festuca fluitans, paludosa. Agrostis alba. Schœnus albus, nigrescens, compressus. Juncus conglomeratus, effusus, glaucus, filiformis, acutiflorus, alpinus, bulbosus, buffonius, triglumis, sudeticus, spadiceus, trifidus und Stygius. Triglochin palustre. Tofieldia palustris. Colchicum autumnale. Orchis mascula, militaris, latifolia. Serapias longifolia. Rumex acutus, crispus Polygonum hydropiper. Pinguicula vulgaris, alpina. Serophularia nodosa und aquatica. Gratiola officinalis. Veronica anagallis, beccabunga, scutellata. Rhinantus cristagalli. Pedicularis palustris et sylvatica. Lycopus europæus. Mentha aquatiae, sylvestris. Scutellaria galericulata. Symphytum officinale. Die seltene Lysimachia thyrsifolia. Malaxis loeselii. Lithrum salicaria. Gentiana pneumonanthe. Chironia centaurium. Menyanthes trifoliata. Galium palustre, verum, uliginosum. Valeriana dioica, officinalis. Dipsacus sylvestris. Cnicus oleraceus, palustris, lanceolatus Centaurea jacea. Enpatorium canabinum. Bidens tripartita. Inula dissenferica. Senecio paludosus. Achillæa ptarmica. Leontodon lividum Selinum sylvestre. Peucedanum silaus. Angelica sylvestris. Sium latifolium, angustifolium, repens.

Chærophillum hirsutum. Carum carvi. Lathyrus pratensis, palustris. Lotus uliginosus, siliquosus. Vicia græca,
Trifolium fragiferum. Spiræa ulmaria. Geum rivale.
Commarum palustre. Lythrum salicaria. Epilobium hirsutum, pubesceus, montanum, roseum, palustre, trigonum
und seltener auch virgatum. Stellaria palustris, alsine.
Cerastium aquaticum. Drosera longifolia. Parnassia palustris. Linum catharcticum. Geranium palustre. Cardamine pratensis, amara. Caltha palustris. Sisymbrium
nasturtium, palustre. Erysimum barbarea Ranunculus
flammula, repens, reptans. Trollius europæus. Isnardia
palustris. Vaccinium occycoccos. Tamarix germanica.
Ferner finden sich längs Bächen und Wassergraben eine Menge
Weiden und anderer früher genannter Sträucher, namentlich
auch auf dem Torfmoor von Einsiedeln die seltene Betula nana.
In Seen, Teichen und stillestehendem oder sanftfließenden
Wasser selbst kommen vor Potamogeton densum, lucens, pusillum, crispum, nutans, perfoliatum, pectinatum Calli-
triche verna, intermedia, autumnalis. Lemna minor, gibba.
Hipuris vulgaris. Myriophillum spicatum, verticillatum.
Ceratophyllum demersum. Chara vulgaris. Hydrocotyle
vulgare. Polygonum amphibium. Acorus Calamus. Typha
latifolia. Sparganium ramosum, simplex. Scripus lacus-
tris. Alisma plantago. Iris pseudoacorus. Nuphar luteum.
Nymphæa alba. Ranunculus Lingua, sceleratus, aquatilis,
fluviatilis, heterophyllus und Scheuchzeria palustris und
Cicuta virosa.

Auf magern Gründen, sowie als Gepflanztes in Gärten und
auf Aeckern wachsen oft zum Verdruß der Anbauer mit Wucher
Equisetum arvense. Phalaris phleoides. Triticum repens.
Lolium temulentum. Asparagus officinalis. Euphorbia
peplus, helioscopia, platiphyllos, ciparissias, exigua,
segetalis. Chenopodium album, viride, hybridum. polys-
permum. Atriplex patula. Amaranthus blitum. Polygonum aviculare, persicaria, convolvulus. Veronica agrestis, arvensis, hederæfolia. Mentha arvensis. Lamium
purpureum, amplexicaule. Convolvulus arvensis. Sshe-
rardia arvensis. Valeriana olitoria. Senecio vulgaris, ja-
cobœa Matricaria chamomilla. Calendula officinalis. An-
themis cotula. Achillea millefolium et tanacetifolium.
Sonchus aryensis, lævis, asper, welche alle kaum verschiedene Arten sind. Carduus crispus. Arctium Lappa. Serra-
tula arvensis. Cichorium Intybus. Prismatocarpus specu-
culum. Anagallis phœnicea, cærulea. Aethusa Cynapium.
Scandix cerefolium. Anethum Fœniculum. Aegopodium
podagraria. Ervum hirsutum, ervilia. Medicago sativa.
Trifolium officinale, arvense, agrarium. Aphanes arvensis.
Scleranthus annuus. Centaurea Cyanus. Agrostemma Gi-
thago. Hypericum humifusum. Alsine media. Stellaria
arvensis. Viola tricolor, arvensis. Reseda lutea, luteola.
Raphanus raphanistrum. Thlaspi perfoliatum, arvense.
Alyssum calycinum. Cardamine hirsuta, tetrandra. Brassica Napus et Rapa verwildert. Sinapis arvensis. Arabis
thaliana. Myagrum sativum. Stellera pallerina. Anthir-

rhinum spurium, elatine, minus. Melampyrum arvense.
Allium vineale. Adonis autumnalis. Papaver rhœas, und
somniferum. Lithospermum arvense. Filago arvensis.
Bromus secalinus, mollis, agrestis. Panicum viride, und
andere·früher unter verschiedenen Rubriken genannte Gewächse.

Außer der Mistel Viscum album, welche häufig sowohl
auf Fruchtbäumen als Waldbäumen lebt, überziehen in mannigfachen Formen und Farben nackte Felsen und Steine, dürre
und grüne Baumrinden, selbst längst gezimmerte Balken,
feuchte Erde u. s. w., cryptogamische Bildungen aus den Geschlechtern Uredo, Buccinia, Alcidium, Lepraria, Variolaria,
Graphis, Lecidea, Lecanora, Gyrophora, Parmelia, Stikta,
Peldidæa, Bœomices, Cinomice, Cetraria, Ramalina, Usnea,
Protococeus, Riccia, Targionia, Anthoceros, Marchantia,
Jungermannia, Sphagnum, Fontinalis, Polytrichum, Atri-
chum, Mnium, Hypnum, Orthotrichum, Buxbaumia,
Nekera, Barbula, Tortula, Fissidens, Didymodon, Tri-
chostomum, Eucalypta, Grimmia, Bryum, Pterrigonium,
Tetraphis, Gymnostomum, Phascum, und wahrscheinlich noch
mehrere andere Geschlechter von Flechten und Moosen, während andere Bildungen einer noch tiefer stehenden Organisation auf faulenden Baumblättern oder andern verwesen-
den organischen Substanzen begetiren, namentlich aus den Geschlechtern Byssus, Aspergillus, Mucor, Erineum, Rhi-
zomorpha, Cribraria, Onygena, Lycoperdon, Geastrum,
Cyanthus, Tuber, Sphæria, Xylonia, Tremella, Peziza,
Ascobolus, Helvella, Morchella, Geoglossum, Clavaria,
Telephora, Hydnum, Polyporus, Boletus, Merulius, Aga-
ticus, wovon einige durch herrliches Colorit und sonderbare
Gestalten das Auge ergötzen, und im Herbste insbesondere eine
wahre Zierde feuchter, schattichter Waldungen sind. Wieder
andere suborganische Gebilde vegetabilischer Natur bilden sich
schwimmend auf stehendem morastigem Wasser, so die Geschlechter Oscillatoria, Zygnema, Conferva, Chara.

Ich zweifle nicht daran, daß ein Einheimischer mit der an-
ziehenden Wissenschaft der Botanik vertraut und durch Muße
begünstigt vorstehendes Verzeichniß in Schwyz einheimischer
Pflanzen binnen wenigen Jahren um einige hundert Species
vermehren könnte. Ich besitze zwar nicht alle hier genannten
Pflanzenspecies, sondern bin dabei auch den Angaben einiger
Freunde, mit denen ich Pflanzen austauschte, sowie den Werken und Anzeigen botanischer Autoritäten und namentlich des
Staatsraths und Doctors Hegetschweiler gefolgt. Mehrfach
bediente ich mich auch der Schlüsse aus der Aehnlichkeit, indem
ich Pflanzen, die ich in benachbartem Gebiete des Kantons Uri
aufgefunden, für ähnliche Standorte und unter ganz gleichen
climatischen Verhältnissen auch als schwyzerisch annahm, und
wie ich glaube mit Recht annehmen durfte; so z. B. geschah
dieß mit dem niedlichen Alpenmohn (papaver alpinus), den
man früher als dem Pilatus eigenthümlich glaubte, den ich
aber in Uri nicht nur auf dem Urirothstock, Kaiserstock und
Gampelengrate, sondern auch auf dem gleichsam an der Schwy-
zergrenze stehenden Alpenstocke fand.

Thiere.

Zahllos ist die Menge der Infekten, welche genannte Pflanzen umschwärmen, und sich davon nähren, oder aber in beständigem Vertilgungskrieg einander selbst aufzehren. So eine Menge Zweiflügler, oder Fliegenarten aus den Geschlechtern Musea, Thereva, Syrphus, Noda, Mira, Sargus, Mulio, Rhingia, Stomoxis, Myopa, Conops, Oestrus, Stratiomis, Sicus, Tabanus, Asylus, Rhagio, Anthrax, Bibio, Bombylius, Empis, Tipula, Culex, Hippoboscea u. a.

Ebenso viele Hautflügler oder Wespen- und Bienenartige aus den Geschlechtern Cimbex, Hylotoma, Tenthredo, Saphirus, Pomphilius, Sirex, Evonia, Fœnus, Ichneumon, Ophion, Alyria, Cinips, Chalcis, Eulophus, Chrihs, Sapyga, Pomphilus, Sphex, Bembex, Aspartus und andern.

Eine Menge Netzflügler schwärmen über den zahlreichen Sümpfen, und längs den Bachen, vorzüglich aus den Geschlechtern Libellula, Aesehna, Agrion, Ephemera, Phriganea.

Eine Menge Halbdeckflügler aus den Abtheilungen der Wanzen, Cicaden, Blatt- und Schildläuse wimmeln auf mancherley Pflanzen, mehrere davon selbst im Wasser, und die Hauswanze verfolgt den Menschen, den Herrn der Schöpfung, selbst bis ins Bett. Das gleiche thun die zahlreich sich mehrenden kleinen Schmarotzer und Säuger, wovon beinahe jedes Thiergeschlecht seinen eigenen Qualer auf sich herumträgt. Faulende animalische und vegetabilische Dinge, selbst stehende Wasser wimmeln von einer Menge Milben — alle Schlupfwinkel, Baum- und Mauerritzen von den Seegestaden bis zu den Felsenhörnern der Alpen dienen Ohrwürmern, Tausendfüßlern, Kellerasseln und einer zahllosen Menge oft sehr schön gezeichneter Spinnen zum Aufenthalt, wahrend im Sande, unter Steinen, auf Blumen und Laub, auf dürrem Holz, selbst im Wasser und im Unrath höherer Thiergeschlechter eine Menge Hartflügler, oder Käferarten sich nähren und fortpflanzen. So aus den Familien der Sandkäfer Cicindelatæ, der Laufkäfer Carabi. Schwimmkäfer Hydrocanthari. Kurzflügler Staphilini. Sägefühler Serricornes Leuchtkäfer Lampirides. Graskäfer Melirides. Bohrkäfer Ptinii. Ameisenkäfer Clerici. Aaskäfer Silphoides. Langfühler, Palpicornes. Blätterfühler, Lamellicornes. Schröter, Lucanides. Schattenkäfer, Tenebrionites. Düsterkäfer, Stenelytres. Feuerkäfer, Pyrochroides. Rüsselkäfer, Rhinophori. Holzfresser, Xylophagi. Bockkäfer, Longicornes. Halbbockkäfer, Espodes. Blattkäfer, Chrisomelinæ, und Blattlausfresser, Coccinellides.

Ueber den bunten Teppich saftreicher Thalwiesen und aromatischer Alpentriften flattern eine Menge Staubflügler (Zwiefalter), sowohl Tagfalter, Papiliones, als Dämmerungsfalter, Crepuscularia, und Nachtfalter, Phalænæ, Motten, Tineæ u. dgl. Ueberall findet man die oft sehr schön gezeichneten Raupen (Graswürme) dieser herrlichen Insekte.

Geradflügler endlich, wohin die geschäftigen Ameisen, die Heuschrecken oder Heustöffel, die unermüdlich lockenden Heimchen und die Maulwurfsgrillen oder Werri gehören, sind eben-

falls sehr häufig verbreitet zu Berg und Thal. Ja selbst das
größte aller einheimischen Insekten, der Flußkrebs, kömmt (je=
doch nirgends häufig) vor.

Nicht minder zahlreich an Individuen ist unter den Glie=
derthieren der Regenwurm (Lumbricus terrestris). We=
niger häufig die Blutegelarten (Hirudo medicinalis, vulga=
ris und Sangnisuga), und die Wasserkälber oder Fadenwür=
mer (gordius aquaticus).

Von Weichthieren ist in den Waldungen der Thäler Li=
max rufus, in den Bergwaldungen aber Limax alter sehr
häufig, auf den Alpen sogar hin und wieder ein gelblich weißer
Waldschneck, Limax albus, anzutreffen, weniger häufig kom=
men in Wäldern auch Limax antiquorum und variegatus vor,
aber überall gemein ist Limax agrestis. Die gemeine Wein=
bergschnecke, Helix pomatia, ist bis zu den Alpen hinan vor=
handen. In den tiefern Thälern ebenso Helix arbustorum,
ericetorum, nemoralis, hortensis, putris etc., an Felsen und
Steinen kleben in Menge Helix lapicida, Clausilia bidens,
perversa u. s. w. In stillfließenden und stehenden Wassern
dagegen schwimmen Planorbis vortex, Buccinum stagnatile,
roscolabiatum, auricula. Limnea stagnatilis. Tellina cor=
nea, Mytilus anatinus, Mia pictorum u. a. m.

An Fischen hat Schwyz keinen Mangel. Der Kanton
wird von dem Zürcher=, Zuger= und Vierwaldstättersee bespühlt.
Er hat somit auch Antheil an den in diesen großen Wasserbe=
hältern vorkommenden Fischen. Ueberdieß leben noch in den
vielen Bächen und Waldströmen, z. B. der Muota, der Sihl
u. s. w. schmackhafte Bachforellen.

Von Amphibien ist an allen trocknen, steinigen Orten
bis in die Alpen hinan, in großer Anzahl die Eidechse (Lacerta
agilis), in feuchten Waldungen der Waldmolch (Lacerta pyr=
hogaster) und seltener montana. Nach warmem Regen kriecht
ans Tageslicht der gefleckte Salamander (Salamandra macu=
lata), und auf Bergen viel häufiger noch der Bergsalamander
(Salamandra atra). In Sümpfen und Teichen leben die
Wassersalamander (Triton palmatus punctatus und palustris).
Die Blindschleiche (Anguis fragilis) ist überall gemein. In
den Wäldern auch die Schlangen Coluber natrix und lævis,
weniger die giftigen Vipern, Vipera redii und prester Frö=
schen giebt es ungemein viele, insbesondere Rana esculenta und
temporaria, von der letztern Art in den Alpen eine dunkel=
braune Varietät, vielleicht eine eigene Art. Auch der Laub=
frosch, Hyla arborea, ist nicht selten, noch weniger die Krö=
ten, Bufo cinereus, calamita, und insbesondere ignæus, wel=
che den Sommer über ganze Nächte hindurch ihr jud, jud, un=
ter den Chorus quakender Frösche mischt.

Vögel kommen in Schwyz die meisten vor, welche in der
Schweiz brüten, oder berühren diesen Kanton wenigstens auf
ihren Wanderungen, wie andere Vögel, welche die Schweiz
bloß als Fremdlinge im Frühling und Herbst durchziehen,
oder aus nördlichern Gegenden dahin zu überwintern kommen.

So finden sich auf den Seen jährlich mehrere Taucher, Podiceps cristatus, auritus, minor, wovon nur der letztere einheimisch ist; viele Enten, Anas fuligula, penelope, leucophthalmos, elangula, ferina, quesquedula, crecca und boschas, wovon nur beyde letztern in den einheimischen Sümpfen brüten; ferner Blattzähnler, Mergus merganser und Serrator, selten auch sogar ein Schwan, Cygnus melanonhinchus. Diese Seen überschwärmen Schaaren von Meerschwalben, Sterna hirando, nigra, fillipes. Möven, Larus ridibundus, canus, tridactilites und seltener minutus. Das schwarze Taucherhuhn, Fulica atra, wird oft bei Stürmen aus diesen Fluthen aufgeschreckt und weit in die Thäler hinein verschlagen, man fand es schon in den höchsten Alpen nahe dem ewigen Schnee. An den Ufern der Seen und in den weiten Sümpfen schreiten umher der gemeine Reiher, Ardæa cinerea, der Rohrdommel, Ardæa stellaris, der Ratten- und Zwergreiher, Ardæa ratloides et minuta, seltener auch der Nacht- und Silberreiher, Ardæa nieticorax et garzetta, der Storch, Ciconia alba, der graue Sandlaufer, Arenaria calidris, der große und kleine Brachvogel, Numerius arquatus et pygmæus. Rietschnepfen, Scolopax gallinago, mædia, minor. Ferner verschiedene Strandlaufer, Ratten, Wasserhühnchen, als: Tringa cinclus, ochropus, pugnax, longipes, gambetta, glareola, Temminkii, variabilis, minuta. Totanus glottis. Rallus aquaticus. Vanellus cristatus. Gallinula chloropas, porzana, pusilla. Im Dickicht schleichen durchs feuchte, hohe Gras die gemeine Schnepfe, Scolopax rusticola. Auf Aeckern weiden zuweilen Schaaren wilder Gänse, Anser segetum, und im Getreide oder im Schatten anderer Ackerpflanzen der Wachtelkönig, Crex pratensis, die Wachtel, Perdix coturnix, und selten auch das Rebhuhn, Perdix cinerea. Häufiger wird in den hohern Gebirgen das Felsenhuhn, Perdix saxatilis, angetroffen, sowie in den Alpenwaldungen und Drosseln, das Schneehuhn, der Auer- und Birkhahn, und in tiefer gelegenem Gebüsche das Haselhuhn, Tetrao lagopus, urogallus, tetrix und bonasia. Von Adlern, Habichten und Sperbern kommen Falco fulvus, halietus, peregrinus, milvus, ater, buteo, albidus, logopus, apivorus, æruginosus, cyaneus, palumbarius, nisus, subbutæa, tinunculus, cæsius und rufipes vor, am häufigsten jedoch butæo, nisus und tinunculus. Nur selten fliegt ein Lämmergeier, Gypaæstos barbatus, von Uris beeisten Riesenbergen in die schweizerischen Alpenthäler hinüber. Von Eulen zeigen sich vorzüglich Strix bubo, otus, brachiotos, passerina und die gemeinste aus allen Aluco. Spechte sind in allen Baumgarten und Wäldern gemein, als: Picus viridis, viridicanus, major, mædius, minor, und in den Alpwaldungen martius und trydactilus. Drehhals, Yunx torquilla, die Blaukehen, Sitta cæsia, der Baumläufer, Certhia familiaris, sind gemein, an den Felsen der Alpen auch der schöne Mauerläufer, Certhia muraria, nicht selten, welchen die Winterkälte bis in die Dörfer hinabtreibt, wo er an Kirchen und andern großen steinernen Gebäuden Nahrung sucht. Der Wiedhopf, Upupa epops, der glänzende Eisvogel, Alcedo ispida, und der Frühlingsverkündende

Kukuk, Cuculus canorus, sind ebenfalls nicht selten, seltener aber der rothe Kukuk, Cuculus rufus. Der Rabe oder Fleisch-rabe, die Rabenkrähe und Elster, Corvus corax, corone und pica sind gewöhnlich, seltener die Saatkrähe, die Nebelkrähe und Dohle, Corvus frugilegus, cornix et monedula; die Alpendohle, Corvus pyrrhicorax, ist in allen Alpen gemein und schwärmt im Frühjahr in großen Schaaren auf den Thal-wiesen umher, weil sie in den noch beschneiten Bergen keine Nahrung mehr findet. Der Nußheher und Tannenheher, Cor-vus glandularius et cariocatactes, sind in allen Wäldern zu Hause. Diese sind es, welche Nuß- und Kastanienbäume in die Wälder verpflanzen, indem sie deren Früchte stehlen und für Wintervorrath in den Wäldern verstecken, dieselben aber nicht immer wiederfinden. Die blaue Racke, Coracias garrula, kömmt nur sehr selten vor, häufiger die in den Bergwaldun-gen brütende Goldamsel, Oriolus galbula. Die Würger, La-nius excubitor, minor, ruficeps, sind ziemlich selten, Spini-torqus aber gemein. Im August insbesondere oder Anfangs Septembers, wenn der erste Schnee sich der Waldregio nnähert, sind alle Hecken der Thäler von dieser Vögelart belebt, wo sie am Morgen auf der Ostseite, am Abend auf der Westseite der-selben durch ihre weißen Bäuche von weitem sichtbar sind. Der Kreuzschnabel, Loxia curvirostra, ist in allen Alpenwäldern gemein, ebenso in den Thälern der Kernbeisser, Loxia cocco-traustes, und der Gimpel, Loxia pirrhula, weniger der Grun-fink und der Girlitz, Loxia chloris et serinus. Die Finken-arten, Fringilla cælebs, montifringilla, domestica, monta-na, canabina, carduelis, spinus und linaria, sind in den Thälern gemein, ebenso citrinella in den Alpwaldungen, und nivalis in den höhern Alpengegenden, in der sogenannten Fel-senregion. Seltener kommen Ammern vor, insbesondere Em-beriza miliaria, cinlus, cia, nivalis, etwas häufiger Schoe-niclus und citrinella. Von Drosseln sind Turdus merula, musicus, viscivorus, und in den Bergen torquatus sehr ge-mein, ebenso im Herbst und Winter Turdus pilaris und il-liacus, als Seltenheit erscheint mit denselben zuweilen der Sei-denschwanz, Ampelis garrula. Die Wasseramsel, Cinclus aquaticus, ist den Sommer über einzeln in wilden tiefen Thä-lern, selbst in den Alpen an Bachen zu Hause, den Winter über aber an großen Flüssen der breitern Thalgründe überall anzutreffen. Der gemeine Staar, Sturnus vulgaris, welcher in hohlen Bäumen nahe bei Sümpfen brütet, schwärmt im Frühling und Herbst in großen Schaaren umher. Die Fliegen-fänger, Muscicapa grisola und atricapilla, sind den Sommer über sehr gemein; ebenso die Stelzen, Motacilla alba, sul-phurea und flava, welche letztere im Frühling und Herbst in Schaaren auf den Viehweiden umherzieht. Von Sängern kommen Silvia luscinia, orphœa, locustella, arundinacea, cianicula, modularis, hippolais, sibillatrix, häufiger atrica-pilla, cinerea, garrula, salicaria, phragmitis, palustris, rubecula, thitis, phœnicurus, fitis, rufa, regulus, trogloti-des vor, wovon beide letztern Arten, so wie viele Individuen von S. rubecula den Winter über zurückbleiben. Von Stein-schmazen sind Saxicola œnante und rubetra gemein, rube-

4 **

cola aber nur auf dem Striche sichtbar, die Flühlerche aber, Accentor alpinus, ist in der Felsenregion sehr gemein, und flüchtet sich vor dem Schnee bis in die bewohnten Dörfer hinab. Die Piper, Anthus arboraeus, campestris, pratensis und aquaticus sind alle gemein, letztere ist insbesondere häufig in allen Alpen den Sommer über, und während den übrigen Jahrszeiten in großen Schaaren in den Thalgründen, vorzüglich gerne wo vorher Vieh geweidet hat. Nur während den strengsten Wintermonaten suchen sie zerstreut längs Bächen und in Sümpfen kärglichen Unterhalt. Die Acker- und Getreidelerche, Alauda arvensis et nemorosa, sind gewöhnlich, ebenso alle Meisenarten, welche in der Schweiz brüthen, als: Parus major, coeruleus, palustris, ater, caudatus et cristatus. Der Ziegenmelker, Caprimulgus punctatus, ist nirgends gemein, ebenso der Alpensegler, Cipselus alpinus, desto gewöhnlicher der Mauersegler, Cipselus murarius, und die Schwalben, Hirundo rustica et urbica; die Uferschwalbe, Hirundo riparia, ist jedoch ziemlich selten, und auch die an den Felsenufern des Vierwaldstättersees den Sommer über hausende Felsenschwalbe, Hirundo rupestris, nicht gemein.

Von Säugethieren finden sich außer den gewöhnlichen Hausthieren, wovon das Rindvieh von einer sehr schönen Race und meist kastanienbrauner Farbe ist, als Gewild: der Fuchs (Canis vulpes), der gemeine und veränderliche Haase (Lepus timidus et variabilis), der Dachs (Meles vulgaris), der Otter (Lutra vulgaris), das rothe und braune Eichhörnchen (Sciurus vulgaris), der Edel- und Steinmarder (Murtela martes et putatoria), der Iltis (Mustela foina), und in den Alpen des Bisithals und andern höhern Gegenden auch die Marmotte (Arctomis marmotta). Gemsen finden sich noch auf den Grenzen von Uri und Glarus, selten verirrt sich in die Schwytzeralpen von daher ein Bär oder Luchs. Dagegen aber finden sich bis zur Plage häufig die Feldmaus oder Waldmaus (Mus sylvatica), die Haselmaus (Mus musculus), die Ratte (Mus rattus), die Ackermaus (Hypudaeus arvalis), die Wiesenmaus (Hypudaeus terrestris), der Maulwurf (Talpa aeuropaea), aber auch der Mäuse listige Feinde, die große und kleine Wiesel (Mustela vulgaris et erminea) fehlen nicht. Von Haselmäusen kommen alle drei Arten (Mioxus glis, nitella und mus cardinus) vor. Von Spitzmäusen die Sorex aranaeus et fodiens, von Fledermäusen sechs, als: Vespertilio ferrum equinum, pipistrellus, auritus, murinus; miotis und noctula. Auch der Igel (Erinaceus aeuropaeus), ist nicht selten, doch auch nicht gemein.

B.

Das Volk.

Seyd
Wozu die herrliche Natur Euch machte!
Erfüllt den Platz, wohin sie Euch gestellt,
Zu Eurem Volke steht und Eurem Land.

Schiller.

Stand und Gang der Bevölkerung.

Die Bevölkerung des Kantons Schwyz betrug 1743 26,695 Seelen; nach einer Berechnung, welche um 1790 vorgenommen wurde, ungefähr 30,200, wobei bemerkt wird: „Ohne den ausländischen Kriegsdienst, die Hungerjahre von 1770 bis 1773 und die Beschränkung der Thätigkeit auf die bloße Viehzucht würde die Bevölkerung noch betrachtlich höher steigen". Nach der neuesten Zahlung von 1833 besteht sie aus 38351 Seelen, nämlich:

im Bezirke	Schwyz	16317
„ „	March	9170
„ „	Einsiedeln	5583
„ „	Küßnacht	2580
„ „	Wollerau	2109
„ „	Gersau	1348
„ „	Pfeffikon	1244
		38351

Doch wird von Landeskundigen bemerkt, die Schnelligkeit, mit der diese Zählung sey aufgenommen worden, gewähre keine gänzliche Zuverläßigkeit. Besorgnisse, es möchte eine Kopfsteuer hintenher nachfolgen, sollen diese unvollständigen Angaben veranlaßt haben, und man vermuthet, z. B. die Bevölkerung des Bezirkes Schwyz dürfte auf 18,000 steigen. In der eidgenössischen Bundesscala ist der Kanton Schwyz zu 28,900 Einwohnern angesetzt. Zählungen der männlichen Bevölkerung im alten Lande hat man seit Jahrhunderten.

Die Ursachen des Zunehmens der Bevölkerung mögen die Worte eines talentvollen Geistlichen des Landes selbst schildern: „Der Mensch bleibt nicht gerne allein, Kartoffeln gedeihen, Land zum Anbauen war bisher leicht zu erhalten, ein gesundes Clima, vielleicht auch, weil man noch nicht ganz in die Kunst eingeweiht ist, oder der vornehmen Sitte fröhnt, dem allzugroßen Segen Gottes Grenzen abzustecken und dann aus noch manchen Gründen, die sich Jeder leicht in größerer oder kleinerer Zahl hinzudenken kann."

Die statistischen Bewegungen mag folgende Tabelle veran-
schaulichen:

1743		1833
24?	Alpthal	316
745	Altendorf	1286
2135	Art	2129
5156	Einsiedeln	5583
649	Feusisberg	1100
1197	Freienbach	1293
698	Galgeuen	1193
*)	Gersau	1348
**)	Hinterwäggithal	255
295	Iberg	1404
86	Illgau	211
1560	Ingenbohl	1501
1505	Kußnacht	2580
1111·	Lachen	1467
401	Lowerz	446
376	Morschach	446
849	Muotathal	1418
43	Nuolen	Siehe Wangen.
421	Reichenburg	780
†)	Riemenstalden	81
††)	Rothenthurm	788
848	Sattel	961
1168	Schübelbach	1713
4640	Schwyz	4878
828	Steinen	1356
268	Steinerberg	382
525	Tuggen	851
224	Vorderwäggithal	584
469	Wangen	1041
474	Wollerau	960
26695		**38351**

Die Zahl der Gestorbenen im Jahr 1743 stieg auf 990,
die der Ehen wurde zu 191 angegeben, diejenige der Geborenen
auf 795.

Verzeichniß der Ehen, Geborenen und Gestorbenen in den
Jahren 1822, 1828 und 1829.

---

*) Gersau war damals noch kein Theil des Kantons Schwyz.

**) Hinter- und Vorderwäggithal bildeten 1743 noch Eine Pfarre.

†) 1743 war Riemenstalden nach Morschach pfarrgenössig.

††) 1743 war Rothenthurm noch eine Kaplanei der Kirchgemeinde Sattel.

	Ehen			Geborene						Gestorbene											
				Männlich			Weiblich			Kinder						Erwachsene					
										Männlich			Weiblich			Männlich			Weiblich		
	1822	1828	1829	1822	1828	1829	1822	1828	1829	1822	1828	1829	1822	1828	1829	1822	1828	1829	1822	1828	1829
Alpthal	1	3	2	3	6	5	4	5	4	1	2	2	1	1	2	—	2	2	—	1	3
Altendorf	11	9	12	25	27	26	18	16	23	8	9	14	3	8	9	8	8	4	3	3	16
Art	15	13	11	38	34	45	35	36	38	12	21	14	20	19	20	13	8	13	14	12	13
Einsiedeln	39	28	24	111	131	108	102	119	125	54	65	49	44	61	48	30	28	27	40	33	41
Feusisberg	8	14	4	18	20	18	22	19	26	3	4	8	3	3	10	2	2	7	2	7	4
Freienbach	13	13	14	33	30	30	37	35	33	7	8	16	13	12	17	12	7	10	11	8	7
Galgenen	9	5	6	22	25	22	16	14	21	6	15	11	7	14	8	9	5	5	5	8	6
Gersau	7	6	9	30	24	20	19	27	26	11	11	5	4	8	7	9	6	14	10	13	7
Hinterwäggithal	*)	5	2	—	8	7	—	8	4	—	2	5	—	4	4	—	—	4	—	3	1
Iberg	11	9	5	32	29	28	22	23	25	5	10	6	1	6	4	8	9	6	7	9	10
Jlgau	1	2	1	2	4	4	7	7	5	—	3	4	2	4	—	1	1	1	2	—	—
Ingenbohl	12	12	12	27	29	37	25	23	23	10	22	14	7	11	6	6	7	10	9	14	12
Kußnacht	9	11	15	34	34	33	19	37	34	9	14	14	5	10	20	13	13	11	7	11	11
Lachen	14	6	14	24	28	23	20	23	30	14	17	15	10	10	14	6	5	8	6	13	7
	150	136	131	399	429	406	346	392	417	140	203	177	120	177	167	117	100	121	116	135	138

*) Die Angaben über die Gemeinden Hinterwäggithal, Muolen und Vorderwäggithal mangeln.

	Ehen			Geborene						Gestorbene											
				Männlich			Weiblich			Kinder						Erwachsene					
										Männlich			Weiblich			Männlich			Weiblich		
	1822	1828	1829	1822	1828	1829	1822	1828	1829	1822	1828	1829	1822	1828	1829	1822	1828	1829	1822	1828	1829
Uebertrag	150	136	131	399	429	406	346	392	417	140	203	177	120	177	167	100	121	117	116	135	138
Lowerz	4	1	2	5	6	13	8	14	4	2	1	1	1	2	4	—	2	2	3	3	2
Morschach	2	3	7	10	9	7	9	10	10	4	4	3	1	3	1	2	3	3	5	5	5
Muotathal	9	7	7	18	23	24	16	21	24	5	10	5	1	5	4	11	11	11	5	11	6
Juolen	—	1	—	11	14	12	10	21	3	—	—	—	—	—	—	—	—	—	—	—	—
Reichenburg	5	4	4	2	2	—	—	1	8	7	5	9	6	6	2	6	6	2	4	2	4
Riemenstalden	—	—	1	15	14	8	10	14	1	—	—	—	—	2	—	—	2	—	3	3	—
Rothenthurm	6	8	5	13	28	22	29	11	11	2	4	2	8	9	3	7	1	7	1	1	2
Sattel	8	4	6	20	38	19	22	30	23	3	7	5	7	6	—	4	7	4	6	7	5
Schübelbach	9	19	6	68	80	71	78	76	35	5	16	6	49	43	11	10	6	10	14	10	7
Schwyz	49	29	31	24	22	22	25	24	71	28	36	28	5	12	22	30	34	30	29	45	42
Steinen	6	16	14	8	2	9	12	4	15	7	14	8	3	5	5	13	11	13	6	12	4
Steinerberg	2	7	4	13	14	13	14	14	9	10	9	8	—	3	2	—	1	—	2	—	1
Tuggen	11	7	9	—	18	8	—	12	13	4	3	2	1	2	6	4	5	5	4	2	6
Vorderwäggithl	—	4	3	10	16	17	12	16	6	3	3	4	4	2	2	—	5	5	—	4	4
Wangen	7	8	6	16	18	16	12	18	20	3	5	8	6	7	8	6	8	8	2	3	5
Wollerau	8	10	8	16	18	16	14	18	17	3	5	18	4	6	17	5	5	—	7	6	12
	276	264	243	632	733	667	605	678	687	217	322	274	183	289	257	198	232	207	207	246	240

Volkszählung von 1833.

Bezirk Schwyz.

Alpthal	316
Art	2129
Jberg	1404
Jllgau	211
Jngenbohl	1501
Lowerz	446
Morschach	446
Muotathal	1418
Riemenstalden	81
Rothenthurm	788
Sattel	961
Schwyz	4878
Steinen	1356
Steinerberg	382
	16317

Bezirk Gersau.

Vater und Söhne, über 16 Jahren, über 18 Jahren.	Communican- ten.	Ganze Bevölke- rung.
26. _ 408.	989.	1348.

Bezirk Küßnacht.

Männliches Geschlecht, welches das 16. welches das 18. Jahr, Jahr erreicht.	Communican- ten.	Ganze Bevölke- rung.
701. 754.	1719.	2580.

Bezirk Einsiedeln.

	Männliche Einwohner, mit erfülltem 16. Jahre.	mit erfülltem 18. Jahre.	Weibliches Geschlecht u. Minderjährige.	Ganze Bevöl- kerung.
Einsiedeln . .	42	670	1742	2454
Binzen . . .	18	132	398	548
Groß . . .	12	177	409	598
Willerzell .	11	125	332	468
Euthal . . .	13	160	346	519
Etzel u. Egg	12	94	257	363
Bennau . . .	7	73	227	307
Trachslau . .	7	87	232	326
	122	1518	3943	5583

Bezirk Lachen.

Kantons-bürgerinnen und solche bürgerliche Individuen, die das 16. Jahr noch nicht erreicht haben.	Kantonsbürger, die das 16. aber noch nicht das 18. Jahr erfüllt haben.	Kantonsbürger, die das 18. Jahr zurückgelegt haben.	Gesammt-zahl d. Kantonsbürger u. Kantons-bürgerinnen
Lachen . . . 1038	27	402	1467
Altendorf . 863	22	401	1286
Galgenen . 804	19	370	1193
Vorderwäggithal . . 428	17	139	584
Hinterwäggithal . . 187	2	66	255
Schübelbach 1106	30	577	1713
Tuggen mit Grynau . 550	13	288	851
Wangen mit Nuolen . 706	14	321	1041
Reichenburg 535	13	232	780
6217	157	2796	9170

Bezirk Pfäffikon *).

Anzahl der Bürger, die 16 Jahr alt sind.	Anzahl der fremden angesessenen Leute.	Seelen
378	Seelen 24, die das 16. Jahr erfüllt 7.	1244

Bezirk Wollerau.

16 Jahr und 17 Jahr	vom 18. bis ins höchste Alter.	Seelen.
39	666	705

Auf die Quadratmeile, den Kanton zu 16 angenommen, zählt der Kanton Schwyz 2395 Menschen. Er ist unter den demokratischen Kantonen der bevölkertste, Appenzell ausgenommen, wo in Ausserrhoden auf die Quadratmeile 9964, in Innerrhoden auf eine solche 3491 Menschen kommen.

Körperliche Eigenschaften.

Gestalt, Lebensdauer und Krankheiten.

Ueberlieferungen erzählen, wie noch in vielen schweizerischen Gegenden, von Riesengestalten der Vorältern, obgleich an allen

*) Diese Angabe sowie auch die folgende des Bezirkes Wollerau ermangeln hinlänglicher Deutlichkeit, sind aber gleich den vorhergehenden so abgedruckt, wie sie 1833 amtlich eingeliefert wurden.

diesen Orten die noch vorhandenen alten Rüstungen weniger solche Riesengestalten als stark gebaute Körper andeuten; doch sollen in einer Gruft der alten Kirche von Schwyz viele menschliche Knochen von ungewöhnlicher Größe angetroffen worden seyn. Lasten von mehrern Centnern zu tragen, war und ist jetzt noch nichts außerordentliches. Ein Einwohner von Steinen, Güpfer genannt, soll im alten Zürcherkriege eine mehrere Centner schwere Glocke von Horgen am Zürchersee nach seiner Heimath getragen haben. Ein Ulrich soll mit seinem Schlachtschwerte im ersten Streiche den Reiter gespalten und im zweiten dem Pferd den Hals durchgehauen haben. (Ein zweiter Scanderbeg.) Dem Rudolph Reding vermochten drei Männer nicht den Arm zu biegen. Haus Binz in Iberg trug große Tannen auf der Schulter.

Die Gegenwart sollen die eigenen Worte eines Mannes schildern, der den Kanton auf das genaueste kennt: „Der Schwyzer des alten Landes zeichnet sich nicht so fast durch einen großen als durch einen starken, kräftigen Körperbau aus; er ist mehr untersetzter als schlanker Gestalt, was sich durchgehends auch von dem schönen Geschlechte sagen läßt. Sein Auge, gewöhnlich blau, ins Graue spielend, ist unumwölkt und heiter, mehr gutmüthig als feurig, mehr Herz als Geist verrathend, seine Stirne schön gewölbt und offen, die meistens starkes, dunkelblondes Haar vom Scheitel überschattet, eine breite Brust, starke Schenkel, an die sich aber nicht immer die schönst gedrehten Beine fügen. Das gewöhnliche Maß ist fünf Fuß drei Zoll bis fünf Fuß sechs Zoll französisches Maß. Die ansehnlichsten Männer sind im Durchschnitte im Muotathale. Vieles von dem Gesagten dürfte auch auf das Frauengeschlecht anwendbar seyn. Schönheiten sind nicht zahlreich, Ideale noch weniger, jene schlanken, zarten, bleichen und schmächtigen Wesen und jene Göttergebilde, die einem Romanschreiber vor seiner erhitzten Einbildungskraft vorübergaukeln, sind hier nicht zu Hause, und selbst jenen, die es sich Mühe kosten ließen, solche ätherische Erscheinungen zu schaffen, wollte es bis anhin noch nicht völlig gelingen. Trotz allen Fischbeinen und einschnürenden und zusammenschraubenden Pariser moden kann man die Mädchen nicht unter die Pappelbäume rechnen, sie gleichen immer der Eiche eher, die zwar hier nicht hoch, aber kernhaft wächst. Uebrigens sind ein heller, lebensfroher Blick, ein gesundes, glühendes Roth, eine stets freundliche Miene Vorzüge, welche andere leicht aufwiegen möchten. Was aber unserm Frauengeschlecht wohl den höchsten Werth verschafft, möchte die Ausdauer ihrer, wenn nicht prangenden, doch auch nicht unanschaulichen Schönheit seyn." — Das Volk von Kußnacht ist ein gesunder und kräftiger Schlag, meistens groß gewachsen, kleine Leute sieht man nicht zahlreich, nur einen Zwergartigen. — Auch die Einwohner von Einsiedeln sind gesund und kräftig. Obwohl es viele Arme giebt, die nur Kartoffeln genießen, welche wegen der ziemlich häufigen Fröste oft nicht zu vollständiger Reife gelangen, so ist das Aussehen auch des Armen immer noch gut, seine Haltung rüstig und lebhaft. — In der March sind Gestalten wie im Bezirk Schwyz, z. B. im Muotathale häufig gesehen werden, sehr selten. Die Bevölkerung ist von mittlerm, im Durchschnitte gefallendem Schlage, lebhaft, von offener Stirne und heiterm Blicke, der ein Volkserbgut zu seyn scheint. Viele weibliche Gesichter darf man wirklich schön nennen. Seltener ist das anziehende, geistvolle und ausgezeichnete, als prunklose unverstellte Treuherzigkeit und Anmuth. — Im Waggithale sind die Männer von kräftigem, stämmigem Schlage und sehr munter. Die Weiber scheinen schwächer, und nicht so fröhlich wie die Männer.

Achtziger und Neunziger sieht man noch oft, aber ein höheres Alter erreichen nur wenige. Noch kramerte bis vor kurzem in Einsiedeln eine sechs und neunzigjährige Frau, und ein nicht sobald sich wieder ereignendes Beispiel eines hohen Alters liefern ebendaselbst fünf am Leben befindliche Geschwister, die zusammen 385 Jahre zählen. Im Sommer 1834 wurde in Galgenen Rathsherr Hegner im Alter von 99 Jahren und 2 Monaten, und eine Frau Schwitter ab Eggalen, 92 oder 93 Jahre alt, beerdigt. Frau Verena Grüber, die 1578 als Priorin des Frauenklosters in Schwyz starb, soll 100 Jahre alt geworden seyn; von neuern Beispielen weiß man nichts.

Der Kanton darf zu den gesunden Gegenden gezählt werden, insbesondere die Gegend von Einsiedeln und das Sihlthal. Zu den weniger gesunden Gegenden gehören die 1806 verschüttete Gegend von Goldau, woran die bei dieser traurigen Catastrophe entstandenen kleinern und größern Sümpfe die Ursache sind, doch haben sich die seither jährlich entstandenen Wechselfieber seit der Austrocknung mehrerer Sümpfe, und seit Vermehrung der Vegetation wieder vermindert; und in der March die östliche Grenze über Tuggen und Schübelbach, wo die ausgedehnten Sumpfmoore den Anwohnern bisweilen, je nach der Beschaffenheit des Jahres, hartnäckige Wechselfieber verursachen.

Unter den acuten Krankheiten sind insbesondere vorherrschend: Gallenfieber; sporadische Nervenfieber, sie zeigen sich nicht selten, wo viele Menschen beisammen wohnen und wo Reinlichkeit fehlt; wie in allen Gebirgsgegenden auch Entzündungskrankheiten, Lungen-, Rippenfell- und Leberentzündungen (auch im Winter); catarrhalische und gastrische Fieber sind meistens nur alten Leuten lebensgefährlich. — Unter den chronischen Krankheiten bemerkt man vorzüglich: Chronische Gicht und Rheumatismus, als Folge dieser Krankheiten sind um Einsiedeln eine große Zahl Landleute hinkend; Magenschwäche, vermuthlich von schlechtem Caffe erzeugt; Scropheln, Wassersucht, doch meistens nur bei altern Personen; Kratze bei Jungen; Lungenund Schwindsucht (in der Gegend von Küßnacht selten); Gelbsucht; Cachexien. Die syphilitischen Krankheiten waren seit dem Anfange dieses Jahrhunderts im Bezirk Schwyz sehr im Zunehmen; seit einigen Jahren scheinen sie in gleicher Ausdehnung stehen zu bleiben. Genau ist der Umfang dieser scheußlichen Krankheiten nicht bekannt, weil die Hülfe gewöhnlich nicht bei den einheimischen oder bessern Aerzten gesucht wird. Auch in den übrigen Gegenden des Kantons zeigen sich hin und wieder Fälle von Syphilis, z. B. in Einsiedeln, Lachen u. s. f. Selbstschwächung mag bei jungen Leuten Ursache von

Abzehrung seyn. Die Folgen der Trunkenheit sind die nämlichen wie anderswo, ein eigenthümlicher Husten (Saufhusten),
Schwäche oder Verhärtung des Magens und ein allgemein
deprimirtes Nervensystem. Zugleich mit der vermehrten Thätigkeit
der Einwohner sollen diese Krankheiten sich vermindern z. B. in
der March. Man kann nicht genug dem Volk vorstellen, welch ein
Verderben das Branntweintrinken sey, das insbesondere seit einiger Zeit in Einsiedeln sehr über Hand genommen haben soll. Mit
Brüchen behaftete giebt es überall viele, hauptsächlich unter
den Bauern, wo als eine der ersten Ursachen die Art des
Heueinsammelns angesehen wird. Daßelbe wird in große Bür-
den zusammengebunden und auf die Scheune getragen. Am
häufigsten werden beim Aufheben dieser Burden Brüche verursacht, indem dabei von dem Träger der Unterleib sehr stark
vorwärts, der Kopf und Nacken hingegen rückwärts gebeugt
wird. (Dieses Verfahren hat auch in der flachern Schweiz
häufig Statt.) Auch die Arbeiten im Walde, das Aufheben
und Tragen anderer schwerer Lasten mit Ueberschätzung der
Kräfte aus eitler Ehrbegierde tragen dazu bei. Spuren von
Cretinismus zeigen sich in den Bezirken Schwyz und Küßnacht
mehrere, auf der Hochebene von Einsiedeln hingegen will man
keine bemerkt haben. Solche, die nur einzelne Spuren des
Cretinismus an sich tragen, trifft man hin und wieder in allen
Landesgegenden. Blinde giebt es wenige, einige mit grauem
Staar; äußerst selten ist der schwarze Staar. Kurzsichtigkeit
ist ebenfalls nicht häufig, und Brillen werden meistens nur von
ältern Leuten gebraucht. In den Bezirken Einsiedeln und
Schwyz giebt es mehrere Taubstumme, in dem Bezirke Küßnacht keine, und in der großen March ist ein einziger vorho-
den und auch dieser ist noch arbeitsfähig.

Die Kuhpockenimpfung ist in den Bezirken Schwyz und
Küßnacht seit 1804 bekannt. Einer der ersten, der sich dadurch
verdient machte, war der einsichtvolle und menschenfreundliche
Doctor Joseph Anton Sidler in Küßnacht. In Einsiedeln
und der Umgegend wurden die Pocken zuerst von Aerzten aus
dem Kanton Zürich, in den Jahren 1807 und 1808 einge-
impft. Die Zahl der bisher im Kanton Schwyz Geimpften
kann wegen Mangel gehöriger Vorkehrungen der Gesundheits-
behörde nicht bestimmt werden; auch wird durch keine Verordnung die Impfung geboten. Im Bezirk Küßnacht soll keine
Eingenommenheit gegen dieselbe bemerkbar seyn, obschon eine
mildere Abart von Pocken sich auch bei Geimpften wieder gezeigt hat. In den andern Landesgegenden wird sie bei weitem
noch nicht allgemein angewendet und viele blieben bis jetzt noch
ungeimpft, indessen darf gesagt werden, beinahe die meisten
seyen geimpft. Hindernisse setzen die gewöhnlichen Vorurtheile
entgegen, z. B. diese Krankheit sey ein der menschlichen Natur
nothwendig anhangendes Uebel, man müsse Fügungen Gottes
nicht entgegenwirken u. s. f. An vielen Orten war es mehr
die zurückgebliebene Erblindung, als der Tod der Kinder, über
den man sich leichter tröstete, was dem Schutzmittel Eingang
verschaffte. Wir können nicht unterlassen hier einen schönen
Zug von Empfänglichkeit für Belehrung eines treuen Seelsor-
gers anzuführen. Als Aloys Fuchs, damals Pfarrer in Rie-

menſtalden, die Verwüſtung wahrnahm, welche im Winter von 1824 auf 1825 die Pocken in Einſiedeln und nachher in manchen andern Gemeinden des Kantons Schwyz angerichtet hatten, trat er eines Sonntags auf die Stufen des Altars vor ſeine verſammelte Pfarrgemeinde, erklärte derſelben faßlich und liebevoll die Wohlthat der Pockenimpfung, die Pflicht und die Wichtigkeit derſelben. Zugleich erbot er ſich, einen in dieſer Sache geübten Mann in ſein Pfarrhaus zu berufen, welcher das Impfgeſchäft vornehmen ſollte. Freudig willfahrend erſchienen auf den beſtimmten Tag die Mütter aller ungeimpften Kinder mit denſelben in dem Pfarrhauſe, nebſt ihnen auch einige aus der benachbarten urneriſchen Gemeinde Siſikon, und ſo wurden alle Kinder von Riemenſtalden, ſowie die von Siſikon hergebrachten durch Impfung gegen die Seuche geſichert. Wie ſteht eine ſolche Handlung den Dienern chriſtlicher Religion, welche die Liebe iſt und ſeyn ſoll, ſo wohl an!

Von der Peſt wurde der Kanton Schwyz in frühern Zeiten öfters heimgeſucht. Am ſchrecklichſten wüthete ſie 1611 vom Mai bis zu Ende des Jahres. In der Pfarre Schwyz ſtarben 2200 Perſonen. Am ganzen Hackenberg blieb nur ein Mann am Leben. Er hatte ſich in ſein Haus eingeſchloſſen, jeden Umgang mit andern Menſchen vermieden und kam erſt wieder hervor, als die Krankheit ganz aufgehört hatte. Einige Kirchgemeinden ſtarben beinahe ganz aus. Von Schönenbuch und Ibach brachte man Wagen voll Todte. Man ſchichtete ſie auf dem Kirchhofe ſo auf, daß nach einiger Zeit der Leichenmoder auf den Platz hinabrann, worauf die Peſt ſich noch mehr ausbreitete. Man hielt die Erdgeſchoſſe für ganz verpeſtet, ſo daß man ſie zunagelte und durch die Fenſter hinaus- und hineinſtieg. In einigen Häuſern wurden viereckigte Löcher in die Wände gemacht, durch welche man den Bewohnern die Speiſen hineinreichte.

In dem gegenwärtigen Jahrhundert zeigten ſich im Bezirke Schwyz folgende epidemiſche Krankheiten: Im Jahre 1800 die Pocken; 1804 das galliſchte Catarrhalfieber; 1809 bis 1810 unter den Kindern das Scharlachfieber; 1812 Ohrendrüſengeſchwulſt; vom September 1817 bis in den Sommer 1819 das gaſtriſche Nervenfieber; vom Spätherbſte 1825 bis zum Frühjahr 1826 die Pockenrode oder, wie man ſpäter behauptete, die Varioliden, denn damals wurden Einige, die mit Erfolg Jahre lang vorher geimpft waren, und was noch bemerkenswerther iſt, ſolche, welche die untrüglichſten Merkmale der Pockenkrankheit an ſich trugen wieder befallen; 1827 bis in das Jahr 1628 bei einigen Brechruhr, bei andern bloß Diarrhöe. — Seit 1796, wo die Ruhr den dreißigſten Theil der Bevölkerung wegraffte, hat ſich in dem Bezirke Kußnacht keine Epidemie gezeigt, als in den Jahren 1817 und 1818 das Nervenfieber. Keuchhuſten iſt unter den Kindern nicht ſelten, und kömmt faſt in jeder Jahreszeit vor. — Während der Kriegsjahre zeigte ſich in und um Einſiedeln mehrmahls der anſteckende Typhus, doch nie ſehr heftig. Beachtenswerther iſt die Typhusepidemie, die in den Jahren 1817 und 1818 herrſchte und ſich vorzüglich durch petride Erſcheinungen auszeichnete. Dieſe Epidemie ſcheint die Folge der ſchlechten Nahrungsmittel während der Theurungsjahre geweſen zu ſeyn.

Außerdem mehrmahls heftig die Pocken; im Jahre 1825 richteten sie nirgends in der Schweiz so bedeutende Verheerungen an, als in Einsiedeln. — Im Bezirke Gersau: 1800, insbesondre 1801 die Pocken, in welchem Jahre sie 54 Kinder wegrafften; 1801 das Faulfieber; von Ende 1817 bis in den Spätsommer 1818 das Nervenfieber; 1834 Brustentzündungen. — In dem Bezirke March: Im Anfange dieses Jahrhunderts das Faulfieber (insbesondere in Wangen und Hohleneich, in der Gemeinde Tuggen), wahrscheinlich durch gefrorene Kartoffeln erzeugt; zur nämlichen Zeit die Pocken; im Jahr 1810 und im Anfang von 1811 die Ruhr, wo Viele durch die Schuld der Aerzte die starke Purgiermittel gaben, gestorben seyn sollen; 1810 das Faulfieber, vorzüglich unter jungen Leuten.

Nahrung.

Die Nahrung der alten Schwyzer war einfach und bestand größtentheils in Milch, Butter, Käse, Zieger und Gemüse. Deßwegen nannte sie Prior Heinrich schon im dreizehnten Jahrhundert Manichäer, und bemerkte, einige essen kein Fleisch. Gegenwärtig ist die Nahrung von derjenigen der nächsten Nachbarn nicht wesentlich verschieden. Am Morgen wird meistens Kaffee und Brot dabei genossen, doch behielt in manchem Hause bis jetzt noch die Mehlbrühe die Oberhand, oft werden beide aufgetragen. Leute, die arbeiten müssen oder sonst gute Eßlust haben, genießen gewöhnlich zum Kaffee gekochte Kartoffeln. In einigen Gegenden wird durch gebratene das Brot ersetzt. Der Kaffee ist so verbreitet, daß man ihn in den höchsten Alpenhütten findet. Nur zu viele Surrogate hat derselbe: gelbe Rüben, Eicheln, Eichorien und ein ekelhaftes Pulver, das in Päckchen verkauft wird, und meistentheils aus gebrannten süßen Aepfeln entstehen mag. Man glaubt nachtheilige Wirkungen dieses Pulvers, insbesondere auf das weibliche Geschlecht bemerkt zu haben. Ein Zwischenmal des Morgens um 9 Uhr (zu Neunnehmen) nimmt man nur im Sommer. Meistens um 11 Uhr speist man zu Mittag. Bei den wohlhabenden Bauern kommt beinahe wöchentlich einmahl Fleisch, frisches oder gedörrtes auf den Tisch, die ärmere Klasse beschränkt sich hierüber auf die höhern Festtage. Dazu werden je nach der Jahrszeit, Mangold, Obst, frisch oder gedörrt, oder Kartoffeln gegessen, den Aermern werden nur die letztern Lebensmittel zu Theil. Nachmittags wieder Kaffee mit Brot, Abends eine Mehlbrühe oder Suppe, dazu gewöhnlich Nachmolke (Suft, die erste Sylbe gedehnt) und gesottene Kartoffeln. Auf den Alpen wird, oft um 2 oder 3 Uhr Milch durch sauer gewordene Molken oder Milchessig (Trank) in Molken und Zieger verwandelt, auch Suft genossen, außerdem viel magerer oder halbfetter Käse. Hauptspeise bleibt aber immer die Kartoffel. In den Obstgegenden ist Most (Cider) das Hauptgetränke, weit seltener der Wein, häufiger der Branntwein, doch ist die Kunst die Getränke schon in den Fässern mit Wasser zu vermischen auch hier

sehr gewöhnlich. Das Schnäppschen ist vielen eine willkommene
Sache vor dem Schlafengehen, und der Arbeiter sieht sich sehn-
suchtvoll in der Zwischenzeit vom Morgen auf den Mittag nach
Demselben um.

Kleidung.

Die alten Schwyzer waren einfach in ihrer Kleidung und
hielten durch lange Zeiten hindurch am gleichen Schnitte. Gewöhnlich bedienten sie sich wollener und leinener Zeuge. Die
Männer trugen weite lange Hosen, durchschnittene Leibröcke oder
Wamse mit Ermeln, die ebenfalls durchschnitten waren. Die
Leibröcke waren von wollenem Tuche, weit, aber sehr kurz, so
daß sie ihnen bloß über die Hüften hinunter gingen. Die Männer
hatten Knebelbärte. Alle trugen die Haare nahe am Kopfe abgeschnitten. Die Kopfbedeckung bestand in einer Mütze mit einem
ein wenig aufgeschlagenem Schilde oder in einer Art von Hut
aus dichtem Zeuge mit einem schmalen aufgeschnittenen Schilde,
worauf ein Federbusch prangte. Die Weibspersonen trugen kurze
Röcke, die unten ein Fuß hoch mit Schnüren besetzt waren, eine
enge gefaltete Schürze unten mit breiten Streifen. Der Tschop-
pen oder Wams lag fest am Leibe an, war kurz und leicht und
wurde vornher mit Knöpfen zugemacht. Die Ermel waren enge
und geschlossen bis auf die Knöchel, doch an den Ellenbogen und
Schultern zerschnitten und bauschig. Unverheirathete trugen die
Haare nur mit einem Kranze oder Bande umwunden. Die
Frauen bargen sie unter einer leinenen mit Spitzen gezierten
Haube, deren Vordertheil etwas vorstand. Ihre Schuhe hatten
hohe Absätze. Die Strümpfe waren meist von rother Wolle.
Die reichern Männer trugen als Zierrath krause Halskragen und
mit Silber beschlagene Gürtel; die Frauen silberne, zuweilen
auch goldene Ketten und Halszierden.

Diese Kleidungen, insbesondere die männlichen wichen später den auch in den benachbarten Gegenden üblich gewordenen.
Kurze Beinkleider wurden so allgemein, daß der Gebrauch der
langen dem Volk zum Gräuel und durch den Beschluß einer
Landsgemeine *) verbothen wurde, weil dieselben, wie die drei-
farbige Cokarde Verrather zu bezeichnen schienen. Der Stoff
dieser kurzen Hosen war gegerbtes schwarzes Kalbfell, häufig
auch Hirsch- oder Gemsenfell, dazu kam eine zierlich ausgeputzte
Weste von Scharlach, darüber eine blaue, früher braune Jacke
bis auf die Kniee, die über die Brust nicht geschlossen war, sondern einen einige Zolle breiten Streifen des hübschen Scharlach-
lenders (Gilets) sehen ließ. Wie die kurzen Hosen, so sind nun
auch die Scharlachwesten beinahe ganz verschwunden, und kurze
Jäckchen, lange Hosen von Zwillich oder Wolle sind, wie anderswo, an deren Stelle getreten. Auch das Frauengeschlecht hat sich

---

*) Am 18. April 1798 beschloß die Landsgemeine: „Die
französische Kleidung und die Tuppé am Frauenzimmer und
die höchen Hüth sind aberkennt.“

bis in die entferntesten Thäler und Berge metamorphosirt; die Modejournale sind auch im Kanton Schwyz bekannt, und es bedarf höchstens einiger Jahre um vom Flecken Schwyz aus, die neuen Moden in die Dörfer und von da in die einzelnen Häuser und Hänschen zu verpflanzen. Einzig der Kopfputz der Mädchen und Frauen hat sich noch erhalten, zwar nicht in seiner frühern, bescheidenen Niedrigkeit, aber doch nach den Hauptformen. Käpplein heißt es bei den Mädchen und ist schwarz; Haube bei den Frauen und ist weiß, dabei muß man sich aber gar nicht an den gewöhnlichen Begriff dieses Wortes halten, denn das Kapplein ist nicht Kappe (Mütze) und die Haube keine Haube. Beide gleichen sich ziemlich in der Form, zwei Flügel aus mehr oder weniger kostbaren Spitzen laufen vom Hinterkopfe oder Nacken aus in mäßiger Entfernung parallel neben einander mitten über den Kopf bis über die Stirne, wo sie in einem Punkt oder Spitze zusammentreffen. Bei den Mädchen sind zwischen beiden Flügeln die Haare in Zöpfe geflochten und aufgewunden, gewöhnlich mit einer silbernen vergoldeten Haarnadel, von größerm oder kleinerm Werthe, die einer aufblühenden Rose ähnlich ist, und daher Rosenhaarnadel heißt, bei den Frauen hingegen ist das aufgewundene Haar mit einer sogenannten Guffe (die erste Sylbe betont) von seidenem, schön gesticktem Stoffe bedeckt; reichere und glanzliebende Frauen lassen dann noch zwischen beiden Flügeln, an die Guffe festgenäht, einen Streifen Blumen fortlaufen, und tragen oft so die einzigen Blumen des Ehestandes in dürren Rosen oder Vergißmeinnichts auf dem Kopfe. Ueberhaupt hat dieser Kopfputz sehr viel Aehnlichkeit mit einem bunten Schmetterling, der auf einer Rose oder auf einer andern Blume sich niederläßt. Eine Nationaltracht besteht in der March nur noch in halbwollenen Weiberrocken von leinenem Zettel und wollenem Eintrage, dunkelblau, roth und hellblau gestreift. Diese Kleidung wird großentheils allein an Werktagen getragen. Vor wenigen Jahren noch trugen die Frauen, die in Schwyz und andern Gegenden üblichen kammartigen Hauben, die nach und nach in eine abgeschmackte Größe ausarteten und jetzt allmählich sich verlieren. Viele haben weiße Hauben mit Spitzen, andere schwarze Sammethauben, andere einen bloßen Kamm, eine große Menge lediger und verheuratheter Personen noch immer die sogenannten Schwabenhauben, die sich am hintern Theile des Hauptes in einen solchen Kreis emporheben, daß sich die Person nirgends mit dem Kopfe anlehnen, zu keinem Fenster hinausschauen und in der Kirche vor lauter Hauben weder Chor noch Priester sehen kann. Von Nationalkleidung ist in den Höfen nichts mehr vorhanden als eine sogeheißene „Höfnerhaube," die von altern Frauen und Aermern getragen wird.

In ältern Zeiten traten die Rathsglieder in scharlachenen Mänteln, und im achtzehnten Jahrhundert auch in Perrücken auf. Seit neuerer Zeit überläßt man die rothe Farbe dem Landwaibel, den Läufern, den Meßmern (Küstern) u. s. f. Merkwürdig ist die Kleidung der Standesläufer bei großen Feierlichkeiten, z. B. Landsgemeinen u. s. f., die sich seit Jahrhunderten bis auf heute vererbte: Kurze Scharlachhosen; ein Rock von gleicher Farbe, der über der Brust nicht schließt, um den ebenfalls scharlachenen Lender (Weste) nicht zu verbergen; der Rock geht

bis zur Biegung des Knies, ist dicht gefaltet wie eine Hals-
krause; von vier Ermeln hängen zwei müßig herunter. Man
sieht Schnitt und Form der ganzen Kleidung als eine Nachahmung derjenigen der römischen Lictoren an. Die Beamten,
in Rath und Gericht zeichnen sich jetzt durch ihre Kleidung wenig vor den übrigen Bürgern aus. Sie ist meistens schwarz mit
einem Mantel von derselben Farbe. — Die Klosterfrauen im
Muotathale tragen schwarze Kleidung, und weiße, nur ein
wenig zu steif ins Breite gespannte Schleier, die einem hübschen Gesicht gut anstehen.

Politische und bürgerliche Verschiedenheit.

Während der Dauer der alten Eidgenossenschaft fand ein
großer Unterschied in diesen Verhältnissen der Einwohner Statt,
ungeachtet der herrschende Theil als einer der freisten und auf
seine Freiheit eifersüchtigsten Volksstamme bekannt war.

Angehörige nannte man die unmittelbaren Untergebenen (im Gegensatze der gemeindgenössischen Herrschaften); die
obere und untere March, die Waldstatt Einsiedeln, Küßnacht,
den Hof Pfäffikon und den Hof Wollerau. Sie besaßen ihre
eigenen Rechte und Gerichte, doch ohne die gleichen Verfassungen und Rechte zu haben. Jährlich mußten sie Boten an die
Landsgemeine zu Schwyz senden, um für die Bestätigung ihrer
Freiheiten anzusuchen. Die Appellation aus der March, Küßnacht und den Höfen ging an den gesessenen Landrath in
Schwyz, und ein jedesmaliger Landesseckelmeister hatte in diesen
vier Landschaften das Strafrichteramt, welches oft sehr strenge
ausgeübt wurde. Zwei jährlich ebenfalls abgeordnete, sogeheißene Gesandte sollten nach ihrer ursprünglichen Bestimmung
das Verfahren des Landesseckelmeisters prüfen und das Volk
vor Willkür schützen, allein ein geistreicher kundiger Mann
drückte sich hierüber aus, „weil keine Wolle mehr vorhanden
war, nahmen sie oft noch das geschorene Fell." Nach Einsiedeln begaben sich der regierende Landammann, der Landesseckelmeister und ein Rathsglied, um als Kastenvögte die Rechnung des Stiftes einzusehen und zu genehmigen, was aber
später zur bloßen Förmlichkeit wurde.

Beisassen nannte man diejenigen Einwohner des innern
Landes, die theils schon seit vielen Jahrhunderten, theils auch
in spätern Zeiten größtentheils aus andern schweizerischen Gegenden her sich niedergelassen hatten, meistens unter Umständen
und Verhältnissen, die sie ein billiges und unbekümmertes
Daseyn erwarten ließen, z. B. nach großen Pesten, als entferntere Güter unbenutzt liegen blieben, 1482, 1507, 1611,
1636, nicht weniger zur Reformationszeit, als Einheimische
das Land verließen, und dagegen Freunde des alten Glaubens
in dasselbe einwanderten, ebenso wenn bei Mangel tüchtiger
Handwerker, Fremde willkommen waren. Dieses geschah vornamlich in der Zeit des wildesten Reislaufens, wo der Ackerbau beinahe ganz aufgegeben und auch andere Berufsarten

vernachläſſigt wurden. Das Gut Obdorf ſoll, laut Gült (Schuld-
verſchreibung) ſchon im 14. Jahrhundert ein Tſchümperlin beſeſ-
ſen haben; 1532 beſaß, laut Gült, Melchior Deck Berge und
Weiden auf Morſchach, 1559 und 1591, laut Gült, Hans Hür-
limann die Schwendimatt am Engelſtocke. So oft ſich die Bevölkerung oder die Thatigkeit vermehrte, begannen auch die
Plackereien gegen die Beiſaßen. Am richtigſten wird dies
durch verſchiedene Verordnungen und Geſetze bezeichnet, die
von Zeit zu Zeit meiſtens durch beſondere Fälle veranlaßt, er-
laſſen wurden. 1504 beſchloß die Landsgemeine, „es ſey den
Beiſaßen verbothen, Gülten oder Capitalien zu kaufen oder
aufzuſetzen (anzuleihen), Güter oder Häuſer zu kaufen, ohne
den Kaufpreis in Jahresfriſt zu erlegen, widrigenfalls das Bezahlte dem Fiscus zufalle und der Kauf aufgehoben werden ſoll.
Auch im Dorfe Schwyz ſollen ſie keine Häuſer kaufen dürfen,
bei 20 Pf. d Buße (5 Gulden)." Eine Verordnung von 1689
ſagt : „Sie ſollen keinem Laudmann Geld auf ſeine Güter
anleihen dürfen," eine ſolche vom 27. April 1772: „Sie mögen auf gutgeſchätzte Gülten oder Haudſchriften Geld le hen,
jedoch werden die Gülten in den Handen der Beiſaßen nur zu
Haudſchriften." Bisweilen wurden ihnen Zugeſtandniſſe gemacht; allein die Laune einer ſpatern Landsgemeine verküm-
merte auch dieſe wieder. So wurde 1523 beſchloſſen, „weil
die Beiſaßen in allen Dingen Lieb und Leid mit dem Lande
tragen muſſen, ſey einem Jeden erlaubt, 4 Rinderhaupt auf
die Allmeinde zu treiben, ein Roß (Pferd) für zwei Rinderhaupt, 4 Geißen (Ziegen) oder 4 Schafe für ein Rinderhaupt
gerechnet, doch unter einigen kleinen Beſchränkungen. Holz
zum Verkaufe ſollen ſie auf der Allmeind nicht hauen, das Nöthige für ihren Hausgebrauch zum Brennen und Decken (des
Daches) und was zu ihren Zimmern erforderlich iſt (Zimmer-
holz) mögen ſie hauen." 1649 wurde dieſe Holzberechtigung
bedeutend eingeſchränkt. Ein Auszug aus der Beiſaßenord-
nung mag das ganze Verhältniß noch beſſer bezeichnen: „Ein
Beyſäß, der 16 Jahr alt, der ſolle alle 2 Jahr zum Landammann ſchwören. — Wann ein Beiſäß will Hochzeit halten, der
ſolle ſich mit Unter- (Degen oder Sabel) und Uebergewehr
(Spieß oder Flinte) und 10 Pfund Blei vor Obrigkeit ſtellen
und um die Erlaubniß anhalten, und ſo oft ein Beyſaß heura-
thet, zeigen, daß er dem Säckelmeiſter 25 Gulden und 10 Gulden in Kaſten entrichtet habe, und 10 Gulden dem Zeughaus.
In der zweiten Heurath zahlt er allein in Kaſten 10 Gulden,
bei Verluſt des Vaterlands. — Ein Beyſaß ſolle ſich hinter
den Eggen beholzen. Der Holzgrempel (Verkauf) iſt ihnen
bei 25 Gulden Buß verbotten; die Eigenwälder nit darinn
begriffen. Brügi (Balken auf den Heuboden) und Schalen
mag ihnen der Landammann erlauben. Das Kohlen (Kohlen-
brennen) iſt ihnen gänzlichen abgeſchlagen. Ein Beyſaß ſolle
nur ein Gewerb oder Handwerk treiben. — Der Furkauf und
das Schurten (Aſſigniren) auf die Landleuth iſt ihnen bei 25
Gulden verbotten und Verluſt ihres Beyſaßen-Rechts. — Ein
Beyſäß kann nicht mehr Güter kaufen oder zu Lehen nehmen
als um 4000 Pfund (1000 Gulden). — Ererbte Beiſäßengüter,
wann ſelbe ſchon ſich über 1000 Pfund belaufen, mögen ſie

solche behalten oder einander überlaffen: fie follen aber den Ehrschatz (Laudemium) bezahlen. — Wann ein Beyfäß dem Landmann auf Güter Geld lehnt, fo ift es dem Land verfallen. — Wegen gefährlichen Ankaufen fchlechter Capitalien, damit der Landlüten Güter nit in Beyfäßen Hand fallen, ift erkennt: Daß bey Auffall der Güter, der Beyfäß nit zu dem Gut ftehen möge, fondern das Capital dem Land verfallen feye. — Ein Beyfaß ift dem Landfeckel fchuldig zu geben ein Schilling von jedem Gulden, von allen Häufern und liegenden Gütern, fo er erkauft, ertaufcht oder fonft an fich gebracht, fo oft es gefchieht, zwifchen Eltern und Kindern, Gefchwifterten, Erben, und folle ein folcher folche Güter, bevor er folche zu Handen ziehet, folches bey 25 Gulden Buß dem Seckelmeifter anzeigen. Was aber bey und unter 4000 Pfund ererbt ift, ift er nicht fchuldig zu bererhfchatzen, wohl aber, was darüber ift. Alles, was ein Beyfäß erkauft oder an fich gebracht hat, nichts ausgenommen (ererbte Güter allein vorbehalten) ift zügig (d. h. dem Landmann fteht das Recht zu, daffelbe um den nämlichen Preis an fich zu ziehen). — Was ein Beyfäß an einem Gut verbeffert hat, folle von dem Zieher vergütet werden. — Die Gülten und Handfchriften, fo denen Beyfäßen von den Landleuten von Anno 1676 an aufgefetzt worden, follen allzeit hinten nach gehen: wann aber folche wieder erbsweis an die Landleut fallen, mag der Landmann folche einziehen (Zahlung fordern), weilen folche in Gefahr verlohren zu gehen. — Das Fifchen (ausgenommen mit dem Angel), Jagen, Vögelfchießen (Raubthier ausgenommen), Fallen richten, ift ihnen bei 10 Gulden Buß verbotten. — Die Beyfäßen follen fich keiner geiftlicher noch weltlicher Aemter annehmen. — Auch über geiftliche und weltliche Urtheile nit disputiren bei Verlierung ihres Landrechts. — Welcher Beifäß im Dorf Schwyz eine Behaufung zu Lehn nimmt, mag ihme der Landmann folche ziehen. — Kein Beyfäß folle einem Landmann fein Vieh den Winter hindurch zu Lehn geben bei 50 Gulden Buß. — Beifäßen follen unter währender Landsgemeind wegen Feuersgefahr zu Haus bleiben. — Zur Ehre des immer rege gewordenen Billigkeitsgefühls muß indeß gefagt werden, daß diefe Verordnungen meiftens von den Behörden nicht fo ftrenge beobachtet wurden, was aber den Beifäßen nicht ficherte, und vielmehr als ein fcharfes Schwert immer gleichfam an einem Pferdehaar über feinem Haupte fchwebte.

1798 leuchtete ihnen, wie allen Angehörigen und Unterthanen, ein beffer Stern. Bei verfchiedenen Veranlaffungen, wie oben in der Gefchichte des Landes gezeigt worden, wurde von der Landsgemeine die frühere Ungleichheit der Rechte aufgehoben und namentlich am 16. April die Errichtung einer Freifahne *) befchloffen, mit der Bedingung: daß allen, die mit

*) Sie trug folgende Auffchrift:
Das ift der wahre, rechtmäßige Freyheits-Fahne
für Religion, Gerechtigkeit, Freyheit und Vaterland,
wer zu diefem fteht,
Soll wie wir gefreyt feyn

derſelben zu Felde ziehen, die volle Freiheit ertheilt ſey. Am
18. wurde noch folgender Beſchluß gefaßt: „Auf die Bitt-
ſchrift der Herren Bey- und Einſaſſen iſt erkennt, daß die Bey-
ſaßen welche unter dem Freyfahnen wirklich gezogen oder ziehen werden, und unter ſelben ſchwören, ſollen wirklich ſie und
ihre Kinder als gefreyte Landleute erklärt und anerkannt
ſeyn, die ſo nicht ziehen, ſollen um einen billichen Auskauf an
die Commiſſion verwieſen ſeyn, und das Abtractirte an die
Mayenlandsgemeine zur Ratifikation vorgetragen werden;
was aber arme, preſthafte, kranke und unmündige Bey-
ſaßen betrifft, ſoll zu ſeiner Zeit ein billiger Bedacht genommen werden." Bei dem Wiederaufleben der Kantonalverfaſ-
ſung wurden dieſe Zugeſtändniſſe durch das Volk von Schwytz
redlich anerkannt. Die Landsgemeine vom 1. Auguſt 1802 ge-
nehmigte ein ihr vorgelegtes Gutachten: „Die ehemaligen Bey-
und Einſaſſen ſollen Sitz und Stimme haben gleich übrigen
Landleuten und zu allen Aemtern wählen und gewählt werden
mögen." Bei der Einführung der Mediationsverfaſſung wurden dem Neuviertel 158 Beiſaſſen oder, wie man ſie nun nannte,
neue Landleute, vom zwanzigſten Altersjahr an gerechnet, und
262 dem Altviertel durch Landsgemeinebeſchluß vom 20. März
1803 zugetheilt; allein dieſe Abtheilung wurde von der Landsgemeine am 26. April 1807 verändert und eine neue alphabe-
tiſche Eintheilung gemacht,

G H J,	11 Geſchlechter [1]),	100 Perſonen	fielen dem Arter-viertel zu.
S,	9 „ [2]),	100 „	fielen dem Stei-nerviertel zu.
A B C D E, 16	„ [3]),	123 „	fielen dem Neu-viertel zu.
K L M N P, 19	„ [4]),	138 „	fielen dem Alt-viertel zu.
F T, 6	„ [5]),	97 „	fielen dem Nie-waſſerviert. zu.
R U W Z 12 u. d. Geſchlech-ter Schatt u. Stalder.	„ [6]),	90 „	fielen dem Muc-tathalerviert.zu.

_____   _____

73 Geſchlechter   648 Perſonen

_____

Somit
Wer ſich an Uns ſchließt
für Gott, Religion, Gerechtigkeit und Vaterland,
Mit Uns ſtreitet,
Der iſt wie Wir gefreyt
Laut
Unſerm Einhelligem Lands-Gemeind-Schluß.

[1]) Gemſch, Grab, Grunder, Has, Häm, Hattwiler, Hediger,
    Hicklin, Hublin, Hürlimann, Jägglin.
[2]) Sänn, Schmid, Schultheiß, Schürpf, Sibler, Späni,
    Späck, Stößel, Strickler. — Die Geſchlechter Schatt und
    Stalder ausgenommen.

5 *

Gleichwie nach dem Falle der Mediationsverfassung durch einen großen Theil der Schweiz bei den früher Bevorrechteten eine rücksichtlose Begierde nach Wiederherstellung ihrer Befugnisse aufwachte und die heiligsten Versicherungen, die in der Zeit der Bedrängniß den Untergebenen ertheilt worden waren, durch Machtsprüche in Vergessenheit gesetzt wurden, lebte auch unter den Machthabern zu Schwyz (siehe oben die Geschichte) vorzugsweise dieser Geist wieder auf, und durch ihren Einfluß geleitet, beschloß die Bezirkslandsgemeine am 14. Juni 1814: „Die ehemaligen Ein- und Beysaßen sollen heute weder mindern noch mehren bei 2 Neuthalern Buß." An der Bezirkslandsgemeine vom 27. April 1828 wurde auf einen Antrag, der gemacht wurde, gerade als die Wahlen beginnen sollten, wieder beschlossen: „Die neuen Landleute sollen auch an diesen Wahlen keinen Antheil nehmen, sondern austreten." Sprach gleich dieser Beschluß auch jetzt nur von einem Tage, so übersahen die neuen Landleute nicht, daß das Bestreben, sie wieder einzuschränken, sich immer weiter ausdehnen werde. Sie erließen ein Memorial an die alten Landleute, allein die Landsgemeine vom 26. April 1829 beschloß, die neuen Landleute sollen von dem Genusse des Landrechts und von Holz und Feld gänzlich ausgeschlossen seyn. Eine Untersuchung gegen die Verfasser jenes Memorials wurde eingeleitet und 8 Batzen für die Einbringung jedes Exemplars desselben versprochen. Ein gegenseitiger Schriftenwechsel erfolgte, und dieser nicht nur in's Politische, sondern tief in's Privatrechtliche eingreifende Rückschritt wurde allgemein, selbst von Regierungen aristokratischer Kantone, mißbilligt. Die neueste Staatsverfassung hat diese Schranken theilweise wieder gehoben und der Beschwerden der neuen Landleute ist Rechnung getragen worden.

Die großen Schwierigkeiten, welche früher der freien Niederlassung im Kanton Schwyz entgegengesetzt wurden, sind durch die neue Verfassung gemildert.

Zahl der geistlichen Personen.

Der ganze Kanton bekennt sich zu der christ-katholischen Religion. Im Jahre 1743 zählte die schwyzerische Geistlichkeit 270 Mitglieder, 191 männlichen und 79 weiblichen Geschlechtes. Im Anfange des Jahres 1835 belief sich ihre Zahl auf 322 Mitglieder, 118 Welt- und 204 Ordensgeistliche, so daß auf 120 Einwohner ein Geistlicher kömmt.

---

3) Achermann, Appert, Baumann, Bluom, Bolfing, Bregenzer, Brui, Bründler, Brunnenhofer, Bücheler, Christen, Deck, Dillmann, Dolder, Duffer, Elsässer.

4) Kälin, Kappeler, Knell, Knuser, Koch, Kohler, Krämer, Langenegger, Locher, Ludwig, Matzenauer, Meister, Meyer, Moser, Müller, Nauer, Nölli, Petermann, Pfister.

5) Fisch, Fuster, Tauner, Trachsler, Triner, Tschümperli.

6) Real, Riedter, Ruhyer, Ruosterholz, Rüedi, Rüögg, Schatt, Stalder, Utenberger, Waldvogel, Weingartner, Zünd.

Von den 118 Weltgeistlichen waren 12 außer dem Kanton angestellt, und von den 204 Ordensgeistlichen gehörten dem Kloster Einsiedeln an: 54 Capitularen

$$8 \text{ Fratres conversi und}$$
$$15 \text{ Brüder}$$

$$\overline{77}$$

dem Capuzinerkloster in Schwyz

	10 Patres	und	2 Brüder
demjenigen in Art	6	„	„ 2 „
dem Hospit. auf der Rigi	2	„	„ 1 „
	$\overline{18}$		$\overline{5}$

dem Dominicanerinnenkloster zu St. Peter auf dem Bach in Schwyz . . . . . . 17 Frauen und

8 Schwestern

$$\overline{25}$$

dem Franciscanerinnen-Kloster im Mno-tathale . . . . 21 Frauen

dem Benedictinerinnen-Kloster in der Au zu Einsiedeln . . . . 20 Frauen.

Auswärts waren folgende Ordensgeistliche:

2 in der Abtei Engelberg,   1 Klosterfrau in Weil und
5 „ „ „ Rheinau,   1 „ auf d. Berg
3 „ „ „ Fischingen   Sion.
2 „ „ „ Muri
1 „ „ „ Disentis
3 „ „ „ Pfävers
1 „ „ „ Kreuzlingen
1 „ „ „ St. Urban
1 „ „ „ Wettingen
4 im Capuzinerkloster in Luzern
3 „ „ „ Baden
2 „ „ „ Solothurn
2 „ „ „ Stans
2 „ „ „ Bremgarten
1 „ „ „ Freiburg
1 „ „ „ Rappersweil.
1 „ „ „ Untervaz und
1 Bruder im Capuzinerkloster zu Altorf.

So weit die Zählungen reichen, gingen aus dem Bezirke Schwyz bis Ende Septembers 1831 hervor:

Weltgeistliche.	Ordensgeistliche.
2 Generalvikarien	14 Aebte
1 Generalvisitator	5 Pralaten
1 Erzpriester	110 Benedictiner
4 Pröbste	9 Cistercienser
12 bischöfliche Commissarien	9 Jesuiten
11 Decane	1 Dominicaner
$\overline{31}$	$\overline{148}$

Weltgeiſtliche.	Ordensgeiſtliche.
31 Uebertrag	448 Uebertrag
11 Cämmerer u. Serſarien	6 Franciscaner
28 Chorherren	289 Capuziner
160 Pfarrer	Ordensfrauen.
155 ſonſt Verpfründete	37 Aebtiſſinen und Prioriunnen
	225 Frauen u. Schweſtern in 25 Klöſtern
385	705

Wohnungen.

Wie vor 500 Jahren Geßlers Zorn über Stauffachers ſchönes Haus erregt werden konnte, ſo würde umgekehrt nur noch vor wenigen Jahrzehnden Eiferſucht unter den Dorfgenoſſen entſtanden ſeyn, wenn jemand eine ſchöne und geſchmackvolle Wohnung erbaut hätte. Man hätte ſie für zu ausgezeichnet gehalten. In Schwoz befinden ſich dergleichen ſchon ſeit längerer Zeit, weil ſie ſich bald unter ähnlichen verlieren. Aus Steinen — Quadern — aufgeführte Häuſer giebt es keine; nur wenige in Schwoz ſind ganz Mauer. Gewöhnlich iſt es der erſte Stock; das Obere iſt Riegelwerk (Fachwerk), wo die ſtarken, ſich durchkreuzenden Balken in ihren Oeffnungen ausgemauert ſind. Schieferdächer giebt es nur einige (im ganzen Bezirke Schwoz iſt ein einziger Stall mit Schiefern bedeckt), Ziegeldächer überall, Schindeldächer verſchwinden immermehr und bald dürften ſie in den Dörfern der Thaler unter die Seltenheiten gehören. Land- oder Bauernhäuſer *) aus neuerer Zeit unterſcheiden ſich von jenen in den Dörfern in der Form nur wenig; auch die innere Einrichtung und Abtheilung weicht nicht bedeutend ab, außer daß man hier das einfache Holzgetäfel zu Geſichte bekömmt. Von außenher iſt nichts übertüncht. Der Bau ruht auf einer Mauer, die ſich etwa 6 Fuß über die Oberfläche der Erde erhebt; ſchön gezimmert thürmen ſich die tannenen Balken immer mehr empor, ſo daß Häuſer von vier Stockwerken und noch höhere nicht mehr unter die Seltenheiten gehören. Zuweilen läßt ein begüterter Landmann ſeine Wohnung außenher, vornämlich auf der Weſt- und Nordſeite noch mit ganz kleinen Schindelchen von Eichenholz überziehen, um die Balken vor Regengüſſen und Schneegeſtöber beſſer zu bewahren. Die Bauernhäuſer der frühern Zeit ſind breit und platt. Das Dach bilden große tannene Schindeln, feſtgehalten von quer darüber gelegten Balken (Rafen) und dieſe hinwieder von gewichtigen Steinen, welche ſich der Reihe nach in mäßiger Entfernung vier bis ſechs Fuß folgen. Beinahe alle dieſe Wohnungen ruhen auch auf einer niedern Mauer,

---

*) Bauernhäuſer nennt man vorzugsweiſe diejenigen, welche außer den Dörfern in den Gütern ſtehen.

welche die Keller oder Kartoffelbehälter umfaßt. Eine hölzerne, meistens kunstlose Treppe führt außer dem Hause zur Hauptthüre und diese ist zugleich der Eingang in die Küche. Damit jedoch die Treppe auch Schutz gegen unfreundliche Witterung habe, stehen die Balken des obern Stockwerkes vor. Die sogeheißene Laube oder Schopf, die gleichzeitig als Behälter dient, wird ihr zum Dache. Aus der Küche tritt man in die Wohnstube, die sich selten durch Heiterkeit auszeichnet. Die meistens kleinen Fensteröffnungen und runden Glasscheiben lassen das Licht nur sparsam ein; die dunkeln, von Rauch geschwärzten Wände machen noch dunkler. Kein Weinlaub umrankt die Fenster; kein Gestelle in der Stube prangt mit blankem Zinngeschirre. Daß der Ofen in einem Gebirgslande, wo der Winter lange dauert und auch während der übrigen Monate es oft kalt wird, eine Hauptrolle spiele und einen ansehnlichen Raum einnehme, kann man sich leicht denken. Unter ihm girrt in vielen Stuben ein Völkchen von Tauben. Ein Tisch von Tannenholz, in dessen Nähe an die Wände fest genagelte Bänke, wozu in zahlreichen Haushaltungen noch einige Stühle kommen, ein Buffet (eine Verbindung von kleinen Schränken) an einer der Wände angebracht, nebst Gießfaß und Handbecken, ersteres von Zinn, letzteres von Kupfer, oft auch beide Geräthschaften von gebrannter und glasirter Thonerde, fehlen nirgends. Ein Becken mit Susi steht zur Erfrischung bereit. In der Nähe des Ofens fällt der Blick auf den unentbehrlichsten und merkwürdigsten Inhalt des Stübchens. Es ist das Canapé, hier schlechtweg Kutsche genannt, ein sinnvoller Name. Da ruht der Hausherr von des Tages Arbeit aus, schmaucht sein Pfeifchen Kollenknaster, das Pfund zu zwei Batzen, und verbläst in Rauchwolken seine Müdigkeit, hält wohl auch hier sein Mittagsschläfchen. Dieses Canape ist zugleich der Tummelplatz der Kinder; hier kutschiren sie sich auf und ab und krabbeln um die Füße des Vaters. Kurz diese Kutsche ist der allgemeine Sorgenstuhl der Familie, ist der Thron des Souverains, von dem herab er seine Gesetze und Verordnungen erläßt, wo er Pläne schafft und Politik treibt. Sie ist die Kanzel der Mutter, von wo sie ihre moralischen Vorlesungen hält und mitunter die über der Kutsche winkende Ruthe zur Hand nimmt, um ihren Worten mehr Nachdruck zu geben. Denkt man sich zu diesem allen noch einen frommen, an die Wand angeklebten Haussegen, ein Altärchen mit Heiligenbildern oder ein einfaches, aus Holz geschnitztes Kreuz in einem Winkel dazu, so hat man eine Bauernstube mit allen ihren Herrlichkeiten beisammen. Daran stößt ein Nebenstübchen, welches bei Tage wenig besucht ist; darüber sind gewöhnlich zwei Kämmerchen, über der Küche auch noch eines oder zwei andere, alles Schlafgemächer für die Kinder und das Gesinde.

Der Kanton Schwyz zählt 6 Flecken, 24 Pfarrdörfer, 58 Dörfchen und Weiler, 6 Klöster, 30 Kirchen und 87 Kapellen, die vielen ganz kleinen Kapellen (Kapeli genannt) nicht inbegriffen. Die Gesammtzahl der Häuser beträgt 4973, davon hat

| Alpthal | 42 | Art | 298 | Feusisberg | 117 |
| Altendorf | 177 | Einsiedeln | 657 | Freienbach | 170 |

Galgenen	160	Lowerz	64	Schübelbach	246
Gersau	174	Morschach	68	Schwyz	650
Hinterwäggithal	40	Mnotathal	193	Steinen	170
Iberg	175	Nuolen	13	Steinenberg	50
Illgau	25	Reichenburg	113	Tuggen	108
Ingenbohl	486	Riemenstalden	25	Vorderwäggithal	87
Küßnacht	311	Rothenthurm	109	Wangen	125
Lachen	191	Sattel	119	Wollerau	110

Ergebnisse des Nahrungsstandes.

Vermögenszustand.

Das Vermögen besteht im Kanton Schwyz vorzüglich in den Grundstücken, den vielen fruchtbaren Gütern in der Nähe der Dörfer, den weitläuftigen zahlreichen Alpen, den Waldungen u. s. f. Einen wichtigen Theil desselben macht der Viehstand aus, hauptsächlich an Hornvieh; doch kommen die Pferde, die Schweine und auch das kleinere Vieh in Betrachtung. Kaufmännische Capitalien sind nur in Gersau von Bedeutung. Eine Schätzung des ganzen Vermögens würde sehr gewagt seyn, weil jede sichere Grundlage fehlt. Ungeachtet auch das Capital- oder grundversicherte Vermögen auf Millionen steigt, so kann es doch hier nicht absonderlich berechnet werden, weil die Schuldner bis auf wenige sich im Lande selbst befinden und ohne Zweifel mehr Zinsen außer den Kanton gehen als hingegen von außenher in denselben verzinset werden. Wie beinahe aller Orten war die Verschuldung in frühern Jahrhunderten verhältnißmäßig und Rücksicht genommen auf den Münzfuß weit geringer als heut zu Tage; doch waren auch die Güter weniger angebaut und die vielen großen Besitzungen erschwerten die leichte Benutzung.

Bezirk Schwyz. „Landammann Bäß (er bekleidete diese Stelle um 1540) soll," wie Faßbind erzählt, „vom Tobelbache bis an den Gibelwald so viel Land besessen haben, daß man seither den Umfang desselben zwölf großen Bauernhofen gleich schätzte. Die Lilli waren Inhaber weit ausgedehnter Güter vom Dorfe Schwyz bis an den Uetenbach; die Tschitschi von dem obern Felde bis über den Hacken hin. Die Reding besaßen den ganzen Lotterbach, die Laschmatt, den Acker, die vordere und hintere Schmittenmatt, die obere und untere Lücke und andere Höfe." Gegen das Ende des verflossenen Jahrhunderts war der Wohlstand bedeutend. Die angesehenen Familien zogen aus dem französischen und spanischen Kriegsdienste, den Jahrgeldern, Landvogteien, Syndicaten u. s. f. große Summen. Von 1792 bis 1798 waren das Vieh und die Käse in hohen Preisen, so daß auch der Landmann gleichwie im übrigen Kanton, sich gut stand. Von jener frühern Wohlhabenheit zeugen die ansehnlichen Wohnhäuser, schönen Kirchen, vielen Kapellen, reichen Stiftungen u. a. m. Die Staatsumwälzung und der Krieg brachten eine große Veränderung hervor. Das plötzliche Aufhören der Zuflüsse, die großen

Laften, die zur nämlichen Zeit auf alle fielen, erschütterten den Reichthum. Viele vormals Bemittelte wurden arm, viele Dürftige Bettler. Uebermaßige Einquartirungen, Lieferungen, der Kriegsschauplatz selbst wirkten so schnell und zerstörend, daß schon im Spätjahre 1799 im Muotathale 700 Personen, in Schwytz 147 Haushaltungen, in Ingenbohl 85 an den Bettelstab geriethen. (Einsiedeln zählte 320 solcher Familien). Manche hülflose Kinder wurden von Mildthätigen, vornamlich im Kanton Luzern aufgenommen. — Auch hier hatte während der vorhergegangenen Friedensjahre das viele baare Geld die Preise der Grundstücke gehoben und, die Käufer hatten, dadurch gereizt, die Last der Schulden vermehrt, und als durch das Fallen der Preise der Landeserzeugnisse der Güterwerth sank, traten große Verluste ein, die man in neuern Jahren amtlich auf 606,680 fl. berechnet hat; 100,000 fl. nicht eingeschlossen, auf welche Summe der durch den Bergsturz bei Goldau verursachte Capitalverlust geschätzt wurde. Es läßt sich behaupten, daß das Ausbleiben jener fremden Zuflüsse, die ebenso leicht wieder zerrannen und Anstrengungen unnöthig machten, jetzt durch Erhöhung der Thätigkeit und einer richtigen Oekonomie vergütet werde. Schon bemerkt man, daß die natürlichen Geschenke, welche Gott dem schönen Lande gewährt hat, sorgsamer benutzt werden. Allerdings giebt es Arme; aber der Boden und seine Erzeugnisse vermögen sie zu ernähren. Viele sind schwer verschuldet; doch sind die Gläubiger beinahe alle im Lande selbst. Neben ihnen sind viele Wohlhabende, sehr Begüterte und wirklich Reiche, deren Vermögen auf Hunderttausende berechnet wird. — Im Ganzen genommen hält man gegenwärtig Art für die wohlhabendste Gemeinde des Kantons. Nicht nur tragen Fleiß, Thätigkeit und die Fruchtbarkeit der Privatgüter viel dazu bei, sondern die weitläuftigen Alpen machen es dem Viehbesitzer möglich, eine bedeutende Zahl von Vieh auf dieselben zu schicken. Ein altes Herkommen, nach welchem die Grundstücke bei Erbfällen nur so geschätzt werden, wie sie schon der Vater und der Großvater übernommen haben, ist für die Söhne ebenso vortheilhaft, als es die Töchter benachtheiligt; aber die Grundstücke werden dadurch desto weniger mit Schulden belastet. Auf ansehnlichen Bauernhöfen haften nur wenige Batzen, die jährlich von alten Stiftungen her an den geistlichen Fond oder die Pfarrei bezahlt wurden u. f. f. — Man schätzt dem Kloster zu St. Peter auf dem Bache ein Vermögen von ungefähr 110,000 fl., wovon die Grundstücke ungefähr 40,000 fl. betragen. — Das Frauenkloster im Muotathale soll sowohl an Capitalien als an liegenden Gründen höchstens 150,000 fl. besitzen. — Die Capuzinerklöster haben kein anderes Vermögen als ungefähr 4000 fl. an Capitalwerth, das ihnen auf einigen Höfen als Vergabung angewiesen wurde.

Bezirk Gersau. In Gersau war gegen das Ende des verflossenen Jahrhunderts durch Handlung und Fabrikation wirklicher Reichthum vorhanden. Ein oder zwei Handelshäuser gehörten zu den größern der Schweiz. Aus verschiedenen Gründen, auch durch Todesfälle und Vererbung, hat sich der Vermögenszustand in neuern Zeiten vermindert; doch schätzen Kantonsgenossen das Gesammtvermögen gegenwärtig auf 1½ Millionen

5 **

Gulden. Neben den Kaufleuten befinden sich Bauern, die 20,000 bis 30,000 fl. besitzen sollen. Die Gemeinde als solche ist ohne Schulden; auch wird jetzt nur wenig nach Außen gezinset.

Bezirk Küßnacht. Er ist im Ganzen genommen wohlhabend. Reiche sind nur wenige; doch sollen Vermögen vorhanden seyn, die bis auf 100,000 Franken steigen und größtentheils in Grundstücken bestehen. Arme sind auch zahlreich. Der kostbare Straßenbau hat dem Bezirke Schulden gebracht, die aber durch die vermehrte Verbindung vollkommen vergütet werden.

Bezirk March. In der March ist neben einzelnem Reichthum und zahlreicher Wohlhabenheit sehr viel Armuth und große Verschuldung. Die Volkssage giebt einem angesehenen Manne mehr als eine Tonne Goldes. In Lachen und andern Gemeinden sollen außerdem Capitalisten vorhanden seyn, die 10,000, 20,000, 30,000 Kronen besitzen; zahlreich sind beinahe in allen Gemeinden Leute, die aus Capitalien, Grundeigenthum und Genossenrechten jährlich 1200 bis 6000 Franken ziehen. Eine noch zahlreichere, sogeheißene Mittelclasse, wozu Leute gezählt werden, die 2000 bis 4000 Kronen besitzen, lebt meistens in behaglicher Unabhängigkeit. Nicht weniger groß ist die Zahl derjenigen, die man Hausarme nennt, weil viele Geschlechter ohne Grundeigenthum und Genossenrechte, auch nicht im Falle sind, in Fabriken etwas zu verdienen. Bedeutend ist die Zahl der sehr verschuldeten Güterbesitzer, die nur eine Kuh oder ein Paar Ziegen halten und ihre Zinsen aus dem Verkaufe des Heues oder durch Ueberlassung desselben an die Gläubiger abtragen, wodurch die Güter aus Mangel des Düngers immer schlechter werden. Viele der Gläubiger befinden sich außerhalb des Bezirkes, vornämlich im Bezirke Schwyz. Man will wissen, ein reicher Mann daselbst beziehe jährlich an Zinsen bei 3000 fl. aus der March. Die Schuldenmasse ist, wie in vielen andern Gegenden, um so viel weniger zu berechnen, als ein sehr ansehnlicher Theil nicht verkanzelleiet (in die Hypothekenbücher eingetragen) ist. Gegenwärtig wird versichert, die Schuldenlast habe seit ungefähr zehn Jahren sich vermindert, weil Thätigkeit und Häuslichkeit sich vermehrt hätten. Landeskundige behaupten, wenn diese Tugenden allgemeiner würden, müßte in der March Niemand darben und der Fleiß in diesem Ländchen nothwendig zu Wohlhabenheit führen. — Würde nicht die Erfahrung lehren, daß bei reichen Gemeinheiten sehr oft weniger Thätigkeit und bei den einzelnen Bürgern weniger Wohlhabenheit vorhanden sey, so könnte die folgende Schilderung der sogeheißenen Genossamen in der March die Vermuthung erregen, es herrsche da allgemeiner Wohlstand: Galgenen. Diese Genossame besitzt: 1. An vortrefflichem Pflanzlande ungefähr 34½ Jucharten, die Juchart zu 1000 Klaftern berechnet; 2. an Waldungen soviel, daß das stehende Holz allein einen Werth von mehr als 40,000 fl. erreicht; 3. an Riedboden (Streueland) einen Umfang, der jährlich den Nutzen von ungefähr 1000 fl. abwirft. Hundert und fünfzig Genossen sind Theilhaber dieser einträglichen Grundstücke, so daß jeder Genosse an Pflanzland ungefähr 200 Klafter, an Streue zwei Fuder und an Holz zwei bis drei Klafter in Stöcke gespalten erhalt. Einige überzählige Pflanzlandtheile werden versteigert. Zwei Geschlechter, Hegner und Düggelin, haben überdieß noch eine besondere Genossame, die Alp Brunnen, die 30 bis 34 Stöße oder viermal soviel Klöben *) sömmert. — Tuggen. Wichtig und in ihrem Werthe nicht leicht zu berechnen ist die Genossame von Tuggen. Sie besitzt folgende Grundstücke. 1. An Riedland (durch die Natur gewässert) 726,941 Quadratklafter (das Klafter zu 7 Fuß); 2. an Waldboden 388,321 Quadratklafter, wovon ein Theil mit dem schönsten jungen Aufwuchse und zwei Theile mit eben so schönen ausgewachsenen Tannen und Buchen besetzt sind, eine große Menge von Birken und Erlen nicht mit gerechnet; 3. an Pflanzland ungefähr 50,400 Quadratklafter zu 6 Fuß; 4. an vier Alpen, die den Namen Schwarzenegg und Brüstock führen 95 Stöße; endlich noch einen jährlichen Capitalzins von 150 fl. Außer diesen ältern rechen Besitzungen hat Tuggen seit der Linthcorrection eine Strecke versumpft gewesenes Land angekauft; das Quadratklafter bei der einen Hälfte zu 8 Rappen, das Klafter bei der andern zu 1 Kreuzer. Die ganze Kaufsumme beläuft sich auf 162 Louisd'or. Hundert und zwölf Genossen sind die ausschließlichen Eigenthümer dieser Grundstücke und jeder hat jährlich den Genuß von 420 Klaftern Pflanzland (acht überzahlige Theile von 420 Klaftern werden versteigert), Streue, im Werth von 7 Louisd'or, Holz nach einer sehr niedrigen Taxe für einen Louisd'or berechnet, und Alpnutzen für 3 Laubthaler (Neuthaler). Man sagt daher, jeder Genosse in Tuggen komme mit einem unveräußerlichen Capitale von 1000 Kronen auf die Welt. Um das Nutznießungsrecht auszuüben muß ein Genosse das sechszehnte Jahr zurückgelegt haben; doch hat der Sohn das Stimmrecht nicht, so lange der Vater lebt. Ein Vater mit vier Söhnen kann also jährlich einen Nutzen von 50 Louisd'or aus der Genossame ziehen. Wer sich aus der Gemeinde entfernt, behält dennoch sein Recht, selbst in Kriegsdiensten. Daß die Besorgung bedeutende Kosten erfordere, ist nicht befremdend. Wenigstens zehn Tage ohndienst (Gemeindearbeit) muß jeder Genosse jährlich leisten. Von allem zinset Tuggen der jetzigen Domainenkammer in Zürich 4 rheinische Gulden, dem Stift Schännis 30 Pfund Butter und dem Kloster Einsiedeln an sogeheißenem Lehentragerzins von den Alpen Schwarzenegg und Brüstock 1 Gulden 10 Schilling. Die Genossame von Hohleneich ist von keiner Bedeutung. — Reichenburg. Hundert fünf und siebenzig Genossen besitzen ein Gemeingut, das in einem sehr großen Walde, Bann genannt, in einer Strecke Pflanzlandes von 87 ½ Jucharten, und in zwei bedeutenden Streueriedern besteht. Jedem Genossen wird jährlich nach sehr niedriger Taxe für zwei Laubthaler Holz zugetheilt.

---

*) Eine Kuh oder ein trächtiges Rind wird als ein Stoß, ein Meisrind (zweijähriges Stück) als ein halber Stoß oder zwei Klöben, ein Kalb als ein Viertelstoß oder ein Kloben, und eine Stute (Mähre) mit ihrem Füllen als drei Stöße berechnet. Vier Klöben bilden einen Stoß.

Er hat 500 Klafter oder eine halbe Juchart Pflanzlandes und für 15 bis 20 fl. Streue, ebenfalls nach sehr niedrigem Preise. Das Geschlecht der Kistler besitzt eine eigenthümliche Alp, von ungefähr 300 Stößen, wovon ein Theil nur für die Kühe, der andere für Pferde und Rinder bestimmt ist. Arme Genossen, die kein Vieh halten, beziehen von dieser Alp durchaus keinen Nutzen. Wer außer der Gemeinde wohnt, verliert das Genossenrecht. — Altendorf. Diese Genossame hat kein Pflanzland und keinen Riedboden, dagegen nahe gelegene Waldungen und Weiden von solchem Umfange, daß jeder Genosse soviel Stücke Vieh, als er zu halten vermag, auftreiben und sömmern kann. Die Weiden sind: 1. die sogenannte Allmeind Schilligsrüti; 2. der Stafel und Schönenboden, sowie die Kloos und die Gerbern. Die vier letzten Weiden sind aus dem Werthe einer verkauften kostbaren Waldung angekauft worden. 230 Stöße werden auf diesen Weiden gesömmert. Im Herbste liefern dieselben für 200 fl. Streue. Die Waldungen sind: der Allmeinwald, von großem Werthe, und das Sommerholz, unlängst für 3000 Kronen abgeschlagen. Eine Tanne wurde ungeachtet der wohlfeilen Preise um fünf Louisd'or verkauft. Ein Genosse bezieht je zu zwei Jahren für zwei Laubthaler Holz aus denselben. Vier Geschlechter: Züger, Tauber, Krieg und Fleischmann besitzen eine sehr große Weide, die Sattelegg, wohin Jeder soviel Vieh auftreibt, als er kann. — Schübelbach theilt sich in drei Genossamen, weil es zwei Filialkirchen hat, Sibnen und Buttikon. Die erste Genossame, Schübelbach, besitzt: 1. Waldungen im Werthe von 10,000 Kronen; 2. ungefähr 115 Jucharten Pflanzland, die Juchart zu 1000 Klaftern; 3. bedeutenden Riedboden; 4. die Alpen Gelbenberg und Roßweid; 5. das Atzrecht mit Pferden und Rindern auf der Linth vom 1. Mai bis zum 20. Juni. Holz wird nicht ausgetheilt; sondern es werden Waldstrecken im Werthe von 100 bis 200 Louisd'or verkauft, für welche Summe Land angekauft wird, weil auch die Genossen zahlreicher werden. An Pflanzland hat jeder Genosse 600 Klafter. Die Alpen liefern die Sommerung für hundert Stöße; je•e: Genosse hat das Recht von 1½ Stoß; der Arme verkauft sein Recht um ungefähr 1 Louisd'or. Kein Fremder darf Stöße kaufen. An Streue bezieht jeder Genosse zwei bis drei Fuder. Jeder Genosse muß 26 Jahre alt seyn. Außer der Gemeinde verliert sich das Genossenrecht. Fünf und fünfzig Güterbesitzer, meistens vom Geschlechte Brui, sind Eigenthümer eines Waldes, für dessen Abholzung schon vor geraumer Zeit 60,000 Gulden angebothen wurden. Zweite Genossame, Sibnen. Sie zählt 130 Antheilhaber und besteht: 1. In Waldungen, namentlich im Bann, dessen Werth wenigstens auf 30,000 Gulden ansteigt, im Raport und Stöckenwaldli, von keiner großen Bedeutung; in den Alpen Röthstock und Saal, die nur eine Alpe bilden, zusammen für 90 Stöße, und in der Alp Siebnerschwendi für 24 Stöße berechnet; diese wirft im Herbste an Streue noch den Nutzen von 250 fl. ab; 3. in einer Strecke Pflanzlandes von ungefähr 8½ Jucharten, auf jeden Genoß 210 Quadratklafter. Dritte Genossame, Buttikon. Sieben und fünfzig Antheilhaber besitzen: 1. Zwei Alpen, Gschwändli und Schwandtner, beide zusammen von

50 Stößen. Hier wird das Recht des Armen geehrt. Jedem Genossen ist nur ein halber Stoß zugetheilt. Der Viehbesitzer muß daher das Genossenrecht des Armen ankaufen, was jährlich für beide Alpen 5 Gulden 30 Schilling beträgt. 2. Etwa 18 Juchart Pflanzland. Auf jeden Genossen wirft es 300 Klafter ab; einige überzählige Stücke werden versteigert oder den Durftigsten zugetheilt. 3. Soviel Riedland, daß jedem Genossen drei bis vier Fuder zukommen, im Werthe von 13 bis 14 fl. 4. Waldungen, wenigstens im Werthe von 45,000 fl.; daneben noch ein schöner Nachwuchs im Werthe ungefähr 6000 fl. Jeder Genosse erhält jährlich etwa zwei Klafter Holz. 5. Vier Stücke Weidboden im Thale, von 24 Stößen. Jeder Genosse muß 16 Jahre alt seyn. Außer der Gemeinde verliert sich das Nutznießungsrecht. Alle Genossen von Buttikon sind zugleich Genossen von Schübelbach, so daß jeder Genosse von Buttikon 200 Klafter Pflanzland besitzt. Die Genossame von Haslen ist von keiner Bedeutung. — Wangen zählt 220 Genossen. Diese besitzen: 1. Pflanzland ungefähr 46 Juchart, wovon jedem Genossen 200 Klafter zugetheilt sind; 2. ein sehr großes Ried am See. Mit dem ersten Mai fangt man an zu atzen. Ungefähr 40 Stuten, 20 Füllen und ungefähr 100 Stück Hornvieh finden da ihre Nahrung, bis in die erste Woche des Juni; im Herbste wirft diese Strecke Landes auf jeden Genossen wenigstens 5 Fuder Streue ab; 3. einen sehr großen Wald, Stockberg, im Werthe von wenigstens 50,000 fl., eine Strecke Waldes längs der Aa und einen dritten geringern Wald; 4. an Weiden im Wäggithale die Feldredern, die für 20 Louisd'or verpachtet ist, und die Genossame mit einem Walde. — Lachen. Diese Genossame besitzt: 1. Weit ausgedehntes Pflanzland. Jeder männliche Genosse kann 800 Klafter nach Belieben benutzen; eine Weibsperson hingegen nur 340 Klafter. 2. Riedland, aus dem jeder Genosse zwei bis drei Fuder Striene bezieht. 3. Die Alpen Staffen, Berlaue, Alten und Gufpi. Diese vier Alpen dienen zur Sömmerung für ungefähr 370 Stöße. Sie werden theils verpachtet, theils unmittelbar benutzt sowohl durch eigenes Vieh, als durch fremdes, dessen Aufnahme seit einigen Jahren gestattet ist. Für jeden Stoß Sömmerung zahlt der Genosse 3 Gulden 45 Schilling. Aus dem Lehenzinse der Alpen und aus der ganzen Atzungssumme werden jährlich ungefähr drei Laubthaler baares Geld unter die Genossen vertheilt. 4. Bedeutende und schön anwachsende Waldungen liegen in den vier oben genannten Alpen. Das Holz wird nicht den Genossen abgereicht, sondern in großen Abtheilungen verkauft. Der Genossenkreis erstreckt sich auf drei Gemeinden, und wer sich aus denselben wegbegiebt, verliert das Genossenrecht. — So bedeutend die Vortheile sind, welche aus diesen Genossamen den Antheilhabern zufließen, darf doch nicht vergessen werden, daß auf denselben auch bedeutende Lasten liegen, die Schutzwehren gegen die Wäggithaleraa *), die Bewässerung der Rie-

---

*) Die Genossame Buttikon z. B. muß 1¼ Stunde weit vom Zürchersee an bis auf Sibnen längs der Aa ein Wehr unterhalten, das oft in einem Jahre mehr Holz erfordert, als unter alle Genossen vertheilt wird.

der, auch zum Theil die Besorgung der Wälder u. s. s. — Das öffentliche Vermögen hat durch die Staatsumwälzung von 1798 sehr gelitten. Die Theurung von 1817 schlug neue Wunden und schwere Opfer kostete seit 1830 der Kampf für Rechtsgleichheit. Die vielen vorhandenen Hülfsquellen biethen die Mittel an, diesem Uebel abzuhelfen, insbesondere wenn der Genius des Vaterlandes die ersten Vorsteher zu aufrichtigem Zusammenwirken für das öffentliche Wohl vereinigt.

Bezirk Einsiedeln. Das Vermögen desselben läßt sich in dasjenige des Klosters, der Gemeinde, der Genossame und der Privaten eintheilen. Des Klosters reines Vermögen im Bezirke Einsiedeln an Grundstücken, Grundzinsen und Capitalien gegenüber dem im Ganzen sehr verschuldeten Zustande der Privaten kann als die Hälfte des reinen Vermögens im Bezirke angesehen werden. Man nimmt an, das Kloster könne in seinen eigenthümlichen Weiden 210 Stücke Rindvieh vollständig sommern und dazu noch bei 70 Pferde. Alle seine gedüngten Güter sollen 270 Kuessent (Kuessent ist für 28 Wochen Winternahrung für eine Kuh oder 7 Ziegen) und für 90 Pferde verschiedenen Alters Winternahrung liefern. Seine Waldungen werden auf 250,000 Florin angeschlagen. Da das Kloster noch andere weit beträchtlichere Quellen von Einkünften besitzt und es ihm erlaubt ist, Capitalien anzukaufen, so ist nur eine kleine Anzahl von Einwohnern Einsiedelns nicht Schuldner des Klosters. — Das Bezirksvermögen besteht in einigen Gebäuden: dem Rathhause, welches zugleich als Schulhaus für das Dorf dient, dem Schützenhause, das auch Exercierhaus ist, dem Spitale, der Metzg (den Fleischbänken) und zwei öffentlichen Waschhäusern. Das Vermögen der Kirchen ist noch nicht ausgeschieden und wird vom Kloster verwaltet. Das Spitalvermögen beträgt ungefähr 2250 Pfund Geld und 70 Pfund jährlichen Butterzinses, und der Armenleutenseckel, der bei Gründung der Armenpflege nur 815 Pfund Geld besaß, 1547 Pfund Geld. Ein besonderer Landesfond von 4430 Kronen hat die Bestimmung, durch fortwährende Anlegung der Zinsen Gemeindsvermögen, welches während des Krieges und der Theuerung verloren wurde, zu ersetzen. In das Bezirksseckelamt fließen nach einer Durchschnittsrechnung von mehrern Jahren folgende jährliche Einnahmen *):

---

*) Eine solche finanzielle Darstellung kann um so eher willkommen seyn als das Finanzwesen des ganzen Kantons nur erst bekannt zu werden beginnt.

Das Ohmgeld auf die Getränke . . . ungefähr 2100 Pfund.
Zoll und Brückengeld an der Schindellege „ 1100 „
Krämerstandgeld . . . . „ 110 „
Ertrag der Krämerpatente . . . . . . „ 300 „
Strafen . . . . „ 1500 „
Auflage auf das auszuführende Holz
(diese Summe wird auf das Straßen-
wesen verwendet) . . . . „ 350 „
Auflage auf Brot, Mehl, Wein und
Kaufmannswaaren . . . . „ 4800 „
Von 17 Bei- und Ansaßenfamilien, als Gegen-
werth dessen, was aus den öffentlichen Gütern
auf die Bestreitung der Bezirksausgaben ver-
wendet wird . . . . 221 „

10481 Pfund.

Gewöhnliche jährliche Ausgaben sind:

Für Polizei und Feierlichkeiten . . . . 1960 Pfund.
„ Schulen . . . . 3100 „
„ Gebäude . . . . 500 „
„ Militairgegenstände . . . . 700 „
„ Straßen . . . . 1600 „
„ Verschiedenes . . . . 1800 „
„ Besoldung der Kantons- u. Bezirksbeamten 5400 „

15060 Pfund.

Außerordentliche Ausgaben sind hier nicht berechnet. Das Deficit wird durch die Einkünfte aus den Allmeinden und durch Verkauf von Waldungen gedeckt. Der Bezirk Einsiedeln hat gegenwärtig ungefähr 600 Louisd'or Gemeindschulden, die vorzüglich seit den letzten Wirren herrühren. — Das Vermögen der Gemeinde als Genossame besteht*): a) in offenen Allmeinden. Als unbeschränkte Weiden gegen eine geringe Abgabe benutzt, gleichen sie beinahe einem herrenlosen Gut, um welches sich Niemand bekümmert und wo Jeder macht, was ihm gut dünkt. Jährlich werden bei 1150 Kühe (die Rinder und ungefähr 110 Miethkühe einbegriffen), 450 Pferde, 750 Schafe und 350 Ziegen auf diese Allmeinden getrieben; man kann aber nicht sagen, vollständig gesömmert, weil die Allmeinden verwahrloset sind. Bei besserer Besorgung der Allmeinden könnte allerdings die angegebene Anzahl Vieh gesömmert und ein Nutzen von 25,000 Florin daraus gezogen werden, während daß jetzt, und zwar nicht gerne, die Summe von 1500

---

*) Der Unterschied zwischen dem Bezirksgute und dem Genossengute liegt darin, daß die Bei- und Ansaßen nicht Genossen sind und auch das Kloster, vermöge des Vergleichs mit der Waldstatt von 1830, für seine Miteigenthumsrechte auf die Allmeinden durch Abtretung des Altenberges ausgekauft wurde.

Gulden von den Nußnießern als Abgabe bezahlt wird *). b) in den Gemeindswaldungen, die nicht ausgemessen sind. Seit 1819 sind für 4180 Louisd'or davon verkauft und überdieß je zu drei Jahren bei 4000 Klafter Holz im Walde an die Genossen ausgetheilt worden. Gleichwohl sind die Holzfrevel bedeutend, und ohne bessere Forstpolizei sind die Aussichten in die Zukunft beunruhigend. c) in Riedern, ausgetrockneten Sümpfen und durch künstliche Bewässerung meistens mit großer Mühe und Kosten angelegt. Sie sind für die Gemeinde von dem schönsten Ertrage. Außer dem Weißtannen Streueried, das der Armenpflege überlassen ist, nimmt der Gemeindeseckelmeister von den übrigen Riedern jährlich ungefähr 4000 Pfund ein. Bei mehrerm Gemeingeiste könnten die Rieder noch vermehrt und der Nutzen beinahe verdoppelt werden. d) in Pflanzländern, größtentheils sauerm Moorboden, auf dem das Vieh fast keine Nahrung fand. Laut den Landerrödeln (Vertheilungsverzeichnissen) sind bis zum Jahre 1832 430,774 Quadratklafter (das Klafter zu 7 Schuhen) ausgetheilt worden. Seit zwei Jahren sind wieder neue Austheilungen geschehen, indem jedem Gemeindsgenossen, der Feuer und Licht führt, durch Gemeindsbeschluß 500 Quadratklafter zum Anpflanzen unentgeldlich gegeben werden müssen. e) in Torfboden. Jeder Genosse kann für seinen Hausbedarf hinlänglich Torf stechen und überdieß auf dem sogenannten Daubenmoos, im Viertel Bennau gelegen, 30 Klafter und dieselben außer dem Bezirk verkaufen. Auch hier ist ein haushälterisches Verfahren sehr zu empfehlen! f) in den Häusern und Gärten auf der Allmeinde **), deren Zahl sich über hundert belaufen mag. g) in den Gemeindscapitalien, die 15,189 Kronen, 3/4 Schilling, 4 Angster betragen, und einen jährlichen Zins von 3698 Pfund, 19 Schillingen, 3 Angstern abwerfen. Der Bezirk Einsiedeln ist demnach im Gemeinds- oder Genossenvermögen reich; wäre er nur weniger arm an Gemeinsinn. Würden die Allmeinden auf eine das Gemeineigenthum schützende Weise vertheilt, so müßte die Thätigkeit ermuntert und die Benutzung Aller erleichtert werden. — Das Privatvermögen. Man hält einen Privaten für mehr als 200,000 Gulden reich an Grundeigenthum und Capitalien, einige Andere schätzt man auf 30,000 Gulden und mehr, noch andere auf 10,000 und 20,000. Eine Mittelclasse von Wirthen und Handwerkern steht sich gut, erhebt sich zuweilen zur Wohlhabenheit, während daß Vermögliche herabsinken. Im Flecken stehen die Häuser wegen der starken Bevölkerung und des Wirthschaftserwerbes in unverhaltnißmäßig hohen Preisen. In dem Mobiliar der Gasthöfe und den Wallfahrtskramwaaren liegen große Summen. Im Ganzen genommen ist indessen der Bezirk arm. Die Bauern oder die Waldleute außer dem Flecken sollen ungeachtet ihres Verdienstes aus dem Holz- und Torfverkaufe, des

---

*) Die Summe der auf Eigenthum gesömmerten Kühe mag die Zahl von 900 übersteigen.

**) Der Boden der Häuser und Gärten auf der Allmeinde kann nicht verpfändet werden, und eben so wenig die Pflanzländer und die Torfplätze.

Vieh-, insbesondere der Pferdezucht, in neuern Zeiten sich um mehr als 200,000 Gulden tiefer verschuldet haben. Die Gläubiger der Waldleute sind im Bezirke Schwyz, im Kanton Zürich und das Kloster Einsiedeln. — Das Frauenkloster in der Au bei Einsiedeln ist das ärmste Kloster im Lande. Sein Vermögen soll außer den Gebäuden nicht über 60,000 Gulden betragen.

Bezirk Pfäffikon. Das meiste Vermögen gehört Corporationen an. Doch besteht auch ein wohlhabender Mittelstand. Die Schuldverpflichtungen sind größtentheils auf den Bezirk selbst beschränkt; doch giebt es auch auswärtige Gläubiger.

Bezirk Wolleran. Arme sind nicht zahlreich; großer Reichthum ist nicht vorhanden; doch sind Vermögen von 45,000 bis 50,000 Gulden. Die Verschuldung im Innern des Bezirkes ist bedeutend. Laufende Schulden giebt es nach dem Kanton Zürich viele. Das Creditsystem und das Verfahren in Schuldenverhältnissen sind nicht weniger fehlerhaft, als im übrigen Kanton Schwyz. Der Schuldner, der nicht zahlen will, kann den Gläubiger sehr hinhalten, und bisweilen dahin bringen, daß er um etwas zu bekommen und nicht um schlechte, zu theuer geschätzte Gegenstände annehmen zu müssen, sich mit Wenigerm befriedigt; dafür aber sinkt der Credit, der Bedürftige ist dem Wucher Preis gegeben und die Verschuldung desto größer.

Viehzucht.

Weil der Kanton beinahe ganz Hirten- und Alpenland ist, so muß nothwendig die Viehzucht und alles was sich auf diese bezieht, die Aufmerksamkeit und Thätigkeit seiner kräftigen Bewohner vorzüglich beschäftigen.

Die sogeheißene Schwyzer Rindviehrace, die gewöhnlichste im Lande, ist kastanienbraun; doch sind auch die schwarzen Kühe beliebt. Die Viehbesitzer sind oft ungemein schwierig, bis ihnen die Farbe ganz gefällt. Für das Auge ist die Schwyzerrace nicht so schön wie die Berner- und Greyerzerracen; für den Kenner aber liefert sie die schönsten Kühe. Sie sind zwar weniger schwer als die genannten, haben aber als Milchkühe vorzügliche Eigenschaften. Man trifft auch kleineres Vieh an von der Toggenburger- und von der Urnerrace. Solches Vieh ist für die ärmere Classe vortheilhaft, weil diese Kühe viel Milch geben und ihre Milch reich an Nidel oder Rahm ist. Viele Bauern behaupten, die lederfarbichten Kühe geben eine bessere, an Butter reichere Milch als andere. Eine Kuh, die kürzlich gekalbt hat und an grüne Fütterung gelangt, liefert die meiste Milch. Solche gute Kühe geben täglich acht bis zehn, sogar bis auf fünfzehn Maß. Im Winter und bei dürrem Futter ist der Ertrag geringer. Kühe, die im Winter kalben, geben meistens höchstens acht Maß. Zehn Maß sollen ein Pfund Butter geben. Der Preis einer guten Alpenkuh, die nach Italien verkauft wird, steigt auf 200 und bis auf 300 Franken. Auf das Aeußere wird ein hoher Werth gelegt, z. B. wenn eine Kuh bei ihren Kämpfen oder sonst, ein Horn abstößt, so vermindert dieß ihren Werth um 60 bis 80 Franken; nach Italien kömmt sie nicht und bleibt dann gewöhnlich im Thale als sogenannte Heukuh, weil wegen der Bedürfnisse der Milch immer einzelne Kühe zurückbehalten werden. Wenn das Vieh auf die Alpen getrieben wird, so machen viele Familien bei Denjenigen, die Vieh zurückbehalten, ihre Bestellungen für die Milch, welche sie täglich bedürfen. Die Zürchermaß wird mit drei, zuweilen auch mit vier Schwyzer Schillingen bezahlt. Die Stallfütterung vervollkommnet sich in neuerer Zeit. Man befindet sich gut dabei und hält Winter- oder sogenannte Käs-sennten. Im December und Januar mag die Zahl des Rind-viehes auf 14,000 bis 15,000 Stücke steigen; eine Zählung im Juni und August würde mehr als 20,000 Stücke liefern. 1819 zählte man 23,000 Haupt. Vieh würde der Bezirk Einsiedeln hinlänglich erzeugen, wenn der Bauer seine Kühe, die er bei der zweiten Trächtigkeit nach Italien verkauft, ein Jahr lan-ger behalten könnte. So hatte man einen Ueberfluß und zwar dannzumal von dem besten Schlage. Auch kann der Bauer die Milch immer zu sehr hohen Preisen im Flecken verkaufen. Diese Umstände tragen dazu bei, daß weniger eigenes Vieh großgezogen wird. Für die Verbesserung des Schlages sind sehr zweckmäßige bezirksräthliche Verordnungen vorhanden, welche die Gemeinde selbst bekräftiget hat; so ist z. B. jedes Viertel des Bezirkes angewiesen, einen bis zwei geprüfte Zucht-stiere zu halten, für welche auch schon Preise ausgesetzt waren; allein die demokratische Ungebundenheit und die laugewordene Aufsicht lassen diese Verordnungen unberücksichtigt, und die Preise würden selten verdient werden. Das Kloster Einsiedeln hält immer die vortrefflichsten Zuchtstiere, von wo sich auch noch der gute Schlag vorzüglich fortpflanzt. Mastochsen, die unter die ausgezeichnetesten der Schweiz gehören, sind auf die Engelweihen zu Einsiedeln in den Jahren 1659, 1755 und 1777 aufgezogen, geschlachtet und abgebildet worden; der erste wog 2250, der zweite 2500 und der dritte 3000 Pfund *).

Die Pferdezucht des Klosters Einsiedeln zeichnet sich schon seit mehrern Jahrhunderten aus. Die Geschichte meldet, daß im Anfange des sechszehnten Jahrhunderts die jungen Pferde desselben so berühmt waren, daß sie in Teutschland und Italien für fürstliche und herzogliche Marställe gesucht wurden; noch jetzt werden sie wegen ihrer Stärke und Aus-dauer geschätzt. Im Bezirke Einsiedeln haben die meisten Bauern Pferde, das Kloster auch eine Stuterei mit fremden Hengsten. Füllen von Holsteinern und einheimischen Stuten werden schön und kräftig. Im Bezirke Schwyz steht die Pfer-dezucht auf einer niedrigern Stufe; doch übertrifft sie dieje-nige im Bezirke March. Im Bezirke Küßnacht giebt es keine; die Pferde werden entweder gekauft oder gemiethet. In Gersau hat man auch nicht Ein Pferd. In den Bezirken Pfäf-fikon und Wollerau ist die Pferdezucht unbedeutend.

Bevor wir von dem kleinern Vieh sprechen, mag hier noch das Urtheil eines Mannes, der die Viehzucht und das Vete-rinarwesen studirt hat, eine Stelle finden. Er giebt zwar den Pferden und dem Hornvieh den Vorzug vor denjenigen des

---

*) Nur der letzte übertraf an Größe und Schwere den vor-züglichsten Mastochsen, der 1825 zu Zürich bei der Einwei-hung des Schlachthauses den Opferzug mitmachte.

meiſten benachbarten Gegenden; aber er glaubt, der Schlag
verſchlimmere ſich allmälig. Von den Behörden werde für die
Beförderung der Viehzucht wenig oder nichts gethan, weder
für die Haltung guter Beſchäler, noch für die Veterinarpolizei.
Afterthierärzte können ungehindert ihr Weſen treiben. Von
außenher werde junges Vieh von ſchlechterer Art ins Land
gebracht und groß gezogen. Die Thiere, männliche und weibliche, vornämlich die Pferde, werden zu frühe für die Zucht
verwendet. Zweijährigen Füllen werden an einem Tage drei
und vier Stuten zugeführt, Zuchtſtiere gebraucht, ehe ſie nur
das Alter eines Jahres erreicht haben. Sehr nachläßig ſey
man auch darüber, daß man das Vieh, ſelbſt das trachtige
in das bereifte Gras hinauslaſſe. Wartung und Pflege werden vielfach vernachläßigt. In dunkeln, niedrigen und dumpfen
Ställen, wo der Miſt wochenlang liegen bleibe, ſeyen oft
Pferde, Hornvieh, Schafe, Ziegen zuſammengedrängt, ſo daß
dem Eintretenden von den ſcharfen Dünſten die Augen über-
fließen. Einen Striegel oder eine Bürſte finde man in ſolchen
Ställen nicht, wohl aber ſeyen ſie reichlich mit Spinngewe-
ben behangen. — Mögten einflußreiche und ſachkundige Männer ſolchen Uebeln kräftig entgegenwirken und den erſten Nahrungszweig des Landes dadurch wieder emporheben!

Die Schweinezucht iſt ſehr bedeutend und einträglich.
Ein Landeskundiger ſchrieb: „Sie iſt intereſſant.“ Es ſollen
einige tauſend Schweinsmütter gehalten werden. Vorzüglich
wird ſie in der March mit vieler Einſicht betrieben. Jeder
Bauer hat daſelbſt ſein Zuchtſchwein; viele haben auch zwei,
einige drei, insbeſondere auf den Alpen. Dieſe Schweine ſind
hellroth, von feinem Knochenbau, werfen im Durchſchnitte acht
bis zwölf Junge und geben viel Speck und Unſchlitt (Talg).
Die ſchwerſten, fünf Vierteljahre alt, haben lebend gewogen
ein Gewicht von 300 bis 450 Pfund. Ein ſtreng gehandhabtes
Geſetz verbietet die Ausfuhr unverſchnittener Spanferkel. — Gefleckte oder ſchwarze Schweine werden im Kanton Schwyz nicht
gezüchtet. Weil das Schwein nur vier Monate lang trächtig iſt
und bis auf zwölf Junge werfen kann, auch zwei Ferkel nach
vier Wochen bisweilen 16 Franken gelten, ihr Werth im Jahre
1833 im Bezirke Schwyz bis auf 20 Franken und in der
March bis auf 15 und 16 Marchgulden ſtieg, ſo grenzt der
Nutzen, welcher aus der Schweinezucht gezogen wird, beinahe
an das Unglaubliche.

Die Schafzucht iſt in den Bezirken Schwyz und March
von Bedeutung, in den Bezirken Einſiedeln und Gerſau hingegen nicht ſtark und im Bezirke Küßnacht nicht vorhanden,
weil es an den dazu geeigneten Weiden fehlt. Nur ſelten
findet man in dieſem letztern ein Schaf in einem Kuhſtalle.
Es werden im Kanton gewöhnlich bis auf 6000 Stücke geſöm-
mert. Der Hauptſitz der Schafzucht iſt das Muotathal, wo
vornämlich Junge erzogen werden. Ihre Milch wird nicht
benutzt, auch kein Käs aus derſelben gemacht. Die teutſchen
Schafe gedeihen am beſten; doch ſieht man auch Bergamasker.
An Veredlung denkt gegenwärtig Niemand. Vor einigen Jahren ſtellten einige Güterbeſitzer im Bezirke Schwyz durch Ein-

führung spanischer Merinos Versuche an. Sie schienen das Clima nicht gut zu ertragen, auch entsprachen sie den vielleicht zu hohen Erwartungen nicht und seitdem kam die Sache ganz in Vergessenheit.

In den Bezirken March, Gersau und Küßnacht werden nicht viele Ziegen gehalten; im Bezirke Schwyz hingegen sieht man sie überall. Ihre Zahl ist sehr groß, und eines oder mehrere dieser Wanderthiere machen oft den ganzen Reichthum einer Haushaltung aus. Ihnen war bis jetzt kein Weg und keine Alp, kein Wald und kein Gebirg verschlossen; darum richten sie auch in den Waldungen oft unberechenbaren Schaden an. Im Bezirke Einsiedeln ist die Ziegenzucht nur zu stark. Sehr wäre zu wünschen, daß in allen Gegenden des Kantons Schwyz, das Beispiel Gersaus befolgt würde, wo die Ziegen aus den Holzschlägen verbannt sind. Eine gute Ziege giebt täglich 1 bis 1½ Maß Milch, die, vornämlich wenn das Thier Bergkräuter genießt, sehr kräftig ist; daher oft ganz arme Kinder, welche davon genährt werden, gut und blühend aussehen.

Alpenwirthschaft.

Verzeichnisse über die Zahl der sämmtlichen Alpen des Kantons und über die auf denselben sich befindenden Sennten finden sich nicht vor; doch sieht man dergleichen Versuchen entgegen. Nach Angabe des in diesem Gebiethe kundigsten Mannes, des Allmeindseckelmeisters, sollen gegenwärtig im Bezirke Schwyz bei 120 Senn = oder Alphütten seyn, und nach diesem kann man ziemlich annähernd die Zahl der Sennten auf die runde Zahl von 100 berechnen, wobei indeß zu bemerken ist, daß diese Summe nicht jährlich gleich bleibt. Würde man gestatten, daß auch fremdes Vieh, z. B. aus den Kantonen Luzern, Zug u. s. f. auf der Allmeinde gesommert werden dürfte, so könnten bedeutende Summen gewonnen werden, weil viele Eigenthümer von Vieh 30 und mehr Franken für die Sömmerung eines Stückes Vieh bezahlen würden. — Man vernimmt übrigens, es sey die Rede davon, wesentliche Verbesserungen in die Benützung der Allmeinde zu bringen.

Die Alpen sind im Bezirke Schwyz nicht Privateigenthum. Sie zerfallen in drei Haupttheile: Heimkuhalpen. Diese sind gewöhnlich Eigenthum der Gemeinde, wo sie liegen; zieht aber ein alter Landmann aus einer Gemeinde in eine neue an, so ist er auch Nutznießer der Heimkuhalpen. So verhält es sich in allen Senntenalpen. Die Senntenalpen sind allgemeines Gut, doch nur Kühen und trächtigen Rindern ist der Zutritt in dieselben gestattet. Endlich Rinderalpen, wo sich auch Pferde und Schafe einfinden. Diese Sennten- und Rinderalpen bilden die sogeheißene obere und untere Allmeind. Die Oberallmeinde ist um das Fünffache größer als die Unterallmeinde. Sie gehört allen Geschlechtern des Steiner-, Neu-, Alt-, Niederwasser- und Muotathalerviertels und sechs Geschlechtern aus dem Arterviertel, nämlich: Reding, Lagler, Fischlin, Felber, Heinzer und Pfister an, und begreift alle Allmeindplätze der Gemeinden Steinen, Steinerberg, Sattel, Rothenthurm, Alpthal, Jberg, Illgau, Schwyz, Muotathal, Morschach, Riemenstalden und Ingenbohl mit Ausnahme der Frohnalp auf dem Stoß. Die meisten und größten Alpen sind in den Gemeinden Muotathal, Jberg, Illgau und Morschach, und unter diesen wieder vorzugsweise in den zwei erstern. Auf die Oberallmeinde kann jeder Landmann gegen eine bestimmte, sehr mäßige Abgabe (8 Batzen) so viel Stücke auftreiben als er hat; doch steigt mit jedem fünf über dreißig die Abgabe. Zu der Unterallmeinde gehört der Rufi, die Rigi und die Frohnalp. Die Nutznießer und Eigenthümer derselben sind, mit Ausnahme der soeben genannten sechs Geschlechter, diejenigen alten Landleute, die in das Viertel Art gehören. Für die Verwaltung der Oberallmeinde war früher ein Bauherr aufgestellt; die Landsgemeine und in gewissen Fällen der dreifache Rath verfügten über dieselbe bis 1814, wo wegen der Unterallmeindgenossen und der an den Landsgemeinen Antheilnehmenden neuen Landleute für die Oberallmeinde eine eigene Gemeindsversammlung und ein Gericht angeordnet wurde. Dieses Gericht bestand aus einem Vorsteher und zwölf Richtern, von denen alle Jahre zwei austraten, einem Gerichtsschreiber und einem Weibel. Die Unterallmeinde hatte schon lange eigene, von der Oberallmeinde gesonderte Verwaltungen. Die Versammlung sämmtlicher Theilhaber traf die nöthigen Verfügungen und das Gericht handhabte die Ordnung. In diesem Gerichte saßen alle Rathsglieder, die Allmeindsgenossen waren, und die neuen und alten Allmeindseckelmeister. Auch hatte es einen Schreiber und einen Weibel. Diese Gerichte sind nun durch die Verfassung von 1833 abgeschafft und an deren Stelle sind ein Ober- und ein Unterallmeinde-Verwaltungsrath getreten.

Die Alpen im Bezirke Gersau liegen an der Rigi: die eigentliche Alp, die Ochsen- und die Mettlenalp. Sie sind Allmeinde. — Der Bezirk Küßnacht besitzt seine Alpen am westlichen Abhange der Rigi, auf dem Seeboden, der seinen Namen davon tragen soll, weil das Regenwasser daselbst bisweilen einen kleinen See bildet. Diese Alpen sind Corporationsgüter, an denen nur gewisse Geschlechter Theil haben (Genossen). Ein Genosse kann einen Stier und zehn Kühe auf die Alp schicken (auftreiben). — Im Bezirke Einsiedeln sind die Alpen an den Grenzen der March, des Jbergs und des Rothenthurms. Das Kloster besitzt ein großes Sennthum oder zwei kleine. — Nebst den bei der Erwähnung der Genossamen schon aufgezählten Corporationsalpen giebt es in dem Bezirke March noch eine Anzahl anderer von größerm und kleinerm Umfange. Sie theilen sich in zwei Classen: 1. In die Land- und 2. in die Privatalpen. Die Landalpen sind folgende:

Oberalp und Abern mit einer Sömmerung für 265 Stöße
Hohstäschen mit einer Sömmerung für 140 Stöße.

Tannstofel	„	„	„	„ 109	„
Redeten	„	„	„	„ 300	„
Schweinalp	„	„	„	„ 55	„
Brüschalp	„	„	„ .	„ 50	„

Diese sieben Landalpen sind bestoßen, d. h. auf immer in Erbpacht gegeben oder vielmehr wirklich verkauft, so daß die Antheilhaber ein bestimmtes Recht auf eine gewisse Anzahl Stöße (20, 25 bis 30) an jeder Alp haben. Privatalpen sind: 1. Zindeln; 2. Roßalpeli; 3. Flaschli; 4. Alpeli; 5. Köpfeualp; 6. Trepferen; 7. Berlaue mit 50 Stößen; 8. Feldredeten; 9. Kleinfeldredeten, und 10. Dorlaue. Nimmt man an, daß im Durchschnitte jede dieser Privatalpen die Sömmerung für 40 Stöße gebe, so ergiebt sich, ohne die Alpen der verschiedenen Genossamen, die Landalpen mit eingeschlossen, eine Sömmerung für 1319 Stöße. — Die Bezirke Wollerau und Pfäffikon besitzen keine Alpen.

In einer Alpenhütte befinden sich gewöhnlich drei Aelpler und ein Knabe oder doch ein Senn, ein Knabe und ein Kühgaumer oder Viehhüter. Auf gefährlichen Stellen geht dieser am Abhange oder Abgrunde unter oder außer dem Thiere, um dasselbe vor dem Herunterstürzen zu bewahren oder ihm Muth einzuflößen, damit es nicht stille stehe, oder sich umzuwenden versuche. Dieß geschieht an vielen steilen Bergpfaden, und man nennt dieß unter-gehen, wobei der Untergehende der größten Lebensgefahr bloßgestellt ist. Bei Sturm, Gewittern, insbesondere zur Nachtzeit ist dieser Gaumerberuf *) höchst gefahrvoll und beschwerlich, und ein solcher Mann bleibt oft Tage lang in nassen Kleidern. Auch Begüterte überlassen nur selten die Alpenwirthschaft gedungenen Sennen. Meistens betreiben sie dieselbe persönlich oder durch ihre Söhne. Hier lebt der Senne, wie der Städter auf seinem Landsitze, und vergißt in seiner Abgeschiedenheit, mit seiner Heerde beschäftigt, gleichsam die Verhältnisse des bürgerlichen und häuslichen Lebens. Die eigentliche Sennenarbeit abgerechnet, führt der Hauptsenne ein gemächliches Leben. Das Jodeln und bisweilen das Alphorn sind nicht nur eine Erholung, sondern auch eine Mittheilung gegen entferntere Aelpler. Ein Freund des Hirtenlebens und des Aufenthaltes auf den Alpen schrieb an den Verfasser: „Wenn sich Reisende in den Gebirgen wohl befinden, so ist sich nicht zu verwundern gegen eine stinkende Stadt, wo alle übelriechenden Ausdünstungen Statt finden, wo oft ein übler Geruch den andern ablöst und keine reine frische Luft ist."

Die Schwyzer sind stolz darauf, schöne Käse zu verfertigen. Die Ungeschickten, denen sie nicht gelingen, werden belacht und verspottet, und dem Jüngling soll dieß auch bei den Mädchen nachtheilig seyn, und mancher unter vier Augen Neckereien haben hören müssen. Die Käse sind sehr verschieden je nach der bessern oder schlechtern Beschaffenheit der Alpen; denn nicht alle Alpen sind gleich sonnig und gleich reich an aromatischen Kräutern; auch wird nicht auf die nämliche Weise gekäset. Der Käs wird bälder gesalzen als vormals, in den Käsgaden anders behandelt, um ihn für den Transport desto fester zu machen. Früher war am Rande eine Vertiefung, jetzt nicht mehr. Die gegenwärtige Behandlung ist eine Nachahmung des Verfahrens der Brienzer (im Beneroberlande). Fette Käse

---

*) Gaumen heißt in der Schweiz: Aufsicht halten.

(Fettkäse) werden von 34, auch 24 Pfund Gewicht gemacht; magere bis 28 Pfund und noch mehr. Sogeheißene blaue Käse, wobei der Rahm von der Milch abgenommen ist, und die den Namen nicht unpassend tragen, werden von der Mittelclasse mit ihrer Familie und ihren Arbeitern genossen; sie sollen aber einer guten Verdauungskraft bedürfen. Gute fette Käse sind gelblich, haben einen Rahmgeschmack, verlieren weit weniger an Gewicht als die magern, sind auch, alter geworden, leicht verdaulich und am Rande nicht hart. Die Probe besteht darin, daß, wenn der Käs angestochen wird, der Stich oder Schnitt fein, wohlriechend, gelblich ist, wenig Löchelchen zeigt, die wie Daubenaugen gestaltet seyn müssen, der zwischen die Finger genommen sich leicht zerreiben läßt, Fettigkeit enthält, aus Feuer gehalten die Butter ausschwitzt, daß sie herunterfließt. Der Preis des Centners steigt bis auf 24 und 25 Gulden. Der magere Käs ist bei nämlicher Größe geringer am Gewicht, fällt weniger gut in die Augen, ist innerlich weiß, oft gerützelt (körnicht, hirseähnlich), grünlicht gegen den Rand, bald aufgedunsen, bald eingefallen, hat keinen angenehmen Geruch, spaltet leicht, bleibt lange weich, und wird oft im Alter sehr hart. Der magere Käs soll nach dem Urtheile eines Eingebornen demjenigen, der in den zugerischen und zürcherischen Sennereien gemacht wird, nachstehen. — Das ganze Verfahren bei der Alpenwirthschaft ist keineswegs in den verschiedenen Alpengegenden das Nämliche. In Uri z. B. vereinigen mehrere Bauern ihr Vieh (sie stoßen zusammen), vertheilen Käse und Butter nach dem Maße der gelieferten Milch, worüber der Senne eine Rechnung hält.

Es könnte auffallen, daß der Kanton Schwyz bei seinen trefflichen Alpen an Butter Mangel hat, und dieselbe theuer ist. Der Grund davon liegt darin, daß sehr viele fette Käse gemacht werden, eine bedeutende Zahl Vieh für den Handel großgezogen wird, das Kaffeetrinken sich sehr verbreitet hat, das Volk an den Festtagen viel Butter verbraucht, man sich wenig des Schweinefettes zum Schmalzen der Speisen bedient, in Reinigung der Matten und vollends der Alpen von Gestein, Dornen u. s. w. ziemlich sorglos ist, der Dünger nicht sorgfältiger benutzt wird, und es bequeme Dorfsennereien giebt, aus welchen der Reiche täglich seine Bedürfnisse bezieht, und auch der Arme nicht nur Susi, sondern sogar verschiedene Leckereien kauft.

Wildheuer giebt es in der Nähe der höhern Felswände, die dem Auge oft unersteiglich scheinen und an welchen einzelne begraste Stellen sich vorfinden. Die Zahl derjenigen, die diesen mit den Gefahren der Gemsjäger verbundenen Beruf ausüben, ist nicht zu bestimmen. 1834, wo auf den Alpen der Graswuchs auf eine seltene, fast unerhörte Art üppig war, mochten deren zu hunderten seyn. Kleiner ist sie, wenn der Sommer ungünstig war und der Herbst unfreundlich ist; doch bleibt sie immer beträchtlich. Mit Fußeisen versehen, bewaffnet mit der Sense, meistens einem Stocke in der Hand, ein Garn oder Tuch mit sich führend, den Schleifstein in seinem Futter angehängt, geht der Wildheuer mit festem, oft freudigem Muthe auf seine botanische Jagd aus, die ihm um den Preis einer fortwährenden Todesgefahr, oft, doch nicht immer einen guten Tagelohn und das Mittel verschafft, sein Vieh oder durch den Verkauf des Gewonnenen sich selbst während des Winters zu ernähren. Das Wildheu wird entweder zusammengebunden, über die Felswände heruntergeworfen, oder von dem Wildheuer auf dem Kopfe oder Rücken herabgetragen.

Weiden.

Beinahe im ganzen Kanton sind Weiden; insbesondere giebt es viele in den höher liegenden Gegenden. Die Mehrzahl wird nicht mit der Sense abgemäht, sondern das Vieh zweimal vor und nach dem Alpenbesuche auf dieselben zur Weide geführt und erst im Herbste dann das noch stehende eingesammelt; auch wird, wie leicht zu erklären ist, den Wiesen mehr Aufmerksamkeit geschenkt. Sehr viele Weiden hat der Bezirk Schwyz; alle sind hier Privateigenthum. In dem Bezirke Küßnacht wurden sie in Matten und Aecker verwandelt. Groß ist das Pfaffikerallmeindland, das mit den schönsten Fruchtbaumen prangt. Auch Wollerau hat ausgedehnte Strecken Allmeindland, das aber schlecht gebaut ist. In Gersau sind einige Weiden, welche Particularen angehören. In der March gebührt der Allmeinde von Tuggen wegen ihres bedeutenden Nutzens und Umfangs die erste Stelle.

Wiesenbau.

Er wird auf verschiedene Weise betrieben. An Versuchen fehlt es nicht, und der thätige, nicht ganz unbemittelte Güterbesitzer bemüht sich, seinen Grundstücken den möglichst großen Nutzen abzugewinnen. Daß auf manchem Heimwesen mehr geleistet werden könnte, daß es manchem Besitzer an Arbeitslust und manchem auch an Vermögen fehle, seinen Boden besser zu kleiden, darf nicht verschwiegen werden. Der Fleißige bringt es bei diesem Wirthschaftszweige so weit, daß er im Frühlinge ätzt (weiden läßt), im Juni den zweiten Nutzen einsammelt, den dritten im August; oft wird der vierte Nutzen noch ergiebiger als der dritte, und zuweilen erst im Spätherbst geätzt. Selten tritt im Winter oder Frühling Mangel an Fütterung oder Heu ein, weil nur wenig Getreidebau ist. Bei wirklichem Mangel werden die zartesten Zweige von Weißtannen gefüttert; man gießt dem Vieh auch seine Milch ein, bedient sich aber seit Kartoffeln gepflanzt werden, mehr dieses Nahrungsmittels. Klee wird, der Bezirk Küßnacht ausgenommen, sehr wenig gebaut. Die Wiesen bringen ihn von selbst in solcher Menge hervor, daß man oft zu glauben versucht wird, manche Wiese sey durch Kunst in ein Kleefeld umgeschaffen worden. Im Bezirke Schwyz wurden auch schon andere Futterkräuter gezogen; doch ersetzen sie im Ganzen genommen den natürlichen Graswuchs nicht, auch soll das Heu an Gewürzhaftigkeit und aromatischen Bestandtheilen jene weit übertreffen. Man findet daher selten Esparsette (Wickenklee) und der Erfolg soll weit hinter der Erwartung der Anbauer geblieben seyn. In der March ist der Boden für die Esparsette allzugut, und wo er etwas steinig ist, wird er der Weinrebe gewidmet; im Bezirke

Küßnacht hingegen wird sie sehr viel gepflanzt, und auch hin und wieder daselbst Raigras oder Rehheu. Im Thale von Schwyz ist die Wiesenbewässerung nicht erheblich und kaum wären einzelne Beispiele aufzuzählen; in der March kennt man sie, aber man bedient sich ihrer nicht. In der Nähe bevölkerter Ortschaften, vorzüglich des Fleckens Schwyz darf der Preis der Juchart Wiesenland, die Gebäulichkeiten einbegriffen, zu 800 und noch mehr Franken angesetzt werden. Sachkundige glauben aber, daß man durchgehends die Juchart nicht höher als zu 300 Franken berechnen könne. Der höchste Preis des Klafters Wiesenland steigt in Küßnacht auf einen Gulden; der niedrigste beträgt einen Franken.

Waldbau.

Wie sehr in ältern Zeiten der Kanton Schwyz mit Waldung bedeckt gewesen sey, beweist der finstere Wald, der die weite Gegend einnahm, in der gegenwärtig das Kloster und die Waldstatt Einsiedeln stehen. Auch soll im Jahr 1036 da wo jetzt Schwyz liegt, beinahe nur Wald gewesen seyn. Noch jetzt besitzt der Kanton viele und große Waldungen. Diese machen neben der Viehzucht den Hauptreichthum desselben aus. Der Flächeninhalt ist nicht bekannt.

Man dürfte sagen, der dritte Theil des Bodens des Bezirkes Schwyz sey mit Waldung bedeckt, obgleich in neuern Zeiten, wie dieß nur zu sehr in die Augen fällt, dieselbe sehr gelichtet worden ist. Die holzreichsten Gegenden sind das Muotathal, Iberg und das Alpthal, die jedoch nicht am besten damit wirthschaften. Aus diesem geht hervor, daß das alte Land für seinen Bedarf Holz im Ueberflusse besitze. — Der Bezirk Einsiedeln hat gegenwärtig wenig Waldungen, in Folge schlechter Waldökonomie und ganz vernachläßigter Holzpflanzung. Die vielen Ziegen, die auf Waldboden frei weiden, entfernen jede Hoffnung eines guten Nachwuchses, und ohne den Torf würde bereits der größte Holzmangel vorhanden seyn. Bauholz von ansehnlicher Größe fangt schon an selten zu werden. Seine Waldungen liegen im Osten und Süden des Bezirkes an den Grenzen der March und der Gemeinde Iberg. — Im Bezirke Küßnacht giebt es einige Corporations-, wenige Privatwälder an der Rigi, auf dem Kiemen und an der luzernerischen Grenze. Er besitzt kaum die Hälfte des erforderlichen Holzes. — Der Bezirk Gersau hat viele Waldungen, die aber sehr ausgelichtet sind. Alle diese Waldungen liegen an der Rigi und sind Allmeindgut; auch Privaten haben kleine Wälder, doch nicht von Bedeutung. Für den gewöhnlichen Bedarf reicht die Gemeindewaldung hin, beträgt aber eine fehlerhafte Behandlung und eine starke Ausfuhr, wie diese noch in den neuesten Jahren Statt hatte, nicht. — Die March hat 45 Wälder von größerm und kleinerm Umfange, deren einige auf 20,000 bis 30,000 Gulden und darüber geschätzt werden. Die Wälder zerfallen in gebannte, ungebannte, Lattenbänne, Hinteregg- und Privatwaldungen. Gebannte Wälder sind solche, in welchen ohne besondere Bewilligung der Obrigkeit kein Holz gehauen werden darf; ungebannte, in denen die Landleute unter festgesetzten Bestimmungen Holz fällen dürfen; Lattenbänne, eigent-

lich mäßige Waldungen genannt, sind solche, wo nur in einem
bestimmten Maße und in beschränkter Zahl Holz gehauen werden darf; in den Hintereggwaldungen durfte bisher ohne Beobachtung eines Maßes, doch unter Beschränkung auf eine bestimmte Zahl von Stämmen, Holz und Latten gehauen werden,
sowie in diesen Waldungen auch die Hinter- und Beisaßen unter verschiedenen Bestimmungen sich beholzten (Holz bezogen). —
Der Bezirk Wollerau hat sehr ansehnliche Gemeinde- und
ausser diesen auch noch beträchtliche Privatwaldungen. „Wäre
die Ausfuhr nicht so stark, und würde der in Menge vorhandene Torf mehr benützt, so könnte auf viele Jahre hier kein
Holzmangel eintreten,“ sagt man in Wollerau, allein dieser
Aeusserung, die man an manchen Orten und schon längst gehört
hat, dürfte man entgegensetzen: Gute Forstpolizei sey das wahre
Gegenmittel und das schonungslose Ausbeuten der Torfgründe
erleichtere die Jetztwelt nur auf Kosten der Zukunft. — Die
Waldungen nehmen im Bezirke Pfaffikon ungefähr den achten Theil des Bezirkes ein.

Nadelwaldungen herrschen, den Bezirk Küßnacht ausgenommen, wo die Laub- und Nadelwaldungen ungefähr gleich
stark sind, überall vor. Unter den Nadelhölzern nimmt die
Rothtanne die erste Stelle ein, und sie macht überhaupt den
vorzüglichsten Reichthum der schwyzerischen Waldungen aus;
im Bezirke Küßnacht allein ist die Weißtanne die zahlreichste
Nadelholzart. Förren und andere Nadelhölzer gedeihen ebenfalls, aber sie sind selten. In Schwyz begann der verstorbene
Landammann Hediger, Lerchen (Pinus larix) zu pflanzen.

Zusammenhängende Laubwaldungen sind selten, und meistens findet sich das Laubholz nur in stärkerm oder schwächerm
Bestande in den Nadelholzwaldungen. Unter dem Laubholz
ist die Buche vorherrschend. Die übrigen Arten sind Ahornen,
Eichen, Erlen, Ilmen, Eschen, Aspen und Birken, doch ist
ihre Zahl nicht sehr bedeutend, insbesondere im Bezirke Schwyz.
Immer mehr vermindert sich das schöne, dauerhafte Ahornholz,
das vorzüglich zu Fußboden gesucht wird. Eichenwaldungen
sind beinahe gänzlich verschwunden, ob sie früher bedeutend waren, wie man hin und wieder behaupten will, ist zu bezweifeln.
Mit Ausnahme derjenigen auf dem Hirzen (Bezirk Wollerau),
die einen Flächeninhalt von drei bis vier Jucharten hat, ist in
der Gemeinde Ingenbohl (am Urmiberge) noch das ansehnlichste Wäldchen, aber auch in diesem machen die Eichen kaum
die Hälfte der Baumstämme aus. Bemerkenswerth und zugleich die Seltenheit der Eiche andeutend ist es, daß in demselben
die Eichen stehend, die übrigen Holzarten hingegen freigegeben
sind. Einzeln stehende Eichen, meistens aus den Umzäunungen
der Matten sich emporhebend, giebt es im Bezirke Schwyz und
in der March noch ziemlich viele. Sie haben sich aber in neuerer Zeit sehr vermindert und scheinen noch seltener werden zu
sollen. Junge Eichpflanzungen finden sich am nördlichen Abhange des Etzels.

Im Ganzen genommen ist der Waldboden mittelmäßig,
theils steinig, theils sumpfig. Die für Waldung geeignetesten
Strecken sind ohne Zweifel zwischen den Gemeinden Schwyz

und Jberg, diejenigen bei Küßnacht der Rigi entlang und einzelne Waldungen in den Gemeinden Altendorf, Galgenen, Schübelbach, Vorder- und Hinterwäggithal.

Auffallende Krankheiten will man in den schwyzerischen Waldungen nicht bemerkt haben. Am verderblichsten ist ihnen die Uebertretung des Gebotes: „Du sollst nicht stehlen." Nächst diesem das sogenannte Harzen oder Harzsammeln. Diejenigen, welche sich mit dieser Erwerbsquelle beschäftigen, schaden den Waldungen ungeheuer. Sie zapfen die saftreiche Tanne in ihrem stärksten Wachsthum an, und saugen ihr die Lebenskraft aus. Nun ist sie gelähmt und allmalig stirbt sie ab. Hin und wieder, namentlich im Bezirke Schwyz, doch nicht häufig, sieht man noch junge abgestorbene Tannen, deren Nadeln ganz roth geworden sind, wahrscheinlich eine Folge starken Frostes, weil es meistens nur einzelne auf Höhen oder an Abhängen stehende sind. Daß die Ziegen oft unberechenbaren Schaden in den Waldungen anrichten, wurde bereits bemerkt. An Gesetzen, Verordnungen und Verboten für die Erhaltung des Forstwesens fehlt es von ältern Zeiten her nicht. Geldnoth, Armuth, Bosheit und die Voraussetzung mit leichter Strafe, wenn auch über dem Frevel ertappt, durchzukommen, machten, wie ein angesehener Mann des alten Landes sich ausdrückt, diese beinahe nutzlos. Ueber die Bannwaldungen im Bezirke Schwyz sind zwar Aufseher bestellt, Bannwalter geheißen; allein die großen dunkeln Forste und die oft schwachen Augen lassen manches verborgen bleiben. Es unterliegt jedoch keinem Zweifel, daß die neuere Zeit den Eigenthümern dieses noch jetzt großen Reichthums die Augen geöffnet habe und Maßregeln herbeiführen werde, die ihr kostbarstes Gut besser bewahren, und künftigen Mangel verhüten werden. — Die Waldwirthschaft des Bezirkes Einsiedeln ist sehr schlecht, das Kloster hingegen arbeitet seit einigen Jahren auf ein besseres Forstwesen hin. — Im Bezirke Küßnacht werden die Privatwaldungen gut besorgt, keineswegs hingegen die Gemeindewalder. — In den Waldungen der March wurde bisher übel gewirthschaftet. Man hauste darin, als wären sie unerschöpflich. Wer Zugvieh besaß, fällte Brenn- und Bretterholz soviel er wollte und führte es weg. Die Staatsumwalzung von 1798 brachte Bedürfnisse herbei, für welche das Land und der Privatmann die Aushülfe in Holzveräußerungen suchten. Der Einwohner ohne Zugvieh stand zurück und man traf mit Unternehmern ein Verkommniß, kraft dessen sie jährlich 2000 Klafter Stocklein liefern und das Klafter dem Landmann zu 3 Gulden 15 Schillingen erlassen sollten. Ueberdieß wurden noch ganze Waldungen verkauft, um die Nationalschuld zu tilgen. Ein früheres Verbot Holz unter 1½ Fuß Durchmesser zu fällen, wurde aufgehoben und das anwachsende Holz nun ohne Schonung niedergehauen. Jedem Landmann sind jährlich 12 Stämme erlaubt, allein nach dem Befinden Sachkundiger wird so viel Holz gefällt, daß man bis 20 Stämme auf den Landmann berechnen kann. Nach der Zahl von 2400 Bürgern ergiebt sich auf diese Weise ein jährlicher Durchschnitt von 48,000 in den Landwaldungen niedergehauener Stämme. Eine ungeheure Menge Holz verfault, weil einige Wälder entlegen, zu andern der Zugang sehr beschwerlich, demnach die Abfuhr mühsam ist. Dort nimmt man den Stamm auf eine gewisse Länge und läßt die Krone und Aeste liegen und verfaulen. Auf diese Weise gehen auch viele tausend Klafter Holz zu Grunde. Doch ist zu hoffen, daß die am 27. Mai 1833 von der Bezirkslandsgemeine angenommene Holzordnung dem Uebel Einhalt thun werde. Ein Auszug folgt aus derselben hier: Der Bezirksrath beaufsichtigt und verwaltet die Landeswaldungen, bestraft die Fehlbaren, führt über diese Verwaltung eine besondere Rechnung und legt sie jährlich der Landsgemeine vor. Er bezeichnet genau die Waldungen, welche gebaunt und nicht gebaunt, und wie die einen sowohl als die andern je nach Bedürfniß der Zeit, des Landes und einzelner Landleute benutzt werden sollen, und übt die Aufsicht, Pflege und Vollziehung durch eine Forstcommission und einen Forstinspector aus, und erwählt zwei der tauglichsten Rathsglieder zu Landeslochnern. Keinem Landmann darf mehr bewilligt werden als

1. für einen neuen Hausbau 25 Stämme
2. „ „ „ Stall 15 „
3. „ geringere neue Gebäude
   oder Ausbesserung von
   ältern, höchstens .... 5 „

Für jeden Stamm Bauholz müssen 20 Schillinge dem Lande bezahlt werden. Der Empfänger solchen Bauholzes muß dasselbe innerhalb zwei Jahren auf den Bau verwenden. Geschieht dieses nicht, so wird dasselbe eingezogen und wenn es nicht mehr vorhanden ist, so muß für jeden Stamm eine Buße von 2 Franken bezahlt werden, u. s. f.

Feldbau.

In frühern Zeiten war der Feldbau weit bedeutender. Beweise hievon sind die vielen Namen von Gütern, die Acker hießen, z. B. in Art: Büelacker, Grabacker, Fallacker, Rothacker u. s. w., welche Benennungen sich bis jetzt erhalten haben, und die vielen Documente, die zeigen, daß Grundzinse von verschiedenen Getreidearten auf den Gütern hafteten (S. 17). Auch meldet noch eine allgemeine Tradition in Zug und Art, daß der Kornpreis in dem Korn- oder Kaufhaus in Zug nicht gesunken sey, bis das Korn aus den Schindlenbächen (eine Gegend am Rigiberg über dem ehemaligen Goldau) dahin gebracht worden sey. Eine Hauptursache des Sinkens des Feldbaues war das Reislaufen, das manche kräftige Hand dem Pflug entzog, die auch nach der Rückkehr sich nicht wieder zu dieser harten Arbeit bequemen wollte. Die Geschichte erzählt uns, daß früher die Regierung selbst den Ackerbau begünstigte, indem sie 1502 beschloß, daß jedem, der Neuaufbrüche machte, die erste Aussaat gegeben werden solle, allein noch am Ende des nämlichen Jahrhunderts erkannte die Regierung: „Niemand soll einen Neubruch auf der Allmeind zum Garten aufbrechen bei 5 Pfund Buße und so einer einen Garten begehrte, soll er vor einer Landsgemeine darum bitten." Auch jetzt stehen der Ausdehnung des Feldbaues viele Hindernisse entgegen. Im Bezirke Schwyz z. B. ist der Boden in den höhern Berggü-

genden nur für Gerste tauglich, in den fetten Bodenwiesen
würde man seine Rechnung nicht finden, was die Versuche einiger thätigen und neuerungslustigen Landbauer sattsam bewiesen haben, ausserdem, daß der Ertrag des Wiesenbaues
reichhaltiger ausfällt, ist der Boden zu locker, mit zu vielen
fetten, animalischen Theilen geschwängert, so daß sich der üppige
Halm nicht aufrecht zu halten vermag, und ihn der leiseste
Wind oder ein Regentag zu Boden drückt; in mittlern Lagen
hingegen würde an manchen Orten Ackerbau vortheilhaft seyn.
Er gedeiht dort sehr gut. Das Getreide wird schwerer als im
Kanton Luzern, weil eine ausgeruhete Erde da ist, die nur
von Zeit zu Zeit aufgebrochen den namlichen Ertrag wieder
liefern würde. Ein Hauptgrund, warum nicht Feldbau stärker
getrieben wird, liegt in der den Hirtenvölkern natürlichen Liebe
zur Gemächlichkeit und in der häuslichen Lebensart selbst. Das
Hirtenleben ist überhaupt einfacher, weniger geschäftsreich als
dasjenige der Ackerleute. Man halt den Feldbau für sehr beschwerlich und fürchtet die Fehljahre.

In den neuesten Zeiten hat er wieder zugenommen. Im Bezirke Schwyz zeigten sich mit jedem Jahre neue Strecken angesäe-
ten Landes. In Art, Schwyz und Ingenbohl, vorzüglich in Steinen, Steinerberg und auch in dem hoch gelegenen Sattel wird
Feldbau getrieben. In letzterm Orte giebt es manche große
Haushaltung, die mehr als ihren Bedarf erzielt. Freilich sind
es meistens nur Gärten von 6 bis 12, zuweilen bis 20 Landklafter (ein Landklafter ist gleich 100 Quadratklaftern), die
der Eigenthümer vornämlich mit Korn und Weizen, auch mit
Gerste, hin und wieder mit Hafer ansäet. Jetzt noch sieht man
in höhern Lagen zur Zeit der Ernte mit bloßer Hand die Aehren
von den noch grünlichten Halmen pflücken, die nachher mit der
Sense gemäht werden. Eine solche Art der Ernte kann nur
auf kleine Getreidepflanzungen Anwendung finden. Ebenso
abweichend ist die übrige Behandlung, denn Tennen und das
Dreschen sind an vielen Orten nicht gebräuchlich. — Im Bezirke Einsiedeln wird, insbesondere an den südlichen Abhängen
der Hügel, mit Vortheil Weizen gebaut. Gerste gedeiht überall
gut, und ist sehr schön und schwer; doch könnte der Feldbau
noch ausgedehnter werden. — In Küßnacht ist das Haupt-
erzeugniß Korn (Spelt). — In der March, deren Thalgrund
seiner natürlichen Lage nach kein Alpengrund ist, sind seit den
Theurungsjahren 1816 und 1817 mehrere hundert Jucharten
dürre gelegener Heide in fruchtbares Ackerland umgeschaffen
worden. Ohne den Wiesenbau zu benachtheiligen, wäre Land
genug, um diese Gegend mit Brot und Mehl zu versehen.
Von Wangen bis über Tuggen hinaus ist eine weit ausgedehnte
Anhöhe, die von Gott bestimmt zu seyn scheint, Wein und
Brot hervorzubringen, einer Menge Welden nicht zu gedenken,
die auf eine unverzeihliche Art verwahrlost da liegen. In der
March sind Spelt, Weizen und Gerste die Haupterzeugnisse,
etwas Türkenkorn wird erzielt, alle übrigen Getreidearten sind
daselbst größtentheils unbekannt, selbst Roggen und Hafer werden nicht gepflanzt. — In den Bezirken Gersau und Wollerau
giebt es einzelne Bauern, die für sich genug Getreide pflanzen.

Wie allenthalben war man auch im Kanton Schwyz anfänglich gegen die Kartoffel mit Vorurtheilen erfüllt. Lange
wollte der gemeine Mann von dieser neumodischen Knolle nichts
wissen, man mußte sogar den Genuß derselben heimlich halten,
so groß war der Abscheu vor dieser geglaubten Giftpflanze.
Erst nach der Mitte des achtzehnten Jahrhunderts lehrte die
Noth ihren Gebrauch und verwandelte den Abscheu in Verehrung. Von einem Gute in Schwyz, wo sie zuerst gepflanzt
wurden, werden sie dort noch Gummeli geheißen. Der Kartoffelbau hat sich seit dem verhangnißvollen Hungerjahre 1817
ungeheuer ausgedehnt, doch reichten im Bezirke Schwyz bis
auf die neuesten Zeiten die Pflanzungen nicht hin und es wurde
alle Jahre aus den benachbarten Kantonen eine große Menge
eingeführt, erst 1833 bedurfte der Bezirk keine von auswärts,
sondern konnte dergleichen in die äußern Bezirke abliefern, was
auch 1834 geschah. In der March könnte der Kartoffelbau noch
sehr erweitert werden. Alle Genossen hatten hiezu Land genug;
allein aus Trägheit oder aus Mangel an Dünger verpachten
einige ihr Land und sammeln dann von Haus zu Haus mit
dem Bettelsack auf dem Rücken Kartoffeln ein. Die thätigern
Genossen gewinnen bis auf 400 bis 500 Viertel, wovon ein
bedeutender Theil für die Schweinefütterung gebraucht wird.
Die ältesten Männer im Bezirke March behaupten, man habe
es einst als etwas Wunderähnliches betrachtet, wenn ein Bauer
40 bis höchstens 50 Viertel einsammelte. In den Bezirken
Wollerau und Pfäffikon werden die Kartoffeln reichlich gepflanzt
und nur selten ist Mangel; der Bezirk Gersau hingegen liefert,
ungeachtet der Kartoffelbau gut betrieben wird, nicht die Hälfte
des Bedürfnisses.

Andere Wurzelgewächse, wie weiße und gelbe Rüben, Ci-
chorienwurzeln werden in weit geringerm Maße, doch mit
glücklichem Erfolge, insbesondere in der March gebaut. Flachs-
bau ist in den Bezirken Einsiedeln und Schwyz häufig, vorzugsweise in den Berggemeinden des letztern, wo diese Pflanze
weit besser reift und gedeiht als der Hanf; umgekehrt verhält
es sich in den mildern und tiefern Lagen des Bezirkes, hier
hat der Hanf den Vorzug. Am stärksten ist der Hanfbau in der
March. Geringere Bauern säen ungefähr 100 Klafter Landes
damit an und erhalten 20 Pfd. reine Riste und 25 Pfd. Werg
(Abgang), die reichern aber bepflanzen bis auf 200 Klafter.

Oelgebende Pflanzen finden allmälig Aufnahme. Schon
sieht man (z. B. im Bezirke Schwyz) hin und wieder in den
Niederungen Garten durch Lewat (Reps) vergoldet, freilich
sind es noch kleine Felder. Auch etwas Mohn wird gepflanzt;
bis jetzt aber wurde immer, insbesondere in den bergichten
Theilen, das Oel meistens aus dem Flachssaamen gewonnen.
Auch aus Buchnüssen wird (im Bezirke Küßnacht) ziemlich Oel
gepreßt.

Haue, Hacke und Schaufel sind die Ackergeräthschaften.
Der Pflug ist nirgends eingeführt. Einige Bauern um Schwyz
und in der March fangen an, die Vortheile des Pfluges einzusehen, die letztern aber ziehen es vor, Pflug und Ochsen vom
andern Seeufer, z. B. von Bußkirch kommen zu lassen. —

Der gewöhnliche Dünger ist Kuh-, Pferde- und Schweinmist. Die Jauchebehälter bei den Viehställen werden immer häußger.

Obstbau.

Wie allenthalben üben auch im Kanton Schwyz climatische Einflüsse und der Boden einen bedeutenden Einfluß auf den Obstbau aus. In Einsiedeln gedeihen im Freien in besserer Lage noch Kirschbäume, leiden aber oft durch Frost. Nur im Kloster wird an Spalierbäumen Kernobst gezogen. In Iberg giebt es keine Kirschbäume mehr. Im Hinterwäggithal trifft man noch beim Pfarrhause einen Birnbaum an, der schöne Früchte trägt. Soweit der Obstbaum im Kanton noch gedeihen kann, nimmt die Anzahl der Bäume von Jahr zu Jahr zu, und in einzelnen Strecken bilden sie Waldungen, namentlich um Schwyz und in der March. In Beziehung auf den Obstbau steht die March mit Zug und Baar in der gleichen Reihe, nur daß dort die Bäume noch mit mehr Sorgfalt beschnitten und gereinigt werden. Die March ist bis an die Hälfte der Berge gleichsam ein Obstgarten. Im Frühjahr ist das Land wie mit einem weißen Flore bedeckt. Der Anblick ist dannzumahl ausnehmend reizend und ein Wohlgeruch verbreitet sich über die ganze paradiesische Gegend. Im Bezirke Schwyz übersteigt der Anbau des Kernobstes weit denjenigen des Steinobstes, in Küßnacht und der March hingegen halten sich das Kern- und das Steinobst das Gleichgewicht. Es giebt in der letztern manche Strecken, wo auf einer Juchart Land in einem Monat 80 bis 100 und noch mehr Viertel Kernobst eingesammelt werden. Eine große Zahl Bauern haben ihre Wiesen mit Bäumen so besetzt, daß sie 1500 bis 2000 Viertel, oder wie man in der March sagt, 200 Röhrli (Salzfäßchen) Aepfel und Birnen gewinnen. Auch giebt es solche, die in fruchtbaren Jahren, bis auf 800 und 1000 Viertel Zwetschgen und 300, 400 bis 500 Viertel Kirschen einernten. In der Aepfel- und Birnpflanzung dürfte im Kanton Schwyz auf Veredlung mehr Bedacht genommen werden; allein wie im Kanton Zürich, hat man jetzt meistens mehr als früher die Menge als die Güte im Auge. Man wählt häufig Bäume, die gerne und frühe Früchte bringen und die ihrer Zärte wegen nicht durch jeden Frost oder kaltes Lüftchen Schaden leiden. Ein bedeutendes Quantum Obst wird gedörrt, und jeder Bauer bewahrt im Keller soviel Obst auf, daß er während des Winters für die Küche Aepfel genug hat. Alles geringere Obst wird zu Most und Branntwein benutzt. Mancher Bauer z. B. in der March gewinnt 400, 500, 800 und noch mehr Maß Branntwein. Die Nußbaume erscheinen überall, wo die Lage ihren Anbau nur gestattet, doch ist nur zu gewiß, daß ihre Zahl stark abgenommen hat, indem mancher Gutsbesitzer theils wegen des Schadens, den der Nußbaum in seinen nächsten Umgebungen durch Schatten und Wurzeln den Pflanzungen verursacht, theils wegen des Mißwachses mehrerer Jahre, theils aus Geldnoth (weil das Nußbaumholz in hohem Preise stand), diese schönen Bäume umhauen ließ. In einem Klosterhofe von Einsiedeln steht der einzige Nußbaum des Bezirkes. 1834 trug er Früchte. Baumschulen findet man, diejenige in Galgenen ausgenommen, nicht, denn einige kleine Anlagen an günstigen Stellen sind als bloße Versuche neuerer Zeit nicht der Anführung werth.

Gartenbau.

Küchengewächse werden gezogen, doch kaum für den Bedarf hinreichend, obgleich dieser klein ist. Das Lieblingsgewächs ist die Kartoffel und ihr steht alles nach. Im Bezirke Einsiedeln ist die Küchengärtnerei außerhalb des Klosters sehr sparsam. Dem Abt Ulrich von Einsiedeln hat man es zu verdanken, daß gegen das Ende des sechszehnten Jahrhunderts angefangen wurde, die sumpfigern Theile der Allmeinde mit Gemüse zu bepflanzen. Wenig geschützt durch das nahe Gebüsch vor dem kalten Hauche des Nordwindes wachsen bei Maria zum Schnee Salat und Kohlpflanzen. Kartoffeln gedeihen auf dem Rigikulme. Erstere gab es schon in Menge, aber sie waren klein. Einzelne Blumenliebhaber giebt es, auch hin und wieder in einem Garten oder Hause z. B. um den Hauptort des Kantons und im Bezirk Wollerau schöne Pflanzen; eigentliche Anlagen hingegen, welche die Aufmerksamkeit des Fremden fesseln können, fehlen.

Weinbau.

Die erste Spur von Weinbau im Kanton Schwyz finden wir gegen das Ende des zwölften Jahrhunderts, wo Werner II. von Einsiedeln einen Weinberg auf Lugaten unter dem Etzel, an dem Orte, der noch jetzt Weingarten heißt, anlegte. Ob in ganz frühen Zeiten im alten Lande solcher vorhanden war, wie Einige aus Namen der Güter, z. B. Weingarten u. s. f. zu behaupten suchen, ist nicht zu erörtern. Im Anfange dieses Jahrhunderts gab es noch zwei kleine Weinhügel am Urmiberge, einem Fuße der Rigi. Der Wein aus denselben soll im Jahre 1811 vortrefflich geworden seyn, doch verwilderten sie immer mehr, bis sie endlich ganz verschwanden. Weinreben ranken hier und da an den zahlreichen Wohnungen und ziehen sich weit hinauf bis an den Giebel der Dächer, und in einzelnen Jahren, wie 1834, reifen die Trauben früher als in den Weingegenden. Im Bezirke Schwyz würden sich viele Gegenden zum Weinbau eignen, allein ein wichtiger Feind desselben ist der Süd- oder Föhnwind, der oft schon im März und April die zarten Träubchen hervortreibt und dann nach seinem Rückzuge dem wiederkehrenden Nordwind preisgiebt. An einzelnen Häusern und in einigen Gärten sind im Bezirke Gersau Weinrebengeländer, die im Jahre 1834 vortreffliche Trauben lieferten. — In Einsiedeln giebt es nirgends Weinreben. Vergebens machte man im Kloster Versuche. — Seit 1817 ist in Küßnacht alles Weinland in Ackerland verwandelt worden, weil die Bauern vom Wein den Zehnten geben mußten, vom Korne und Heu hingegen nicht, vielleicht auch wegen der lange auf einander folgenden schlechten Weinjahre. — In der March wird in Wangen, Tuggen, Fuchsenroos (Gemeinde Galgenen), bei St. Johann (Gemeinde Altendorf) und weiter unten gegen die Lindweid Weinbau getrieben.

Man berechnet die Zahl der Jucharten nur auf 40 bis 45, denn nahe am Zürchersee liegen gegen Oft sich senkende Abhänge, die im Kanton Zürich schon langst mit Weinreben bepflanzt wären, jetzt aber dicht mit Farrenkraut bewachsen sind. 1834 mag sich der Ertrag der Weinlese wenigstens auf 1200 Eimer belaufen haben. — Im Bezirke Pfäffikon wird Wein in größerer oder kleinerer Ausdehnung in Freienbach, Leutschen, Horden, Weingarten, Thal, Lugenten, Halden und Stalden gebaut. — Wein wäre im Bezirke Wollerau für den innern Bedarf hinreichend vorhanden, wenn keine Ausfuhr seyn würde. — Die Eigenschaft dieser Weine ist von der Art, daß sie den bessern am Zürichsee nichts nachgiebt. Die Güte des Weiler- und Leutschenweines ist bekannt. Die Rebe wird auf die nämliche Weise behandelt wie daselbst, nur erhält sie nicht soviel Dünger, liefert aber darum auch eine bessere Qualität als viele Zürcherseeweine. Unter dem Preise von 6 bis 6½ Neuthalern ist 1834 in Wangen wenig Wein verkauft worden. Man gewinnt weißen und rothen Wein, letztern größtentheils aus Clevnertrauben. Die Weinlese beginnt zu nämlicher Zeit wie diejenige am Zürichsee.

Bienenzucht.

Beinahe ist es unerklärbar, daß diese Zucht in einem blumenreichen Lande, wo man an manchem Orte Leinöl gewinnt, das Wasser nirgends fehlt, die Anhöhen von Waldungen gekrönt sind, nicht besser geehrt wird. Es giebt zwar hin und wieder Partikularen, die einen Werth darauf legen, zwanzig bis dreißig Schwärme in Körben zu besitzen, im Ganzen aber wird dieser Nahrungszweig zu sehr vernachläßigt. Im Bezirke Schwyz haben vor mehrern Jahren einige kalte Winter sehr verderblich auf dieselbe eingewirkt. Merkwürdig ist es, daß in den Berggegenden mehr Sorgfalt als in den Ebenen auf sie verwendet wird.

Jagd.

Die Jagd ist ganz frei, und nur für die Zeit zwischen der alten Fastnacht und Jakobi verbothen, allein der beinahe gänzliche Mangel an Gewild und die rauhen Berge machen sie an manchen Orten einer Strafarbeit gleich. Raubthiere giebt es nicht, nur selten verirrt sich ein Luchs oder Bär in den Kanton Schwyz. Man lauert sorgfältig auf sie, wenn Spuren von ihnen bemerkt werden. Gemsen sind nicht mehr zahlreich. Am meisten finden sich noch solche auf den Waggithaler Gebirgen.

Fischerei.

Die Fischerei ist im Bezirke Schwyz ganz frei, nur ist das sogenannte Dötschen verboten (es besteht darin, daß man in Bächen oder Flüssen die Fische ganze Strecken weit gewaltsam in Garne [Bären] jagt und sie so ausrottet). Im Bezirke Gersau haftet auf der Balchenfischerei, welche vom 20. November bis zum 8. December jeden Jahres dauert, ein Capital von 400 Gulden; die Trüschenfischerei ist für ungefähr 6 bis

6 **

7 Gulden vermiethet. Sonst ist die Fischerei frei. Im Bezirke Küßnacht ist das Fischerrecht im Vierwaldstättersee ein Capitaleigenthum, in den Bächen hingegen frei. Im Bezirke Einsiedeln ganz frei, es wird sogar zur Laichzeit gefischt. Im Bezirke March ebenfalls frei, nur nicht langs zweier Güter bei Nuolen. In den Bezirken Pfäffikon und Wollerau ist der Fischfang beinahe ganz frei.

Bergbau.

Etwas Steinkohlen werden auf dem Schutt, den Bergtrümmern von Goldau, gegraben, doch kaum der Erwähnung werth. Eine Braunkohlengrube ist bei Wangen eröffnet. Früher war in Lowerz eine Eisenhütte und ein Schmelzofen in Thätigkeit gewesen. Spuren von Eisenerz trifft man jetzt noch häufig der Insel Schwanau gegenüber an. Es wird aber nicht ausgebeutet, und dieß dürfte sich wahrscheinlich kaum der Mühe lohnen.

Manufakturen und Handwerke.

Ein gründlicher Kenner des Kantons Schwyz drückt sich über die frühere Gewerbsthätigkeit folgender Maßen aus: „Was Kurzsichtige als das größte Glück des Landes priesen, war eine Ursache großen Unglückes, nämlich die seit 60 und 70 Jahren über die östliche Schweiz mehr oder weniger sich verbreitenden Manufaktur- und Fabrikarbeiten. Die Handspinnerei beschäftigte in unsern Thälern tausend Hände, und bis in die Alpenhütten hinauf traf man Seiden- und Baumwollenspinner an. Diese Spinnerei verdrängte alle sichern, freilich nicht so leichten und damals auch nicht so gewinnreichen Arten des Verdienstes, insbesondere die Cultur des Bodens. Der Erwerb durch die Spinnerei war leicht, er bedurfte keiner Kraftanstrengung und schmeichelte der so süßen, liebgewonnenen Trägheit. Im Sommer am kühlen Schatten, im Winter beim warmen Ofen in unterhaltender Gesellschaft Seide oder Baumwolle zu spinnen, vorzüglich zu einer Zeit, wo man für ein Pfund Seide 18, 19 bis 20 Batzen und für einen Schneller Baumwollengarn 6 bis 12 Kreuzer zahlte, war schon des Gewinnes wegen eine einladendere Beschäftigung als die Feldarbeit. Die Tagelöhner verschanzten sich hinter das Rad und den Haspel und nur übertriebener Taglohn vermochte sie etwa an die Sonne zu locken. Man verließ also den Feldbau, der mit der Viehzucht in unsern Gegenden im besten Einklange seyn sollte, und zwar so sehr, daß die Theuerung von 1771 uns sehr unsanft aufweckte, da sie uns den Mangel und die Vernachlässigung des Feldbaues nur zu bitter fühlen ließ. Von dieser Zeit an beschäftigte man sich wieder etwas mit dem Anbau des Bodens; doch ungerne machte man sich mit der härtern Arbeit vertraut und nur kleine Stücke wurden angepflanzt. Es ist außer Zweifel, daß der Feldbau vereint mit der Viehzucht ein Volk ökonomisch physisch und moralisch kräf-

tig und gesund erhält, wenn die geistige Bildung dabei nicht
vernachläßigt wird, denn der Feldbau ist es, der in den Zeiten
des Krieges, der Stockung der Gewerbe und des Handels ein
Volk allein vor Hunger und Elend schützen kann. Er bringt
zwar nicht schnell Reichthum, aber er sichert vor Armuth, schützt
ein Land vor Abhängigkeit vom Auslande, erhalt die Kraft
des Staates, den Mittelstand, verhindert Uebervölkerung, vertheilt gleichmäßiger die Nahrung und gewahrt Selbstständigkeit
und Freiheit. Der leichte Gewinn, den die Spinnerei gab,
und die Vernachläßigung des Feldbaues führten ein anderes
Uebel herbei, die selbstgepflanzten Lebensmittel, der selbstgezo-
gene Hanf und Flachs verschwanden, das Dörren des Obstes,
das in frühern Jahren ein Rettungsmittel gegen Mißwachs
und Hungersnoth war, wurde aufgegeben und durch Kaffee,
Most und gebrannte Wasser verdrängt, so geschah es, daß im
Herbst die wenigen gesammelten Früchte in die Mostkelter und
in die Brennhütten wanderten. Es ist nicht zu läugnen, daß
sich einige wenige dabei bereicherten, aber um so tiefer sank
die Mehrheit. Die selbst gepflanzten und gesponnenen Zeuge
zu unsern Kleidern, die mit der edeln Einfalt der Sitten unserer hochgepriesenen Väter so schön harmonirten, wurden mit
Flitterstaat vertauscht, und so mußte das Ausland alles liefern.
Diese neue Lebensart erzeugte Schwänke, Rohheit, Sittenlosig-
keit und Ausschweifungen mancher Art. Die Schule wurde vernachläſſigt, denn die Kinder mußten spinnen, der christliche
Unterricht versäumt, denn man wollte sich doch am Sonntag
erholen und sich gütlich thun. Die Zahl der Krambuden,
Wirths = und Schenkhäuser vermehrte sich auffallend, Spiel
und Tanz fraß den Ueberrest. Viel Volk in einem Lande,
wenn es sich ernähren kann, ist ein Glück; aber was für einen
Werth für den Staat hat ein Bettlervolk? Als nun auf einmal anstatt der Hande die Wasserräder zu spinnen anfingen
und die sinnreiche Erfindung der Maschinen vielen Tausenden
das Brot vor dem Munde wegnahm, erwachten die armen
Spinnerfamilien von ihrem geträumten Wohlstande schrecklich
auf; und viele wurden in die traurigste Lage versetzt und ge-
zwungen, den Bettelstab zu ergreifen. "
    Gegenwärtig hat der Kanton Schwyz wenige Manufaktu-
ren. Die bedeutendsten sind in Gersau. Bis auf das Jahr
1760 war dieser Ort ohne Handelschaft. Einige Seidenkämm-
ler und Kämmlerinnen bezogen ihren Verdienst von Luzern
und Schwyz. Während daß ein Seidenhandel, den der sogeheißene kleine Reding in Schwyz, ein reicher Mann, begonnen
hatte, wieder einging, hob sich von 1762 an in Gersau die
Seidenmanufaktur. Melchior Kammenzind vom Ruchenberg,
Landschreiber Andreas Kammenzind, Anton Küttel, Joseph
Maria Kammenzind, Caspar Kammenzind und Johann Georg
Küttel kauften rohe Seide in Italien an, und eröffneten mit
den Baselschen Häusern, Wiß, Legrand, Burkard, Hofmann u.
s. f. mit mancherlei Floretarbeiten lebhaften Verkehr. Pater
Robert Kech, Probst zu Bellenz, leistete vieles zum Aufblühen
dieses Handels, und aus Einsiedeln, wo Beatus Küttel 1780
zur Abtswürde erhoben wurde, empfing man Unterstützung. In
Basel erhielt man großen Credit. Bald erhoben sich die Häu-

fer Kammenzind und Küttel zu bedeutendem Vermögen. Ansehnliche Gebäude wurden aufgeführt und die Industrie von Gersau dehnte sich über die umliegenden Gegenden aus. Gleich vor der schweizerischen Staatsumwälzung war dieser Verkehr auf seinem höchsten Punkte, und Landeskundige schätzen das damalige Vermögen der Gersauer auf zwei Millionen Gulden. Noch jetzt beschäftigt sich die Hälfte der Einwohner mit Floretarbeit. Auch wird Seide zur Verarbeitung nach Schwyz, Uri, Engelberg und in andere Gegenden Unterwaldens gegeben, hingegen beziehen einige Handelsleute Seide von Zürich und theilen sie in Gersau zum Kammeln aus. Die gersauischen Fabrikate gehen nach Basel, Frankreich, Teutschland, Italien und sogar in die Barbarei.

Im Bezirke Schwyz ist die einzige Manufaktur die Seidenspinnerei in Brunnen, die einer Gesellschaft von Gersau gehört und ungefähr 150 bis 200 Arbeiter beschäftigt. Im Bezirke Küßnacht geben sich wenige Personen mit Seidenspinnen ab. In Einsiedeln befindet sich eine Baumwollenspinnerei an der Alp, die einem Herrn Wyß von dort angehört. Im Kloster ist eine Tuchfabrik und Färberei vorzüglich für den eigenen Bedarf eingerichtet. In der March sind eine Spinnerei in Nuolen (sie ist unbedeutend und beschäftigt nicht mehr als etwa 20 Menschen) und in Sibnen eine Baumwollenweberei mit 50 Stühlen. Eine reiche Wasserleitung, welche aus der Aa durch den südlichen Theil von Wangen nach Nuolen geht, wird nur wenig benutzt, ungeachtet eine Reihe von Spinnereien dadurch in Bewegung gesetzt werden könnten. Im Bezirke Pfäffikon giebt es keine Manufakturen. Im Bezirke Wollerau sind in Bäch eine große Spinnerei und eine Papiermühle. In der Hürlimannischen Indiennedruckerei in Richtensweil findet ein bedeutender Theil der ärmern Classe ihre Nahrung.

Die übrigen Industriezweige sind im Bezirke Schwyz: Drei Färbereien, wovon die in Schwyz ziemlich bedeutend ist, Oelpressen in Schwyz, Tabaksstampfen, Hanfreiben, Bleichen (doch sind diese letztern Gewerbe weder von besonderer Wichtigkeit noch Auszeichnung), 2 Ziegelbrennereien in Schwyz und am Rothenthurm, die von ihren Verarbeitungen ziemlich viel ausführen, mehrere Kalköfen, zwei Pulvermühlen, zu Schwyz und Brunnen, zwei Wollhutfärbereien in Schwyz, die ziemlich gute und feine Hüte liefern, eine Bierbrauerei in Seewen und in Schwyz die Buchdruckerei von Joseph Thomas Kälin. Sie liefert schöne Drucke. Im Bezirke Gersau eine Bierbrauerei, eine Potaschensiederei, eine Gerberei mit einer Lohstampfe, eine Oelmühle, mehrere Ciderkelter, Seidenfeulen, zwei Seidenabsiedereien, drei Ziegelhütten und eine Schiffhütte (Schiffbauwerkstätte). Im Bezirke Küßnacht eine Bierbrauerei, eine Wachsbleiche und zwei Ziegelhütten. Im Bezirke Einsiedeln zwei Schleifen, vier Tabaksrapien an der Alp und zwei Lohstampfen. Im Flecken befinden sich fünf Buchdruckereien *),

---

*) Vor 1798 besaß einzig das Kloster Einsiedeln einige Buchdruckerpressen. Nach dem Ueberfalle der Franzosen und als

die Privateigenthum sind und sieben Pressen, beinahe ausschließ
lich mit Auflagen katholischer Gebet - und Erbauungsbucher beschäftigen, welche vorzüglich in teutscher, viele aber auch iu
franzofischer und einige in lateinischer, italienischer und rhäti-
scher Sprache gedruckt werden. Die Gebrüder Carl und Nikolaus Benziger besitzen drei Pressen und geben noch zwei andern Buchdruckereien Arbeit. Sie befassen sich aber nur mit
dem Buchhandel katholischer Gebetbücher, theologischer und Jugendschriften, und beschäftigen dadurch 25 Buchbinder mit ihren Familien; die zierlichen und dennoch wohlfeilen Einbände
ihrer Bücher, ihre Steindruckbilder und Devotionalienartikel
finden starken Verkauf am Orte selbst und durch Hausirer und
Kramer bedeutenden Absatz im Auslande. Von der Stein-
druckerei in Einsiedeln ist zu hoffen, sie werde durch die Söhne
des gegenwärtigen Besitzers auf eine höhere Stufe gebracht
werden. In der March sind eine Kalk - und Ziegelbrennerei
überhalb Lachen, und zwei Oelkelter in Sibnen und Lachen.
Das Ziegerkraut, dessen man sich bei Zubereitung des Glarner
Schabziegers bedient, wird in der March häufig gepflanzt. Zu
Lachen allein ist schon in einem Jahre für 4000 Gulden von
diesem Kraute verkauft worden. Aus der Verfertigung weißer
Knöpfe aus Ochsen - und Kuhknochen ernähren sich in Lachen
8 Haushaltungen und noch mehrere andere außer diesem Flecken.
Im Wäggithale werden jährlich für eine ansehnliche Geld-
summe Wetzsteine verfertigt. Auch gewinnen in der March mehrere Familien aus der Verfertigung von weißen und schwarzen
Strohhuten ihr Brot. Die schönen Sandsteinbrüche in Freyen-
bach und Pfaffikon, welche viele Hände beschäftigen, bringen
jährlich einen beträchtlichen Gewinn.

Im Kanton Schwyz giebt es 42 Getreidemühlen und 75
Sägemühlen. Selten steht eine dieser letztern still.

Getreidemühlen		im Bezirke		Sägemühlen
17	im	Bezirke	Schwyz,	30
3	„	„	Gersau,	3
4	„	„	Küßnacht,	3
6	„	„	Einsiedeln,	22
6	„	„	March,	10
2	„	„	Pfaffikon,	2
4	„	„	Wollerau,	7
42				77

Die meisten Handwerke werden getrieben, doch nur in
wenigen wird etwas vorzügliches geleistet. Nach den Registern
der zünftigen Meister giebt es in Einsiedeln:

31 Schuster,	11 Schlächter,	4 Glaser,
23 Schneider,	7 Bäcker,	4 Weber,
15 Zimmerleute,	4 Maurer,	4 Klempner,

das Kloster verlassen war, errichteten Benziger und Eberli
in Einsiedeln eine Druckerei. Später trennten sie sich,
und jeder legte für sich eine an. In den letzten Jahrzehenden stellte Xaver Brönner aus Baiern zuerst in
Brunnen und nachher in Schwyz eine kleine Presse auf,
welche Hr. Kälin übernahm und sehr vervollkommnete.

8 Ziegelbrenner,   2 Nagelschmiede,   2 Töpfer,
2 Gerber,   2 Drechsler,   1 Büchsenschmied,
2 Böttcher,   2 Hutmacher,   1 Seiler,
2 Kaminfeger,   2 Strumpfweber,   1 Stellmacher.
2 Steinmetzen,

Es giebt aber von diesen und andern Handwerkern in Einsiedeln noch viele, die vermöge der Gewerbsfreiheit den Zünften nicht beigetreten sind, so Schlosser, Schmiede, Kürsner, Flachmaler, 30 Buchbinder u. s. f.

Handel.

Der Handel besteht in dem Verkaufe von Pferden, Rindvieh und kleinem Vieh, den Erzeugnissen der Viehzucht, Holz und wenigen Manufakturartikeln. Für den Transit ist der Kanton Schwyz beinahe abgeschnitten, nur von den Ufern des Zurchersees über den Sattel nach Brunnen findet ein solcher Statt, doch ohne wichtig zu seyn.

Die Ein- und Ausfuhrartikel fassen wir in folgender Uebersicht zusammen:

Produkte der Viehzucht.

Einfuhr.

Mastvieh, insbesondere nach Einsiedeln. Im Frühling, wird um den Forderungen der Italiener desto besser entsprechen zu können, auch aus den Kantonen Zürich und Zug junges Vieh angekauft und vollends groß gezogen.

Ausfuhr.

Weil das Vieh meistens von einem guten Schlage ist, und durch das Leben im Freien auf den Alpen von der Mitte des Mai bis am Michaelstag nicht nur bei schöner Witterung, sondern auch bei Regen und Sturm, wo es nur unter großen Tannen Schutz findet, sehr dauerhaft und kräftig wird, so ist dasselbe sehr gesucht. 4000 bis 5000 Kühe gehen jährlich aus dem Kanton Schwyz, der größere Theil aus dem Bezirke Schwyz, nach dem Kanton Tessin, der Lombardei und dem Piemontesischen, und 200 bis 300 Stücke nach Teutschland, oft bis in sehr entfernte herrschaftliche Güter, auch in Frankreich, und bis nach Ungarn. Nicht selten werden auch Zuchtstiere ausgeführt *).

*) Im Jahr 1826 wurden bis zum 25. October aus dem Kanton Schwyz durch Einwohner desselben und durch Angehörige des Kantons Tessin 1046 Kühe und 41 Zuchtstiere

Einfuhr.

Ausfuhr.

Einheimische und Italiener treiben diesen Handel. Man beschlagt das Vieh, damit es sichern Trittes über den Gotthard gehe. Die verbesserten Straßen können diese Vorsicht überflüssig machen. Die Ausfuhr geschieht, gewöhnlich nach Michaelis zur Zeit des Lauser Marktes und auch noch während des Winters *). In der Regel wird gegen baares Geld gehandelt; doch sind schon oft Verkaufer, die Credit gaben, in großen Schaden versetzt worden. Bisweilen wird die Bezahlung auch darum zurück gehalten, weil des Käufer Mißtrauen gegen den Verkäufer nährt. Diese Ausfuhr ist so bedeutend, weil in den genannten italienischen Gegenden nicht viel Vieh groß gezogen wird. Für den Verkaufer ist sie von der größten Wichtigkeit, weil in derselben der Haupterwerb des Bauers oder Viehbesitzers liegt. Kenner des Landes sprechen sich mit Ungewißheit über die Schatzung des Betrages dieser Viehausfuhr aus; doch möchte er bis auf 1,200,000 Franken steigen.

Die Ausfuhr von Pferden ist, insbesondere aus dem Be-

nach Italien getrieben, durch Italiener selbst 483 Kühe und 18 Zuchtstiere.

*) Der freien Ausfuhr des Viehes nach Italien stellten sich bisher die Behörden des Kantons Schwyz entgegen und suchten dieselbe auf den Herbst zu beschränken, theils weil die Händler dadurch weniger genöthigt werden, ihr Bedürfniß in der Schweiz zu suchen, theils weil die große Concurrenz die Preise herabdrücke, theils auch weil der fortgesetzte Handel im Winter und Frühling das junge Vieh zum Nachtheil der Zucht aus dem Lande ziehe. — Man sollte glauben, der allgemeine Vortheil des schwyzerischen Viehhandels nach Italien werde erreicht, wenn die vorliegenden nicht allzusehr dahin streben, die rückwärts liegenden von sich abhängig zu machen und von den bessern Vortheilen des Handels auszuschließen, die letztern hingegen nicht immer den erstern voranzueilen suchen.

Einfuhr.   Ausfuhr.

girte Einsiedeln, ziemlich stark
nach Italien.

Schafe werden im Spät-
jahre größtentheils in den Kanton Zürich ausgeführt, wohin
sie, das Stück um 8 bis 9 Schwyzergulden, zum Abschlachten verkauft werden.

Ziegen, meistens nach dem
Kanton Zürich.

Schweine, nach den Kanto-
nen Zürich, St. Gallen, Schaffhausen u. s. f., auch etwas nach
Zug. Schon wurde die zwar
kaum haltbare Behauptung gewagt, die Schweineausfuhr
steige auf den halben Werth
der Hornviehausfuhr.

Ungefähr 1500 Stück oder
400 Centner Käse werden jährlich allein in den Bezirk Einsiedeln eingeführt.

Weit bedeutender ist aber
die Ausfuhr. Sie geht theils
nach Teutschland, theils auch
in die benachbarten Schweizer-
kantone.

Butter wird sehr viel aus den
benachbarten Kantonen bezogen; Einsiedeln ungefähr 30,000
Pfund; in Gersau bezieht man
sie von Altorf, im Bezirke Küßnacht von Luzern und Zug;

doch wird auch von Gersau und
Küßnacht Butter in großer
Menge nach Luzern und Zug
zu Markte getragen.

Produkte des Landbaues.

Der Bezirk Schwyz kann eine
ziemlich bedeutende Menge Holz
ausführen, und leicht dürfte bei
einer besser eingerichteten Forst-
wirthschaft die Ausfuhr sich noch
beträchtlich vermehren. Wegen
des höhern Werthes und des
leichtern Transportes ist die
Ausfuhr des Bretterholzes bedeutender als diejenige des

Einfuhr.   **Ausfuhr.**

Brennholzes. Es geht in die Kantone Luzern, Zug und Zürich, in diesen letztern ungefähr die Hälfte. Aus dem Bezirke Gersau geht das Holz meistentheils nach Luzern und auf der Reuß in den Kanton Aargau.

...ezirk Küßnacht bezieht sie seines Holzbedarfes ...zen aus Uri und Unter...

Aus dem Bezirke Einsiedeln wird viel Holz ausgeführt. Man rechnet die Ausfuhr auf 150,000 Stück Bretter, 1100 Dachlatten und 3000 Klafter Scheiter. Brennholz wurde früher nicht ausgeführt. Aus der March geht insbesondere in den Kanton Zürich noch jetzt ein sehr bedeutendes Quantum Holz, sowohl 3 Fuß lange Holzblöcke, als Bretter. Aus den Bezirken Pfäffikon und Wollerau geht die Holzausfuhr nach dem Kanton Zürich, aus dem letztern Bezirke vornehmlich Bauholz. Kohlen, 400 Fuder aus dem Bezirke Einsiedeln.

...ide und Mehl. Ein ...rner behauptet, von ...arkten in Zürich, Zug ...ern kommen wenigstens ...tt Getreide wöchentlich ...anton Schwyz. In den ...insiedeln werden allein zwischen 8 und 9000 ...ugeführt. Man bezieht ...treide auf den Korn... ...Zürich, Luzern und ...diese drei Orte werden ...Beschaffenheit der Zu... ...b der Preise gleich stark ..., auch von dem Korn... ...in Rapperschweil und ...n demjenigen in Ror...

Kartoffeln werden aus dem Bezirke Küßnacht auf den Markten von Luzern und Zug

Einfuhr.

Ausfuhr.

verkauft. Früher wurden auch solche aus dem Bezirke Einsiedeln in den Kanton Zürich ausgeführt.

Gemüse in den Bezirk Schwyz, Einsiedeln u. s. f.

Viele tausend Viertel Obst (hauptsächlich Gedörrtes) geht, insbesondere aus der March in den Kanton Zürich, auch nach Glarus und selbst in das Ausland (Holland und Italien).

Cider, z. B. aus dem Bezirke Küßnacht nach Uri.

Die Einfuhr des Branntweins in den Bezirk Einsiedeln kann nicht genau angegeben werden; doch erscheinen auf den Ohmgeldlisten bis 12,000 Maß, wovon ein Theil aus dem Bezirke Schwyz, das übrige aus den Kantonen Zürich und Zug bezogen wird;

Branntwein geht aber auch in großer Menge aus dem Kanton.

Weine aus dem Kanton Zürich, aus Piemont, aus dem Veltlin, aus dem Waatlande, aus dem Großherzogthum Baden u. s. f. In den Bezirk Einsiedeln werden allein jährlich 1600 bis 2000 Eimer (meistens Zürcher Weine) eingeführt. Bier, 3 bis 500 Eimer in den Bezirk Einsiedeln.

Heu, viele hundert Centner aus dem Bezirke March in den Kanton Zürich.

Sträue in bedeutender Anzahl aus demselben Bezirke ebendahin.

Produkte des Mineralreichs.

Der hauptsächlichste Einfuhrartikel ist, wie leicht zu begreifen, das Salz. Früher bestand ein Tractat mit der Krone

Einfuhr.

Baiern, später auch einer mit Baden und überdieß wurde noch würtembergisches Salz bezogen. 1828 ging der Tractat mit Baiern zu Ende und das Salz wurde von den Salzhändlern von Sulzer-Wart, Eduard Pfyffer und Herzog von Effingen nach Bedürfniß ohne Verbindlichkeit bezogen. Während der Trennung des Kantons schloß Herr Landammann Melchior Diethelm in Lachen im Namen des äußern Landes Schwyz mit Eduard Pfyffer einen Tractat, welcher seither auf den ganzen Kanton überging. In den 17 Monaten vom December 1833 bis Ende April 1835 bestand der Verkauf in 2021 Fässern. Nächstens wird entschieden werden, ob man wieder Salzverträge schließen, und in diesem Falle mit welchen Salinen man eintreten wolle?

Die übrigen Einfuhrartikel sind Eisen, Blei, Kupfer, u. s. f.

Ausfuhr.

Torf in nicht unbedeutender Menge. So z. B. werden aus dem Bezirke Einsiedeln 3000 Klafter Torf in den Kanton Zürich ausgeführt.

Bausteine aus dem Bezirke Pfäffikon.

Gewerbsprodukte.

Die Einfuhr dieser Artikel ist bedeutend.

Gersau führt Floretseide aus. Der Flecken Einsiedeln liefert der benachbarten katholischen Christenheit eine bedeutende Menge von Devotionsartikeln u. s. f.

Zu dem Erwerbe darf auch gezählt werden, was gegen 100,000 auswärtige Pilger nach Einsiedeln, ungefähr 10,000 Besucher der Rigi und noch andere Durchreisende mit sich bringen. Eine Ausfuhr, sehr oft von entbehrlichen, nicht selten aber auch von nützlichen Menschen, die manche angesehene Familie fortwährend bereicherte, lag in dem auswärtigen Kriegsdienste in Frankreich, Spanien u. s. f., die in der neuern Zeit der vorübergehende niederländische, jetzt der neapolitanische nur zum Theil ersetzen. Ein schauderhaftes Gewerbe, die Kindervertragung, wurde schon mehrmals getrieben, namentlich zeichnete sich hierin um das Jahr 1814 der Chirurg C. H. in R. aus.

Durch seine Hand wurde manches unehelich geborne Kind aus
der Heimath entfernt, glücklich wenn es in das zu Mailand,
auch für Schweizerkinder (per figlios milaneli Suizzeri) ge-
stiftete Findelhaus gebracht wurde, und nicht in den Abgründen
längst der Gotthardsstraße zurück blieb.

Münzwesen.

Die älteste bekannte Münzverordnung für den Kanton
Schwyz ist von 1426, und besteht in dem Vertrage der VIII alten Orte, der das Ausprägen der Münzen Zürich und Luzern
übertrug. In der Folge fanden viele Veränderungen, mehrere
Male Zwistigkeiten unter den Eidgenossen statt. 1504 verstan-
den sich Luzern, Schwyz, Unterwalden und Zug auf 25 Jahre
über einen Münzfuß ein, in welchem der rheinische Goldgulden
auf 45 Schillinge angesetzt wurde. Schwyz begann auch selbst
Münzen auszuprägen, und erhielt 1654 von Zürich eine Mahnung mit dem Schlagen von neuen Schillingen einzuhalten.

Von ausgeprägten Münzsorten sind folgende bekannt:

An Gold.

Eine aus dem vierzehnten Jahrhundert, 15 Unzen schwer,
mit der schönen Inschrift: Moneta nova Suitensis. Salve
crux sancta et benedicta, ist höchstens noch in Sammlungen
anzutreffen. — Dukaten. Ein Löwe halt den Schild mit dem
Kantonswappen., auf der Rückseite ist die Inschrift: Ducatus
reipublicae suitensis 1790.

An Silber.

Von alten Münzen kennt man eine solche 29 Unzen schwer.
Auch erwohnt Haller eines Thalers von 1653. Eine Münze
von 1655 mit der Umschrift: Turris fortissima nomen Domini. (Diese letztern Worte führen noch einige der nachfolgenden Münzen.) Vierzig Schillingstücke oder Gulden. Zwanzig Schillingstücke mit verschiedenem Gepräge. Sogenannte
Oertli oder Viertelsgulden, die einen ältern Zürcher Vier-
batzenstücken ähnlich, die andern mit dem Schwyzerschilde und
der Aufschrift: zehn Schillinge von 1786. Fünf Schillingstücke,
z. B. von 1785 und 1787. Groschen von 1795. Batzen von
1623 tragen neben dem an einem Kreuze hängenden Kantonswappen noch den doppelten Adler. Ebenso Schillinge von 1624.
Schillinge noch unter anderm modificirten Gepräge. In diesem
Jahrhunderte wurden vier-, zwei- und zwei drittheils Batzen-
stücke geschlagen.

An Kupfer.

Rappen und Angster giebt es von verschiedenem Gepräge.

Als Idealmünzen zählt Heldmann in seiner schweizerischen
Münz-, Maß, und Gewichtskunde auf.

Pfund Geld zu 5 Gulden, Kronen zu 2 Gulden, und
Pfunde zu 5 Batzen alten Zahlwerthes, sowie auch gute Gulden von 50 Schillingen, welche jetzt sämmtlich wenig mehr üblich sind.

Ein Sachkundiger aus dem Bezirke Einsiedeln theilte dem Verfasser folgende Angaben mit:

Ein Pfund Geldes beträgt 5 Kronen alte Einsiedlerwährung, — eine Krone 80 Schillinge, von welchen 52 auf einen Zürchergulden gehen, — ein Florin hiesige Währung 50 ß. oder der Louisd'or zu 10⅖ Gulden — ein Gulden 40 Schillinge oder der Louisd'or zu 13 Gulden — ein Pfund oder Dicke ist 20 ß. Dieser Unterschied von Florin und Gulden wird insbesondere bei Berechnung des Vermögens gemacht, indem man darunter immer nur Münzgulden versteht.

Maße und Gewichte.

Der Kanton Schwyz bedient sich meistens der flüssigen und der trockenen Maße des Kantons Zürich. Der Centner hat 100 Pfund, das Pfund 36 Loth; für das Salz aber 32 Loth.

Gesellschaftlicher Zustand.

Sprache.

Das Meiste, was über die Sprache des Kantons Zürich gesagt wurde (Siehe mein Gemälde dieses Kantons S. 126), läßt sich auf diejenige des Kantons Schwyz anwenden. Die Mundart weicht nur wenig von der zürcherischen ab, denn sie gehört zu den härtern und häufig sind die Kehltöne. Der Schwyzer betont stark. Auch hier haben viele einzelne Gemeinden ihre besondern Benennungen und Ausdrücke. Eigenthümlich vor Allem ist dem Muotathaler die Betonung der Worte. Seine Sprache ist ein Gesang, der sich aber schwerlich in Musiknoten setzen ließe. Der herkömmlichen alemanischen Mundart bedient sich Jedermann, bis auf Wenige, die längere Zeit im Auslande zugebracht haben; selbst auf den Landsgemeinen und in den Rathssälen ist sie mit Ausnahme der Hauptvorträge vorherrschend, doch ist sie schon seit langer Zeit von der Kanzel verbannt und man hört nur Vorträge in teutscher Sprache mit schweizerischer Mundart.

Proben des Schwyzerdialects.

De verlore Suhn.

Von Karl Zay.

(Dialect des Bezirkes Schwyz.)

11. Ne gwüssä Maa hed emal zwe Buoba gha.

12. De Jünger vo dise bede hed zum Vater gseid: Vater! gib mer de Theil vom Vermöge, was mer trifft. Und duo hed de Vater d'Mitteli unters vertheilt.

13. Gli barna ischt der Jünger eba hurtig ines wits Land g'reiset und hed sini Mitteli mit Luoderd vertha.

14. Und wo-n-er nüd meh gha hed, se-n-ischt ä grüslechä Hunger im selbä Land ätstandä, und de liederli Burscht hed an selber agfange, Mangel lidä.

15. Duo ischt er wittrs gganga und het ſi an rchä Dörfli
i der ſelba Gegni ghankt, und der heb e uffena Hof uſſ
gſchickt, daß er em ſoll d'Sü gaumä.

16. Aber dert hed er's ſo ſchlecht gha, daß er gärä ſi Buuch
mit Schotta agfüllt hatt, und niemer hed em gkeini gä
wella.

17. Duo ischt der Fözel i ſi ſelber ggangä und hed gſeid: wie
vil Tagmeslüüt hend bim Vater deheimä bis gnug Brod,
und i mueß hie ſchier Hungers verdärbä.

18. I will mi äbä ufmachä und hei ga und zum Vater ſägä:
Vater! i ha mi an üſem Herrget und a dier verſündiget.

19. I bi nümmä würdig no werth, daß i meh dis Chind
heiſſi, laß mi nur au bi der ſi as wie einä vo dinä
Tagmeslüüte!

20. Entli hed er ſi dävo gmacht und ischt gägä ſis Vaters
Huus choh, und wonä d'r Vater ſcho vo witem gſeh hed,
ſo hed er ſi übernä erbarmet, und ischt em etgägä gloffä,
ischt em uma Hals gfallä und hed e gſchmutzt.

21. De Buob aber hed zunem gſeid: Vater! i ha mi a üſem
Herrget und a dier verſündiget, i bi nümmä würdig no
werth, daß i dis Chind heiſſi.

22. De Vater hed druf zu de Chnechtä gſeid: bringid gſchwind
de beſcht Tſchopä her und leget em a, ſtecket em ä Ring
a d'Hand und thüönd em Schuo a ſini Füeß!

23. Bringid au äs gmeſtets Chalb her und metzgids, daß mer
chönnid äs Mähli ha und luſtig ſi.

24. Wil mi Suhn wie tod gſi ischt und wider läbig worde
ischt, wil er verlore gſi ischt und jtzt wider gfunda worde-n-
ischt. Und ſi hend agfangä äſſä und tringkä.

25. Underdeſſä ischt der Elter inera weid uſſa gſi, und wones
z'rugk choh ischt und gegem Huus gnoochet hed, ſo hed er
ghört im Huus innä ufmachä und danzä.

26. Duo hed er eim vo dä Chnechte-n-uſe grüeſt und hed ä
gfragt, was das z'bidütä heig?

27. Und de Chnecht hed em gſeid: di Brüeder ischt äbä hei
cho und di Vater hed es feiſſes Chalb gmetzget, wil er
gſund aglanget ischt.

28. Ueber das ischt der elter Suhn chibig worden-n-und hed
nid is Hues ina gah wellä. Entli ischt de Vater vor uſe
cho und hed ä agfangä fragä, warum daß er nid inä well.

29. Duo hed er zum Vater gſeid: luog au! i diene ſcho ſo vil
und vil Jahr bi dier und ha alls ttha, was du heſt wellä,
und doch hätteſt mer no nie nur ä Geiß ggä, daß i hätt
chönnä mit müne Frinde-n-äs-z'morged äſſeli ha.

30. Jetzt, wo der uverſchämt Buob hei cho ischt, der mitt
Huorä alls verlumpet hed, ſo heſt em no äs feiſſes Chalb
gmetzget.

31. Uff das hed em de Vater gſeid: du mi liebe Suhn biſcht
allewyl bi mer und alls, was i ha, ischt ja dis,

32. Jetzt hümmer ämel au öppis beſſers müeſſe ha und luſtig ſi,
wil di Brüöber wider wie vom Todtä uferſtandä ischt, und
wieues verlores Schaf wider fürä cho ischt.

Fründschaftslied.

Von Paul Hengeler *)

(Dialect der March.)

Wie bodäwohl isch eim
  Im Chreis vo liebä Fründä!
Vertruli, wie daheim
  By synä Wib und Chindä,
Folgt einä nur der Spur
  Der zartlichä Natur.

Was hed ä fryä Geist
  J groß und chlinä Städtä,
Und wan er witer reist,
  Vom Zwang der Ettikettä?
By Fründä gilt dä Druck
  Just, was ä Narräspuck.

Mä muoß kei Wörterwaag,
  Keis Schloß am Mul mitbringä;
Wie's jedä chan und mag,
  Darf er sis Liedli singä —
Dur oder Moll und rund,
  Wie's ihm i Schnabel chund.

Doo gilt kei Herrätracht
  Vo Sammet oder Sidä.
Mä nid si nüd in Acht,
  Was's Amtli mög erlidä.
Bist du ä gradä Maa,
  So best scho, was d'muoß haa.

Mä gied den erstä Sitz
  Keim Amt und keim Geldsäckel —
Ae Crösus ohni Witz
  Erweckt hie nüüd als Eckel.
Wer liebt und scherzä cha,
  Den setzt mä'n obä'n aa.

Ae Byggä'n uf si Find,
  Und Mißmuoth über's Wetter
Politisch bösä Wind,
  Verschlagni Hoffnigsbretter
Vergißt mä, wie 'na Chib
  Vom Maa äs zärtlis Wib.

Ae Husfrau ohni Zucht,
  Im Ehrevier frönd Chundä,
Verbißni Ifersucht —
  Grift wohl än andrä Wundä,

---

*) Dieses Lied findet sich in der nächstens in Zürich erscheinenden Sammlung von Poesieen dieses gemüthlichen Dichters.

Längt wohl än anbrä Schmerz
　So teuf i's Menschä Herz?

Kei Gigä'n und kei Paß,
　Keis Chrütli und kes Pflänzli,
Und kei Theater-Gspaß
　Heilt sölig Wundä gänzli.
S'best Mittel, wo'n i weiß,
　Ist so 'nä Fründschaftschreis.

S' cha mengä Spitelgast
　Und mengä Hypochunder
Und brieggi bo Phantast'
　Bo Dokterzüg ä Plunder
Jnab; dem armä Tropf
　Fehlt's währli! glich im Chopf.

Rüöhrt d'Fründschaft ihn nur aa
　Mit ihrem Zauberrüöthli;
So sönd scho d'Grillä'n aa
　Verrüchä'n, und sis Müöthli
Stigt, daß er nooh und nooh
　Vor Freudä möcht vergooh.

Chömm einä 'n i dä Chreis
　Bo zentnerschwerä Sorgä
Scho halb erstickt — i weiß:
　Es goohd nüd bis am Morgä,
Gä'n ist er froh und flink,
　As wie'n ä Lanzigfink.

Witt uf'mä Bildli gseh,
　Wie b'Fründschaft sich verwili
An ihrem Jubilee?
　Ae Tarä bollä Büli
Cha's wisä'n — Alt und Jung,
　Was suga cha, sugt Hung.

Früsch zuo! so sugid brav!
　Nend's Memmi nooch a's Müli!
Gied's hinächt usem Schlaf
　Au nüüd — ihr liebä Büli!
Sond morä's Schwärmä sy —
　Und schloosid dä'n ä chli.

Unterrichtswesen.

Weit leichter ist es hier mit Bedauern zu gestehen, was
fehle, als aber etwas anzuzeigen, was gerechte Erwartung befriedigen könnte. Vollständige Einsicht des Bedürfnisses, guter
Wille und fromme Wünsche nach dem Bessern sind bei manchem biedern Schwyzer geistlichen und weltlichen Standes vorhanden; aber alle dieses fehlt gerade da, wo es sich vorfinden
sollte, um etwas ins Leben treten zu sehen. Was die helve-

tische Regierung anregte, war sie auszuführen in dieser Gegend
zu schwach und mit der Auflösung der helvetischen Republik erlosch
auch das, was begonnen war. Während der Mediationsverfassung that die Regierung nichts, und während der noch weit
unbestimmtern Verfassung von 1814 bis 1833 harrte das Unterrichtswesen umsonst auf Weckung und Leitung. Die Loskaufs-
summen der neuen Kantone (Seite 49) hätten nach ihrer Bestimmung Geldmittel dargereicht, wie dieß auch in Nidwalden
geschah; allein es wurden daraus Schulden bezahlt und die tief
einwohnende Abneigung gegen alles Neue war noch das größte
Hinderniß. Die jetzige Verfassung enthält zwar den schönen
Artikel: „Der Staat sorgt für die Bildung des Volkes;" doch
bisher war die Regierung noch zu schwach und die Schwankung
zu groß, um an dem Sitze der Freiheit das zu leisten, was in
jedem teutschen katholischen Fürstenstaate schon längst eingeführt
ist. Gleichwohl sollen Hoffnungen vorhanden seyn, daß das auf-
wachsende Geschlecht eines biedern Volksstammes nicht länger
bildungslos bleiben werde. Man versichert, dieses Gefühl sey
gerade bei denen am schwächsten, in deren Händen die Macht
und in deren Stellung die Pflicht liegt, stärker beim Volke selbst
und bei vielen würdigen Geistlichen; denn gerade von den letztern
wurde auch bisher beinahe alles gethan, was von gutem Schulunterrichte da ist. Durch die Mitwirkung dieses Theiles der
Geistlichkeit wäre vieles zu hoffen; doch ist ein großes Gebrechen,
daß die Geistlichen selbst nicht immer in der Pädagogik unter-
richtet werden. Ist einmal der Einwurf, es fehle an Geld-
mitteln, beseitigt, wie in andern Gegenden, denen die Anstrengungen ebenso schwer fallen, bringt ein edler Gemeinsinn Opfer
dazu, so wird auch das Volk selbst einsehen lernen, daß eine
gewisse Bildung, die ökonomischen Leistungen reichlich ersetzt,
ohne daß um deßwillen die hin und wieder spürbare Ausartung,
die von der Maxime ausgeht: „Das bessere Wissen diene nur
zum Geldgewinn" einheimisch werden müßte.

Aufsicht der Bezirksbehörden.

Hierüber sagt der §. 121 der Verfassung: „Der Bezirksrath hat nach den Bestimmungen der Kantonsschulbehörde die
Aufsicht über die Bezirksschulen und vollzieht ihre Verordnungen." Nur in den wenigsten Bezirken soll bisher etwas orga-
nisirt worden, sondern alles den Ortsbehörden hingegeben seyn,
und auch diese überlassen sie an manchem Orte dem Schulmeister,
der, wenn nicht ein wohldenkender Ortspfarrer oder Kaplan
einwirkt, alle Gewalt in sich vereinigt. Da, wo die Schulen
den Kaplänen übertragen sind, und dieser ein tüchtiger Mann
ist, wird wegen dessen größerer Bildung auch mehr geleistet.

Schulcommissionen.

Solche sind im Bezirke Schwyz in Schwyz, Art, Steinen,
Sattel, Brunnen und Rothenthurm. Die in Schwyz besteht aus
acht Mitgliedern, die andern gewöhnlich nur aus dem Pfarrer
und aus ein bis zwei Gemeindräthen; allein sie versammeln sich
jährlich nur zwei oder höchstens drei Male, um die Schulen zu
besuchen und um bei der Preisaustheilung, wo dergleichen statt

finden, zugegen zu seyn. Zahl und Anschaffung der Lehrmittel ist dem Lehrer überlassen. Nur die Schulcommission in Schwyz besorgte sie seit 1827; einige eingeführte Verbesserungen sollen seit 1833 wieder beseitigt worden seyn. Im Bezirke Küßnacht ist ein Schulrath, der aus einer unbestimmten Anzahl geistlicher und weltlicher Mitglieder (gegenwärtig sind 5 Weltliche und 5 Geistliche) besteht. Der Pfarrer und der Landammann sind von Amtswegen Mitglieder; letzterer ist Präsident. Diese Behörde beschäftigt sich mit der Leitung und Beaufsichtigung des ganzen Schulwesens, d. i. mit der Auswahl der Lehrgegenstände und Schulbücher; sie bewilligt das Abhalten außergewöhnlicher Schulen, besucht je zu 14 Tagen nach einer Kehre durch zwei Mitglieder die Schulen, legt dem Bezirksrathe Gutachten vor u. dergl. Eine vom Bezirksrathe gewählte Schulcommission beaufsichtigt die Schulen in dem Flecken Einsiedeln und in den Vierteln. Sie sorgt für Schulzimmer in den Vierteln, bestimmt die Schulstunden, die Lehrgegenstände und prüft die Aspiranten auf Lehrstellen. Sie wählt einen Schulinspector, der ihr von Zeit zu Zeit Bericht erstattet u. s. w. Jede Gemeinde im Bezirke March hat einen Schulrath, dessen Präsident von Amtswegen der Pfarrer ist. Diese Behörde versammelt sich gewöhnlich im Jahre zwei Male, im Anfange der Schulzeit und am Ende derselben; allein ein launiger und gebildeter Mann aus der March bemerkte: „Dieser Schulrath bekümmere sich um die Schulen nicht viel mehr, als die Bischöfe in partibus infidelium um ihren Sprengel."

Schulfonde.

Ein solcher ist im Bezirke Schwyz nur in Schwyz und Muotathal. Der letztere muß bedeutend seyn, da der Lehrer (der zugleich Organist, Cantor und Küster ist) daraus besoldet wird, und die Kinder nebst unentgeltlichem Schulbesuche noch alle Lehrmittel erhalten. Der Schulfond in Schwyz wurde vor einigen Jahren von Privaten des Fleckens Schwyz zusammengelegt und beträgt etwa 2000 Gulden. Bis er diese Summe erreicht hatte, durfte keine Verwendung statt finden. Jetzt werden die Zinsen für die Bezahlung der drei Lehrer gebraucht. Für die Zusammenlegung eines Fondes zur Errichtung einer Secundarschule in Schwyz beschäftigt sich seit einigen Jahren eine Gesellschaft daselbst. Die Erreichung ihres für Schwyz höchst wohlthätigen Zweckes wird ihr um so viel schwerer werden, da sie nur von einer kleinern Zahl der Angesehnern unterstützt wird; doch hofft man, diese Schule möchte noch in diesem Jahre zu Stande kommen und ein geachteter tüchtiger Mann als Lehrer bei derselben angestellt werden. — Ein Schulfond ist im Bezirke Küßnacht nicht vorhanden, außer einigen 100 Gulden, welche mit dem allgemeinen Spend- oder Armenfonde vereinigt sind. Die Schulen im Bezirke Einsiedeln sind ohne besondere Schulgüter und wurden bisher aus den Bezirks- und Gemeindeeinkünften unterstützt. Vermuthlich wird in Zukunft der Bezirk allein diese Kosten durch Vermögenssteuern erheben. In den Bezirken Pfäffikon und Wollerau sind keine Schulfonde.

Besoldung der Lehrer.

Da die meisten Schullehrer zugleich Kapläne oder Organisten oder Küster sind, so ist schwer auszumitteln, wie viel Einkommen einem jeden Lehrer die Schule giebt. Gewiß ist es, daß ohne andern Erwerb kein Lehrer vom Schulgehalte sich nähren könnte. Jeder der drei öffentlichen Lehrer in Schwyz hat jährlich für zehnmonatliches Schulhalten 170 Gulden, der unterste für Kirchenaufsicht über alle Schulkinder und in Rücksicht seiner weit größern Anzahl Schüler dazu noch eine Zulage von 35 Gulden. Die jährliche Besoldung eines der drei Lehrer im Flecken Einsiedeln beträgt ungefähr 24 Louisd'ors, diejenige jedes der sechs Lehrer in den Vierteln ungefähr 8 Louisd'ors, wofür sie nun auch im Sommer Schule halten sollten. Der Lehrer in Art hat 10 bis 12 Louisd'or, der in Steinen 106 Gulden mit einigem Erwerb als Kirchendiener, der in Morschach 12 Gulden und den Schullohn der Kinder, der in Iberg 6 Louisd'or; die übrigen Lehrer haben nur den Schullohn der Kinder, nämlich der Zahlungsfähigen. Daher kommt es, daß die meisten Lehrer entweder durch den Pfründenbrief oder freiwillig Geistliche sind. Ein weltlicher, zumal verheiratheter Lehrer könnte sich unmöglich durchbringen. Es ist dieß nur an wenigen Orten der Fall, wo der Lehrer in den Stellen eines Organisten, Cantors, Küsters oder Gemeindeschreibers einigen Erwerb findet. Diese ärmliche Besoldung hat zur Folge, daß mehrere Schulen keine tüchtige Lehrer bekommen, sondern höchst unbefriedigend besorgt sind. Eine Beihülfe von Seite des Staates würde alles verändern und auch die Gemeinden anregen!

Schullohn der Kinder.

Für den Schulbesuch muß im Bezirke Schwyz das zahlungsfähige Kind wöchentlich einen Schwyzerbatzen oder neun Rappen bezahlen. Dieß geschieht in allen Gemeinden außer Muotathal, Iberg, Stauden, Illgau, Rothenthurm, Riemenstalden und Alpthal; in diesen Gemeinden ist der Schulbesuch unentgeldlich. Für zahlungsunfähige Kinder zahlt an zwei bis drei Orten die Armenpflege, an andern Orten ist es dem Lehrer überlassen, sie aufzunehmen oder nicht. In Schwyz müssen sie die Schule besuchen. Die Lehrmittel müssen die Kinder überall anschaffen, nur im Muotathale nicht. In Schwyz erhalten die Armen sie von der Armenpflege. Im Sommer bezahlt im Bezirke Küßnacht jedes Kind wöchentlich 3 Schillinge, im Winter 4 Schillinge Schullohn; für die Armen bezahlt das Spendamt. Jeder Schüler in der lateinischen Schule muß dem Lehrer jährlich einen Louisd'or bezahlen. Die Kinder vermöglicher Eltern müssen die Lehrmittel selbst anschaffen; den ärmern kauft dieselben das Spendamt. Kinder vermöglicher Eltern im Bezirke Einsiedeln zahlen vierteljährlich 4 Batzen Schullohn, der den Lehrern an ihrem Gehalte abgerechnet wird. Die Lehrmittel müssen die Kinder sich ebenfalls selbst anschaffen, den Armen liefert sie der Bezirk. In den Bezirken Pfäffikon und Wollerau muß ein Kind wöchentlich ½ Batzen bezahlen.

7 *

Stand des Lehrers.

Dem geistlichen Stande gehören in den Bezirken Schwyz, Gersau und Kußnacht folgende Lehrer an: der erste in Art, der in Goldau, Steinen, Morschach, der erste in Iberg, der in Stauden, Illgau, Lowerz, Brunnen, Steinerberg, Rothenthurm, Riemenstalden, Alpthal, Gersau, Immensee, Mörlischachen und der Lehrer an der lateinischen Schule in Kußnacht. Von diesen sind zugleich Pfarrer die Lehrer in Illgau, Lowerz, Steinerberg, Riemenstalden und Alpthal. Die übrigen sind Kapläne. Dem weltlichen Stande gehören an, die drei Lehrer in Schwyz, der zweite in Art, der im Muotathal, der zweite in Iberg, der am Sattel, der in Ingenbohl und der an der teutschen Schule in Kußnacht; alle diese sind aber zugleich Organisten, Cantoren oder Küster, der dritte in Schwyz und der in Iberg ausgenommen. Die jetzigen Schullehrer im Bezirke Einsiedeln sind weltlichen Standes; früher waren unter ihnen auch Geistliche. Einer aus ihnen gab auch Unterricht im Lateinischen. Diese Lehrstelle ist nun eingegangen, indem das Kloster Zutritt zum Unterricht im Lateinischen und Teutschen in seinem Gymnasium gestattet; weil aber derselbe zu dem Unterricht in der Vaterlands-, Welt- und Naturgeschichte, Geographie, französischen Sprache u. s. w. nicht geöffnet wird, so wären Anstrengungen von Seite des Fleckens oder der Waldstatt sehr zu wünschen, und hiezu könnten die bedeutenden Einkünfte geistlicher Brüderschaften, z. B. Confraternitatum S. Rosarii, S. Meinradi, S. Agoniæ Christi u. dergl. reichliche Mittel liefern.

Schulzimmer.

Leidlich, doch meistens beengt sind im Bezirke Schwyz die Schulzimmer in Schwyz, Seewen, Art; Goldau, Steinen, Muotathal, Iberg, Stauden, Sattel, Brunnen, Rothenthurm und Riemenstalden. An den andern Orten bildet das Wohnzimmer des Lehrers das Schulzimmer. Im Flecken Kußnacht ist das Schulzimmer dumpfig, ungesund und zu klein, so daß der Bezirksrath schon während mehrerer Winter den Rathssaal für die Schule abzutreten genöthigt war. Gegenwärtig beschäftigt man sich mit dem Plane der Erbauung eines Schulhauses; bereits hat der dreifache Bezirksrath seine Zustimmung dazu gegeben und man hofft auf diejenige der einzuberufenden Landsgemeine. In den Nebenschulen müssen die Geistlichen die Schulen in ihren Häusern halten. Die Schulzimmer im Flecken Einsiedeln sind viel zu enge, um für alle Kinder den erforderlichen Raum zu geben. Sie sind nicht helle und haben nichts freundliches, und es ist nur zu sehr zu besorgen, das physische Wohl von 500 Kindern aus dem Flecken und der Umgegend müsse dadurch leiden. Man geht mit dem Bau eines neuen Schulhauses um, und es wäre ungemein zu wünschen, daß die Plane einsichtsvoller, vaterländischgesinnter Männer des Fleckens berücksichtigt und befolgt werden möchten. Das Viertel Groß hat seit zwei Jahren ein Schulhaus aus Steinen erbaut; in den andern Vierteln hält man Schule in gemietheten Stuben, die oft zugleich das Wohnzimmer der Familie sind. In der Pfarre

Wollerau ist während des Sommers von 1835 eine schöne und geräumige Schule erbaut worden *):

Dauer der Schulzeit.

In den Bezirken Schwyz und Gersau werden zu Schwyz, Seewen, Art, Stennen, Brunnen und Gersau Sommer und Winter hindurch Schule gehalten; doch sind ungefähr zwei Monate lang, meistens im September und October Ferien; — nur von Martinstag bis Ostern oder Mai wird Schule gehalten: in Goldau, Muotathal, Morschach, Iberg, Sattel, Illgau, Lowerz, Ingenbohl, Steinerberg, Rothenthurm, Riemenstalden und Alpthal. Im Flecken Küßnacht wird das ganze Jahr hindurch Schule gehalten, mit Ausnahme von 14 Tagen um Ostern und des Septembers und Octobers, in den übrigen Schulen des Bezirkes dauert sie nur von Allerheiligen bis Ostern, im Flecken Einsiedeln das ganze Jahr hindurch. Dieß soll nun auch in den Vierteln eingeführt werden. Die Vacanzzeit umfaßt 2 Wochen im Frühlinge und 6 im Herbste. In Iberg und Lowerz wurde auch im Sommer Wiederholungsschule gehalten, von dem tüchtigen Pfarrer in Lowerz drei Male wöchentlich; in den andern Gemeinden des Bezirkes Schwyz hieng dieß von dem Schullehrer ab; im letzten Winter freiwillig von dem Schullehrer in Küßnacht. Im Bezirke Einsiedeln wird die Sonntags- oder Repetirschule leider ganz vernachläßigt. In den Bezirken Pfäffikon und Wollerau ist das ganze Jahr hindurch Schule mit Ausnahme der Zeit von Maria Geburt bis Allerheiligen.

Schulfächer.

In allen Schulen im Bezirke Schwyz wird Schreiben und Lesen besser und auch weniger befriedigend gelernt, auch überall der Catechismus memorisirt, das Rechnen hingegen nur an wenigen Orten mit Erfolg gelehrt. Teutsche Sprachlehre, doch meistens nur für die Rechtschreibung, wird in Schwyz, Brunnen und Iberg betrieben. Bei der Mehrzahl wird sie für überflüßig gehalten. In den Schulen in Küßnacht wird Lesen, Rechnen und Schönschreiben, die Anfangsgründe des Briefschreibens, der Geographie, der Vaterlandsgeschichte u. dergl. gelehrt; doch ist zu bedauern, daß die im Alter etwas vorgerückten Kinder die Schulen nicht mehr besuchen und so die letztgenannten Fächer nicht gehörig gelehrt werden können. In den Schulen in Einsiedeln wird ebenfalls Schreiben, Lesen, Rechnen, etwas Geographie, Vaterlands-, mehr von der biblischen Geschichte und der Catechismus gelehrt.

Lehrmittel.

Schiefertafeln sind im Bezirke Schwyz nur in einer Schule von Schwyz und in einer Schule in Iberg. In Brunnen müssen

---

*) Eingeborne gestehen, daß Gott und Natur vieles für den Bezirk Wollerau gethan haben, und daß nur mehr Thätigkeit und Häuslichkeit zu wünschen wären. Sie setzen ihre Hoffnungen auf die neuen Schuleinrichtungen.

die Kinder sie anschaffen. Im Bezirke Küßnacht werden sie weniger zum Rechnen, weil viel im Kopfe gerechnet wird, als zum Schreiben gebraucht. In Einsiedeln bedient man sich ihrer für die Anfänger im Schreiben und für das Rechnen. Luzernerische Vorschriften werden gebraucht in Schwyz, Brunnen, Iberg (an den andern Orten des Bezirkes Schwyz schreibt sie der Lehrer selbst), und in Küßnacht. In Einsiedeln können sich die Lehrer lithographirter oder selbst verfertigter Vorschriften bedienen. In den meisten Schulen des Bezirkes Schwyz wird das Namenbüchlein (A B C Buch) von Ulrich, in den übrigen das Brandenbergische gebraucht, das letztere auch in den Schulen in Küßnacht. Für die niedern Classen hat man in Einsiedeln A B C Bücher, an deren Zweckmäßigkeit sich um so eher zweifeln läßt, weil dieselben seit vielen Jahren die nämlichen geblieben sind. Außer dem Namenbüchlein wird noch als Lesebüchlein die Schmidische kleinere biblische Geschichte in den Schulen von Schwyz, Brunnen, Iberg, Seewen, Goldau, Sattel, Lowerz, Riemenstalden und Gersau gebraucht. In den übrigen Schulen des Bezirkes Schwyz wird außer dem Namenbüchlein und dem Catechismus kaum etwas anders gelesen. Im Bezirke Küßnacht dienen als Lesebücher das luzernerische, die biblischen Geschichten von Schmid, Heldenmuth und Biedersinn aus der Schweizergeschichte und die Schweizergeschichte von Probst. In Einsiedeln lassen die Lesebüchlein für Anfänger manches zu wünschen übrig. In den höhern Classen ist seit kurzer Zeit das Rietschische eingeführt. In den meisten Schulen des Bezirkes Schwyz wird der Catechismus von Faßbind gebraucht; in den übrigen ist noch der Krauerische beibehalten, der aber der bessere seyn soll. Der letztere ist auch in den Schulen in Küßnacht. Die Wahl des Catechismus hängt einzig von dem Pfarrer des Ortes ab. In Schwyz, Brunnen und Iberg soll die Sprachlehre sehr zweckmäßig betrieben werden, in Küßnacht bedient man sich der Rietschischen und in Einsiedeln der Gyslerischen Sprachlehre.

Prämien.

Prämien werden im Bezirke Schwyz, in Schwyz, Art, Steinen und Sattel, und im Bezirke Küßnacht nicht jährlich, sondern wenn der Bezirksrath die Mittel dazu bewilligt, ausgetheilt. Den fleißigen Kindern werden im Bezirke Einsiedeln nach der öffentlichen Prüfung im Herbste Prämienbücher gegeben. Früher waren es meistens einsiedelnsche Gebetbücher. In neuerer Zeit hat man im Flecken angefangen, Schmids Jugendschriften u. dergl. auszutheilen, und es wäre sehr zu wünschen, daß dieses Beispiel in den Schulen der Viertel nachgeahmt würde. Prämien werden in den Bezirken Pfäffikon und Wollerau von Zeit zu Zeit ausgetheilt, je nachdem die Genossengemeinden, welche sie liefern, dazu geneigt sind.

Anzahl der Schulen.

Der Bezirk Schwyz hat in 14 Pfarreien 22 öffentliche Schulen. Der Bezirk Gersau hat Eine öffentliche Schule. Im Bezirke Küßnacht sind 4 Schulen, die teutsche und latei-

nische in Küßnacht, eine in Immensee und eine in Mörlischachen. Der Bezirk Einsiedeln hat 9 öffentliche Schulen, nämlich 3 im Flecken selbst und 6 in den zur Pfarre gehörigen Filialen oder Vierteln. Im Bezirke Pfäffikon sind 5 Schulen,
davon 3 mehr oder weniger mit Wollerau gemeinschaftlich. Die
Kinder von Hurden gehen nach Rappersweil. Der Bezirk
Wollerau besitzt außer jenen gemeinschaftlichen, noch drei ausschließliche Schulen. In der March sind .. öffentliche Schulen.

Schulbesuch.

Er ist nicht regelmäßig, weil er freigestellt ist, weil die
Pfarrer, welche nicht selbst Schule halten, sich nicht immer um
denselben bekümmern, weil die Obrigkeit nichts gebiethet, weil
ärmere Kinder häufig der Schulmittel ermangeln und weil die
Wohnungen oft sehr weit von der Schule entfernt sind. Es
ist daher anzunehmen, daß im Bezirke Schwyz nur ungefähr
zwei Drittheile der schulfähigen Kinder sie besuchen. Im Bezirke Küßnacht gehen von ungefähr 450 bis 500 Schulfähigen
etwa 300 in die Schule. *)

Schülverein.

Im Bezirke Schwyz besteht seit 1827 ein Schülverein aus
Lehrern und Schulfreunden. Auch die Lehrer von Küßnacht
sind Mitglieder desselben. Der Schulverein beschäftigte sich
vorzüglich damit, daß er die einzelnen Mitglieder Aufsätze
über ausgewählte Materien machen ließ, die dann circulirten
und besprochen wurden. Man besuchte die Schulen. Einige
Mitglieder fingen an, eine kleine Büchersammlung für Schullehrer anzulegen; allein die wenigen gesammelten Bücher wurden nicht genug benutzt.

Höhere Schulanstalten.

Schwyz hat ein Gymnasium als höhere Lehranstalt. An
demselben sind 3 Professoren bei 6 Classen angestellt. Die
Schülerzahl beläuft sich auf 20 bis 25. Selten sind alle Classen
besetzt. Die zwei ersten Classen sind die besuchtesten. Nach
einem frühern, von der Schulcommission genehmigten Plane
sollten in den 4 ersten Classen Religionslehre (nach Baz), in
allen 6 Classen die biblische Geschichte (nach Schmid) und Rechnen bis zu den Anfangsgründen der Algebra, in der ersten und
zweiten Schweizergeographie (früher nach Körner, nun nach Gerold Meyer von Knonau), nach vorausgeschickter Einleitung
in die Geographie überhaupt, in der zweiten, dritten und vierten Classe die alte Geschichte und Archäologie bis auf Christus
(nach drei hiefür berechneten, von dem ehemaligen Solothur-
ner-Collegium herausgegebenen Bändchen), in der fünften und
sechsten Classe Schweizergeschichte und Naturlehre (nach Uit-

---

*) Am 1. Januar 1830 stieg im Kanton Schwyz die Anzahl der
schulfähigen Kinder von 6 bis 12 Jahren auf ungefähr 3850,
von diesen besuchten die Schule 2870, somit blieben 980 un-
beschulet, also von fünfen eines.

leins Naturgeschichte), in der dritten und vierten Claſſe allgemeine Geographie, Lateiniſch, Teutſch und Rhetorik gelehrt
werden. In den vier untern Claſſen wurde eine Epitome hi-
storiæ sacræ, Gedike's lateiniſche Chrestomathie und Chresto-
mathia Ciceroniana von Friedrich, in den obern Claſſen Livius, Cicero, Virgil, Horaz erklärt und nach Oettinger in der
dritten und vierten Claſſe mündlich überſetzt. Dem Vernehmen nach ſoll aber dieſer Plan nicht genau befolgt und eine
Veränderung eingeführt worden ſeyn, zufolge derer in der erſten Claſſe teutſche Sprache, bibliſche Geſchichte, Catechismus,
Rechnen und Schweizergeographie gelehrt, mit dem Lateiniſchen
erſt in der zweiten Claſſe angefangen und die alte Geſchichte,
Archäologie, allgemeine Geographie, Schweizergeſchichte und
Naturlehre nicht mehr vorgetragen werden. Die geringen
Vorkenntniſſe, welche die Schüler aus der teutſchen Schule
mit ſich bringen, ſollen wirklich die Fortſchritte erſchweren. Die
Koſten für dieſes Gymnaſium werden nur aus den Gütern des
Fleckens Schwyz und aus den Beiträgen der Studenten be-
ſtritten, zu welchen nur ſelten junge Leute aus andern Ge-
meinden hinzukommen.

Den gelehrten Verdienſten einer Congregatio S. Mauri
oder eines Kloſters St. Blaſien, oder des Stiftes St. Gallen
während früherer Jahrhunderte, ſcheint das Kloſter Einſiedeln
nie nachgeſtrebt zu haben. Eine Kloſterſchule beſitzt es ſchon
ſeit geraumer Zeit. Ihr Hauptzweck iſt die Bildung von Klo-
ſtermännern. Neben der Theologie iſt die lateiniſche Sprache
das Hauptfach durch alle Claſſen hindurch. Die griechiſche,
franzöſiſche und teutſche Sprache, die Welt- und die vaterlän-
diſche Geſchichte, Phyſik und Geographie werden als Nebenfä-
cher betrieben. Zeichnen wird auf Verlangen und Bezahlung
bei einem Extra-Lehrer gelernt; Muſik wird gegenwärtig wohl
am beſten gelehrt, früher auch Phyſik von dem vorzüglichen
Naturforſcher, Pater Meinrad Kälin. Sechs Kloſtergeiſtliche
bekleiden die Profeſſorate, meiſtens junge Männer, die nur eben
ihre Studien geendigt und nicht ſelten, ſo bald ſie ihr Fach
einſtudirt haben, zu andern Aemtern berufen werden. 36 Schüler wohnen im Kloſter und tragen die Kloſterkleidung. Sie
ſind theils Aſpiranten auf das Noviziat, theils bloße Koſtgän-
ger, weil das ſehr mäßige Koſtgeld manchen Vater bewegt,
dieſe Lehranſtalt vollkommnern vorzuziehen. Seit 1833 iſt der
Zutritt auch Jünglingen aus dem Flecken geöffnet, deren Zahl
gewöhnlich 8 bis 10, höchſtens 12 iſt.

Ein über die gewöhnliche Schule hinausgehender Unterricht wird, wie bereits bemerkt wurde, in Art, Küßnacht, Lachen und Wollerau von den Kaplänen ertheilt.

Privatſchulen.

Bezirk Schwyz. Ehrenvolle Meldung verdient hier der
Bruder Paul Anton Winter im Tſchütſchi, hoch am Mythen,
der, indeß ſo viele andere Waldbrüder ein wenig nützliches
Leben führen, den Kindern der ganzen Berghöhe Unterricht
giebt, die dieſen ohne ihn entbehren müßten. Nachdem er am
Morgen in ſeinem ſtillen Kämmerchen und hierauf in dem

schönen Tempel des Fleckens seiner Andacht obgelegen und nach der Rückkehr die Hausgeschäfte besorgt hat, widmet er den Nachmittag den Kleinen. Im Sommer ist die Kapelle, wo die Knieebänke zum Sitzen der Kinder, die eigentlichen Bänke als Tisch dienen, das Schulzimmer von 70 bis 80 Kindern, im Winter nimmt sein eigenes Stübchen deren 20 bis 25 auf. Sein Hauptfach ist verständiges Lesen und das Lernen des Catechismus. Gott erhalte diesen treuen Jünger Jesu, der seines Meisters Gebot, Matthäus am 19, V. 14, erfüllt, noch lange! — Jungfrau Agatha Andres, aus dem Kanton Solothurn, giebt gegenwärtig in Schwyz mit 2 Gehülfen 33 Mädchen verschiedenen Alters Unterricht, Vormittags den ältern Kindern in der teutschen und auf Verlangen in der französischen Sprache und im Rechnen; der Nachmittag ist ganz den weiblichen Arbeiten gewidmet. Diese Erscheinung ist um so erfreulicher, als keine andere Unterrichtsanstalt für Mädchen in Schwyz vorhanden ist, und es nur den reichern Familien möglich wird, ihre Töchter in Pensionen zu senden, wo sie leider nur zu oft der Bestimmung des Weibes entrückt, anstatt derselben näher gebracht werden. Man will wissen, Jungfrau Andres könnte noch mehr leisten, wenn ihr freiere Entwickelung ihres Lehrtalentes und freier Gebrauch der Lehrbücher gelassen würde. — 1826 wurde in Brunnen durch die Verbindung 19 junger Männer eine Privatschule eingerichtet, welche die Aufmerksamkeit anderer Kantone auf sich zog. Man beschäftigte sich mit Mathematik, Geographie, Geschichte, Naturwissenschaft, wobei die Führer in freien Vorträgen die Gegenstände wechselseitig besprachen. Pfarrer Reding in Ingenbohl, Kaplan Bürgi, Doctor Stähelin, Posthalter Kyd gaben den ersten Antrieb, und die hauptsächlichste Veranlassung zu dieser Schule war das Bestreben, den vielen Fragen, welche fremde Reisende an die Bewohner richten, mit gründlicher Kenntniß des Landes und seiner Geschichte antworten zu können. Mißverständnisse und überspannte Erwartungen machten diesem schönen Versuch ein Ende.

Bezirk Gersau. In Gersau ist eine Privatschule.

Bezirk Küßnacht. Privatschulen werden nach Bewilligung des Schulrathes im Winter gehalten, namentlich in Haltikon.

Bezirk Einsiedeln. Im Flecken Einsiedeln ist die Taubstummenanstalt des Herrn Alt-Landschreiber Weidmann, Gastwirth zum Steinbock, besuchenswerth. Innige Liebe für eine stumme Tochter lehrte ihn eine Methode zu deren Unterricht erfinden. Sie lernte in kurzer Zeit richtig Personen signalisiren, Pässe ausfertigen oder visiren, so wie in der Wirthschaft ihres Vaters wichtige Dienste leisten. Dieser Erfolg veranlaßte auch andere Eltern, taubstumme Kinder seinem Unterricht anzuvertrauen, den er 1828 mit 4 Kindern eröffnete und seither mit dem glücklichsten Erfolge fortsetzte. Sein Erziehertalent bewährte er dadurch, daß er ein höchst verwöhntes, physisch abgeschwächtes Kind in wenigen Monaten dahin brachte, daß es gesund, willig und mit dem besten Erfolge in seinen Fortschritten den andern Zöglingen gleich kam. Die Kinder in der Anstalt des Herrn Weidmann rechnen fertig und ma-

7 **

chen die Proben mit Schnelligkeit, bilden aus wenigen dictirten Wörtern sprach- und orthographisch richtige Sätze, und verändern dieselben nach verschiedenen Formen; auch im Articuliren und Verstehen der Töne sind sie geübt, so wie auch mit der biblischen Geschichte und religiösen Begriffen ungemein vertraut. Herr Weidmann befriedigt nicht nur jeden Freund des Schulwesens, sondern erwarb sich auch den Beifall der competentesten Richter in der Bildung der Taubstummen, wie des rühmlich bekannten zürcherschen Seminardirectors Scherr. Das Pensionsgeld beträgt jährlich 18 Louisd'or; die Kinder sind auch in der achtungswürdigen Familie Weidmann in physischer Beziehung aufs beste besorgt.

In den Bezirken March, Pfäffikon und Wollerau sind keine Privatschulen.

* * *

Intellectuelle Cultur.

In einer eingeschränkten Gebirgsgegend, die keine Städte und keine größere wissenschaftliche Anstalt besitzt, wo das Hirtenleben die vorherrschende Beschäftigung ist und wo man entfernt von literarischem Verkehre lebt, darf keine große Zahl von gelehrten Männern erwartet werden. Nichts desto weniger ging aus dem kleinen Lande eine nicht ganz geringe Zahl durch Wissenschaft oder Kunst bekannt und selbst berühmt gewordener Männer hervor, die hier nicht nach den Fächern ihrer Thätigkeit, sondern der Zeit nach angeführt werden.

Werner Stauffacher, ein Bruder Arnolds, des Vaters einer der drei sogeheißenen ersten Eidgenossen, wurde 1241 Abt des Klosters Engelberg und starb 1250. Die Annalen dieses Klosters sagen von ihm: Divinis et humanis litteris optime instructus, congregationem utramque virorum 40 annos et monialium prudentia sua illustravit et auxit sapientissimus abbas.

Ital Reding, der ältere, geb. 1... gest. 1445, den die Geschichte den Wohlberedten nennt, hielt noch als Jüngling im Namen der Eidgenossen vor der Kirchenversammlung zu Constanz eine Rede.

Ulrich Wagner, Landammann von Schwyz von 1437 bis 1445, soll die Justingerische Chronik bis 1446 fortgesetzt haben. Auch schrieb er die Geschichte des alten Zürcherkrieges.

Melchior Rupp, Schulmeister in Schwyz, geb. 1429, gest. 14.., ist Verfasser eines Lebens des heil. Meinrads und einer Chronik.

Albert von Bonstetten, geb. 14.., gest. 1..., wenn schon nicht geborner Schwyzer, gehört als Conventual und als Dekan von Einsiedeln diesem Lande an. Er schilderte für Ausländer die ganze Schweiz, die Kriege Carls von Burgund und unser Frauen Stift in den Einsiedeln, insbesondere auf Antrieb Königs Ludwigs XI. „in lateinischem Redeschwulst, nicht wie Tschachtlan, Schilling und Ausbelm, in einfaltvoller Kraft," sagt Johann von Müller. Die Abschrift seiner Beschreibung und der Einsiedlerchronik machen die Nr. 4789 der Handschriften auf der königlichen Bibliothek in Paris aus. Das Manuscript von dem Burgunderkriege befindet sich in einer schwäbischen Bibliothek. Seine österreichische Geschichte, an Carl VIII., König von Frankreich, gerichtet, der eine österreichische Prinzessin heirathen sollte, ist auf der Hofbibliothek zu Wien. Zur Belohnung erhielt er von Kaiser Friederich III. (Urk. 20 October 1482) die Pfalzgrafenwürde (propter virtutem, claritatem, morumque venustatem) und einige hundert Adelsbriefe zu seiner Verfügung. Auch der Papst ertheilte ihm besondere Vorrechte.

Philippus Aureolus Theophrastus Paracelsus Bombast von Hohenheim, der eigentlich nur Bombast geheißen haben soll, geb. 1498, wahrscheinlich bei Einsiedeln (daß er in der Nähe gewohnt, beweist sein Testament) gest. 1541 in Salzburg, suchte vermuthlich durch die vielen Namen das Publikum zu blenden und die Aufmerksamkeit auf sich zu ziehen. Von großen Geistesgaben mit mancherlei Kenntnissen ausgerüstet, ging er meistens auf das Außerordentliche und Ungewöhnliche aus. Mit dem von Andern Angenommenen im Kampfe spottete er des Papstes und schimpfte auf die Reformatoren, deren Lehren er Tandeleien hieß. Theosophie war ihm die einzige Philosophie, Mystik die Religion. Seinem secretum magicum giebt er dem Namen nach eine christliche Einkleidung; aber er nennt Salz Vater, Schwefel Sohn und Quecksilber den heiligen Geist. „Dieses große Geheimniß," sagt er, „kennen weder der Papst noch die Bachanten (Reformatoren)." Die Theosophen von Weigel und Böhme bis auf Dippel und Swedenborg hielten ihn hoch. In der Chemie gelangte er zu wichtigen Entdeckungen und seine Versuche führten noch weiter. Er machte auf die fruchtbare Ergiebigkeit und wissenschaftliche Unentbehrlichkeit der Chemie aufmerksam, empfahl mehrere gute, meist mineralische Arzeneimittel, deutete psychische Ansichten in der Arzeneiwissenschaft an und brachte manche glückliche und fortgesetzte Forschung anregende Beobachtungen in Umlauf. In der Medicin bekämpfte er den todten Mechanismus und erwarb sich um Arzeneimittellehr unverkennbares Verdienst. Sein medicinisches System erhielt sich allmalig geläutert bis weit in das siebenzehnte Jahrhundert, vornamlich in Teutschland, doch mehr bei den Empirikern als gründlichen Gelehrten. Wenig Glück machte Theophrastus in Italien, mehr noch in Frankreich. Auch der engländische Theosophe Fludd nahm die Lehren Theophrasts wieder auf. Paracelsus verfaßte neben einigen theologischen, 53 medicinische und 235 philosophische Schriften. Seine gesammelten Werke erschienen, Basel 1589, fl. 11, 4; Straßburg 1603, 2 Ts.; Opera 1658, 2 Ts.

Peter Williger, Pfarrer zu Art, lebte um 1565 und schrieb einen „kurzen Innbegriff der Eidsgenössischen Begebenheiten."

Balthasar Stapfer, Landschreiber in Schwyz um 1590, ist durch seine „Beschreibung des 1531 zwischen den 7 erften Eydgenössischen Städt und Ländern entstandenen Kriegs" bekannt.

Benedict Keller aus dem Muotathale, wurde 1619 Abt zu Engelberg und starb 1639 an der Pest. Er war ein Mann von vorzüglichen Fähigkeiten, nicht gewöhnlicher Beredsamkeit, ein allgemein geschätzter Geschäftsmann, der seinem Vorganger, dem Abt Sigerist, theils als Schreiber, theils durch seine Gewandtheit bei vielen Sendungen und Unterhandlungen wichtige Dienste geleistet hatte. Auch in geistlichen Sachen war er nicht ohne Verdienste. Dieß erhob ihn zur Prälatswürde; allein auf dieser Stufe verwickelte er sich in ökonomische Verwirrungen, so daß er zuerst die Verwaltung und dann die Abtsstelle selbst niederlegte.

Conrad Heinrich Ab-Iberg, geb. 16.., gest. 16.., schilderte die Begebenheiten des Landes Schwyz vom Jahr 1600 bis 1661.

Meinrad Steinegger, von Lachen, trat 1661 in das Kloster Einsiedeln ein. Er war Verfasser verschiedener Schriften. Sie zeugen von den Eigenthümlichkeiten seines Charakters und von dem damals sehr allgemein verbreiteten seltsamen Geschmacke in wissenschaftlichen Dingen, sind aber nichts desto weniger Beweise seines Verstandes und vielfacher Kenntnisse. 1681 erschien von ihm: Curiosa scholastica stemmatographica idea Vitae et Mortis S. Meinradi.

Placidus Raymann, von Einsiedeln, geb. 1600, gest. 1670. Dieser Fürst des Klosters Einsiedeln war ein großer Freund der Geschichte. Noch sind ganze Folianten vorhanden, die er im Fache der Diplomatik zusammenschrieb und durch die er eine genauere Anordnung und Kenntniß der Archivsurkunden erzweckte. Er sammelte auch von andern Orten her Urkunden und Schriften, die auf das Stift Einsiedeln sich bezogen.

Columban Ochsner, von Einsiedeln, geb. 1..., gest. 1..., schrieb mehrere Werke über das kanonische Recht.

Marcus Faßbind, von Lachen, Capitular in Einsiedeln, lebte in der zweiten Hälfte des siebzehnten Jahrhunderts. Er beweist durch seinen ungedruckten literarischen Nachlaß, daß er das Talent des Redners und Dichters besaß.

Augustin Reding geb. 16.., gest. 16.., gab 1669 folgendes Werkchen heraus; Dissertationes refutatoriae Synodalis ab Henrico Heideggero, Professore Tigurino, adversus sacras speciatim Einsidlensem Peregrinationes evulgatae Dissertationis. 220 S. in Duodez. Redings Zweck ist, die Geschichte der göttlichen Einweihung der einsiedelnschen Kapelle darzuthun und die Wallfahrten zu vertheidigen.

Ignaz Betschart, von Schwyz, wurde 1658 Abt zu Engelberg und starb 1681. Er ist Verfasser der physiognomia philosophica.

Paul Betschart, von Schwyz, geb. 16.., gest. 1687, zeigt in einer Sammlung von Wundern, welche zu Einsiedeln

geschahen und in Hymnen auf die Heiligen Meinrad und Mau-
riz eine gründliche Kenntniß der lateinischen Sprache.

Augustin Reding, geb. 1626, gest. 1693, schrieb mit
eisernem Fleiße viele theologische Werke, deren größter Theil
im Druck erschien und die durch den allgemeinen Beifall, der
ihnen zu Theil wurde, den Namen ihres Verfassers weit umher bekannt machten. Die apostolischen Legaten beriethen sich
bei ihm in den wichtigsten Angelegenheiten; selbst der Papst
Innocenz XI. rühmte ihn in einem Briefe als eine große Stütze
der katholischen Kirche.

Placibus Reding, Bruder des Augustin, geb. 1630,
gest. 1694, stand mit dem berühmten Antiquar Mabillon, der
ihn sehr hochschätzte, in einem gelehrten Briefwechsel.

Jakob Dieterich (nach dem Klosternamen **Wilhelm**)
Reding, geb. 1634, gest. 1701, ist Verfasser einiger auf
die Eidgenossenschaft sich beziehenden Werke, welche handschriftlich im Klaster Wettingen sich befinden. Das erste ist
eine aus zwölf Foliobänden bestehende, von Reding selbst
geschriebene Chronik, welche die Landesgeschichte von 1305 bis
1566 umfaßt. Das andere Werk besteht aus 25 Quartbän-
den und führt den Titel: „Historia unionis Helvetiorum
victoriosae oder Beschreibung der durch Einigkeit siegreichen
Helvetier, halt in sich den Ursprung und Anfang einer Löbl.
Eidgenoßschaft, was denkwürdiges sich in derselben zugetragen,
von 1305 bis 1563.‟ Auch dieses Werk ist größtentheils von
Redings Händen, ausgenommen der fünfte, sechste, siebente
und achte Band. Beide Werke sind sich ziemlich ähnlich, und
enthalten viele Urkunden und Abschiede. „Veteris Helvetiae
delineatio ejusdemque reipublicae descriptio. Entwurf der
alten Helvetischen Lande, wie auch selbiger freyen Ständ Be-
schreibung,‟ 322 Seiten in Quart. Folgendes ist der Inhalt:
Eine Topographie des alten Helvetiens, die Kriegszüge, das
Christenthum, Begebenheiten, Freiheiten u. s. f., endlich eine
Topographie der damaligen Schweiz. Diese Arbeit trägt die
Jahreszahl 1689.

Jost Rudolph (oder nach dem Klosternamen **Sebastian**)
Reding, geb. 1667, gest. 1724, ordnete unter dem Abte Thomas die Bibliothek und verfaßte ein Verzeichniß aller Bücher
derselben, das von gründlichen bibliographischen Kenntnissen
zeugt.

Romanus Effinger, von Einsiedeln, 1701 geb., 1753
zum Abte von Rheinau gewählt, 1766 gest., gab zwei theologische Werke im Druck heraus: 1. Praedicamentum undecimum
ad mentem D. Thomae vindicatum, Ulm, 1730. 2. Judi-
cium D. Thomae in causa maxime controversa, sive con-
cordia Thomistica libertatis creatae in linia gratiae cum
intrinseca efficatia voluntatis divinae, de praedetermi-
natione physica et scientia media. Constant., 1747.

Fintan Steinegger, von Lachen, geb. 17.., gest. 1809,
erwarb sich Verdienste durch seine Bemühungen, die Geschichte
des Stiftes Einsiedeln aus den Urkunden und Quellen zu begründen, das Zweifelhafte zu lösen und das Dunkle aufzuhellen.

Dominik Anton Ulrich, Landschreiber in Schwyz, geb. 17.., gest. 1814, machte sich in der Revolutions-Zeit durch seine würdig geschriebenen diplomatischen Aufsätze bekannt. Siehe Zschokkes Geschichte vom Kampf und Untergang der Berg- und Waldkantone. Seite 228, 231, u. f. f. Auch hat man von ihm eine handschriftliche Sammlung von Gedanken oder Aphorismen, die er während einer Krankheit im Jahr 1790 niederschrieb. Einige davon sind hier herausgehoben: „Wenn du in deinen Amtsverrichtungen treu und ehrlich bist, hast du am meisten zu fürchten. — Alles schreit in den jetzigen Zeiten über Aufklärung und ich selbst billige die nicht, welche eine falsche Aufklärung predigen; aber daß wir immer so dumm, wie das Vieh seyn und mit offenen Augen nichts sehen sollten, zu diesem ist die Zeit vorbei. — Wenn du dein Vaterland zehen mal vom Untergange rettest, ein einziges mal aber die Bauern erzürnst, so ist dein Credit auf immer hin. — Wenn unsre Bauern arbeitsamer und in ihren Häusern weniger Kutschen und in den Herrenhäusern nicht so viele Canapés wären, so müßten wir nicht so viel Geld außer das Land senden. — Mir müßte kein Rathsherr Vogt seyn und die Geistlichen alle Weiber haben. — Rabener sagt: „Kleider machen Leute" und ich sage „Geld macht zu allem fähig;" ein Beispiel davon war unser Landvogt . . . . ., der, nachdem er jedem Landsmann 2 Rubel *) geboten, gleich die Einsichten und Fähigkeiten eines Staatsmannes und doch vorher nur die eines Käse- und Ziegerhändlers hatte. — Fliehe die Rechtshändel! denn wenn du auch Recht erhälst, so gewinnst du nichts, sondern du erlangst nur das Deinige. — Welcher sich an die Spitze des Volkes stellt, um sich auf Kosten der allgemeinen Ruhe und des Friedens emporzuschwingen, geht dem Untergang entgegen. — Wunderlich ist es, daß bei jeder Zeit Wahrheit reden Grobheit, Lügen aber Mode ist. — Viele können sich aufhalten, daß die Geistlichen in Frankreich den Bürgereid haben leisten müssen, und mir gefällt es; denn warum soll diese ohnehin schon besondere Menschenclasse in keiner bürgerlichen Verpflichtungen stehen und dem Staat getreu und nützlich seyn, dessen Vorrechte sie doch genießen wollen? unterwarf sich nicht auch unser Heiland der Kopfsteuer des Kaisers? — Liebe Gott über alles; gieb jedem was ihm gebührt; fliehe ungerechtes Gut; gehe gerade in deinen Sachen; halte dich jederzeit an rechtschaffene Leute! dann wirst du einmal ruhig sterben.

Maria Theresia Ulrich, von Schwyz, geb. 17.., gest. 18.., die Schwester des Vorhergehenden, war eine merkwürdige Frau. In Verbindung mit der nachherigen Priorin des Frauenklosters im Muotathale, Waldburga Mohr von Luzern, legte sie mit eigener Hand den schönen Obstgarten an, welcher nun die Zierde des Klosters und des Dorfes ist. Sie spielte die Orgel und die Geige, las Latein, kannte die Medicinalpflanzen zu Berg und Thal, sammelte und unterhielt eine

---

*) Rubel nannte man die 24 Kreuzerstücke wegen der krausen Perücke, die den Kopf auf denselben schmückte. Rubelhaar heißen in der Schweiz die krausen Haare.

wohlgeordnete Apotheke und war Arzt und Chirurg der Gegend weit umher. An Sonn- und Feiertagen, von Kranken und Boten der Kranken umlagert, gab sie Gehör und Arzeneien, ließ Ader und verrichtete Operationen, alles mit Vorsicht, doch so, daß sie nicht versäumte, in schweren Fällen Männer vom Fache zu Rathe zu ziehen. Sie vollführte eine Trepanation mit dem glücklichsten Erfolge, und wegen einer andern Kur wurde sie beinahe wie eine Wunderthäterin verehrt.

Dominik Carl Zay, geb. 1754, gest. 1816, ist Verfasser mehrerer Gedichte, welche theils in Füßli's schweizerischem Museum, theils einzeln erschienen. Die Romanze: die Lauwe. Nach dem Französischen des Hrn. Bridel. Schweiz. Mus. 1. Bd., Zweites Stück, eine seiner Jugendarbeiten, nicht ohne einige Verbesserungen von Heinrich Fußli, zog bei ihrer Erscheinung die allgemeine Aufmerksamkeit des für Dichtung empfänglichen Publikums auf sich. Zay's Hauptwerk ist: Goldau und seine Gegend, wie sie war und was sie geworden, in Zeichnungen und Beschreibungen. Zur Unterstützung der übrig gebliebenen Leidenden in den Druck herausgegeben. Mit einem Titelkupfer und Plan. 1807." Nächster Anwohner des Trauerschauplatzes, beinahe mit jeder Einzelnheit desselben und mit der großen Mehrzahl seiner Bewohner persönlich bekannt, Beschauer der kaum vollendeten Zerstörung und in der Lage, jeden möglichen Aufschluß über das Vorgegangene einzuholen, war er ganz geeignet, die Geschichte und die Darstellung des schrecklichen Naturereignisses und seiner Wirkungen zu liefern. Das Buch enthält zuerst die Geschichte der Gemeinden Art, Goldau und Lowerz, wovon die neuere Zeit, insbesondere der Kampf mit den Franzosen, auch die Begebenheiten von 1799, ausführlich behandelt sind. Der zweite Abschnitt giebt eine Beschreibung von Art, Goldau und Lowerz in landschaftlicher Rücksicht, erklärt die Ortsnamen (größtentheils aus dem Lateinischen), schildert die geognostischen Verhältnisse u. s. f. Der dritte Abschnitt erzählt die Geschichte des merkwürdigen zweiten September 1806 mit Vollständigkeit und Genauigkeit, einfach und rührend. Der vierte enthält die Erzählung einiger merkwürdigen Erhaltungen und Rettungen. Der fünfte hebt Einzelnheiten heraus, unter diesen die außerordentliche Wirkung der ausgetretenen Gewässer des Lowerzersees, eine sorgfältige und wissenschaftliche Erklärung der Ursachen des Bergfalles u. s. f.

Ildephons Fuchs, von Einsiedeln, geb. 1765, gest. 1823, ein fleißiger Forscher über schweizerische Geschichte, gab im Jahre 1805 „Egidius Tschudi's von Glarus Leben und Schriften, nach dessen eigenen Handschriften diplomatisch verfaßt und mit Urkunden belegt" in zwei Theilen heraus. Eine solche Arbeit mußte im dritten Jahrhunderte nach dem Tode des berühmten schweizerischen Geschichtschreibers um so viel schwieriger werden, als Fuchs keine gründlichen Vorgänger hatte. Nicht nur die gedruckten Schriften Tschudi's, sondern auch die noch ungedruckten wurden größtentheils sorgfältig benutzt und Fuchs behielt dabei mehr die Stellung eines critischen Forschers als die des Biographen bei. Dasjenige, was die Schweizergeschichte berührte, zog die Aufmerksamkeit des Biographen vornämlich auf sich.

Man lernt hier Tschudi's noch ungedruckte Sammlungen über die eidgenössische Geschichte kennen; auch ist das, was vom zweiten Cappelerkriege gemeldet wird, besonderer Beachtung werth. 1810 und 1812 erschienen: Die Mailändischen Feldzüge der Schweizer, in zwei Bänden. Der erste reicht von 1331 bis 1503. der zweite bis auf das Jahr 1512. Fuchs beschränkte sich nicht wie die meisten schweizerischen Schriftsteller, auf die vaterländischen Hülfsmittel, sondern er zog beständig auch die Ausländer, die Franzosen, Italiener u. s. f. zu Rathe. Treue und Wahrheit sind ihm Hauptzweck, dem er das Lob seiner Landsleute, ihres damaligen kriegerischen Ruhmes und ihrer hohen politischen Stellung gegen die größten Fürsten unterordnet. Er belegt seine Behauptungen mit Citaten. 1814 gab er die Biographie des Pater Georg Effinger heraus (im Artikel Einsiedeln werden wir dieses Mannes gedenken), und 1816 ließ er, ohne sich als Verfasser zu nennen, das erste Bändchen seines „Versuches einer pragmatischen Geschichte der staatsrechtlichen Kirchenverhältnisse der schweizerischen Eidgenossen erscheinen.

Thomas Faßbind, geb. 1755, war Pfarrer in Schwyz, Cammerer des Vierwaldstätter Capitels, und wurde 1811 von dem heiligen Stuhle, für den er eine zarte Anhänglichkeit hatte, zum Protonotarus apostolicus ernannt. Er starb 1824. Faßbind sammelte viele Materialien für die Geschichte seines Kantons; allein der Tod überraschte ihn, ehe sein Werk ans Licht trat. Die Bearbeitung liegt in den Händen des mit Eifer und Hingebung die Unternehmung befördernden Herrn Caspar Rigert, Pfarrer in Gersau. Bisher sind vier Bände erschienen. Der erste geht von der ersten Gründung des Kantons Schwyz bis zur Sempacherschlacht, der zweite von der Sempacherschlacht bis und mit dem Frieden vom Jahre 1450, der dritte vom Frieden mit Zürich und vom Schwabenkriege bis zur Reformation, und der vierte vom Anfang der Reformation in der Eidgenossenschaft bis zur Stiftung des goldenen Bundes. Der Umfang dieser Arbeit wird die Geschichte des Kantons in einer Ausführlichkeit darstellen, deren nur wenige andere sich verhältnißmäßig zu erfreuen haben.

Conrad Tanner, geb. in Art 1752, 1808 zum Fürstabte des Klosters Einsiedeln erwählt, gest. 1825, war ascetischer Schriftsteller. Sein Hauptwerk, das zu verschiedenen Malen erschien, ist „die Bildung des Geistlichen.“ Den „kostbaren Tod,“ in vier Bänden, schrieb er in Oesterreich zur Zeit der französischen Revolution. „Predigtenentwürfe“ und einige Broschüren wurden von seinem Nachfolger Cölestin herausgegeben. Die Werke Tanner's zeugen von vielen Talenten und großem Verstande, tragen aber das Gepräge beschränkter Bildung und liefern einen Beweis von einer durch Scholastik schief gewordenen Richtung des Geistes.

Lebende.

Augustin Schibig, geb. 1766, Spitalpfarrer in Schwyz, ist die Seele aller gemeinnützigen Bestrebungen im alten Lande. Als historischer Sammler hat er manches geleistet, und seine ächte Frömmigkeit, aufrichtige Menschenliebe und biedern vaterländischen Sinn in mehr als einer Rede an den Tag gelegt.

Leonhard Carl Inderbitzi, geb. 177. in Ibach bei Schwyz, war früher ein Kupferschmied, vertauschte aber später das Handwerk gegen den Bauernstand. Er gab heraus: Kaleidoscop, oder unerschöpfliche Mannigfaltigkeit der Ehestandsfarben. Von einem sonderbaren und seltenen Autor im Hirtenhemd und Holzschuhen, aus dem Kanton Schwyz. Zug 1824. Ehestandsspiegel, worin die jungen Leute sehen, was für Rosen im Ehestande wachsen und die Eltern sehen, wie sie selbe warten und pflegen müssen, wenn sie vollständige und wohlriechende Rosen haben wollen. Zug, 1826. Vaterländisches Gespräch, zwischen dem Verfasser des Kaleidoscop oder dem Schwyzer Bauer im Hirtenhemd, und einem Bauern-Rathsherrn im Kanton Schwyz, welches dem Vaterland zum Nutzen, andern aber zum Unterhalt seyn mag. Zug, 1831. Der wackere Mann erörtert in diesen Schriften die Verhältnisse und Angelegenheiten des schwyzerischen Landmanns und ertheilt wohldenkend gute und aus Erfahrungen geschöpfte Belehrungen. Immer wird darauf hingewiesen, daß Religion und Sittlichkeit im öffentlichen wie im Privatleben das Thun und Lassen der Menschen bestimmen müssen. In den erstern Schriften handelt er von den Pflichten, wie vom Wohl und Wehe des Ehestandes, von der Kinderzucht, dem Schulunterrichte, der Häuslichkeit und Sittlichkeit und von den Angewöhnungen, die diesen erfprießlich, wie von denen, die ihnen nachtheilig sind. In der letzten Schrift spricht er von dem öffentlichen Leben des freien Landmanns und seinem Verhältniß zu der Landsgemeine.

Caspar Rigert, Pfarrer in Gersau, geb. 1783, ist Herausgeber der Faßbind'schen Geschichte des Kantons Schwyz. Auch schrieb er die Geschichte des Freistaates Gersau. Dieses werthvolle Büchlein erlebte zwei Auflagen.

Meinrad Kälin, geb. in Einsiedeln 1789, Capitular im dortigen Kloster, erwarb sich als Lehrer der Physik, als Ordner des Mineraliencabinetes und als Bibliothekar vorzügliche Verdienste. Seine gelehrten und vielseitigen Kenntnisse beweisen unter anderm zwei handschriftliche Abhandlungen: „Systema institutionis litterariae Congregationis Helveto Benedictinae," und „Aesthetische Erholungsstunden, dem Unterricht meiner jüngern Mitbrüder und Schüler gewidmet." Die erste verfaßte er auf die Aufforderung des Fürstabtes Tanner. Er entwickelt in derselben seine Ansichten und Vorschläge über die zweckmäßigste Studieneinrichtung in den Schulen des Benedictinerordens, und verweilt in seinem Schulplane vorzugsweise bei den Naturwissenschaften. Die ästhetischen Erholungsstunden enthalten einen Abriß der Kunstgeschichte, mit Angabe und Würdigung der besten Meister der verschiedenen Kunstfächer und Schulen, sowie ihrer vorzüglichsten Werke.

Joseph Aloys Bürgler, geb. 1784, Pfarrer zu Illgau. Von ihm erschien: Predigt, gehalten den 16. Wintermonat 1828 zur Gedächtnißfeier der Schlacht bei Morgarten. Zürich, 1829. Die Textesworte: „Was ist dies für ein Volk, das die Berge besetzt hält? Wie groß ist ihre Macht? Wer ist der König, der ihr Kriegsheer anführt?" sind von dem Redner vortrefflich gewählt, indem sie ihm Gelegenheit gaben, eine gedrängte Uebersicht des Vorgangs und eine weit ausgedehntere der Verdienste der Vorfahren in „Einigkeit, Gerechtigkeit und Gottvertrauen" zu liefern.

Aloys Fuchs, geb. in Schwyz 1794, einer der gelehrtesten, geistvollsten katholischen Geistlichen der Schweiz und auch einer der ausgezeichnetesten Kanzelredner. Er schrieb 1832, um Eintracht im Vaterlande zu befördern, und Trennung unter den Eidgenossen zu verhüten, im versöhnenden Geiste ein Büchlein: „Der große Abfall vom Vaterlande und die Rückkehr zu ihm. Ein vaterländisches Wort an die Urkantone und an alle Eidgenossen." Diese Schrift, hell und verständlich, verbreitete sich schnell und ward auch von den Landleuten gelesen. „Verfassungswünsche für den Kanton Schwyz, 1833." „Vorschläge zu einer Bundesverfassung, 1833." „Ohne Christus kein Heil für die Menschheit in Kirche und Staat. Eine Rede, gehalten zu Rapperswil den dritten Sonntag nach Ostern, an einem Märtyrerfeste, 1832. 1833. „Mein Glauben" und Hoffen sammt Stimmen aus der katholischen Kirche zu meiner Vertheidigung. „In dieser Schrift werden die acht verurtheilten Stellen der Schrift: „Ohne Christus kein Heil" — theils mit Stellen der heiligen Schrift, theils mit solchen aus den Kirchenvätern und mit Concilien-Beschlüssen, sowie mit Stellen aus bewährten katholischen Schriftstellern belegt. Der erste Band dieses Werkes erschien in St. Gallen 1835, der zweite wird bald nachfolgen.

Franz Donat Kyd, geb. in Brunnen 179., gab 1831 heraus: Chinesisches Rechnungsbrett sammt dessen Gebrauchslehre. Um die Rechnungsoperationen anschaulich zu machen, sind auf einem Brette kleine Ringe an Drähten angereiht, wobei zugleich die Decimalrechnung überall festgehalten wird. Das Büchlein enthält eine sehr deutliche und umständliche Anweisung zur Auflösung der vier Species der unbenannten und benannten Zahlen mit mannigfaltigen Beispielen.

Robert Kälin, geb. 1808 in Einsiedeln, wirkt als katholischer Pfarrer in Zürich im Segen. Seine gedankenreichen, biblischen und evangelisch freimüthigen Kanzelvorträge nehmen den Verstand und das Gefühl in gleichem Maße in Anspruch. 1834 erschienen: Die Erwartungen des Vaterlandes. Anrede, gehalten in der Fraumünsterkirche an die Ehrengesandtschaften katholischer Confession vor Eröffnung der eidgenössischen Tagsatzung, den 7. Heumonat 1834; der Väter Glück und Unglück. Predigt am 21. September 1834 dem der Eidgenossenschaft gefeierten Bettage, gehalten in der Fraumünsterkirche; 1835 der eidgen. Bettag, des Schweizers Festtag seines Glaubens, seiner Hoffnung seiner Liebe. Predigt gehalten am 20. September 1835 ebend.

Aesthetische Cultur.

Eva ab Iberg, geb. in Schwyz 15.., gest. daselbst 16... Diese treffliche Malerin lieferte viele schöne Arbeiten. In der Grabkapelle des Capuzinerklosters in Art ist von ihrer Hand der Psalter mit den 15 Geheimnissen zu sehen.

... Auf der Mauer, geb. in Schwyz 17.., gest. in.. 17.., verfertigte die zwei Gemälde im Frauenkloster St. Peter auf dem Bach zu Schwyz: die Abnahme Christi vom Kreuz und das Gemälde bei der Kanzel.

Von Melchior Anton Ospenthaler, geb. in.. 17.., gest. in.. 17.. sind die Malereien in der Kapelle des heiligen Franz Xaver zu Morschach und in jener zu Weilen, Gemeinde Ingenbohl.

... Ab Egg, geb. in.. 17.., gest. in.. 17.., Bildhauer, schnitzelte den Palmesel mit dem darauf sitzenden Christus. Diese sehr schöne Arbeit kommt noch jährlich in Schwyz zum Vorschein.

Johann Sebastian Zay, Bauherr, geb. in Art 1677, gest. daselbst 1748, verfertigte mit dem

Johann Balthasar Steiner, geb. in Art 1668, gest. daselbst 1744, das Modell zu der jetzigen Pfarrkirche in Art. Die Gemeinde trug ihnen auf, nach demselben die Kirche zu bauen. Letzterer malte auch das Altargemälde, die Himmelfahrt Mariä vorstellend, in der Kirche zu Art und das Altargemälde in dem Kirchlein auf der Rigi, Maria zum Schnee. Von diesem Maler und seinem Gemälde auf der Rigi liest man in dem Büchlein: Rigiberg, der Himmelskönigin eingeweiht (das im Capuzinerhospitium verkauft wird): Steiner betheuerte, so lange er lebte: „Er habe ganz leicht, und gleichsam ohne Mühe und Arbeit dieses Kunststück verfertigt," und der Verfasser des Rigibüchleins fügt bei: „Es läßt sich nicht anders denken, als eine Kraft von oben herab müsse ihm zur Seite gewesen seyn." Glaubwürdiger ist der erstere Theil dieser Erzählung als der letztere; denn in Füßli's Künstlerlexicon, das auch der schwächern Aspiranten auf Künstlerruf Erwähnung thut, wird dieses vorgeblichen Meisters mit keinem Worte gedacht.

Johann Carl Hedlinger, geb. in Schwyz 1691, gest. daselbst 1771, ist der berühmteste schwyzerische Künstler. Der kunstverständige Heinrich Füßli läßt unentschieden, „ob Hedlingern oder den Franzosen St. Urbain, Varin und du Vivier oder dem Römer Hamerani die Palme in der Stempelschneidekunst gebühre," und Göthe sagt von ihm in dem Werke: Winkelmann und sein Jahrhundert: „das, wozu Otto Hamerani die Bahn gebrochen, führte Hedlinger aus. Seine Kunst ist noch mehr auf gefällige Weichheit und überdieß auf malerische Effecte berechnet. Jenem gegenüber haben die Haare bei Hedlinger bessere Massen und größere Leichtigkeit, die Köpfe überhaupt etwas mehr Relief. Er steht ferner dem erstern in der Ausführung nicht nach und besitzt über denselben den wesentlichen Vorzug von mehr Geist und Lebendigkeit." In sinnreichen Allegorien der Reverse aus eigener Erfindung hat ihn keiner seiner ältern und neuern Kunstgenossen erreicht. Die bedeutende Anzahl großer und kleiner Medaillen, Siegel und Gepräge zu den verschiedensten Arten von Münzen, welche Hedlinger für Schweden, Rußland, Dänemark, Preußen und

die Schweiz verfertigte, zeugen von der Vortrefflichkeit seiner
Kunst und seinem ungemeinen Fleiße. Die Kaiserin Elisabeth
von Rußland, Friederich II. König von Preußen, der gelehrte
Keder und des Künstlers eigenes Bildniß sind Werke, die seinem Namen Unsterblichkeit erwarben. C. von Mechel und J.
J. Hayd haben seine wichtigsten Schaupfennige, der erste in
Kupfer gestochen, der andere in Schwarzkunst geschabt. Papst
Benedict XIII. ertheilte Hedlingern den Christusorden; König
Friederich I. von Schweden ernannte ihn 1745 zum Hofrath
und Intendanten, und die königlichen Akademien der Wissenschaften zu Berlin und Stockholm nahmen ihn zum Mitgliede
auf. Als Ehrenbezeugung erhielt er oft von den Großen, deren Bildniß er lieferte, eine Ausprägung in Gold. Hedlinger
war zugleich einer der trefflichsten Männer seines Vaterlandes.
Das durch seine Talente im Auslande erworbene Vermögen
genoß er in der selbst gewählten Verborgenheit seiner Heimath.
Nie bewarb er sich um ein Amt, nie mischte er sich in Landes-
händel, sondern lebte der Kunst und den Freunden, und gab
durch seine Leutseligkeit und fromme Rechtschaffenheit das Beispiel eines edeln Privatmannes.

Joseph Anton Janser, geb. in .. 1740, gest. in ..
17 .., setzte sich durch eine Abbildung des heiligen Grabes, welche
in Schwyz zu sehen ist, ein Denkmal. Auch in Besançon sollen
schöne Kunstwerke von ihm zu finden seyn.

Joseph Anton Curiger, geb. in Einsiedeln 1750, gest.
in .. 18 .., besaß keine großen theoretischen Kenntnisse, brachte
es aber durch natürlichen Geschmack, ein feines Gefühl und
anhaltenden Fleiß in der Kunst Bildnisse in Wachs zu bossiren
sehr weit. Er bossirte auch dasjenige Bonaparte's (als erster
Consul) nach dem Leben. Man hielt es für eines der getroffen-
sten. Curiger arbeitete immer mit außerordentlicher Leichtigkeit
und ohne die Personen durch lange Sitzungen zu ermüden.

Joseph Benedict Curiger, geb. in Einsiedeln 1754,
gest. in .. 18 .., verfertigte in Relief frei modellirte ana-
tomische Abbildungen des menschlichen Körpers, welche allgemein bewundert wurden. Ueberdieß arbeitete er Bildnisse in
Relief aus weißem und colorirtem Wachs, Alabaster und feiner
Thonerde, und ebenso Basreliefs, Blumenstücke u. a. mit un-
übertrefflicher Wahrheit und Zartheit aus.

... Oechslin, geb. in Einsiedeln 17 .., gest. in .. 17 ..,
war ein Kupferstecher, der um 1777 Heilige und Gnadenbilder,
auch den sogenannten Engelweihhochsen gestochen hat, doch ohne
Kunstverdienst.

Von Carl Meinrad Triner, geb. in Art ...., gest.
in Bürgeln 1805, sind in der Capuzinerkirche zu Art der heilige
Zeno am Hochaltar und der heilige Franz am untern Altare,
sowie die Gemälde in den Kirchen zu Erstfelden und Ursern.

Von Joseph Anton Weber, geb. in .. 17 .., gest.
in .. 17 .. sind noch viele Frescomalereien vorhanden, z. B. in
der Kapelle St. Anton zu Ibach. Auch ist das Theater in
Schwyz von seinem Pinsel.

Xaver Triner, geb. in Art 1767, gest. 1824 in Bürgeln, wo er den Beruf des Schulmeisters, des Küsters und des Malers in sich vereinigte. Er verfertigte eine Menge von hübschen Landschaften in Sepia und Tusch, auch in Aquarel.

Meinrad Kälin, geb. 179. in Einsiedeln, gest. daselbst 1834. Seine vorzüglichsten Arbeiten waren Landschaften in Aquarel, die er meistens selbst in Kupfer ätzte. Sie sind größtentheils gelungen; doch wäre eine gewisse Steifheit im Baumschlage wegzuwünschen. In früheren Jahren verfertigte er auch Miniaturportraite, denen bei schönem Colorite und vieler Aehnlichkeit zuweilen richtige Zeichnung fehlt.

Lebende.

Ildephons Curiger 17.., geb. in Einsiedeln, bossirt in farbigtem Wachse mit außerordentlich viel Wahrheit, Kenntlichkeit und Nettigkeit auf eine geistreiche und lebendige Weise Bildnisse, Basreliefe u. a. m. Ildephons Curiger ist der talentvollste seiner Familie; auch fehlt ihm Künstlerlaune nicht. Zu einer vornehmen und reichen alten Dame in Wien berufen, um ihr Bild zu verfertigen, mußte er sich einem langen Markten über den Preis unterwerfen. Curiger nahm seinen Platz ein, arbeitete und nach kurzer Zeit überreichte er nicht der Gebietherin, sondern einer artigen Gesellschafterin, die sich bei ihr befand, ihr wohlgetroffenes Bildniß, stand auf und ohne dafür Bezahlung zu fordern, verabschiedete er sich von der adelichen Dame mit den Worten: „Zu der alten Hexe," werde ich nicht mehr kommen. Der Betroffenen lähmte Inngrimm die Sprache. Gegenwärtig lebt Curiger wieder in Wien.

Martin Baumann, geb. in Brunnen 1769, Verfertiger kleiner Reliefs nach der Pfyffer'schen Manier, wobei ihm sein älterer Sohn Carl Hülfe leistet. Seine erste Arbeit: Goldau vor dem Bergsturze, besitzt Herr Landammann Zay in Schwyz. Ein anderes Relief, die Kantone Uri, Schwyz und Unterwalden mit ihren nächsten Umgebungen vorstellend, verkaufte Baumann in Chur und viele kleine Reliefs, z. B. von der Rigi, dem Pilatus, Theilen des Vierwaldstättersees u. s. f. hin und wieder.

Joseph Carl Locher, geb. in Schwyz 1779, Schneider, früher in Schwyz, jetzt in Neapel, verfertigt mit bewundernswürdiger Geduld und mit viel Geschick, doch ohne besondern Geschmack aus farbigen Tuchstreifen Teppiche, auf denen wie Mosaik-Scenen z. B. aus der Schweizergeschichte dargestellt werden.

. . . . . Wickart, geb. in Einsiedeln 178., ist ein sehr geschickter Goldarbeiter und Wachsbossirer. Er hat sich durch seine nach anatomischen Regeln verfertigten menschlichen Körper eine bleibende Stelle unter den Künstlern gesichert.

Joseph Meinrad Birchler, geb. 17.. in . , ist ein Mann von außerordentlichen Naturanlagen, der bei guter Ausbildung ungemein viel hätte leisten können. Hievon zeugen seine vielen Frescogemälde in Kirchen. So verhält es sich auch mit seinen Oelgemälden. Dieß bezeugt ein Altarblatt, den heiligen Michael vorstellend, im Frauenkloster in der Au bei Einsiedeln. Als Bilderrestaurator ist er vorzüglich, wie dieß die Gemälde in der Kirche zu Rappersweil beweisen.

Michael Föhn, geb. 1789 in Schwyz, malt in Aquarel, oft aber auch in Tuschmanier, Schweizerschlachten, nationelle Gruppen aus der jetzigen Zeit u. s. w. Bekannt sind von ihm die Schlachtgemälde an der Kapelle am Morgarten und die drei ersten Eidgenossen an der sogeheißenen Sust in Brunnen. Zu wünschen wäre, daß er bei seinen Costümen mehr das Nationale, wie z. B. ein Vogel, Disteli aufgefaßt hatte.

Von Heinrich Triner, geb. in Bürgeln 1798, ist die Darstellung der Gotthardsstraße. Er war Zeichnungslehrer in Hofweil, und ist gegenwärtig solcher in der Lippeschen Anstalt im Schlosse Lenzburg.

Franz Schmid, geb. in Schwyz 1797. Er ist ungemein geübt in topographischen Zeichnungen. Rühmlich bekannt sind seine Panoramas, z. B. von dem Kirchthurme in Schwyz, aus dem Baumgarten in Zürich, von dem Faulhorn am Brienzersee (halbrundes Pan., 3 Fuß lang), von dem Jakobshügel bei Thun (3 Fuß lang), von dem Chaumont bei Neuenburg (6 Fuß lang), von dem Moleson im Kanton Freiburg (6 Fuß lang), von dem Großmünster in Zürich (6 Fuß lang), von dem Müseggthurm in Luzern (6 Fuß lang), von dem Stephansthurm in Wien, aus den kaiserlichen Stallungen daselbst, von dem Schafberge, 12 Stunden von Salzburg (Rundpanorama) von dem Rathhausthurm in Carlsruhe (Stadt und Umgebung, 6 Fuß lang), von dem Pavillon de Flore in Paris (6 Fuß lang) und aus den Tuillerien (3 Fuß lang).

Beat Bodenmüller, geb. in Einsiedeln 179. Bildhauer. Zu seinen schönsten Arbeiten gehören zwei in Buchsholz geschnitzte Gefäße zu silbernen Bechern. Auf dem einfachen Sockel der ersten steht gebückt ein geharnischter Ritter mit geschlossenem Visire, der als Karyatide die Last des Gefäßes trägt, auf seinem Schilde prangt der Habsburgerlöwe. Die drei Stifter des Schweizerbundes zieren als einzelne Figuren in gleicher Entfernung von einander stehend die Außenseite des untern Theiles des Gefäßes, in welchen der Becher gestellt wird. In der Füllung desselben sind in durchbrochener Arbeit, die bedeutendsten Gruppen aus Ludwig Vogel's Heimkehr der Sieger von der Schlacht am Morgarten. Auf dem Deckel stehen Wilhelm Tell, Arnold von Winkelried und Nikolaus von der Flüe. Gothische Dächlein sind zwischen diesen Figuren so angebracht, daß sie die untern Figuren schützen. Auf der schlank ausgeführten Spitze des Deckels steht der Schildhalter, gleichsam mit Ehrfurcht auf die Väter hinunterblickend, denen er seine Freiheit verdankt und durch die er auf diese Höhe gehoben worden ist. Der Schild zeigt das Wappen der unterwaldenschen Familie Deschwanden. — Das andere in Buchsholz geschnitzte Gefäß verfertigte Bodenmüller zu dem silbernen Becher, den die Stadtgemeinde Baden dem Rector Federer schenkte. Die oberste Stelle nimmt Jesus Christus ein.

Unter ihm stehen auf kleinen gothischen Thürmchen die vier Evangelisten. Diese fünf Figuren zieren den Deckel des Bechers. Auf der Außenseite des untern Theiles des Gefäßes befinden sich als Anspielungen auf Federes Wirken in durchbrochener Arbeit zwei Reliefe: Der Heiland, wie er die Kleinen zu sich kommen läßt, und wie er als Lehrer im großen Tempel Gottes die Bergpredigt hält. Den Uebergang von einem dieser Reliefe zum andern machen zwei Standbilder von Paulus, dem Völkerapostel, und Gallus, dem helvetischen Glaubensboten. Die übrige Bekleidung des silbernen Bechers sowohl am Deckel als an der Kapsel ist in altteutschem Style ausgeführt, wobei die Architectur immer die Kreuzesform ausdrückt, als das höchste Symbol, das der Christ in seiner heiligen Religion besitzt. Als Träger des Ganzen und zugleich als Handgriff ist ein jüdischer Hohepriester angebracht. Am Fuße des Bechergestells zeigen auf der Vorderseite eine kleine Inschrift und auf der Rückseite das Wappen der Stadt Baden die Veranlassung dieses Denkmales. — Eine vorzügliche Arbeit Bodenmüllers ist der Grabstein des Pfarrers Albrecht zu Ammersweil bei Lenzburg, der in die dortige Kirchenmauer eingelassen ist, und sehr artig ist die Sammlung von Bildnissen bekannter Schweizer: Carl Victor von Bonstetten, Pater Girard, Johann Jacob Heß, Hans Georg Nägeli, Johann Caspar von Orelli, Heinrich Pestalozzi, Paul Usteri, Heinrich Zschokke u. s. f., im kleinen Formate, halberhoben in Alabaster. Diese Abbildungen sind, wie die lebensgroßen Büsten von Usteri und Pestalozzi, in Abgüssen allgemein verbreitet. In diesem vorzüglichen Künstler finden sich zugleich ungemeiner Fleiß und wahre Bescheidenheit vereinigt.

Nikolaus Birchler, geb. in .. 17.., hat gute Bildnisse in Oel geliefert.

Joseph Niederöst, geb. in Schwyz 180., Hauptmann, verfertigt wie Baumann Basreliefs, jedoch in größerm Maaßstabe, auch ist er mit weit mehr mathematischen Kenntnissen ausgerüstet.

Georg Anton Ganginer, geb. in Lachen 180. Seine Bildnisse, sind frisch, kräftig, ähnlich, sein Colorit ist schön; auch im historischen Fache hat er sich versucht.

Bruhi, geb. in Lachen 18... studirte in München. Er ist Portrait- zugleich aber auch ein geschickter Decorationsmaler in Landschaften, Blumen u. s. f. Im Bade zu Nuolen sind fünf Zimmer durch seine Frescoarbeiten geschmückt.

Peter Ochsner, geb. 181. in Einsiedeln, Bildhauer, Schade, daß er ein Feld, worin er sich früher auszeichnete, die originelle Darstellung von ländlichen Figuren in Gruppen aus Holz geschnitten, beinahe ganz aufgegeben hat.

Bibliotheken.

Aus den nämlichen Gründen, die es erklären, daß die Landschaft Schwyz keine große Zahl von Gelehrten hervorgebracht hat, wird es auch begreiflich, daß keine bedeutenden oder zahlreichen Privatbibliotheken vorhanden sind. Ihren Mangel ersetzen diejenigen einiger Corporationen, wovon die Bibliothek des Klosters Einsiedeln die ansehnlichste ist. 1798 wurde sie zersplittert, ein Theil nach Aarau geführt und einen Theil schenkte Schauenburg der zürcherischen Bibliothek; 1803 erhielt aber das Kloster den größten Theil wieder, namentlich alles dasjenige, was in Zürich gelegen hatte; auch wurden seither viele Bücher auf Versteigerungen angekauft.

Seit 1823 besteht in Schwyz eine Bibliothek, die von Freunden der Wissenschaften durch Schenkung von Büchern gegründet wurde. Gegenwärtig mag die Zahl der Bande auf 4000 ansteigen. Sie ist insbesondere in Werken über die vaterländische Geschichte reich. Für die Aufbewahrung dieser Büchersammlung ist im sogenannten Schulhause ein schönes Local eingerichtet worden.

Die Bibliotheken der Capuzinerklöster in Schwyz und Art sind Sammlungen, die mehr dem Zufall, z. B. Vergabungen, wohlfeilen Ankäufen u. s. f. als systematischer Auswahl, gründlicher Bücherkenntniß ihr Daseyn verdanken. Beide Klöster sind zu arm, um nach der Anschaffung der Lebensbedürfnisse noch bedeutende und kostbare Werke kaufen zu können. Mehr ist von der Zukunft zu erwarten, weil die jüngern Väter Capuziner bessere Werke anschaffen, die einst der Bibliothek anheim fallen werden. Hier könnten Provincialen helfen, wenn sie veranstalten würden, daß von solchen Classikern, die zwei- oder dreifach in den Bibliotheken reicher Capuzinerklöster unbenutzt vorhanden sind, Exemplare den Bücherarmen abgereicht werden, und daß jeder Guardian wenigstens ein bedeutendes Werk und einige Zeitschriften jährlich anschaffe.

Eine kleine Bibliothek befindet sich auch im Pfarrhofe in Schwyz.

Gesellschaften.

Die älteste Gesellschaft ist die Schützengesellschaft, deren Entstehung aus dem fünfzehnten Jahrhundert herrührt. Gegenwärtig hat jede Gemeinde eine Schützengesellschaft und ein Schützenhaus, wo sich die Schützen den Sommer hindurch jeden Sonntag einfinden und üben. Im Flecken Schwyz besteht auch seit 182. ein besonderer Verein, die neue Schützengesellschaft, deren Mitglieder besondere Schießtage und Quartalversammlungen halten, wo bei einem gesellschaftlichen Male viel Frohsinn herrscht; auch einzelne Gemeinden besuchen sich jährlich zu Freuden- oder Wettschießen, so Art und Steinen.

Während der Revolution bildeten sich im Hauptflecken Schwyz sowie auch in Einsiedeln ökonomische Gesellschaften zur Beförderung der Alpen- und Landwirthschaft. Sie hatten den Zweck, ihren Mitbürgern an die Hand zu gehen. Diejenige zu Einsiedeln war von kurzer Dauer; einige Jahre hindurch erhielt sich die zu Schwyz und setzte sich mit den Ortsbehörden in Verbindung. Ihr Präsident war Aloys von Reding.

Die gemeinnützige Gesellschaft entstand 1812. Anfänglich hatte sie keinen andern Zweck, als die sehr schwankende Armenpflege zu unterstützen. Theils um die Einkünfte derselben zu vermehren, theils um einigen Armen Verdienst zu verschaffen, wurde durch ihre Bemühungen das Schlundland zwischen der Seewern und der Muota urbar gemacht. Durch sie wurde eine Kantonalverordnung hervorgerufen, welche bestimmte, daß alle Gemeinden ihre Armen besorgen und dazu die nöthigen Anstalten treffen sollten. Durch sie wurde im Januar 1816 eine kleine Waisenanstalt eingerichtet; ihr größtes Verdienst erwarb sie sich aber in der Theurung von 1816 und 1817; so wurden z. B. im Jahre 1817 vom 17. Februar bis Anfang Septembers 135 Familien durch Suppe, die im Spitale gekocht wurde, ernährt, und im Ganzen 86,700 Portionen, zu 1/3 Maß die Portion, Suppe ausgetheilt. Endlich verdankt man dieser Gesellschaft die Errichtung der Ersparungscasse. Ihre Thätigkeit hat sich im Laufe der Jahre gehoben und vermindert. Ganz löste sie sich nie auf und in den Jahren 1829 und 1830 gab sie das Volksblatt heraus.

Im September 1835 bildete sich im Flecken Schwyz ein kleiner Filialverein der schweizerischen gemeinnützigen Gesellschaft.

Schon seit langem besteht eine musikalische Gesellschaft, die nicht ohne Verdienst ist.

In Schwyz bildete sich im October 1826 ein Bürgerverein, dessen Zweck war, die aus frühern Ereignissen her unter den Einwohnern noch zurückgebliebene Spannung verschwinden zu machen. Bald wurde er zahlreich, versammelte sich Sonntag Abends abwechselnd in einem der Gasthöfe, unterhielt sich mit Singen, Instrumentalmusik und andern gesellschaftlichen Vergnügungen und legte jedesmal eine Collecte zusammen, aus der eine Secundarschule errichtet werden soll. Aus den Statuten dieser Bürgergesellschaft heben wir den Art. 8 über das Verhalten der Mitglieder während der Versammlungen aus: "Die Mitglieder sind verbunden, Alles zu vermeiden, was das gesellige, freundschaftliche Zusammenseyn stören könnte; Kartenspiel und Tanz sind verbothen; hingegen steht es jedem Mitglied frei, mit Zustimmung des Vorstandes, etwas den Zwecken der Gesellschaft Entsprechendes vorzutragen.

Schwyz.

Sittenzüge.

Die Gastfreundschaft der Vorväter.

Als 1487 nach dem Burgunderkriege die Zürcher sagten:
„Laßt uns unsere Freunde in Altdorf besuchen und mit ihnen
das Fest ihres Schutzpatrons, des guten heiligen Martin feiern,"
zogen bei 80 Zürcher zu Pferd und über 130 zu Fuß, an ihrer Spitze Bürgermeister Rüöst, nach Uri. Nach drei Tagen,
die sehr schnell verflossen, verließen die Zürcher Altdorf. Die
Schwyzer baten sie, zu ihnen zu kommen und fügten bei, sie
sollten besser beherbergt werden als bei ihrer Durchreise, vier
Tage vorher. „Deß ward man ihnen zu willen" — Gerold
Edlibach mag nun reden — „und saßen also die Herren von
Zürich zu Fluelen zu Schiff und gesegneten die von Uri und
fuhren mit unsren Eidsgnossen von Schwyz aus dem Land
Uri in das Land Schwyz gen Brunnen, also wollten meine
Herren den Schiffknechten von Uri ihren Schifflohn ausrichten,
aber sie wollten von nichts hören, auch nicht einen Pfenig nehmen und fuhren wieder heim. Also zogen meine Herren mit
den zwen von Botten von Schwyz gen Kilchgassen, da waren
die von Schwyz alle versammlet, wohl ob 300 Mann, die alle
an einem weiten Ring stuhnden, in einer schönen Matten, da
zogen meine Herren zu Roß und Fuß an einem Rädli zu
ringsum, da das beschah' da ruft des Lands weibel, daß menig-
licher still schwieg, da hub der Ammann von Schwyz an, und
empfieng meine Herren von Zürich im Namen aller Landleuten
von Schwyz so freundlich und tugenlich als ob sie alle rechte
Gebrüder gewesen wären und daß ich viel Worte zu schreiben
erspare so empfiengen sie meine Herren gleich in der Form und
Maß als sie die von Uri auch empfiengen, gar nicht minder, demnach beschied man jedermann, wo ein Jeglicher zu Herberg seyn
sollt zu Schwyz in der Kirchen und da Jedermann zu Herberg
kommen war, da war auch der Imbis gar köstlich zugerüst,
demnach aß man und nach dem Essen hat man einen schönen Tanz
und vertrieb jederman den Tag mit Freuden, einer mit tanzen,
der ander mit spielen, der dritt mit wohlessen und trinken bis
auf das Nachtmahl. Darnach nahmen meine Herren von Zürich von denen von Schwyz auch Urlaub, also bathen sie unsere
lieben Eidgenossen noch um einen Tag bey ihnen zu bleiben,
da gaben meine Herren ihnen zur Antwort, daß nicht seyn
könnte noch möchte, denn unsre Stadt Zürich ganz ohn' allen
Rath stünde und wer heim käm, daß dieselben niemand fänden
und vielleicht rechtlos viele Leute bleiben müßten, denen denn
Tag gesetzt wäre für Rath und Gericht auf den nächsten Sam-
stag, also erlaubten ihnen die von Schwyz eine gütige Urlaub,
doch so mußten sie bei ihnen for (vorher) zu Nacht essen. Und
als man nun das Nachtmal auch fröhlich vertrieben hatt' da
kamen gar viel Gesellen, die bußen denen von Schwyz schuldig
waren, für die bathen meine Herren von Zürich, also schenkt
man es meinen Herren alles und nahmen keine Buß von nie-
manden für den meine Herren ihr Gebeth gethan hatten ;
unsre Eidgnossen von Schwyz die weil und sie ihnen nun zu
willen worden wären und zu ihnen gekommen wären, daß sie

benn auch so wohl thun wollten und zu ihnen gen Zürich auch kommen wollten wie das meine Herren um sie verdienen könnten, das sollte von ihnen mit gar gutem Willen verdient werden und gar mit mehr Worthen so denn mein Herr Burgermeister von Zürich braucht, demnach nahm jedermann von andern Urlaub und zogen zu Roß und Fuß gen Art am Zugersee. Da war aber bey allen Wirthen genug bestellt von guten Fischen und Wein und wer essen und trinken wollt dem gab man genug und nahm aber niemand nichts von meinen Herren von Zürich."

Seltsame Heirath.

Anna Maria Inderbitzi wurde im Kriege von 1712 elternlos. Sie ergab sich dem Bettel, und kam wegen kleiner Diebereien in Verhaft; weil ihr ein christlicher Unterricht fehlte, wurde sie durch die Strafe nicht besser. Sie zog in Welsch- und Teutschland herum, machte sich wieder vieler Diebstähle und Betrügereien schuldig, wurde im Kanton Bern, wo sie sich für die Tochter des Obersten und Landammanns Reding ausgab, der sie habe zwingen wollen, zu Solothurn in ein Kloster zu gehen, wohl behandelt, und da sie versicherte, ihre Familie werde bereitwillig alles zurückzahlen, was man ihr vorstrecke, mangelte es nicht an Leichtgläubigen, die ihr einiges borgten, und nach Schwyz schrieben. Der dortige Rath beschloß: "Die 200 Gulden, welche Maria Inderbitzi erhalten, sollen bezahlt und sie durch einen Expressen abgeholt werden." Sie mußte eidlich versprechen, das Land nicht mehr zu verlassen. Man wollte sie dem Bruder und Brudersfohn ihres Vaters übergeben, die sich aber mit dem Mädchen nicht beladen, sondern lieber auf ihr Vermögen Verzicht leisten wollten. Es dauerte nicht lange, so entwich sie aufs neue, ging nach Einsiedeln, in die Kantone Zürich und Bern, in das Elsaß und von da über den Rhein, führte wieder ein schändliches Leben und gab sich abermals für eine Reding aus. Endlich wurde sie zu Willisau gefangen, nach Schwyz abgeliefert und daselbst auf dem Rathhause eingesperrt. Als am 15. Januar 1725 das zweifache Malefizgericht versammelt war, um über sie zu urtheilen, stellte Magnus Weber, ein Gerbergesell von Mölig aus Schwaben, sich vor das Malefizgericht und erklärte, wenn der Maria Inderbitzi das Leben geschenkt werde, und sie von Henkershand verschont bleibe, wolle er sie ehelichen, und bezeugte dabei, er habe sie in seinem Leben nie weder gesehen noch gesprochen. Sein Entschluß rühre einzig aus christlichem Mitleiden her; auch habe sein Großvater eine solche Weibsperson dadurch, daß er sie heirathete, beim Leben erhalten, und Glück und Segen habe auf ihrer Verbindung geruht. Das Malefizgericht fuhr dessen ungeachtet in der Behandlung des Rechtsfalles fort, vernahm Klage und Antwort und fällte folgendes Urtheil aus: "Es sollen beide Personen in der kleinen Rathsstube auf der Stelle zusammengeführt und wenn beide in das Eheversprechen einwilligen werden, soll der Anna Maria jede Strafe nachgelassen seyn." In kurzer Zeit hatten sie in Gegenwart des Pfarrers Werner Strübi und zweier Capuziner einander die Ehe versprochen,

8 *

und während Magnus Weber die erforderlichen Schriften von Hause abholte, wurde Maria auf Verlangen ihres Bräutigams und auf seine Kosten als Braut auf dem Rathhause behalten. Nach vierzehn Tagen hielten sie Hochzeit.

Die Einfachheit der Goldauer.

Die Kleidung dieser ganzen Gegend war im Anfange des verflossenen Jahrhunderts einfach und wenig kostbar. Die Reichern wie die Aermern hatten Kleider nach dem nämlichen Schnitte und meistens von demselben Zeuge. Bis etwa auf ein Feiertagskleid waren sie beinahe alle aus selbst zubereiteten Stoffen verfertigt. Zu jener Zeit wohnten auf der Harmettlen zwei junge Mädchen, Namens Bürgi. Sie waren die reichsten Töchter der dortigen Gegend, beinahe von gleichem Alter und an schönem Wuchse sich fast ganz ähnlich. Ihre Einfachheit in der Kleidung war so groß, daß sie nur Ein gemeinschaftliches Feiertagskleid hatten, so daß, wenn eine von ihnen zur heil. Communion nach Art ging, die andere die Rückkunft der erstern erwarten mußte, um in der nämlichen Kleidung zu dieser Feier nach Art gehen zu können.

Die guten Nachbaren.

Zwei Nachbaren geriethen wegen eines Stückes Wiesenland in einen Streit, der aber nicht zu den erbitterten gehörte. Als nun dem Volk nach alter Sitte öffentlich angekündigt worden war, daß sich am nächsten Tag das Sibnergericht zu Schwyz zum letzten Male für jenen Sommer versammeln werde, so kam Franz zu seinem Nachbar Caspar und zeigte ihm an, daß er Morgens nach Schwyz gehen und seine Angelegenheit dem Richter vortragen möge. Als nun Caspar dem Franz vorstellte, es sey ihm unmöglich, sich Morgens von Hause zu entfernen, weil er seine ganze Heuernte liegend habe und dieselbe nothwendig eingesammelt werden müsse, — jener aber erwiederte, später werde keine Entscheidung mehr zu erhalten seyn und die Wiese müsse doch besorgt werden, versetzte Caspar: „Nun denn, so gehe du allein nach Schwyz und trage dem Richter deine und meine Gründe vor." Die Antwort war: „Wenn du mir die Sache anvertrauen willst, so werde ich sie für dich, wie für mich besorgen." Gesagt, gethan. Caspar blieb zu Hause, sammelte sein Heu ein und Franz ging nach Schwyz, trug dem Richter die Gründe einfach und redlich vor, und eilte nach Anhörung des Ausspruches freudig zu seinem Nachbar zurück und sprach. „Ich wünsche dir Glück Nachbar, du hast den Handel gewonnen und die Wiese ist nun dein Eigenthum." Und die durch den Streit nie unterbrochene Freundschaft wurde durch diesen Urtheilsspruch nur noch mehr befestigt.

Patriarchalischer Sinn.

Im Thale von Schwyz bedurfte ehedem größtentheils die öffentliche Sicherheit keines Schlosses und keines Riegels. Immer steckte der Schlüssel an der Thüre eines jeden Milchkellers,

und wenn Jemand beim freundschaftlichen, verlängerten Abend-
gespräche sich nach aufgeblähtem Rahme sehnte, deßwegen
aber seinen früher schlafengegangenen Nachbar nicht gerne aufweckte, so ging man in eine nur gegen Kälte und Thiere,
nicht aber den Menschen verschlossene Milchhütte, schöpfte den
dichten Rahm von der Milch hinweg, legte den bestimmten
Werth neben das hölzerne Milchgefäß, schloß die Thüre mit
dem daran bleibenden Schlüssel wieder zu und genoß des
Leckerbissens.

Vaterliebe.

Zwei Stunden von Art lebte 1783 auf einem Berge eine
arme, kranke, von ihrem Manne zärtlich geliebte Frau. Die
Krankheit ließ keine Hoffnung übrig, daß sie das Ende ihrer
Schwangerschaft, dem sie sich näherte, erreichen werde. Man
berief endlich den Arzt in ihre Hütte, die von allen andern
weit entlegen war. Er fand ihren Zustand hoffnungslos und ver-
barg es dem Mann nicht, nachdem er ihn auf diese schwere
Trennung vorbereitet hatte. „Inzwischen," sagte er ihm,
„müssen wir trachten, daß ihr nicht auf einmal einen doppelten Verlust erleidet. Laßt mich es schleunig wissen, sobald die
Frau gestorben seyn wird, vielleicht kann ich mit Gottes Hülfe
noch das Kind retten; zaudert ja keinen Augenblick, sonst würde, ich sage es euch zum Voraus, all' mein guter Wille nichts
nützen." Drei Tage nach einander fuhr der Arzt noch fort,
die Leute zu besuchen, und fand die Frau auf dem Aeußersten;
am vierten erfuhr er auf dem Wege, sie sey gestorben. Er
stieg, so schnell er konnte, die beschwerliche Höhe hinauf, kam
ganz erhitzt an und es war ihm bange, er würde seines Eilens
ungeachtet doch zu spät kommen. Alles im Hause war in tiefer, trauriger Stille. — Er ruft! — Endlich erscheint der
Mann in Thränen zerfließend. „Hier ist es!" sagte er zu dem
Arzt. „Wer?" „Mein Kind, hier in diesem Winkel!"
„Wie? durch was für ein Wunderwerk?" schrie der erstaunte
Arzt. — „Der Priester," antwortete er, „der meiner Frau
in ihren letzten Augenblicken beistand und sie sterben sah, gab
mir zu verstehen, daß ihr bei euern so vielfältigen andern Be-
schäftigungen nach drei fruchtlosen Wanderungen heute vielleicht nicht oder doch zu spät kommen dürftet. Er munterte
mich darum auf, das selbst zu versuchen, was ihr mir zu thun
versprochen hattet, und ging weg. Ich war allein neben dem
Leichname meines armen Weibes, der jetzt das Grab unsers
Kindes werden sollte. Ich warf mich auf die Kniee. Zitternd
griff ich nach meinem Rasiermesser. Gott hat meine Hand geleitet! Ich zog mein Kind aus seinem Gefängnisse, wo es
noch lebte." Mehr konnte er nicht sagen. Das Schluchzen
erstickte ihn beinahe. Der Schmerz, die Freude, das Erstau-
nen über seine kühne That, setzten zu gleicher Zeit sein Vater-
herz und seine eheliche Zärtlichkeit in die heftigste Bewegung.
Und dieses so theuer erkaufte Kind, ein lieblicher Knabe, kam
mit dem Leben davon.

Die freundliche Theilung.

Im ersten Jahrzehend dieses Jahrhunderts wohnte zu Steinen auf der sogenannten Au ein alter, redlicher Schwyzer, vom Geschlechte der Ulrich. Der Segen, welcher seine Frömmigkeit und seinen Fleiß belohnte, setzte ihn in den Stand, jedem seiner drei Söhne eine Wohnung zu hinterlassen. So nämlich, daß er einem derselben die alte von seinen Vätern ererbte Wohnung bestimmte. Für die beiden andern baute er ein neues bequemes und für zwei Haushaltungen geräumiges Haus. Er starb kurz vor der Zeit, wo jene schrecklichen Tage des Krieges über sein Vaterland einbrachen. Während der unruhvollen Jahre blieben die drei Brüder noch in der väterlichen Hütte beisammen; als aber der Friede in ihr Thal zurückkehrte, theilten sie sich in ihr väterliches Erbe. Anton, der älteste, hatte noch während daß der Vater lebte, ein sehr braves Mädchen aus seinem Dorfe geheirathet, Joseph, der zweite Bruder, sich nur kurz vor der Theilung mit der Schwester derselben verbunden; Johannes, der jüngste, war ebenfalls verlobt. Sie warfen das Loos um die Häuser. Dasselbe bestimmte dem Anton die alte Wohnung, Joseph und Johannes aber die neue. Johannes fing an, Anstalten zu seiner Hochzeit zu machen und nebst Joseph und dessen Frau das neue Haus zu beziehen. Eines Abends bemerkte er, daß Anton ihm etwas mittheilen wolle, und kömmt ihm mit der Frage zuvor: „Bruder! was wünschest du von mir, was ist es?" Anton erwiedert: „Du warst immer ein guter Bruder; darf ich dir mein Anliegen eröffnen? Die zwei Schwestern, meine und Josephs Frau sind traurig, daß sie sich jetzt trennen sollen und weinen immer; sie hatten sich vorgesetzt, ihre alte Mutter zu sich zu nehmen, die bei den Töchtern geblieben wäre, wenn man in Einem Hause gewohnt hätte, da ich aber jetzt das alte Haus erhalten soll, so hat meine Frau nicht Raum genug für die Mutter. Willst du mir nicht deinen Theil am neuen Hause überlassen, damit die beiden Schwestern und die Mutter beisammen bleiben können? Ich gebe dir gerne hundert Gulden, damit du siehest, daß keine eigennützige Absicht mich wünschen macht, im neuen Hause zu wohnen; nur die zwei Schwestern möchte ich beruhigen." — Johannes antwortete: „Siehst du, Bruder, wäre ich nicht schon Bräutigam, ich würde sogleich, ohne ein Wort darüber zu verlieren, mit dir tauschen, die Hütte unserer Väter übernehmen und euch das neue Haus überlassen; es sollte mir so wohl darinnen behagen, als unserm seligen Vater; aber du kannst leicht denken, mein Mädchen freut sich auch auf das neue bequeme Haus. Wenn ich nun ihr euer Anliegen sage, so weiß ich wohl, sie sagt nicht Nein, aber darum wird es ihr doch ein wenig wehe thun, das schöne Haus zu verlieren. Höre, wir wollen als Bruder handeln. Hundert Gulden sollst du mir auf keinen Fall geben. Unser Vater hat alles sowohl abgetheilt, daß jeder von uns zufrieden seyn kann. Und, wie gesagt, ich nähme gar nichts von dir, und bezöge ohne weiters die väterliche Wohnung; damit aber mein künftiges Weibchen nie mit Reue oder Unlust an diesen Tausch denke, so gieb ihr fünfzig Gulden zum Geschenk. So

geschah es, und es blieb unter allen die treuste Mutter-, Bru-
der- und Schwesternliebe.

Kindesmuth.

Als gegen den Herbst des Jahres 1799 die Oesterreicher
den siegenden Franzosen aus den Gegenden von Schwyz weichen mußten und die meisten Familien aus Furcht vor den
Kriegern in die Gebirge flohen, verließ auch Elisabetha, des
obengenannten Anton Ulrichs Frau, mit ihren zwei Kindern
und ihrer treuen Schwester Catharina ihre Hütte, um in den
Felshöhlen des Urmiberges (eines Theiles der Rigi) ihr Leben zu fristen. Ihr Mann war zu jener Zeit sechs Stunden
weit entfernt in einer Sennhütte, deren Gegend noch von den
Oesterreichern besetzt war. Traurig bepackten die Schwestern
einen Korb mit Nahrungsmitteln für einige Tage; einen andern
mit dem Wenigen, was sie von Kostbarkeiten und Geräthe besaßen. Dem kleinen, kecken, sierjährigen Knaben, Franz Anton, luden sie, auf sein Bitten, ein Reisekörbchen auf, das die
Kleider seines kaum vierjährigen Schwesterchens enthielt. Dieses in den Armen und jenen an der Hand wanderten sie von
Steinen weg, nachdem sie mit heißen Thränen von ihrer friedlichen Wohnung Abschied genommen hatten. Nach einer Stunde
gelangten sie an den Fuß des Gebirges, klommen auf unge-
bahnten Holzwegen hinauf, bis sie endlich zu einem angenehmen, ebenen, mit grünen Buchen besetzten, ganz heimlichen
und wie sie glaubten, von keinem Menschen besuchten Platze
kamen, an dessen Seite einige Felsen eine kleine Grotte bildeten. „Hier laßt uns bleiben;" sagte Elisabetha, „es ruht sich
sanft auf diesem Rasen, und jene Felsen werden uns vor Wind
und Wetter schirmen!" Sie setzte sich und suchte mit einem
Stückchen Milchbrot das weinende Kommerchen, so hieß ihr
kleineres Kind, zu trösten. Das Kind über die Abwesenheit
von seinen gewohnten Umgebungen unzufrieden, rief mit weh-
müthiger Stimme nach seinem Vater. Erst vor kurzem hatte
es dieses süße Wort aussprechen gelernt. Jetzt entflossen der
Mutter bange Thränen. Ob ich deinen Vater wiedersehen, ob
er nicht sein Haus zerstört, sein Vieh getödtet, uns alle in
Elend oder auch gar nicht mehr finden werde, wenn er einst
heimkehrt, das weiß allein Gott! — So bangte sie. — Indessen fing der muntere Knabe, Franz Anton, mit seinem Schwesterchen zu schäckern an, warf ihm Grasblumen zu und veranlaßte es zu fröhlichem Lächeln. Die Munterkeit der beiden
Kinder und die tröstenden Zureden Catharinens erheiterten bald
auch die bekümmerte Elisabetha ein wenig. — Du hast Recht,
Schwester, sagte sie; was hilft mein Jammern und Weinen?
Es ist Gott ein Leichtes, zu machen, daß ich meinen Anton
freudiger wiedersehe, als ich jetzt hoffen kann, und unsere kleine
Habe auf eine Weise zu erhalten, an die wir jetzt nicht denken.
Laß uns ihm vertrauen!" Spärlich langte dann Catharina
aus einem der Körbe ein Mittagsbrot hervor; die Flüchtlinge
setzten sich, um es zu verzehren. — Plötzlich stürzten aus dem
dunkeln Walde zwei französische Soldaten auf sie los. „Ha,"
schrie der eine (ein Elsasser) in teutscher Sprache, „wieder so

ein Häufchen gefunden! Gebt her, was ihr bei euch habt, sonst geht es euch schlimm." — Elisabetha druckte ihr Kommerchen fest an die Brust, indeß Catharina zitternd die Körbe ihnen hinschob. Sobald der kleine Franz Anton dieses sah, griff er nach dem Kleiderkorbe und setzte sich darauf. Sein schwarzes Auge funkelte und blitzte, als er die Soldaten ein Stück nach dem andern aus jenen Körben herausreißen sah. Einer derselben befahl ihm nun auch, sein Körbchen auszuliefern. — „Nein, nein!" schrie der Knabe kühn, „das sind meines Schwesterchens Kleider; die sollst du nicht haben!" Der Soldat lachte und zog den sich tapfer sträubenden Knaben von seinem Sitze. Als dieser sah, daß seine Gegenwehr nichts vermochte, fiel er vor dem Krieger nieder, umfaßte seine Kniee und flehte mit aller Unschuld, mit allem Liebreiz eines blühenden Kindes: „Ach! lasse dem armen Kommerchen sein Gewand! Sieh! nimm hier meinen Rock und alles was ich habe! nimm mich selbst fort! laß nur dem Kindlein seine Kleider, daß Mutter sie ihm morgen anziehen kann; es müßte ja frieren." — Der Soldat stand gerührt da und blickte auf den Knaben hinunter, der seine Füße fest umklammert hielt und mit Thränen benetzte. Auch ihm traten solche in die Augen; er hob den Knaben von der Erde auf, drückte ihn an seine Brust: „Nein, du gutes Kind, dir nehme ich nichts! Dein Schwesterchen soll sein Gewand behalten." Dann wandte er sich zu seinem Gefährten und erklärte ihm die Bitte des Knaben. Nachdem sie sich eine Weile besprochen hatten, sagte der Elsasser zu Elisabetha, der jetzt der kleine Franz das gerettete Körbchen im Triumphe gebracht hatte: „Du hast einen lieblichen Knaben, dem nur ein Teufel widerstehen könnte. Euch wollen wir nicht betrüben. Nehmt eure Sachen und fürchtet euch nicht vor uns!" — Elisabetha und Catharina wollten ihm danken, er unterbrach sie: „Verlasset euern traurigen Aufenthalt hier und kommet mit uns in euer Dorf. Wir wollen bei euch Quartier nehmen und euch schützen. Es soll euch kein Haar gekrümmt werden. Kommt uns gleich, damit uns niemand im Hause zuvorkomme!" Voll Entzücken folgten die Geflüchteten ihren Führern nach ins Thal und in das verlassene Dorf zurück, wo die Plünderungssucht schon manche Häuser übel mitgenommen hatte. Nur ihre Hütte war und blieb unversehrt. Die Soldaten hörten nicht auf, Beschützer zu seyn. — „Siehst du," sagte Elisabetha zu ihrer Schwester, „habe ich nicht gesagt: Gott kann unsere kleine Habe auf eine Weise erhalten, an die wir nicht denken können!"

Edle List.

Eines Sommerabends ging Marianna einsam in dem kleinen Garten bei ihrem Hause voll Bekümmerniß auf und nieder. Ihre kleinen Pflanzen erquickten sie nicht. Ach, seufzte sie, was muß aus uns werden, wenn mein Franz nicht von seiner armseligen Spielsucht zurückkömmt! Wie glücklich waren wir, als er noch still und häuslich mir die Wirthschaft besorgen half, und die schlimmen Leute noch nicht kannte, die ihn verführten. Nun arbeitet er nicht mehr, vernachläßigt selbst die Gäste, ist nicht mehr heiter und froh, bringt sogar einen Theil des Tages mit Schlafen hin, um die Nacht am Spieltische zubringen zu können. Armer, lieber Mann, wie machst du dich und mich so unglücklich, wenn du nicht umkehrst! — Franz war ein junger Gastwirth, seit zwei Jahren erst mit Marianna, der Tochter redlicher Eltern aus einem benachbarten Dorfe, verheirathet. Sie waren das glücklichste Paar, von Jedermann geschätzt und geliebt. Franz war stolz auf sein treffliches Weib, das ihm seine Liebe mit der größten Zärtlichkeit erwiederte. Bei Fleiß und Arbeitsamkeit konnten sie ein sehr glückliches, sorgenfreies Leben führen. Aber mit tiefem Kummer bemerkte Marianna allmälig, wie ihr Gatte sich änderte. Die Bekanntschaft mit einigen welschen Viehhandlern wirkte sehr nachtheilig auf ihn; sie wußten ihn in ihre Gesellschaft zu locken und zum Spiele zu verleiten. Marianna trug den Kummer stille, als sie sah, daß sie mit Beten und Vorstellungen nichts auf ihn vermöge. Er gab sich der unseligen Leidenschaft immer mehr hin, blieb schon Nächte hindurch außer dem Hause, kehrte des Morgens unmuthig und mit finsterer Miene zurück, und fing selbst an, seine Kameraden ihr Gewerbe in seinem Hause treiben zu lassen. Er verspielte an sie so beträchtlich, daß Marianna es nur ahnen, er aber scheu es vor ihr geheim halten mußte. — Indessen entdeckte sie ihre Leiden keiner Seele; selbst ihre guten Eltern ließ sie von ihrer Lage nichts merken, immer darauf bedacht, ihren Gatten auf irgend eine Weise wo möglich selbst zu retten. Sie glaubte an sein liebendes Herz und an die Macht ihrer Zärtlichkeit und gutartiger List; öfteres Mißlingen kostete sie aber auch heiße Thränen. So hatte sie an jenem Abende geweint. Schon waren die letzten Stralen der Sonne an den Gipfeln der Muotathalergebirge verglüht, als sie, an den Nußbaum am Ausgange des Gärtchens gelehnt, hin und her auf ein Rettungsmittel sinnend, auf einmal ausrief: „Ja, das thue ich, Morgen, gleich Morgen!" Hurtig entschlüpfte sie der Gartenthüre, in die nahe Kapelle hineineilend, sank da auf ihre Kniee und fleht um Gelingen ihres Vorhabens. Erheitert betrat sie dann ihre Wohnung und legte sich schlafen. Frühe am Morgen eilte sie in die Küche, das Frühstück zu bereiten; jetzt nicht, wie gewöhnlich, eine bloße Suppe, sondern wie es nur für die angesehensten Gäste geschah, aus den niedlichsten Getränken und Leckerbissen. Dabei traf sie ihr Mann, der eben vom Spiele zurückkam und glaubte, dieß sey für Fremde bereitet, die in der Nacht angekommen seyn möchten. Allein mit Scherzen und Schäckern setzte sie sich am Ende selbst dazu, und zog auch ihn herbei und ließ Knecht und Magd ebenfalls an den Tisch sitzen. Franz wußte nicht, wie er daran war und ließ es gut seyn. Marianna wußte ihn scherzend hinzuhalten. Gleich darauf fing sie mit Knecht und Magd an, Anstalten zu einer ebenso außerordentlichen Mittagsmahlzeit zu treffen. Was sie Kostbares und Schmackhaftes dazu aufzutreiben wußte, mußte herbei; der ganze Vormittag ging unter Einkaufen, Zurichten, Backen und Kochen hin. „Erwartest du Gäste?" sagte Franz. „Nein," erwiederte das Weibchen, „es ist nur für uns; wir wollen einmal uns selbst etwas zu gute thun." Der Mann schüttelte den Kopf; die muntere Laune

8 **

Marianna's ließ ihn aber nicht los; er half ihr essen und sie
wurde nicht fertig mit Auftragen laffen. Nach aufgehobener
Tafel gab sie dem Knecht eigens zubereitetes Semmelbrot, Back-
werk, einen koſtbaren, neulich angeſchafften Käs, einige Flaſchen
des beſten Weines, um sie in das Capuzinerkloſter in Schwyz
zu bringen, mit dem Auftrage: „Die Bäter möchten für sie
beten." Auch die Magd wurde mit einer nicht unbedeutenden
Summe Geldes in den Flecken geſchickt, um Sammt zu einem
Mieder, ſeidene Halstücher, Spitzen, Bänder und andern
Puk einzukaufen und ihr eingeſchärft, nur das Schönſte und
Koſtbarſte zurückzubringen. Beiden befahl sie, nicht lange aus-
zubleiben, weil auf den Abend wieder eine Mahlzeit zuzuberei-
ten ſey. Sie ſelbſt fing ſchon wieder an, Vorkehrungen dazu
zu machen. Länger konnte Franz ſich nicht halten, er fing an
zu fürchten, Marianna ſey unſinnig geworden, und ſagte:
„Was denkſt du doch? bei ſolchem Aufwande können wir nicht
beſtehen; in wenigen Tagen würden wir nichts mehr beſitzen!" —
Freundlich und ruhig lächelnd sah ihm Marianna ins Geſicht
und ſprach: „Das weiß ich ſehr wohl und das will ich! helfen
will ich dir, unſer kleines Eigenthum aufzehren. Du willſt
dein Vermögen des Nachts verſpielen; ich will das meinige
des Tages für Puk und Schmauſereien hingeben und den
Geiſtlichen auch etwas ſenden, damit sie noch für mich beten.
Wenn wir nichts mehr beſitzen, ſo werden wir uns trennen
müffen; ich gehe zu meinen Eltern zurück, du wirſt dann auch
ſehen, wo du unterkömmſt." Glühende Schamröthe deckte
Franzens Wangen. Tief fühlte er den Vorwurf ſeiner guten
Gattin, aber auch den Edelmuth ihres Sinnes. Reue, Liebe
und die beſten Entſchließungen ſiegten in ſeiner Bruſt. Zärt-
licher als je ſchloß er ſeine Marianna in die Arme, geſtand ihr
ſeine Verirrungen, und gelobte ihr, zu Stille und Häuslichkeit
zurückzukehren und keine Karte mehr zu berühren. „Nun ſo
will," erwiederte sie mit ſchmeichelnder Geberde, „auch ich
nicht mehr ſo viel kochen und die Spitzen dem Kaufmann laffen."
Franz hielt Wort. Er mied ſeine bisherige Geſellſchaft; fleißig
und eingezogen lebte er von dieſem Tage an bei ſeiner Gattin,
und machte sie durch ſeine Liebe ſo glücklich, als er es durch die
ihrige geworden war.

Betrug und Edelmuth.

An einem kalten, regneriſchen Novemberabend des Jahrs
1811 ſaß Johannes Ulrich von Steinen traulich mit Weib und
Kindern im kleinen, warmen Stübchen. Er hatte ſeinen
älteſten Sohn auf dem Knie und erzählte ihm Geſchich-
ten des Landes, indeſſen Sibylla fleißig das Spinnradchen
drehte. Es wurde leiſe am Fenſter gepocht; Sibylla ſchaute
hinaus. Ein gut gekleideter Mann fragte nach dem Wirthshauſe. Sibylla wandte sich zurück, ihren Gatten anſchauend.
Dieſer nickte ihr ſein Ja! zu. — „Es iſt unluſtig Wetter,
und bis zum Wirthshauſe iſt es noch eine halbe Stunde; wollt
ihr mit Hausmannskoſt vorlieb nehmen, ſo haltet Nachtquartier
bei uns," ſagte Sibylla aus dem Fenſter. Der Fremdling
freute sich deſſen; Johann eilte, um ihm die Thüre zu öffnen,

und hieß ihn mit Mund und Hand willkommen seyn. Während
daß Sibylla eine Schlafstelle für den Gast und das kleine Abend-
brot besorgte, erzählte der Fremde dem Hausvater: „Er sey
aus dem Lande Unterwalden, habe letztes Frühjahr einem Mann
aus dem Muotathale sechs Kühe auf die Alp gegeben, der
ihm einen Schein dafür ausgestellt und versprochen habe, zur
Zeit, wenn das Vieh die Alpen verläßt, entweder die Waare
oder wenn er sie gut verkaufen könnte, das Geld dafür zu
bringen. Die Zeit sey nun lange verflossen und der Mann nie
erschienen." — Johann Ulrich merkte bald, daß der gute Unterwaldner angeführt sey. Er schloß es sogleich auch aus dem
Zettel, der ihm mit absichtlich verstellter Hand geschrieben zu
seyn schien und mit einem Geschlechtsnamen unterzeichnet war,
deren sich seines Wissens im Kanton Schwyz nicht findet. Er
äußerte dem Fremden seine Besorgniß und bat ihn, auf seiner
Rückreise aus dem Muotathale wieder zu ihm zu kommen, und
ihm zu sagen, was er ausgerichtet habe. Am Morgen setzt der
Unterwaldner seine Wanderung fort, kehrt aber nach zwei Tagen zu Johann Ulrich zurück, mit der Nachricht, daß all sein
Nachforschen umsonst gewesen sey; im Muotathale habe nie ein
Mann dieses Namens gewohnt, noch wohne jetzt ein solcher
dort. Sein Vieh sey verloren und er betrogen. Johann entrüstet, daß im Lande Schwyz ein solcher Betrug möglich seyn
sollte, heißt den Unterwaldner gutes Muthes seyn und heim-
kehren, mit dem Versprechen, „er wolle ihm mit Gottes Beistand zu seiner Sache verhelfen und nicht ruhen, bis der Be-
trüger entdeckt sey. Den weiten Weg soll er (der Unterwaldner) nicht mehr machen, bis zur Fastnacht, dann möge er kommen und sehen, was er ausgerichtet habe." Johann läßt sich
keine Mühe reuen, einige Male das Muotathal zu durchwan-
dern und nachzuforschen, wer im Frühjahre Vieh aus Unterwalden dahin möchte gebracht haben und ist endlich so glücklich,
den Thäter auszukundschaften. Dieser war aber als Viehhänd-
ler seit dem Herbste mit all seinem Vieh ins Welschland gezogen. Johann machte die Sache bei dem Gerichte anhängig.
Der Viehhandler wird bei seiner Rückkehr eingezogen, bekennt
seine Betrügerei und muß, neben einer Buße, den Unterwaldner hinlanglich entschädigen. Zur Fastnachtzeit holt der Unterwaldner die gewonnene Summe aus der Hand des wackern
Johannes ab.

Charakterschilderung.

Ein Hauptzug im Charakter des Volkes des alten Landes
ist sein tief einwohnender Freiheitssinn, der mit der Anhänglichkeit an seinen Glauben gleichen Schritt geht, so daß beides
der Maßstab ist, nach welchem alles Neue und Ungewohnte ge-
messen und sogleich verworfen wird, nicht nur wenn es diesem
Maßstabe widerstrebt, sondern auch wenn es demselben nicht
zu entsprechen scheint. Groß ist bei diesem Freiheitssinne die
Vaterlandsliebe; aber schade, daß sie meistens sich auf die

engen Grenzen der Heimath beschränkt, nur etwa auf die alten
Brüder vom Rütli und selten sich noch weiter ausdehnt.

Der großen Mehrheit des Volkes sind die wichtigen Scenen der Landesgeschichte bekannt; mehr aus Ueberlieferung, die
der Knabe schon vom Vater und von versammelten Bekannten
hörte, als aus dem Schulunterrichte oder aus Büchern. Daher
mischen sich nicht selten Verwechselungen und fremdartige Zu-
sätze in die Erzählungen, die der freie Schwyzer in frohem
Selbstgefühle dem fragenden Fremden macht. Beispiele theils von
aberglaubischen, theils von historisch ganz unrichtigen Volkssagen
liefern nachstehende zwei Angaben, die kürzlich aus dem Munde
eines übrigens rechtlichen und in manchen andern Beziehungen
ganz verständigen schwyzerischen Landmannes vernommen wurden. Die Gemeinde Aegeri sey auf folgende Weise in den
Besitz einer in den Bezirk Wollerau sich hineinerstreckenden
Almeinde gekommen. Während einer ansteckenden Krankheit
seyen die der Grenzen kundigen ältern Männer gestorben. Um
sie wieder festzusetzen, habe man sich verabredet, es sollten zwei
Männer zur nämlichen Zeit von zwei vorher bestimmten Stellen,
jeder in seiner Gemeinde ausgehen und da wo sie zusammentreffen,
der Scheidepunkt seyn. (Eine auch in vielen andern Gegenden
bestehende Sage.) Der Mann von Aegeri habe sich, um weiter zu kommen, für den größten Theil seines Weges eines
Pferdes bedient. Die Täuschung erkennend, hätten die Woller-
auer auf eidliche Bestätigung gedrungen. Nun habe der Aege-
rer Erde aus seinem Garten in die Schuhe gestreut, auch den
Löffel und den Kamm in seinen Hut gesteckt und hierauf eidlich
beschworen: So war er seinen Schöpfer und Richter *) über
sich habe, stehe er auf seinem Grund und Boden. Hierauf haben die Richter für Aegeri entschieden. Bald nach seinem Tode
habe man den Mann von Aegeri auf dem Schimmel, den er
geritten, des Nachts auf der befraglichen Stelle wahrgenommen,
tobend und wüst thuend (lärmend). Fromme Geistliche hätten
ihn weiter rückwärts gebannt, aber an den Fronfasten (Qua-
tembern) und einigen andern Nachten sehe und höre man das
Unwesen jetzt noch. Des Erzählers eigener Schwiegervater,
der an einem Fronfastentage geboren worden, habe es selbst
gesehen und gehört und ihm wieder mitgetheilt. — Ueber das
Verhältniß der Höfe und der March zum Kanton Schwyz
wurde bei der nämlichen Veranlassung erzählt: Zürich habe
diese beiden Gegenden an die Stadt Basel verkauft, Uri,
Schwyz und Unterwalden hierauf den Kauf an sich gezogen,
worauf dann die beiden übrigen Kantone ihn an Schwyz überlassen haben. (Sollten nicht dergleichen Angaben dem Volk
beigebracht worden seyn, um dasselbe an sein politisches Verhältniß desto mehr zu binden?)

Offenheit, Gutmüthigkeit, Biederkeit und Munterkeit sind
vorherrschend. Von treuen, uneigennützigen, durch reine Liebe
für das Vaterland und das was nöthig ist, beseelten Vorstehern

---

*) Richten und durchrichten nennt das Volk der nördlichen
Schweiz das Auskämmen der Haare.

geleitet, wird ein solches Volk für außerordentliche Anstrengungen
und Leistungen empfänglich; aber von selbstsüchtigen Obern nach
besondern Zwecken behandelt, wird es zur willenlosen Masse,
in welcher das vorhandene viele Gute einschlummert und die
angeborne Kraft entweder eine schiefe Richtung nimmt oder
plötzlich enttäuscht stürmisch auflodert? Bisweilen wird man
versucht zu glauben, auch gegenwärtig werde hin und wieder
das Volk über sein eigenes Wohl irre geleitet, obgleich diejenigen,
die an demselben sich so mehr als nur politisch versündigen
würden, der Oeffentlichkeit und dem Richterstuhl der
Geschichte schwerlich entgehen dürften. Was unter guten Vorstehern
auf Landsgemeinen bewirkt werden könne, lehrt die
gegenwärtige Geschichte der äußern Rhoden Appenzells und
Glarus. Auch in Schwyz haben biedere Männer auf solchen
schon Gutes befördert, noch öfter aber vergebens versucht.
Einige Züge aus der neuesten Geschichte zeigen, wie wenig Verfassung
und Gesetz ohne strenge Handhabung von Seite der Führer
auf solche Versammlungen wirken. Treffliche Vorschläge
des Sibners Jütz und des Rathsherrn Reding wegen der Abschaffung
des Trölens (Practicirens) um Aemter, wegen der Revision
der sogenannten 25 Punkte, der Revision des Landrechtbuches
und der Beseitigung der nicht mehr anwendbaren oder
sich widersprechenden Gesetze und Verordnungen, wegen besserer
Organisation des Kantons u. s. w. gediehen auf der Landsgemeine
vom 24. April 1825 zu keinem Resultate. Als es sich
um die neapolitanische Capitulation handelte, wollte ein Landmann
auf der Landsgemeine vom 2. Mai 1824 die Oberstenstelle
bei dem zu verhandelnden Regiment für eine bekannte Militairperson
ausbedungen wissen, worauf ihm bedeutet wurde:
„das verstehe sich von selbst." Einem einzelnen Landmanne,
der es wagte, einige Einwendungen zu machen und an die bereits
gegen Frankreich und die Niederlande eingegangenen Verpflichtungen
zu erinnern, wurde alsobald Stillschweigen geboten. —
Auf der nämlichen Landsgemeine rief der biedere Kanzelleidirector
Reding, als diese Capitulationssache bereits nach vier
Uhr Nachmittags zur Sprache gebracht wurde, das Gesetz an,
welches verbot, solche Geschäfte nach vier Uhr vorzunehmen und
alle Beschlüsse, welche nach dieser Tagesstunde gefaßt werden
möchten, ungültig erklärt. Ein Beamter rief dem Freunde der
Gesetzlichkeit zu: „Es müsse sehr befremden, solche Sprache
von einem Landschreiber zu hören; ihm würde besser anstehen,
mit dem rothen Mantel umhängt, die Bühne zu besteigen.
Das sey der geziemende Ort für ihn." Der schwer gekränkte
Mann wollte antworten, aber Niemand verstand ihn bei dem
Lärm und Zischen der Menge, und in der nächsten Rathssitzung
legte Reding seine Stelle nieder.

Die vielen natürlichen Fähigkeiten des Volkes von Schwyz
bedürfen nur geweckt zu werden und wenn bei den obern
Classen Bildung und die Neigung, sich mannigfaltige Kenntnisse
zu erwerben, sich ausbreiten, so muß dieß auf Menschen,
denen nach ihrer Lebensweise oft eine glückliche Muße zu Statten
kommt, ungemein wirken. Die Verbreitung guter Schriften
und Volksbücher ist daher sehr zu wünschen und der hin und
wieder bestehende Hang, nur etwas Lustiges und Kurzweiliges

zu lesen würde bald dem. Ernsten und Gründlichern weichen. Höchst wohlthätig müßte hier eine zweckmäßige Verbesserung des Schulwesens seyn. Sind einmal die Reichern und Angesehenern von den heilsamen Folgen desselben belehrt, so werden sie keineswegs die Unwissenheit des Volkes billigen, sondern selbst darauf hinwirken, es höher zu heben, und der Freiheitsgeist und der gesunde Sinn des Volkes werden es antreiben, dem Beispiele nachzustreben. Betrachtet man, was in diesem Lande nicht nur für Kirchen, sondern auch für den äußern Schmuck des Kirchlichen, für mancherlei Stiftungen und dergleichen gethan wurde, so kann kein Zweifel übrig bleiben, daß bei geweckter Einsicht der nämliche Gemeinsinn auch dem Unterrichtswesen schöne Opfer bringen werde. Möchten die Veränderungen, die neulich in diesem Kanton stattgehabt haben, die Ueberzeugung hervorbringen, daß, wie aller Orten, auch in diesem Lande der Freiheit Fortschritte nöthig sind und so eine Anregung zu solchen Anstrengungen werden!

Eine unausbleibliche Folge vermehrter Einsicht wird auch die bisher oft vermißte Ueberzeugung seyn, daß durch nähere Anschließung an die Miteingenossen und durch bereitwillige Theilnahme an dem Wohle und den Forderungen des allgemeinen Vaterlandes auch der einzelne Kanton gewinne, und daß von der Gefahr des Ganzen auch diejenige des Einzelnen unzertrennlich sey. Weit mehr können jetzt die Vorsteher auf ein unbefangenes Volk wirken, als einst, wo einträgliche Stellen und große Gewinnste gleichsam auf den Landsgemeinen gekauft und die Magistraten dadurch oft zu Schmeichlern des Volkes herabgewürdigt wurden und nicht selten sich überdieß noch in Factionen theilten und dadurch unfähig wurden, auf Besseres hinzuarbeiten, indeß das Freiheitsgefühl des Volkes selbst dadurch nur zu leicht in Uebermuth und Gewinnsucht ausartete. Dem auf seine Freiheit so eifersüchtigen Volke war es nicht anstößig, Jahrhunderte hindurch seine Vorsteher immer wieder in den nämlichen Familien aufzusuchen und in vielen derselben eine Art von vornehmer Stellung anzuerkennen; aber wehe diesen Letztern, wenn sie sich dessen überheben und eine Unterwürfigkeit fordern wollen! Daher die hohen Titel, die in der Regel den Magistratscollegien gegeben wurden, in einem Augenblicke in Hohn und Verspottung sich verwandelten, wenn die Landsgemeinen sich getäuscht oder irregeführt glaubten. Namen und Geburt blendeten indeß den gesunden Sinn des Volkes keineswegs; denn auch ein weniger bekannter, ganz außer dem Kreise jener Familien stehender Mann konnte die Aufmerksamkeit fesseln, wenn er eine gute Sache verfocht und innere Würde, deren Kunde schnell die Volksmenge durchlief, ihn unterstützte. Noch in den neuesten Jahren sind solche Beispiele auf Landsgemeinen, selbst bei ungünstiger Witterung, wahrgenommen worden, die das Volk bald zerstreut hätte, wenn nicht die fesselnden Worte des Redners nach Verdienen wären geachtet worden.

In diesem kleinen Lande zeigen sich wegen der Abgeschiedenheit einzelner Theile oder ihrer besondern Verhältnisse auffallende Eigenthümlichkeiten. Man will bemerkt haben, daß

beim Muotathaler ein trotziger Muth, Neigung zur Unthätigkeit, Anhänglichkeit an das Angeerbte und eine schlaue Ver-
schlossenheit, doch auch neben diesem Munterkeit und Gastlich-
keit mehr als in andern Gemeinden anzutreffen seyen. Oft
zeigten diese Männer auf den Landsgemeinen sich in stolzem
Gefühle der Selbstherrlichkeit. Stundenlang können sie auf
dem Heimwege von derselben oder auch bei andern Anlässen
über Personen und Sachen einen spottenden Scherz fortsetzen,
ohne einen Namen zu nennen oder sich bloß zu geben. In den
äußern Bezirken ist das Selbstgefühl der innern Schwyzer nicht
vorhanden und es muß erst von der allmäligen Angewöhnung
an die erworbene Unabhängigkeit erwartet werden; doch gleicht
das Volk in vielem demjenigen des innern Bezirkes. Die
meisten Eigenthümlichkeiten nimmt man an den Bewohnern der
Waldstatt Einsiedeln wahr. Die Abhängigkeit von dem Kloster
und von der Oberherrlichkeit zu Schwyz, die zu verschiedenen
Zeiten vorzüglich fühlbar wurde, drückte den aufstrebenden
Sinn danieder, und die Thätigkeit beschränkte sich meistens auf
den Gewinn, den die Wallfahrt verschaffte; aber gerade diese
Wallfahrt, der Anblick und der Umgang mit anderthalb hun-
derttausend Menschen, die von den verschiedensten Gegenden
her oft in einem Jahre auf diesem kleinen Flecke zusammen-
fließen, mußte nothwendig manche Beobachtung und manchen
Gedanken wecken und gute und schlimme Anlagen stärker ent-
wickeln. Die Dorfbewohner sind in der Regel thätig, die
Frauen im Flecken arbeitsam und häuslich. Ein größerer Luxus
und manche Erscheinung der Lüderlichkeit ist etwas, das an
Wallfahrts-, wie an Kur- und Meßorten nur zu häufig angetroffen wird. Viel Kunstsinn, mehr noch Anlage als Folge
künstlicher Ausbildung, ist bei seinen Bewohnern wahrzunehmen.

C.

Der Staat.

Republiken hab' ich gesehn; und das ist die beste,
Die dem regierenden Theil Lasten, nicht Vortheil gewährt.
Göthe.

Zustand vor 1798.

Noch ehe der ewige Bund der drei Länder geschlossen wurde,
trat das Volk von Schwyz jährlich in einer Landsgemeine zusammen und wählte sich Beamte. Nach der Erlöschung der
Grafen von Lenzburg, insbesondere nach der 1240 von Kaiser
Friederich II. erhaltenen Zusicherung der Reichsunmittelbarkeit,
bildete sich die Form eines republikanischen Gemeinwesens immer mehr aus, und die Landsgemeine faßte bereits Beschlüsse
über die wichtigsten Angelegenheiten des Landes, wie Bündnisse,
Waffenhebungen und dergl. Die Gemeine wurde in der Regel
zu Ibach, bisweilen auch anderswo gehalten. Das Land war
in vier Viertel eingetheilt, die, wie in der Geschichte gezeigt

wurde, sich auf sechse vermehrten. Sie hielten ihre Viertelsgemeinen gewöhnlich in den Pfarrkirchen, das Alt- und das
Neuviertel (welches letztere bisweilen auch Oberwasserviertel
genannt wurde) zu Schwyz, das Niederwasser- und das
Muotathalerviertel meistens auch daselbst, das Steiner- und
das Arterviertel jedes in seiner Ortskirche. Jedes Viertel
wählte einen Sibner, der als sein erster Beamter angesehen
wurde, und einige Rathsherren. Landammann, Sibner und
die Rathsherren übten die vollziehende Gewalt aus. Als keine
Reichsvögte mehr bestellt wurden, gingen ihre Verrichtungen
an den Landweibel über.

Eine vollständige articulirte Staatsverfassung bestand auch
in den folgenden Jahrhunderten nicht; doch bildete sie sich so
aus, daß sie in ihren Hauptbestimmungen als allgemein geltend
angesehen und beobachtet wurde.

Die höchste Gewalt stand bei der Landsgemeine. Sie
versammelte sich ordentlich jährlich am letzten Sonntage im
April, außerordentlich für wichtige Gegenstände, auf die von
dem Landrathe angesetzte Zeit, beides in der Regel zu Ibach.
Alle freien Landleute über sechszehn Jahre wohnten derselben
bei. Wer im Lande war und mehrere Jahre lang ohne erheb-
liche Gründe von derselben weg blieb, verwirkte sein Landrecht,
was aber nicht strenge beobachtet wurde. Mit Gebet, das man
knieend verrichtete, wurde die Landsgemeine eröffnet, hierauf
der Landeseid beschworen, dann die Wahlen vorgenommen, je
zu zwei Jahren die des Landammanns und die des Landsstatt-
halters, jährlich die der Gesandten auf die eidgenössische Tagsatzung und die besondern Syndicate. Sie wählte auch die
übrigen sogeheißenen Häupter, den Pannerherrn, den Landshauptmann, den Landsfahnderich, den Oberstwachtmeister und
den Zeugherrn, endlich die Landvögte in die gemeinschaftlichen
Vogteien und noch einige Beamte, indeß die übrigen von den
Vierteln und den Landräthen bestellt wurden. Ueber Krieg,
Friede, Bündnisse, Landesgesetze und andere von dem Landrath als seine Befugnisse übersteigend angesehene Landesgeschäfte
entschied die Landsgemeine. Häuften sich die Verhandlungen
zu sehr an, so wurden sie entweder auf eine andere Landsgemeine verschoben, oder dem Landrathe zugewiesen.

Der Landammann übte das Amt des Präsidenten aus,
und erklärte bei den Abstimmungen, die durch Aufhebung der
rechten Hand geschahen, wo die Mehrheit sey, doch in allen
zweifelhaften Fällen nur in Gemeinschaft mit dem ihm zuge-
ordneten Beamten. Er war in der Regel erster Gesandte auf
die Tagsatzung. Wenn er starb, so wurde die Wahl eines
neuen Landammanns bis auf die nächste ordentliche Landsgemeine aufgeschoben. Der Landsstatthalter trat inzwischen
an seine Stelle, und der älteste alt Landammann an die Stelle
desselben.

Die Aemter eines Pannerherrn, Landshaupt-
manns, Landsfähnderichs, Oberstwachtmeisters und
Zeugherrn waren lebenslänglich, und sie konnten mit der
Landammanns- und Landsstatthalterstelle vereinigt seyn.

Der Landrath, welcher die Landesangelegenheiten besorgte, bestand aus dem regierenden Landammann, den alten
(gewesenen) Landammännern, dem Landsstatthalter, dem Landshauptmann, den Sibnern (deren jedes Viertel einen wählte)
und neun Rathsherren, die ebenfalls von den Vierteln ernannt
wurden. Vater und Sohn oder zwei Brüder konnten nicht zu
gleicher Zeit Glieder des Rathes seyn, ebenso aus einem Viertel
nicht mehr als zwei aus einem Geschlechte, ausgenommen wenn
ein dritter bereits ein Landesamt bekleidete. Er besetzte die
Landssekelmeister- und noch einige andere Stellen und versammelte sich in der Regel drei Male wöchentlich.

Der zweifache Landrath wurde nur einmal jährlich,
nämlich vierzehn Tage nach der Landsgemeine gehalten und
beurtheilte Friedbrüche *) (Injurien, Schlägereien, körperliche
Verletzungen, nachdem Jemand Friede gebothen hatte), Nacht-
und andere Frevel.

Der dreifache Landrath saß zwei Male jährlich vor
und nach der Tagsatzung, um die Gesandten zu instruiren und
ihre Berichtserstattung anzuhören. Bei außerordentlichen Tagsatzungen und andern wichtigen Ereignissen geschah dieß auch
außerordentlich.

Zu den Sitzungen des zweifachen Landrathes berief jedes
Rathsglied einen, zu denjenigen des dreifachen zwei ehrbare
(unbescholtene, honestos) Männer nach seinem Belieben hinzu,
und es war berechtigt, sie kraft ihres Landeseides dazu aufzufordern.

Drei Tage vor der ordentlichen Landsgemeine ließen der
Landshauptmann und die sechs Sibner sich von dem Lands-
sekelmeister über die Einnahmen und Ausgaben Rechnung ablegen, wobei jeder Landmann das Recht hatte, gegenwärtig
zu seyn.

Hauptverbrechen beurtheilte der Landrath, wobei jedes
Glied desselben einen ehrbaren, betagten und verständigen
Mann beizuziehen hatte.

Neben dem Landrathe waren noch drei Landgerichte:

Das Neunergericht bestehend aus dem Landammann,
drei Landrathen und sechs Richtern, wovon die Landsgemeine
aus jedem Viertel einen wählte. Es beurtheilte Erb (Erbs-
streitigkeiten) und Eigen (privatrechtliche Streitigkeiten, die
nicht unter den nachfolgenden Titeln enthalten sind), Steg und
Weg, Grund und Boden, Hag und Mark (Abgrenzungen der
Grundstücke durch Zäune und Marksteine), Wasserruns (Richtungen der Gewässer) und Wuhren (Dämme), Scheltungen
(wörtliche Injurien), Testamente, Landrecht und Ehehaften

---

*) Beinahe durch die ganze teutsche Schweiz beruhete gesetzlich
der Friedbruch darauf, daß wenn ein unpartheiischer Mann
den Streitenden zurief: „Gand (gebt) Fried bei euerm
Eid" derjenige, der mit Injurien oder Thätlichkeiten fort-
fuhr, als des Friedbruches schuldig bestraft wurde.

(besondere Rechtsamen) — ohne Appellation. In dieses Gericht konnte aus einem Geschlechte nur ein Mitglied gewählt werden. In der Regel wurde dasselbe nur einmal jährlich gehalten.

Das Sibnergericht, unter dem Vorsitze des Landweibels, beurtheilte ohne Appellation alle bürgerlichen Streitigkeiten über Kauf, Verkauf, Schuldforderungen, Zinse und dgl. Es versammelte sich jährlich neun Male, monatlich vom September bis in den Mai.

Dem Landrath stand über das Neuner- und das Sibnergericht Revision zu. Beiden waren vier Landesfürsprecher zugeordnet, die auf vier Jahre gewählt wurden.

Das Gassengericht war aus dem Landweibel als Vorsitzer und sieben verständigen Landleuten zusammengesetzt, die derselbe nach Befinden berufen konnte. Es beurtheilte Schulden unter fünfzig Gulden, wenn der Ansprecher die Zahlung durch Pfändung einziehen wollte, und der Angesprochene sie widersprach und richterliche Entscheidung forderte. Wurde seine Einwendung unbegründet gefunden, so verwirkte dieser noch eine Geldstrafe. Durch Erlegung von zehn Schillingen konnte jeder die Zusammenberufung eines solchen Gerichtes fordern.

Ein Kriegsrath war zugleich auch geheimer Rath.

Drei Landschreiber und ein Unterschreiber bildeten die Kanzellei des Landrathes, des Neuner- und des Sibnergerichtes.

Neben andern Beamten war auch noch ein Landleutenseckelmeister, der kein Glied des Landrathes war. Er vertheilte auf die Köpfe diejenigen Summen, welche für die Uebertragung öffentlicher Beamtungen von ihren Inhabern erlegt wurden.

Von den fünf und zwanzig sogeheißenen Fundamentalgesetzen oder Punkten die zu verschiedenen Zeiten von der Landsgemeine beschlossen wurden, werden hier einige ausgehoben:

6. Daß kein kleinerer Gewalt dem größeren eingreiffen solle: nemlich kein Wochenrath dem Samstagrath, kein Samstagrath dem gesessenen Rath, kein gesessener Rath dem zweifachen, kein zweifacher dem dreifachen Rath, kein dreifacher Rath einer Nachgemeinde, keine Nachgemeinde einer jährlichen Maiengemeinde, wann solche nicht in Kraft einer Maiengemeinde gestellt ist.

7. Daß ein jeder Landmann, welcher Recht darschlagt, ungebunden, an das Recht gelassen, und nichts darüber erkennt werden solle.

8. Es solle vor Rath kein Erkanntniß ausgefällt werden, es seyen dann beide Partheien gegenwärtig, und daß jeder seine Parthei nach Form des Rechtens citirt habe.

15. Daß die Landsgemeinde um vier Uhr geendiget, und darnach nichts mehr vorgenommen werden solle.

16. Das Siebner-, Neuner- und Malefizgericht als die größten Kleinodien unsers lieben Vaterlandes sollen keine Appellation haben, und sollen solche mit Leib, Gut und Blut geschirmt werden.

21. Daß die Maienlandsgemeinde der größte Gewalt und Landesfürst seyn solle und ohne Condition setzen und entsetzen möge, und welcher darwider rathete und darwider wäre, daß die Landsgemeinde nicht der größte Gewalt und der Landesfürst sey, und nicht setzen und entsetzen möge ohne Condition, der solle dem Vogel im Luft erlaubt und hundert Dukaten auf sein Kopf geschlagen seyn, der Obrigkeit Malefizgericht und den andern Gerichten aber solle das Recht, was jedem gehört, auch gelassen seyn, und solle man den Landleuten auch lassen, was ihnen gehört.

22. Welcher in das künftig mehr ein Rathschlag zu einem Krieg thäte und ein Krieg rathete, es sey dann an einer öffentlichen Landsgemeinde ein solcher als ein meineidiger tractirt und dem Vogel im Luft erlaubt seyn soll.

23. Wann sieben ehrliche Männer von sieben ehrlichen Geschlechtern bei dem Herrn Landammann als Amtsmann sich anmeldeten und eine Landesgemeind zu halten schuldig seyn und im Fall der Amtsmann abschlagen thäte und dem nicht nachgehen wollte, er des Amts entsetzt seyn solle. Jedoch solle man die Ursach, warum eine Landsgemeind begehrt werde anzeigen in den Zädeln ausgeschrieben und verkündet werden.

Helvetische Periode.

Als 1798 nach dem kräftigsten Widerstande das Land Schwyz der französischen Waffengewalt nachgegeben und der helvetischen Republik beigetreten war, wurden das alte Land, Einsiedeln, Küßnacht und Gersau dem Kanton Waldstätten unter dem Namen der Districte Schwyz, Einsiedeln und Art, die March, Pfäffikon und Wollerau dem Kanton Linth und dem District Rappersweil zugetheilt. Diese beiden Kantone hatten die nämliche Verfassung wie die übrigen helvetischen Kantone, einen Regierungsstatthalter, Districtsstatthalter, eine Verwaltungskammer, ein Kantonsgericht, Districtsgerichte u. s. f.

Die von Bonaparte 1803 mit der Mediation gegebene Verfassung.

1. Artikel. Der Kanton Schwyz begreift die Gemeinden des alten Kantons, überdieß Gersau, Küßnacht, die Landschaft Einsiedeln, die Höfe, die March und Reichenburg. Schwyz ist der Hauptort und die katholische Religion diejenige des Kantons. Die Bürger der vereinigten Landschaften haben mit denen des alten Landes dieselben Rechte.

2. Artikel. Die Souveränität beruhet auf der allgemeinen Versammlung der Bürger des ganzen Kantons (Landsgemeine); allein sie kann nicht über das besondere Eigenthum der Gemeinden verfügen.

3. Artikel. Die allgemeine Versammlung der Bürger, welche das zwanzigste Jahr erreicht haben, nimmt die Gesetzesvorschläge, die ihr von dem kleinen Rathe vorgelegt werden, an; oder sie verwirft dieselben. Ein anderer Gegenstand kann auf derselben nur in Berathung gezogen werden, wenn er einen Monat vorher schriftlich dem kleinen Rath mitgetheilt wurde und nachdem dieser sein Gutachten darüber gegeben hat. — Außerordentliche Versammlungen können nur über diejenigen Gegenstände sich berathschlagen, für welche sie zusammen berufen wurden.

4. Artikel. Die Verwaltungs- und richterlichen Behörden von Gersau, Küßnacht, der Landschaft Einsiedeln, den Höfen, der March und Reichenburg, sowie auch der mit der Bevölkerung im Verhältniß stehende Antheil, welchen die Bürger dieser verschiedenen Landschaften an der Bildung der allgemeinen Rathe oder der allgemeinen Kantonsbehörden haben sollen, werden nach der Vorschrift des sechsten Artikels bestimmt:

Mittlerweilen haben 1) die Viertels-, Kirchen- und Ortsgemeinden diejenigen Rechte, welche sie vormals ausübten.

2) Der Landammann, der Statthalter, der Seckelmeister, der Landshauptmann und der Pannerherr werden auf die nämliche Weise, mit den nämlichen Rechten und Vorzügen gewählt wie vorher und sie bleiben dieselbe Zeit im Amte.

3) Der kleine Rath, der zwei- und der dreifache Rath behalten ihre alten Befugnisse, die namliche Organisation und dieselbe Wahlart bei. Die Glieder dieser drei Räthe verwalten, wie vormals, die besondern Angelegenheiten ihres Bezirkes.

4) Dieselbe Wahlart, dieselbe Zusammensetzung, und dieselben Befugnisse, wie früher, haben auch die alten Civilgerichte, nämlich das correctionelle, das Nenner-, das Sibner- und das Gassengericht. —

5) Die Civilverordnungen und Municipalstatuten von Gersau, Küßnacht, der Landschaft Einsiedeln, den Höfen, der March und von Reichenburg werden provisorisch beibehalten.

5. Artikel. Alle Behörden, von welcher Art sie seyen, sind verpflichtet, sich nach den Grundsätzen der Bundesacte zu benehmen. Der Kanton Schwyz kann weder mittelbar, noch unmittelbar Verbindungen mit einem andern Kanton oder mit fremden Mächten eingehen, als in Gemäßheit der eidgenössischen Bundesverfassung.

6. Artikel. Eine aus dreizehn Mitgliedern bestehende, von der Landsgemeine gewählte Commission wird einen Entwurf über die Mittel der Ausführung des ersten Paragraphs des vierten Artikels bearbeiten. Diese Arbeit erhält Gesetzeskraft, wenn sie von der Tagsatzung gut geheißen wird; doch können die Veränderungen in nichts weder die Grundsätze noch die Verordnungen der Bundesacte verletzen *).

------

*) Es ist nicht zu übersehen, daß diese Verfassung weniger ausgearbeitet und deutlich ist, als diejenige der meisten andern Kantone.

Verfassungsverhältnisse von 1814 bis 1831.

Nach der Aufhebung der Mediationsverfassung wurde die 1798 anerkannte Gleichstellung der sämmtlichen Kantonsbewohner von Seite des alten Landes wieder angefochten. Beharrlich war der Widerstand eines großen Theiles der Bewohner der äußern Bezirke; allein aus Mangel an Zusammenhang und durch die Anschließung einflußreicher Personen aus denselben an das aus Schwyz empfohlene System kam endlich eine Verfassungsveränderung zu Stande, die dem innern Land ein entschiedenes Uebergewicht in der Stellvertretung und noch andere Vorzüge zueignete. Ungeachtet die Bundesverfassung von 1815 die Eingabe der neuen Kantonsverfassungen und ihre Garantie durch die Tagsatzung fordert, wurde erst nach mehrern Anregungen von Seite der Tagsatzung, derselben am 3. Juli 1824 nachfolgende, vom 25. Juni datirte Staatsverfassung des Kantons Schwyz eingereicht:

Wir Landammann und dreifacher Landrath des Kantons Schwyz in Folge der Bestimmung des Bundesvertrages, daß die Verfassungen der einzelnen hohen Stände in das eidgenössische Archiv gelegt werden sollen, erklären hiemit: Daß wir zwar nie eine in Urkunde geschriebene Verfassung bis zur Zeit der mediationsmäßigen Regierung in unserm Kantou gehabt haben, daß aber durch Jahrhunderte lange Uebung und bestehende Gesetze und Landsgemeindebeschlüsse dieselbe auf folgenden Grundsätzen beruht, die wir unter dem Schutze des Allerhöchsten auch unsern Nachkommen übertragen wollen:

1. Die Religion des eidgenössischen Standes Schwyz ist einzig die Römisch-katholische.

2. Die souveraine oberste Gewalt steht der allgemeinen Kantonslandsgemeine zu, welche aus allen rechtlichen Landleuten des ganzen Kantons besteht.

3. Diese Landsgemeine nimmt nach bisheriger Uebung die ihr zustehenden Wahlen vor, und verfügt über die Angelegenheiten des Landes.

4. Von der allgemeinen Landsgemeine werden der Landammann, der Landsstatthalter, der Landssecelmeister, der Pannerherr, der Landshauptmann und der Zeugherr gewählt, die Rathsherren und Richter, aber theils von den Bezirksgemeinen oder Viertelsgemeinen, theils von den Räthen. Außer den vorgesetzten Herren giebt das alte Land zwei Drittheile und die übrigen Bezirke mit Ausnahme Gersau's, ein Drittheil der Rathsherren in den Rath, Gersau aber sechs Mitglieder.

5. Der Wochenrath, der ganz gesessene, der zwei- und dreifache Landrath, so wie die Gerichte behalten ihre Verrichtungen und Einrichtungen nach alter Uebung und Gesetzen.

6. Die wirklich bestehenden Bezirksräthe und Gerichte, so wie das Appellationsgericht von sechs Mitgliedern des alten Landes und sechs Mitgliedern aus den übrigen Landschaften

sprechen nach Inhalt unserer Landesgesetze in allen Streitfällen ab.

In allen bleibt es bei unsern wohlhergebrachten Uebungen
und Landesgesetzen und uns wie unsern Nachkommen unbenommen und vorbehalten diejenigen Abänderungen in unsern innern Landeseinrichtungen zu treffen, die Landammann und
Rath und eine ganze Landsgemeine der Ehre und dem Vortheil unsers Standes zuträglich erachten werden.

Die Staatsverfassung des Kantons Schwyz äußeres Land vom 6. Mai 1832

war eine merkwürdige Erscheinung, weil sie nicht nur in Absicht auf verschiedene zeitgemäße Grundsätze, sondern auch durch
größere Bestimmtheit sich vor den Verfassungen anderer rein
demokratischen Stände sehr unterschied. Ihr Vorhandenseyn
hatte daher auch auf die neueste Verfassung des ganzen Kantons einen bedeutenden Einfluß. Hier folgen einige ausge-
hobene Artikel derselben.

Allgemeine Grundsätze. 1. Die vier Bezirke
March, Einsiedeln, Küßnacht und Pfäffikon vereinigen sich zu einem unabhängigen und selbständigen Staate unter dem Namen Kanton Schwyz äußeres Land. —
2. Dieser Kanton Schwyz äußeres Land bekennt sich
zu einer rein demokratischen Verfassung, und bildet
in dieser Eigenschaft in Bezug auf die Eidgenossenschaft einen
unabhängigen Theil des seit 1803 bestandenen Kantons Schwyz,
und ist dadurch ein Bundesglied der schweizerischen Eidgenossenschaft. — 3. Die christkatholische Religion bleibt die einzige
Religion des Staates, und ist als solche durch die Verfassung
garantirt. — 5. Rechtsgleichheit sämmtlicher Kantonstheile und
Kantonsbürger ist als unverletzlich anerkannt und durch die
Verfassung gewährleistet. — 6. Handels- und Gewerbsfreiheit
sind in der Regel gewährleistet. — 7. Sicherheit der Person
wird gewährleistet, und ein Jeder, der in Untersuchungsver-
haft gesetzt wird, soll innerhalb einer durch das Gesetz zu bestimmenden Zeitfrist vernommen und vor seinen ordentlichen
Richter gestellt werden. — 8. Die Verfassung sichert gleichfalls
die Unverletzlichkeit des Eigenthums, so wie die gerechte Entschädigung für solche Güter, welche der Staat für das öffentliche Interesse zu benutzen genöthigt wird. — 9. Die Wahl
der Kantons- und Bezirksbeamten kann nicht auf lebensläng-
liche Dauer geschehen. Ein jeder Beamter wird nur auf bestimmte Zeit erwählt. — 10. Die Gewalten im Kanton als
die gesetzgebende, richterliche und vollziehende dürfen nie vereinigt werden. — 12. Die Klöster stehen unter der Oberaufsicht des Staates u. s. f. — 13. Die Klöster sind wie jedes
andere Bürger in vorkommenden Streitigkeiten dem verfassungsmäßigen Richter unterworfen und nicht anders als der
Bürger selbst zu beachten. In dem Bezirke ihrer Niederlassung und in denjenigen, in denen sie Vermögen besitzen, sind
sie zu Bezirkssteuern, wie jeder andere Bürger, verbunden, und
daher auch am erstern Orte zu Beiträgen an Bezirkslasten und

öffentlichen Anstalten verpflichtet, und den Verfügungen der Ortspolizei unterworfen, in allen Stücken gleich dem Landmann. — 14. Den Klöstern ist der Ankauf, die Erpachtung und der Erwerb von Liegenschaften, so wie der Ankauf von Capitalien unter was immer für einem Titel untersagt. Im Handel und Gewerb sind sie auf ihren Hausbedarf und die Erzeugnisse ihrer eigenthümlichen Güter beschränkt. — 15. Jeder Kantonsbürger kann sich überall im Kanton niederlassen und mit völliger Gleichheit der politischen Rechte sein Gewerb treiben. — 18. Es soll ein Civil- und Criminalgesetzbuch errichtet werden. — 19. Schul- und Erziehungsanstalten liegen in der Pflicht und stehen unter unmittelbarem Schutze des Staates.

Kantonalbehörden. Die Kantonsgemeine besteht in der Versammlung aller stimmfahigen Kantonsbürger und ist die höchste Kantonsbehörde. 4. Der Landammann und Statthalter dürfen nicht aus dem gleichen Bezirke gewählt werden. 7. Jeder Landmann hat das Recht Gesetzesvorschläge zu machen, unter folgenden Bedingungen: a. Jeder Vorschlag soll sechs Wochen vor der Landsgemeine dem Präsidium des Kantonsrathes eingegeben werden. — — Dreifacher oder Großer Rath. Der große Rath ist nächst der Landsgemeine die oberste Behörde des Kantons. Er besteht aus 54 Mitgliedern. — Er erwählt jährlich aus allen rechtlichen Landleuten des Kantons die Gesandtschaft an die ordentliche und außerordentliche Tagsatzung, und ertheilt ihr die nöthigen Instructionen. — — Der Kantonsrath. 1. Er besteht nebst dem Landammann, Statthalter und Seckelmeister aus 18 Mitgliedern. 3. Er ist die höchste vollziehende Behörde. — — Das Kantonsgericht. 1. Es besteht aus 11 Mitgliedern. 4. Das Kantonsgericht beurtheilt in höchster Instanz alle bürgerlichen Rechtsfälle, die gemäß der Gesetzgebung der Appellation fähig sind. 5. Es ist auch die höchste Criminalbehörde. Für Fälle, wo über Leben und Tod geurtheilt werden muß, bilden alle Kantonsrichter, die eilf Substitute und eilf Mitglieder des großen Rathes das Criminalgericht. — — Schiedsgericht. In Streitigkeiten um Eigenthumsrechte zwischen zwei Bezirken spricht erst- und letztinstanzlich ein Schiedsgericht ab, das folgendermaßen zusammengesetzt wird: a. Jeder der streitenden Bezirke wählt sich aus den übrigen Bezirken zwei Mitglieder. b. Die Bezirksräthe aller Bezirke geben jeder ein Mitglied. c. Der Kantonsrath giebt ein Mitglied, welches das Gericht präsidirt und aus einem der nicht betheiligten Bezirke gezogen werden muß. — Die Amtsdauer der Mitglieder des großen Rathes, des Kantonsrathes und des Kantonsgerichtes ist auf 6 Jahre festgesetzt, nach Ablauf der ersten zwei Jahre tritt ein Drittheil und im 6ten Jahre das letzte Drittheil der Mitglieder aus. — — Bezirksbehörden. Es sind folgende: Bezirkslandsgemeine, dreifacher Rath, Bezirksrath, Bezirksgericht, Friedensgericht und Gemeindsbehörden.

Verfassung vom 13. Oktober 1833.

Titel I.

Allgemeine Bestimmungen.

1. Der Kanton Schwyz ist ein Freistaat und als solcher ein Bundesglied der schweizerischen Eidgenossenschaft. 2. Die Souveränität beruht im Volke, d. h. in der Gesammtheit der Kantonsbürger. Das Volk giebt sich die Verfassung selbst, und jeder Gesetzesvorschlag muß ihm zur Annahme oder Verwerfung vorgelegt werden. 3. Kantonsbürger oder Landleute sind diejenigen, welche in der Verfassung von 1803 als solche anerkannt worden sind, oder welche sich ausweisen können, daß sie das Kantonsbürgerrecht seither rechtlich erworben und ausgeübt haben. 4. Alle Kantonsbürger haben gleiche staatsbürgerliche Rechte. 5. Alle Einwohner des Kantons sind vor dem Gesetze gleich. 6. Der freie Verkehr im Kanton ist gesichert. 7. Jeder rechtliche Kantonsbürger kann sich nach den Bestimmungen des Gesetzes im Kanton überall niederlassen, und da, wie der Eingeborne, Handel und Gewerbe treiben. 8. Jeder Kantonsbürger übt da sein politisches Bürgerrecht aus, und ist den Steuern unterworfen, wo er seßhaft ist. 9. Die persönliche Freiheit jedes Kantonsbewohners ist gewahrleistet. 10. Die christkatholische Religion ist die einzige Religion des Staates, und als solche garantirt. 11. Die freie Meinungsäußerung in Wort und Schrift ist gewährleistet. Die Strafe des Mißbrauchs derselben wird das Gesetz bestimmen; daherige Klagen beurtheilen die Gerichte. 12. Die Verfassung sichert jeder Corporation, jeder Gemeinde, und jedem rechtlichen Landmann das Recht, dem großen Rath Wünsche und Anträge für Gesetze und Verordnungen, und Beschwerden über Verletzung von Verfassung und Gesetz vorzutragen. 13. Jeder soll ungebunden, d. h. ohne Einmischung und Hinderung irgend einer Behörde, vor die Gerichte gelassen werden. 14. Niemand kann seinem verfassungsmäßigen Richter entzogen werden. Die Aufstellung verfassungswidriger Gerichte ist unter keinen Umständen zulässig. 15. Niemand kann verhaftet oder in Haft gehalten werden, außer in den vom Gesetze bestimmten Fällen und auf die vom Gesetze bestimmte Art. 16. Der Staat sorgt für die Bildung des Volkes. 17. Jeder Kantonsbürger und jeder im Kanton wohnende Schweizer ist zur Vertheidigung des Vaterlandes verpflichtet; das Nähere bestimmt das Gesetz. 18. Die Verfassung sichert die Unverletzlichkeit des Eigenthums. Jedem Bezirk, jeder Gemeinde, so wie jeder geistlichen und weltlichen Corporation bleibt auch die Verwaltung desselben und die Befugniß, die Art und Weise dieser Verwaltung zu bestimmen, gesichert. Für Abtretungen, die das öffentliche Wohl unumgänglich erfordert, hat der Staat gerechte Entschädigung zu leisten; wenn sie streitig wird, entscheiden die Gerichte. 19. Keine Liegenschaft kann mit einer nicht loskäuflichen Last belegt werden. Die Loskäuflichkeit der Zehnten und Grundzinse nach dem wahren Werthe derselben ist den Gemeinden, Corporationen und Privaten garantirt, so daß jeder Einzelne sein Besitzthum hievon ledigen kann. Das Nähere bestimmt

das Gesetz. 20. Jeder Bezirk trägt nach Verhältniß seiner Bevölkerung zur Bestreitung der Staatslasten bei. 21. Die Klöster stehen in jeder Beziehung unter der Aufsicht des Staates. Das nähere Verhältniß derselben zum Kanton, und zum Bezirke, in dem sie sich befinden, so wie die Art, wie der Staat seine Aufsicht über sie ausübt, wird vom Gesetze bestimmt. 22. Den Klöstern ist der Ankauf, die Erpachtung und der Erwerb von Liegenschaften, unter was immer für einem Titel untersagt. Liegenschaften, die denselben durch freiwilligen Geldruf oder durch Falliment zufallen, müssen sie inner Jahresfrist entäußern. 23 Novizen, welche nicht Schweizer sind, wenn sie in wissenschaftlicher und moralischer Beziehung tüchtig erfunden werden, dürfen mit Bewilligung des Kantonsraths, gegen einen von ihm zu bestimmenden Beitrag an den Staat, in die Klöster aufgenommen werden; gegen Eidgenossen findet das Gegenrecht statt. 24. In Handel und Gewerbe sind sie auf die Erzeugnisse ihrer Güter auf den damit verbundenen Viehstand beschränkt. 25. Die Klöster sind in dem Bezirke ihrer Niederlassung und in denjenigen, wo sie Vermögen besitzen, wie jeder andere Bürger des Bezirks, zu Bezirkssteuern verpflichtet, und daher zu verhältnißmäßigen Beiträgen für die Bestreitung von Bezirkslasten und den Unterhalt öffentlicher Anstalten verbunden. Auch sind sie den Verfügungen der Ortspolizei in allen Beziehungen gleich dem Landmann unterworfen. 26. Es soll eine beförderliche Revision der gesammten Gesetzgebung vorgenommen werden. Mit der Aufstellung von Kantonsgesetzbüchern erlöschen die bisherigen Bezirksgesetze.

Titel II.

Gebietseintheilung.

27. Der Kanton ist in sieben Bezirke eingetheilt, nämlich: 1) Schwyz; 2) Gersau; 3) March; 4) Einsiedeln; 5) Küßnacht; 6) Wollerau; 7) Pfäffikon. 28. Der Bezirk Schwyz begreift die Gemeinden: Schwyz, Art, Ingenbohl, Muotathal, Steinen, Sattel, Rothenthurm, Iberg, Lowerz, Steinerberg, Mörschach, Alpthal, Illgau, Riemenstalden. Hauptort: der Flecken Schwyz. — Der Bezirk Gersau: Gersau inner seinen Grenzen. Hauptort: Gersau. — Der Bezirk March: Lachen, Altendorf, Galgenen, Vorderwäggithal, Hinterwaggithal, Schübelbach, Tuggen mit Inbegriff von Grynau, Wangen mit Nuolen, Reichenburg. Hauptort: Lachen. — Der Bezirk Einsiedeln begreift seine eheorigen sieben Viertel: Das Dorf Einsiedeln, Binzen, Groß, Willetzell, Euthal, Etzel und Egg, Bennau, Trachslau. Hauptort: Einsiedeln. — Der Bezirk Küßnacht: die vier eheorigen Zehnten: Küßnacht, Immensee, Haltiken, Mörlischachen. Hauptort: Küßnacht. — Der Bezirk Wollerau: die vier eheorigen Viertel: Weilen, Berg, Erlen, Wollerau. Hauptort: Wollerau. — Der Bezirk Pfäffikon: Pfäffikon inner seinen Grenzen. Hauptort: Pfäffikon. 29. Der Flecken Schwyz ist der Hauptort des Kantons, und der Sitz aller Kantonsbehörden, mit Ausnahme der Kantonsgemeinde.

Schwyz.   9

Titel III.
Staatsgewalten.

1. Kantonsbehörden.

A. Kantonsgemeinde;
B. Großer Rath;
C. Kantonsrath;
D. Regierungscommission;
E. Kantonsgericht;
F. Schiedsgericht.

2. Bezirksbehörden.

A. Bezirksgemeinde;
B. Dreifacher Bezirksrath;
C. Bezirksrath;
D. Bezirksgericht;
E. Friedensgericht.

3. Gemeindsbehörden.

A. Kirchgemeinde;
B. Gemeinderath.

30. Die Trennung der richterlichen und vollziehenden Gewalt ist anerkannt. Kein Mitglied einer vollziehenden Behörde kann zugleich Mitglied einer richterlichen Behörde seyn, und umgekehrt, mit Ausnahme der vom großen Rath dem Kantonsgericht in Criminalfällen allfällig beigegebenen Mitglieder des Kantonsraths. Weder die gesetzgebende noch die vollziehende Gewalt dürfen richterliche Verrichtungen ausüben oder sich aneignen. 31. Die Verhandlungen des großen Rathes, der dreifachen Bezirksräthe und der Gerichte, mit Ausnahme ihrer Berathung über das Urtheil, sind in der Regel öffentlich. Ausnahmen können nur in öffentlicher Sitzung beschlossen werden. 32. Die Verwaltung des Staatshaushalts ist öffentlich. 33. Keine Beamtung im Kanton ist lebenslänglich. 34. Ohne gerichtliches Urtheil kann kein Beamter vor Ablauf seiner Amtsdauer seiner Stelle entsetzt werden. 35. Der Landammann, der Statthalter und der Seckelmeister des Kantons dürfen nicht zugleich Landammann, Statthalter und Seckelmeister eines Bezirkes seyn. 36. Die Mitglieder der Regierungscommission werden vom Kanton, diejenigen des großen und des Kantonsraths so wie des Kantonsgerichts von den betreffenden Bezirken bezahlt. Die Gerichtssporteln des Kantonsgerichts werden zu Reiseentschädigungen, nach dem in der Verfassung von 1803 bestimmten Verhältniß, verwendet. 37. Der große Rath und dessen Präsident beeidigen sich gegenseitig. Die Beeidigung der übrigen Behörden wird vom großen Rath angeordnet.

1. Kantonsbehörden.

A. Kantonsgemeinde. 38. Die Kantonsgemeinde besteht in der Versammlung derjenigen Kantonsbürger, welche das achtzehnte Altersjahr zurückgelegt haben und in bürgerlichen Ehren und Rechten stehen. Ausgenommen sind: a) Falli-

ten; b) durch Urtheil Entehrte; c) im Actibbürgerrecht Einge-
ſtellte. 39. Sie beſammelt ſich am Rothenthurm, ordentlicher-
weiſe alle zwei Jahre am erſten Sonntag im Mai, oder, wenn
das Wetter ungünſtig iſt, am nächſtfolgenden Sonntag, an dem
das Wetter günſtig iſt; außerordentlicherweiſe, ſo oft der Kantonsrath ſie einberuft. Ihr Präſident iſt der Landammann.
40. Sie übt ihr Souveränitätsrecht folgendermaßen aus:
a) Alle Geſetzesvorſchläge und Geſetzeserläuterungen müſſen
ihr vom großen Rathe vorgelegt werden, und ſie genehmigt
oder verwirft dieſelben; b) ihrer Genehmigung unterliegen
alle wichtigern Verträge mit dem Auslande und den Kantonen
der Eidgenoſſenſchaft; c) Inſtructionen auf die Tagſatzung über
Krieg und Frieden oder für Bündniſſe werden ihr zur Genehmigung oder Verwerfung vorgelegt; d) ſie allein ertheilt das
Kantonsbürgerrecht. Keinem kann daſſelbe ertheilt werden,
der nicht zuvor Bürger eines Bezirkes iſt. Die Zuſicherung
des Bezirksbürgerrechts bleibt ohne wirkliche Ertheilung des
Kantonsbürgerrechts ohne alle rechtlichen Folgen; e) ſie wählt
den Landammann, den Statthalter und den Seckelmeiſter aus
allen wahlfähigen Kantonsbürgern auf zwei Jahre; die beiden
erſtern ſind für die nächſte Amtsdauer als ſolche nicht wieder
wählbar. Wenn der Landammann aus dem Bezirke Schwyz
gewählt wird, ſo muß der Statthalter aus einem der übrigen
Bezirke gewählt werden, und umgekehrt. Der Landammann
und der Seckelmeiſter müſſen innerhalb der Grenzen der Kirchgemeinde Schwyz wohnen. 41. Ueber alle Gegenſtände, welche
an die Kantonsgemeinde gebracht werden wollen, muß das
Volk vorher in Kenntniß geſetzt werden. Deßhalb ſollen
a) alle Vorſchläge für Geſetze und Geſetzeserläuterungen, ſo
wie alle übrigen Anträge des großen Rathes vier Wochen vor
Beſammlung der Gemeinde gedruckt unter die Landleute vertheilt werden; b) ebenſo hat jeder Landmann ſeine Vorſchläge,
die er an die Kantonsgemeinde bringen will, ſechs Wochen vor
ihrer Beſammlung dem großen Rathe einzureichen, welcher
verpflichtet iſt, dieſelben mit ſeinen eigenen Vorſchlägen durch
den Druck dem Volke bekannt zu machen und ſie der Kantonsgemeinde vorzulegen. 42. Ihr wird der ökonomiſche Zuſtand
des Kantons zur Kenntniß gebracht. 43. Außerordentlich zu-
ſammenberufen kann ſie nur diejenigen Gegenſtände behandeln,
für deren Berathung ſie beſammelt wird. Bei der Auskün-
dung müſſen dieſe Gegenſtände jedesmal bezeichnet werden.
44. Sie kann über das Eigenthum der Bezirke, Gemeinden,
Corporationen und Privaten nicht entſcheiden, und überhaupt
keine Befugniſſe der richterlichen und vollziehenden Gewalt
ausüben. 45. Alle Abſtimmungen geſchehen durch das Hand-
mehr; die Mehrheit der Stimmen entſcheidet. 46. Volk und
Regierung beeidigen ſich gegenſeitig bei jeder ordentlichen Ver-
ſammlung derſelben.

B. Großer Rath. 47. Der große Rath beſteht mit
Einſchluß des Kantonsraths aus hundert und acht Mitgliedern,
und wählt aus ſeiner Mitte den Präſidenten, welcher nicht zugleich Landammann ſeyn kann, und den Vicepräſidenten auf
ein Jahr, die beide für die nächſte Amtsdauer nicht wieder
wählbar ſind. 48. Die Mitglieder des großen Rathes werden

9 *

von den Bezirksgemeinden nach dem Verhältniß der Bevölkerung aus allen wahlfähigen Kantonsbürgern gewählt. 49. Die Amtsdauer der Großräthe ist auf sechs Jahre festgesetzt; je zu zwei Jahren tritt ein Drittheil derselben aus. Der erste und zweite periodische Austritt findet durch das Loos statt; die Ausgetretenen sind wieder wählbar. 50. Der große Rath wird vom Präsidenten einberufen. Ordentlicher Weise besammelt er sich zwei Mal im Jahre: am ersten Montage im Juni und am zweiten Montag im November; außerordentlicher Weise: a) so oft der Präsident es nöthig findet; b) wenn der Kantonsrath es verlangt; c) wenn 15 Mitglieder beim Präsidenten das Begehren stellen. 51. Er erläßt die organischen Gesetze. 52. Er entwirft selbst Gesetze und berathet die ihm vom Kantonsrath zur Prüfung vorgelegten Gesetzesvorschläge. 53. Er erläutert die Gesetze, jedoch nie in Anwendung auf einen einzelnen vor den Gerichten schwebenden Rechtsfall. Die Erläuterungen müssen, wie die Gesetzesvorschläge, der Kantonsgemeinde zur Annahme oder Verwerfung vorgelegt werden. 54. Er wählt aus allen rechtlichen Landleuten zwei Gesandte an die eidgenössische Tagsatzung, von denen der eine aus dem Bezirke Schwyz, der andere aus einem der übrigen Bezirke genommen werden muß. Der Vorsitz derselben an der Tagsatzung wechselt mit jedem Jahre. Er giebt ihnen die geeignete Instruction und nimmt ihre Berichterstattung ab. 55. Er wählt aus dem Kantonsrath mit Einschluß des Landammanns fünf Mitglieder in die Regierungscommission, von denen zwei aus den Bezirken Schwyz oder Wollerau, drei aus den übrigen Bezirken genommen werden, und aus seiner Mitte auf sechs Jahre den Bannerherrn, welcher wieder wählbar ist. 56. Er bestellt das Verhörrichteramt, und wählt den öffentlichen Ankläger, den Zeugherrn, den Archivar, den Salzdirector, den Kantonswaibel, zwei Kantonsschreiber, von denen der eine aus dem Bezirke Schwyz, der andere aus einem der übrigen Bezirke ernennt werden muß, und zwei Kantonsläufer, die fünf letztern Angestellten nach vorhergegangener öffentlicher Ausschreibung ihrer Stellen. 57. Er übt das Recht der Begnadigung nach den Bestimmungen des Gesetzes aus. 58. Er entscheidet über Competenzstreitigkeiten der vollziehenden und richterlichen Gewalt der Kantons- und Bezirksbehörden, mit jedesmaligem Austritt der Mitglieder der streitenden Behörden. 59. Er beaufsichtigt die Kantonsverwaltung: a) Er bestimmt jährlich den Voranschlag der Einnahmen und Ausgaben des Kantons; b) er bewilligt die Erhebung der zur Bestreitung der Staatsbedürfnisse nöthigen Steuern; c) er setzt die Gehalte der öffentlichen Beamten und Angestellten fest; d) er ordnet und beaufsichtigt das Münz- und Postwesen, und die Salzverwaltung; e) er beaufsichtigt die im Kanton bestehenden Zölle und Weggelder; ohne seine Bewilligung können keine neuen Gesuche der Tagsatzung vorgelegt werden; f) er bestimmt die ordentlichen und außerordentlichen Leistungen der Klöster an den Staat, und veranstaltet daher die nöthigen Untersuchungen des Vermögens derselben; g) er läßt sich jährlich vom Kantonsrath über alle Theile der Kantonsverwaltung, und über Einnahmen und Ausgaben

Bericht und Rechnung ablegen, genehmigt diese oder verfügt das Nöthige darüber. Die Mitglieder des Kantonsraths sind bei daheriger Berathung im Ausstande. Eine rubricirte Uebersicht der Jahresrechnung wird dem Volk durch den Druck bekannt gemacht. 60. Er handhabt Ruhe und Sicherheit im Kanton; er erläßt: a) Polizeiverordnungen; b) die nöthigen Militärverordnungen für das eidgenössische Bundescontingent, und verfügt darüber; c) bei jedem Truppenaufgebot hat er sich unverzüglich zu besammeln. 61. Er wahret die Rechte des Staates in kirchlichen Angelegenheiten. 62. Er erläßt die Verordnungen über das Sanitäts- und Erziehungswesen, und übt über die daherigen Behörden die Oberaufsicht aus. 63. Alle minderwichtigen Verkommnisse und Verträge mit andern Kantonen und Staaten unterliegen seiner Genehmigung. 64. Er giebt sich selbst die Geschäftsordnung.

    C. Kantonsrath. 65. Der Kantonsrath ist die oberste Vollziehungs- und Verwaltungsbehörde des Kantons und besteht mit Einschluß des Landammanns, des Statthalters und des Seckelmeisters aus sechs und dreißig Mitgliedern, welche von den Bezirksgemeinden aus allen wahlfähigen Kantonsbürgern nach dem Verhältniß der Bevölkerung gewählt werden. Diejenigen Bezirke, aus denen die Kantonsgemeinde den Landammann, den Statthalter und den Seckelmeister wählt, haben um so weniger Mitglieder in den Kantonsrath zu geben. 66. Die Ersatzmänner in den Kantonsrath werden u dem großen Rath genommen. 67. Die Amtsdauer, der Austritt und die Wiederwählbarkeit der Kantonsräthe finden wie beim großen Rathe statt. 68. Im Kantonsrath dürfen nicht zugleich sitzen: Vater und Sohn, oder zwei Brüder. 69. Der Kantonsrath versammelt sich jährlich ordentlicherweise viermal, außerordentlicherweise, so oft die Regierungscommission oder der Landammann ihn einberuft. Den Vorsitz führt der Landammann, und in dessen Abwesenheit der Statthalter. 70. Er entwirft Vorschläge zu Gesetzen und Verordnungen des großen Rathes, und begutachtet diejenigen, welche ihm von diesem überwiesen werden. 71. Er besorgt die Kantonsverwaltung, und bestellt dafür die nöthigen Commissionen. Diese entwerfen Gutachten und Anträge an den Kantonsrath, vollziehen seine Verordnungen und Beschlüsse, und sind ihm in Allem verantwortlich. 72. Er bestellt die Schul- und Sanitätsbehörden frei aus den hiezu fähigen Kantonsbürgern, und sorgt für die Vollziehung der daherigen Verordnungen. 73. Er erstattet dem großen Rath jährlich über seine Geschäftsführung einen vollständigen Bericht, und über die besondern Theile derselben, so oft der große Rath es fordert. Er entwirft den Voranschlag der Einnahmen und Ausgaben des künftigen Rechnungsjahres, legt dem großen Rath jährlich über die ganze Kantonsverwaltung und den Bestand des Staatsvermögens Rechnung ab, und fügt über Staatsgüter ein Inventar bei. 74. Bei Gefährdung der Ruhe im Innern oder von Außen kann er vorläufig die bewaffnete Mannschaft aufbieten, beruft aber sofort den großen Rath zu Anordnung weiterer Maßregeln ein. 75. Er hat die Aufsicht über die Rechte des Staates in kirchlichen Angelegenheiten, und stellt hierin die

nöthigen Anträge an den großen Rath. 76. Er übt die
Oberaufsicht über die Bezirksrathe in vollziehender, vormund-
schaftlicher und polizeilicher Beziehung aus. Die Fälle, in
welchen Privaten oder Corporationen Recurs an den Kantonsrath gestattet ist, wird das Gesetz bestimmen. 77. Ihm
steht die Oberaufsicht über das Straßenwesen des Kantons zu.
78. Er entwirft seine Geschäftsordnung und unterlegt sie der
Genehmigung des großen Rathes.

D. **Regierungscommission.** 79. Die Regierungscommission besteht mit Inbegriff des Landammanns aus fünf
Mitgliedern, die zugleich Mitglieder des Kantonsraths seyn
müssen, und nach Art. 55 gewählt werden. Die Amtsdauer
ist auf vier Jahre festgesetzt. Je zu zwei Jahren treten zwei
Mitglieder aus, und sind für die nächste Amtsdauer nicht wieder wählbar. 80. Ihr liegt die Vollziehung und Bekanntma-
chung aller Beschlüsse des Kantonsraths ob. 81. Sie voll-
streckt die Urtheile der gerichtlichen Kantonsbehörden. 82. Sie
besorgt, wenn der Kantonsrath nicht besammelt ist, den Briefwechsel; sie kann aber durch denselben keine Verpflichtungen
für den Kanton zuziehen, die nicht schon durch bestehende Verträge auf ihm lasten. 83. Sie wacht über die Fremdenpolizei
des Kantons. 84. Sie ertheilt über allfällige Einfragen von
Bezirksbehörden Weisung; sie kann sich aber mit Einfragen
und Beschwerden von Privaten oder Corporationen gegen Bezirksbehörden nie befassen, indem diese Befugniß einzig dem
Kantonsrath oder dem Kantonsgericht zusteht. 85. Sie führt
über alle ihre Verhandlungen ein eigenes Protocoll, welches,
so wie der von ihr besorgte Briefwechsel, dem Kantonsrath
und jedem einzelnen Mitglied desselben jederzeit zur Einsicht
offen steht. 86. Bei ihren Berathungen müssen wenigstens vier
Mitglieder anwesend seyn. 87. Sie ist für alle ihre Geschäfte
dem Kantonsrath verantwortlich. 88. Die Geschäftsordnung
schreibt ihr der Kantonsrath vor.

E. **Kantonsgericht.** 89. Das Kantonsgericht besteht
aus vierzehn Mitgliedern, welche, so wie ihre Ersatzmänner,
nach dem Verhältniß der Bevölkerung die Bezirksgemeinden
aus allen wahlfähigen Kantonsbürgern wählen. 90. Die Amtsdauer der Mitglieder ist auf sechs Jahre festgesetzt; je das
zweite Jahr tritt ein Drittheil derselben aus; die Ausgetretenen sind wieder wählbar. Beim ersten periodischen Austritt,
welcher, so wie der zweite, durch das Loos statt findet, treten
vier, beim zweiten und dritten jedesmal fünf Mitglieder aus.
91. Sein Präsident wird aus seiner Mitte vom großen Rathe
gewählt; den Vicepräsidenten wählt es sich selbst. 92. Im
Kantonsgericht, und ebenso in allen übrigen Gerichtsstellen im
Kanton, dürfen nicht zugleich sitzen: Vater und Sohn, Schwiegervater und Tochtermann, zwei Brüder, zwei wirkliche Schwä-
ger oder zwei Mitväter. 93. Es versammelt sich, so oft der
Präsident dasselbe einberuft. 94. Das Kantonsgericht ist die
oberste Civil-, Criminal- und polizeirichterliche Behörde. Bei
Fragen über Leben und Tod zieht es seine Ersatzmänner bei,
denen der große Rath aus seiner Mitte noch vierzehn Mitglieder beigiebt. Zu einem Todesurtheil werden zwei Drit-

theile der Stimmen erfordert. Bei Beurtheilung von Civil-
und Strafpolizeisachen müssen eilf, bei Criminalfällen vierzehn, und bei Fragen über Leben und Tod wenigstens sechs und
dreißig Mitglieder anwesend seyn. 95. Es allein ertheilt über
alle Rechtssprüche, die von ihm ausgegangen sind, Revision.
96. Ihm kömmt die Wiedereinsetzung in die bürgerlichen Ehren zu. 97. Es bestellt für Angeklagte, welche sich nicht selbst
einen Vertheidiger wählen, einen solchen. 98. Es steht in
Würde und Rang neben dem Kantonsrath. 99. Bei Streitfällen um Eigenthumsrechte zwischen Privaten und Bezirken,
zwischen Corporationen und Privaten, zwischen Corporationen
und Bezirken, oder zwischen Corporationen treten die betheiligten Richter aus, und werden durch Ersatzmänner des Kantonsgerichts aus unbetheiligten Bezirken ersetzt. 100. Es giebt
sich die Geschäftsordnung selbst.

   F. Schiedsgericht. 101. In Streitfällen um Eigenthumsrechte zwischen zwei Bezirken spricht in erster und letzter
Instanz ein Schiedsgericht ab, welches folgendermaßen zusammengesetzt wird: a) Jeder der streitenden Bezirke wählt sich
aus den übrigen Bezirken zwei Schiedsrichter; b) aus jedem
der unbetheiligten Bezirke wird das erstgewählte Mitglied des
Kantonsgerichts beigezogen. Das so zusammengesetzte Gericht
wählt aus seiner Mitte den Präsidenten. Stehen die Stimmen ein, so entscheidet derselbe.

2. Bezirksbehörden.

   A. Bezirksgemeinde. 102. Jeder Bezirk hat eine Bezirksgemeinde, welche aus den im Bezirke wohnenden stimmfähigen Kantonsbürgern zusammengesetzt ist. Ausgenommen
sind die in Art. 38 Bezeichneten. 103. Die Bezirksgemeinde
versammelt sich ordentlicherweise je das eine Jahr am letzten
Sonntag im April, je das zweite Jahr aber, wo die ordentliche Kantonsgemeinde statt findet, am ersten Sonntag nach
Abhaltung derselben; außerordentlicherweise, so oft sie vom Bezirksrath zusammenberufen wird. 104. Sie wählt die ihr zu-
kommenden Mitglieder in die Kantonsbehörden; sie wählt ferner: a) den Bezirkslandammann, Statthalter und Seckelmeister; b) die Mitglieder in den einfachen und dreifachen Bezirksrath; c) die Mitglieder und Ersatzmänner in das Bezirksgericht und den Präsidenten desselben; d) den Landweibel und
die Landschreiber. 105. Bei ihrer ersten Besammlung kann sie
nach örtlichen Verhältnissen die verfassungsmäßigen Wahlen in
die Bezirksbehörden an andere Wahlbehörden auf die Dauer
der Verfassung übertragen. 106. Ueber die Amtsdauer, den
Austritt und die Wiederwählbarkeit der Bezirksbeamten gelten
die gleichen Bestimmungen, wie bei den Kantonsbehörden.
107. Ihr werden die Verfassung, und zur verfassungsmäßigen
Zeit allfällige Vorschläge für Abänderung derselben zur Annahme oder Verwerfung vorgelegt. Für die Annahme der
Verfassung, oder für die Beschließung einer Revision derselben
sind zwei Drittheile der Gesammtzahl der stimmfähigen Kantonsbürger erforderlich. Um dieses Ergebniß zu erheben, werden alle stimmfähigen Bürger jener Bezirke, deren Bezirksge-

meinden einen Vorschlag angenommen haben, gezählt. 108. Sie allein kann die Erhebung von Bezirkssteuern oder Abgaben beschließen. 109. Ihr wird jährlich genaue Kenntniß vom ökonomischen Zustand des Bezirks gegeben. 110. Ihr müssen alle Verträge, die im Namen des Bezirks abgeschlossen werden, zur Genehmigung vorgelegt werden. 111. Sie allein ertheilt das Bezirksbürgerrecht nach den Bestimmungen des Gesetzes.

B. Dreifacher Bezirksrath. 112. Der dreifache Bezirksrath besteht aus den Mitgliedern des Bezirksraths, so wie aus zwei Beigegebenen auf jedes Mitglied. Sein Präsident ist der Bezirkslandammann. 113. Alle wichtigen Geschäfte des Bezirks müssen ihm, bevor sie an die Bezirksgemeinde gebracht werden, zur Vorberathung vorgelegt werden. 114. Ihm werden jährlich die Rechnungen des Bezirks zur Einsicht, und zur Genehmigung oder Verwerfung vorgelegt. 115. Er besetzt alle vor Ablauf der Amtsdauer erledigten Beamtungen und Anstellungen bis zur nächsten Bezirksgemeine. 116. Er wird vom Bezirksrath zusammenberufen.

C. Bezirksrath. 117. Jeder Bezirk hat einen Bezirksrath, wovon der Bezirkslandammann, Statthalter und Seckelmeister Mitglieder sind. 118. Jeder Bezirksgemeinde ist die Zahl der Mitglieder des Bezirksrathes nach dem örtlichen Bedürfnisse zu bestimmen überlassen. 119. Im Bezirksrathe dürfen nicht zugleich sitzen: Vater und Sohn und zwei Brüder. 120. Der Bezirksrath vollzieht im Bezirke: a) alle Beschlüsse, Verordnungen und Urtheile der Kantonsbehörden; b) die Beschlüsse der Bezirksgemeinde und die Urtheile des Bezirksgerichts; c) seine eigenen Erkenntnisse. 121. Er hat nach den Bestimmungen der Kantonsschulbehörde die Aufsicht über die Bezirksschulen und vollzieht ihre Verordnungen. 122. Er wacht für Erhaltung der öffentlichen Ruhe in seinem Bezirke. 123. Er nimmt in den vom Gesetz bestimmten Fällen die Verhaftungen vor. 124. Er bestellt die Verhörcommission des Bezirks. Dieser stehen bei Criminalfällen, welche im Bezirke stattgefunden, die Pracognitionsverhöre zu. 125. Er beurtheilt in erster Instanz die Polizeistraffälle. Dem Angeklagten kann ein Vertheidiger nicht verweigert werden. Die daherigen Strafgelder fallen in die Bezirkscasse. Die Appellationsfälle bestimmt das Gesetz. 126. Er entscheidet über Fallimentsgesuche. 127. Er untersucht und beurtheilt Vaterschafts- und die damit verbundenen Verpflegungsklagen. 128. Er ist die Verwaltungsbehörde über die Bezirksgüter und besorgt die öffentlichen Bauten und den Straßenbau im Bezirke. 129. Unter seiner Aufsicht und Leitung steht das Justizwesen. 130. Er ist die oberste Vormundschaftsbehörde im Bezirke. 131. Er ordnet und beaufsichtigt das Bezirksarmenwesen. 132. Ueber die an ihn gelangenden Stellungs- oder Auslieferungsgesuche aus andern Kantonen entscheidet er nach den Bestimmungen des Gesetzes. 133. Er wählt die Salzwäger, die Läufer und Landjäger des Bezirks. 134. Er unterlegt seine Geschäftsordnung der Genehmigung des Kantonsraths.

D. Bezirksgericht. 135. Jeder Bezirk hat ein Bezirksgericht. Die Bestimmung der Anzahl seiner Mitglieder ist jeder Bezirksgemeinde überlassen; sie darf aber nicht mehr als neun, und nicht weniger als sieben in sich begreifen. 136. Das Bezirksgericht spricht über alle Civil- und Injurienrechtsfälle ab, und bestraft die Injurianten nach den Bestimmungen des Gesetzes. Die daherigen Strafgelder fallen in die Bezirkscasse. 137. Streitfälle, welche den Werth von 200 Münzgulden oder mehr betreffen, so wie Injurienhandel und Rechtsfragen von unbestimmtem Werthe können appellirt werden. Ueber Forderungen unter 200 Münzgulden aber über einem Louisd'or urtheilt das Bezirksgericht erst- und letztinstanzlich. 138. Zu einem gültigen Rechtsspruch ist die Anwesenheit aller Mitglieder erforderlich. 139. Es ertheilt über die von ihm ausgesprochenen Urtheile Revision. 140. Es allein bewilligt Rechtsgebote und bestimmt fatale Termine. 141. Keine Rechtsfrage, die nicht zuerst vor den Friedensrichter gebracht worden, und durch einen Weisungsschein desselben begleitet ist, kann vor dem Bezirksgerichte verhandelt werden. 142. Es entwirft seine Gerichtsordnung und unterlegt sie der Genehmigung des Kantonsgerichts. 143. Bei Streitfällen um Eigenthumsrechte zwischen Privaten und Bezirken, zwischen Corporationen und Privaten, zwischen Corporationen und Bezirken, oder zwischen Corporationen, wo das Bezirksgericht, selbst im Fall der Substiturung, als betheiligt erscheint, bilden die Präsidenten der unbetheiligten Bezirksgerichte des Kantons, vereint mit den drei erstgewählten Bezirksrichtern der drei größten unbetheiligten Bezirke die erste Instanz, und treten an die Stelle des recusirten Bezirksgerichts. Der Präsident dieses Gerichts ist der älteste der anwesenden Bezirksgerichtspräsidenten.

E. Friedensgericht. 144. In jedem Bezirke werden durch den Bezirksrath die erforderlichen Friedensgerichte erwählt. 145. Jedes Friedensgericht besteht aus einem Friedensrichter und zwei Beisitzern, welche auf zwei Jahre gewählt werden, aber nicht zugleich Mitglieder einer andern richterlichen Behörde seyn dürfen. 146. Der Friedensrichter sucht ohne Beisitzer alle Rechtsfälle vermittelnd zu erledigen. 147. Rechtsfragen, deren Werth einen Louisd'or nicht übersteigt, und die vom Friedensrichter nicht vermittelt werden konnten, beurtheilt derselbe mit Zuzug der Beisitzer in erster und letzter Instanz. 148. Ihm wird die Geschäftsordnung vom großen Rath gegeben, welcher auch die Gerichtssporteln festsetzt.

3. Gemeindsbehörden.

149. Die Organisation der Gemeindsbehörden, so wie die Befugnisse derselben wird das Gesetz bestimmen.

Titel IV.
Dauer und Revision dieser Verfassung.

150. Diese Verfassung bleibt acht Jahre lang in voller Kraft. Vor Ablauf dieser Zeit ist kein Antrag auf Revision derselben zuläßig. 151. Nach Verlauf dieser verfassungsmäßigen Zeit kann vom großen Rathe oder von einer ordentlichen Bezirksgemeinde ein Antrag zu theilweiser oder ganzer Revi-

fion geſtellt werden. 152. Wenn zwei Drittheile der Geſammt-
heit der Kantonsbürger nach Art. 107 in acht Jahren für
theilweiſe oder ganze Reviſion der Verfaſſung ſich erklären, ſo
wird ein Verfaſſungsrath nach dem Verhältniß der Bevölkerung
von den Bezirksgemeinden gewählt. 153. Der Verfaſſungsrath revidirt nach Auftrag die Verfaſſung, und legt ſie den
Bezirksgemeinden zur Annahme oder Verwerfung vor.

Bild der Administration.

Armenweſen.

Für daſſelbe wird unmittelbar vom Staate weder durch
Beiträge, noch durch Landesverordnungen geſorgt, und es
wäre zu wünſchen, daß den vielen geſammelten Hülfsmitteln
und der Privatwohlthätigkeit durch zweckmäßige, allgemeine
Verordnungen eine beſtimmtere Richtung gegeben werden
könnte. Bezirks- und Gemeindeanſtalten, die kräftige Mitwirkung vieler Prieſter, ſowie auch weltlicher Ortsbehörden
und gemeinnützige Privaten treten mittlerweilen an die Stelle
des Staates.

Bezirk Schwyz. Beſondere Armenpflegen beſtehen nur
in Schwyz und Art. In Schwyz hat die Armenpflege einen
großen Wirkungskreis, weil die meiſten Armen ſich in der
Nähe des Hauptortes anſiedeln. Dieſe Armenpflege gab bis
1830 jährlich eine gedruckte Rechenſchaft über Einnahmen und
Ausgaben und die Zahl der Unterſtützten heraus.

	Einnahme.	Ausgabe.
Vom 1. Mai 1819 bis Ende April 1820 betrug	4278 fl. 23 Schlg. 1 Pfr.	4031 fl. 2 Schlg. 1 Pfr.
» » 1820 » » » 1821 »	4848 » 12 » 4 »	5004 » 21 » — »
» » 1821 » » » 1822 »	4791 » 7 » 3 »	4740 » 2 » 3 »
» » 1822 » » » 1823 »	4172 » 2 » — »	4357 » 17 » 2 »
» » 1823 » » » 1824 »	4246 » 13 » 2 »	4210 » 20 » 4 »
» » 1824 » » » 1826 »	8362 » 19 » 4 »	8378 » 11 » 4 »
» » 1826 » » » 1828 »	8684 » 25 » — »	8821 » 16 » — »
» » 1828 » » » 1829 »	4242 » 25 » 3 »	4388 » 22 » 4 »
» » 1829 » » » 1830 »	4520 » 18 » 5 »	4483 » 37 » — »
	48146 fl. 27 Schlg. 4 Pfr.	48515 fl. 30 Schlg. 2 Pfr.

Diese Berichte enthalten manchen Zug christlicher Liebe, und wir können uns nicht enthalten, einen hier anzuführen: Eine lebenslustige junge Frau eines fleißigen und geschätzten Handwerkers äußerte eines Abends in dem kalten Winter von 1829 auf 1830 gegen ihren Mann den Wunsch, er möchte mit ihr für ein Paar Stunden die Tanzbühne besuchen. Der Mann zeigte sich gar nicht abgeneigt, denn sie lebten in dem besten Einverständnisse; als aber die Frau sich umkleiden wollte, sagte er zu ihr: Du, es ist so entsetzlich kalt, viele Arme müssen aus Mangel an Holz beinahe erfrieren, gehen wir zum Tanze, so kostet es uns einen Laubthaler, wir wollen diesen morgen der Armenpflege geben, damit sie einigen Bedürftigen daraus Holz anschaffen kann. Kaum hörte dieß die junge Tanzlustige, so fiel sie dem Mann um den Hals und sagte: Ja lieber Mann wir wollen es so machen und zu Hause bleiben! und am Morgen früh wurde dieses Opfer auf den Altar der Wohlthätigkeit gebracht." — Es ist zu bedauern, daß die Rechenschaften der Armenpflege nicht mehr fortgesetzt werden. Die Unterstützungen beruhen vornämlich auf den bedeutenden monatlichen Beiträgen menschenfreundlicher Geber. In Schwyz befinden sich ein Spital und ein kleines Haus für unheilbare Kranke (Siechenhaus). Das Innere des Spitals entspricht seinem Aeußern nicht, die Einrichtung ist etwas dürftig, die Pflege mangelhaft. Man findet daher, ganz Arme ausgenommen, selten Eingeborne in demselben, und die Einkünfte werden entweder auf Fremde verwendet, oder der Armenpflege zugestellt. — In Art bestehen ziemlich gute Einrichtungen. Die wenigen Armen werden aus dem Armengute unterstützt. Von altern Stiftungen her besteht ein sogeheißener Seelensack, aus welchem Kleider und Geld vertheilt werden. Auch ist der Bettel beseitigt. Der Betrag von 1300 Franken aus der neuenburgischen Spende im Jahre 1834 wurde ganz dem Schulfond zugetheilt. — Ingenbohl leistet vieles für die Armen, hatte aber auch deren in bedeutender Zahl, die sich in den letzten Jahren sehr vermindert hat. — Riemenstalden hat wenig oder keine gesammelten Hülfsmittel, zugleich aber auch so wenig Bettler als es Herren zahlt. — Morschach, ebenso unbedeutend. — Im Muotathale, welches in seinen Alpen und Hochwaldungen eine beinahe unerschöpfliche Hülfsquelle besitzt, finden viele Arme sowohl aus diesen Quellen als aus den Gemeindegütern Unterstützung. Auch sind die Klosterfrauen sehr wohlthätig. — Illgau hat wenig Armuth. — In Rothenthurm, Sattel, Steinen, Steinerberg, Lowerz, und Alpthal sind die Armenfonds unbedeutend. — Die Gemeinde Iberg besitzt ein Armengut von 300 Gulden. Sehr vieles leisten hier die Vermöglichern.

In mehrern dieser Gemeinden werden in der Kirche Opfer für die Armen eingesammelt. In allen besorgt der Kirchenrath das Armenwesen und das Polizeiliche. Der Gassenbettel ist untersagt und das Verboth wird ziemlich gehandhabt. Die Heimathlosen machen die meisten Ausnahmen. Im Muotathale und Illgau sieht man Bettler nur aus andern Orten her kommen.

Der Bezirk Gersau hat keine Armenpflege; doch ist kein auffallender Bettel vorhanden, weil überhaupt Arbeitsamkeit und mit derselben Verdienst herrscht. Die Hauptunterstützungs- mittel der Armen sind die Zinsen des Spitalfondes, der in ungefähr 7000 Gulden besteht. An Jahrszeiten und bei Begräb- nissen wird an die Armen viel Brot ausgetheilt. Am Sonn- tage und an der Mittwoche geben die Vermöglichen den Armen, deren man etwa 60 zählt, ein Almosen. Auch erhalten diese insbesondere bei Krankheiten von der nämlichen Seite Hülfe.

Bezirk Küßnacht. Hier besteht eine Armenpflege, als Behörde. Der Gassen- und Hausbettel ist strenge verboten, auch das Almosengeben an Bettelnde bei der Strafe eines Franken. Handwerksbursche und andere arme Reisende beziehen vom Polizeidirector einen Batzen. Aus der Spende werden jährlich ungefähr 600 bis 700 Franken zur Verpflegung alter Leute und Kinder verwandt. Kinder von drei bis sechszehn Jahren, auch ältere Personen, die keinen Verdienst haben, werden nach Verhältniß den Bauern zugetheilt, bei denen sie dann arbeiten müssen.

Bezirk Einsiedeln. Bei Einführung der Armenpflege im Jahre 1808 wurde der Gassenbettel abgeschafft. Diese Armen- pflege unter Aufsicht und Mitwirkung des Bezirksrathes bestand aus einem Vereine geistlicher und weltlicher Personen, die sich nach ihren Verrichtungen in besondere Commissionen theilen. Es gab daher Commissionen für die Einnahmen, die Austhei- lung, die Arbeit, den Unterricht und die Kranken. Versamm- lungen für Berichtserstattungen und Berathungen wurden ein- geführt. Die Anstalt erreichte ihren Zweck und die großen, freiwilligen Liebessteuern sicherten das Gelingen. Ihre Sta- tuten enthalten die ächten Grundsätze einer weisen und wohl- thätigen Armenpflege: „Niemand soll einen Pfennig als Unter- stützung erhalten, den er selbst zu verdienen im Stande ist. — Jeder Hülfsbedürftige muß zu jeder Zeit auf eine leichte, sichere Art diejenige Hülfe finden können, die er nothwendig bedarf. — Jeder an Körper und Geist Gesunde soll sein tägliches Brot sich selbst erwerben; wird er durch äußere Umstände daran ge- hindert, so soll die Hülfsanstalt sich verwenden, daß diese gehoben werden. — Ist eigener böser Wille die Schuld der Armuth eines Menschen, so verdient derselbe Züchtigung, und er kann nicht Ge- genstand weder einer öffentlichen Hülfsanstalt noch der Privat- wohlthätigkeit seyn. — Auch der alte, schwächliche, kränkliche Arme muß sich durch die zweckmäßige Verwendung seiner ihm gebliebenen Kräfte erwerben, was er kann; was außer dieser Bedingung gegeben wird, befördert Müßiggang und Träg- heit. — Die Armenanstalt muß nicht nur die wirklich Nothlei- denden unterstützen, sondern auch der künftigen Verarmung entgegenwirken, daher ihr Augenmerk auf die moralische Verbesse- rung der Armen richten, dieselben zur Arbeit, die Kinder zum Besuche der Christenlehre und Schule anhalten, und Jeden der durch seinen Lebenswandel ein böses Beispiel giebt, bis zur ernst- lichen Besserung von der Unterstützung ausschließen." So wirkte die Armenpflege segensvoll fort, bis die Theurung von 1817 und die Hungersnoth die gesetzten Schranken durchbrachen und der

Gassenbettel wieder für ein Paar Jahre sein Daseyn behauptete. Seit 1819 setzte die Armenpflege ihre Verrichtungen wieder fort, nur fließen die Liebesgaben nicht mehr in dem Maße wie im Anfange und reichen nicht hin, um den Zweck der Anstalt ganz zu erfüllen; indessen wird im Sinne der Statuten und im Geiste der Gründer der Armenpflege mit den Unterstützungen fortgefahren. Zu den Armenfonds gehört das Vermögen des Spitals, das vorzüglich für kranke, presthafte Pilger, die um Gotteswillen eine Herberge suchen, gestiftet ist; doch werden in dasselbe auch reisende Handwerker, arme Waisen, Alte und Gebrechliche aufgenommen (gegenwärtig 45 Personen). Auf sechs Webstühlen arbeiten die Fähigern, die Kleinern spulen u. s. w., während die Stärkern, insbesondere die Knaben, die Pflanzung und das Torfstechen für den Spitalbedarf unter Aufsicht besorgen. Das Vermögen des Spitals besteht, unter der Verwaltung eines besondern Pflegers, in 1350 Pfunden Geldes und 70 Pfunden jährlichen Butterzinses, in 1547 Pfunden Geldes dem Armenleutenseckel zugehörend, der bei Gründung der Armenpflege nur 815 Pfund besaß, in 1642 Pfunden jährlichen Zinses, als Ertrag einer für die Unterstützung der Armenpflege bestimmten, gerodneten und zu Pflanzung von carex angelegten Almeinde, Weißtannenried. Aus den Gemeindwaldungen werden dem Spital und den Armen jährlich ungefähr 40 Klafter Holz verabfolgt. Die freiwilligen Steuern der Bürger ertragen, mit Einschluß derjenigen des Klosters, jährlich ungefähr 1200 Pfund an Geld und für den Werth von 500 Pfunden an Lebensmitteln, Kleidungsstücken u. s. f. Die Armenbüchse der Kirche wirft ungefähr 700 Pfund ab. Außerhalb des Spitals genießen immer noch bei 100 Köpfe Unterstützung; die ärztliche Hülfe, welche auf Bewilligung der Armenpflege den armen Kranken geleistet wird, kostet allein jährlich über 600 Pfund. — An den Landstraßen sind Tafeln aufgesteckt mit der Inschrift: „Im Bezirke Einsiedeln ist das Betteln bei Leibesstrafe verboten."

Bezirk March. Lachen. Hier traf der gegenwärtige Dekan, Herr Georg Gangoner 1807 bei seinem Amtsantritte in der Armenspende ein Vermögen von 204 Kronen an. Unter seiner Leitung ist dasselbe auf mehr als 6000 Kronen angewachsen, und er bewies dadurch, was ein pflichttreuer, gemeinnützig denkender Geistlicher auch in dieser Beziehung zu leisten vermag. Für die wöchentlichen Austheilungen sind Classen festgesetzt. Diejenigen, die zur ersten gehören, beziehen einen Gulden, die der zweiten 45 Schillinge, die der dritten 24 Schillinge, die der vierten 20 Schillinge und die der fünften 13 Schillinge. Diese Vertheilungen richten sich nach dem Maße des Bedürfnisses, wobei zu bemerken ist, daß ein großer Theil dieser Armen als Antheilhaber einer sehr bedeutenden Genossame (S. 115) an gutem Pflanzlande, Streue, Holz und Alpgeld eine weitreichende Hülfsquelle besitzt. Von jenen 6000 Kronen sind 1300 Kronen für die Kranken aller Classen bestimmt. Die Verwendung ist dem Befinden des Pfarrers und seiner zwei Capläne so überlassen, daß sie die Namen der Unterstützten nicht anzugeben haben. Am wenigsten werden, wie billig, die Arbeitsfähigen berücksichtigt. Der Gassenbettel dürfte demnach streng verboten seyn! — Die Gemeinde Galgenen hat ein Armengut von ungefähr 6000 Kronen. Ruhmwürdig ist die Verwaltung desselben, indem man mehr darauf bedacht ist, das Glück armer Kinder zu gründen und ihnen zu einem bleibenden Broterwerbe behülflich zu seyn, als bloß der vorhandenen augenblicklichen Noth zu steuern. Man läßt aus diesem Gute arme Knaben Handwerke lernen und Mädchen unterrichten. Bedürftige Kranke werden verpflegt, die Aerzte bezahlt u. a. m. Die arbeitsunfähigen Armen beziehen ein Wochengeld von 1 Gulden, 1 Gulden 5 Schillingen, 1 Gulden 15 Schillingen, und so wird der Zins beinahe jährlich aufgezehrt. Das ganze Capital ist größtentheils aus frommen Stiftungen bei Sterbefällen gesammelt worden. — Tuggen hat einen Armenfond, der jährlich einen Zins abwirft von . . . . . 109 fl. 35 Schg. unter die Gemeinden vertheiltes Landesarmen-

capital erträgt . . . . 54 „ 25 „

Aus der ganzen Zinssumme von 164 Gulden 10 Schillingen werden Wochengelder je nach der Zahl der Armen vertheilt, ärztliche Kosten und andere Bedürfnisse bestritten. Oft reicht jene Summe nicht hin, sondern es müssen noch bis auf 100 fl. und mehr zusammengesteuert werden. — Reichenburg besitzt ein Armengut von ungefähr 700 Kronen. — Schübelbach hat ein solches von 2400 Kronen, dessen Ertrag, nach den Bedürfnissen, in Wochengeldern ausgetheilt wird. — Zu Wangen steigt das Armengut auf ungefähr 1300 Kronen. — Die Armenpflege in Tuggen hat jährlich 150 Gulden Einkünfte. — Altendorf besitzt ein Armengut von ungefähr 3300 Kronen. — In Vorder- und Hinterwäggithal sind die Hülfsquellen unbedeutend.

Der Bezirk Pfäffikon hat einen Armenfond von 2000 fl., einen Hofleutenfond von 4000 fl. und eine Armenpflege. Neben den öffentlichen Gütern ist auch noch Privatunterstützung. Das Betteln ist verboten.

In dem Bezirke Wollerau beziehen gesunde Arme wöchentlich etwas vom Bezirke; Kranken kann der Pfarrer nach Umständen Unterstützungen zukommen lassen, wofür er Rechnung ablegen muß. Die Armen werden aus dem Bezirks-Genossen- oder Almeind- und Kirchengute unterstützt. Die Bettelei soll beinahe ganz verschwunden seyn.

Polizeiwesen.

Es besteht eine Centralpolizei und in jedem Bezirke eine Bezirkspolizei, die theils der Centralpolizei, theils dem Bezirksrath untergeordnet ist. Der Kanton Schwyz hat 15 Landjäger, wovon 6 der Bezirk Schwyz, 3 der Bezirk March, 2 der Bezirk Einsiedeln und Einen jeder der vier übrigen Bezirke hat. Außer diesen giebt es in den einzelnen Gemeinden Ruf- oder Nachtwächter. Die Gemeinde Art hat einen Polizeiwächter für die Rigi. Im Flecken Einsiedeln wird nebst den Rufwächtern noch eine Polizeiwache das ganze Jahr hindurch unterhalten und von den Bürgern besonders bezahlt, was um so viel nothwendiger ist, da meistens viele Landstreicher und Heimathlose in dem Kanton herumziehen, und man die ernste Lehre, die der

Kanton aus früher vernachläßigter Polizei bei Eintheilung der Heimathlosen ziehen konnte, vergessen zu haben scheint. Der Bezirk Einsiedeln zählt allein gegenwärtig zu 90 eingetheilte Heimathlose; deſſen ungeachtet durfte kaum ein Ort in der Eidgenoſſenſchaft einer tolerantern nud freigebigern Behandlungsweiſe gegen dieſe Unglücklichen ſich rühmen. Jeder Heimathloſe, der hier eingetheilt iſt, kann ohne Steuer oder Hemmung jeden Erwerb ausüben. Seine Kinder kann er unentgeldlich in die Schule ſchicken, er erhält ein hinlängliches Grundſtück für ſeine Haushaltung, um Kartoffeln uud anderes Gemüſe zu pflanzen und nicht unbeträchtliche Unterſtützung von der Armenpflege ſelbſt.

Eine eigentliche Strafanſtalt war bisher nicht vorhanden und wird auch zunächſt nicht eingeführt werden. Neulich geſchah im Kantonsrathe der Antrag, Uri und Unterwalden zu Anlegung einer gemeinſchaftlichen Strafanſtalt einzuladen. Ein Gedanke, der von einer in dieſer Gegend bisher unbekannten Geiſtesrichtung zeugt und zu großen Verbeſſerungen den Anlaß geben könnte. An Beſchäftigung nnd an Verbrechern würde es nicht fehlen. — Für ſchwerere Verbrecher ſind im Hauptorte keine andern Verhaftsörter, als diejenigen auf dem Rathhauſe. Geringern Verbrechern und denen, die für Polizeivergehen verhaftet ſind, iſt das Spital angewieſen. Delinquenten wurden, wenn keine Todesſtrafe erfolgte, in fremde Kriegsdienſte abgegeben, den Verwandten zur Beſorgung und Beaufſichtigung zugeſtellt; bisweilen verſuchte man es, ſie durch Ermahnungen wieder auf die rechte Bahn zu bringen, oder man überließ ſie der Sorge des Himmels.

Aſſecuranzen und Erſparungscaſſen.

Eine Feuerverſicherungsanſtalt iſt nicht vorhanden. Viele befürchten den Mißbrauch, und weder Behörden noch Privaten getrauen ſich eine ſolche Neuerung mit Nachdruck vorzuſchlagen, ſeit vor vier Jahren ein Antrag verworfen wurde. Damals ſchlug ein Rathsglied vor, man möchte eine Kantonalfeuerſpritze machen laſſen.

Seit 1812 beſteht eine Erſparnißcaſſe in Schwyz, die von der Armenpflege veranſtaltet, unter die Aufſicht des Kirchenrathes geſtellt iſt, aus welchem ein Rechnungsführer gewählt wird. Das Vermögen dieſer Anſtalt mag ſich auf ungefähr 23,000 Gulden belaufen, und wurde bisher zu 4½ Procent verzinſet. Die einſiedelnſchen Erſparungscaſſen ſtammen die eine von 1827, die andere von 1830 her; jene beläuft ſich nach dem letzten Jahrrechnungsabſchluſſe auf 5727 Kronen 32 Schillinge 2 Angſter, dieſe auf 2218 Kronen 69 Schillinge. — Die Gemeindsgüter geben im Bezirk Wollerau jährlich einen Ueberſchuß von 500 bis 600 Gulden; er wurde früher vertheilt; 1833 hat aber die Gemeinde den gemeinnützigen Beſchluß gefaßt, auf zehn Jahre lang dieſen Ertrag an Zinſen zu legen und ebenſo die aus demſelben herfließenden Zinſen.

Sanitätsweſen.

Bis auf die neuere Zeit wurde in dieſem Fache ſehr wenig gethan und dieß geſchah nur, wenn Viehkrankheiten und ſtärkere

Epidemien unter den Menschen herrschten, wo man insbesondere
im erstern Falle scharfe Sperren, oder, wie man in der Schweiz
sich ausdrückt, Banne gegen diejenigen Gegenden anordnete,
in welchen die Viehkrankheit verbreitet war. Einige Regie-
rungsglieder mit Zuziehung von Aerzten übten alsdann unter
der obern Leitung des Landrathes die Verrichtungen einer Sa-
nitätsbehörde aus. Vor einigen Jahren wurde angeordnet,
daß ein aus den sämmtlichen Aerzten des Kantons gebildetes
medicinisches Collegium, welches sich jährlich einmal zu Aus-
tauschung ärztlicher Mittheilungen und zu Vorberathung für
Verbesserungen im Medicinalwesen versammelte, auch außerordentlich einberufen werden könnte, um den Sanitätsrath in
schwierigen Fällen durch Ansehen und Einsicht zu unterstützen.
Sein Präsident war der nämliche, der auch den Sanitätsrath
präsidirte. Die neue Verfassung und Gesetzgebung haben diesen
Verwaltungszweig noch nicht aufgenommen.

Straßenwesen.

Daß auch in frühern Jahrhunderten für den Straßenbau
Anstrengungen gemacht wurden, beweisen Ueberbleibsel von mit
breiten Steinen gepflasterten Anlagen, die aber höchstens Saum-
wege seyn mochten; z. B. diejenige durch den Stalden nach
dem Jberg, die aus dem Muotathale über den Liblisbühl nach
Uri, die durch den Kaswald nach dem Mürlen, Miesern und in
das Klönthal, diejenige über den Hacken nach Einsiedeln u. s. f.

Die erste ausgedehntere Straßenanlage war diejenige von
Brunnen bis an den Zürchersee bei Richtensweil. Die großen
Beiträge, welche 1804 der Landammann Joseph Maria Cam-
menzind von Gersau lieferte, setzte die Straßencommission in
den Stand, alle Schwierigkeiten dieses Straßenbaues zu besiegen. Gute Straßen sind auch diejenigen über den Etzel nach
Einsiedeln, und noch mehr diejenige von Einsiedeln nach der
Schindellege. Seit 1820 hat die Gemeinde Einsiedeln über
90,000 Franken auf den Straßen- und Brückenbau verwandt.
Die seit 1826 durch Uebereinkunft zwischen der Regierung von
Schwyz und Zug zu Stande gekommene Straße von Brunnen
bis Zug, welche vertragsgemäß für die beladensten Güterwagen
fahrbar seyn soll, kann wenn der Kanton Zug sie weiter fort-
setzt, der Kanton Zürich sich bereitwillig anschließt und auf
der andern Seite ein Landweg von Brunnen bis Flüelen zu
Stande kommen sollte, von großer Wichtigkeit werden. Auch
von Art bis Küßnacht und durch dessen Bezirk ist eine sehr
gute Straße angelegt, die in Verbindung mit der neuen lnzer-
nerischen Straße eine leichte und bequeme Gemeinschaft mit
diesem Kanton gewährt.

Jedem einzelnen Bezirk liegt die Unterhaltung seiner Straßen ob und der Kantonsrath sollte eine Oberaufsicht ausüben;
allein der Mangel an Hülfsquellen wird ihm dieselbe erschweren.
Sehr nachtheilig für das Straßenwesen ist es auch, daß Gemeinden und Privaten, denen ehemals die Unterhaltung bloßer
Saum- oder schmaler Fahrwege oblag, jetzt große Strecken der
gegenwärtigen Straßen besorgen müssen. Es entsteht hieraus ein

Sträuben gegen durchgreifende Verbefferung der Straßen, das in Demokratieen schwerer als anderswo beschwichtigt wird. Bis der Gemeingeist auflebt und die Einsicht vorhanden ist, daß diejenigen, welche eine gute Straße bei sich haben, selbst den größten Vortheil davon ziehen, ist nichts Durchgreifendes zu erwarten.

Finanzwesen.

Das Finanzwesen ist noch ungeregelt, und die ökonomischen Kräfte sind noch nicht in Anspruch genommen. Obgleich die Bezirks-, insbesondere aber die Gemeindeausgaben hie und da nicht unbedeutend sind, so dürften die Einwohner als Kantonsgenoffen sich keineswegs befremden, wenn für beffere und höhere Staatszwecke sie einst auch aufgerufen würden, wie dieß nicht nur beinahe in allen größern Schweizerkantonen, sondern selbst in mehreren reinen Demokratieen geschieht. An die eidgenöffische Scala trägt der ganze Kanton Schwyz wenig mehr bei, als die zürcherischen Gemeinden Wädensweil oder Stäfa. Folgendes ist die Rechnung des Kantonsseckelmeisters, Herrn Fischlin, von Mitte October 1883 bis Ende Mai 1835.

Ausgaben.

	Gulden.	Schill.	Angst.
a) Jahrgehalte *) und jährliche bestimmte Auslagen	6324	20	—

*) 1834 wurden die Befoldungen der Beamten auf folgende Weife feftgefetzt:

	Louisd'or.
Der Kantonslandammann erhält jährlich	40
als Präfident der Regierungscommiffion empfängt er keine Entschädigung.	
Der Kantonsstatthalter, wenn er nicht Mitglied der Regierungscommiffion ift, erhalt	25
Ift derfelbe aber Mitglied der Regierungscommiffion, fo bezieht er	12
Der Kantonsseckelmeifter bezieht	15

	Neuthaler.
Jeder Gefandte auf der eidgenöffifchen Tagfatzung für jeden Tag	3
Der Ueberreuter für den Tag	1
An Reifetagen erhält jeder Gefandte noch als Zulage	⸗
Jedes Mitglied von den Kantonsbehörden, das in befondern Kantonsgeschäften außer den Kanton reifen muß, erhält täglich nebft den Reifefpefen	1

	Louisd'or.
Der Präfident des Gr. Raths bezieht jährlich .	6
Der Staatsanwald	12
Der Archivar	6

	Gulden	Schill.	Angst.
Uebertrag ..	6324	20	—
b) Entschädigung der Regierungscommission	1236	25	—

(mit Ausnahme der Reisetage, für welche für die Vergangenheit die Mitglieder aus dem Bezirke March auf jede Sitzungsdauer 2 und das Mitglied von Einsiedeln 1 Tag in Rechnung bringen mögen).

Anmerk. Für die Zukunft wird vermuthlich ein Jahrgehalt bestimmt werden.

	Gulden	Schill.	Angst.
c) Gesandtschaften, Conferenzen, Reisen und Marchungen	3269	16	3
d) Militairgegenstände	2594	32	3
e) Schreibmaterialien	723	16	4
f) Processe und Criminalia	2720	24	2
g) Für die Landjäger	6958	18	1
h) Zufällige und unbestimmte Ausgaben nebst Steuern	5603	8	4
i) Taver Schmid, Meister, für Besorgung des Wasens und Untersuchung für gefallene 132 Stücke Vieh	20	11	—
	29456	12	5

Einnahmen.

	Gulden.	Schill.	Angst.
1) Vom L. Gotteshaus Einsiedeln ..	2925	—	—
2) Vom L. Salzamt	21000	—	—
3) Ersatz von Proceßkosten	215	23	3
4) Strafgelder	—	—	—
5) Ausserordentliche Steuern	—	—	—
6) Capitalzinse	507	22	—
7) Zufällige und unbestimmte Einnahmen	3009	10	—
	27657	15	3
Von den Ausgaben von	29456	12	3
abgezogen die Einnahme von	27657	15	3
kömmt dem Rechnungsführer zu gut .	1798	37	—

Der Centralpolizeidirector	8
Die 2 Kantonsschreiber jeder mit den Sporteln (mit Ausnahme jener von den Pässen) 45 Louisd'or zusammen	90
Der Kantonswaibel	30
Die beiden Standesläufer, jeder mit den Sporteln 30 Louisd'or zusammen	60
Der Salzdirector	24

Der Zengherr und der Kantonskriegscommissair erhielten bis jetzt noch nichts.

Man sieht einigen Veränderungen in diesen Besoldungen entgegen.

Der an eine Commission zur Prüfung verwiesene Voranschlag für 1835 war:

Einnahmen.

	Gulden	Schill.	Angst.
1. Jahrzins von den Salzamtscapita- lien	560	—	—
2. Jahrzins von den Kantonscapita- lien	288	32	—
3. Von dem Löbl. Gotteshaus Ein- siedeln . . . . , . .	2600	—	—
Rückstand, ungefähr	1300	—	—
4. Das Postregal von Zürich	487	20	—
5. Von den Lotterieen	1820	—	—
6. Vom L. Salzamte, ungefähr . . .	16000	—	—
7. Compagniegaben	187	20	—
8. Von Reisepässen u. Wanderbüchern	130	—	—
9. Ersatz an Proceßkosten, ungefähr .	300	—	—
10. Der letztjährige Vorschlag vom Salzamte	3221	7	2
	26894	39	2

Ausgaben.

	Gulden.	Schill.	Angst.
1. Guthaben von Hrn. Kantonsseckel- meister	1798	37	2
2. Jahrgehalte und jährlich bestimmte Auslagen	4550	—	—
3. Regierungscommission	1300	—	—
4. Tagsatzungsgesandte nebst Reiseta- gen und Bedienten	2340	—	—
5. Conferenzen, Commissionen und Reisen	2000	—	—
6. Militairwesen	4240	—	—
7. Schreibmaterialien u. Druckkosten .	1000	—	—
8. Proceß und Criminalia	1500	—	—
9. Landjägerbesoldung und fl. 1000 Zulage, Kleidung u. Ausrüstung .	3400	—	—
10. Zufällige u. unbestimmte Auslagen	3200	—	—
11. Passiva wegen der Viehsperre im letzten Jahre	1823	29	2
	27152	26	4

Militairwesen.

Vor der schweizerischen Staatsumwälzung von 1798 war
die waffenfähige Mannschaft des alten Landes in 4 Regimen-
ter eingetheilt und über einen jeden der äußern Bezirke ein
Landshauptmann gesetzt; doch fand keine genaue Organisation
statt. Viele gute Schützen waren vornämlich in der alten Landschaft vorhanden, und daß es an kriegerischem Sinne nicht
fehlte, beweisen die Kämpfe des Jahres 1798; aber an vollständiger Bewaffnung und Uebung gebrach es gänzlich. Das
einfache Contingent des Kantons zu dem eidgenössischen Defen-

fionale, deſſen Geſammtzahl nicht mehr als 13,400 Mann betrug, war auf 600 Mann beſtimmt; allein es koſtete bei den
Grenzbeſetzungen in den neunziger Jahren des verfloſſenen
Jahrhunderts große Mühe, nur einen kleinen Theil dieſer
Mannſchaft vollſtändig bewaffnet und uniformirt in Bewegung
zu ſetzen und vollends in ausdauernder Thätigkeit zu erhalten,
wie ſchon in der Geſchichte gezeigt worden. Gegenwärtig iſt
das ſchwyzeriſche Contingent für die eidgenöſſiſche Armee von
33,758 Mann auf 602 Mann feſtgeſtellt. Der Bundesauszug
beſteht aus:

1 Compagnie Scharfſchützen . . . . 100 Mann
Aus dem Bataillonsſtabe . . . . 12 „
 „   „   Train mit 24 Pferden . . . . 18 - „
Aus vier Compagnien Infanterie die Com-
pagnie zu 118 Mann . . . . 472 „

Zuſammen . . 602 Mann

Zu dieſem Bundesauszuge liefert

	Bataillons-Stab	Scharf-ſchützen	Train	Infan-terie	Zu-ſam.
der Bezirk Schwyz . .	5	43	8	201	257
„ „ Gerſau . .	0	3	0	18	21
„ „ March . . .	3	24	4	113	144
„ „ Einſiedeln .	2	15	3	68	88
„ „ Küßnacht .	1	7	1	31	40
„ „ Wollerau .	1	5	1	26	33
„ „ Pfäffikon .	0	3	1	15	19
	12	100	18	472	602

Die Bundesreſerve beſteht aus

1 Compagnie Scharfſchützen . . . . 100 Mann
Aus dem Bataillonsſtabe . . . . 12 „
 „   „   Train mit 8 Pferden . . . . 4 „
Aus vier Compagnien Infanterie, die Com-
pagnie zu 121 bis 122 Mann . . . . 486 „

Zuſammen . . 602 Mann

8 Compagnien Infanterie des Bundesauszuges und der
Bundesreſerve bilden mit 4 Compagnien von Unterwalden
2 Bataillone. Zu der Bundesreſerve liefern die verſchiedenen
Bezirke des Kantons Schwyz die nämliche Anzahl wie zu dem
Bundesauszuge.

Die Landwehr beſteht aus

einem Landwehrauszuge, in gleicher Stärke wie ein Bundesauszug, 602 Mann

der übrigen waffenfähigen Mannſchaft bis zum erfüllten fünfzigſten Altersjahre.

Für die Mannſchaft der Infanterie beider Auszüge iſt eine
Größe von 4 Fuß 10 Zoll franzöſiſchen Maßes erforderlich. Das
Militairgeſetz vom 28. Juni 1834 theilt den Kanton Schwyz

in 7 Militairbezirke ein. Ein Kriegsrath aus 8 Gliedern, zur Hälfte aus gedienten Officieren bestehend, besorgt das Militairwesen und bestrebt sich in diesem sehr vernachläßigten Fache den andern Stanben wieder näher zu kommen. Jeder Kantonsburger, sowie jeder im Kanton wohnende Schweizerbürger ist vom angetretenen neunzehnten bis zum zurückgelegten funfzigsten Altersjahre zum Militairdienste verpflichtet, mit Ausnahme der höhern Beamteten, der Geistlichen, der Aerzte, der öffentlichen Lehrer, der Gensd'armerie, der Gebrechlichen, derjenigen, welche zu einer infamirenden Strafe berurtheilt oder des Activbürgerrechts entsetzt oder in demselben eingestellt sind und der Falliten. Die Gebrechlichen und die durch Urtheil dienstunfähig gewordenen sind zu einem Dienstpflichtersatz angehalten, der je nach Beschaffenheit des Vermögens und des Einkommens von 4 bis auf 64 Franken ausgedehnt werden kann.

Erziehungswesen.

Das Erziehungswesen ist im Abschnitte Volk Seite 148 ff. behandelt worden.

Justiz.

Gesetzbücher. Der Kanton Schwyz besitzt, mit Ausnahme eines Rechtstriebgesetzes von 1803 und einzelner anderer Bestimmungen keine allgemein für den ganzen Kanton geltenden Gesetze als diejenigen, welche das kürzlich erschiene Heft „Organische Gesetze des Hohen Eidgenössischen Standes Schwyz. Schwyz 1835. 97 Seiten gr. 8." in sich faßt. Obgleich diese dem größern Theile nach auf Organisation sich beschränken, nur über einzelne Justizgegenstände Bestimmungen enthalten und in diesen selbst manches deutlicher, vollständiger und mehr der gegenwärtigen Zeit angemessen seyn könnte, so ist schon dieser Anfang eine höchst erfreuliche Erscheinung und als eine Frucht der politischen Veränderung anzusehen, die ohne eine solche Anregung wahrscheinlich noch lange ausgeblieben wäre. Mögen diese Arbeiten fortgesetzt und Männer dazu gebraucht werden, die mit gründlichen juridischen Kenntnissen auch den reinen Willen besitzen, dem einfachen Volk bestimmte Gesetze zu verschaffen, die den Rechtsbedürftigen weder der Willkühr Preis geben, noch ihn in den lästigen Irrgängen der Chikane ermüden und erschöpfen!

Das alte Land Schwyz hat ein Landbuch, welches gesetzliche Bestimmungen in Civil- und Strafsachen vom Anfange des vierzehnten bis zu Ende des achtzehnten Jahrhunderts enthält. Sie sind zwar größtentheils nur als gesetzgeberische Bruchstücke zu betrachten. Außerdem giebt es noch viele Landsgemeine- und Rathsbeschlüsse, die ohne in dem Landbuche aufgenommen zu seyn, in den Protocollen zerstreut sind und eine gesetzliche Kraft haben. Allein dem Ganzen fehlt Zusammenhang und Uebereinstimmung, so daß der Einsicht und der Recht-

lichkeit der Behörden sehr vieles überlassen bleibt. — Die
übrigen Bezirke haben ihre besondern Land- oder Landrechtbü-
cher. Dasjenige von Gersau steigt, wie das von Schwyz in
das Alterthum zurück; neuer sind die übrigen und dehnen sich
meistens nur über die bürgerliche Gesetzgebung aus, worin sie
in vielem, namentlich über das Erbrecht, unter sich abweichen.
Alle leiden an den nämlichen Gebrechen, zu welchen oft Unbe-
stimmtheit und undeutliche Sprache vieles beitragen. Die ältern gesetzlichen Bestimmungen, namentlich diejenigen des alten Landes, haben mit denen von Uri und Unterwalden viel
übereinstimmendes, und weisen auf germanisches Recht und
germanische Sitten hin.. Diese Bezirksrechte müssen auch von
der obern Instanz, dem Kantonsgerichte befolgt werden; dennoch liegen bei demselben keine vollständigen beglaubigten Abschriften, sondern in der Regel werden in jedem einzelnen
Falle nur die angerufenen Gesetzesstellen dem Richter vorgelegt. Von diesen Sammlungen sind nur der alte, einsiedel-
sche Hofrodel und das Waldstattbuch gedruckt; doch finden ihre
Fortsetzungen sich nur handschriftlich vor und führen auch den
Namen Hofrodel.

Die Strafrechtspflege beruhete bisher, doch mehr dem Namen nach auf der peinlichen Halsgerichtsordnung Carls V.
oder der Carolina, der man zwar eine gesetzliche Kraft zuge-
stand, doch aber von derselben abwich, so oft man es gut fand.
In dem Landbuche, in dem Mandatenbuche und in den Protocollen des alten Landes Schwyz befinden sich viele Strafbe-
stimmungen, die als Landesgesetze galten. Gegenwärtig ist die
Carolina durch den Art. 43 in dem zweiten Abschnitte des zweiten Hauptstückes des am 14. März 1835 erlassenen organischen
Gesetzes über rechtliches Verfahren in Criminalfällen aufs neue
bestätigt; doch giebt der Zusatz: „Dem Richter, so wie dem
Staatsanwald und Vertheidiger bleibt unbenommen, sich auf
die in verschiedenen Staaten eingeführten Strafgesetze und insbesondere den allgemeinen Gerichtsgebrauch zu beziehen und
Rücksicht zu nehmen" einen neuen weiten Spielraum, der die
Aufstellung eines Strafgesetzbuches *) sehr erwünscht macht.
Bis auf die letzte Staatsveränderung wurden die Folter, vornämlich aber körperliche Züchtigung, als Mittel Geständnisse zu
erhalten, oft gebraucht. Bei den neuesten Verhandlungen über
die Strafrechtspflege wurde mit großem Nachdrucke auf gänzliche Beseitigung dieser Peinlichkeit gedrungen, der Zweck aber
nur zum Theil erreicht. Das oben angeführte Gesetz drückt
sich hierüber Seite 85 folgendermaßen aus: „Angeschuldigte,
welche sich durch boshafte Verstellung der schuldigen Beant-
wortung der an sie gerichteten Fragen zu entziehen suchen,
mögen gezüchtigt werden. Diese Züchtigungen sollen von
kurzer Dauer seyn, drei Tage nicht übersteigen, dürfen auch in
nichts anderm bestehen, als in Entziehung warmer Speise,
in hartem Lager, Verminderung des Unterhalts, Kettenschließ-

---

*) Der große Rath beauftragte neulich diejenige Commission,
welche die organischen Gesetze entworfen hat, mit Abfas-
sung eines Civil- und Criminalgesetzbuches für den Kanton.

sen oder Streichen, welche aber in Einem Verhöre die Zahl von sechs nicht übersteigen sollen." Auf die Ausübung der Criminaljustiz hatte noch in neuern Zeiten der gänzliche Mangel einer Strafanstalt einen höchst nachtheiligen Einfluß. Weil die Verbrecher nicht ungestraft bleiben konnten und man mit Grund sich scheute, sie durch Verbannung den Benachbarten oder dem Ausland aufzubürden, veranlaßte dieser Mangel Todesstrafen in Fällen, wo in andern Staaten zeitliche Freiheitsstrafen statt gefunden hatten. Den 26. März 1822 wurden auf der Richtstätte in Schwyz zwei Männer hingerichtet: Fidelis Anna von Steinen und Melchior Schneider aus dem Wäggithale. Jener hatte falsche Handschriften, Obligationen und andere Veruntreuungen gemacht und sich so nach und nach 10,092 Gulden 10 Schillinge verschafft, von welchen aber nur 4155 Gulden 10 Schillinge verloren gingen; dieser durch drükkende häusliche Verhältnisse verleitet, mehrere Diebstähle begangen. — Hexenprocesse fanden auch noch im verflossenen Jahrhunderte statt, z. B. gegen eine Frau aus dem Muotathale, die, von dreißig eidlich einvernommenen Zeugen beschuldigt, Menschen und Vieh durch Zauberei großen Schaden zugefügt zu haben, mit dem Tode büßen mußte. Ueber Vergehen puncto sexti urtheilte im Kanton Schwyz von jeher das bischöfliche Commissariat. Ueber die Rechtsgrundsätze, welche dabei angewandt worden, konnte nichts bestimmtes vernommen werden; doch soll das kanonische Recht, verbunden mit herkömmlichen Uebungen als Grundlage der Entscheidungen dienen.

Rechtspflege. Von der Rechtspflege vor der schweizerischen Staatsumwälzung, als noch aus den gemeinschaftlichen Vogteien und von den Syndicaten, gleich wie auch aus den damals unterthänigen äußern Bezirken nach Schwyz appellirt wurde, sind viele sehr nachtheilige Schilderungen vorhanden. Für das herrschende alte Land mußte sie wenigstens von groben Mißbrauchen freier seyn, weil das souveräne Volk sie nicht geduldet hätte. Bei gänzlichem Mangel systematischer Gesetzbücher und wissenschaftlicher Bildung der Richter, ohne eine festgestellte Proceßordnung und ohne den Grundsatz der Trennung der Gewalten war dieser wichtige Theil der Staatsverwaltung dennoch immer und bis auf die neuesten Zeiten dem Schwanken und mancher Willkühr Preis gegeben. — In der Waldstatt Einsiedeln befand sich ein Appellationsgericht des fürstlichen Stiftes, nicht nur für den Bezirk selbst, sondern auch für mehrere der auswärtigen Herrschaften. Dieses Gericht war zur Hälfte aus geistlichen, zur Hälfte aus weltlichen Beisitzern zusammengesetzt und genoß des Rufes der Unpartheilichkeit. Auch soll es in der Regel aus verständigen Männern gebildet gewesen seyn. Die Taxen desselben waren sehr mäßig. Damals und auch seither wollte man in den verschiedenen Bezirken bemerkt haben, das Volk wähle in der Regel die tüchtigsten Männer an die Rathsstellen, so daß die Gerichte in ihrer Zusammensetzung meistens hinter denselben zurückstanden. — Ungeachtet der neuesten Verbesserungen bleibt noch manches zu wünschen übrig. Der Artikel 30 der Verfassung (S. 198) enthält zwar den Grundsatz der Gewaltentrennung, diese erste und wichtigste Gewährleistung des freien und gesetzlichen Zustandes jedes Volkes, läßt aber denselben unerklärt. Er spricht nur die Unverträglichkeit gewisser Stellen in der nämlichen Person aus. Im organischen Gesetze sind die Verhältnisse der Behörden entweder gar nicht oder nur im Allgemeinen erörtert, und die neueste Zeit hat bewiesen, daß die Unabhängigkeit der Gerichte vor Einschreitungen von Seite der vollziehenden Gewalt nicht hinlänglich gesichert ist. Auch sichern die im organischen Gesetze enthaltenen Formen den Rechtsgang nicht auf ganz befriedigende Weise. Die beschränkte Cultur mancher Richter ist jetzt noch ein Hauptgebrechen der Rechtspflege und politische Ansichten und Wünsche einflußreicher Männer können bei einer solchen Zusammensetzung desto eher auf die Entscheidung einwirken.

Advocatenstand. In frühern Zeiten wurden die Rechtshändel von den Advocaten kurz und einfach vorgetragen, und die Belohnung derselben bestand in der Regel aus wenigen Gulden. In den letzten Jahrzehnden sollen hierin große Veränderungen vorgegangen, die Proceßführung weitschweifig und um vieles kostbarer geworden seyn. Auch findet man die durch die neuesten Gesetze angenommenen Sportelntarife etwas stark angesetzt. Jeder Einwohner kann als Advocat vor allen Gerichten auftreten ohne vorhergegangene Prüfung, Immatrikulirung oder Beeidigung. Es besteht keine Advocatenordnung; doch ist den Gerichten, vor denen sie auftreten, die Aufsicht und die Befugniß übertragen, sie mit Ordnungsstrafen zu belegen. Durch das organische Gesetz ist ihnen verboten, während der Zeit der Ausübung des Advocatenberufes eine Richterstelle zu bekleiden; zu andern Staatsdiensten ist ihnen der Zutritt nicht verschlossen. Die selbst in denjenigen Ländern, wo gute Advocatenordnungen bestehen, nicht immer zu vermeidende Ausartung, durch welche Anwälde Processe entstehen machen, oder in die Länge ziehen, soll auch hier wahrgenommen werden und sich vornämlich durch unbestimmte Einreden und Herbeiführung von Fristen äußern, was bei dem Mangel von Gesetzen um so viel weniger befremden kann.

D.

Die Kirche.

Suche nur, so wirst du finden,
Werde nur nicht müd' und matt!
Laß durch nichts die Sehnsucht binden,
Welche Gott erwecket hat!
Folg' nur ohne Widerstreiten
Glaubensvoll dem Wort des Herrn;
Licht von oben wird dich leiten,
Licht von oben giebt der Stern.

Spitta.

Kirchlicher Ueberblick.

Aus der vorchristlichen Periode und von der Verehrung heidnischer Gottheiten ist nichts bekannt. Dem heiligen Martin, Bischof von Tours, der im vierten Jahrhundert lebte, wird das Verdienst beigelegt, das Christenthum in diesen Gegenden begründet zu haben. Er wird daher auch als der Schutzheilige des Landes verehrt und sein Bild ist in das Standessiegel aufgenommen worden. Einer Ueberlieferung zufolge soll der christliche Gottesdienst im sechsten Jahrhundert noch so schwach gewesen seyn, daß der nämliche Geistliche ihn in Jberg für das Land Schwyz, in Ennenmoos für das Land Unterwalden besorgt habe. Daß St. Gallus und Columban Bilder eines damaligen heidnischen Cultus, um das Jahr 614 in Tuggen zerstörten, die Opfergaben in das Wasser warfen, die rohen Einwohner, darüber entrüstet, sie dennoch nicht tödteten, doch aber den Columban mit Ruthen züchtigten und wegwiesen, indeß Gallus sich rettete, erzählen übereinstimmend die ältern Geschichtschreiber. Im achten Jahrhundert sollen die Kirchen zu Art, Steinen und Riemenstalden gegründet, und im neunten Jahrhundert Jahrzeiten daselbst gestiftet worden seyn. Die Ankunft und der Aufenthalt St. Meinrads in dem finstern Walde (siehe Einsiedeln) fällt in die Mitte des neunten Jahrhunderts und die Gründung des Klosters, das für das Kirchliche dieses ganzen Landes von der größten Bedeutung ist, in die erste Hälfte des zehnten. Der Anfang des Baues der Kirche auf der Insel Aufenau, die beiden Ufern des Zürchersees diente, wird in das Jahr 948 gesetzt. Ohne Zweifel wirkten die Lehren Arnolds von Brescia, der um 1140 in Zürich lebte und auch in den umliegenden Berggegenden bekannt gewesen seyn soll, auf das Land Schwyz. Das feindselige Verhältniß der Männer von Schwyz und ihres Herrn, des Grafen von Lenzburg, zu dem Kloster Einsiedeln mag mitgewirkt haben, daß sie durch päpstlichen und bischöflichen Bann wiederholt und durch lange Zeiten hindurch sich nicht irre machen, oder in der Treue an den schwäbischen Kaisern, ihren Beschützern, sich stören ließen. Fest und innig war das Volk von Schwyz unter allen Umständen der heiligen Religion ergeben. Für seine Freiheit und seinen Glauben waren ihm keine Opfer und keine Anstrengung zu groß, aber wenn es einsah, daß die Geistlichkeit ihre Sache zu der Sache Gottes und Christi mache, Eigenmacht hierauf begründe oder der Freiheit Schranken setzen wolle, so erhob es sich mit Kraft. Daher die starken Maßregeln gegen das Kloster Einsiedeln während der Zeiten der gegenseitigen Fehde; daher die mit Uri und Unterwalden einverstandene Anhaltung der Geistlichen, auch während des Kirchenbannes den Gottesdienst zu besorgen; daher die Theilnahme an dem 1370 in Verbindung mit den benachbarten Eidgenossen geschlossenen Pfaffenbriefe, welcher nicht nur einheimische, sondern auch fremde Pfaffen (Geistliche) in allen Dingen der weltlichen Gewalt unterwarf, und ihnen untersagte, fremde Gerichte anzurufen, die Ehe und geistliche Sachen ausgenommen. Gegen die Klöster waren die Schwyzer wachsam, daß dieselben nicht ihres Reichthums sich bedienen und allmalig einen größern Umfang von Grundstücken an sich bringen. Das Verboth der Erwerbung in todte Hand (1506) untersagte, den geistlichen Corporationen Grundstücke anzukaufen. Es wurden auch Verbothe erlassen, ihnen solche zu schenken oder zu vermachen. Ein Beschluß von 1507, den das Landbuch enthält, sagt, wenn die Klöster nicht steuern wollen wie die Landleute, so sollen sie Holz, Feld, Wasser, Wuhr und Weiden meiden. Jenes Zeitalter trug der Immunitäten wenig Rechnung. Der Pfarrer Jost Müller in Iberg erschien 1517 in seiner Auffalls- (Concurs) sache vor dem Siebnergericht, so der Pfarrer N. im Muotathale vor dem zweifachen Landrathe wegen eines Friedbruches, für welchen er bestraft wurde. Noch 1595 wurde Pfarrer Georg aus der March von dem gesessenen Landrathe um 10 Gulden gestraft, weil er die Anna Brui ohne genugsame Beweise des Todes ihres ersten Mannes ehelich eingesegnet hatte. 1683 beschloß die Landsgemeine, die sämmtliche Priesterschaft soll die allgemeinen Landessteuern bezahlen, und 1723 wurde der Clerus, ohne auf die Einwendungen des Bischofs von Constanz zu achten, angehalten, das sogenannte Angstergeld zu erlegen. Nichts desto weniger war den Geistlichen politischer Einfluß immer zugestanden. Bei wichtigen Verhandlungen und in stürmischen Zeiten traten Glieder derselben vor der Landsgemeine auf. Wenn ihre Rede Beifall fand, wurden sie mit entblößten Häuptern angehört und ihr ermahnendes Wort hielt Parteien und Demagogen von Gewaltthätigkeiten ab, obgleich es bei allzugroßer Aufregung der Leidenschaften, wie z. B. in der Angelegenheit des Generals Reding (S. 37) fruchtlos blieb. Gewöhnlich wirkten die Obrigkeit und die Geistlichkeit zusammen, um das Volk desto sicherer zu leiten.

Die Lehren Zwinglis und die Reformation hatten im Lande Schwyz zuerst bei Manchem Anklang gefunden, und zwar um so viel eher, als der von dem Ablaßverkaufer Bernhardin Samson getriebene höchst anstößige Handel und der beinahe allgemeine Verfall der hohen und niedern Geistlichkeit auch dort großen Unwillen erregt hatten; allein als die Grundsätze der Reformatoren sich stärker entwickelten und sie unzertrennlich mit einer kirchlichen auch die politische Reformation verbanden und vor allem aus das Reislaufen, die größte Erwerbsquelle der meisten Angesehenen und noch vieler aus dem

Volke, verdrängen wollten, änderte die bisherige Stimmung sich immer mehr. Bald war die große Mehrheit für den alten katholischen Glauben entschieden. Ein Theil der bisherigen Bekenner der neuen Lehre trat zurück. Andere verließen das Land, mit ihnen auch der Pfarrer Trachsel von Art, der sich verheirathete, und nur eine kleine Zahl blieb bei ihren Ueberzeugungen fest, doch ohne sie öffentlich zu erkennen zu geben. Dieß geschah vornämlich zu Art, wo ein Keim sich weit bis in die folgenden Jahrhunderte erhielt. 1620 entdeckte man Spuren einer Anhänglichkeit an die reformirte Religion. Einige Personen wurden gefangen gesetzt und gestraft. 1628 belegte man aus der namlichen Ursache den Sebastian Kenel mit einer Geldstrafe von 200 Kronen, den Melchior Ospenthaler mit einer solchen von 300 Gulden und noch andern Kosten. Diese Leute nannten sich Nicodemiten und breiteten sich aus. Als 1655 Papst Alexander einen Jubiläumsablaß ertheilte, suchte keiner aus ihnen durch Beichte und Communion sich desselben theilhaft zu machen. Der zürcherische Pfarrer Kesselring in Hausen besuchte sie. Man versammelte sich in der Hummelmatte (hinter dem Capuzinerkloster nahe am Sonnenberg). Schon im Sommer dieses Jahres wurde auf einer katholischen Tagsatzung zu Luzern beschlossen, diesen alten Keim auszurotten. Am 10. September versammelten sich die sämmtlichen Pfarrer des alten Landes, zehn an der Zahl, zu Schwyz im Capuzinerkloster, und riefen die weltliche Gewalt an. Hievon benachrichtigt entwichen 22 Personen männlichen und 14 weiblichen Geschlechtes nach dem Kanton Zürich (S. 31). Ihre Anführer waren Martin, Sebastian und Johann Sebastian Ospenthaler und Alexander Anna. Die verdächtigten Zurückgebliebenen wurden eingezogen. Durch die Folter erhielt man das Eingeständniß ihres Bekenntnisses. Georg Kamer, 59 Jahre alt, Vater von sieben Kindern, der oben angeführte Sebastian Kenel, 60 Jahre alt, Vater von vier Kindern, Melchior Ospenthaler und die 67 jährige Frau Barbara Ospenthaler wurden enthauptet; Melchior Ospenthaler unter dem Galgen. Einigen wurde untersagt, nach Zürich zu gehen, andere wurden wegen verdächtiger Worte gestraft; doch mehr als vierzig Jahre später zeigte sich noch eine Erscheinung dieser Art. 1698 wurde Melchior Ospenthaler ausgestellt und auf Lebenszeit im Hospitale zu Schwyz an eine Kette gelegt, auch sein Haus geschleift, weil er protestantische Bücher besessen, und zu Zürich ketzerische Reden geführt haben soll. Die Abkömmlinge der Gestraften waren bis in das vierte Geschlecht vom Rathe, den Gerichten und den Verwaltungsstellen ausgeschlossen worden.

Vom Zeitalter der Reformation an geschah auch in Schwyz manches für Verbesserung der Geistlichkeit und gerade durch die Trennung befestigte sich, wie dieß immer in Zeiten gegenseitiger Spannungen zu geschehen pflegt, nicht nur die katholische Religion und die Anhänglichkeit des Volkes an dieselbe, sondern auch die Ehrfurcht für die Geistlichkeit. Sowie diese in innern Verdiensten zunahm, wurde auch ihr Einfluß stärker. Die vor dem Reformationszeitalter sehr verbreitete Neigung zur Trunkenheit und Spielsucht wurde von ihr im Beichtstuhle, von der Kanzel und auf der Landsgemeine mit Erfolg bekämpft. Schon

1518 war ein Gebot erlaffen worden, das nur am Nideln (Rahm) und Kaftanien zu fpielen erlaubte. Spater erfolgten beftimmtere Verbothe. Auch das Tanzen wurde befchränkt u. f. f. Das Anfehen der Geiftlichkeit trug nicht wenig zu der Beharrlichkeit und Entfchloffenheit bei, mit der die Schwpzer immer, namentlich als fie im Jahre 1798 neben der Freihett auch die Religion von den Franzofen gefahrdet glaubten, alles für diefes Heiligthum wagten. Zu verfchiedenen Malen wurden Verfuche, die Jefuiten im Kanton einzuführen durch den Muth und die Klugheit nicht nur des Volkes, fondern auch der Priefterfchaft vereitelt. Am 12. März 1616 wandte fich von Rom aus der Cardinal Fabritius Berali an das Klofter Einfiedeln, und bat, es möchte den Jefuiten erlaubt werden, in Einfiedeln ein kleines Collegium zu bauen. Das Klofter wies diefes Begehren zurück, und es findet fich, daß auch ein Capuziner Pater Alexius dem Abt Auguftin I. gefchrieben hatte: „Er folle fich vor den Jefuiten hüten, weil fie das Klofter an fich zu ziehen fuchen." 1758 wollte der Statthalter Auguftin Reding, einer der reichften und angefehenften Manner des Kantons Schwpz, fünf Jefuiten und einen Bruder nach Schwpz berufen. Er both zu diefem Zweck feine geräumige Wohnung in der Nahe des Capuzinerkloftere, einen Umfang von Grundftücken und 80,000 Gulden an. Andere Familien, insbefondere aber die Capuziner widerfetzten fich diefem Plan aus allen Kräften. Ein Capuziner verfaßte das Gefpräch *) zweier unparteiifcher patriotifcher Männer über die Frage: „Ob die Aufnahme und die Anbauung der Jefuiten in dem Hauptflecken des Löbl. Kantons Schwpz dem Staat und der Kirche nützlich oder fchädlich fey. Anno 1758." Reding fuchte bei der Maienlandsgemeine um die Bewilligung nach und verhieß jedem Landmann einen Gulden, dem der Landvogt Ulrich noch ein Trinkgeld von zehn Schillingen beizufügen fich erboth. Nichts defto weniger wurde von der Landsgemeine die Abweifung befchloffen, und das Landsgemeineprotokoll drückt fich nach einer Angabe darüber fo aus: „Als ift es deffenungeachtet vermehret und erkennt worden, daß des Statthalters Reding Vorbringen aus erheblichen und bedenklichen Urfachen abgefchlagen fey." Eine andere Erzählung fügt noch hinzu: Der Befchluß fage: „Bei großer Strafe und noch verbindlicherm foll kein Einziger fich mehr getrauen oder erfrechen, diefes Gefchäftes halben auf einer Landsgemeine jemals einen Anzug zu thun." Wenn man weiß, wie viel in jenen Zeiten durch Geld auf die an folche Vertheilungen gewöhnten Landsgemeinen gewirkt werden konnte, fo muß man fich überzeugen, daß die Gründe gegen die Aufnahme mit großem Nachdruck entwickelt und vornamlich durch die Geiftlichkeit unterftützt worden feyen.

*) Diefes Gefpräch ift in Simmlers Sammlung alter und neuer Urkunden zur fchweizerifchen Kirchengefchichte (2. Bd. 2. Thl. S. 680 bis 701) abgedruckt.

Kirchenwesen.

Der Kanton Schwyz hat folgende dispensirte Feiertage oder Feiertage, an denen man nur die Messe zu hören schuldig ist: 1. Agatha, 2. Matthias, 3. der Osterdinstag, 4. Philipp und Jakobus, 5. Heilig Kreuzes Erfindungstag, 6. Pfingstdinstag, 7. Mariä Heimsuchung, 8. Jakob, 10. St. Laurenz, 11. Bartholomäus, 12. Heilig Kreuz Tag, 13. Matthäus, 14. Michael, 15. Simon und Judas, 16. Andreas, 17. Thomas, 18. Johann Evangelisten Tag.

Nicht dispensirte Feiertage, d. h. an denen wie an den Sonntagen niemals keine Arbeit verrichtet werden darf: 1. Die Beschneidung Christi, 2. das Dreikönigsfest, 3. Mariä Lichtmeß, 4. St. Joseph, 5. Mariä Verkündigung, 6. der Ostermontag, 7. das Fest der Himmelfahrt Christi, 8. der Pfingstmontag, 9. das Fronleichnamsfest, 10. St. Johann, 11. Peter und Paul, 12. Mariä Himmelfahrt, 13. Mariä Geburt, 14. Allerheiligen, 15. St. Martin, als Kirchen- und Landespatron (nur im Bezirke Schwyz), 16. Mariä Empfängniß, 17. Weihnachten, 18. Stephanus und 19. Meinrad (doch nur im Bezirke Einsiedeln).

In den letzten 10 Jahren wurden aufgehoben, 1. Anton, 2. Sebastian, 3. Georg, 4. Maria Magdalena, 5. Jodocus und Rochus, 6. Catharina, 7. Konrad, 8. Nikolaus, 9. der unschuldigen Kindlein Tag.

In den 30 Pfarreien des Kantons Schwyz sind angestellt:
Alpthal, ein Pfarrer.
Altendorf, ein Pfarrer und ein Kaplan.
Art, ein Pfarrer, zwei Pfarrhelfer, ein Frühmesser und ein Kaplan in Goldau.
Einsiedeln, ein Pfarrer und ein Unterpfarrer.
Feusisberg, ein Pfarrer.
Freienbach, ein Pfarrer.
Galgenen, ein Pfarrer und ein Kaplan.
Gersau, ein Pfarrer und ein Pfarrhelfer.
Hinterwäggithal, ein Pfarrer.
Iberg, ein Pfarrer, ein Frühmesser und ein Kaplan in Stauden.
Illgau, ein Pfarrer.
Ingenbohl, ein Pfarrer, ein Pfarrhelfer und ein Kaplan in Brunnen.
Küßnacht, ein Pfarrer, zwei Pfarrhelfer, ein Kaplan in Mörlischachen, ein Kaplan in Immensee und ein Ehrenkaplan.
Lachen, ein Pfarrer und zwei Kaplane.
Lowerz, ein Pfarrer und ein Frühmesser.
Morschach, ein Pfarrer und ein Pfarrhelfer.
Muotathal, ein Pfarrer, ein Pfarrhelfer und ein Kaplan in Ried.
Nuolen, ein Pfarrer.
Reichenburg, ein Pfarrer.
Riemenstalden, ein Pfarrer.
Rothenthurm, ein Pfarrer, ein Kaplan und ein Kaplan in Biberegg.

Sattel, ein Pfarrer und ein Kaplan.

Schübelbach, ein Pfarrer, ein Kaplan und ein Frühmesser in Sidnen.

Schwyz, ein Pfarrer, zwei Pfarrhelfer, zwei Frühmesser, wobei einer Spitalkaplan und ein Kaplan in Seewen.

Steinen, ein Pfarrer, ein Kaplan und ein Frühmesser.

Steinerberg, ein Pfarrer und ein Frühmesser.

Tuggen, ein Pfarrer und ein Kaplan.

Vorderwäggithal, ein Pfarrer.

Wangen, ein Pfarrer und ein Kaplan.

Wollerau, ein Pfarrer.

Das fire Einkommen eines Pfarrers beträgt gewöhnlich 250 bis 300 Gulden. Durch Meßstipendien, Sporteln, Opfer u. s. w. kann es in größern Gemeinden auf 700 bis 800 Gulden steigen. Ein Kaplan hat meistens 200 bis 250 Gulden fixes Einkommen und kann es auf 400 bis 500 Gulden bringen. Das Einkommen besteht in Geld. Früchteertrag oder Wiesen gehören nur an einigen Orten zur Pfründe.

Der Kanton wird in zwei Capitel eingetheilt: das Sertariat Schwyz, zu welchem die Bezirke Schwyz, Gersau und Küßnacht gehören, und das Seekapitel, das aus den übrigen Bezirken gebildet wird.

Bis zur Aufhebung des Bisthums Constanz stand der Kanton unter dessen Hirtenstabe; seither hat er sich an das Bisthum Chur angeschlossen.

Brüderschaften.

Keine Gemeine oder Pfarrkirche des Bezirkes Schwyz ist ohne eine solche. Der Hauptsitz derselben ist Schwyz, wo gegen eine bestimmte Gebühr, die nur an wenigen Orten zehn Batzen übersteigt, aus allen Gemeinen, wer dazu Lust hat, sich einverleiben kann. An die Kirche zu Schwyz gehören 13 solcher Brüderschaften. Die Schützen stehen unter dem Schutzheiligen Sebastian; die Schneider und Schuhmacher unter den Heiligen Crispin und Crispinian; die Bauleute unter den Heiligen Joseph und Eligius; die Rosenkranz- und Scapulirbrüderschaft unter der göttlichen Mutter; die Brüderschaft St. Xaviers ist vorzüglich für die Mitglieder der Regierung; die Brüderschaft St. Barbara erzielt ein glückseliges Ende; die Brüderschaft St. Wendelinus beabsichtigt für die Aelpler und Hirten, daß Gott für Vieh und Futter sorge u. s. f. In Ingenbohl ist eine ausgedehnte Brüderschaft des schwarzen Gürtels unter dem Schutze der seligsten Jungfrau (sint lumbi vestri præcincti et lucernæ ardentes in manibus vestris); ebenfalls ziemlich verbreitet ist die des heiligen Aloysius im Muotathale. Reinheit des Herzens und jungfräulicher Sinn ist ihr Wahlspruch. — Neben diesen Brüderschaften giebt es im Lande Schwyz noch viele andere. Sie stehen in keiner nähern Verbindung; jede besteht für sich, hat ihren eigenen Fond und Ver-

ober andern hübschen, dem Felsspathgebirg eigenthümlichen Fossilien und Metallstufen; dagegen aber ist er an Versteinerungen und verschiedenartigen Kalksteinen desto reicher, da die Gebirge des größten Theiles des Landes von der Formation der Grauwacke oder des Trabiglasandsteins, die unter den Niederschlägen zweiter Art beschrieben wurden, bis zur Formation der Nagelflue und Molasse aus Kalkbildungen bestehen, wo körniger Numulitenkalk, dichter schwarzgrauer oder lichtrauchgrauer, kreideartiger Kalk, harter kiesiger grauwacken- oder sandsteinartiger Kalk und mergeliger schieferiger Kalk zu wiederholten Malen wechseln, Uebergänge bilden und endlich stufenweise in Nagelflue übergehen, was der Geognost am besten im tief eingeschnittenen Bachtobel zu Gersau beobachten kann. Petrefacten wird der Forscher vorzüglich in jenen grünsandartigen Schichten wahrnehmen, die gleichsam zwischen den verschiedenen Modificationen Uebergangsglieder bilden und gewöhnlich dem körnigen Numulitenkalk angehören. Vorzüglich schön findet man solche Versteinerungen in der Gegend um Einsiedeln, in der Nähe des Wirthshauses auf dem Hacken und am großen Auberig.

Für den Geschichtforscher.

Das Hauptarchiv ist in Schwyz selbst und schon durch dieses Ortes frühere Stellung nicht unbedeutsam; reich kann man es nicht nennen, aber auch dieses Kleinere enthält sehr Schätzbares. Beinahe jede Gemeine hat eine Pfarr- oder Sibnerlade, in welcher sich mehrere alte Documente befinden. Auch die Klosterfrauen zu St. Joseph auf dem Bache besitzen einige ältere Documente, die sie aber sorgfältig bewachen. Unter den Jahrzeitbüchern ist in Steinen das älteste; weniger alt ist dasjenige auf dem Sattel, dessen Kirche erst später von der in Steinen getrennt wurde. Das in Schwyz enthält für die Geschlechter vieles; allein es ist nur auf Papier, und scheint aus einem frühern abgeschrieben, doch ohne gerade für das Aeltere Beweiskraft zu haben. Aehnliches geschah mit dem in Art. In diesem sind die Namen der Artner aufgezeichnet, welche in den Schlachten bei Laupen, Sempach und in den burgundischen Kriegen für das Vaterland fielen. Auf Morschach ist ebenfalls ein Jahrzeitbuch, das aber nicht über die Sphäre der Gemeineangelegenheiten hinausgeht. Das Jahrzeitbuch von Küßnacht geht bis in das dreizehnte Jahrhundert hinauf, doch fehlt bei den meisten Artikeln gerade die Jahrszahl (!). — Für den wissenschaftlich gebildeten Militair sind die Kampfplätze der Schwyzer gegen die Franzosen und diejenigen der Franzosen mit den Oesterreichern und Russen merkwürdig.

Für Künstler und Kunstfreunde.

Diese finden das Verzeichniß der lebenden Künstler auf S. 169 ff.; Kunstsammlungen giebt es, außer dem Heblingerschen Medaillencabinet in Schwyz, keine von Bedeutung; die sehenswerthen Gemälde in Kirchen, sowie die noch wenigen vorhandenen Glasmalereien sind in der alphabetischen Beschreibung angegeben. — Malerische Punkte sind: Gersau, die Gegend um Schwyz, das Muotathal, die Gegend um Art, Altendorf und Feusisberg.

Für Kaufleute und Fabrikanten biethet dieser Kanton nichts Merkwürdiges an. Das Vorhandene ist auf S. 135 ff. angezeigt.

Die Entfernung des Fleckens Schwyz von folgenden Orten des Kantons betragt:

bis	Stunden	bis	Stunden
Art	2 1/2	Muotathal	2 3/4
Einsiedeln über den Hacken	3 1/2	Bad Nuolen	6 1/4
Einsiedeln über Rothenthurm	5 1/4	auf den Rigikulm	5 1/4
Gersau	2 1/2	Rothenthurm	3
Küßnacht	4 1/4	Bad Seewen	1/2
Lachen	6	Steinen	1 1/4
		Wäggithal, Vorder	6 1/4
		„ Hinter	5 1/2

Die Entfernung des Fleckens Schwyz von den Hauptorten der andern Kantone, den Landstraßen nach gerechnet:

	Stunden		Stunden
Aarau	15 3/4	Locarno	31
Altdorf	4 3/4	Lugano	32
Appenzell	21 1/2	Luzern	6 3/4
Basel	24 1/4	Neuenburg	32 3/4
Bellinzona	27	Sarnen	7
Bern	25 1/2	Schaffhausen	19 1/2
Chur	25	Sitten	57
Frauenfeld	17	Solothurn	22
Freiburg	29 1/4	Stanz	5
Genf	54 1/2	St. Gallen	21 3/4
Glarus	13 1/2	Trogen	23
(über den Pragel	10)	Zurich	10 1/4
Herisau	19	Zug	6
Lausanne	40 3/4		

Zweiter Theil.
Alphabetische Beschreibung des Kantons.

I love,' where spreads the village lawn,
Upon some knee worn. Cell to gaze,
Hail to the firm unmoving Cross,
Aloft, where pines their branches toss!
And to the Chapel far with drawn,
That lunks by lonely ways.

Wordsworth.

A.

Aa, Seite 59.

Aa, Seite 60.

Adrian, St., Seite 236.

Alp, Seite 59.

Alpthal, Thal und Pfarrdorf im Bezirke Schwyz. Dieses am Rücken der Mythen und des Hackens beginnende Thal hat eine Länge von 2 Stunden. Von dem Wirthshause auf dem Hacken steigt man auf einem steilen, schlimmen, oft schlüpfrigen und zuweilen mit unzähligen hölzernen Knüppeln belegten Wege zwischen Wald und Einöden in das Thal hinunter. Zur Rechten sieht man am Rücken der Mythen mehrere Bauernhöfe und Senntenweiden, im Brunnen, genannt. Diese entlegene Gegend wurde am 14. und 15. August 1799 von den über den Hacken herziehenden Franzosen und Oesterreichern geplündert und übel behandelt. Im Thale selbst sind feuchte Wiesen, zur rechten Seite Wald, zur Linken Hügel und Höhen, über die sich Alpen ausbreiten. Die Alp zieht sich schlängelnd durch das Thal und giebt ihm den Namen. An derselben liegt einsam das Dörfchen Alpthal (Alptel), früher eine Kaplanei von Schwyz. 1694 wurde ein Curatkaplan bestellt und 1803 eine Pfarre gestiftet, die gegenwärtig 316 Seelen in 42 Häusern zählt, wovon 8 in das einsiedelnsche Viertel Trachslau gehören. Das ganze Alpthal hat etwas Düsteres. Endlich verliert man das Flüßchen und kommt durch ein Wiesenthal, welches weiterhin sich öffnet. Man entdeckt links einige schöne einsiedelnsche Gebäude und überall Hütten, Sennten, Heerden, Menschen. Der Horizont wird weit offener; die Kreuze an dem Wege und die Bilder vermehren sich. Diese sprachlosen Anzeigen eines heiligen Ortes, lassen, wie in der Nähe einer reichen Stadt ansehnliche Landhäuser, das Ziel der Reise hoffen. Das Kloster sieht man nicht, bis man ihm ganz nahe ist. Dieser von Pilgern, einst auch von Reisenden stark gebrauchte Weg von Schwyz nach dem berühmten Heiligthume der Mutter Gottes in Einsiedeln wird seit der Errichtung der neuen Straße über den Sattel nicht mehr stark gebraucht. Von keiner andern Seite her findet man den Namen Wald-statt Einsiedeln so passend, als wenn man auf diesem Wege hinkömmt. Am Ausgange des Alpthales und schon zum ein-siedelnschen Viertel Trachslau gehörend, liegt das Frauenklo-ster in der Au. Es verdankt seinen Ursprung einigen Frauens-personen, welche die Anbetung der heiligen Jungfrau um das Jahr 1200 nach Einsiedeln führte, einige kleine Wohnungen in der dortigen Waldung zu Alpeck, in der vordern und hin-tern Au und in der Hagenrüti errichteten, und daher in alten Documenten Deo famulantes sorores silvestres genannt wurden. Sie lebten unter einer Vorsteherin. Im Jahre 1403 wurde ein Klostergebäude aufgeführt. Ein Bürger von Einsie-deln, Namens Gräzer, schenkte die Grundstücke, worauf das-selbe steht. Ein neuer Beweis, daß die dortigen Bürger schon längst Eigenthümer waren. Hier lebten die Schwestern unter dem Schutze des Klosters Einsiedeln. 1602 führte Abt Augu-stin ein neues Kloster auf. Doch immer mußten die Schwe-stern dem Gottesdienst in der Stiftskirche beiwohnen; allein da dieß für Klosterschwestern sehr störend war, so veranstaltete Augustin, daß der Gottesdienst in der Au durch Conventualen besorgt wurde. Im Frühlinge 1798 zerstreuten sich die Klo-sterfrauen und versammelten sich erst nach einigen Jahren wie-der. Die Vorsteherin übergibt je zu drei Jahren ihr Vorste-her- oder Mutteramt dem Abt. Unter den Reliquien in der Au wird insbesondere eine Wurzel verehrt, welche in Gestalt eines Kreuzes mit einem daran hangenden Leib aus der Erde soll hervorgewachsen seyn. Das Altarblatt in der Kirche ist sehenswerth (S. 170).

Altendorf, Pfarrdorf im Bezirke March, mit 863 Ein-wohnern und 177 Häusern. Die Gegend um diesen Ort ge-währt dem Auge die lieblichste Ansicht; sie ist sehr malerisch, die Ebene mit den üppigsten Wiesen bedeckt, und den frucht-barsten Obstbäumen geziert, und der Berg selbst bis auf die Etzels höchste Spitzen mit schönen Wäldern und Weiden be-kleidet. In frühern Zeiten gehörte Altendorf zu der Pfarre Aufenau. Das Altarblatt in der Kirche mit derben ärgerlichen Rubrikaten, den Sturz der Verfluchten darstellend, dürfte gegen ein besseres vertauscht werden. Unter Altendorf stand auf ei-nem Hügel das Stammschloß der Grafen von Rapperswil, das nach der Erbauung der jetzigen Stadt Rapperswil und ihres Schlosses den Namen Alt Rapperswil erhielt. In einer Urkunde Kaisers Otto II. vom Jahr 972 wird es Rah-rrehtswilare genannt, und ältere Schriftsteller wollen denje-nigen Rupert, dessen in dem Stiftungsbriefe des Stifts von Luzern Erwähnung geschieht, zum Erbauer machen und sogar eine der zwölf Städte des alten Helvetiens an diesen Ort ver-legen. Die Grafen von Rapperswil, deren Stamm 1284 er-losch, besaßen die March, die Höfe, die Gegend von Einsiedeln, die Stadt Neu Rapperswil und ihre Höfe, die Grafschaft Uz-nach und im Kanton Zürich die Herrschaft Greifensee. 1350 wurde alt Rapperswil von den Zürchern zerstört, weil der Graf Johann von Habsburg-Rapperswil sich als Feind der Zürcher bezeigt und an der Mordnacht Theil genommen hatte.

Die Schloßkapelle, jetzt noch stehende St. Johanneskapelle
wurde geschont. Nachdem Altendorf zu einer eigenen Pfarre
erhoben worden war, wurde die Kirche die Ruhestatte des gräflichen Hauses Rappersweil, bis es das Kloster Wettingen stiftete und ihm die nämliche Bestimmung gab. — In der Nacht
vom 27. September 1704 war Altendorf nahe daran, ganz zerstört zu werden. Eine hohe, sich über das Dorf erhebende Felswand, aus abwechselnden Felsschichten und Kieslagern bestehend, stürzte mit der Schnelligkeit eines Waldstromes herab.
Neun Gebäude wurden zertrümmert, fünf Männer und eine
Frau verloren das Leben und der weit sich ausdehnende Sturz
bedeckte mit seinen nackten Trümmern schöne Baumgärten,
fruchtbare Felder und reiche Triften mit dem darauf weiden-
den Vieh. Kaum konnten nach fünfzig Jahren die Einwohner
diesen Bezirk wieder für den Anbau gewinnen.

Altmatt, siehe **Rothenthurm.**

Art, Flecken, im Bezirke Schwyz. Er verbreitet sich über
das schmale, tiefe, dunkelgrüne Thal, welches zwischen dem Ruß
und der Rigi liegt, und am reizenden Zugersee sich endigt.
In Art heißt der untere Theil des erstern Berges Sonnen-,
derjenige des letztern Schattenberg. Den Flecken verhüllt ein
dicht umschattender Kranz von Bäumen, aus welchen sich der
braune Kirchthurm hoch hervorhebt. Vom See her biethet sich
dieser Ort recht angenehm dar. **Wirthshäuser:** Adler,
sehr gut und billig, im Speisesaale überblickt man den Zugersee
bis nach Cham; Schwert; Krone. Träger und Wegweiser auf
die Rigi melden sich, sobald man aus dem Schiffe oder Wagen steigt. Zu Führern empfehle ich: Franz Xaver Schmi-
dig (spricht fertig französisch und ist ein sehr guter Führer);
Franz Joseph Schultheiß (spricht französisch und ist ein sorgfältiger Mann und mit den besten Zeugnissen versehen); außer
diesen beiden: Georg Franz Schindler (alt, aber noch ziemlich
rüstig), Franz Joseph Schindler, Aloys Keßler, Franz Eichhorn, Joachim Reichlin, Dominik Eberhard und Aloys Späni.
Keiner dieser letztern kennt die französische Sprache.

In der Pfarre Art leben 2129 Menschen, die sich größtentheils mit Viehzucht, einige auch mit Seidenspinnerei beschäftigen.
Eine nicht unbedeutende Zahl nährt sich von der Schifffahrt
und den Reisenden. Zu Art gehören acht kirchliche Gebäude
und 298 Häuser. Im Dorfe, soweit nämlich der Nachtwächter
seinen Ruf zu thun pflichtig ist, befinden sich

			104 Häuser
in Oberart	. . . .	46	„
am Sonnenberge	. . . .	50	„
am Schattenberge	. . . . . .	36	„
in Röthen, Goldau und Busingen	55	„
auf der Rigi	. . . .	7	„

Gesammtzahl . . 298 Häuser. *)

---

*) In dieser Häuserzahl sind auch die sogenannten Gaden-
häuschen aufgenommen, Wohnungen, welche mit der
Stallung ein Gebäude ausmachen, die aber schon seit lau-

Der eigentliche Flecken gleicht einer kleinen Stadt. Die Häuser, meist von Fachwerk gebaut, sind in zwei Gassen gereiht, die einen rechten Winkel bilden. Die erste Pfarrkirche, die schon 1312 niedergerissen wurde, stand auf dem Platze der jetzigen St. Georgenkapelle. Die zweite Kirche befand sich an der Stelle des Capuzinerklosters. Der Bau der gegenwärtigen Pfarrkirche begann 1695, in welchem Jahre der Zugersee so hart zugefroren war, daß man zum Kirchenbau hundert Centner schwere Steine über denselben auf zwei Tannen von Immensee herbeiführte. Der Grundstein wurde am 12. April jenes Jahres gelegt und am 13. October 1697 die Kirche, zu Ehren der Heiligen Georg und Zeno eingeweiht. Zu dem Bau derselben haben einzelne Landleute, welche kaum 30,000 Gulden besaßen, 1000 bis 3000 Gulden gesteuert; heut zu Tage würde man schwerlich dergleichen Beispiele finden. Sieben Glocken sind in dem Kirchthurme. Die größte wiegt 77 Centner und kostete 3542 Schwyzergulden. Zu ihrer Einweihung, 1638, wurden die Stadt Zug, die Ortschaften Baar, Menzingen, Aegeri, Cham, Steinhausen, Risch und Walchweil, das Kloster Frauenthal, die luzernerischen Gemeinden Meyerskappel, Wäggis, Udligensweil, die unterwaldenschen Dörfer Emmaten und Sachseln, das urnerische Seelisberg, die sammtlichen Gemeinden des Bezirkes Schwyz, das Kloster Schännis und die Landschaft March eingeladen. Die Kirche ist ansehnlich. In derselben sind neben der altteutschen Bauart viele Erneuerungen in modernem Geschmacke angebracht. Man zeigt in der Kirche zwei Trinkgeschirre: einen Delphin von getriebener Arbeit, den ein Mohr auf seinem Haupte trägt, der auf dem einen Knie liegt und mit dem andern Fuße auf das Fußgestell sich stützt, — und eine Schale. Beide rühren von der Beute bei Grandson her, und gehören der ganzen Kirchgemeine zu. Aus denselben wurde früher getrunken, wenn man sich beim freundschaftlichen Mahle der Thaten der Väter erinnern wollte. Ueber der Kirchthüre liest man die Inschrift:

D. O. M.
Munificentia Artensium posuit.

Das Beinhaus wurde in der ersten Hälfte des verflossenen Jahrhunderts erbaut, und in der Nähe desselben steht die Heiligkreuzkapelle. — Unweit davon liegt das Capuzinerkloster, dessen Bau 1656 nach der Auswanderung der damals reformirt gewordenen Bürger begann. Vorher stand hier eine Kirche, dem heil. Zeno geweiht. Diese wurde zur Klosterkirche bestimmt und das Kloster an dieselbe angebaut. In seinem Leichenhäuschen befindet sich ein sehenswerthes Gemälde (S. 166). Das Klostergebäude selbst zeichnet sich durch nichts besonders aus. Eine angenehme Lage hat das Refectorium, dem der durch Eigenschaften des Geistes und Gemüthes ausgezeichnete Pater Franz Sebastian, als er vor einigen Jahren die Guardianstelle bekleidete, die freundliche Farbe des Himmels geben

gerer Zeit von einer ganzen Familie bewohnt worden. Ebenso sind Häuser, die zusammen unter einem Dache stehen, einzeln verpfändet sind und besondern Familien zur Wohnung dienen, als ebenso viele Häuser berechnet.

ließ. — Merkwürdig ist das große Brunnenbecken in der Hauptgasse, welches aus einem ungeheuern Granitblocke besteht, und eine Viertelstunde von Art auf der sogenannten Mülle-fluh gelegen haben soll. Solche Granitblöcke liegen in Menge an den Ufern des Sees und wurden ohne Zweifel durch eine vorzeitliche Fluthung aus der Ferne hieher gebracht, weil in dieser Gegend der Granit nicht anstehend gefunden wird. Man berechnet das Gewicht einzelner dieser Blöcke bis auf 8000 Centner. — Nahe bei Art, an der neuen Straße nach Zug, bezeichnet seit 1821 ein Denkmal die Stelle, wo der Pfeil fiel, den Heinrich von Hünenberg über die Letze wegschoß und vermittelst desselben den Schwyzern die folgenreiche Warnung vor dem Angriffe der Oesterreicher auf Morgarten zukommen ließ. (Seite 13) — Auf dieser Straße fortwandelnd erreicht man bald St. Adrian, zu alten See genannt, mit einer Filialkapelle, welche 1486 erbaut wurde. In derselben steht ein Crucifix, das zur Zeit der Reformation von Horgen am Zürchersee dahin gebracht wurde. Es werden hier viele Messen gelesen, Processionen gehalten und Wallfahrten verrichtet. Im Jahr 1798 wurde diese Gegend bekannt, indem in derselben die Schwyzer gegen die Franzosen kämpften und siegten. — Am Fuße der Rigi ist die St. Georgskapelle, die sehr alt ist. In Oberart ist ebenfalls eine Filialkapelle, der Mutter Gottes gewidmet. Sie wurde 1466 gestiftet. Die Kapelle in Goldau und die Kirche Maria zum Schnee werden später angeführt werden.

Geschichtliches. Die ältesten Urkunden zeigen, daß die Gemeine Art schon vor bald 900 Jahren aus den Dörfern Niederart, Senkingen, Oberdorf, Goldau, Röthen und Busingen bestanden habe, bis die drei-letztern 1806 durch den Bergfall verschüttet wurden. — Die Letze oder Landwehre (Seite 13) fing, soweit die Ueberbleibsel es zeigen, am Sonnenberge an, und stieg eine starke Viertelstunde am steilen und schroffen Bergrücken bis an den See herab, zog sich längs des Gestades des Artersees (obern Zugersees) hin gegen den Schattenberg und erhob sich an demselben, doch nicht so weit als am Sonnenberge, weil die senkrechte Felswand dieß unnöthig und unmöglich machte. Weit in den See hinaus waren über den gewöhnlichen Wasserstand hervorragende Pfähle oder Pallisaden in dichten Reihen eingerammt, die jedem Schiffe die Annäherung gegen die Mauer unmöglich machten. Ueberdieß war die Mauer mit drei Wachtthürmen versehen. Einer stand am Fuße des Rufi, der andere am Fuße der Rigi und der dritte in der Mitte des Thales, auf einer höhern Stelle in der Mauer. Diese viereckigten Thürme waren 60 Fuß hoch gemauert; auf der Mauer lagen Eichbalken, die auf jeder Seite vier bis fünf Fuß hervorragten, und auf diesen waren aus Baumstämmen gezimmert, fest in einander verbunden, Zimmer und Wohnungen ungefähr 7 Fuß hoch angebracht. Das Ganze war durch ein steiles, mit kleinen Schindeln belegtes und von allen vier Seiten in eine Spitze zusammenlaufendes Dach bedeckt. Ungemein fest und dauerhaft waren diese Thürme, unten ungefähr 6 Fuß, oben 4 Fuß dick. Die Länge der ganzen Mauer betrug über 12,000 Fuß, die Höhe über der Erde wahrscheinlich 12 Fuß, unten mit 3 Fuß Dicke. Der Thurm am Rufi wurde im Aufange des 17. Jahrhunderts, der mittlere 1775 abgetragen; auf der Stelle des letztern stehen jetzt zwei Pfarrwohnungen. Der Thurm an der Rigi blieb bis zum letzten December 1805 stehen. Nur durch ungemeine Anstrengung konnte er zum Sturze gebracht werden und jede seiner vier festen Mauern fiel als ein Ganzes hin. Von der Letze sind noch einige Ueberbleibsel, da wo das Denkmal auf den Hünenbergischen Pfeil errichtet wurde, vorhanden und nahe dabei sieht man im See noch einige Spuren des Pfahlwerkes. — Aus Art war Schindler gebürtig, der aus dem Lande verwiesen, burgundische Dienste genommen hatte, vor der Schlacht bei Nancy sich erboth, wenn die Obrigkeit ihm vergeben wollte, die Maßregeln des Herzogs zu entdecken und auch die Weise zu zeigen, wie diese zu vereiteln wären. Die Hauptleute verschmähten dieses nicht, und Schindler wurde Führer. — Im sechszehnten Jahrhundert war hier Peter Villinger Pfarrer, der den 1. Juni 1565 Art verließ, und mit andern Pilgern eine Wallfahrt nach dem heiligen Grabe vollendete. Auf der Heimreise zerstörte ein Sturm das Schiff. In einem kleinen Boote rettete er sich mit andern Reisegefährten an die türkische Küste, gerieth in Sclaverei, wurde nach Constantinopel gebracht, wo er harte Arbeit verrichten mußte, bis er durch seine Freunde in Schwyz losgekauft, am 15. November 1568 in Art wieder eintraf. Mit Kreuz und Fahne zog ihm seine Gemeine entgegen, und setzte ihn in die aufbewahrte Pfarrpfründe wieder ein. Seine Reisebüchse von Eisenblech mit seinen Pässen und den Zeugnissen, daß er in Jerusalem, Bethlehem und an andern Orten als Pilger gewesen sey, wird noch in der Pfarrkirche aufbewahrt. — Am 21. Juli 1719 brach in der Mittagsstunde bei heftigem Südwind im obern Theile des Fleckens Feuer aus. Der Wind trieb die Flamme nördlich, so daß die Häuserreihe abbrannte. Als das letzte Haus in Flammen stand, änderte sich der Wind. Der West trug die Flamme auf das gegenüberstehende Haus, und von unten wieder nach oben getrieben legte das Feuer auch diese Häuserreihe in Asche. Binnen vier Stunden waren 77 Häuser abgebrannt. Nur wenige Geräthschaften konnten gerettet werden. Auch ging der größte Theil der die Gemeine betreffenden Urkunden und Schriften verloren. Das obenangeführte Brunnenbett bekam einige Risse, weil die Hitze so groß gewesen seyn soll, daß das Wasser in demselben siedend wurde. Der Stein wurde indeß so geschickt wieder verkittet, daß er, ohne eines eisernen Bandes zu bedürfen, das Wasser nicht durchrinnen läßt. Nach diesem Brande erhielten die Einwohner von Art beträchtliche Beisteuern auch von denjenigen Kantonen, mit denen der Kanton Schwyz wenige Jahre vorher Krieg geführt hatte. Ein dortiger Wundarzt empfing aus Bern eine größere Beisteuer, als der Werth seines Hauses war. Einige Berner waren während des Toggenburgerkrieges von Schwyzern gefangen gemacht worden; kaltblütig wollten diese sie am folgenden Tage ermorden, und nur die dringenden Vorstellungen des Wundarztes, der sie kaum von der Größe der Unthat überzeugen konnte, rettete ihnen das Leben. Daher der Lohn des biedern Mannes. An der Georgskapelle ist der Flecken abgemalt, wie er 1719 in Flammen stand. — In

der Nacht des 25. Decembers 1759 brach im hintern Theile
des Fleckens, welcher 1719 verschont geblieben war, noch einmal Feuer aus, das in wenigen Stunden 19 Häuser verzehrte.
— 1784 wurde zur Fastnachtzeit in Art während mehrerer
Tage ein vaterländisches Schauspiel zur Erinnerung an den
Ursprung der Schweiz durchgeführt, auf eine Weise, die nur
da Statt haben kann, wo Wohlstand und Frohsinn zu Hause
sind. Voran gingen zwei wilde Männer. Ihnen folgte eine
Feldmusik, dann der Schutzgeist des Schweizerlandes, auf dem
Schilde die dreizehn Kantone, und auf einer Pique den Frei-
heitshut tragend, von zwei geharnischten Männern begleitet,
welche Schlachtschwerter trugen, nach diesen eine Schaar Knaben in Hirtenkleidung, mit Lederhüten und mit Morgensternen
bewaffnet. Ihnen folgte eine andere Knabenschaar als Bogen-
schützen, grün gekleidet, mit dem Pfeile auf dem Hute, das
Armbrust auf der Schulter. Alles Paarweise. Dann erschien
Wilhelm Tell mit seinem Sohne. Ihm folgten Werner Stauffacher, Arnold Melchthal, Walter Fürst und Konrad Baumgarten, hierauf der Diener des Vogtes Geßler mit dem Hute
auf einer Stange und endlich der Vogt selbst. Von einem
Hauptmann angeführt 18 Grenadiere, alle schöne Männer mit
roth und blauer Uniform, in ihrer Mitte die Fahne und begleitet von Musik. Zwischen zwei geharnischten Männern trat nach
diesen ein junger Knabe auf mit der Fahne Zürichs, gekleidet
nach altem Schnitte, nach ihm der Gesandte Zürichs, auch in
alter Schweizertracht, hinter ihm zwei Standesbediente in
Mänteln, mit den Kantonsfarben, dann die Fahnenträger der
folgenden Kantone paarweise, hinter jedem Paar zwei Gesandte und zwei Standesbediente, die letzten mit den Farben
und Geleiten (Standesinsignien) auf der Brust. Eine Abtheilung Füsiliers, endlich ungefähr 20 junge Landleute in Sennen-
kleidung, sechs Fuß messend und darüber, mit einem Hauptmann
und einer stattlichen Sennenfahne, die Hüte mit Sträußen geschmückt, Hellebarten oder Knüttel tragend. Nachdem der Zug
um und durch den Flecken Statt gehabt hatte, bestiegen die
Hauptpersonen das zu diesem Zwecke auf offenem Platze errichtete Theater, welches den Parnaß mit den neun Musen und
den Apollo darstellte. Ein Genius des Schweizerlandes sprach
einen Prolog. Hierauf begann das Schauspiel. Im ersten
Aufzuge sah man Geßlern vor Stauffachers Haus zu Steinen,
die drei Tellen (ersten Eidgenossen) wie sie, allmälig des Zwanges überdrüssig, einander ihre Noth klagen und sich endlich zusammen gegen die Tyrannen verschwören. Im zweiten Aufzuge: Wilhelm Tells Geschichte. Im dritten: Die Blendung
des alten Heinrich u. s. f. Im vierten: Den wirklichen Schluß
des Schweizerbundes, und im fünften: Die Gesandten der
Kantone, wie jeder sich um den Zutritt zu demselben bewirbt.
Hierauf wurde der allgemeine Bund mit Musik und Losbren-
nung des Geschützes beschworen. Dann trat Nikolaus von der
Flüe auf und gab in einer langen Rede den Schweizern gute
Lehren, die auf den gemeinen Mann, auch in der bloßen Vorstellung um soviel mehr Eindruck machten, weil sie aus dem
Munde eines allgemein verehrten Eremiten kamen. Zuletzt
setzten sich die dreizehn Gesandtschaften in ihrer Rangordnung;

neben jedem Seffel stand ein junger Schweizer mit der Fahne und hinter dem Seffel der Standesbediente mit dem Mantel. In der Mitte der selige Bruder Niklaus von der Flüe, die drei Tellen und Geßler. Zum Schlusse sprach der Genius einen Epilog, dem wir folgende Strophe entheben:

O, daß Gott gnädig dein Gebet erhöre:
Daß sich das Heil in deinen Grenzen mehre,
Daß Ueberfluß, und Freiheit, Friede, Treu
Und Einigkeit dein Lohn und Segen sey!

Im May 1798 war die Gegend von Art der Schauplatz mehrerer Gefechte (s. S. 44). Ueber Zays Behauptung, französische Officiere hatten erklärt, während ihres Aufenthaltes in dieser Gegend habe kein weibliches Wesen sich mit einem von ihnen in einen Liebeshandel eingelassen, bemerkt Ulrich Hegner: „Da muß wahrhaftig die Erbitterung gegen diese Eroberer größer gewesen seyn als anderswo!" Einen schmerzlichen Verlust erlitt die Gemeine Art am 16. September 1798, indem alle Waffen, welche ihre Vorfahren in den Schweizerschlachten erobert hatten, zusammen getragen werden mußten, auf einem offenen Platze verbrannt, und was das Feuer verschonte, Stahl und Eisen, weit in den See hinaus geschleudert wurde. Dafür wurde in diesem seit fünf Jahrhunderten freien Lande ein sogenannter Freiheitsbaum errichtet, welchen auch die Einwohner sogleich mit Geßlers Baume verglichen.

Eine besondere Merkwürdigkeit erhielt Art durch den schauerlichen Bergsturz, der 1806 das liebliche Thal von Goldau verschüttete. Schon in frühern Zeiten erfuhr diese, wie manche andere Schweizergegend, verderbliche Berg= und Felsstürze. Daß von der Rigi und dem Ruß sich Nagelflueschichten ablösten, bewiesen dem Beobachter die zahlreichen Felstrümmer, welche man von Oberart bis Busingen einzeln, und Hügelweise zwischen Goldau und dem Röthnerberg im Rundebühl, in der Gegend von Ober= und Unterröthen in ungeheurer Menge ausgestreut sah; ebenso lagen aufwärts nach der Gnypenspitze am Ruß im Walde schrecklich wilde Nagelfluetrümmer. Kleinere Felsbrüche fanden 1712, 1750 und 1790 oberhalb Art und überhaupt seit 1750 mehrere Erdschlipfe (Glitschungen) und Erdbrüche (Ablösungen) Statt. Alle diese Spuren sind nun meistens von dem neuesten Schutte bedeckt.

Der einige Tage hindurch anhaltende Regen hörte am 2. September 1806 Mittags allmählig auf. Noch war aber der Himmel mit düstern Wolken bedeckt. Schon am Morgen hatten sich am Gnypenberge und in der Nähe des Spitzebühls kleinere Erdspalten im Rasen gebildet. Man hörte im nahen Walde von Zeit zu Zeit das Krachen der Tannenwurzeln, die durch das Aufspalten des Bodens zerrissen wurden. Man sah Steine, aus der Erde hervorgepreßt, sich erheben, und Rasenhügel, die über einander geschoben wurden. Kleinere und größere Steinmassen stürzten an verschiedenen Stellen herunter. Nach zwei Uhr wurden diese Stürze häufiger, Felsblöcke rollten bis in die tiefer liegenden Wälder. Ein dumpfes Donnergetöse hallte bis an die Rigi hinüber, und aus den von den Stürzen getroffenen Stellen stiegen düstere Nebel empor. Auf leichte Berührung sprang in der Gegend von Röthen Erde in die Höhe, und banges Ahnen erfüllte die Gemüther der Bewohner, die gleichwohl die Nähe des Verderbens nicht erkannten. In der Mitte des steilen Röthnerberges trennte sich das Erdreich und die Spalte wurde zum tiefen Graben, der sich immer erweiterte und verlängerte. Die untere Schichte begann allmählig beweglich zu werden und zu glitschen. Jetzt stürzte von der obersten Felswand ein großes Stück hinab. Hervorragende Felsen fingen an, sich von dem gegenwärtig noch stehenden Gebirge vorwärts zu neigen. Das dazwischen liegende Erdreich löste sich, und die grüne Farbe des Rasens verschwand in die braunliche der beweglich gewordenen Erde. Auch die untern Wälder begannen zu sinken und unzählige Tannen schwankten hin und her. Ganze Schaaren Vögel eilten aus ihren stillen Ruheplätzen hervor, und richteten mit bangem Geschrei ihren Flug nach der Rigi hin. Als Vorboten rollten einige Felsen den Berg hinunter in das Thal, zerschmetterten in ihrem Laufe ganze Reihen der sich senkenden Felsstücke und stolzer Tannen, Häuser, Ställe und Bäume. Die ganze Bergbekleidung gerieth in Bewegung, und plötzlich brach, wie von einer innern Kraft geschleudert, alles mit Blitzesschnelle und schrecklichem Krachen in den Thalgrund hinab. Wälder, zahlreiche Bäume aufrechtstehend, ungeheure Erdmassen und gewaltige Felsen flogen weit durch die Lüfte; noch drang das letzte Angstgeschrei der Einwohner Goldaus, die nicht geahnet hatten, von den Schrecknissen des Tages erreicht zu werden, zu den Ohren der entferntern Anwohner, und der alles verheerende Sturz war so gewaltig, daß die Massen, das ganze Gelände hoch überdeckend, Gebäude, Menschen und Vieh in den Fluthungen der hervorbrechenden Schlammströme mit sich fortwalzend, an mehreren Orten an den Abhängen der weit gegenüberliegenden Rigi empor stiegen. Von der Bewegung der Luft betäubt und erstickt sah man Vögel zur Erde fallen. Eine röthlichbraune Staubwolke verhüllte den Schauplatz des Jammers, und mit keinem je gehörten Tone war das Krachen, Geprassel und Zerschmettern der furchtbaren Massen zu vergleichen, bis in die Hochgebirge des entfernten Urnerlandes und in den Kanton Zürich hinaus vernehmbar. So war binnen drei oder vier Minuten eine der anmuthigsten Gegenden in eine schauerliche Wildniß, das Bild des Grabes und des Verderbens, verwandelt. Hoch mit Schutt und Graus bedeckt und zu hunderten thürmten sich über den einst so fruchtbaren Matten und Baumgärten, über den Trümmern der anmuthigen Wohnungen und über den zerschmetterten Leichen der unglücklichen Bewohner regellose Felsgestalten, als in ferne Jahrhunderte hinaus sprechende Denkmäler empor. Vier Hauptströmungen sind jetzt noch deutlich zu erkennen. Die westlichste, am wenigsten mit Felsmassen angefüllt, stürzte unten vom Sanzwalde gerade gegen die Kapelle von Goldau und fand an dem dort aufsteigenden Gelände und an den ungeheuren ältern Felstrümmern und an den Hügeln des Geißbühls das Ende ihres Laufes. Die zweite, von dieser nicht weit entfernt, nahm ihren Anfang westlich von der Röthnerkapelle, ergoß sich über die Wiesen von Goldau und brach sich am Fuße der Rigi, an wel-

chet fie weit hinauf ftieg. Die britte brang in der Richtung
der Kapelle von Röthen bis an den gegenüberliegenden, fteil
anfteigenden Berg, ungemein zerftörend und ungeheure Felstrümmer mit fich führend. Die vierte, am meiften mit Stein-
maffen und Schlamm angefüllte Strömung, öftlich an der
Röthnerkapelle vorüberftürzend, den beträchtlichen Hügel Grum
überfluthend, fand endlich an den Fluthen des fteil anfteigenden
Fallenbodens ihr Ziel; aber noch über diefe wurden Steine,
vom Gewichte mehrerer Centner, hinangeworfen. Ein Theil
der Strömung ftürzte in den freundlichen grünen Spiegel
des ftillen Lowerzerfees, füllte einen Viertheil deffelben aus,
bedeckte binnen wenigen Augenblicken feine Oberfläche mit Baum-
ftämmen, mit Trümmern von Gebäuden, Ställen, Heufchobern,
mit Geräthfchaften und dergl., fo daß ein Augenzeuge fand,
der Anblick deffelben habe unwillkührlich an Hogarths treffliche und phantafiereiche Zeichnung: Finis erinnert; allein das
furchtbarfte war die Wirkung des plötzlich herausgedrängten Ge-
wäffers, das in feinem wilden Zurückftrömen und der gewaltigen Anfchwellung der Seewern bis an den Vierwaldftätterfee
hinunter auch den von dem Bergfturze nicht erreichten Gegenden
Verderben brachte. Ein wohl hundert Centner fchwerer Kalk-
fteinblock in der Nähe von Seewen wurde mehrere Schritte aufwärts getrieben, ein Kahn bei Lowerz über taufend Schritte
weit höher gefchleudert; einen Steinblock, der nicht weit von
der Straße nach Steinen lag, fand man nach dem Unglücke auf
der andern Seite des Sees oberhalb Lowerz, fo daß ein Theil
davon weggebrochen werden mußte, um Platz für die neue Straße
zu gewinnen. In Schwyz hatte fich einzig auf dem freiftehen-
den und in beträchtlicher Höhe aufgemauerten Rathhaufe eine
merkliche Erfchütterung und Beben der Fenfter gezeigt. Man
erzählt, der Schrecken im ganzen Lande fey fo groß gewefen,
daß (wie auch amtliche Berichte bezeugten) über einen Monat
lang alle Gerichtsftellen ohne Befchäftigung geblieben, weil Niemand ftreiten mochte.

				Perf.		Geb.
Im Bez. Goldau	wurden verfchüttet			178		47
„ „	Röthen	—	„	131	„	27
„ „	Unterbufingen	„	„	66	„	43
„ „	Oberbufingen	„	„	23	„	11
„ „	Unter- und Oberart		„	12	„	—
In der Pfarre Lowerz			„	23	„	9
„ Seewen		„	„	1	„	3
„ Ibach		„	„	1	„	—

Noch fanden theils Reifende *), theils
Leute aus benachbarten Ortfchaften, die durch
ihre Gefchäfte auf den Schauplatz waren
geführt worden, den Tod. Ihre Zahl be-
läuft fich auf   21   „

457 Perf. 110 Geb.

---

*) Sieben vorangehende Perfonen, Oberft Victor von Steiger
   von Bern, Rudolf Jenner von Breitenberg, May von
   Rued, Caspar Ludwig aus dem Kanton Thurgau, Frau
   von Dießbach von Liebegg, Fräulein Margaretha von Dießbach von Burgdorf, Jungfrau Sufanna Zankhaufer von

219 Personen wurden gerettet. Unter den verschütteten Gebäuden waren sechs gottesdienstliche: die Pfarrkirche in Lowerz; die sehr große Filialkapelle in Goldau; die nicht unbedeutende Kapelle in Röthen; diejenige am Lowerzersee, zu Otten genannt und noch zwei kleinere, das Beinhaus und die Kreuzkapelle in Lowerz. Das verschüttete Land *) umfaßt mehr als eine Quadratstunde, und wurde auf 7111 ⅑ Jucharten, die Juchart zu 36,000 Fußen, berechnet, von denen ein Drittheil aus herrlichen Wiesen bestand. Dabei gingen auch die darauf hypothecirten Capitalien verloren, sowie 205 Stücke größeres und 120 Stücke kleineres Vieh. Merkwürdig ist es, daß weidendes Vieh das h013eilende Verderben gesehen, und sich durch schnelle Flucht rettete. Der ganze Schaden wurde auf zwei Millionen Franken berechnet. Aus den verschiedenen Kantonen der Schweiz wurden an denselben 126,663 Franken 6 Rappen gesteuert und 16,071 Tagwerke geleistet:

Von dem Kanton	Bern	26963	Fr.	2	Bß.	—	Rpp.		
„ „ „	Zürich	23138	„	1	„	6	„		
„ „ „	Basel	11959	„	1	„	1	„		
„ „ „	Waat	9307	„	—	„	—	„.		
„ „ „	Schwyz	6841	„	4	„	4	„		
„ „ „	Aargau	6800	„	—	„	—	„		
„ „ „	Appenzell A. R.	4897	„	7	„	—	„		
„ „ „	St. Gallen	4816	„	—	„	—	„		
„ „ „	Schaffhausen	4815	„	7	„	—	„		
„ „ „	Graubünden	4810	„	—	„	—	„		
„ „ „	Thurgau	3776	„	7	„	2	„		
„ „ „	Freiburg	3427	„	9	„	8	„		
„ „ „	Solothurn	2698	„	6	„	6	„		
„ „ „	Luzern	1540	„	4	„	—	„.		
„ „ „	Unterwalden ob dem Wald	1048	„	—	„	—	„		
„ „ „	Zug	923	„	4	„	4	„		
„ „ „	Uri	768	„	—	„	—	„		
„ „ „	Tessin	554	„	2	„	7	„		
„ „ „	Glarus	535	„	—	„	—	„		
Von Particularen im Auslande		7042	„	2	„	8	„		

126663 Fr. — Bß. 6 Rpp.

dorf, unter ihnen eine ihrem Geliebten kürzlich angetraute Gattin, gelangten bis über die Brücke von Goldau, als sie sich jählings und mit furchtbarer Gewalt vom Wirbel des einstürzenden Berges ergriffen fühlten, und vor den Augen ihrer, in sehr geringer Entfernung ihnen folgenden Gefährten mit einem Male in grauenvolle Todesnacht versanken.

*) In den verschütteten Gegenden fand man häufige Beispiele, daß das Grundeigenthum fünf Jahrhunderte hindurch von Vater auf Sohn in der nämlichen Familie verblieben war; ein Umstand, dessen sich wenige adeliche, ja sogar wenige fürstliche Häuser rühmen können, und der immerhin viel für die Sitteneinfalt und die Wirthschaftlichkeit dieses Volkes beweist.

Diese Summe wurde auf folgende Weise verwendet:

Den Beschädigten in der Kirchgemeine Art mit Goldau, Bussingen und

	Fr.	Bz.	Rpp.
Kößen	48569	7	9
Lowerz	23904	8	7
Schwyz	7447	8	4
Steinen	3797	4	″
Steinerberg	1355	″	″
Sattel	355	9	2
Gersau	341	″	4
Jberg	160	—	—
Rothenthurm	137	—	—
Jngenbohl	120	—	—
Illgau	120	—	—
Morschach	96	—	—
Küßnacht	32	—	—
	86436	8	2

Den Güterbesitzern bei Lowerz für abgetretenes Land zu Anlegung der neuen Straße . . . . 86436 Fr. 8 Bz. 2 Rpp.

Dem Bezirk Schwyz zu Bestreitung der durch die Schuttmassen nöthig gewordenen Arbeiten . . . . 1442 ″ 4 ″ 6 ″

38783 ″ 7 ″ 8 ″

126663 Fr. — Bz. 6 Rpp.

Ueber die Vertheilung dieser Steuer ist manche Klage der Aermern laut geworden.

Zwei der merkwürdigsten Rettungsgeschichten mögen hier nicht unwillkommen seyn:

Der nächste Anwohner am Spitzbühl war Bläsi Mettler. Geboren in dieser von aller menschlichen Gesellschaft entfernten Gegend und in der größten Einfachheit erzogen, hatte er noch fünf Brüder und zwei Schwestern, die in einiger Entfernung von ihm am nämlichen Berge wohnten. Wenn ein Fremder, z. B. der Arzt hieher kam, so bemerkte er, wie die Kinder jener Leute, wenn er noch ziemlich entfernt war, sich in der elendesten Kleidung und nur zur Hälfte bedeckt vor ihm flüchteten, sich hinter den Steinen verbargen und nur durch ihr Gelächter sich verriethen, weil ihnen alles ungewöhnliche lächerlich erschien. Jene acht Geschwister bildeten die sonderbarste Haushaltung und die größte Sorge der Eltern bestand nach ihren Ausdrücken darin, wenn nur Jemand unter ihnen das Geld kennen würde und zählen könnte. Das Pfeifen der Winde in den nahen Felsklüften hielten sie für den drohenden Gesang böser Geister, das Geschrei der großen Eulen und Elstern für die Töne verderblicher Unholde; in den Irrwischen glaubten sie abgeschiedene Geister zu sehen, die in den nahen Wäldern Holz entfremdet oder in dieser Gegend Schätze vergraben hätten. Als am 2. September das Krachen und Geprassel des berstenden Berges begann, wurde Mettler mit banger Furcht erfüllt; er glaubte, dieß alles sey das Werk der hier hausenden Geister der Finsterniß, deren Gewalt nur durch eine noch mächtiger wirkende Kraft vernichtet werden könnte. Um diese Hülfe zu finden, verließ er seine Hütte und sein junges Weib, das ihm kaum vier Wochen vorher das erste Kind geboren hatte, eilte im strengsten Laufe dem Pfarrhaus in Art zu, erzählte dem dortigen Pfarrherrn Enzler unter Weinen und Schluchzen, welch ein Unglück ihn und seine Nachbarn bedrohe, und bat ihn auf das dringendste, daß er eilig mit ihm kommen und dort oben benediciren möchte, weil es nicht richtig zugehe. Jener wollte zwar den Mann belehren, daß auch natürlicherweise solche Gefahren drohen. Allein während dieser Worte wurde auch in Art das gräßliche Krachen vernehmbar. Der Pfarrer öffnete schnell sein Fenster und sieht den Staub und Nebel des Bergsturzes zum Himmel steigen. Mettler nimmt seine Schuhe, um leichter laufen zu können, in die Hände, und eilt noch schneller dem Berg zu, als er von dort gekommen war. Mit welcher Bangigkeit sein kaum neunzehn Jahre altes Weib die Zeit seiner Abwesenheit zugebracht habe, während der Donnerton der niederstürzenden einzelnen Felstrümmer stärker wurde und die Hütte immer mehr erbebte, läßt sich nicht beschreiben. Indessen war die Stunde gekommen, wo die Mutter ihrem Kind seinen Abendbrei zurüsten sollte. Schon hatte sie Mehl und Milch durcheinander gerührt, schon loderte das Feuer auf dem von einem natürlichen Fels gebildeten Heerde in helle Flammen auf, als sie durch einen außerordentlich starken Knall und die heftige Erschütterung der Hütte aufs neue erschreckt wurde. Unschlüssig, ob sie

fliehen oder bleiben und den Brei zu kochen anfangen sollte oder
nicht, faßte sie den Entschluß, sie wolle in die Stube eilen, wo
das Kind in der Wiege lag; finde sie es schlafend, ihm noch
fernere Ruhe gönnen und indeß den Brei kochen lassen; sey aber
das Kind wachend, mit ihm eilig davon fliehen. Sie trat an
die Wiege; das gute Kind war ohne zu schreien aufgewacht,
sah seine Mutter an, und schien durch seinen unschuldigen Blick
zu sagen: Mutter, eile! Mutter, rette dich und mich! Herzlich
froh, daß das Kind wachte, nahm sie das Geld ihres Mannes,
hob das Kind aus der Wiege und eilte zur Hausthüre hinaus.
Kaum war sie im stärksten Laufe in einiger Entfernung vom
Hause, als die Hütte schon fortgerissen war und die Felsen-
massen mit Blitzesschnelle in das Thal hinunter stürzten. Das
arme Weib, von aller menschlichen Gesellschaft entfernt, alles
ihrer geringen Habe mit einem Male beraubt, in das tobende
Meer der Zertrümmerung hinblickend, stand da, den zarten
Säugling auf dem Arme und fürchterliche Angst überfiel sie, ob
ihr Ehemann vielleicht unter dem Bergsturze sein Grab gefunden habe, der auch einen Theil des Weges gegen Art hin über-
schüttet hatte. Länger als eine Stunde mußte sie in dieser
Lage harren; denn es war unmöglich, auch im strengsten Laufe
vom Pfarrhause in Art eher hieher zu kommen. Die Verschüttung machte überdieß Umwege nöthig. Endlich erreichte
der gute Blasi Mettler die Gegend seines Heimwesens, vom
Schweiße triefend, und sieht die Hälfte desselben verschüttet.
Aber, welche Freude! sein junges Weib mit dem Kinde auf
dem Arme, eilte ihm gesund und unverletzt entgegen. — Aus
einer andern fortgerissenen Hütte an der nämlichen Berghöhe
wurde ein Wiegenkind, Sebastian Meinrad Mettler, durch die
scharfen Augen der Nachspürenden auf einem Bettstücke in dem
Schlamme erspäht, nicht ohne Mühe von einem Verwandten
unbeschadigt herausgeholt und von den Seinigen erkannt.

Im tiefer und ebener liegenden Gelände stand das wohl-
gebaute, schöne Haus des Joseph Lienhart Wiget, eines 32 Jahre
alten, sehr starken Mannes. Sein großes Heimwesen trug den
Namen Unterlindenmoos, und seine Haushaltung bestand mit
ihm aus acht Gliedern, seiner Hausfrau, 29 Jahre alt, fünf
Kindern und einer 23 Jahre alten Magd, Francisca Ulrich.
In dem Augenblicke des Losbrechens des Bergsturzes waren
Wiget, seine Frau, die beiden ältern Knaben (der eine neun,
der andere sieben Jahre alt) und ein zweijähriges Mädchen
oberhalb des Hauses auf freiem Felde unter einem Apfelbaum,
um das abgeschüttelte Obst einzusammeln. Die Magd Francisca hingegen mit einem Mädchen (noch nicht fünf Jahre alt)
befand sich weiter unten; in der Stube, in der Wiege liegend
und schlafend, das jüngste Kind, 11 Monate alt. Alle sahen
die sich nähernde Masse. Der Vater, mit voller Geistesge-
genwart, hieß den ältesten Knaben bergan laufen, nahm den
kleinern bei der Hand, rief der Frau zu, daß sie schleunigst fliehen solle und eilte, um die Knaben zu retten, mit ihnen fort;
allein statt Wiget und den Knaben zu folgen, nahm A. M.
Appert das Mädchen auf die Arme, und lief, von Mutterliebe
erfüllt, in das Haus, um das in der Stube schlafende Knäb-
lein noch zu retten. Auch die Magd Francisca wollte sich nicht

flüchten, ohne das schöne und ihr lieb gewordene Kind in Sicherheit gebracht zu haben. Sie ergriff das ältere Mädchen Marianne und wie sie mit demselben durch die vordere Treppe in das Haus eilte, sah sie noch die Wiget mit dem Kinde auf den Armen durch die hintere Thüre eintreten. Zu gleicher Zeit ward es ganz finster. Francisca fühlte, daß sie mit dem Hause herumgestoßen, von einer Seite zur andern geworfen wurde, immer mit der Empfindung des tiefen Niederfallens. Die Erschütterung hörte auf und die Unglückliche nahm wahr, daß sie umgestürzt mit dem Kopfe nach unten liege, ohne in den ersten Minuten irgend ein Glied, kaum noch die Zunge bewegen zu können. Allmälig wurden die Füße etwas freier, auch vermochte sie die rechte Hand und den Vorderarm ein wenig loszumachen und das Blut, das ihr in die Augen schoß, wegzuwischen. Das schrecklichste war für sie der Blick in die Zukunft. Sie glaubte, der schon lange gefürchtete jüngste Tag sey eingetroffen; sie das einzige noch übrige Wesen, indeß alles andere zermalmt sey. Voll dieser Gedanken und indem sie sich Gott in ihrem Gebete empfahl, vernimmt sie ein Gewimmer und mit gespannter Aufmerksamkeit erkennt sie bald die Töne ihrer Unglücksgefährtin, der kleinen Marianne. Sie ruft; das Kind erkennt ihre Stimme und antwortet. Auf die Frage: „Francisca, wo sind wir denn?" erwiedert nun diese: „Hoffentlich nicht weit von unserer Heimath," und es gelingt ihr, dasselbe ein wenig zu beruhigen. Sie schildern sich ihre Lage. Francisca die ihrige nicht so beengt, wie sie war, um das Kind weniger zu erschrecken und vernimmt von ihm: Es liege auf dem Rücken in einer Vertiefung, zwischen Balken und Gesträuchen, könne die Händchen gebrauchen, nicht aber die Füße bewegen und sehe in einen Krautgarten hin. Die Frage des Kindes, ob Niemand sie retten werde, beantwortete Francisca allmälig. Der bekannte jüngste Tag werde nun bald vorüber seyn, sie sich im Himmel wieder sehen und mit einander reden können. Hundert gemeinschaftliche Vater Unser und Ave Maria stiegen aus der Trauergruft zum Himmel. Mit einem Male hören beide den Ton einer Glocke, Francisca erkennt diejenige vom Steinerberg und bald darauf die von Steinen. Jetzt erkannte sie, daß die letzte Stunde noch nicht geschlagen habe, weil die Glocken sich nicht selbst läuten würden. Francisca faßt einige Hoffnung und theilt sie der Kleinen mit. Sie hören auch das spätere Abendgeläute in Steinen. Noch mehrere Stunden werden durchwacht und ungeduldig fragt Marianne: „Ob ihr denn Niemand Mehlbrühe bringe." Tief gerührt tröstet sie das Mädchen, dessen laute Klagen allmälig erloschen und endlich so verstummten, daß sie glaubte, es habe seine Leiden ausgekämpft. Schwache Hoffnungen und die Sehnsucht nach baldiger Vollendung wechseln bei der Unglücklichen. Unter den Schmerzen, von welchen sie leidet, sind die Gefühle der Kälte an ihren Unterschenkeln und Füßen jetzt die heftigsten geworden. Diese waren zuerst in Schlamm eingehüllt, der sich aber allmälig ablöste, weil der Kopf abwärts lag und die Füße aufwärts gerichtet waren. Nur durch stete Bewegung konnte sie sich gegen die Kälte ein wenig schützen. Endlich verkündigten die beiden bekannten Glocken den Anbruch eines neuen Tages und ihnen folgte die Stimme der todt Geglaubten, die der auswachenden geliebten Marianne. Ein Hoffnungsstrahl des Tages der Erlösung leuchtete hervor, und aufs neue begann das gemeinschaftliche Gebet. Mit einmal vernehmen sie Töne des Jammers und erkennen in denselben die Stimme Wigets. Er hatte seine beiden Knaben, obgleich der eine noch bis an den Kopf von dem Schlammstrome ergriffen wurde, auf eine Anhöhe gerettet, und gleich nachher einen Nachbar. Die einbrechende Nacht machte es ihm unmöglich, für die Verlorenen etwas zu thun. Kaum war die Nacht des Kummers dem grauenden Morgen gewichen, als er seine bangen Nachforschungen wieder begann. Bei 1500 Fuß naher, als seine Wohnung gestanden hatte, erkannte er in ferne von einem steilen, mit Gesträuche bewachsenen Abhange Theile derselben, und bald ließ ihn sein rastloses Nachspüren etwas entdecken, das dem Fuße eines Menschen ähnlich sah. Mit Entsetzen unterschied er deutlich Kleidungsstücke seines geliebten Weibes, und nur vermittelst herbeigeholter Hülfe gelang es ihm, unter Schutt und Trümmern den entseelten, zerquetschten Leichnam zu befreien, der im Arme noch das Kind festhielt und ein ungebornes in sich schloß. Stoff genug für jenen lauten Jammer, der die beiden Mädchen rettete. Das Rufen der mehr eingeschlossenen Francisca blieb unbemerkt; doch sie hatte die Gegenwart des Geistes, das freier liegende Kind zu ermuntern, seine Stimme zu erheben. Bald wurde es von dem aufmerksamen, liebenden Vater vernommen, in's Freie hervorgezogen, und auf seine Anzeige entdeckte und rettete man auch die Francisca, welche zwischen zwei Balken eingeklemmt und mit dem Kopfe an jenem mit Gesträuche bewachsenen Abhange lag. Der Küchengarten, den das Kind zu sehen geglaubt hatte, war nur das hohe Gras einer Wiese gewesen. Das kleine Mädchen hatte den linken Oberschenkel gebrochen. Francisca trug an ihrem Leibe und an ihrem Kopfe viele, doch nicht gefährliche Verletzungen; aber bald fiel sie in wiederkehrende Ohnmachten und 14 Tage lang waren ihre Augen erblindet; dennoch wurden beide *) nach sechs Wochen hergestellt. Thätig und hülfreich bezeigte sich bei diesem schrecklichen Unfall der Commissär Linggi, der am Unglücksabend kaum dem Tod entronnen war.

Das Andenken an den Bergfall von Goldau wird jährlich am 2. September durch eine religiöse Handlung, die Schuttjahrzeit geheißen, in Art gefeiert. Die Stelle, wo einst Goldau stand, bezeichnen jetzt die neue Kapelle, ein wahres Memento mori und ein daneben stehendes Wirthshaus. Noch jetzt gehören die Felsentrümmer von Goldau unter die graßlichsten Bil-

---

*) Francisca Ulrich verheirathete sich später nach Morschach, wo sie vor mehrern Jahren starb und einige Kinder hinterließ; Marianne Wiget, die wie vielleicht Niemand auf der weiten Erde die Worte der heiligen Schrift buchstäblich auf sich anwenden kann: „Es sollen wohl Berge weichen und Hügel hinfallen; aber meine Gnade soll nicht von dir weichen und der Bund meines Friedens soll nicht hinfallen, spricht der Herr“, — lebt noch. Auch sie ist verheirathet, eine bescheidene Hausfrau und treue Mutter.

der der Zerstörung, ungeachtet die thätige Natur schon 29 Jahre arbeitete, um das Schreckliche des Anblicks zu mildern und die von den Steinmassen nicht bedeckten Räume mit Grün zu bekleiden, welches kleinerm und großerm Vieh Nahrung verschafft. Um sich ein vollständiges Bild des Schuttes und seiner Ausdehnung zu verschaffen, muß man den Fußsteig von Art nach dem Steinerberg einschlagen, der eine volle halbe Stunde lang zwischen größern und kleinern Felsblöcken mit Steigen und Fallen durch die veröbte Gegend führt. Wohlthätig wirkt, wenn diese Bahn des Todes zurückgelegt ist, auf das Auge des Wanderers der frohe Blick auf das tief unten liegende Gelände von Steinen, den anmuthigen Lowerzersee mit der romantischen Insel Schwanau und das schöne Thal von Schwyz. Wer die ganze Gestaltung des Sturzes aus der Nähe überblicken will, muß die Gnyppenspitze besteigen, wohin von Art her drei Stunden erforderlich sind. Der Weg führt über die Schwendigg, über eine scharfe Gräte am Gnyppenstocke hin und durch einen steilen Rasenabhang nach dem Kreuze hinan. Man kann aber auch von andern Seiten, z. B. vom Sattel her auf diese Höhe gelangen.

Auch seit 1806 lösten sich Felsstücke ab. So am 3. Juli 1824, insbesondere aber am 11. Juli früh Morgens, wo am Abhange der obersten Spitze des Berges ein Felsstück von 60 bis 80 Fuß Länge und ebenso breit, welches einige Tage früher sich losgerissen hatte, herunterstürzte, doch ohne den geringsten Schaden zu verursachen, indem es auf den alten Schutt fiel.

Au, Seite 233.

Au, siehe Steinen.

Auberig, der große; die Erstelgung dieser etwa 5000 Fuß hohen Gebirgskuppe ist vom Vorderwäggithale oder der Nordostseite her wegen der schroffen Felswände kaum möglich; desto leichter und bequemer ist sie aber von der Südseite oder dem Dorfe Hinterwäggithal aus, wo der Berg bis beinahe auf die Höhe mit Wald bewachsen ist und auf seiner breiten flachen Kuppe noch schöne Viehweiden trägt. Man hat von Hinterwäggithal über die Bärlauialp bis auf die Höhe 2½ Stunden ziemlich steil hinanzusteigen. Auf dem Auberig genießt man eine herrliche Aussicht.

B.

Bäch, Seite 269.

Bennau, Seite 267.

Biber, Seite 59.

Biberegg, siehe Rothenthurm.

Bisithal, siehe Muotathal.

Brühl, Seite 266.

Brunnen, im, Seite 232.

Brunnen, siehe Ingenbohl.

Brunniberg, siehe Ingenbohl.

Buttikon, siehe Schübelbach.

D.

Dächli, oberes, ſiehe Rigi.

Dächli, unteres, ſiehe Rigi.

E.

Eccehomo, ſiehe Sattel.

Eigen, ſiehe Muotathal.

Einſiedeln, die Waldſtatt *), d. i. der ganze Umfang des Bezirkes Einſiedeln, wird von den Bezirken Schwyz, March, Pfäffikon und Wollerau eingeſchloſſen. Sie wird in Viertel eingetheilt: 1) der Flecken Einſiedeln oder die eigentliche Waldſtatt; 2) Binzen; 3) Groß; 4) Willerzell; 5) Eßel und Egg; 6) Bennau; 7) Euthal; 8) Trachslau. Früher waren, wie im alten Lande, vier Viertel. Daher der Name. Der Bezirk zählt 5793 Einwohner in 657 Häuſern, nämlich:

			Seelen			Häuſer
Im Dorfe Einſiedeln			2454	und		242
„	Viertel	Binzen	665	„	„	80
„	„	Euthal	544	„	„	66
„	„	Willerzell	522	„	„	68
„	„	Eßel und Egg	370	„	„	49
„	„	Bennau	318	„	„	38
„	„	Trachslau	297	„	„	38
„	„	Groß	623	„	„	76
			5793 Seelen			**657 Häuſer**

Seine Bewohner nähren ſich von der Viehzucht und Alpenwirthſchaft; der Feldbau und die Arbeiten im Walde beſchäftigen manche Hand; die Wallfahrt iſt eine reiche Erwerbsquelle für den Flecken. Ueber die Manufakturen leſe man auf S. 136 über das Schulweſen auf S. 150 ff. Getreidemühlen ſind ſechs, wovon eine an der Sihl, die andern an der Alp in der Nähe des Fleckens liegen. Sägemühlen ſind 22: 1 an der Sihl, 1 am Latbach, 3 am Steinbach, 1 im Fuchsloch im Viertel Euthal; 1 am Kalkbach, 3 am Großbach im Viertel Groß; 1 am Schönbächle, 2 am Rinkenthalbach im Viertel Willerzell; 1 an der Sihl im Viertel Egg; 2 an der Alp im Viertel Trachslau; 4 an der Alp nahe beim Flecken; 1 an der Alp und Biber, 1 an einem kleinen Bach ohne beſondern Namen im Viertel Bennau.

Einſiedeln, der geräumige Flecken, wird durch eine gepflaſterte Hauptſtraße, an der die meiſten Häuſer liegen, in beinahe zwei gleiche Hälften getheilt. Nebengaſſen ſind 7, von

---

*) Waldſtatt war der allgemeine Name, den man im Innern der Schweiz einem Umfang von Anſiedelungen beilegte, der allmalig aus den gelichteten großen Waldungen ſich bildete. So erhielten Uri, Schwyz, Unterwalden, Luzern, nachher durch die bloße Anſchließung an die erſtern, dieſen Namen und ſo entſtand die Benennung Vierwaldſtätterſee.

denen nur 2 gepflaſtert ſind. Er liegt an einem Abhange,
über welchem das Kloſter am Ende einer weiten Fläche erbaut
iſt. Der untere Theil des Fleckens beſteht größtentheils aus
hölzernen Häuſern; im mittlern befinden ſich mehrere aus Fachwerk gebaute und im oberſten ſind neben denjenigen aus Fachwerk einige ganz aus Steinen aufgeführte Häuſer. Es wird
jährlich viel gebaut und der Flecken hat ſeit zwanzig Jahren
an Schönheit und Reinlichkeit ſehr gewonnen. Die Zahl der
Wirthshäuſer ſteigt auf 55, Pintenſchenken giebt es 20. Engel, Heilige, Menſchen, Thiere, Pflanzen geben ihre Namen zu
ſo vielen Aushängeſchilden her. Der anſehnlichſte Gaſthof iſt
der Ochs (theuer), Pfau, Adam und Eva, Steinbock (der Inhaber des letztern Wirthshauſes iſt der wackere Herr Weidmann, S. 157 ff.). Einzelne Wirthshäuſer halten bis auf ſiebenzig
zig Betten und es ſollen bisweilen 300 Pilger in einem ſolchen Gaſthofe zuſammengedrängt ſeyn. In den kleinern Gaſt-
höfen findet man jetzt noch unter den großen Betten ein zweites, das wie eine Schublade hervorgezogen werden kann und
am Morgen wieder in den Leib der Mutter zurückkehrt. So
kommen oft vier und mehr Perſonen, die ſich nicht kennen,
ſehr nahe zuſammen.

1500 brach in einem Bäckershauſe im Flecken Feuer aus,
wodurch 77 Häuſer eingeäſchert wurden. Am 23. April 1577
entſtand zu unterſt im Flecken in einer Ziegelhütte eine Feuers-
brunſt, welches ihn in einen Aſchenhaufen verwandelte. 1680
wurden 33 Häuſer durch das Feuer verzehrt. — Gebürtig aus
Einſiedeln war Georg Effinger, Conventual und Profeſ-
ſor in Pfeffers. 1797 wurde er als Pfarrer nach Quarten
am Wallenſtatterſee verſetzt. Feind der Franzoſen und der damals aus Frankreich ſich verbreitenden Grundſätze entflammte
er durch ſeine Predigten ſeine Pfarrgenoſſen gegen dieſelben,
und reizte auch ſeine Umgebungen zu beſtändiger Widerſetzlich-
keit gegen die Verordnungen der helvetiſchen Regierung. Beim
Ausbruche des Krieges 1799 diente er als Führer und Kund-
ſchafter. Das Waffenglück der Franzoſen nöthigte ihn zur
Auswanderung, aber vor ihm her ging ſein Ruf. In Wien
wurde er unter dem Namen des braven geiſtlichen Schweizers
von Quarten dem Kaiſer und deſſen Hauſe vorgeſtellt, huld-
reich empfangen und ausgezeichnet. Die erſten Familien ſuchten die Unterhaltung Effingers, und er wurde der Gegenſtand
allgemeiner Aufmerkſamkeit. Ihm wurde 1801 die weitläufige
Pfarre St. Ulrich anvertraut. Sein Name und ſeine derbe
Manier zu predigen, füllten ſeine große Kirche ſo mit Zuhörern
aus der Nähe und Ferne, daß oft derjenige, der nicht eine
Stunde vor der Predigt am Platze war, keinen Raum mehr
fand. Man erſlehte ſich ſeine Beſuche. Kaiſer Franz, der ihn
oft ſah, beſchenkte ihn mit der großen, vierfachen, goldenen
Ehrenkette und verlieh ihm noch andere Auszeichnungen.
„Seyen Euer Hochwürden ſo gut und bleiben Sie gerne bei
mir" antwortete er Effingern, als dieſer um eine Penſion an-
ſuchte, die er in ſpätern Tagen zu Hauſe genießen möchte;
doch ſchon am 26. November 1803 überraſchte ihn der Tod im
fünf und fünfzigſten Jahre ſeines Alters.

Platz. Ueber dem Flecken steigt ein weiter Platz bis an das Kloster hinan, der gegen Südosten offen ist und auch gegen Nordwesten nur von einigen kleinern Gebäuden berührt wird. Rund und auf steinernen großen Platten aufgeführt ist der heilige Brunnen. Die vierzehn Röhren sind im Kreise herum vertheilt, und ergießen ihr Wasser nicht in ein gemeinschaftliches Becken, sondern vor den Füßen der Besucher in abführende unterirdische Canäle. Auf dem Brunnen befindet sich eine Statue mit Glorie, den Mond unter den Füßen, um sie her sieben Marmorsaulen, die sechs Bogen tragen und über ihnen sieben kleinere, die in eine Spitze auslaufen. Auf der Spitze ist eine vergoldete Krone angebracht. Von jeder Röhre pflegen die Pilger einen Schluck Wasser zu nehmen, dem Wunderkrafte beigelegt werden. Hinter diesem Brunnen befindet sich ein Halbzirkel von 44 Krambuden, ohne welche der Platz öde seyn würde. Man verkauft in denselben Rosenkranze, Kreuze, Glöckchen, Marienbilder, die Einsiedlerchronik u. s. f. um einen unglaublich geringen Preis. Stufen führen zwischen diesen Buden und Fahrwege hinter denselben zum Kloster und zu der Kirche hinan.

Name. Das Kloster wird in Urkunden Eremus deiparæ Matris, Eremus D. Virginis, Eremitarum Coenobium in Helvetiis, Monasterium Eremitarum, Monasterium in silva, Meginradi Cella u. s. w. genannt.

Das Aeußere des Klosters. An der Hauptfacade nimmt die Kirche die Mitte ein. Sie bildet gegen den Vorplatz eine halbe Rundung, die 27 Fuß über das Gebäude selbst und 16 Fuß über die auf beiden Enden angebrachten Vorsprünge hervorragt. Wie das ganze Klostergebäude ist sie aus Quadern aufgeführt, trägt auf ihrer Höhe zwischen beiden Thürmen ein colossales Bild der Maria Einsidlensis mit dem Knaben auf dem Arme. Etwas tiefer neben ihr sind zwei Engel mit Posaunen, noch tiefer andere Bildsaulen. Das ganze hervortretende Gebäude ist von einer mit Statuen versehenen Galerie umgeben. Ansehnlich ist das Hauptgesimse; mitten in einer Blende das Wappen des Klosters mit den Attributen des Stifts. Drei Reihen von übereinander angebrachten Fenstern erleuchten das Innere der Halbrotunde. In die Kirche führen ein Haupteingang und zwei Nebeneingänge. Auf dem obersten Gibel des Dachstuhles ist ein kleines Thürmchen, dessen Glockenspiel oft ertönt. Die beiden Thürme sind hoch, von verhaltnißmäßiger und gefälliger Bauart, einfach und sich ganz gleich. Die Kuppeln sind mit Kupfer bedeckt, und die vergoldeten Kreuze auf denselben leuchten von ferne wie die vergoldeten Zeittafeln, von denen einige die Stunden, andere die Viertelstunden zeigen. In diesen Thürmen befinden sich 11 Glocken, von denen die größte 110 Centner wiegt. Das prächtige, gestimmte Geläute läßt sich weithin vernehmen. An die Thürme lehnen sich die beiden Flügel, welche die Vorderseite des Klosters bilden und in kleine Thürme ausgehen. In dem mittäglichen befindet sich die Wohnung des Abtes (die Fürstenzimmer). Die Hauptfacade, wie die übrigen Seiten, haben drei Stockwerke, an den hervorragenden Ecken aber und bei den Speisesälen vier. Jedes Stockwerk hat 42 Fenster nach der Länge und 47 nach der Breite. Jede Breite der Flügel ist 41 Fuß und 51 Fuß bei den Vorsprüngen, wovon die langen geraden Gänge 11 Fuß einnehmen. In den Zwischenräumen befinden sich vier Höfe oder Gärten. Die Klostergebäude bilden ein großes Viereck von 476 Fuß Länge, und 414 Fuß Breite. Auf der südlichen Seite des Klosters befinden sich noch viele andere, für die Oekonomie nothwendige Gebäude. In dem Theile derselben, welcher dem Kloster am nächsten ist, ist die Statthalterei. Die übrigen sind: der Marstall, der aus Steinen aufgeführt und 170 Fuß lang ist; ein anderes, größeres, ungefähr 750 Fuß langes Gebäude, worin Stallungen für die Stuterei, die Sennerei, die Werkstätten für Böttcher, Zimmerleute, Tischler, Schmiede, Schlösser, Glaser; das Frauenhaus, wo weibliche Gäste beherbergt werden; das Waschhaus u. s. w. Alle diese Gebäude mit den Gärten, deren größter etwa 4½ Jucharten enthalt, sind mit einer hohen Ringmauer umgeben, und machen ein großes Viereck von 784 Fuß auf jeder Seite aus.

Kirche. Beim Eintritt in die Kirche bemerkt man zuerst die heilige Kapelle. Sie ist 60 Fuß vom Eingange entfernt, demselben gegenüber und lehnt sich an zwei Pfeiler an. Von außen ist sie 22 Fuß 6 Zoll lang, 21 Fuß breit und bis oben an das Gesimse 17 Fuß 6 Zoll hoch. Gleich der frühern, die größer, den Wallfahrtern geöffnet war, nach dem Einmarsche der Franzosen in den Kanton Schwyz aber zerstört wurde, ist sie ganz, abwechselnd mit schwarzem und grauem Marmor bekleidet. Jede Seite ist in drei Felder abgetheilt. An der Vorderseite ist eine weite, gewölbte Oeffnung, 8 Fuß 8 Zoll breit und 13 Fuß hoch angebracht, welche mit einem schönen Gitter und einer doppelten Thüre versehen ist. Auf dem Gesimse steht eine große statuarische Gruppe in salzburgischem Marmor, die Entschlafung Mariä; zur rechten und linken des Eingangs sind zwei kleinere, welche die Geburt und die Verkündigung derselben vorstellen. An beiden Nebenseiten ist das erste Feld ebenfalls eine mit Gittern und einfacher Thüre versehene Oeffnung, welche 5 Fuß breit und 14 Fuß hoch ist. Ueber dem Gesimse sind Geländer von Marmor, auf welchen 14 neue und passende Bildsäulen von Abart aufgestellt sind. Auf der Rückseite der Kapelle liest man folgende Inschrift:

Deiparæ Virgini Casparus Comes in Altaembs, Calara et Vadutz perfecit anno Salutis MDCXXXII.

Der Boden der Kapelle erhebt sich um 9 Zoll über jenen der Kirche und ist ganz mit schwarzem und grauem Marmor belegt. Reich geschmückt und mit Kronen auf den Häuptern sind die Bilder der heiligen Jungfrau und des göttlichen Kindes auf ihrem Arme, mit glänzend schwarzen Angesichtern, von einer Glorie mit schimmernden Strahlen umflossen, von brennenden Wachskerzen umgeben und vorne das ewige Licht. Vom frühen Morgen bis in den späten Abend sind beinahe immer Betende vor derselben, die knieend entweder ihre Andacht leise mit einer Art von Murmeln verrichten oder aber in lauten Tönen die Angelegenheiten ihres Herzens der himm-

liſchen Mutter vortragen. Vierzehn Fuß von der Kapelle, nach
dem Chor hin, theilt ſich die Kirche in drei Schiffe. Das
Hauptſchiff iſt geräumig; nur wenige Reihen von Bänken ver-
engen es. Von den zehn Seitenaltären beſtehen die beiden
erſten aus Marmor, die andern aus Gyps mit ſchön gefaßten
Reliquien, Gemälden und Statuen geziert, durch Pfeiler von
einander abgeſchloſſen. Der Taufſtein iſt ſo angebracht, daß
man ihn nicht leicht bemerkt. Ueber den Boden 23 Fuß erha-
ben, ſchweben auf Bogen an jeder Seite des Schiffes vier
Altanen oder Emporkirchen und in gleicher Höhe führen Ga-
lerien mit eiſernen Geländern. Ueber dem Raume vor dem
Chore iſt eine Kuppel angebracht, durch welche die gebrochenen
Sonnenſtrahlen einen anmuthigen Glanz auf Gemälde und
durch die Kirche werfen. Vor dem Chore ſteigt man in die
Gruft hinunter, wo die Aebte und Conventualen beigeſetzt werden. Die Gräber ſind ofenähnlich. Der Chor erhebt ſich um
vier Fuß über die Kirche. Die mit einem ſchönen Gitter ver-
ſehene Oeffnung des Eingangs beträgt 30 und die ganze Breite
des Chores 60 Fuß. Der Hochaltar, aus ſeinem Marmor,
wurde zu Mailand verfertigt. Man bewundert an demſelben
vorzüglich ein ſchönes Abendmal von Erz, aus einem Guſſe,
von Pozzi. Die Statuen der Apoſtel ſind von Babel, einem
Baier, die Gemälde von Rüepp und Kraus, von letzterm namentlich die ſchöne Himmelfahrt Mariä, insbeſondere aber der
ſterbende Chriſtus. Die merkwürdige gewölbte Decke wird von
acht Pfeilern getragen. Die Weihnachten in der Kuppel, von
Kraus, iſt eine gelungene Frescomalerei. In der Kirche befinden ſich zwei Orgeln, eine im vordern Chore; mehr Wirkung macht diejenige, die in der Mitte der Kirche auf einem
Bogen angebracht iſt. Die ſchöne Kirchenmuſik wird ohne fremde
Beihülfe von Conventualen aufgeführt. Die Kirche, obwohl mit
Verzierungen zu ſehr angefüllt, hebt dennoch das Herz un-
willkürlich zu Gott empor und der fromme Chriſt beugt in
ſtiller Andacht gerne hier ſeine Kniee vor dem König der
Könige. Die Länge der Kirche, die in Form eines Kreuzes
gebaut iſt, mißt mit dem untern Chore 288 Fuß, mit dem obern
Betchore 337 Fuß, die größte Breite 116 Fuß. In dem der heiligen Maria Magdalena geweihten Beichthauſe, links neben dem
Chore, das eine eigene Kirche zu ſeyn ſcheint, befinden ſich
28 Beichtſtühle und ein Altar, auf welchem man die Schutz-
patronin der Kapelle, ein vorzügliches Gemälde von Johann
Caspar Sing, von München, ſieht. Ueber den Beichtſtühlen
ſteht geſchrieben, in welcher Sprache man darin Beichte höre.
Dieß geſchieht in teutſcher, franzöſiſcher, italieniſcher und ro-
maniſcher Sprache. Pſychologiſches Studium und Menſchen-
kunde haben hier ein Feld, das mit dem Leben in der Zelle
den größten Contraſt bildet.

Inneres des Kloſters. Abgeſöndert von einander ſind
im Kloſter die Wohnungen des Abtes, die der Fremden oder
Gäſte, der Conventualen, die Erziehungsanſtalt für die Jugend,
wozu auch ein kleines Theater gehört, das Seminar der Reli-
gioſen, die Pfarrei, die Küche, die Cuſtorei, die Bibliothek, die
Wollenfabrik, die Gebet-, Speiſe- und Erholungsſäle, und das
Krankenhaus. Unter dem ganzen Gebäude hindurch ziehen ſich
11 **

die Keller. Die Gänge sind mit Gemälden und andern Schilde-
reien behangen, Erinnerungen für Kenner der Kirchen-, Ge-
lehrten- und Klostergeschichte, einige nicht ohne Kunstwerth. Der
Kirchenschatz, in einem heitern und großen Saale neben der
Kirche, aufbewahrt, war bis auf die helvetische Staatsumwälzung ungemein reich. Schränke an Schränke gereiht enthielten
die Kostbarkeiten. In der Mitte in der Form eines hohen
Tisches mit langen und breiten Schubladen waren die weit
weniger durch Geschmack als durch Kostbarkeit und Kunst ausgezeichneten Kleidungen des Marienbildes aufbewahrt, alle ge-
stickt, von gleichem Schnitte, in der Gestalt eines in gerader
Linie vom Halse hinweg bis zu den Füßen sich weit ausbrei-
tenden Talars; äußerst zahlreich die Meßkleider, einige durch
Stickereien, andere durch die Arbeit vornehmer Hände ausgezeichnet; ferner Bilder aus Gold, Silber und edeln Stoffen,
Kelche, Monstranzen, Leuchter, Crucifixe, Reliquien in Käst-
chen, heilige Gebeine, silberne Glieder von Geheilten, Bilder von Kindern von glücklichen Wöcherinnen aus Dankbarkeit
vergabt, kostbare Bibeleinbände, silberne Blumentöpfe, Juwe-
lenkästchen, goldene Meßgeräthschaften, vor allem die große
Monstranz, an reinem Golde 320½ Loth schwer, mit 1174
großen Perlen, 303 Diamanten, 38 Sapphiren, 154 Smarag-
den, 857 Rubinen, 44 Granaten, 26 Hyacinthen und 19 Amethy-
sten geziert. Königliche Gaben aus dem österreichischen Kaiser-
hause, von Frankreich und von Spanien befanden sich hier;
doch kamen die zahlreichsten Gaben von dem markgräflichen
Hause Baden-Baden, dessen letztes Ehepaar durch viele Wallfahrten, reiche Geschenke, unter diesen ein großes silbernes
Windelkind einen Erben sich zu erbitten hoffte. Viele Meßkleider und andere Geräthschaften wurden bei der Einnahme
1798 geraubt; einen Theil der Kostbarkeiten forderten die dringenden Bedürfnisse der Klosterbewohner nach ihrer Auswanderung und ihrer ersten Rückkehr; doch ist ein großer Theil z. B.
jene Monstranz jetzt noch vorhanden, wird aber weniger als
früher gezeigt. — Die Bibliothek, in einem großen, gewölbten,
mit Säulen unterstützten und einer Galerie versehenen Saale
eines der hintern Vierecke des Klosters, mag mit Einschluß der
zwei kleinern des Seminars und des Gymnasiums auf 26,000
Bände sich belaufen. Die besten Werke und die meisten Bücher
derselben gehören in das Fach der Geschichte. Alle Manuscripte,
insbesondere diejenigen über die Geschichte des Mittelalters und
der Schweiz überhaupt, sind benutzt worden, im verflossenen
Jahrhunderte von Zurlauben, Johannes von Müller, in neuerer
Zeit von Monne, Dümge, Henne u. s. f. Mehrere der Handschriften, welche Haller aufzählt, sind seit der schweizerischen
Revolution verloren gegangen. Zu den merkwürdigsten Manu-
scripten gehören folgende: 1) Urbis Romae monumenta, aedes,
templa, viae praecipuae (P. Victor de regionibus urbis);
die älteste von einem gelehrten Pilger des zehnten Jahrhunderts veranstaltete Sammlung römischer Inschriften. 2) Boëthii commentarius in Topica Ciceronis Sec. X. (vorzüglich).
3) Fünf Codices Boëthii de consolatione philosophiae. 4) Sa-
lustius Sec. XI. mit altteutschen Glossen (vorzüglich): 5) T.
Livii Historiarum libri sex priores. Sec. X. (ist nach dem

Urtheil des erſten ſchweizeriſchen Philologen, Johann Caspars von Orelli, eine der trefflichſten Handſchriften des Livius; aber leider! unvollſtändig. 6) Caesaris Germanici Aratea. Sec. XI. ebenfalls trefflich. (In dem Cataloge der Handſchriften iſt ſie ſonderbarer Weiſe verzeichnet: Ovidii opera). 7) Iuvenalis Satirae. Sec. XI. mit Gloſſen; vorzüglich. 8) Priscianus; zwei Codices. Sec. X. noch nicht verglichen. 9) Rubini commentarius in metra Terentii. Sec. XI. trefflich. 10) Prudentius. Sec. X. mit altteutſchen Gloſſen. 11) Ciceronis Orator, von Albert von Bonſtetten, um 1440 geſchrieben; eine der vorzüglichſten Handſchriften dieſer ciceroniſchen Schrift. 12) Eginhardi Vita Caroli magni. Sec XI. 13) Willerami Paraphrasis theologica Cantici Canticorum. Sec. XI., treffliche Handſchrift. 14) Hermanni Contracti Chronicon. Sec. XI. 15) Schwabenſpiegel. Sec. XIV., zierlich geſchrieben. Mehreres dann von S. Ambrosius, S. Augustinus, S. Hieronymus, Gennadius, Isidorus, Beda, S. Gregorius, Alcuinus; für die Schweizergeſchichte: Annales Einsidlenses, Sec. XI., Tſchudi, Schodeler, Hartmanns Commentarii rerum Helveticarum. Sec. XVII. u. ſ. w. — Das Kloſter beſitzt ein nicht ſehr reichhaltiges, aber inſtructiv geordnetes Mineraliencabinet, zu dem 1780 der Grund gelegt wurde, und in welchem ein kleiner Wildſchweinskopf und einige andere Theile dieſes Thieres, im Sandſtein bei Utznach gefunden, merkwürdig ſind; ferner anatomiſche Präparate von Wachs und einige koſtbare phyſikaliſche Inſtrumente. Pater Meinrad Kalin beſitzt eine ſchöne Sammlung von mehr als 50 Stücken Glasmalereien, worunter die Schlacht bei Cappel, die Gerichtsſitzung in Einſiedeln 1592, das Land Schwyz mit dem Morgartner Panner 1622, Reding von Schwyz 1620, die Stadt Baſel mit Madonnabild 1519, das Wappen der Chorherren in Luzern, das Wappen der Capitularen des Stifts Einſiedeln 1607 u. ſ. f. — Das Speiſezimmer (Refectorium) iſt groß, aber nicht helle. Während der Mahlzeit wird, wie in andern Klöſtern, vorgeleſen, früher nur Theologiſches, jetzt auch Hiſtoriſches, z. B. Faßbinds Geſchichte des Kantons Schwyz, Lingard's Geſchichte von Engelland, Stollbergs Kirchengeſchichte u. ſ. f., und Zeitungsblätter. — Die Unterhaltung der Kloſtergebäude ſoll ſich jährlich auf ungefähr 200 Carolinen belaufen.

Die Stifter und Vorſteher. Meinrad, ein Sohn Berchtolds, Grafen zu Sulgen, an der Donau, um 800 geboren, wurde in dem Kloſter Reichenau zur Gelehrſamkeit und zur Liebe einſamen Lebens erzogen. Reichenau ſandte den jungen Prieſter nach Oberbollingen (bei Rappersweil), wo er als Lehrer der Jugend und der angehenden Kloſtergeiſtlichen viele Jahre hindurch wirkte. Schon lange ſehnte er ſich nach ganzlicher Abgeſchiedenheit und nachdem er von ſeinen Obern die Erlaubniß erhalten, begab er ſich auf den Berg Etzel. Eine alte, fromme Wittwe verſah ihn mit Lebensmitteln. Der gottesfürchtige und weiſe Mann wurde aus der ganzen Umgegend beſucht, ſo daß er ſich nach Gebet um Erleuchtung entſchloß, noch tiefer in die Wildniß hinein ſich zurückzuziehen, wo jetzt Einſiedeln ſteht. Hier ſoll ihm Hildegarde, Aebtiſſin im Frauenmünſter in Zürich, eine Zelle und eine hölzerne Kapelle erbaut haben. Zuweilen besuchten ihn Brüder aus der Reichenau. In Abschriften des Wortes Gottes und einiger Kirchenväter studirte er immer. Zwei junge Raben, die er zahm zu machen wußte, waren seine treuen Gefährten. Viele Jahre lebte Meinrad im Dienste Gottes, des Herren, und durch die Würde christlicher Einfalt Jedermann erbauend, im finstern Walde, bis zwei Männer, durch die Begierde nach seiner wenigen Habe 861 bewogen wurden, ihn zu ermorden. Meinrads zwei Raben sollen sie bis Zürich auf die Stelle verfolgt haben, wo jetzt der Gasthof zum Raben steht, und wo, durch die den Pilgern bekannten Vögel aufmerksam gemacht, der Arm der Gerechtigkeit sie ergriffen und bestraft. Diese Erzählung erinnert an die Kraniche des Ibycus.

Die Ueberlieferung erzählt, bis 907 sey die Zelle des frommen Eremiten zwar unbewohnt, aber von der Nachbarschaft besucht und verehrt geblieben, damals habe Benno, der sich daselbst niedergelassen, sie ausbessern, einige andere für seine Gefährten errichten lassen, und das Land mit ihnen urbar zu machen angefangen. Die Freigebigkeit der benachbarten Herrschaften unterstützte diese kleine aufblühende Stiftung und bald bekam der im Rufe gottseligen Wandels immer mehr steigende Ort von seinen Einwohnern, frommen Einsiedlern und dem von Meinrad hochverehrten, und in Andacht aufbewahrten Mariabild den Namen Maria Einsiedeln.

Die große Aufnahme erhielt aber die neue Ansiedelung unter Eberhard, Dompropst zu Straßburg, aus einem vornehmen Geschlechte in Franken. Er ließ die Meinradskapelle und Zelle neu aus Steinen aufführen und über sie eine Kirche erbauen, neben welcher Wohnungen angebracht wurden, aus denen das Kloster entstand, das sich nach der Regel des heiligen Benedicts bildete und Eberhard zu seinem ersten Abte wählte. Als die Feierlichkeit der Einweihung der Kapelle statt haben sollte, erzählen die Annalen, sey Jesus Christus selbst herab gestiegen, habe, von Engeln und Heiligen assistirt, um Mitternacht vom 13. auf den 14. September sie selbst verrichtet, und als am Morgen der Bischof Conrad von Constanz die Einweihung vornehmen wollte, habe eine Stimme, die zum dritten Male ertönte, von oben demselben zugerufen: Cessa frater, *Capella* jam divinitus consecrata est. Leo VIII. hieß das Wunder gut, und verließ allen einen vollkommenen Ablaß, welche diesen Ort besuchen würden. Daher die Inschrift: Hic est plena remissio peccatorum a culpa et a poena. (Hier ist vollkommener Ablaß von Schuld und Strafe.) Eberhard starb 958.

Sein Nachfolger war Thietland, Herzog von Schwaben; allein das hohe Alter dieses Abtes nöthigte ihn, schon im sechsten Jahre seine Würde niederzulegen, und bald nachher starb er 963.

Die Abtswahl fiel auf Gregor, der ein Sohn König Eduards von England und Schwager des Kaisers Otto gewesen seyn soll, und aus dem Geräusche des Hofs zu den Gräbern der Apostel und von Rom in die Alpenwüste geflohen war, um an dem Orte, welchen Meinrad durch seine Andacht geheiligt, in

Gottesdienst und Enthaltung den Augenblick seiner Befreiung von den körperlichen Banden zu erwarten. Unter ihm vergabte Gerold, ein Herzog aus Sachsen, der als Einsiedler in Vorarlberg lebte und dessen zwei Söhne Cuno und Ulrich Conventualen in Einsiedeln geworden waren, an dieses Kloster die von ihm bewohnte und von dem Landgrafen daselbst ihm geschenkte Wildniß, die nachher nach seinem Namen St. Gerold benannt wurde. Er starb 996.

Wierand, Graf von Wandelburg, erhielt von den Kaisern Otto III. und Heinrich dem Heiligen viele neue Freiheiten und Besitzungen. Wierand starb 1026.

Sein Nachfolger war **Embrich**, Freiherr von Abensberg. Kaum hatte er die Abtswürde angetreten, so brannte das Kloster 1029 ab, entweder durch Nachlässigkeit oder Bosheit angesteckt. Nur die heilige Kapelle blieb von den Flammen verschont. Bei der Einweihung der neuerbauten Kirche im Jahre 1039 wurden die Reliquien Meinrads, die noch immer auf der Reichenau gewesen waren, mit großer Feierlichkeit nach Einsiedeln gebracht. Embrich starb 1052.

Herrmann, Graf von Kyburg und Winterthur, starb 1065.

Heinrich I., Graf von Lupfen und Stühlingen, starb 1070.

Selinger, Freiherr von Wolfhausen, war in der Jugend tapferer Ritter und geachteter Krieger, besaß eine fromme Frau und drei Söhne, die, als der Gatte und Vater der Welt entsagte, um im Kloster Gott zu dienen, seinem Beispiel folgten. Jene nahm den Schleier im Frauenmünster in Zürich, diese legten das Gelübde in Einsiedeln ab. 1090 entsagte er der Abtswürde und starb neun Jahre nachher.

Rudolph I., Graf von Rapperswyl, starb 1101.

Unter **Gero**, Grafen von Frohburg, erhoben sich die Grenzstreitigkeiten mit Schwyz (S. 9). 1122 ging er in die ewige Ruhe ein.

Werner I., Graf von Lenzburg. Ihm übergaben 1130 Freiherr Leuthold von Regensberg, dessen Frau und Sohn ihr Gut Vahre (Fahr) mit der daselbst gebauten Kapelle.

Rudolph II., Graf zu Lupfen und Landgraf zu Stühlingen. Seine Wahl erklärte Graf Rudolph V. von Rapperswyl für ungültig, „weil sie ohne seine (des Schirmvogtes) Gegenwart und Genehmigung geschehen sey." Er überfiel das Kloster, verjagte den Abt und seine Anhänger, verwundete einige derselben in der Kirche, verschonte selbst der heiligen Kapelle nicht, mußte aber auf Befehl Kaisers Conrad III., den Erwählten als rechtmäßigen Abt anerkennen. Der Abt starb 1172.

Werner II., Graf von Toggenburg, durch Tugenden und Alter ehrwürdig, legte 1191 seine Würde nieder.

Von **Ulrich I.**, Grafen von Rapperswyl, bezeugen die Klosterannalen, „die Geschichte müsse seine Thaten verdammen."

Seine stolze Pracht und seine eitele Verschwendung verursachten im Jahr 1206 seine Entsetzung.

Die Regierung des wackern und gelehrten Berchtolds, Freiherrn von Waldsee, war kurz; denn Alter und Krankheiten zwangen ihn, schon 1213 seine Würde niederzulegen.

Ihm folgte Conrad I., Graf von Thun. Ein schrecklicher Brand, wobei die Kirche, das Kloster, die Nebengebäude und viele Urkunden zu Grunde gingen, verursachten ihm 1226 große Leiden. Der heiligen Kapelle geschah auch jetzt kein Leid. Eine Feuersbrunst verwandelte noch einmal, man weiß nicht genau, ob das ganze Kloster oder nur einzelne Theile desselben in Schutt. 1234 trat Conrad I. seine Würde ab.

Anshelm, Freiherr von Schwanden, soll 1260 für sich und seine Nachfolger das Bürgerrecht in Zürich erhalten haben. Er starb 1266.

Ulrich II., Freiherr von Winnenden, wurde 1274 von König Rudolph von Habsburg in den Fürstenstand *) erhoben und mit dem Scepter zur Verwaltung der weltlichen Regalien belehnt. Er soll 1277 gestorben seyn.

Peter I., Freiherr von Schwanden, voll guter Eigenschaften des Geistes und Herzens, starb mit mehrern andern Personen durch den Blitz erstickt, in der Liebfrauenkapelle zu Zug, wohin er in einem Kreuzgange gewallfahrtet hatte, im Jahre 1280.

Heinrich II., Freiherr von Güttingen, starb 1298. Unter ihm erhielt das Stift von Papst Nikolaus IV. Bestätigung aller Rechte und Freiheiten, und zwölf italienische Bischöfe, die einem zu Rieti versammelten Concilium beiwohnten, ertheilten jeder einzeln denjenigen, die an gewissen Festen die Kapelle des heiligen Gangulphs auf dem Brühl besuchen, jährlich 40 Tage Ablaß von den ihnen auferlegten Bußen.

Johann I., Freiherr von Schwanden, baute neue Klostergebäude und verbesserte die ältern, errichtete in der Nähe der Kirche Krambuden, umgab das Kloster mit einer hohen Mauer, verschönerte den heiligen Brunnen und führte beim Gottesdienst die Musik ein. 1326 entsagte er seiner Stelle und starb noch in demselben Jahre.

Johann II., Freiherr von Hasenburg, genoß ruhiger Zeiten und starb 1334.

Unter Conrad II., Freiherrn von Gösgau, wachte der Grenzstreit wieder auf. Conrad starb 1348.

Unter Heinrich III., Freiherrn von Brandis, fand dieser Streit endlich sein Ziel (S. 16). Der treffliche Heinrich wurde 1357 einstimmig von dem constanzischen Domcapitel zum Bischof erhoben.

Nikolaus I., Freiherr von Gutenberg, starb 1365.

Unter Marquard, Freiherr von Grünenberg, kamen ei-

*) Einige wollen die Fürstenwürde in frühere Zeiten hinaufsetzen.

nige Beſitzungen und Rechte zu Wollerau, ſo wie der ganze
Hof und die Gerichtsbarkeit über Reichenburg an das Kloſter.

Ihm folgte 1377 Peter II., Freiherr von Wollhauſen.
Sein größtes Lob iſt der Name, den ſeine Zeitgenoſſen ihm
gaben. Sie nannten ihn „Vater der Armen.“ Zwiſchen ſeinen Angehörigen in der Waldſtatt und denen in den Höfen
war wegen der Marken in den Wäldern ein blutiger Streit
entſtanden. Mit dem Abte von Wettingen ritt er von einer
Partei zur andern als ein Apoſtel des Friedens. Endlich
wurde nach vielen Anſtrengungen ein ſiebenjähriger Friede geſchloſſen. Dem Stift Einſiedeln wurden darin ſeine Beſitzungen und Rechte in den Höfen wieder zugeſprochen. Peter
ſtarb 1390.

Ludwig I., Graf von Thierſtein, bereitete dem Kloſter
manches Unheil und Schaden, und viele böſe Tage und Jahre;
doch gelang es ihm, einen langwierigen Zehntenſtreit mit dem
Markgrafen von Hochberg gütlich beizulegen. Durch Umtriebe
wußte er den Biſchofsſitz von Straßburg zu erhalten; allein
als er mit großer Pracht abreiſen wollte, ſtarb er 1402 zu
Pfäffikon.

Hugo, Freiherr von Roſenegg, erwarb die ſchon lange
und vielfältig von dem Stande Zug beſtrittenen Rechte und
Einkünfte in der zugeriſchen Gemeinde Menzingen und Aegeri.
Auch erlangte er wieder das Bürgerrecht zu Zürich. Hugo be-
ſuchte das Concilium zu Conſtanz, und wurde unter allen Aebten, die ſich dort einfanden, als der zweite im Range geachtet.

Burkhard, Freiherr von Weißenburg, fuhr fort, die
Rechte des Kloſters aufs neue feſtzuſetzen. Er beſtimmte die
Verhältniſſe des Stiftes zu der Waldſtatt, erſetzte durch An-
käufe die ſehr verminderten Güter des Kloſters, trat einer
Verbindung von 36 Klöſtern der Conſtanzerdiöceſe bei und
wurde zum Vorſteher derſelben ernannt. Er ſtarb 1438.

Nach ſeinem Tode wurde Rudolph III., Freiherr von Hohenſax, Abt. Seine Regierungszeit war höchſt unruhig. Sie
fiel in den alten Zürcherkrieg. Auch wüthete 1439 die Peſt
auf furchtbare Weiſe. Er ſtarb 1447.

Franz, Freiherr von Hohenrechberg, ein hochverſtändiger
Mann, ſtarb ſchon im fünften Jahre nach ſeiner Wahl, 1452.

Gerold, Freiherr von Hohenſax, brachte durch ſeine über-
triebene Prachtliebe dem Stifte großen Schaden. Er erhielt
die Beſtätigung der in der Bulle Leo VIII. enthaltenen Vorrechte; allein dies genügte ihm nicht. Er wünſchte noch ausgedehntere, und reiſte deswegen 1464, begleitet von hundert
Reitern, nach Rom. Dort erlangte er mehr als er vorher zu
hoffen gewagt hatte. Bei ſeiner Zurückkunft wurde er auf
dem Bruhl vom Capitel ſehr feierlich empfangen. Kurz nachher geriethen die Kloſtergebäude, Einige ſagen durch Verwahr-
loſung des Küſters, Andere behaupten, die Urſache ſey unbekannt, in Brand; nur die Mauern und die heilige Kapelle
blieben ſtehen. Da Gerold aus Mangel an Geld nicht bauen
laſſen wollte, ſo gerieth er mit dem Kloſter in Zerwürfniß, zog

sich 1465 nach St. Gerold zurück, und ernannte den Conventualen Conrad, Freiherrn von Hoheurechberg zu seinem Stellvertreter. Er starb erst 1481.—

Als Administrator hatte Conrad III. die heilige Kapelle und die Klostergebäude wieder hergestellt. Allein nachdem er zum Fürstabte erhoben worden war, nahm er sich der Geschäfte wenig oder gar nicht mehr an, veräußerte alle noch übrig gebliebenen Besitzungen des Stiftes im Breisgau an das Kloster Ettenheim, und begab sich nach St. Gerold, wo er seine Jagdlust befriedigte. Doch kam er öfters nach Einsiedeln. Bei einer solchen Gelegenheit kaufte er 1503 aus seinem eigenen Vermögen für das Stift die Alp Sihlthal. Bei einer andern Anwesenheit, 1509, brach im Flecken Feuer aus, wodurch bis auf die heilige Kapelle, die Wohnungen des Abtes, der Conventualen und Kaplane, das Kloster in Asche verwandelt wurde. Conrad war der erste Fürst, an den eine Einladung auf den Reichstag gelangte. Unter diesem Abte war Freiherr Theobald von Geroldseck, Vorsteher oder Administrator des Klosters und zuletzt der einzig noch übrige Conventherr. Der Reformation zugethan und für dieselbe thätig, ging er 1525 nach Zürich und fand, weil er sich von seinen Freunden nicht trennen wollte, in der Schlacht bei Cappel, 1531, seinen Tod. Von Geroldseck war Ulrich Zwingli 1516 von Glarus als Leutpriester nach Einsiedeln berufen worden, wo der Letztere seine Ueberzeugungen mit großem Nachdruck verkündigte, namentlich während der großen Engelweihe von 1517, welcher eine außerordentliche Menge von Pilgern beiwohnte. Auch bekämpfte er den Ablaßverkäufer Bernhardin Samson. 1519 erhielt Zwingli einen Ruf nach Zürich. Neben ihm war in Einsiedeln der gelehrte Leo Judä Caplan. Conrad III. legte 1526 seine Würde nieder und mit ihm schloß sich die Reihe der Aebte aus vornehmen Geschlechtern Teutschlands und der Schweiz.

Sein Nachfolger war Ludwig II., Blaarer von Wartensee. Erst nach der entscheidenden Schlacht bei Cappel wurden vier Novizen aufgenommen, die ersten, die nicht aus adelichen Häusern waren. Papst Paul III. verlieh 1537 in Berücksichtigung der entstandenen Religionsspaltung Ludwig und allen seinen Nachfolgern bischöfliche Gewalt. Ludwig starb 1544.

Joachim, Eichhorn, von Weil im Kanton St. Gallen. Er leistete in geistlicher und weltlicher Hinsicht soviel, daß die Geschichtschreiber ihn den zweiten Stifter des Klosters nennen. Manche der früher veräußerten Güter und Weiden kaufte er wieder an, vermehrte den Viehstand und errichtete Sennereien. Von einer Versammlung der schweizerisch katholischen Geistlichkeit, die aus acht Aebten, drei Pröbsten, mehrern Dekanen, Prioren u. s. f. bestand, wurde er 1562 zu Rappersweil auf das tridentinische Concilium abgeordnet, und auch von dem Bischofe zu Chur zu seinem Stellvertreter auf demselben ernannt; doch Joachim mußte in dem nämlichen Jahre wegen seiner angegriffenen Gesundheit Trient verlassen, und starb bereits 1569 im fünfzigsten Jahre seines Lebens.

Adam, Heer, von Rappersweil, wallfahrtete 1575 in Pilgerkleid und mit Pilgerstab, nur von einem Conventherrn be-

gleitet, auf das vom Papst Gregor XIII. ausgeschriebene Ju-
biläum nach Rom. Bei der Feuersbrunst am 23. April 1577
(S. 250) wurde das Kloster in einen Aschenhaufen verwandelt; doch hielten die Gewölbe des Münsters die einstürzenden
Balken des Dachstuhles auf, so daß die heilige Kapelle verschont blieb. Viele Schätze des Archives und der Bibliothek
gingen dabei zu Grunde. Der Wind soll brennende Schindeln
und Papier bis in das Wäggithal getragen haben. Anfein-
dungen vermochten Adam 1585, die Abtwürde niederzulegen.
Er starb 1610.

Ulrich III., Wittweiler, von Rorschach, vermehrte das
Kloster bis auf 26 Conventualen, ließ sie auf den berühmtesten
Hochschulen der damaligen Zeit: Mailand, Pavia, Bologna,
Rom, Freiburg u. s. f. studiren, beschäftigte sich fleißig mit
historischen Forschungen, vermehrte die einsiedelnschen Jahr-
bücher, welche Aegidius Tschudi aus dem Stiftsarchive zusam-
mengetragen hatte, beschrieb das Leben des seligen Bruders
Nikolaus von der Flüe, und erwarb dem Kloster aufs Neue
Reliquien. Er starb um 1590.

Sein Nachfolger war Augustin I., Hoffmann, von Baden. Auf seine Aufforderung schrieb Christophor Hartmann,
von Frauenfeld die Annalen von Einsiedeln. Augustin vereinigte die schweizerischen Benedictinerklöster in eine Congregation
und sorgte angelegentlich für das Frauenkloster auf der Au
(Seite 233). Ihm bot der Erzbischof von Salzburg, Marcus
Sittich, Graf von Hohenems an, auf eigene Kosten die heilige
Kapelle mit Marmor bedecken zu lassen. Er starb 1629.

Placidus, Raymann, war der erste und bis jetzt einzige von Einsiedeln gebürtige Abt. Von Kaiser Ferdinand II.
erhielt er den Titel eines Pfalzgrafen. Ihm verdankt man die
Verlegung des Kirchhofes außerhalb des Fleckens, wo er eine
Kapelle zu Ehren des heiligen Benedicts erbaute. In Reibungen gerieth er mit Nahen und Fernen, so mit dem Schirm-
orte Schwyz wegen der Oberherrlichkeit über die Waldstatt
Einsiedeln. Dessenungeachtet erwies er sich gegen Schwyz bei
dem Brande von 1642 sehr theilnehmend. Aus Rom erhielt
er mehrere Leiber von Märtyrern, erhob aus den Grüften diejenigen der heiligen Eberhard, Thietland, Gerold und Adal-
rik und kaufte von der Stadt Ueberlingen die in ihrer Nähe
liegende Herrschaft Ittendorf. Im Jahr 1670 endigte er sein
thätiges Leben (Seite 160).

Augustin II., war aus dem Geschlechte der Redling von
Biberegg. Er vermehrte die Reliquien der Heiligen, erneuerte
den heiligen Brunnen, baute das Beicht- und das noch jetzt
stehende Beinhaus. Im Thurgau kaufte er die Herrschaft Sonnenberg, errichtete die Pfarre Blons und baute daselbst die
Kirche. 1675 übergaben die drei Länder Uri, Schwyz und Unterwalden, als damalige Herren von Bellenz die dortigen Schulen dem Kloster. Augustin sandte Professoren dahin und übertrug die Leitung der Schul- und Oekonomiegeschäfte einem
Probst. Unter ihm wuchs die Zahl der Conventualen bis auf
hundert an. Seiner literarischen Thätigkeit wurde schon oben
(Seite 161) gedacht. Er verschied 1692.

Raphael, von Gottrau, von Freiburg im Uechtland, verkaufte wegen verschiedener Bedürfnisse mehrere Güter, unter anderm die Herrschaft Ittendorf, baute 1698 die Kapelle des heiligen Meinrads auf dem Etzel, legte in demselben Jahre sein Amt nieder und starb 1707.

Maurus, von Roll, von Solothurn, gab Lobreden auf die Jungfrau Maria im Drucke heraus, die, nach dem Zeugniß der einsiedelnschen Chronik, bei aller Sonderbarkeit der damaligen rednerischen Vortrage, tiefe Gedanken, umfassende Gelehrsamkeit und frommen Sinn zeigen. Maurus begann am 31. März 1704 den Bau des jetzigen Klosters, wobei er auf Festigkeit, Einfachheit und Bequemlichkeit sah. Bei seinem Tode, 1714, war schon die Hälfte des Gebäudes vollendet. Auch für die Armen that er vieles.

Auf ihn folgte Thomas, Schenklin, von Weil im Kanton St. Gallen. Er beschloß, auch die Kirche neu aufzuführen. Am 20. Juli 1721 wurde der erste Stein zu dem herrlichen Gebäude feierlich gelegt. Er starb 1734.

Nikolaus II., Imfeld, von Sarnen, brachte endlich den Kloster- und Kirchenbau zu Ende, nachdem er ungefähr fünfzig Jahre ununterbrochen gedauert hatte. Benedict XIV. gab diesem Abt die Gewalt, Notarien zu erwählen, und nannte ihn und sein Stift „eine Feste der wahren Religion." Er verschied 1773.

Ihm folgte Marianus, Müller, von Esch, in den Freienämtern gebürtig. Zur Erholung beschäftigte er sich mit Musik und componirte mehrere Stücke, welche (nach der einsiedelnschen Chronik) wegen ihrer Kunst, ihres Feuers und ihrer ganzen Anlage unter die besten Werke der Kirchenmusik gerechnet werden dürfen. Er starb 1780.

Beat, Küttel, von Gersau, erhielt 1793 durch ein Breve des Papstes, Pius VI., die Bestätigung der Bulle Leo VIII. über die Engelweihe, sowie auch der durch die Päpste Julius II., Leo X., Gregor XIII. und Clemens VIII. geschehenen Gutheißung der Freiheiten und Rechte, welche in jener Bulle ausgesprochen sind. Die Regierung Beats fiel in eine bedeutungsvolle Zeit. In den Tagen des Kampfes mit den Franzosen, im Mai 1798, hatten sich alle Conventualen nach St. Gerold geflüchtet. Das bisher aufgestellte Marienbild wurde gerettet und statt desselben ließ der Regierungsstatthalter Heinrich Zschokke im Einverständniß mit einigen Geistlichen ein anderes an dessen Stelle setzen. Die heilige Kapelle wurde bis auf den Grund niedergerissen und das Marienbild, in der Voraussetzung, es sey das ächte, nach Paris gesandt. Ein Theil der Conventualen blieb bei Beat in St. Gerold, ein anderer zerstreute sich in die Klöster in Schwaben, Baiern, Tyrol, Oesterreich u. s. w. Als 1799 Beat von Erzherzog Carl eine Wiedereinsetzung in sein Stift, seine Herrschaften und Rechte erhielt, ließ er durch einige Capitularen davon Besitz nehmen; allein bald wurden die Franzosen wieder Herren der Gegend und vor ihnen flohen die Bewohner des Stiftes und viele des

Fleckens. Erſt am 31. November 1801 erſchienen wieder einige Conventualen; Beat folgte ihnen im Januar 1802 nach. Den 29. September 1803 wurde das Bild der heiligen Jungfrau von dem Convente und der ganzen Waldſtatt auf dem Etzel abgeholt, wohin es in der Stille gebracht worden war. Hundert weißgekleidete Jungfrauen begrüßten die Mutter Gottes durch Geſang; dieſen wiederholte die Geiſtlichkeit mit dem Salve Regina. Auf dem Zuge zum Kloſter trugen vier Capitularen das Bild. Bei der Kapelle des heiligen Gangulphs auf dem Brühl kam Beat im Pontificalanzuge der Proceſſion entgegen, begleitete dieſelbe bis in die Kirche und ſtellte das Bild an ſeiner ehemaligen Statte auf. Beat fing auch an, aus den Trümmern der alten Kapelle eine neue herzuſtellen. Dieſer Abt, mit dem der Fürſtentitel erloſch, vereinigte in ſich Güte, gottſeligen Sinn und eine ſeltene Toleranz und Milde. Im Jahre 1808 ſtarb er.

Conrad IV., Tanner, von Art, war ein fruchtbarer Schriftſteller (Seite 164), geiſtvoller Mann und unermüdet beſorgt, die Wunden, welche das Gotteshaus in den Stürmen der Revolution erlitten, vernarben zu machen. Er vollendete den Bau der heiligen Kapelle. Durch ein päpſtliches Breve wurde Conrad 1818 zum Biſchof der vier Waldſtätte ernannt; allein der Abt erklärte der Abordnung von Schwyz: „Er habe dieſe Ernennung aus Rom erhalten, werde ſie aber aus wichtigen Gründen nicht annehmen,“ und einmüthig ſtimmte das von ihm ſogleich verſammelte Capitel ſeinem Befinden bei, und theilte ſeinen Beſchluß dem heiligen Vater mit. Dem Ermeſſen des Abtes aber überließ es, ob er die Würde annehmen wolle; doch unter der Bedingung, daß er nicht als Abt das Amt ausübe oder im Kloſter reſidire und daß ihm lebenslänglich ein Vicar gegeben werde. Ein auf den 21. Auguſt einberufenes Generalcapitel lehnte die von Rom aus erneuerte Aufforderung als „ſehr koſtſpielig“ ab. Verſuche, die der darüber befremdete Internuntius Belli machte, blieben ohne Wirkung und der würdige Abt Conrad erklärte: „Er wolle ſeinen heiligen Gelübden nicht untreu werden.“ Er ſtarb 1825.

Cöleſtin, Müller, von Schmerikon, wurde 1772 geboren.

Hofämter und Rechtſamen. So oft ein neuer Kaiſer den Thron beſtieg oder ein neuer Fürſt gewählt wurde, mußten der Fürſtentitel und das Reichslehen, durch einen Stellvertreter vom Kaiſer empfangen werden. — Gleich andern Reichsfürſten hatte der Abt ſeine Hofämter.

Die Grafen von Habsburg waren Oberhofmeiſter;

Die Grafen von Rappersweil Marſchälle;

Die Freiherren von Wädensweil Truchſäßen;

Die Freiherren von Uſter Schenke;

Die Edeln von Wollerau, ſpäter die Edeln von Schellenberg Unterhofmeiſter.

Die Edeln von Uerikon Untermarſchälle.

Die Edeln von Hombrechtikon Untertruchſaßen.

Die Edeln von Liebenberg Unterſchenke.

Die Freiherren von Regensberg, wenn der Abt in der
Inful ging, Sesselträger;

Die Freiherren von Kempten
Küchenmeister;

Die Edeln Meyer von Kno-
nau Unterfesselträger.

Die Edeln von Hofstetten Un-
terküchenmeister.

Die Ausübung dieser Hofämter hat längst aufgehört. Mit
der Auflösung des Reichsverbandes erlosch auch der Fürstentitel
der Aebte.

Das Stift Einsiedeln besaß die Probstei St. Gerold bei
Feldkirch mit dem Blutbanne und den Gerichten. Ein Statthalter und einige Conventualen verwalteten diese Besitzung, bis
sie incammerirt wurde. Zu Reichenburg gehörten ihm die hohen und niedern Gerichte, und nach Aufhebung der Mediationsacte trat die merkwürdige Erscheinung ein, daß der Stand
Schwyz dem Stift Einsiedeln einen Theil dieser Gerichtsbarkeit wieder zueignete. Die letzte Staatsveränderung hob dieses,
dem eidgenössischen Verband widersprechende Vorrecht wieder
auf. Das Stift hatte außerdem noch die niedern Gerichte im
Hofe Pfaffikon, zu Kaltbrunn, in der Vogtei Fahr (in den
Dörfern Weiningen, Ober- und Unterengstringen und Gerolds-
weil), zu Freudenfels, Sonnenberg, Gachnang, zu Stäfa,
Erlenbach, Brütten (an den drei letzten Orten von geringer
Bedeutung). Die Gerichte, den Todtenfall und den Ehrschatz,
welche das Kloster zu Menzingen (im Kanton Zug) besaß, vermochte dasselbe, von Jahrhundert zu Jahrhundert immer weniger gegen das Freiheitsgefühl dieser zugerischen Gemeinde zu
behaupten. Es verkaufte ihr dieselben 1679 und man verstand
sich ein, daß die Gemeinde die dortigen Gerichte von jedem
neuen Abte zu Lehen bekommen solle. Der Abt besetzte zehn
katholische Pfarren (Einsiedeln, Feusisberg, Freienbach, Sat-
tensdorf, Oberkirch, Ettisweil, Eschenz, Blons, Schnifis,
Nizibers) und sieben reformirte (Burg, Stäfa, Männedorf,
Meilen, Brütten, Schwerzenbach und Weiningen); die sechs
letztern (im Kanton Zürich) sind durch Uebereinkunft an diesen
Staat übergegangen. Als Abt hatte er unter den schweizerischen Benedictinerklöstern nach St. Gallen den zweiten Rang.
Unter seiner Aufsicht stehen die Frauenklöster Seedorf, Fahr
und Au (bei Einsiedeln). In geistlichen Dingen hangt das Stift
unmittelbar von dem römischen Stuhle ab. Im Kloster Fahr
hält es einen Probst und einen Beichtiger, in Bellenz einen
Probst und einige Conventualen als Lehrer, zu Pfaffikon, Freu-
denberg und Sonnenberg Statthalter.

Wallfahrt. Einsiedeln ist der besuchteste Wallfahrtsort
in der Schweiz und nach den Muttergotteskapellen zu Loretto
und St. Jago in ganz Europa. Verzeichnisse der drei letzten
Jahrhunderte zeigen, daß mit Einschluß der Pfarrgenossen die
h. Communion im Durchschnitt jährlich 150,000 Personen gereicht
wurde. 1700 stieg die Zahl auf 202,000. Auch von 1790 bis
1798 war die Zahl der Wallfahrter sehr groß, insbesondere
aus Frankreich. 1817 und 1821 genossen 114,000, 1823 bis 1826
jährlich 150,000, und 1834 innerhalb 14 Tagen, zur Zeit der
Engelweihe, 36,000 Personen das h. Abendmahl. Die Wall-

.fahrter kommen zunächst aus der Schweiz, kann aus den angrenzenden Gegenden Frankreichs, Teutschlands und Italiens,
nicht selten aber auch aus weit entferntern Ländern. In der
Katholischen Schweiz halt es ein großer Theil der Landleute für
eine Pflicht, wo nicht alle Jahre, doch mehrere Male in ihrem
Leben zu der Mutter Gottes in Einsiedeln zu wallfahrten und sie
bestarken sich durch Gelübbe in diesem Glauben. Die Zahl der
Bittgänge, im Namen ganzer Pfarreien aus der Schweiz, steigt
im Laufe eines Jahres ungefahr auf 70. Jeder Bezirk des
Kantons Schwyz hielt jährlich einen Kreuzgang nach Einsiedeln,
bis ganz neulich Geistliche in der March ihre Kirchgenossen aufmerksam machten, sie könnten das Nämliche in ihrem Bezirke
verrichten. Der Bezirk Schwyz begeht denselben am Pfingstmontag und Dienstag, Gersau am heiligen Dreifaltigkeitstag,
die Höfe am 1. Mai. Die Kreuzgänge der Kantone Glarus
und Zug und der Stadt Rappersweil holt das ganze Stift
unter Vortragung von Reliquien ein. Jeder dieser Züge ist
mit Feierlichkeiten verbunden. Bei dem Kreuzgang des Bezirkes Schwyz sind der regierende Landammann, der Seckelmeister, Rathsherren und die Kanzellei gegenwärtig. Dieser
Kreuzgang ist ein aufgenommenes Gelübde aus der Zeit des
alten Zürichkrieges. Damals waren solche Gelübde in Zeiten
der Noth sehr häufig. Basel gelobte während der Pest 1439,
„den Magistrat und die Bürgerschaft nach Einsiedeln zu senden,“
und zehn Jahre lang wurde dieser Kreuzgang fortgesetzt. Um
1490 verordneten Räth und Bürgermeister von Zürich (der
große Rath): „Wir ordnend, sezend und wöllend zu Lob und
Ehre des allmächtigen Gottes, seiner würdigen Mutter der
Junkfrow Maria und alles Himmlischen Heres, und auch zu
Trost allen christglöubigen Selen, und um daß der allmächtig
ewig Gott uns, unser Statt Zürich, unser Landschaft und unser
Unterthonen in sinem göttlichen Gnadenschutz und Schirm habe,
die enthalt, uns verliche sin göttliche Wißheit und Gnad zu
regieren und ze leben nach sinem göttlichen Willen und Gevallen,
und unser Statt, und des gemeinen Lands Lob, Nutz und Eren;
uns verlyhe gut Wetter, behüte die Frucht, und vor allem Uebel
uns beschirme: Daß man alle Jahr auf den nächsten Montag
nach dem heiligen Pfingsttag us unser Statt einen loblichen
Krüzgang thüe zu der heligen und gnadenreichen Statt unser
lieben Frowen zu Einsidlen, mit Andacht und einem Opfer,
wie dan unser Vordren und wir sollichen Krüzgang lange Zeit
untzhar ouch habend gethan; und soll ein jeglich Gehauß ein
ehrbere Mannsperson die zu dem Heligen Sacrament gangen
und ouch erwachsen syg, mit dem Crüz zu solcher Gottsfart
senden und das keinswegs underlassen. Wir söllend und wöllend auch allweg ordnen zwen us unserm Kleinen Rat, die mit
dem Crüz gangind, und die Lüt in guter Hut und Meisterschaft
haltend, daß sy ordenlich, züchtiglich und demütig gangind,
und niemans kein Unfug tryb.“ Große Verbrecher mußten zu
Einsiedeln ihre Sünden bereuen und um Lossprechung bitten.
Im Zürcher Rathsprotocolle finden sich mehrere Beispiele: „N. soll
zu U. Frauen gan Einsidlen kehren und daselbs solich Meineid
bichten und büssen, und deß glaublich Urkund bringen.“ Unter
den Pilgern fanden sich von jeher auch viele durch hohen Rang

ausgezeichnete Personen ein. So wallfahrtete Kaiser Carl IV.
in Begleitung vieler Fürsten, Bischöfe und des Bürgermeisters
Brun nach Einsiedeln. Die Schreckenszeit in Frankreich führte
Glieder des hohen Clerus dahin. Am Pfingstmontag 1793 hielt
der Erzbischof von Paris, umringt von ein Paar hundert französischen Geistlichen, das Hochamt in der Stiftskirche. Am Abend
vor Maria Himmelfahrt desselben Tages kam der Erzbischof
von Vienne, Primas von Frankreich, von einem einzigen Priester begleitet, zu Fuß in Einsiedeln an. Unter den Pilgern
sieht man nicht nur entkräftete, sondern sogar solche, die nicht
ohne Hülfe sich fortschleppen können, sich führen, tragen und
in Schubkarren transportiren lassen müssen. Die Zahl der Wallfahrter, insbesondere an der Engelweihe, ist bedeutend. Diese
wird seit Jahrhunderten begangen. Wenn der 14. September
auf den Sonntag fällt, so heißt dieselbe die große Engelweihe
und ist mit größerer Feierlichkeit verbunden, welche die Zahl der
Wallfahrter sehr vermehrt. Bei solchen Anlassen mußte bisweilen ein Theil der Pilger die Nacht im Freien oder in der Kirche
zubringen. Unzählbar ist die Menge der Votivtafeln, die seit
Jahrhunderten hier sind dargereicht worden. Sie werden hinten in der Kirche zu beiden Seiten der Thüre aufgehangen.
Liest man ihren Inhalt, so ist keine Art von Unglück und Noth
auszudenken, die nicht durch die Fürbitte der Himmelskönigin
ihr Ende erreicht hatte. Alle Elemente gehorchten ihr. Vorzüglich zeichnen sich die vielen Rettungen aus Feuers- und Was-
sersnoth aus. Es giebt kein noch so entferntes Land oder
Meer, welches nicht Denkmale davon lieferte. Durch sie soll
die zürcherische Mannschaft 1352 bei Tätweil, durch sie die fünf
katholischen Orte über die Zürcher und ihre Verbündeten bei
Cappel und auf dem Gubel gesiegt haben; durch sie ward 1656
die Schlacht bei Villmergen gewonnen. Sie heilte Viehseuchen,
verlängerte Kranken das Leben, machte Blinde sehend u. s. w.
Am 3. October 1834 wurden von dem Verfasser dieses Buches
246, am 29. Mai 1835 248 solche ex voto Gemälde gezählt.
Ist kein Raum mehr vorhanden, so werden die ältern und
weniger bedeutenden aus der Kirche entfernt. Ihr Inhalt und
ihre Form sind für den Aesthetiker und für den Psychologen *)
oft merkwürdig. Die Wallfahrt brachte solchen Reichthum, daß
wenn die Wirthschaft immer gut gewesen, sagt Johann von
Müller, „man das Kloster mit Silber und Gold hatte bedecken
können."

Umgegend Einsiedelns. Nördlich vom Kloster liegt
der Brühl, eine weit ausgedehnte Matte und Weide, die
von zwei Straßen durchschnitten werden, deren eine nach dem
Etzel, die andere nach dem Sihlthale und Iberg führt. Auf
demselben steht die St. Gangulphskapelle, die schon 1030 erbaut und 1813 wieder erneuert wurde. Am ersten Sonntag

---

*) Eines lautete: 1814. Ex voto von X. Schmitt Von
Schlettstadt. Wir Dancke Dir O. H. Maria Von der
Gefahr Denen Bummen Kuglen, Hobitzen uns die
Muhl Glücklich mit Deinem Schutzmandel Darübes
Bedeckt hast.

im October wird auf dem Brühl ein Altar errichtet und Nachmittags eine Procession zu demselben gehalten, bei der gewöhnlich viele tausend Menschen aus der Nähe und Ferne, auch
viele Reformirte aus dem Kanton Zürich als Zuschauer, sich
einfinden. An der Straße nach Euthal und Jberg ist Groß,
in das untere und obere Groß eingetheilt, mit einer dem Johann von Nepomuk geweihten Kapelle, in welcher von Zeit zu
Zeit Messe gelesen und Christenlehre gehalten wird. Das Dörfchen Euthal, 1½ Stunden von Einsiedeln, hat eine schöne
große Kapelle, zur schmerzhaften Mutter, die von dem Maler
Birchler (S. 169) mit gelungenen Malereien geziert ist. Diese
entfernte Filiale wurde 1798 während der Abwesenheit der
Klosterbewohner zur Pfarre erhoben; allein nach ihrer Rückkehr
verwandelten sie diese wieder in eine Filiale, wodurch den
Ortsgenossen der Besuch der Predigten sehr erschwert wird.
An Meinrads erstem Aufenthalt auf der Höhe des Eßels erinnert die dortige Kapelle. Sie wird jährlich von Processionen
besucht. Neben derselben steht ein Wirthshaus, das eine weite
Aussicht gewährt und eine Viertelstunde davon ist der Schönenboden, der seinen Namen mit Recht trägt. Der große zerstreute Weiler Bennau liegt auf der Landstraße von der Schindellege nach Einsiedeln. Der heilige Benno soll diese Gegend
um 906 bewohnt und ihr den Namen (Bennosau) gegeben haben. Hier ist eine Filialkapelle. In der Pest von 1611 wurde
sie zu Ehren der heiligen Sebastian und Rochus neu erbaut.
Der Anblick Einsiedelns von der Anhöhe über diesem Dörfchen
ist überraschend. Auf steiler, aber guter Straße gelangt man
nach Einsiedeln. In einiger Entfernung bemerkt man das
zum Viertel Trachslau gehörende Frauenkloster in der Au (S.
233). In diesem Viertel ist das Gut Kriegmatt, das
wahrscheinlich seinen Namen von den Fehden erhielt, die im
vierzehnten Jahrhundert zwischen den Schwyzern und dem
Kloster Einsiedeln Statt hatten. In dem Viertel Trachslau
befand sich ehemals eine steinerne Schandsäule, welche von der
Hoheit zu Schwyz in den 1760r Jahren zum Andenken an den
bekannten Einsiedler Handel (S. 38) errichtet worden war,
der drei Einsiedlern das Leben kostete, und mehrere um ihre
Ehre und ihr Vermögen brachte. Sie wurde bei dem Einfalle
der Franzosen 1798 von diesen und den Bewohnern des Vier-
tels Trachslau weggeschafft.

Engiberg, siehe Schwyz.

Eßel, Seite 267.

Eßel, ein Berg, über welchen eine Kunststraße von Einsiedeln nach dem Zürchersee führt. Nördlich von der Meinradskapelle ist der Hocheßel. Auf dem Eßel genießt man einer
ebenso reizenden als ausgebreiteten Aussicht. Das Gemälde,
das hier vorliegt, ist gegen Osten und Süden von Gebirgen,
wie von einem erhabenen Rahmen eingefaßt. Im Vorgrunde die steile, aber meistens fruchtbare nördliche Wand des
Eßels mit der Erdzunge Hurden und dem lieblichen Inselchen
Aufenau. Die Gegend von Rapperswyl füllt den Mittelpunkt aus, näher der schöne Zürchersee, entfernter der hügel-
lichte Bezirk Hinweil und die Seegegend. Ein naher Hügel

schneidet gegen Mittag die Aussicht scharf ab. Die Gebirge von Glarus und Schwyz zeichnen sich durch Schnee oder die Ruinen ihrer Häupter aus. Die beiden Mythen begrenzen die einförmige, wenig angebaute Waldstatt, eine öde, baumlose Gegend, in der sich nur die berühmte Abtei Einsiedeln mit ihren nächsten Umgebungen ausnimmt.

Euthal, Seite 267.

F.

Fallenbach, S. 61.

Feldi, siehe Ingenbohl.

Feusisberg, Pfarrdorf im Bezirke Wollerau, das aus vielen zerstreuten Bauergütern besteht und 117 Häuser zählt, die von 1150 (?) Seelen bewohnt werden. Die Kirche ist dem Apostel Jakob geweiht. An der Decke über dem Chore findet sich ein Gemälde, das den Triumph der römischen Kirche über die Abtrünnigen darstellt, indem der Blitz auf die Häupter des Arius, Photius, Luther, Zwingli, Calvin, Voltaire und Rousseau fällt. Auf Enzenau genießt man eine herrliche Aussicht, sowohl über den ganzen Zürchersee als auf die Alpenkette. Der Weg, der von hier über Feusisberg und Wollerau in 1½ Stunden nach Richtensweil führt, findet in der Mannigfaltigkeit erhabener und entzückender Aussichten in der ganzen Schweiz wenig ähnliche. Nach Feusisberg ist Schindellege eingepfarrt, wo sich die St. Annakapelle befindet. Dieses Dertchen liegt an der Sihl, am Eingange eines wilden Thales, das in öder Einsamkeit, auf beiden Seiten mit Tannen bewachsen, in auffallendem Contraste den Uebergang aus dem durch Bevölkerung und Anbau sich auszeichnenden Zürcherseegestade in das Innere des Kantons Schwyz bildet. Das Wirthshaus zum Löwen, ist insbesondere an Sonntagen aus der Umgegend stark besucht. Als die Zürcher 1445 in dem alten Zürcherkriege bei der Schindellege einen Einfall in den Kanton Schwyz machen wollten, wurden sie aus Mangel an Wachsamkeit von den Schwyzern überfallen und mit Verlust zurückgetrieben. In den Gefechten vom Mai 1798 hat dieser Ort sehr gelitten.

Freienbach, Pfarrdorf im Bezirke Pfäffikon, mit 1750 Einwohnern und 170 Häusern (nach einer pfarramtlichen Zählung). Es gehörte bis in den Anfang des vierzehnten Jahrhunderts zur Pfarre Aufenau, weil aber die Bewohner des Hofes Pfaffikon sich vermehrten und die Besuchung des dortigen Gottesdienstes durch Stürme und Gegenwinde oft gehindert wurde, so ward zu Freienbach eine Kirche für den ganzen Hof Pfäffikon erbaut. 1690 wurde die Kirche neu aufgeführt. — 1388 wurde Freienbach von der österreichischen Besatzung und den Bürgern zu Rappersweil überfallen, geplündert und abgebrannt. Im Zürcherkriege schlugen die Schwyzer am 22. Mai 1443 bei Freienbach die Zürcher und Oesterreicher. Mit großer Tapferkeit fiel Ulrich von Landenberg. Auch der Schultheiß Steiner von Rappersweil und sein Sohn überlebten den Tag nicht. Nach Tschudi verloren die Schwyzer 22 Todte, die Zürcher 42, nach Hüpli aber nur 24. 1445 wurde Freienbach von den Zürchern angezündet. Zu Freienbach gehören: Weilen, eine Filiale, deren Kapelle den heil. Konrad zum Schutzpatron hat. Bäch ist wegen der langwierigen Streitigkeiten mit Zürich in den Vierziger-, Fünfziger- und Sechszigerjahren des siebzehnten und den Dreißiger- und Siebenzigerjahren des achtzehnten Jahrhunderts über das Baurecht, die Fischerpolizei, das Fischerrecht, die Schifffahrt und die Jurisdiction, die 1796 beseitigt wurden, bekannt. Aufenau, Uffnovia, Uffenowa, Augia lacus Tigurini, eine Insel, von einer starken Viertelstunde im Umfange. Schon Kämmerer Füßli meldet: Zur Ehre Huttens wurde die Insel von Dichtern, die seinen Tod besungen haben, Insula Hutteni genannt. In neuern Zeiten wurde der Name Huttensgrab versucht; allein diese Verwandelungen machen höchst selten ihr Glück bei dem einfachen Sinne des Schweizervolkes. Auf der Aufenau sind zwei kirchliche Gebäude, die ältesten im Kanton Schwyz: die leer stehende und zerfallene Kapelle von hohem Alterthume, und die Kirche St. Peter und Paul, die ebenfalls alle Spuren des Alterthums an sich trägt. Das Chor in dem Thurme ist in Kreuzesform gebaut. In derselben sieht man das Grabmal des heiligen Adalberts, dessen Gebeine nun als Reliquie in Einsiedeln verehrt werden. Diese Kirche ist die älteste Leutkirche der Gegend. In dieselbe war der größte Theil der Ortschaften am Zürchersee bis nach Meilen hinunter eingepfarrt. In einem dieser Gebäude sah man ehemals ein Grabmal Ulrichs von Hutten, welches zur Aufschrift führte: „Hic eques auratus jacet, oratorque disertus, Huttenus vates carmine et ense potens.“ Umsonst sucht man aber dessen Grabstätte aufzufinden. Er liegt ohne Zweifel weder in der dortigen Kirche, noch Kapelle, sondern auf dem Friedhofe selbst begraben. Dieser Edle aus Frankenland, bald Krieger, bald Dichter, bald Hofmann, bald Eremit, mit den Lorbeeren des Dichters gekrönt, der aber gegen das Ende seiner Tage die Verirrungen früherer Jahre mit einer damals unheilbaren Krankheit büßen mußte, führte ein höchst unruhiges Leben. Mitten in seinen größten Leiden aber trug er durch seine Schriften wesentlich zur Wiederbelebung der Wissenschaften in Teutschland bei. Seine zahlreichen Geisteserzeugnisse sind nun äußerst selten geworden. In denselben findet sich durchweg vieles von den geistreichen Scherzen und der Manier, mit welcher in den nämlichen Tagen der große Erasmus von Rotterdam den Aberglauben bekämpfte und die Heuchelei entlarvte. Seine Gedichte tragen alle den Stempel des ächten Geschmackes und der guten Latinität. Die Briefe der dunkeln Männer, an welchen er großen Antheil hatte, gaben den ungesunden Scholastik einen der härtesten Schläge. Der Welt und ihrer Stürme müde, begab Ulrich sich endlich auf die Aufenau, sowie Rousseau auf die St. Petersinsel im Bielersee; allein glücklicher als der Genferphilosoph störte nichts die Stille seiner Einsamkeit, als von Zeit zu Zeit der Besuch einiger Gelehrten. Er fand hier die wahre Ruhe, welche er auf dem tumultuarischen Schauplatze der Höfe und Städte so lange verge-

bens gesucht hätte und starb daselbst noch ganz jung im Jahre
1523. Auf der Aufenau befindet sich ein Pachtgut, das in
der schönen Jahrszeit insbesondere an Sonntagen aus den benachbarten Gegenden, vornämlich aus dem Kanton Zürich besucht wird. — Die Insel Lüzelau ist eine bloße Viehweide.
— Die weit in den See hinausreichende Erdzunge Hurden
ist durch ein Dörfchen und eine Kapelle belebt. Merkwürdig
ist die Brücke, die von hier nach Rappersweil führt. Bei
stillem Wetter und mit lenksamen Pferden kann man im Wagen über dieselbe fahren; doch ist es auf jeden Fall sicherer,
den Weg zu Fuße zu machen. Zum ersten Male wurde die
Brücke 1358 von Rudolph, Herzog von Oesterreich, Herrn von
Rappersweil erbaut, vornämlich wegen der Wallfahrter nach
Einsiedeln. — Pfaffikon, an der Straße auf den Etzel,
heißt in alten Urkunden Pfafficova, der Pfaffenhof. Das
Wort Pfaff war ehemals ein Ehrentitel. Es hieß Papa, Vater. Pfäffikon wurde ehedem auch Speicher genannt, weil
Einsiedeln hier zur Aufbewahrung des über den See bezogenen
Getreides ein Vorrathshaus hatte. Das Schloß wurde im
dreizehnten Jahrhundert vom Abte Johann I. angelegt und von
seinem Nachfolger mit Mauern und Graben umgeben. 1445
brannte die österreichische und zürcherische Besatzung von Rappersweil aus das Schloß und die umliegenden Gebäude ab.
1451 wurde in dem Schlosse zwischen Zürich, Luzern, Schwyz
und Glarus und dem Kloster St. Gallen das Burg- und Landrecht unterhandelt. Sowohl im Schlosse als in dem aus mehrern Häusern bestehenden Dörfchen Pfäffikon sind Kapellen;
diese ist der heil. Anna gewidmet.

Fronalp, ein hoch über Brunnen sich erhebender Berg,
der, wenn auf seiner Höhe sich dem Freunde der Natur die Bequemlichkeiten darböthen, wie auf der Rigi und andern Bergen
uniers Vaterlandes, von Hunderten erstiegen würde. Von
Schwyz oder Seewen aus gelangt man in wenigen Stunden
auf seine Höhe, und ich möchte jeden Reisenden auffordern,
diese höchst belohnende Wanderung auszuführen. Herrlich ist
die Aussicht auf der Fronalp. Zu den Füßen hat man den
felsenumgebenen düstern Urnersee, das hellere Becken des Buoch-
sersees und das reichbelebte Thal von Schwyz, geschlossen durch
die kühnen Felsenkegel der Mythen. Die Rigi mit ihrem schönen Bau steht gegenüber, an ihrem Fuße das abgeschiedene
Gersau. Die beiden Nasen bilden gleichsam aus dem Kreuz-
trichter und dem nach Luzern sich hineinziehenden Busen des
Vierwaldstättersees einen eigenen Wasserspiegel. Die thurm-
reiche Stadt glänzt von Ferne; näher liegen Buochs und Becken-
ried; auf Seelisberg und seine schönen Umgebungen sieht man
hinüber und das Reußthal kann man bis nach Amstäg hin
verfolgen. Zwischen der Rigi und dem Ruß zeigen sich ein
großer Theil des Zugersees und das sonnige Cham. Weit
schaut man in die flächere Schweiz hinaus; doch bald wird das
Auge durch den Anblick der Hochalpen festgehalten, und neben
diesen Werken Gottes verschwinden die Arbeiten menschlicher
Hand.

G.

Galgenen, Pfarrdorf im Bezirke March, an der Landstraße von Lachen nach Glarus, mit 1193 Seelen und 160 Häusern.
Von 1707 bis 1712 bekleidete Franz Ludwig Reding von Biberegg die Pfarre, der bei dem Einfalle der Schwyzer in den Rich-
tensweilerberg im sogenannten Zwölferkriege als Feldpater mit-
zog und erschossen wurde. An die Stelle der 1472 erbauten
Kirche wurde in den Jahren 1822 bis 1825 von dem Architec-
ten Hans Konrad Stadler aus Zürich eine neue Kirche aufgeführt, nach dem Grundrisse der Kirche des heiligen Achatius in
Rom, mit einer Facade und einem Peristyl nach dem Junotempel
in Athen in griechisch dorischem Style. Sie hat 154 Fuß Länge
und 80 Fuß Breite. Das Kirchendach wird von 12 steinernen,
20 Fuß hohen Säulen getragen. In das Chor fällt das Licht
von oben durch eine Kuppel hinunter. Schade, daß die Kirche,
mit Ausnahme der Darstellung des heiligen Abendmahles und
der wirklich schönen Rosetten an der Chordecke durch übelgelun-
gene Malereien verunstaltet wird. Dieser Kirchenbau kostete
40,000 Gulden. Um denselben erwarb sich der gegenwärtige
Seelsorger, Herr Jakob Franz Risch, ein bleibendes Verdienst.
Bei dem Ausgraben fand man Spuren einer ältern, weit kleinern Kirche, deren Länge kaum 30 Fuß betrug. Zu der Kirche
gehört noch die St. Jostenkapelle, welche im Anfange des siebzehnten Jahrhunderts erneuert, und das Beinhaus, das zu
jener Zeit erbaut wurde.

Gersau, der Bezirk. Er erstreckt sich längs dem Seeufer auf 1½ Stunden und ungefähr ebenso weit den Berg hinan
und grenzt an den Bezirk Schwyz, den Kanton Luzern und
durch den Vierwaldstättersee an die Kantone Unterwalden und
Uri. Kaum die Hälfte der Einwohner nährt sich von der Viehzucht und den Erzeugnissen des eigenen Bodens; die übrigen
leben von der Seidenfabrikation oder von Handwerken. Es
hat drei Getreide- und drei Sägemühlen, wovon eine in der
Hüttenbodenweide unweit der Alp. Die Manufacturen wurden S. 135 ff. genannt.

Gersau, Flecken, am Vierwaldstättersee und am Fuße des
Rigi. Die kleine Ebene, auf welcher der Flecken steht, ist wahrscheinlich nur der Schuttkegel der beiden wild herunterstürzen-
den Waldbäche, des großen Bachs (der aus dem Tiefen-, Rohr-
lis- und Krottenbach gebildet wird) und des äußern Dorfbachs.
Schöne Wiesen, Weiden, Alpen und Wälder wechseln in diesem
kleinen Bezirke mit nackten Felsen, Steinrissen (steinichten, zerrissenen, steilen Bergabhängen) und abscheulichen Töblern (tief
ausgespühlten Einsenkungen). Die Matten in der Nähe des
Sees prangen in üppigem Graswuchs und zahlreiche Obst-, Wall-
nuß- und Kirschbäume bilden gleichsam einen zusammenhängenden Lusthain. Gersau zählt 174 Häuser, wovon ungefähr 82 den
Flecken bilden, und 1348 Einwohner. Die gegenwärtige Kirche
wurde von 1807 bis 1812 erbaut. Sie kostete 88,944 Gulden.
Durch ausgeschriebene und freiwillige Steuern trug das Privatvermögen nahe an 50,000 Gulden bei. Das übrige leistete das Ge-
meindevermögen (der Landseckel). Die hier nicht aufgenommenen

12 *

Frohndienſte werden auf den Werth von ungefähr 30,000 fl. berechnet. In dieſer hellen Kirche befinden ſich eine große und eine
kleinere Orgel; eine geſchmackvolle Kanzel und Hochaltar. Das
ſchönſte Gemälde iſt der ſterbende Chriſtus am Kreuze, von Maria, Johannes und Magdalena umgeben, von dem unterwalden-
ſchen Maler Würſch. Die übrigen Gemälde ſind von Joſeph
Meſmer. Ihr Colorit iſt ſehr gut, nur wäre mehr Richtigkeit
der Zeichnung zu wünſchen. Im Kirchthurme befinden ſich vier
größere und zwei kleine Glocken. Auf dem Kirchhofe ſind einige
ſchöne Denkmaler. Gerſau hat ein kleines, aber ſchönes Rathhaus; unter den Privatgebauden zeichnet ſich das kammenzind-
ſche aus. Wirthshaus: Sonne.
Höchſt belohnend iſt ein Spaziergang längs des Rieſebaches
bis an die Rotheflub, wo rechts der Röhrlisbach einen maleri-
ſchen Waſſerfall bildet. Die Entfernung iſt nur eine Viertel-
ſtunde. Das Tobel iſt voll der größten Granitblöcke, wovon
zwei alle großen Quadern für die neue Kirche gegeben haben. Auch
iſt dort in der Gegend des Röhrlisbaches, am Fuße der Rothen-
flub und in der ganzen Gegend des Tobels das Wechſeln der
Nagelflue mit rothem Schiefer, ſchwarz und grünem Schiefer
merkwürdig, ſowie die ganze Aufeinanderfolge der Schichten
bis zum Kalkſteine. Wenn man dem Tiefenbach nach tiefer in
das Tobel hineingeht, ſo wird man die Nagelfluelager in einen
ſtark eiſenſchüſſigen Kalkſtein übergehen und dieſen auf ſehr ſteil
Südweſt eingeſenkten Kalkſtein- und Kalkſteinſchieferlagern auf-
liegen ſehen, die beinahe ſenkrecht ſtehen und tief ins Tobel
fortſetzen. — Ungefähr eine Stunde von Gerſau, an dem Berg-
wege nach Lowerz ſind mehrere Bauernhöfe, die an dem ſteil-
ſten Abhange gleichſam kleben. Wegen ihrer hohen Lage nennt
man ſie Giebel. Am 12. December 1808, Abends um 7 Uhr
riß ſich von der oberſten Höhe her eine ungeheure Maſſe Schnee
los, ſtürzte herunter und führte ein Haus mit vier Gaden
(Alphütten) durch einen Krachen (Bergeinſenkung) in den in
furchtbarer Tiefe dem Flecken Gerſau zutoſenden Waldbach
hinab. Von den ſieben Bewohnern, die ſchon zu Bette gegangen waren, konnte nur ein zwölfjähriges Mädchen, das am
Ofen ſich wärmte, ſich retten, indem es ihm nach der Zertrümmerung des Hauſes gelang, ſich aus der Lauine herauszuarbeiten
und ein benachbartes Haus zu erreichen, wo es freundlich aufgenommen wurde. An einen Zimmermann verheirathet lebt die
Frau jetzt im entfernten Mexico. — Nebſt der Pfarrkirche gehören noch zwei Kapellen zu Gerſau. Die im Käppeli- (Kapellchen) berg (nahe an der Alp), zu Jeſus, Maria und Jeſus
genannt, und die zum Kindlismord. Jene iſt nicht geweiht, hat
aber auf dem Altar einen tragbaren Weihſtein, auf dem das
heilige Meßopfer verrichtet werden darf. Es wird im Sommer einige Male dort für die Aelpler Gottesdienſt gehalten.
Kindlismord iſt am Vierwaldſtätterſee, von einigen Häuſern
umgeben. In dieſer romantiſch gelegenen Kapelle meldet ein
kleines Gemälde den Urſprung ihres Namens. Die Inſchrift
iſt folgende:
    In dieſer einſammen Gegend hat nach uralter Sage ein
      Spilman ſeine kleine unſchuldige Tochter aus teufliſcher
    Bosheit gemordet

Von der Treib her fuhr er mit dem Kind über den See;
es bath ihn um Brod. Er landet an, nimmt es bei den
Füßen, und ſchlägt
es ſo lang um die Felſen bis ſein zartes Haupt zerſchmettert
iſt. Gottes Rache führte den Mörder auf die Henker-
bühne
Zum ewigen Andenken ward zuerſt eine kleine, ſpäter dieſe
größere Kapelle zur Ehre Mariens gebaut. 1814.

Sie unterhält kein ewiges Licht, ſondern daſſelbe leuchtet nur
beim Gottesdienſte und als freundlicher Wegweiſer in dunkeln
Winternächten den Vorüberſchiffenden. Aeußerſt anmuthig iſt
der Weg von Gerſau nach dem Kindlismord. Iſt auch derſelbe
holpericht, ſo wird es kein Freund der Natur bereuen, ihn betreten zu haben. Von dort iſt der Weg nach Brunnen zu Waſſer
vorzuziehen, theils wegen der Abkürzung, theils weil der Pfad
oft durch Holz, welches herunter geworfen wird und Steine los-
macht, unſicher wird. — An dem Wege nach Fiznau heißen
einige Häuſer zum rothen Schuh. Sie liegen ſehr maleriſch.

Gerſau, in den alten Urkunden Gerſowe, heut zu Tage
von ſeinen Bewohnern „Gerſchau" ausgeſprochen, gehörte zum
Thur- und Zürichgau, und kam mit der Umgegend unter die
Herrſchaft der Grafen von Lenzburg und nachher des Hauſes
Oeſterreich. An die Edeln von Moos, Bürger zu Luzern, verpfändet benutzten die Einwohner 1390, die Sage erzählt, nachdem ſie zehn Jahre lang durch angeſtrengte Arbeit und Be-
ſchränkung auf die dringendſten Bedürfniſſe die erforderliche
Summe geſammelt hatten, den günſtigen Anlaß ſich für „Gerichte, Steuern und Rechtungen" von ihren Pfandherren um
690 Pfunde Pfenning an Plapparten, jedes Pfund zu 20 Plapparten gerechnet, loszukaufen. Die Kleinheit und Abgeſchiedenheit dieſes Ländchens und die damalige gänzliche Zerrüttung des
Reiches waren die Urſache, daß Niemand ihm die Landeshoheit
ſtreitig machte und der Lauf der Jahre es dabei ſicherte. Sehr
kam es den Gerſauern zu Statten, daß ſie ſchon 1359 mit den
vier Waldſtätten Luzern, Uri, Schwyz und Unterwalden einen
Bund geſchloſſen hatten, worin dieſe ſie als wahre Eidgenoſſen
anerkennen. Als ſolche hatten ſie in der Schlacht bei Sempach
den Eidgenoſſen Hülfe geleiſtet und einer aus ihnen brachte das
Panner *) von Hohenzollern als ein Siegeszeichen nach Hauſe.
1433 beſtätigte ihnen Kaiſer Sigmund ihre Rechte. 1483 kauften ſie von Johann von Buttikon, Bürger zu Luzern, das Pa-
tronatrecht (den Kirchenſatz) und vervollſtändigten dadurch alle
auf ihr Gemeinweſen ſich beziehenden Rechtſamen. Die Frage,
welchem Stande Gerſau zuzuziehen ſchuldig ſey, entſchied 1431
der Schultheiß Rudolf Hoffmeiſter von Bern dahin, daß Gerſau demjenigen folgen ſolle, der zuerſt es mahne. Es leiſtete
Schwyz Hülfe im alten Zürcherkriege, in der Schlacht bei Cappel,

---

*) Die Geſchichte von Gerſau erzählt, daſſelbe ſey in der
neueſten Zeit durch die Untreue des Kirchenvogts Hertel,
eines gebornen Teutſchen, wieder nach Teutſchland gekommen.

der Stadt Luzern im Bauernkriege und den sämmtlichen Waldstätten im Rappersweiler- und im Zwölferkriege. In ungestör-
tem Frieden blühte der kleine Freistaat immer mehr auf. In
der zweiten Hälfte des achtzehnten Jahrhunderts wurden Handel
und Seidenspinnerei für denselben wichtig; allein 1798 ver-
schlang die helvetische Staatsumwälzung auch diese Republik *).
Sie wurde ein Theil des Kantons Waldstätten, bei der Mediationsverfassung dem Kanton Schwyz einverleibt, und ungeachtet
sie nach dem Sturze dieser Verfassung sich Mühe gab, ihre Unabhängigkeit noch einmal festzustellen, gelang ihr dieß nicht. Gersau mußte bei Schwyz bleiben. Bei der neuesten Staatsveränderung des Kantons wachte der alte Wunsch wieder auf;
allein bald trat Gersau zu dem Verbande des äußern Landes-
theils, bildet aber seit der Verfassung von 1833 wieder einen
Bezirk des vereinigten Kantons.

In ihrer vormaligen Selbstständigkeit bildeten die Gersauer
ihre Staatsform nach derjenigen der drei Länder. Die höchste
Gewalt war der Landsgemeine vorbehalten. Die Verwaltung
und das Richteramt übten ein Landammann, Landsstatthalter,
Landsseckelmeister und neun Rathsherren aus, denen ein Landschreiber und ein Landweibel zugegeben waren. Wurde ein
doppelter Landrath nöthig befunden, so nahm jeder Rathsherr
noch einen, und wenn ein dreifacher gehalten werden mußte,
zwei Männer mit sich in den Rath. Wenn ein Ausspruch des
dreifachen Rathes nicht angenommen wurde, so gelangte der Fall
an die Landsgemeine, welche selbst einen dreifachen Rath bestellte, bei dessen Ausspruche man stehen bleiben mußte. Das
Malefiz- oder Hauptcriminalgericht bestand aus einem dreifachen
Landrathe und war inappellabel.

H.

Hacken, der. Mit seinem Fuße reicht er bis in den Flecken
Schwyz hinab. Unten ist er mit Häusern, Baumgarten und

---

*) Der kleine Freistaat war oft den Neckereien seiner Nach-
barn bloß gestellt, blieb ihnen aber nichts schuldig. Als
nach der Mitte des verflossenen Jahrhunderts luzernerische
Schiffleute bei Nachtzeit einen Strohmann an den Galgen
der Gersauer aufhingen, bekleideten ihn die Gersauer,
welche auf die Spur der Thäter gekommen waren, mit
den Standesfarben von Luzern. Eine diplomatische Fehde
entspann sich und wurde am Ende so beigelegt, daß von
jeder Seite wieder abgenommen werden mußte, was man
au dem übelberüchtigten Ort angebracht hatte.

Waldungen geziert und fruchtbar. Die mittlere Höhe nehmen Graswuchs und Sennten ein, aber sein steiles Haupt erhebt sich kahl. Es sind eigentlich drei Hörner, die kleine und große Mythe und ein wenig ostwärts die Rothenfluh, der lange sanfte Rücken, der sich gegen Steinen neigt und über den man nach Einsiedeln geht, wird vorzugsweise Hacken genannt. Auf der Rückseite des Berges gegen das Alpthal ist eine Schwefelquelle, die früher eingefaßt und mit einem Dache versehen war, nun aber nicht mehr benutzt wird. Da das Gelände sehr abschüssig und nur selten von Baumwurzeln festgehalten wird, so ereignen sich oft Erdglitschungen. 1799 wurde der Hacken in allen Richtungen von den Oesterreichern und Franzosen durchzogen. Von Schwyz führt ein schlechter Fußsteig sowohl über Obdorf als über Ried auf die Höhe des Berges, auf dem sich ein geringes Wirthshaus befindet, wo man eine schöne Aussicht genießt. Noch umfassender ist diejenige auf dem, eine Viertelstunde entfernten Hochstuckli, welche ein vollständiges Panorama bildet. Ein ausgezeichneter Standpunkt, der sowohl durch seine merkwürdige Lage und Beschaffenheit als durch die Aussicht, die halbe Stunde Weges dahin reichlich belohnt, ist derjenige zwischen der großen und kleinen Mythe, oder in dem engen, tiefen Felseneinschnitte, der die Spitze der großen Mythe von den Doppelspitzen der kleinen Mythe trennt. — Um die große Mythe zu ersteigen ist nur Ein Weg vorhanden. Man umgeht zuerst von Nord nach Ost den Fuß beider Mythen, steigt dann von Ost nach West über eine steile Schafweide gegen die schroffen Felsen der großen Mythe. Ungefähr an dem dritten Theil der Höhe, wo man wieder gegen den Flecken Schwyz herabsieht, verbieten die schroffen Felswände, in dieser Richtung die Pyramide spiralförmig zu umgehen und man muß sich wieder über die Ostseite nach Norden wenden. Hier verschwindet eine Strecke weit aller Graswuchs und man geht auf einem steil südlich eingesenkten, röthlichen, schieferigen Kalksteine fort, bis eine beinahe senkrecht herabsteigende, in einen tiefen Abgrund sich verlierende Rinne oder Kluft alles weitere Vordringen zu hemmen scheint. Nur vermittelst eines starken Sprunges kann man über dieselbe wegsetzen. An dieser Stelle blieb vor einigen Jahren der eine der beiden Männer, welche die Balken zu dem auf der Spitze stehenden Kreuze hinauftragen sollten, schaudernd zurück, worauf der beherztere, nachdem er den einen Balken glücklich auf die Höhe gebracht hatte, wieder umkehrte und auch den andern abholte. Von dieser Stelle an klettert man meistens mit den Handen sich haltend an dem nordöstlichen, steilen, mit Rasen bekleideten Abhange, ungefähr eine Viertelstunde weit nach der Spitze hinan, wo ein kleines, von angehäuften Steinblöcken festgehaltenes Kreuz steht und kaum so viel Platz ist, daß einige Personen sicher auf dem rings umher schroff abgeschnittenen Fels sich halten können, so daß man durch einen plötzlichen Sturmwind in große Verlegenheit und Gefahr versetzt würde.. Die Aussicht übertrifft in einigen Beziehungen noch diejenige des Rigikulms. Neben dem Ueberblick der Alpenkette zeichnet sich insbesondere die ungemein schöne Aussicht auf die Umgebungen des untern Zürchersees, die Stadt Zürich, das Limmatthal und bis an die Lägern aus. Zahllose Dörfer, nahe an einander gereiht und Tausende einzelner Gebäude strahlen als glänzende weiße Punkte aus dem grünen Teppich hervor und gleich einem belebenden Strome durchfließt, seine Farben durch Schattirungen wechselnd, der Zürchersee dieses schöne lebendige Gemälde (Nach C. Hirzel). — Der Schwierigkeiten ungeachtet wird diese Höhe beinahe jährlich aus der Umgegend erstiegen und einen Conventualen aus Einsiedeln, den Pater Meinrad Kälin, ließ die Liebe zur Wissenschaft dieses Wagestück in der Klosterkleidung bestehen. Die zwei prächtigen Obelisken der Mythen, von der Hand der Natur aufgethürmt, geben der ganzen Gegend einen feierlichen Schmuck und man möchte beinahe sagen, die Freiheit habe mit siegreicher Hand ihren Namen auf das Fußgestelle derselben geschrieben, um von dem umliegenden glücklichen Land auf ewig Besitz zu nehmen. Im Anfange des Augusts 1800 ereignete sich an der Südseite der großen Mythe ein Brand. Ein junger Ziegenhirt hatte ein Feuer angezündet, das, weil der Boden durch die große Hitze jenes Sommers ganz ausgetrocknet war, schnell um sich griff und alles Holz in Flammen setzte. Der aufsteigende Rauch zog bald die Aufmerksamkeit der entferntern Gegenden auf sich und nicht nur aus dem Kanton Schwyz, sondern auch aus den Kantonen Uri, Unterwalden, Luzern, Zug und Zürich eilten viele Menschen zur Hülfe herbei; doch dauerte es beinahe vierzehn Tage, bis der Waldbrand ganz erstickt war, dessen Flammen einige Nächte weit in die nördliche Schweiz hinaus ein prächtiges Schauspiel gewahrten.

Hafen, Seite 327.

Hessisbohl, Seite 278.

Haltikon, Seite 281.

Hinter-Iberg, Seite 287.

Hirsch, Seite 277.

Höfe, die (die jetzigen Bezirke Pfäffikon und Wolleran), ein Ausdruck der nicht nur hier, sondern auch im Kanton Zürich weit ausgedehnten Gegenden beigelegt wurde, deren jede gegenwärtig von mehrern tausend Menschen bewohnt wird. Sie heißen auch Dinghöfe, was den Umfang eines Meyeramtsbezirkes oder Gerichtskreises bezeichnete. Die Höfe gehörten den Grafen von Rappersweil, nachher denen von Habsburg-Laufenburg, welche sie 1358 den Herzogen von Oesterreich verkauften. Zürich brachte 1391 das Mannschaftsrecht (Jus armatae sequelae) und die Gerichte daselbst an sich und setzte Obervögte aus dem Rathe über sie, bis dieselben in dem sogeheißenen alten Zürcherkriege 1440 durch eidgenössischen Schiedspruch an Schwyz mußten abgetreten werden.

Horrik, Seite 298.

Hurden, Seite 270.

I.

Ibach, Seite 316.

Iberg, Pfarrdorf im Bezirke Schwyz, zählt 1404 Seelen

in 175 Häusern. Die Gemeinde ist rings umher mit Bergen umgeben. Die Einwohner erzählen, die ersten Ankömmlinge im Lande Schwyz haben auf dem Stern, einer Gegend des Ibergs, ihre Wohnung aufgeschlagen und eine hölzerne Kirche erbaut. Iberg wird auch von den meisten Schriftstellern für die älteste Pfarre des Kantons gehalten; allein es ist ungewiß, da diejenigen schriftlichen Denkmäler, welche noch vorhanden sind, wie ein Reconciliationsbrief, nur bis in die letzte Hälfte des dreizehnten Jahrhunderts reichen. Der 1772 verstorbene Pfarrer in Iberg, Caspar Felix Lindauer hat es dem Geschichtforscher vollends unmöglich gemacht, seine Untersuchungen weiter zu betreiben, indem er einst eine Schützenprobe ablegen wollte und im jugendlichen Leichtsinne eine Oeffnung in dem Glockenthurmknopfe verursachte, worin viele Schriften aufbewahrt (!) waren. Das durch dieselbe unbemerkt eindringende Regenwasser verfaulte nach und nach nebst den darin liegenden Schriften auch den Thurmhelm und ein Sturmwind warf diesen um die Mitte der Achtzigerjahre in die Schlipfau hinab. Augenzeugen versicherten wiederholt, daß bei diesem Ereignisse weit umher alles mit Schriften übersäet war; allein der damalige Pfarrer Konrad Tanner, von welchem ein launiger Mann sagt, er sey vermuthlich archivalischen Forschungen so wenig geneigt gewesen, als hin und wieder angestellte Archivare, ließ sie zusammenlesen und zernichten. In der Sacristei der oft erneuerten Kirche von Iberg ist der Ritter und Landammann Joseph Amberg begraben, dessen Sohn 1544, während der Vater auf der Tagsatzung zu Baden war, mit seiner eigenen Schwester ein Kind erzeugte und dafür mit dem Tode büßen mußte. Jammer und Schande ließen den Vater den Flecken Schwyz nicht mehr betreten. Er ging von Baden über Einsiedeln nach Iberg auf sein Gut Guggern, wovon jetzt noch Spuren gezeigt werden, und starb hier schon 1545, wie es die Jahrzahl an dem Kreuz in der Sacristei meldet. Auf das Fest der Enthauptung des heiligen Johannes, 29. August, stiftete der tiefgebeugte Mann eine Jahrzeit für seinen Sohn, und noch jetzt nach bald dreihundert Jahren wandeln an diesem Tage zwei Conventualen von Einsiedeln mit Kreuz und Fahne nach Iberg, und halten dort eine Predigt und ein Hochamt. Ehemals soll der ganze Convent diese Wanderung gemacht haben. Neben der Kirche ist ein Beinhaus. In der Pfarrwohnung, die eine ungemein frohmüthige Lage hat, und eine weite Aussicht gewährt, findet der Wanderer bei dem Seelsorger, Herrn Remigius Birchler eine freundliche Aufnahme. Zur nämlichen Zeit, wo die Flammen an der Mythe in weite Ferne hin leuchteten, verbrannte auch in Iberg unter der Hirschfluh der Rasen bis auf die nakten Felsen. Alle Versuche, mit Wasser zu löschen, halfen nicht; nur durch das Oeffnen von Gräben bis auf den Fels konnte das Fortschreiten des Brandes verhindert werden. Am Fuße der Höhe, auf welcher Iberg liegt, ist der Weiler Waag; eine kleine Stunde von hier einsam und mit Felsen umkränzt Stauden, seit 1790 eine Filiale, wo ein Kuratkaplan wohnt. Die Kapelle ist dem heiligen Wendelin geweiht. — Iberg besitzt sehr viele fruchtbare Alpen. Oben am Sonnenberg liegt der große Bauernhof Hirsch mit zwei Senntenweiden, eine volle Stunde im Umfange haltend. Hessisbohl ist eine Kuhalmeinde auf dem höchsten Scheidepunkte zwischen Illgau und Iberg, wo ungefähr 16 Sennhütten stehen und schon oft 480 Stücke Vieh gesömmert wurden. Es steht daselbst eine neue, aus Holz erbaute Kapelle. Während der Aufenthaltszeit der Aelpler, die aber nur 4 bis 5 Wochen dauert, wird hier an Sonn- und Feiertagen Gottesdienst gehalten. An Hessisbohl gränzt Käseren mit 16 Sennhütten. Diese Alp ist die beste des Kantons. Schon oft wurde sie mit 480 Kühen bestoßen. Sie erhielt ihren Namen von der Güte der Milch und der Vortrefflichkeit des Käse, die da verfertigt werden. Jessenen ist ebenfalls ein großer Bauernhof mit zwei Senntenweiden. Dieses Gut von bedeutendem Werthe verkauften die von Schwyz um zehn Pfund dem Konrad Hunno, als er in des Vaterlandes Dienste grau geworden war, um ihm ihre Dankbarkeit zu bezeugen. — Iberg hatte früher viele herrliche Waldungen, deren Ertrag von Zeit zu Zeit und zwar schon im sechszehnten Jahrhundert an die Stadtverwaltung in Zürich verkauft wurde. Verkommnisse von 1592, 1602, 1615, 1620, 1639, 1642, 1748 sind Beweise davon. Bis zu der helvetischen Staatsumwälzung wurden jährlich 30000 Stücke Holz zu 6 Fuß Länge und 1 Fuß Dicke, das tausend für 16 Louisd'or (frei bis Schindellege) auf Zürich geflößt.

Iberg, Seite 316.

Jessenen, Seite 278.

Illgau, hochgelegenes Pfarrdorf im Bezirke Schwyz mit 211 Seelen und 25 Häusern. Ehemals war sie eine Filiale von Muotathal. 1660 wurde der Pfarrhof und die Kirche mit allen Documenten ein Raub der Flammen. Das Fest der heil. Dreikönige, als Titularfest, wird feierlichst begangen. Bei der Kirche ist ein Beinhaus. Der gegenwärtige Pfarrhof ist sehr freundlich. Auf der anmuthigen Ebene Oberberg wurden, ehe Art und Steinen als freie Landleute mit den Schwyzern vereinigt waren, die Landsgemeinen gehalten. Eine alte Sage erzählt, während des Markenstreites mit dem Kloster Einsiedeln habe eine solche Landsgemeine von 300 Einsiedlern überfallen werden sollen; allein Johannes Winz von Iberg, der sich verspätete, habe sie kommen sehen, die Gemeine berichtet und die Einsiedler so lange aufgehalten, bis die Schwyzer mit Stöcken bewaffnet ihnen entgegengekommen seyen, und sie zurückgetrieben haben. Winz, durch einen Pfeil getroffen, sey den Heldentod für das Vaterland gestorben. Sein Andenken wurde durch ein Kreuz bewegt, das jetzt in der neuen Grulwi (bedecktem Ruheplatze) befestigt ist. Im Iberg soll das alte Haus im Schlötzbache, zu unterst am Sonnenberg, seine Wohnung gewesen seyn.

Immenfeld, Seite 316.

Immensee, Seite 282.

Ingenbohl, Pfarrdorf im Bezirke Schwyz, mit 1501 Einwohnern und 186 Häusern. Die Kirche, dem heil. Justus geweiht, in der sich eine Orgel befindet, steht auf einer kleinen

Anhöhe am Fuße des Stoßberges, neben der Straße, die von Brunnen nach Schwyz führt. Sie war früher eine Filialkapelle von Schwyz. Hieher wird häufig zu einem Bilde Christi gewallfahrtet. Neben der Kirche ist ein Beinhaus. In der Pfarrwohnung genießt man eine malerische Aussicht. Losgerissene Steine und Erhöhungen um diesen Ort lassen einen Bergsturz vermuthen. Die nahe Ebene Feldi oder Felderboden enthält schöne Bauernhöfe, deren Boden durch die furchterlichen Ueberschwemmungen der Muota, insbesondere im Jahre 1762 sehr versandet worden. Man fuhr von Brunnen in kleinen Schiffen hinauf und rettete die auf die Dächer und obersten Stöcke der Wohnungen Geflüchteten. Diese Ebene gehört größtentheils Ingenbohl an.

Theile von Ingenbohl sind die Filialen Brunnen, Unterschönenbuch und Weilen. Brunnen ist ein stattliches Dorf am Ausfluß der Muota in den Vierwaldstattersee mit 71 Häusern. Es liegt im Vorgrunde des schönen, reizenden, mit üppigen Wiesen und fruchtbaren Baumen besetzten Thales von Schwyz. Am 16. Mai 1620 wurde das Dorf von einer Feuersbrunst verzehrt. Eine gut in die Augen fallende Kapelle, zum heil. Heinrich, schmückt den Ort. An Sonn- und Feiertagen wird in derselben eine Frühmesse gelesen. Der Hochaltar in der Kapelle enthält ein vortreffliches Gemälde, die heilige Dreifaltigkeit vorstellend. Ihr zu Füßen sitzt eine Frauensperson, der von beiden Seiten Kaiser Karl der Große und König Ludwig knieend huldigen. Den Hintergrund des Stückes bildet ein hitziges Gefecht. Wahrscheinlich soll dieß ein Sieg Karls über die Ungläubigen seyn, und seine Verdienste um die christliche Kirche andeuten. Eine halbe Stunde von Brunnen in einem Walde (Wasi genannt) fand man vor einigen Jahren Silbermünzen. Am Seegestade befinden sich einige ansehnliche Gebäude, die Wirthshäuser zum goldenen und schwarzen Adler, und die im Jahre 1821 erneuerte Sust oder Niederlage für die nach Italien gehenden Kaufmannswaaren. An diesem Gebäude sind auf der einen Seite die drei Eidgenossen, auf der andern der Kampf zwischen Suit und Scheyo abgemalt (Seite 170), die nach alter Sage mit dem Schwerte entschieden haben sollen, welchen Namen das Land erhalten müsse. Noch nennt man in der Nähe des Fleckens Schwyz einen Hof Tscheibrunnen und in Brunnen heißt ein Stück Land Suitersacker. Sehr lebhaft ist die Schifffahrt nach allen Seiten, insbesondere nach Uri. Dieselbe geht der Reihe nach unter den Schiffern um und hat einen bestimmten gesetzlichen Preis; dessenungeachtet ist die Unverschämtheit der Schiffer groß, die aber ihr Ende finden würde, wenn einst der Weg längs dem Ufer durchgeführt, oder wenn ein Dampfboot errichtet werden sollte, das hier so gut als irgendwo seinen Vortheil finden würde. Um Unglück auf dem See zu verhüten, dürfen die Schiffer sich eines Schiffes nur drei Jahre lang bedienen. In Brunnen befand sich eine Letze, wie zu Art, und im See ähnliches Pfahlwerk. In der vaterländischen Geschichte ist dieses Dorf ein merkwürdiger Ort, weil hier die drei Länder nach der Schlacht am Morgarten, am 19. December 1315, den ersten ewigen Bund beschwuren. Zu Brunnen wurden auch viele Conferenzen und

Tagsatzungen der katholischen Kantone, insbesondere der vier Waldstätte, gehalten. Vorzüglich zahlreich waren sie in den zwei letzten Jahrzehenden des siebzehnten Jahrhunderts und von 1700 bis 1712. 1799 litt Brunnen durch die Ereignisse des Krieges sehr. Noch schlimmeres verhütete die Klugheit der Gemeinevorsteher. In dem Dörfchen Weilen ist die St. Laurenzkapelle; eine gedeckte Brücke führt über die Muota. Zu oberst am Urmiberg liegen die drei Höfe Brunniberg. In Unterschönenbuch, auf dem Wege nach dem Muotathale, sind einige zerstreute Häuser und Höfe. 1635 erbauten die Bewohner eine Kapelle zu Ehren des heiligen Wendelin.

Joseph, St., Seite 319.

K.

Küßnacht, der Bezirk, wird von dem Bezirke Schwyz, und den Kantonen Luzern und Zug eingeschlossen. Seine Bevölkerung beläuft sich auf 2580 Seelen. Die Hauptbeschäftigungen sind Viehzucht, Alpenwirthschaft und Feldbau; mit Manufakturen beschäftigen sich nur Wenige (Seite 136). Getreidemühlen sind eine im Haltiker- und drei im Dorfzehnten; Sägemühlen eine im Haltiker- und zwei im Dorfzehnten. Vom Schulwesen wurde auf Seite 150 gesprochen. Im Bezirke Küßnacht befinden sich 311 Häuser, namlich

im Dorfzehnten	190,	— 140 im Dorfe und dessen nächsten Umgebungen und 50 am Berge
im Haltikerzehnten	40	
im Immiseezehnten	61,	— 28 in Oberimmensee, 19 in Unterimmensee und 14 im Kiemen
im Mörlischacherzehnten	20	

311 Häuser.

Küßnacht, Flecken. Er liegt am nordwestlichen Fuße der Rigi anmuthig an einem Busen des Vierwaldstättersees und steht, den Hauptort ausgenommen, keinem andern Flecken des Kantons Schwyz an Größe und Menge ansehnlicher Häuser nach. Wirthshäuser: Adler, schön gelegen; Rößli *)

*) Im Wirthshause zum Rößli ist eine Tafel sehenswerth, auf welcher die Begebenheiten der Schweizergeschichte, von der Gesandtschaft an den König Albrecht bis zur Fortja-

auch sehr empfehlenswerth, in beiden findet der Reisende Pferde nach der Rigi; Hirsch. Die schöne, erneuerte Kirche hat eine geschmackvolle Kanzel und vier Altäre. Das Gemälde über dem Hochaltar, die Himmelfahrt der Maria vorstellend, ist gut. Die Kirche besitzt eine kostbare Monstranz und ein silbernes Muttergottesbild. In dem hohen Kirchthurme hangen vier Glocken. Erst seit wenigen Jahren ist das Geläute harmonisch. Den Ton der größten Glocke (C) hört man sehr weit umher. Neben der Kirche steht ein Beinhaus. Das Rathhaus ist ein altliches Gebäude, und dient zugleich als Schulhaus und als Gefängniß. Wenn man sich von Küßnacht auf den See begiebt, ist die Aussicht prächtig und feierlich.

Nahe bei dem Flecken ist auf einer Höhe das Dörfchen Haltikon mit der schönen Catharinakapelle. In derselben sind sechs große gemalte Fenster mit den Bildern von Heiligen und den Wappen der beschenkenden Kantone, Städte und Gemeinen. In Mörlischachen ist die St. Jakobskapelle, von der Familie Roncca in Luzern gestiftet. Bei diesem Oertchen stand einst eine Burg, von der man noch einige Ueberreste sieht, die nun mit einer Wohnung in Verbindung gebracht sind. Die hohle Gasse, durch die neue Straßenbaute unkenntlich geworden, leitete zu der Tellskapelle, oder zum Tell, wie die Bewohner von Küßnacht sagen. Die Zahl der Wallfahrter zu diesem Heiligthume ist groß. Die frommen Alten scheuten sich nicht, zum Andenken der That Tells der früher zu den vierzehn Nothhelfern geheißenen Kapelle allmälig den Namen Tellskapelle zu geben und heilige Messen an einem mit Tyrannenblute befleckten Platze zu halten. Die Kapelle steht einsam da; kunstlos und ohne andern Schmuck als den der dürftigste Gottesdienst erfordert. Keiner der übrigen Stifter der schweizerischen Freiheit ist so geehrt worden als Tell, dessen Gedächtniß noch zwei Kapellen verewigen, eine an seinem Geburtsorte, die andere an der Stelle, wo er sich aus dem Schiffe rettete. Die Kapelle ist von Zeit zu Zeit erneuert worden, unter anderm 1644, 1768 und 1834. Im Jahre 1768 wurde das Gemälde von Caspar Wolf verfertigt. Nach altteutscher Manier waren sowohl die drei Eidgenossen im Rütli, als die Hauptscenen aus Tells Geschichte auf dem nämlichen Gemälde dargestellt; unter demselben befand sich folgende kräftige Inschrift:

Hier Ist Grißlers Hochmuoth vom Thäll Erschoßen
Und die Schweizer Edle Freyheith Entsproßen,

---

gung der Vögte dargestellt sind. Sie trägt folgende Aufschrift:

Der Freiheit Sinn erst dann erwacht
Wann ein Despot des Elends lacht
Ehrgeiz, Zweitracht und Eigennuß
Sind ärger als Tyrannen Trutz.
Herrschsucht und Durst nach fremdem Gold
Sind ewig nie der Freiheit hold,
Hilf in der Noth und Brudertreu
Macht alle Brüder wieder neu.

Wie Lang Wird aber Solche Währen
Noch Lang Wan Wir die alte währen.

Früher las man die gedankenreiche von Glarean:

Brutus erat nobis   Uro Guillielmus in arvo
Assertor Patriæ   Vindex Ultorque Tyrannum.

Das Gemälde an der gegenwärtigen Kapelle ist von Maler
Bentler, der in nachstehendem Reime bewies, daß er sich besser auf den Pinsel, als auf die Sprachlehre versteht:

Geßlers Hochmuth Tell erschoßen
Und edle Schweizerfreiheit entsproßen
Wie lang wird aber solche wehren
Noch lange wenn wir die Alten wären.

In der Nähe stand auf einem steilen Hügel Geßlers Burg.
Die Herrschaft der Herren von Küßnacht erstreckte sich vom
Vierwaldstätter- bis an den Zugersee, und umfaßte ohne Zweifel außer Küßnacht die dahin kirchgenössigen Orte, Ober- und
Unterimmensee, Haltikon, Bischofsweile u. s. f. 1307 wohnte
Geßler hier; ob aber das Schloß sein Eigenthum gewesen sey,
kann nicht mehr nachgewiesen werden. Im Jahre 1308 wurde
die Burg zerstört. Das ganze Gebäude war fest und aus
Steinen gebaut. Noch sieht man eine dünne hohe Mittel-
mauer. Aus ihr wuchs ein Baum malerisch hervor, der jetzt
erstorben gleichsam trauert, in diesem Zwingherrensitze lebendi-
gen und kräftigen Schmuck vor die Augen des Wanderers gebracht zu haben. Noch sind andere kleinere Mauern vorhanden, die von der Ausdehnung des einstigen Schlosses zeugen.
Durch den nahen Bach konnte dasselbe unzuganglich gemacht
werden. Reizend muß die Aussicht von der Burg gewesen
seyn, ehe sie mit Gesträuche umwachsen war. Nahe dabei liegen jetzt eine Mühle und schöne Matten. Im verflossenen
Jahrhundert hatte man bereits viele Steine aus den Schloß-
trümmern für den Bau der Kirche in Küßnacht verwendet,
als die Regierung von Schwyz die fernere Zerstörung der
Ruine verbot. Eine Maßregel, die auch anderswo Nachahmung finden sollte, insbesondere wo malerisch oder architecto-
nisch merkwürdige oder auch geschichtlich ausgezeichnete Ueberbleibsel von Burgen und Gebäuden schonungslos bestürmt werden. Westlich von der Tellskapelle steht die alte, reich fundirte
Kapelle St. Martin im Thale.

Am Zugersee liegen Unter- und Oberimmensee. An
diesem Worte üben sich die Etymologen, ob es von Immen
(Bienen), von ima pars lacus, von in medio lacum oder
wohl gar von isthmus herzuleiten sey. Oberimmensee stellt
eine kleine Gasse vor; Unterimmensee liegt davon getrennt in
einer andern Bucht des Sees. An beiden Orten, insbesondere
in dem letztern wird häufig gelandet. Hier steht auch die Kapelle St. Sebastian. Noch bei Menschengedenken erneuerte sich
in Immensee, doch glücklicher, die Geschichte von Hero und Leander
dadurch, daß ein junger Immiseer während eines ganzen Sommers als Schwimmer seine Geliebte in Walchweil besuchte, die
am jenseitigen Gestade des an dieser Stelle mehr als eine halbe

Stunde breiten Zugersees wohnte und wo im Dunkel der Nacht bisweilen nur die Lampe der Harrenden als Leitstern dem Kühnen diente, der erst dann noch etwarten mußte, ob Winde und Wogen seine Rückkehr nicht gefährden werden *). Der Weg von Immensee nach Art, am Fuße der Rigi, gehört unstreitig zu den anmuthigsten in der Schweiz. Zerstreute Wohnungen, prächtige Nußbäume, Obstwaldungen jeder Art, zur Linken die weite Aussicht über den See, zur Rechten die Pyramide der Rigi, die sich hier in ihrer ganzen Majestät darbiethet, zwischen ihr und dem Ruß das aus Bäumen freundlich hervorblickende Art und an den Ruß sich anlehnend der mit Buchen und Tannen bewachsene Zugerberg. — In den Siebenzigerjahren des verflossenen Jahrhunderts ging man damit um, den Vierwaldstättersee durch einen Canal mit dem Zugersee zu verbinden; allein man bemerkte bald, daß wegen der höhern Lage des Vierwaldstättersees das Becken des Zugersees einen für sein Ufer höchst gefährlichen Zufluß erhalten, Luzern hingegen des nöthigen Wassers beraubt würde; nicht weniger wirkten die Kosten, zu deren Bestreitung keine Mittel vorhanden waren.

Schon in dem neunten Jahrhundert soll Küßnacht den Luzernern vergabt worden seyn. 1352 wurde es von den Oesterreichern abgebrannt. Das Recht der Fahre schenkte 1414 die Stadt Luzern den Einwohnern des Ortes zum Danke für geleistete gute Dienste bei einer Feuersbrunst. Zu verschiedenen Malen wurden Tagsatzungen und auch mehrere Conferenzen in Küßnacht gehalten, z. B. 1423, 1658. 1798 und 1799 hatte auch es von französischen Einquartirungen viel zu dulden. Am 21. Januar 1828 wurde zu Küßnacht ein Schauspiel eigener Art gegeben, das wegen der Seltenheit des dazu gebrauchten Schauplatzes merkwürdig ist. Man führte den Tod Geßlers auf und zwar in der hohlen Gasse selbst. Vorher ging der Apfelschuß auf öffentlichem Platze in Küßnacht, die Seefahrt und der Sprung Wilhelm Tells aus dem Schiffe auf einer der Landspitzen des Sees vor. Als Geßler in der hohlen Gasse fiel, jauchzte das Volk hoch auf.

Kulmhaus, Seite 301.

L.

Lachen, Flecken und Hauptort im Bezirke March, an einer Bucht des Zürchersees gelegen, mit 1467 Einwohnern. Er hat kein Nebenörtchen; von den 191 Häusern stehen nur 8 außer dem Flecken. Lachen hat 8 Gassen und zwei Plätze, denjenigen beim Rathhaus und den Landungsplatz. Das Straßenpflaster ist schlecht, namentlich dasjenige der Hauptgasse. Wirthshäuser: Ochs, Bär, Rößlein, Schäflein, Löwe, Schlüssel, Engel, Krone, und noch viele Pintenschenken. Obwohl seit

---

*) Die allgemeine Landessitte, daß solche Besuche eines Jünglings aus einer andern Gemeine oft Anlaufer finden und hart angefochten werden, bewog ihn, den ohnehin sehr weiten Weg über Art und St. Adrian so oft als möglich zu vermeiden.

einigen Jahren mehrere ansehnliche Häuser erbaut worden sind, so kann keines derselben geschmackvoll genannt werden. Unter den Gebäuden zeichnet sich die Pfarrkirche mit ihren beiden Thürmen, die sich vom See her gut ausnimmt, durch Größe aus. Sie wurde 1708 erbaut. Eine Abweichung von dem schönen Gebrauche ist es, daß in derselben der Chor nicht auf der Morgen-, sondern auf der Abendseite steht. Das Kirchenfest wird am Kreuzerhöhungstage begangen. Bis 1536 war die Kirche eine Filiale von Altendorf; damals aber wurde sie durch eine päpstliche Bulle von dieser Gemeine getrennt. Die Kirche besitzt mehrere schöne Meßgewänder, eine Monstranz von 130 Loth Silber (sie wurde 1627 gekauft, das Loth kostete 25 Batzen), zwei silberne Bilder, Maria und Joseph vorstellend (1675 gekauft, ersteres wiegt 80 Loth, letzteres 70 Loth) u. s. f. Das Rathhaus ist ein ältliches Gebäude. Zu Lachen gehören drei Kapellen, das Beinhaus, die Dreifaltigkeitskapelle mitten im Flecken in der Kapellgasse, und die Kapelle zur schmerzhaften Mutter außerhalb des Fleckens auf dem Ried. Sie wurde 1679 erbaut und 1684 eingeweiht. Zu ihr wird häufig gewallfahrtet. Diese Kapelle ist reich an Kirchenparamenten. An dieselbe ist die Wohnung des Küsters angebaut, der gegenwärtig ein Klausner ist. — In Lachen versammelt sich die Landsgemeine der March. Daß bisweilen neben den ganz ernsthaften Verhandlungen possirliche und satyrische Vorträge gehalten werden, mag die Anekdote beweisen, daß, als vor nicht sehr langer Zeit während der Landsgemeine die Nachricht eintraf, ein Bär werde im Wäggithale gesehen und man von Maßregeln sprach, ein Landmann laut ausrief: „Ich trage an, daß man ihm drei Vögte (Vormünder) gebe; ein einziger hat mir den Rest gegeben.“

Letze, bei Art, Seite 236.

Linth, Seite 59.

Linthbord, Seite 324.

Lowerz, Pfarrdorf, im Bezirke Schwyz, mit 446 Einwohnern und 64 Häusern, das idyllisch gewesen seyn mag, als es noch aus dem Kranze der Lusthaine, die es umfingen, hervorschaute. Lowerz war früher eine Filiale von Schwyz. Die gegenwärtige Kirche ist die dritte. Die zweite, 1675 erbaut, wurde durch den Bergfall von Goldau zertrümmert. An den Bau der neuen Kirche steuerte Herr von Dalberg, Bischof von Constanz, und damaliger Fürst Primas des teutschen Rheinbundes 10,000 fl. Sie ist den Heiligen Fridolin und Nikolaus geweiht. — Der Lowerzersee soll nicht über neun Klafter tief seyn. Er nimmt viele Bäche, die sich zum Theil von den Bergen herabstürzen und bei Regengüssen überströmen, in seinem Becken auf. Da indeß sein Ausfluß, die Seewern, noch eine größere Menge Wassers, als ihm in der Regel zufließt, abzuführen scheint, so besteht die Vermuthung, er habe noch starke unterirdische Quellen. Der See hat nicht das tiefe Blau vieler anderer Gewässer und überfriert im Winter ganz; dann dient seine Fläche den Nachbaren zur Straße. Er wird mit kleinen Schiffen befahren. Die Fahrt ist angenehm und würde durchaus gefahrlos seyn, wenn nicht der See häufigen Stürmen ausgefeßt wäre. Eyfat erwähnt eines Schiffbruches zwischen den beiden Inseln, welcher mehrern Perfonen das Leben koftete. In der Nähe von Lowerz erheben fich diefe Infeln aus dem See. Die größere, doch über das Waffer fich erhebende Infel, die 80 bis 90 Fuß im Durchmeffer hat, heißt Schwanau, die andere, ein abgerundetes Eiland, foll den Namen Lowerz getragen haben. Das vormalige Schloß Schwanau bildet eine anfehnliche Ruine, und noch ift das viereckige Gemäuer des Thurmes übrig, das erftiegen werden kann und eine fchöne Ausficht gewährt. Am Abhange ftand eine Kapelle, welche 1806 von der durch den Bergfturz veranlaßten Ueberfluthung zerftört wurde. Bei den Ueberreften derfelben ift ein Bauernhaus mit einem Gärtchen. Buchen, Efchen, Linden und Tannen geben dem Ganzen ein malerifches Ausfehen. Schwanau hatte eigene Edle diefes Namens, Lehentrager der Grafen von Lenzburg und ihrer Nachfolger. Die Gewaltthaten des letzten Befizers, der Mädchenraub und die Zerftörung der Burg als Strafe feiner Frevel find in der Gefchichte erzählt worden (S. 11). Die Volksfage verfichert: „Jährlich laffe fich hier ein Donnerfchlag hören; ein fchreckliches Gefchrei ertöne durch den alten Thurm; eine junge Tochter in weißem Gewande renne oben rings um die Mauer, mit einer brennenden Fackel in der Hand, einem gewappneten Manne nach, der ihr immer auszuweichen fuche; aber fie höre nicht auf, ihn zu verfolgen, bis er fich endlich heulend in den See ftürze, der ihn fogleich verfchlinge. Alsdann zufrieden mit feiner Rache verfchwinde der Geift und erfcheine nicht wieder bis im folgenden Jahre." Auf der kleinern Infel foll die Burg Lowerz geftanden haben, die 1308 zerftört wurde. Jetzt fieht man auf derfelben einige Bäume. Auf jeder diefer Infeln waren bis 1798 zwei Eremiten, die ihre Tage angenehm in beliebiger Abwechfelung von Arbeit und Andachtsübungen, von einfamem und gefelligem Leben zubrachten. Jeder diefer Eremiten hatte ein Schifflein, auf dem er nach Belieben die nahen Ufer befuchte. Der Medailleur Hedlinger (S. 167) wünfchte auf einer diefer Infeln ein Landhaus zu bauen und fich eine felbftgewählte Einfamkeit zu bereiten; allein die Landsgemeine von Schwyz verfagte dem großen Künftler und trefflichen Manne das unfchuldige Vergnügen. Die Schwanau kaufte in neuerer Zeit um 100 Neuthaler der bekannte General Auf der Maur, mit der Verpflichtung, die Kapelle wieder aufzubauen. Er legte fich den Titel Graf von Schwanau bei, und erhob die Infel demnach aus eigener Macht zur Graffchaft. — Schroffe Felfen fenken fich von der rechten Seite in den See hinunter, fo daß hin und wieder die am Fuße der Rigi fortlaufende Straße Berg und See berührt. Längs diefer Geftade giebt es manche malerifche Partieen. Auf der linken Seite umgiebt den See ein fanfter Abhang.

Lowerz, Infel, Seite 285.

Lowerzerfee, Seite 284.

M.

March, die, ein fruchtbares Gelände längs des obern Zürcherfees und der Linth, ift 3 Stunden lang und 1 bis 1½

Stunden breit und grenzt an die Bezirke Pfäffikon, Einſiedeln, Schwyz und die Kantone Glarus und St. Gallen. Sie wird durch die Sibnerbrücke in die untere und obere March abge= theilt. Die erſte hieß mit Rückſicht auf die Höfe in ältern Zei= ten bisweilen die mittlere. Terminus Helvetiorum iſt der frühere Name der March, weil ſie auf den Grenzen von Hel= vetien und Rhatien lag. Sie gehörte den Grafen von Rap= persweil. Nach ihrer Erlöſchung kam die obere March an Graf Friederich von Toggenburg, die untere erbsweiſe an Graf Hans von Habsburg. Da Graf Hans in der Mord= nacht zu Zürich 1350 betheiligt war, wurde die March von den Zürchern überzogen und übel mitgenommen. Die un= tere March iſt 1358 den Herzogen von Oeſterreich abgetre= ten, ihnen aber 1386 von denen zu Schwyz weggenommen, jedoch in dem Frieden wieder zurückgegeben worden (ſiehe Geſchichte). Der Bezirk March wird von 9170 Menſchen bewohnt. Er zählt 1260 Häuſer und zehn Pfarrgemeinden: Reichenburg, Hinter= und Vorderwäggithal, Schübelbach, Tuggen, Wangen, Galgenen, Nuolen, Lachen und Altendorf. Seine Bevölkerung nährt ſich von der Viehzucht, Alpenwirth= ſchaft und dem Feldbau. Dem Weinbau könnte noch größere Ausdehnung gegeben werden. Manufakturen ſind beinahe un= bekannt (S. 136). Getreidemühlen ſind ſieben: 1 in Tuggen, 1 in Sibnen, 1 in Wangen, 3 in Lachen und 1 in der Stein= egg. Bei einer jeden dieſer Mühlen (mit Ausnahme einer in Lachen) befindet ſich eine Sägemühle; eine ſiebente iſt in Nuo= len und eine achte in der Lindweid (Gemeinde Altendorf), eine neunte im Vorder= und eine zehnte im Hinterwäggithal.

Maria zum Schnee, Seite 297.

Mörliſchachen, Seite 282.

Morſchach, Pfarrdorf im Bezirke Schwyz, über Brun= nen, hoch am Stoßberge in einer Vertiefung deſſelben gelegen. Die Pfarre hat eine weite Ausdehnung. Früher ſtand die Kirche zu Riemenſtalden, zwei Stunden von der gegenwärti= gen entfernt. Neben der Kirche, die dem heiligen Gallus ge= weiht iſt, befindet ſich ein Beinhaus. Losgeriſſene Steine und Erhöhungen um Morſchach bezeichnen unläugbar einen frühern Bergſturz. Zu dieſem Orte gehört auch die St. Franz Xaver Kapelle. Morſchach hat 446 Einwohner, die in 68 Häuſern wohnen.

Müllinen, ſiehe Tuggen.

Muota, Seite 59 ff.

Muotathal, 5 Stunden langes Thal im Bezirke Schwyz. Die Fahrſtraße in daſſelbe führt von Schwyz über Ibach. Der Fußſteig leitet durch den untern Grund nach dem ſogenannten neuen Weg, wo ſchöne Buchenwälder lieblichen Schatten ver= breiten. In der Tiefe zur Rechten rauſcht die Muota. Das Thal verengert ſich bis zu einer bedeckten Brücke, welche über den Hinterbergbach führt. Etwas weiter obenher geht der Fußſteig in den Fahrweg aus. Zur Linken folgt eine Oeff= nung des Gebirges, deren freundliches Grün, durch einige länd=

liche Wohnungen belebt, Hinter-Jberg genannt, wieder
eine freiere Aussicht gewährt. Majestätische Felsen wechseln
in unendlich verschiedenen Formen so ab, daß es dem Wanderer schwer fällt zu sagen, welcher der schönste sey. Ruhiger
fließt hier die Muota. Rauh ist der Fahrweg, aber der Reisende geht auf schön gebahnten Fußsteigen. Am Wege liegt
ein großer Stein mit Vertiefungen in der Oberfläche. Die
Legende sagt, der heilige Sigmund habe einst zu Pferde vom
Hochgebirge herunter, ohne dabei Schaden zu nehmen, den
Sprung auf denselben ausgeführt. Bald kömmt man in den
Weiler Ried, wo die St. Johanneskapelle und das Haus des
Kaplans stehen. Diese Kapelle ließ 1641 Johann Heinrich ab
Jberg erbauen. Sie wird jetzt noch von der Familie ab Jberg
unterhalten. Hoch vom Gebirge zur Linken rinnt ein Wasser-
fall, der gstübt Bach (zerstäubte Bach, Staubbach) zuerst senk-
recht und frei, nachher mehr schleichend am nackten Fels herab.
Vormals stand zu oberst ein Felsenhorn, das ihn lieblich zer-
theilte. Eine der neuern Anschwellungen des Baches warf es
in das Thal, das oft seine Verwüstungen zu erfahren hat. Zunächst folgt der Mettelbach, der beim Anschwellen der Gewässer mächtig und schön wird. Noch giebt es mehrere Wasserfälle (S. 60 ff.), die zwar den großen Wasserstürzen des
Berneroberlandes und anderer Bergthaler nicht gleichkommen.
Dafür zeichnen sich seine Felsen in unendlicher Mannigfaltigkeit, in angenehmen Formen, gefälliger Beleuchtung, unauf-
hörlichem Wechsel des Lichtes und der Schatten aus. Reich
ist der Schmuck der Pflanzenwelt dieses Thales und in lieblicher Jugend contrastiren die Laubwälder mit den finstern Tannen. Eine malerische hölzerne Brücke trägt nach dem linken
Ufer des Flusses. Sie ruht beim Eintritte auf einem colossa-
len Felsblock und am andern Ende liegen die Balken auf einem gemauerten Pfeiler auf. Wohnungen stehen diesseits und
jenseits. Eine dritte Brücke, die Kirchenbrücke, führt wieder
auf das rechte Ufer. Auf einer Anhöhe steht hier die Dorf-
kirche, dem heiligen Sigmund geweiht. Sie ist neu, groß,
sehr schön und mit kostbaren Gemälden ausgeschmückt. Unterhalb derselben steht ein Beinhaus. Zu dieser Kirche wurde
lange auch aus Uri und Unterwalden gewallfahrtet. Die Pfarre
dehnt sich bis auf 6 Stunden in die Länge aus, und zählt in
93 Häusern 1418 Einwohner.

Die Entstehung des nahen Klosters St. Joseph, Fran-
ciscanerordens, fällt in das Jahr 1280. Damals traten einige
fromme Frauenspersonen in diesem Thale zusammen, um Gott
in der Einsamkeit zu dienen. Indem sie für ihren Unterhalt
sorgen mußten, hatten sie noch das Verdienst, den Anbau der
Umgegend befördern zu helfen. Von 1288 bis 1590 starb das
Kloster zwei Mäle ganz aus, indem die Pest bis in das Muotathal drang. Auch in diesem Gotteshause hielt man in frühern Jahrhunderten auf angesehener Abkunft. Nach alten
Schriften und Jahrzeittrödeln traten hier Töchter von Zürich,
Luzern, Uri, Unterwalden, Glarus, Solothurn und Basel aus
vornehmen Geschlechtern in den Orden. Um die Mitte des
siebzehnten Jahrhunderts erbauten die Nonnen die gegenwärtige
Wohnung. Vor der Revolution war das Kloster im Wohl-

stande, aber während des Krieges litt es von Durchzügen und
Erpressungen. Bei dem Rückzuge der Oesterreicher im August
1799 mußte es die Verwundeten aufnehmen. Kaum hatte es
von seinem Schrecken sich erholt, die Zimmer gereinigt und
freier zu athmen begonnen, so sah es die Schaaren der Russen
von den Bergen herunter wallen. In diesen Drangsalen waltete die Frau Mutter, Waldburga Mohr, menschenfreundlich
und mit großer Besonnenheit. Sie rettete einem Thalbewohner durch Vorstellungen das Leben, als der Feldherr Suwarow
die von ihm verkündigte Nachricht, die Russen seyen bei Zürich
geschlagen worden, für schlauen Verrath hielt. St. Joseph,
ferne von der Pracht und Bequemlichkeit anderer Klöster, ist
alterthümlich, einfach und beengt. Vor fünfzig Jahren befand
sich noch kein Schloß an den Thüren, kein Schrank in den
Zellen, keine viereckigte Scheibe in den kleinen Fenstern. Jetzt
sind alle diese Dinge vorhanden. Eine der Klosterfrauen, M. Theresia Ulrich (S. 162), setzte die Fensterscheiben in die Rahmen
ein, die ein Tischler wohlfeil verfertigt hatte. Das Convent-
zimmer ist sehr groß, mit einem Ofen von ganz ungewöhnli-
chem Umfange. Dieser bald 200 Jahre alte Ofen wärmt nicht
nur den Saal, sondern läßt auch den oben befindlichen Zellen
durch Deckenöffnungen Wärme zukommen. Das Conventzim-
mer wird zu vielerlei Geschäften benutzt. Hier arbeiten die
Schwestern gemeinschaftlich, vornämlich im Winter; denn nur
eine Stube und drei Zellen in dem ganzen Gebäude haben
außer diesem Zimmer Ofen. Doppelte Fenster sind in keiner
Zelle. Reisende, die empfohlen sind und kein Mißtrauen gegen sich wecken, können im Kloster eine Herberge finden und
bezahlen dafür eine freiwillige Vergütung. Die prunklose kleine
Kirche ist helle. Das vormalige Klosterkirchlein ist jetzt die
Grabkapelle der Schwestern. Aus grauer Vorzeit befindet sich
daselbst ein zirkelrundes Frescobild. Ringsumher stehen Gebirge. Drei Hasen, größer als diese, jagen sich im Kreise.
Jeder hat zwei ziemlich große Ohren, doch sind sie so angebracht, daß alle zusammen nur deren drei haben und ein Dreieck
bilden, aus welchem das Aug der Vorsehung blickt. Diese
drei Hasen sollen ein Symbol der Dreieinigkeit seyn. In dieser Kapelle ruht Waldburga Mohr. Seit ihrem Tode werden
die Vorsteherinnen, die von jeher den schönen und bescheidenen
Titel: „Frau Mutter,“ führten, auf drei Jahre gewählt. Die
Frau Mutter unterscheidet sich in ihrer Kleidung durch nichts
von den andern Frauen und nimmt an ihren häuslichen Arbeiten Theil. Die Schwestern besorgen ihr Obst, ihre Gärten
und Pflanzungen, helfen ihr Heu einsammeln, halten nur das
unentbehrlichste Gesinde und keine Laienschwestern. Im Hause
hat, soweit es erforderlich ist, jede ihr Aemtchen. Eine ist Leh-
rerin der Kostgängerinnen, eine verarbeitet die Ordenshabite,
andere nähen. Diese besorgt die Küche, jene die Apotheke,
eine dritte ist Aufwärterin. Des Mitternachtschores sind sie
nun enthoben; die Mette ist im Sommer um vier Uhr, im
Winter später. Am Nikolaustage bringt der gutmüthige Heilige, durch die Hand der Frau Mutter den Schwestern eine
Bescheerung. Auch spazieren sie, belustigen sich unter sich und
sehen Gesellschaft ohne das gewöhnliche Gefängnißgitter. Früher

kamen sie bisweilen im Freien mit ihren Freundinnen aus
Schwyz zusammen. Wo man sich traf, setzte man sich ins
Grüne und bewirthete sich mit Erfrischungen, die man mit sich
führte. Zur Carnevalszeit sind ihnen einige fröhliche Tage
gestattet. Vormals kamen Schlittenfahrten von Schwyz her,
von Spielen und Tänzen der Schwyzerdamen und der Kloster-
töchter begleitet. Eine der Schwestern spielte dazu die Violine;
auch führten bisweilen die Kostgängerinnen religiöse Schauspiele auf.

In der Gegend des Dorfes Muotathal ist der Thalgrund
mit vielen Wohnungen bedeckt. Am Dreikönigstage hatten
die Thalbewohner ein Volksfest, die Gräuslete. Auf dasselbe
hin versahen sie sich mit allem was Lärmen machte, mit Ketten,
Kesseln, Kuhglocken, Hörnern und dergleichen musikalischen In-
strumenten. Alle Pferdegeschelle zu Schwyz wurden abgeborgt,
und wer sich eines umhängen konnte, das bis in die Ferne
klang, war sehr glücklich. So geschmückt und bewaffnet zogen
die Haufen umher und vereinigten sich in Symphonien, welche
von allen Felsen wiederhallten. Der Witz wurde dabei nicht
vergessen. Man führte oft vermummt aus dem Stegreife
Schauspiele auf, in welchen Personen und Begebenheiten auf
das beißendste und kenntlich durchgekämmt wurden. Wer hier
die satyrische Geisel am lautesten schwang, dort sein Panhar-
monikon auf das schallendste ertönen ließ, der war des Tages
Held. Gegenwärtig wird dieses Volksfest in beschränkterm
Maße und am Tage nach den Dreikönigen gefeiert.

Der Weg auf den Pragel führt östlich. Man rechnet
von der Kirche Muotathal bis Auen am Klönthalersee ungefähr 6 Stunden, nämlich eine Stunde bis an den Fuß des
stotzigen Staldens, 1¼ Stunde bis zum Krenze, 1 gute
Stunde bis auf die Höhe des Berges, ½ Stunde bis Klön,
1 Stunde bis Schwellau und 1 Stunde bis Auen. Der Pragel, welcher meist bis zum Juni mit Schnee bedeckt ist, liegt auf
der Grenze zwischen Schwyz und Glarus. Der nicht sehr
steile Weg würde, besser unterhalten, auch für Reitende unge-
fährlich seyn. So lange das Gebirge von Schnee noch nicht
frei ist, muß man einen kundigen Wegweiser mitnehmen;
zu einem solchen empfehle ich Jakob Blaser bei der Kirche.
Er kann die Reisenden mit einem Pferde bedienen. Im Anfange der Achtzigerjahre des verflossenen Jahrhunderts beschloß die Landsgemeine, drei Ingenieure sollten den Weg über
den Pragel beaugenscheinigen, abstecken und die Kosten berechnen; allein da Uri, wohl ohne Grund, befürchtete, die Anlegung einer Straße nach Glarus und von da nach Graubünden
möchte der Gotthardstraße schädlich werden, blieb man bei der
Untersuchung stehen und sagte: „Dem Feind wolle man das
Land nicht öffnen." Bis auf die Höhe des Pragels finden
sich Sennhütten, in denen der Wanderer bei den treuherzigen
Hirten ausruhen und sich mit Aelplerspeise erquicken kann.

Unfern der Kirche Muotathal öffnet sich das Bisithal.
Der schöne, breite, für kleine Wagen brauchbare Pfad führt
abwechselnd durch frische grüne Triften, dann wieder durch

schattige Haine von Laub- und Nadelholz, die zuweilen von schroffen Felsen unterbrochen sind. Ebenso angenehm erscheint der nebenher fließende krystallhelle Begleiter in allen Abstufungen vom Felsen durchbrechenden, wildbrausenden Waldstrome bis zum sanft rieselnden Bache durch Auen. Das erste Dörfchen ist Schwarzenbach oder Eigen. Weiter oben ist das Dörfchen Seeberg. Hinter demselben spaltet sich das Thal. Der nördliche Arm ist die Karrenalp, ein langes, schmales, ödes und ziemlich flach sich von West nach Osten ziehendes Thälchen, wo zwischen den nackten, zerrissenen Kalkfelsen nur bisweilen ein kleines Plätzchen Grün sich verbirgt. Der südliche Arm ist die Glattalp, die von hohen Gebirgsmassen umgeben ist, an deren Fuße ein kleiner See liegt, der in dieser einsamen Gegend seine Wasser kräuselt, und einen freundlichen Anblick gewahrt.

Mythen, Seite 275 ff.

N.

Nuolen, Pfarrdorf, im Bezirke March, mit 90 Einwohnern und 13 Häusern, gehört in politischer Beziehung zu Wangen. Die Gegend ist obstreich und hinter dem Dorfe ein fruchtbarer, anmuthiger Hügel. Nahe bei der Kirche ist die Badeanstalt, gegenwärtig wohl die erste Merkwürdigkeit der March. Das drei Stockwerke hohe Gebäude ist gemauert. Es hat 100 Fuß in der Länge und 60 Fuß in der Breite, auf der Südseite zwei 30 Fuß breite Flügel, zwischen denen ein mit Bänken besetzter Hof von 40 Fuß Breite sich befindet. In dem rechten Flügel sind 10 Badezimmer, jedes hat zwei bis sechs Badekasten und jeder Kasten zwei Zuflüsse, wovon der eine kaltes, der andere warmes Wasser biethet. Das kleinste dieser Badezimmer ist zu einem Douchebad (von 20 Fuß Höhe) eingerichtet. Für ein Dampfbad ist die nöthige Anstalt verheißen. Auf dem zweiten Stocke nimmt ein großer schöner Saal den ganzen linken Flügel ein. Neben dem Speisesaal ist das Billardzimmer. Auf dem rechten Flügel befinden sich mehrere kleinere und größere niedliche Gastzimmer. Das dritte Stockwerk enthält 18 Gastzimmer für einzelne oder mehrere Personen zusammen, wovon die Eckzimmer auf der Nordseite durch eine mannigfaltige Aussicht über den See und dessen rechtes Ufer hin sich vorzüglich empfehlen. Der Preis der Zimmer wechselt von 1 bis 8 Batzen täglich. Bei größerm Zuflusse von Gästen werden verschiedene Tafeln gehalten zu 4, 8 und 10 Batzen ohne den Wein. Auf Verschönerungen und Bequemlichkeiten ist der Eigenthümer immer bedacht. Die Heilquelle, welche sich von Jahr zu Jahr mehr bewährt, entspringt im Gebäude selbst, in einer Tiefe von 8 Fuß in einem Kieslager und ist mit Quadersteinen wohl eingefaßt. Dieses fand Dr. Gabriel Rüsch von etwas auffallendem Geruche, ohne besondern Geschmack, von einer Temperatur von 10 Grad R. bei 23 Grad der Atmosphäre und einem specifischen Gewicht von 10015. Es führt viel gelbe Mutter mit sich, bildet am Siedekessel einen dichten Badestein, wird an der Luft bald weißlich und flockig, und setzt an den Kies einen schwärzlichen

Schlamm ab, der, wenn er während der Nacht in den Wannen bleibt, dick und gelbbraun wird. — Professor Fromherz in Freiburg fand in dem Wasser von Ruolen doppelt kohlensaures Eisenorydul, doppelt kohlensaures Natrum und schwefelsauren Kalk- und Kieselerde. Ob auch Schwefelwasserstoffgas und freie Kohlensäure im Wasser enthalten seyen, läßt Fromherz unentschieden; Doctor Felix Fuchs von Rapperswyl aber bezeugt, dieselben wirklich vorgefunden zu haben. Diese Analysen beweisen, daß das Wasser unter die kräftigen alkalischen Eisenwasser gehört. Das Bad wird gegen Rheumatismus, Gicht, Lähmungen, Magen- und andere Krampfe, hysterische Beschwerden, Scropheln, Atrophie, Mesenterica, Geschwüre, Ausschläge, Brustkrankheiten und Melancholie empfohlen. Auch dieser Ort scheint Wunderthaten zu wirken: Ein Mädchen litt längere Zeit an Bleichsucht; sie suchte Hülfe in Ruolen, welche ihr in solchem Maße zu Theil wurde, daß sie blühend wie eine Rose das Bad wieder verlassen konnte. — Eine 96jährige Frau besuchte das Bad unter so traurigen Auspicien, daß sie ihr Leichentuch mit sich nahm, fand sich aber bald gestärkt, daß sie scherzhaft äußerte, sie wolle sich für das Leichentuch neue Pantoffeln anschaffen. — Das Bad Ruolen wird immer stärker besucht, vornämlich von den beiden zürcherischen Seeufern. In dem Besitzer des Bades, Dr. Diethelm, findet der Kranke zugleich einen sorgfältigen Arzt, und in dem Pfarrer des Ortes, Paul Hengeler, einen gemüthlichen Dichter, kenntnißreichen Mann und angenehmen Gesellschafter.

Bis in die Zeiten der Römer hinauf setzt eine Sage nach Ruolen einen besuchten Seeport, wo alles sey ausgeladen worden, was von Zürich her nach Italien ging. Von dem sogeheißenen Freihause (Weidenhaus) erhält sich eine andere Sage: schon im alemannischen Zeitalter sey hier eine Freistätte offen gestanden, bevorrechtet, daß kein Flüchtling über den See verfolgt werden durfte, ehe die Nachsetzenden ihren Kahn drei Male im Kreise herumgedreht hätten. Noch jetzt besitzt dieses Haus ausschließlich die Fischerei. Gegen das Ende des zehnten Jahrhunderts bauten die Grafen von Lenzburg eine Kirche. 1380 wurde sie von Heinrich von Brandis, Bischof von Constanz der St. Katharinapfründe zu Rapperswyl einverleibt. Ein Kaplan versah sie, aber nach 116 Jahren wurde sie wieder selbstständig. Die von mehrern Schriftstellern wiederholte Angabe, die Kirche in Ruolen gehöre einem hohen Alterthum an, gestützt auf eine Lesart, welche auf dem dortigen Sacrarium die Jahrszahl 1049 zu finden glaubt, wird durch die Untersuchung des ausgezeichneten Alterthumskundigen, Kirchenraths Salomon Vögelin in Zürich berichtigt, der 1 9 149. liest und in der Kirche ein Bauwerk aus dem fünfzehnten Jahrhundert erkennt. Neulich wurde auf der Westseite des Bades in der Erde eine seltene silberne Münze von Titus Vespasianus gefunden.

D.

Oberberg, Seite 278.

Oberschönenbuch, Seite 316.

P.

Peter, St., Seite 312.

Pfäffikon, der Bezirk, grenzt an die Bezirke March, Einsiedeln und Wollerau und durch den Zürchersee an den Kanton St. Gallen. Er hat nur eine Pfarrgemeinde Freienbach, die 1293 Einwohner und 170 Häuser zählt. Die Einwohner beschäftigen sich mit Viehzucht und Feldbau, nur wenige mit Industriezweigen (Seite 137). Zwei Getreide- und 2 Sägemühlen sind in Pfäffikon.

Pfäffikon, Seite 270.

Pragel, Seite 289.

R.

Rappersweil, alt, Seite 233.

Rappersweilerbrücke, Seite 270.

Reichenburg, Pfarrdorf im Bezirke March und an der Grenze des Kantons Glarus. Es hat seinen Namen von einem Schlosse, das auf einer freundlichen Anhöhe beim Dorfe stand, die jetzt noch die Burg Reichenburg heißt, und zählt 780 Seelen und 113 Häuser. In der Nähe von Reichenburg befindet sich die St. Catharinakapelle. Dieser Ort erhielt in den letzten zwanzig Jahren eine besondere staatsrechtliche Bedeutsamkeit in der eidgenössischen Geschichte. Abt Marquard von Einsiedeln hatte um 1360 die hohe und niedere Gerichtsbarkeit über den Hof Reichenburg angekauft. Das Kloster wählte im Orte selbst ein Gericht aus sieben Gliedern, dessen Vorsteher Vogt genannt wurde. Es beurtheilte Civilstreitigkeiten; die Appellation ging nach Einsiedeln; Straffälle wurden von dorther entschieden. 1798 behauptete Reichenburg noch vor dem Anrücken der Franzosen seine Freiheit und constituirte sich selbst, wurde aber nach der Einführung der helvetischen Republik dem District Schännis und dem Kanton Linth einverleibt. Die Mediation theilte es dem Bezirke March und dem Kanton Schwyz zu, und es blieb bei demselben bis zum 30. Mai 1814. Der damalige, sonst in manchen Beziehungen hellsehende Abt Konrad arbeitete mit Beharrlichkeit auf Wiedererlangung herrschaftlicher Rechte in dieser Gemeine, vielleicht mehr um einen Anfang zu größerer Ausdehnung der Herrschaft des Klosters zu begründen. Das Aufbringen einsiedelnscher Beamten hatte Widerstand und eine Bewegung zur Folge; allein es gelang der neuen, von Schwyz her unterstützten Gewalt, eine Majorität für das Kloster in der Gemeine zu gewinnen und Gewaltthätigkeiten wurden an den Vertheidigern der Freiheit ausgeübt. Ein kostbarer, die Gemeine schwer belastender Proceß ging daraus hervor. Endlich kam 1817 zwischen dem Kanton Schwyz und dem Kloster Einsiedeln (Reichenburg war dabei nicht repräsentirt) ein Vertrag zu Stande. Er wurde auf die frühere Souveränität des Klosters, auf den Willen der Majorität der Gemeinegenossen und darauf begründet, daß der Fürstabt laut seines Amtseides auf den Besitz nie Verzicht geleistet habe. §. 1 stellt die Rechte des

Klosters mit Vorbehalt nachfolgender Grundsätze und der allgemeinen Einrichtung des Kantons her. §. 2. erklärt Reichenburg als einen integrirenden Theil des Kantons, seine Einwohner als freie Bürger und Landleute und giebt ihnen den
Zutritt und das Stimmrecht auf der Landsgemeine. §. 4 behält das Hauptcriminalgericht, die höhere und Gesundheitspo-
lizei den Kantonsbehörden vor. §. 7. Civilstreitigkeiten, die
den Werth von 200 Gulden erreichen, sind appellabel an das
Kantonsgericht, und in diesem Falle kann auch ein von Reichenburg gewahlter Richter eintreten. §. 8. Ueber Revisionsbegeh-
ren erstinstanzlicher Urtheile entscheidet der Fürstabt. §. 9. Die
Correspondenz über Angelegenheiten und Verordnungen wegen
Reichenburg wird einzig durch den Fürstabt geführt. §. 11 stellt
ein Gericht mit den ehemaligen Befugnissen in Reichenburg auf,
dessen Präsident und zwei Glieder der Abt, zwei andere die
Gemeine erwahlt. Dem Mantel mit der Kantonsfarbe wird
ein gelber Kragen beigefügt (die Farben des Klosters). §. 12.
Den Gerichtschreiber bestellt der Fürstabt, den Waibel das Gericht. §. 13. Dem Fürstabt kömmt das Strafrecht über Düb
(kleinere Diebstahle) und Frevel zu; doch kann er es dem Gericht übertragen. — Dieses Verhältniß, welches dem Art. 7
der eidgenössischen Bundesverfassung von 1815, durch welchen
Unterthanigkeit aufgehoben ist, ganz entgegen war, hatte nur
zu Disentis (in Graubünden) und in der Verfassung des Kantons Wallis Seitenstücke, die aber weit milder waren. Es
dauerte bis zum 23 Januar 1831, an welchem Tage sich die
Gemeine an den Bezirk March anschloß.

Rickenbach, Seite 316.

Ried, Seite 319.

Ried, Seite 287.

Riemenstalden, Thal und Pfarrdorf im Bezirke Schwyz.
Einige schreiben Römerstalden, doch ohne Grund, und knüpfen
an diesen Namen allerlei Sagen. Riemenstalden ist eine der
ältesten Pfarreien des Kantons (S. 222). Als eine Lauine
die hölzerne Kirche zerstörte, wurde Riemenstalden der Pfarre
Morschach einverleibt; nach Andern soll die Pfarre eingegangen
seyn, weil in einer Pest das ganze Thal beinahe entvölkert
wurde; allein die armen Einwohner des von Morschach weit
entlegenen Thales wurden in den 1780r Jahren durch edle
Menschenfreunde in den Stand gesetzt, wieder eine Kirche zu
bauen und einen Kaplan zu haben, was bei den äußerst beschwerlichen Wegen in dieses Thal nothwendig und eine große
Wohlthat ist. Im Anfange dieses Jahrhunderts vergrößerte
dann ein edler Mann, Felix von Hettlinger von Schwyz, die
Stiftungen in dem Maße, daß Riemenstalden vom General-
vikar von Wessenberg 1804 zu einer Pfarrei erhoben wurde.
Der fromme Stifter von Hettlinger starb 1816 zu Art, und
liegt nach seinem Wunsche und wohlverdient in der Kirche zu
Riemenstalden begraben. Die Kirche, dem heiligen Johannes
geweiht, befindet sich im Mittelpunkte der Gemeine. Sie ist
geräumig, aber steht leider auf einer etwas gefährlichen, den
Lauinen ausgesetzten Stelle. Der schöne Einbau ist im ächten
Geiste des Katholicismus, die Bildhauerarbeit von J. A. Janser; mehrere Oelgemälde sind von M. Föhn. Aloys Fuchs war

vier Jahre hier Pfarrer (von 1824 bis 1828). Im vordern Riemenstaldenthal ist eine sehr malerisch gelegene Waldkapelle des heiligen Bischofs Nikolaus mit einer Ruhestätte (Grubi). Im hintern Riemenstaldenthal liegt der Käppeliberg. Die hier stehende St. Johanuskapelle soll auf der Stelle der alten Pfarrkirche seyn. Die kleine, aber weitläuftige Gemeine Riemenstalden, von 25 Häusern und 81 Einwohnern, liegt in einem einsamen engen Thale, das sich vom Urnersee zwischen der Fronalp und dem Achsen gegen das Muotathal hinzieht. Der Riemenstaldenbach bildet bis nahe an Sisikon zwischen den Kantonen Schwyz und Uri die Grenze, welche dann nordwärts von dem Dorfe an den See hinunterläuft. In dieses Thal kamen in der Revolution keine Franzosen und 1833 keine Occupationstruppen.

Rigi, die. Wenn der Name vom Lateinischen hergeleitet werden sollte, so wäre mons rigidus wegen seines rauhen und starren Aussehens insbesondere auf der Nordseite, wo er gerade am höchsten ist, noch am wenigsten gesucht; Regina montium hingegen ist ein poetischer Gedanke, der mit dem Worte Rigi in keiner Verbindung steht. Sehr steil ist an den meisten Orten die westliche Seite gegen den Vierwaldstättersee. Noch steiler ist sie in ihrer ganzen Höhe vom Kulme bis an den Zugersee hinunter. Auch die beiden Einschnitte in den Berg, sowohl der größere, der von dem untern Dächli hinauf bis an den Staffel ihn gleichsam in zwei Theile trennt, als der kleinere, der von Gersau her empordringt, sind von steilen Wänden umgeben, auch Erdfällen und Wegspühlungen des Erdreichs blosgestellt. Niemand würde nach der rohen, wilden Aussenseite so viele fruchtbare Weiden in ihrem Innern und auf den Höhen suchen. Man kann den ganzen Berg umgehen; doch ist der Weg von Brunnen nach Fiznau an mehrern Stellen beschwerlich und es bedarf der Vorsicht. Die Rigi wird durch ihre örtliche Lage, indem sie ganz von allen andern Bergen abgesondert ist, und durch ihre weite, durch keinen Vorgrund beschränkte Aussicht und dadurch, daß sie wie eine Warte in das flächere Land hinausblickt, durch ihren Bau und ihren Reichthum an Pflanzen und durch ihre Zugänglichkeit und Bequemlichkeit der Besteigung zu einem der merkwürdigsten und zu dem besuchtesten Berge der Schweiz.

Wege. Acht Wege führen von den verschiedenen Ortschaften am Fuße der Rigi mit ungleicher Ausdehnung und Bequemlichkeit auf die Höhe; drei von der Morgenseite, einer von Art, einer von Goldau und ein dritter von Lowerz; zwei von der Nordseite, von Immensee und von Küßnacht; zwei von Südwesten, von Wäggis und von Fiznau; endlich leitet noch einer von der Südseite, von Gersau über dessen Alpen hinan. Von diesen Wegen sind mit Ausnahme derjenigen von Art, Gersau, Fiznau und Immensee alle mit Pferden zu gebrauchen.

Der Weg von

Art	führt in 3¾ St. auf den Kulm u. wird in 2¾ St.
Goldau	„ „ 3½ „ „ „ „ „ „ „ 2½ „
Lowerz *)	„ „ 3¾ „ „ „ „ „ „ „ 3 „

*) Der Weg von Art, sowie der von Goldau und Lowerz ba-

Gersau	fährt in	4½ St.	auf den Kulm u. wird in	4	St.
Fiznau	„ „	3	„ „ „ „ „ „ „	2½	„
Wäggis	„ „	3¼	„ „ „ „ „ „ „	2½	„
Greppen	„ „	3½	„ „ „ „ „ „ „	2¾	„
Küßnacht	„ „	3½	„ „ „ „ „ „ „	2½	„
Immensee	„ „	3¾	„ „ „ „ „ „ „	2½	„

von den Herabsteigenden zurückgelegt.

Der Weg von Art führt einige hundert Schritte zuerst durch Weiden sanft hinan; dann wird er jähe und zieht sich durch vermischtes Gehölz und Weiden, wo man im Frühling und Herbst viel Vieh hält, bis zum untern Dächli, bei dem der steile Weg sich endigt. Hier vereinigt sich mit ihm der Weg von Goldau, der eine kostbare Unterhaltung erfordert. An den steilsten Orten sind Stufen theils in den Fels gehauen, theils aus Holz verfertigt, und an gefährlichen Stellen Geländer angebracht. Das untere Dächli ist ein Wirthshaus, wo man zur Noth ein Nachtquartier, daneben aber Wein, Brot, Bier und Milch findet. Auf der Bank vor dem Hause genießt man einer schönen Aussicht. Oberhalb dieses Gebäudes beginnen die sogenannten Stationen oder die Kreuze, woran kleine Gemälde befestigt sind, die dem Wanderer das Leiden unsers Heilandes vergegenwärtigen sollen. Die vierzehnte oder letzte dieser Stationen ist die Kapelle Maria zum Schnee. Beim vierten Kreuze hört die Steilheit des Weges auf. Bei der Kapelle Malchus, worin die Kreuztragung Christi vorgestellt ist, vereinigt sich mit den Wegen von Art und Goldau derjenige von Lowerz; dieser ist nicht so bequem wie der Weg von Goldau, aber weniger steil. Zuerst geht derjenige, welcher diesen Weg einschlägt, durch einige Weiden, die mit Farrenkraut, wie mit einem Teppich bedeckt sind. Vom Fallenboden überblickt der Wanderer, wie von einem Vorgebirge, den ganzen Trauerschauplatz des Bergsturzes. An der Ecke der weit vorspringenden Rothfluh genießt man eine schöne Aussicht. Hier befindet sich eine von Felsen überwölbte Bank. Von den Felsen stürzen einige Bäche herunter. Ein bedeckter Ruheplatz, Dächli, ist unterhalb der Vereinigung der obengenannten Wege angebracht. Bald nachher ist man beim obern Dächli. Ein abkürzender, an einigen Orten etwas steiler Weg führt von hier durch die Alpen Resti, Grünholz, Schwendi und Käserholz in 1¼ Stunde auf den Kulm, wenn man ohne das Hospitium zu besuchen die Höhe ersteigen will. Je mehr man sich dem Hospitium nähert, desto mehr erweitert sich die Bergeinsenkung, die höher hinauf gleichsam ein Amphitheater bildet. Unterhalb des Hospitiums, von dem wir unten sprechen werden, ist in einen großen Granitblock ein eisernes Kreuz eingelassen. Von hier gelangt man auf einem Fußsteig über das

---

ben das Eigenthümliche, daß sie den Wanderer in dem Innern des Berges auf die Höhe führen und ihm auf einmal die Aussicht über die westliche und nördliche Schweiz eröffnen. In Goldau und zu Art im Adler findet man überdieß immer noch sehr gute Pferde.

13 *

Abendreinli, Triebhütte, Triebrein, Schinnenfluh und Lang-
matt in ¾ Stunden auf den Kulm. Beim Hospitium geht
der Weg für diejenigen, welche den Staffel nicht bei Seite
lassen wollen, unter der Brücke, die aus der Capuzinerwoh-
nung zur Kapelle hinüberführt, und zwischen den Wirthshäusern
hindurch. Zunächst über dem Hospitium ist der Pfad steinig,
führt dann über Weiden hinauf, wo allmälig der Holzwuchs
aufhört, nach dem Staffelwirthshause, das man stets vor Augen hat. Unmittelbar zu diesem Gasthofe steigt der Weg von
Küßnacht hinan. Er ist der nächste, aber steilste Reitweg
auf die Rigi. Bei dem Kreuze auf dem Seeboden vereinigt
sich mit ihm der Weg von Immensee. Erst seit 1821 ist
der Weg vom Seeboden auf den Staffel als Reitweg angelegt
worden. Er führt anfänglich über flache Weiden hinauf, neben
den Hütten im Grot, Ober- und Unter-Halbri vorbei; dann
biegt er sich links bis in die Linie der Kulmhöhe, wendet sich
noch einmal und steigt zuletzt über den steilen Abhang zum Staf-
felwirthshaus hinauf. Beim Staffel trifft auch der Weg vom
kalten Bade her mit diesen letztern zusammen. Der Weg von
Wäggis ist der bequemste, sicher und genußreich. Nach wenigen hundert Schritten erblickt man immer wieder eine neue
Landschaft und mißt so die gegenüberstehenden Berge, vor allem
die schöne Pyramide des Stanzerhornes, das mit jeder halben
Viertelstunde gleichsam herabsinkt. Zuerst steigt man durch fruchtbare Matten hinan, durchschneidet die Stelle, welche 1795 ein
Schlammstrom bedeckte. An einigen gut gewählten Aussichts-
punkten sind Bänke angebracht. Bei der Kapelle Heilig-Kreuz,
wo zuweilen ein Einsiedler wohnt, ist die Aussicht ungemein
schön. Von hier windet der Weg sich an der steilen Felswand
hinauf bis zum Hochsteine oder dem sogenannten Felsenthore,
welches aus zwei ungeheuern, sich gegeneinander neigenden Fels-
stücken, die ein drittes einklammern, besteht und so ein Gewölbe
bildet, unter welchem man durchgeht. Oberhalb des Hochsteines
trifft mit ihm der Weg von Fiznau zusammen, der außer
von den Anwohnern nur von Pilgern aus Unterwalden gebraucht wird. Mehrere Kreuze bezeichnen nach dieser Vereinigung die Stationen. Beim kalten Bade fallen die Wege
von Gersau und Greppen ein, die nur von den dortigen
Einwohnern benutzt werden. Auch führt von hier über das
Känzeli und die Leitern ein Weg nach dem Seeboden, sowie
über die First ein Fußsteig nach dem Hospitium. Der Weg von
dem kalten Bade nach dem Rigistaffel geht zuerst über eine große
Weide und dann um den Rothstock herum. Hier muß man
vorsichtiger seyn, weil der Pfad an steilen Abhängen vorbeiführt.
Bald ist man beim Staffelwirthshause, von wo der Weg über
mehrere Abstufungen ziemlich steil auf den Kulm hinleitet. Auf
der Hälfte des Weges ist links das Kessisbodenloch. Es ist
an der Oberfläche 12 Fuß lang, einige Fuß breit und bei
100 Fuß tief. Steine, die heruntergeworfen werden, sieht man
an der nordwestlichen Felswand wieder hervorkommen und her-
unterrollen. Die Industrie ist auch hier so groß, daß weil
Steine in der Nähe desselben bald nicht mehr zu finden sind,
nicht selten Kinder solche zum Verkauf für das Herunterwer-
fen Schaulustigen anbieten. Noch höher steht der soge-

nannte Grindstein *), ein ungefähr 12 Fuß hoher, einem Kopfe nicht unähnlicher Stein.

Alpenwirthschaft. Die Zahl des Viehes, welches auf der Rigi gesömmert, diejenige der Käse, die daselbst verfertigt, das Gewicht der Butter, die gewonnen wird u. s. w. läßt sich nicht leicht bestimmen. Je nachdem reicher oder sparsamer Graswuchs, anhaltende gute Witterung oder ein später Frühling und früher Winter sich einfinden, kann eine größere oder kleinere Zahl von Vieh gehalten und aus diesem eine vermehrte oder beschränktere Nutzung gezogen werden. In heißen Sommern wird weniger Butter und desto mehr Käse gemacht u. dgl. m.; doch mögen folgende Angaben auf das Ganze schließen lassen. 1834 z. B. hatte die Gemeine Art 370 Kühe, 450 Rinder und von Verenatag an 50 bis 60 Pferde gesömmert; die Zahl der Schweine belief sich auf 160, diejenige der Ziegen auf 650 und die der Schafe auf 180; 900 Stück Käse wurden verfertigt, 8000 Pfund Butter gewonnen und die Milch, welche in den Wirthschaften auf der Rigi gebraucht wurde, berechnete man auf 9000 Maß; Wäggis sömmerte ungefähr 105 Stück Rindvieh, 25 Schafe und 90 Ziegen und ungefähr 560 Stück Käse wurden verfertigt; Fiznau ungefähr 200 Stück Rindvieh, 30 Schafe und 50 Ziegen und ungefähr 600 Stück Käse; Gersau 400 Stück Rindvieh und 600 Stück Käse ohne die magern. Sennhütten hat

	die Gemeine	Art	34
„	„	Küßnacht	10
„	„	Greppen	6
„	„	Wäggis	21
„	„	Fiznau	15
„	„	Gersau	28

114 Sennhütten.

Das **Hospitium Maria zum Schnee und die Kuranstalt.** Weil die zahlreichen im Sommer auf der Rigi zerstreuten Aelpler immer mehr das Bedürfniß eines sonntäglichen Gottesdienstes fühlten, berief sie der Kirchenvogt und Rathsherr Johann Sebastian Zay von Art zusammen. Alle vereinigten sich, daß man im Sand eine kleine Kapelle bauen wolle. Man legte sogleich Hand an das Werk und 1689 war der Bau vollendet. Zay stattete sie für ihre Unterhaltung aus und baute in der Nähe ein kleines Haus für die Väter Capuziner, welche geraume Zeit hindurch aus dem Kloster Art alle Sonn- und Feiertage hinauf kamen. 1690 wurde das Bild der heiligen Jungfrau auf dem Altare aufgestellt. Es wurde von Johann Balthasar Steiner von Art gemalt. Am 11. Juli 1700 weihte der Nuntius Julius Piazza die Kapelle zu Ehren der Maria, unter dem Titel: zum Schnee, ein. Die Wallfahrter vermehrten sich, und weil sie in der Kapelle keinen hinlänglichen Raum fanden, wurde von 1716 bis 1719 eine größere erbaut. Der Landammann Gilg (Aegidius) Christoph Schorno von Schwyz trug das Meiste dazu bei und sein Bruder, der Capuziner Pater Paul war der thätigste Rathgeber. Maria zum Schnee ist mit Ab-

---

*) Grind bedeutet in der Volkssprache, doch nur scherz- und spottweise, einen Kopf.

kissen ausgestattet. Schon am 9. August 1734 verlieh Papst
Clemens XII. allen, welche hier am Feste Maria zum Schnee
(5. August) die heiligen Sacramente empfingen, vollkommenen
Ablaß, und eine Bulle vom 16. Juni 1779, die Papst Pius VI.
ausstellte, verheißt Jedem, so oft er auf die Rigi wallfahrtet,
vollkommenen Ablaß. An Sonn- und Feiertagen werden bei
Anbruch des Tages zwei Messen nach einander, die dritte aber
nur 7 Uhr gelesen, um 9 Uhr fängt die Predigt an, worauf die
vierte Messe gelesen oder gesungen wird. Des Abends wird
der Rosenkranz gebetet und das Salve Regina gesungen. In
der Kapelle sind fünf Altäre. Des Sonntags kommen alle
Sennen der Rigi zur Kapelle. Am Sonnabend sowie an Vor-
abenden der Festtage treffen benachbarte Landleute und Pilger
aus den Kantonen Luzern, Zug und Unterwalden, oft auch aus
entferntern Gegenden hier zusammen, und kommen nicht selten,
um ihr dankbares Ex Voto in dem Tempel der Himmelskönigin
aufzuhängen. Eine Menge Wallfahrter sieht man insbesondere
am 6. September. Bei guter Herbstwitterung dauert die Wallfahrt bis zu Allerheiligen. Das Hospitium ist mit dem Capuzinerkloster in Art verbunden. Gewöhnlich sind zwei Capuziner
und ein Bruder hier. Zuweilen helfen ihnen an Sonntagen
Weltgeistliche Beichte hören. Die Wohnung der Väter ist ein
kleines, klosterähnliches Gebäude. In der Nähe der Kapelle
stehen vier Wirthshäuser. Auf dem Platze der Kapelle selbst
befindet sich das sehr große Wirthshaus zur Sonne, im Jahre
1812 erbaut, mit 28 Zimmern und 60 Betten. Für die größern
und schönern Zimmer zahlt man wöchentlich 4, für die kleinern
2 Franken; für die Bewirthung ohne den Wein täglich 20 Batzen,
dafür erhält man: Morgens 6 Uhr Molken oder Ziegenmilch,
um 8 Uhr Kaffee u. s. w., um 12 Uhr das Mittagessen, um
4 Uhr Kaffee oder Thee, um halb 6 Uhr Molken oder Ziegenmilch,
um 8 Uhr das Nachtessen. Eine Terrasse höher ist das Rößli,
ein älteres Gebäude, mit 11 Zimmern und 29 Betten, meistens
von Pilgern besucht; und zu oberst das Schwert, dessen Bau
1822 begonnen wurde. Dieser Gasthof genießt des besondern Vor-
zuges, daß der Besitzer auch Eigenthümer des Gasthofes auf
dem Staffel ist und die Gäste ihren Aufenthalt an beiden Orten
nach Belieben wechseln können. Die gewöhnliche Taxe für die
Gäste auf jeden Tag steigt von 17 bis 40 Batzen, worüber meistens eine Uebereinkunft auf 8 bis 10 Tage verabredet wird.
Diejenigen, welche immer auf dem Staffel bleiben, bezahlen
20 bis 50 Batzen. Man findet gute und reinliche Bedienung,
und 97 Betten sind im Schwert und auf dem Staffel zur Aufnahme auch der zahlreichsten Besuche in Bereitschaft. In der
unterhalb der Kapelle liegenden Krone kehren ausschließlich
Pilger ein. Der Wirth zur Sonne heißt: Zeno Schindler,
derjenige zum Schwert: Blasius Schreiber. — Schon am Ende
des verflossenen Jahrhunderts fanden sich hier Kurgäste ein. Die
Kurzeit dauert in der Regel von Ende Juni bis Ende August.
Der Aufenthalt auf der Rigi eignet sich ganz besonders für
viele Personen, die an chronischen Krankheiten leiden. Außer
dem kurgemäßen Gebrauch der Molken und Milch, welche hier
weit wirksamer sind als in der Ebene, wird die reinere Luft
in dieser Höhe, wo die Wirthshäuser liegen, ein Stärkungs-

mittel für den Körper, welches die Kunst des Arztes durch nichts ersetzen kann. Immer mehr wird dieses vortreffliche Mittel zu Herstellung oder wenigstens längerer Erhaltung so manches leidenden Kranken benutzt. Zarten Körpern kann die hohe Lage bei ungünstiger Witterung nachtheilig werden. Auch sind allen Kurgästen auf solchen Höhen gutes Wetter und milde Temperatur wünschbar. Jeden Morgen werden bei den Wirths-häusern die Ziegen gemolken, und die Molken zubereitet. Während des Trinkens kann man auf dem Platze beim Hospitium spazieren. Die Abgeschiedenheit, in der man sich hier befindet, wird durch die beständigen Durchzüge Reisender belebt und binnen einer halben Stunde verschafft man sich den Genuß der herrlichen Aussichten, welche die Berghöhen gewähren. Die gewöhnlichsten Spaziergange sind: Zur Hütte, hier über-sieht man das Innere des Berges (siehe den Umschlag des Buches); auf die Horrik hinaus, man geht unterhalb des Klosters über den Aabach, links anfwärts und durch den Wald bis an den östlichen Bergrand, wo ein Kreuz und eine Bank sich befinden und eine schöne Aussicht nach Schwyz, Goldau, den Umgebungen Zugs und in die nördliche Schweiz hinaus sich öffnet; auf den Schild, wo man eine vorzügliche Aussicht in das Unterwaldnerland hat; in das kalte Bad hinüber, dieser, aus dem einsamen Thälchen emporsteigende Weg gewährt beim Ueberschreiten der Berghöhe eine überraschende Aussicht auf den Vierwaldstättersee und in die Ferne; auf den Staffel und auf den Kulm. Eine halbe Viertelstunde über den Gasthöfen ist links in einiger Entfernung vom Wege an der Bergwand das Denkmal des Herzogs Ernst von Gotha, vom Kriegsrath Rei-chard gesetzt. Zwei über einander gestellte Tafeln aus weißem Sandsteine sind in den natürlichen Fels eingelassen, und tragen folgende Aufschrift:

DEM FROMMEN ANDENKEN WEILAND
ERNST II. VON SACHSEN GOTHA,
HEHR DURCH AHNEN UND KENNTNISSE,
GROESSER DURCH EDELSINN UND BIEDERKEIT
WIEDMET DIESES IM ANGESICHT DER ALPEN
UND DES FREYEN VOLKES DAS ER LIEBTE UND
HOCH EHRTE
1804.
R — D.

Reichard schenkte zugleich dem Hospitium einen Ring mit dem in Stein geschnittenen Bildnisse des Fürsten. Dieses Geschenk ist aber gegenwärtig dem Kloster Einsiedeln verpfändet. Dem Denkstein gegenüber befindet sich die Höhle Bruderbalm. Sie zeigt schöne Tropfsteine, ist weit, aber nicht hoch. Die Eich-hornbalm, etwas tiefer, wird von dem Vieh als Zufluchts-stätte benutzt. Die Geißenhöhle, jetzt zu einer ärmlichen Wohnung eingerichtet, liegt unterhalb des Hospitiums. Um die Alpenwirthschaft ganz kennen zu lernen ist ein längerer Aufent-halt beim Hospitium vorzüglich geeignet. Wie beinahe auf allen Alpen werden hier an der Kirchweihe (am Magdalenatage, 22. Juli) verschiedene gymnastische Uebungen von den Hirten vor-genommen. Um das Hospitium liegt der Schnee in gewöhnlichen

Wintern fünf, bisweilen aber auch bis auf sieben Fuß tief. Man
hielt es vor 40 und 50 Jahren für etwas ganz außerordentliches,
daß bisweilen einige Capuziner, später, daß der Wirth Martin
Bürgi während des Winters oben bliebe. Seither hat der
letztere mit seiner Familie einige Male den Winter auch im
Kulmhause ausgehalten, oder er ging in andern Jahren bisweilen hinauf, um nachzusehen. Nun bleiben die Capuziner
und alle Wirthsleute während des Winters auf dem Berge.
Um über den tiefen Schnee wegzugehen, bedient man sich der
sogeheißenen Reifschuhe, die aus einem hölzernen Reife, von
ungefähr 15 Zoll Durchmesser, bestehen und inwendig ganz mit
Stricken durchzogen sind.

Das kalte Bad *). Von großen Felsmassen umringt
und in einem kleinen freien Raume verborgen, nur von der
Südostseite her zugänglich steht die Kapelle der heiligen Maria
zum kalten Bade. Die Legende weiß, daß zur Zeit der tyran-
nischen Vögte drei Schwestern sich an diesen Ort flüchteten und
ein frommes Leben führten. Eine Tafel erzählte ihre Wunderthaten. Täglich wird im Sommer für die nahen Aelpler und
die Pilger Messe gelesen, die hier an gewissen Tagen zahlreich
eintreffen und auch nach Maria zum Schnee hinwandern. Auf
dem Marienbilde in der Kapelle zum kalten Bade halt der
Heiland den Apfel der Eva in den Händchen; bei jener trägt
er eine Bibel auf dem Arme. Eine Reihe von Votivtafeln
erzählen, wie gnadig die glorreiche Jungfrau die Bitten der
Wallfahrter erhört habe. — Von der obern Seite murmelt
eine Quelle aus dem Fels hervor. Ihr Wasser wird von allen
Pilgern getrunken und bildet das kalte Bad, das auch vielfach
gebraucht wird, und für Kolik, Gliedersucht, Wechselfieber und
Unfruchtbarkeit gut seyn soll. Noch vor wenigen Jahren sah
man nicht selten Pilger sich in den Kleidern in dasselbe setzen
und dann an der trocknen Sonne die Kur vollenden. Das
Wirthshaus ist ein neues und sehr bequem eingerichtetes Gebäude. Die Besitzer desselben sind die Herren Gebrüder
Segesser von Luzern. In dem Speisesaale, worin sich ein Pianoforte befindet, hat man eine herrliche Aussicht. (Beim Sinken
der Sonne an hellen Abenden werden die Felswände des Dossen
rosenroth gefärbt). In diesem Wirthshause befinden sich 26 tape-
zirte Zimmer, wovon die Wenigern mit einem, die Mehrern
aber mit zwei recht guten Betten versehen sind. Für das Zimmer zahlt eine Person 30 Batzen wöchentlich. In der Regel
wird für die Kurgäste nur eine Tafel gehalten, doch können
auf Verlangen die Gäste abgesondert und kostbarer bewirthet
werden. Die Bewirthung kostet täglich 25 Batzen; vor dem
Juli und vom ersten September an, wo der Zudrang weniger
groß ist, bleibt die Taxe auf 20 Batzen stehen; dafür erhält
man zum Frühstücke Kaffee, ein recht gutes Mittagessen und Nach-
tisch, Abends wieder Kaffee u. s. w., später ein gutes Nachtessen;
der Wein wird besonders bezahlt. Unter dem Speisesaale sind
sechs schöne Badekasten in fünf niedlichen Zimmerchen ange-

---

*) Ganz auf und an der Rigi gelegen, konnten das kalte
  Bad, Fiznau, Wäggis und Greppen, wenn schon zum
  Kanton Luzern gehörend, nicht übergangen werden.

bracht. In diesen Bädern kann man nach Belieben warm und kalt baden, und auf Verlangen auch Molkenbader haben. Ein Esel wird gegenwärtig gehalten, dessen Sittsamkeit und Lenksamkeit den Frauenzimmern, die sich seiner bedienen, um auf dem Berge herumzureiten, so wohl behagt, daß die Badeeigenthümer gesinnt sind, die Zahl dieser Thiere im nächsten Jahre zu vermehren. Auch werden Ziegen gehalten und verschiedene Mineralwasser sind immer vorräthig. Der Kaplan, welcher den Alpenaufzug begleitet, und mit den Sennen den Berg wieder verläßt, wohnt während dieser Zeit im Wirthshause. Die besuchtesten Spaziergänge sind: In dem nahen Walde, wo höchst liebliche Parteien sind; auf das 10 Minuten entfernte Känzeli, wo eine hölzerne, offene, mit Bänken und einem Dache versehene, runde Hütte angebracht ist, hier erblickt man das Unterwaldnerland, den Vierwaldstättersee mit seinen Umgebungen und über sie hin die Hochalpen; und auf den Rothstock. Am Laurenztage, 10. August, ist beim kalten Bade die Sennenkirchweihe.

Das Staffelhaus, welches Blasius Schreiber von Art im Herbste des Jahres 1816 erbaute, nimmt seit dem Sommer 1817 Reisende auf, und trägt zur Bequemlichkeit der Alpenwanderer, die im Kulmhause öfters nicht alle Platz finden, viel bei.

Das Kulmhaus. Von Jahr zu Jahr vermehrte sich die Zahl der Reisenden, welche die Rigi besuchten. In den Wirthshäusern bei Maria zum Schnee war für ihre Aufnahme gesorgt; aber ganz im Berge eingeschlossen, und eine Stunde weit vom Kulme entfernt, waren sie einer Menge Zufälligkeiten bloß gesetzt, und sehr Vielen wurde der Wunsch, die herrliche Aussicht zu genießen, vereitelt oder doch sehr verkümmert. Oft, wenn man vor Tagesanbruch die Wirthshäuser verließ, änderte sich die Witterung, ehe man die Höhe erreicht hatte. Wurde man dort vom Regen oder einem Gewitter überrascht, so war nirgends ein Obdach zu finden. Den prachtvollen Anblick des Sonnenuntergangs wagten die wenigsten zu erwarten, weil man beim Heruntersteigen im Dunkeln zu fallen besorgte, u. dgl. m. Dafür fand Martin Bürgi von Art, der Besitzer des kleinsten der vier Wirthshäuser beim Hospitium, eine Aushülfe durch die Erbauung eines Gasthofes. Der Gedanke schien Vielen zu gewagt. Nach einigen Vorbereitungen 1814 ließ er selbst beinahe den Muth sinken; allein durch Heinrich Keller, dessen Name durch sein Panorama mit der Rigi enge verbunden ist, ermuntert, kräftig von Zürich aus und nachher auch von andern Seiten unterstützt, wurde Bürgi in seinem Entschlusse fest. Die Gemeine Art überließ ihm den Platz, und erlaubte ihm, einige hundert Tannen zu seinem Baue fällen zu dürfen. Ungefähr 60 Schritte unter der Höhe an der Südseite, gegen die stürmischen West- und die Nordwinde geschützt und in der Nähe einiger Quellen, steht seit 1816 das Kulmhaus. Eine Erdhütte, welche die Arbeiter schützen mußte, war schon im Sommer 1815 und bis zum August 1816 als Speisesaal und nicht selten als Schlafstelle für Reisende benutzt worden. In den größern Städten der nördlichen Schweiz wurden Beiträge für das Kulmhaus gesammelt, und auch von Schwyz kamen solche. Die Zahl der Unterschriften stieg auf 687, der Betrag auf 2371 Franken 3 Batzen;

13 **

von diesen fielen auf Zürich 393 Unterzeichnungen und 1094
Franken. Spätere Beiträge, zum größern Theile von Aus-
ländern, betrugen 845 Fr. 2 Bz. (darunter einer von 162 Fr.
aus der Hand der für alles Edle und Nützliche begeisterten Frau
Herzogin Henriette von Würtemberg). Aus diesen wurde ein
Alpenpflanzengarten angelegt, ein Blitzableiter auf das Haus
gesetzt, ein Thermometer, Hygrometer u. s. f. angeschafft. Einen
vortrefflichen Gefäßbarometer schenkte der Mechaniker Oeri aus
Zürich. Der Alpenpflanzengarten hat manchen Bestrebungen nicht
entsprochen, weil die hohe Lage und viele Alpengewächse den
Bemühungen der gewöhnlichen Gartenkunst nicht gehorchen. An
jeden Naturforscher und Beobachter ist die Bitte gerichtet, im
Falle während seines Aufenthaltes auf dem Rigikulme außer-
ordentliche und merkwürdige Naturerscheinungen Statt finden
sollten, eine kurze, aber genaue Beschreibung der Erscheinung
und aller wahrgenommenen Umstände mit Tag und Jahr und
Beifügung seines Namens unter dem Abschnitte „merkwürdige
Erscheinungen" in ein bereitliegendes Buch einzuschreiben. Aus
dem Speisezimmer, worin sich ein Pianoforte und eine kleine
Bibliothek befinden, hat man auf die östlichen und südöstlichen
Hochalpen eine freie und reiche Aussicht. Die Tafel ist gut.
Der Preis, mit Rücksicht auf die Lage des Ortes, sehr billig.
Die Schlafgemächer reihen sich zellknartig an einander. Die
Betten sind leicht. Wenn der Sonnenaufgang bemerkbar ist,
so wird es eine halbe Stunde vorher durch einige Stöße ins
Alphorn verkündigt. Neben dem Kulmhause steht ein kleines
Stallgebäude. Im Jahre 1820 wurde zum ersten Male auf
dem Kulme ein sogeheißenes Signal aufgeführt, das seither
erneuert wurde, auch bequem und gefahrlos von Frauenzimmern bestiegen werden kann. Auch hat hier fromme Andacht
zwei hölzerne Kreuze aufgerichtet.

Unglücksscenen. Am 1. Juli 1820, Morgens gegen
zehn Uhr stiegen Gewitter auf, die unterhalb des Kulmes insbesondere heftig tobten. Nach dem Mittagessen brach die Sonne
wieder durch, und Daniel Meyer von Lausanne, Diener von
vier englischen Damen, eilte hinaus, um dem Spiel der Wolken zuzusehen. Er stand ganz allein um 2 3/4 Uhr auf dem Fels-
vorsprunge südwestlich von der Kulmhöhe (wo man eine sehr
freie Aussicht gegen Luzern hat) ungefähr 100 Schritte vom
Kulmhause, als aus einer kleinen, gelbgrauen Wolke ein Blitz-
strahl herabfuhr und ihn auf der Stelle tödtete. In demselben
Augenblicke befand sich auf dem Fußwege, ungefähr 40 bis 50
Schritte von Daniel Meyer, der englische Generalcommissär
Eduard Couche mit seiner Nichte. Beide wurden auch vom Blitze
getroffen. Couche fühlte einen heftigen Schlag an der Stirne,
wurde betäubt und die Nichte, in dem die Flamme an ihrem
Kleide herabfuhr, sank dem Oheim in die Arme. Doch erhielten sich beide auf den Füßen und gelangten unterstützt von her-
beigeeilter Hülfe halb bewußtlos ins Kulmhaus. Tief waren
die vier englischen Damen über den Tod ihres Führers betrübt,
und als am folgenden Tage eine Augenscheinscommission von
Schwyz und Art auf den Kulm kam, um das visum reperti
aufzunehmen, gab die gefühlvolle edle Miß Mount die Erkla-
rung, daß sie alle Kosten der Beerdigung auf dem Kirchhofe

zu Art zu erstatten bereit sey, und befahl zugleich, daß der Wirth, was diese Herren verzehren würden, auf ihre Rechnung setze. Gegen diesen Befehl machten die Abgeordneten keine Einwendung, und jeder forderte noch zehn Franken für seine Bemühung, so daß die Kosten auf 107½ Franken stiegen. Gleichwohl wurde der Entseelte nicht auf dem Kirchhofe zu Art, sondern außerhalb desselben beerdigt. Doch aller Orten ist die Erde des Herrn! — Ein höchst trauriges Ereigniß fand am 22. Juni 1826 auf dem Kulme Statt. Der Königlich Preußische Oberförster, Friederich Wilhelm von Bornstett aus Rathenow bestieg an jenem Tage mit seiner Gemalin, einem Töchterchen und einer Nichte von Waggis her die Rigi. Vom Kulmhause begaben sie sich sämmtlich am Abend auf einen nahen, wohlgelegenen Punkt, um den Sonnenuntergang zu sehen. Bornstett wählte sich zu seinem Sitze die höchst gefährliche Stelle auf einem am senkrechten Abhange hervorragenden Fels; indem er sich setzen will, glitscht er auf dem bereits vom Abendthaue befeuchteten Grase aus, und vielfach zerquetscht wurde der Körper in der Tiefe wieder gefunden. Zeuge des Unfalles, war die Familie des Verunglückten beinahe untröstlich. Sein Herz nahm die gebeugte Gattin mit sich nach der Heimath. Der Leichnam fand in Luzern die größte Theilnahme, auf dem Gottesacker seine Ruhestätte, und in dem Kreuzgange ein schönes Denkmal.

Naturerscheinungen. Unter die häufigsten gehört das Nebelbild, das man ehemals für sehr selten hielt, jetzt aber seit der Berg immer besucht ist, oft wahrnimmt. Heinrich Keller beobachtete dasselbe im Jahre 1822 während sechs Wochen neun Male. Das Nebelbild zeigt sich auf dem Kulme des Morgens auf der Seite gegen Küßnacht, Nachmittags gegen Art und des Abends gegen den Lowerzersee. Es entsteht, wenn an den Abhängen der Rigi Nebeldünste emporsteigen und der Beobachter (ohne selbst in den Nebel eingehüllt zu seyn) mit ihnen und der unverhüllten Sonne in dieselbe Linie zu stehen kömmt; dann erblickt er in dem beleuchteten Nebel den Schatten des Kulmes und des Kreuzes (wenn er nämlich bei demselben steht) und seiner eigenen Gestalt mit allen Bewegungen die er vornimmt, und überdieß sind diese Gegenstände mit einem regenbogenfarbigen Halbkreise umgeben, der zuweilen, wenn der Nebel sehr dicht ist, sich verdoppelt. — 1824 den 17. August um 6 und 8 Uhr Abends zeigte sich ein vorher nie beobachtetes Schauspiel. Die Sonne war hinter einer dichten Nebelschichte verborgen, nur ihr Wiederschein strahlte aus dem See bei Küßnacht durch fliegende Nebel zum Kulme herauf. Das glänzende Bild in der Tiefe war mit einem blendenden Schimmer umgeben, der von einem breiten, roth glühenden Kreise von etwa 11 Graden Durchmesser begrenzt war. Diesen umschloß zuweilen noch in doppeltem Abstande ein zweiter Kreis als Reflex. Als später die tiefere Sonne selbst die fliegenden Nebel durchstrahlte, zeigte sich die nämliche ringförmige Erscheinung mit erneuerter Glut und zugleich erschien gegenüber auf der Ostseite das gewöhnliche Nebelbild mit den Schatten der Beobachter. Bald darauf ging die Sonne in Wolken unter.

Sonnen-Auf- und Niedergang. Zu den Hauptzwecken

derjenigen, die den Kulm besuchen, gehört mit allem Rechte
der Genuß des Emporsteigens der Sonne über den Horizont,
und ihr Verschwinden unter denselben. Welches von diesen
Schauspielen das erhebendere und schönere sey, hängt von der
Beschaffenheit der Atmosphäre und von der Stimmung des
Schauenden ab. Majestätischer ist in der Regel der Sonnenaufgang; durch mannigfaltige Schönheit und Wirkung reich
der Untergang der Sonne. Vorbereitet durch den Schimmer
des grötheten Halbkreises der höhern Gebirge sehnt sich der
Waller nach dem Heraufsteigen des Auges der Schöpfung.
Gewöhnlich von Frost und Nässe umschauert, und von einer,
wenn schon unermeßlichen, doch gleichsam erstorbenen Natur
umgeben, fühlt er jetzt mehr als je, was Licht und Wärme
dem Weltall sind, und wie der wohnungs- und kleidungslose
Wilde anbetend vor einem Sonnengotte niederfällt. Oft einem
aus dem Feuerofen herausglühenden Eisen ähnlich, erscheint
die Sonne in unendlicher Pracht, und ihr erster Blitz bringt
ein plötzliches Leben in die todte Schöpfung, die von Minute
zu Minute reger aufzuwachen und dem Beobachter froh zuzu-
lächeln scheint. Wenn nach vollbrachtem Laufe durch den blauen
Aether, Segen und Erquickung ausspendend, sie am Abend
dem Erdenrande sich nähert, so sammeln um sie her sich Pur-
purgluthen, ihr Scheiden zu feiern. Jetzt sinkt das leuchtende
Gestirn des Tages hinter den sanften Wellen blauer Gebirge
hinab. Schweigen herrscht rings umher, der Arbeiter ruhet
und Stille beginnt. In zartem, violetem Dufte schwimmt die
Gegend und bereitet sich zu kurzem Schlummer. Nur in den
Hochgebirgen ist die Sonne noch nicht entschwunden. In sanf-
ter Rosenfarbe, von Gold und Purpur überhaucht, stehen die
Herrlichen noch da, das einförmige Weiß ihrer Gewänder mit
bunten Kränzen geschmückt. Doch allmälig erblassen auch sie
in leisem Dahinsterben; aber nach secundenlangem Verschwinden tauchen sie oft noch einmal wie Jugendgestalten empor,
hauchen noch einmal die Rosen einer schönern Hoffnung über
die erstarrten Eisgefilde, bis auch dieser letzte Schimmer ent-
eilt und in Dämmerung sich verliert.

　　Die Kulmaussicht. Ueberrascht durch den Reichthum
der Gegenstände läßt der Wanderer beim Ersteigen des Kulmes
seinen Blick von einem derselben zum andern hinübergleiten,
bis ihn gewöhnlich zuerst der Vorgrund und die in dunkle Ferne
sich ausdehnende Ebene fesselt, in welcher die niedern Berge
gleichsam herabgesunken sich zu verflächen scheinen. Die einem
ungeheuern Bollwerk ähnlichen Nagelfluewande, über welche
man zunächst herunterblickt, decken die Straße, welche von
Schwyz her nach Immensee führt, und man glaubt Art und
den obern Theil des Zugersees, auf welche man im Vogelper-
spective heruntersieht, unmittelbar zu seinen Füßen zu haben.
Man blickt in einzelne Theile des durch Obstgarten geschmück-
ten Fleckens hinein, und der durch den Vorsprung des Walch-
weilerberges und der Felsenzunge des seltsamen Kiemens beinahe abgeschnittene, von dem Widerschein der Bergwand hoch-
grün gefärbte obere Theil des Sees täuscht das Auge so, daß
mehr als ein Reisender schon Schwimmvögel in demselben
wahrzunehmen glaubte, die ihm Belehrung und das Fernrohr

als die weißen Decken von Schiffen darstellten. Freier durch schöne
Umgebungen, vorzüglich durch das Städtchen Zug geschmückt,
schließt sich an denselben der liebliche untere Zugersee. Zunächst
hinter diesem dehnen sich die Reußgegend und der zürcherische
Bezirk Knonau aus. Die hohe alte Kirche von Cappel, die
große neu gebaute von Cham, das den ehemaligen Fürsteuna-
men rechtfertigende Kloster Muri, das auf einer Halbinsel stehende Städtchen Bremgarten und der einsame abgeschlossene
Türlersee sind die merkwürdigsten Punkte dieser Abtheilung.
Hinter diesem kleinen Wasserspiegel erhebt sich die Albiskette,
durch deren Einschnitt der Zürchersee hervorglänzt, von welchem weiter östlich noch zwei Stellen kenntlich sind. Von der
Stadt Zürich sind nur die Caserne, einige Thürme und die
obersten Häuser an der Straße nach Winterthur sichtbar. Die
mit voller Jurabildung in eine schmale Grate zusammenlaufende
Lägern, das Städtchen Regensberg an ihrem Abhange, Bülach
mit seinem hohen Thurme, der alte Grafensitz Kyburg, ein
Theil des stillen Pfeffikersees, die kleinen Lüzel- und
Uezikerseen, das Hörnli und das Schnebelhorn, heften noch
einen Augenblick auf den Kanton Zürich das Auge, das schon
nach Thurgau hinausgleitet, von woher über Kyburg hin die
Schlösser Steinegg, Herdern und das Frauenkloster Kalchrein
kenntlich sind. Von Schaffhausen sieht man die Vorstadt Steig,
das Schloß Herblingen und den den Kanton begrenzenden
Randen, und im äußern Aargau vor anderm den vereinzelten
Staufberg, die Schlösser Braunegg und Wildegg, neben diesem
einen Streifen der Aare, Habsburg, das Stammhaus des
österreichischen Kaiserhauses, das altgeschichtliche Windisch und
den Bözberg. In einem weiten Halbkreise verlieren sich weiter
hinaus die Blicke *); doch erkennt man noch über den Aeger-
see hin das in gerader Linie 27 Stunden entfernte Schloß
Waldburg, die Stadt Tettnang, über den Pfeffikersee den
Berg Bußen bei Riedlingen an der Donau, über Schaffhausen den Dreifaltigkeitsberg bei Tuttlingen, alle im Würtem-
bergischen; näher im Badischen das große fürstliche Schloß
Heiligenberg jenseits des Bodensees, die vier Kegel des Ho-
hentwiel, des Hohenstoffeln, des Hohenhöwen und des Hohen-
krähen, — den Blauen, den Bölchen und den Feldberg im
Schwarzwalde. Schon glaubte man in Frankreich (im Elsaß)
den Thurm von Ensisheim erkannt zu haben, und weiter
schließen die Vogesen die Aussicht. Weit näher als diese gehören zu dem vom Bözberg bis an die Dole beinahe ununterbrochen sichtbaren Jura, die Wasserfluh, der Weißenstein, unter welchem das St. Ursusmünster in Solothurn kenntlich ist,
die Hasenmatt, der Chasseral, die Neuenburgerberge, die Dent
de Vaulion und endlich 43 Stunden weit die Dole. Im
Kanton Bern wird die Thalfläche durch die Berghöhen gedeckt;
aber über einen großen Theil des Kantons Luzern genießt man
die freieste Aussicht. Der Hallweilersee, größtentheils

---

*) Vor 23 Jahren hörte der Verfasser eine Tochter aus den
   Wirthshäusern, die ihn und seine Gefährten auf die Höhe
   begleitete, erklärend sagen: „Da schaut me zu üch und
   i Dänemark und in alli di Länder use."

noch dem Kanton Aargau angehörend, an welchem das Schloß Hallweil, Stammhaus eines berühmten Geschlechtes liegt, macht an seinem obern Ende einen Theil des Kantons Luzern aus. Nahe an diesem Wasserspiegel zeigen sich der länglichte Bald-egger- oder Heideggersee, etwas südlich mit größerm Umfange der Sempachersee, über diesen hinweg das Mauen- und das Egolzweilerseelein, näher die Reuß, von sechs Stellen her entgegenglänzend, die langen geraden Canäle anzugehören scheinen, herwärts von ihr der tiefliegende Rothsee, und neben ihm hinaus an vier Stellen der stille Waldstrom der Emme, die ehemalige Kommenthurei St. antein, das Knutweilerbad, das Städtchen Sursee, das jetzt offene Sempach und sein durch einen der größten Helden-kämpfe der Eidgenossenschaft berühmtes Schlachtfeld. Ein Punkt weit in das Entlibuch hinein hält noch einmal das Auge fest, bis es sich auf die durch seinen Münster, seine Ring-mauern, Brücken und nächsten Umgebungen mannigfach aus-zeichnende Stadt Luzern wendet und dann an dem rauhen, gewaltigen Pilatus, einst dem berühmtesten der Schweizerberge verweilt, den man nirgends woher so schön, nahe und ganz vor sich stehen hat.

Anmuthig in seinem abgeschlossenen Thälchen blickt man westlich auf Küßnacht, die Ruinen von Geßlers Burg und die Tellskapelle herab. Noch ist des Bergsees von Aegeri nicht gedacht worden, diesseits welches der Rufiberg sich erhebt, dessen Unglück verkündender Name in der Geschichte der Gegend kaum je wird vergessen werden. Ernst überschaut man den Ursprung und die Wirkungen des verwüstenden Bergsturzes. Lieblich schließen sich an diese Stätte der Trauer der freund-liche Lowerzersee, seine Inseln und die Dörfer Lowerz und Seewen im schönen Thale, über dem See Steinen und der Steinerberg, noch höher Biberegg, das Stammhaus der Re-dinge, deren Name in der Geschichte von Schwyz beständig auch eine höhere Stellung behauptete. Tiefer rückwärts ist das ansehnliche Schwyz und über ihm thürmen sich die Felspyra-miden der Mythen, die einen Hauptschmuck der nahen Land-schaft ausmachen. Nun wenden sich die Blicke, die zunächst das schön gelegene Staffelhaus, dann der tiefe innere Kessel des Berges und seine darüber liegenden Berggipfel, die fel-sichte, spitzige Hochflub, das grüne, ebene Schneealpli, der Fels-zinken Dossen, der rundliche Tabakgütsch und der viel bestie-gene Rothstock festhalten, doch nur einen Augenblick, — denn schon lockt sie der in vielfachen Gestaltungen sich zeigende Vier-waldstattersee, das ihnen in überraschender Mannigfaltigkeit geöffnete Unterwalden und endlich das vom Säntis bis an den wilden Strubel über einander emporsteigende Gewimmel der ewig beschneiten Eisgebirge und nackten Felsmassen. Den Vierwaldstättersee entdeckt man in der Nähe von Beggenried, in einer größern Ausdehnung am Fuße des Buochserhornes, dann vor der Ausmündung des Alpnachersees, ein Dreieck von diesem letztern (jenseits des Lopperberges), und überblickt bei-nahe vollständig die schöne Bucht des Luzerner- und die ein-same des Küßnachtersees. Wunderschön steht im Vordergrunde von Nidwalden das Stanzerhorn mit dem lieblichen Flecken

Stanz an seinem Fuße, neben ihm das Buochserhorn. Ausgebreitet hat man vor sich die Ebene von Obwalden mit den
großen Dörfern Kerns und Sarnen, hinter dem letztern den
wenig beschifften, aber freundlichen Sarnersee, von Uri und
Engelberg nur die durch einander geworfenen Firsten, bald
reihenweise aufgestellt, bald einzeln emporsteigend, vor anderm
die Stirne des Titlis und seine beschneite Hauptbedeckung die
Rolle, die grausen Zacken der Spannörter, das ungeheure
Schneefeld des Uriroth- und des Blackenstockes, den weniger
hohen, aber stolz hervortretenden Bristenstock, die Windgelle
und das sich kreuzende Scheerhorn. Aus dem Vorarlberg erscheint, zwar in düsterer Ferne, eine Felsenreihe, der Hochger-
rach; dann auf graubündnerischer Grenze Theile des Rhäti-
kons. Aus der Menge der nähern Glarnergebirge in voller
Pracht und hoch der Glarnisch, und südwärts von ihm der
weit höhere Tödi. Die klassische Reihe jener Schneeberge des
Berneroberlandes verkündet hinter dem Buochserhorn und dem
Geißberge hervor in Piegestalt das Nizlihorn. Stolz erhebt
sich in steilem Abhange die höchste Spitze der innern Schweiz
und die vierte unsers Welttheils, das Finsteraarhorn, dann
das Schreckhorn, das Wetterhorn, der Mönch, der Eiger, die
Jungfrau, hier ihre volle Schönheit weniger verrathend, die
Blümlisalp und der wilde Strubel. Eine der Zierden des
Berneroberlandes, der Niesen, ist kaum bemerkbar; schön tritt
hingegen noch über den Brünig das Faulhorn hervor.

Rothenthurm, Pfarrdorf im Bezirke Schwyz, in einem
wilden Thale gelegen, mit 109 Häusern und 788 Einwohnern.
Es erhielt seinen Namen von dem rothen Thurme, einem Ueberreste der Letze, die sich gegen die Schorno und von dort gegen
Art hinzog. Rothenthurm gehörte zur Pfarre Sattel, hatte
aber seit längerer Zeit eine Filialkapelle. In der Kirche ist
eine Orgel. Das nahe Biberegg ist der Stammort der Familie Reding. Hier waren ihre Güter und ihr Edelsitz. Noch
1610 waren von der Burg zwei zimmerhohe Mauern vorhanden. 1683 wurde auf dieser Stelle eine Kapelle erbaut. Sie
ist nach dem Muster derjenigen zu Loretto aufgeführt und hat
eine Orgel. Die Reding halten in Biberegg einen Kaplan.
Wenn kein Reding die Stelle bekleiden kann, so bestellt sie das älteste Familienglied. — Die Reding waren schon im eilften Jahrhundert als angesehene Männer bekannt. Es giebt beinahe kein
Treffen, wo die Schwyzer sowohl in als außer ihrem Lande sich
ausgezeichnet haben, in welchem nicht ein Reding sich hervorthat,
so wie sie in ihrem eigenen Kanton bis auf den heutigen Tag beinahe immer die ersten Regierungsstellen verwaltet, wozu die
Liebe und die Dankbarkeit ihrer Mitlandsleute sie erhoben haben. 45 Male erscheint dieser Name in dem Verzeichniß der
Landammänner. Obgleich ihr Geschlecht 1521 nur noch auf
einem einzigen Kopfe beruhte, so sind von demselben hundert Jahre
später 27 Officiere auf einmal in die Laufgraben vor Rochelle
gezogen. Als Reding, der mit andern schweizerischen Gesandten vor Ludwig XIV. erschien, antwortete er dem Monarchen
auf die Frage: „An was dachten S.e bei Ihrem Eintritt in
Paris?" „Ihre Majestät, ich dachte an den Rückzug von
Meaux." — „Und durch welchen Zufall?" — „Weil mein Ur-

großvater Rudolph Reding einer der Anführer der 6000 Schweizer war, die damals das Leben und die Krone eines Ihrer Vorgänger retteten." Diese Antwort gefiel dem König ungemein. Mit großem Ruhme bedeckte sich die Familie in neuester Zeit. Rudolph, Gardehauptmann, fiel am 10. August 1792 als unerschrockener Streiter bei der Vertheidigung der Tuillerien. Theodor starb 1809 als Generalcapitain in Tarragona, wo ihm ein prachtvolles Denkmal gesetzt wurde. Als die Kunde von der Schlacht bei Baylen, wo die Kraft des französischen Heeres vorzüglich durch diesen Theodor Reding gebrochen wurde, bei Napoleon eintraf, rief er aus: Je recontre partout les Reding (ich stoße aller. Orten auf die Reding). Des Landammanns Aloys Reding haben wir bereits gedacht und können nicht anders als die Worte hier anführen, die vor einiger Zeit einer der besten Eidgenossen, Heinrich Zschokke, niederschrieb: „Möchte in Tagen der Noth die Eidgenossenschaft einen Staatsmann haben, der ihr wäre, was Schultheiß Steiger seinem Kanton Bern war, und einen heldenmüthigen Feldherrn, der ihr wäre, was Aloys Reding den kleinen Kantonen gewesen ist." Nazar, der vierte Bruder, kam schon im zehnten Jahre als Page nach Neapel, wo er zehn Jahre lang am Hofe Ferdinands IV. blieb. Dann trat er in spanische Dienste, in welchen er sich bis zum General emporschwang und Menschlichkeit mit Tapferkeit vereinigte. 1809 bis 1814 war er Gouverneur von Majorca und 1814 bis 1817 spanischer Geschäftsträger in der Schweiz. Er starb 1825. — Altmatt heißt die große Strecke Allmeindland, die vom Dorfe Rothenthurm bis an die Einsiedlerallmeind sich eine Stunde lang hinzieht. Hier theilt sich die Straße in zwei Richtungen, wovon die eine über die Schindellege nach dem Zürchersee, die andere über Bennau nach Einsiedeln führt. Ein Fußweg leitet näher dahin über den etwas steilen Katzenstrick. In dem Markenstreite des Klosters Einsiedeln mit Schwyz wurde die Altmatt bis an die Biber und was außenher des Rothenthurms gegen Einsiedeln liegt als ein Eigenthum des Klosters angesprochen, doch in dem Compromißspruche des Abtes von Disentis, Thürings von Attinghausen, im Jahr 1350 dem Lande Schwyz zuerkannt, weil gezeigt wurde, daß Schwyz sie vor der Gründung des Klosters schon besessen hatte. Sie wird im Frühjahre von Rindern, Pferden und Schafen benutzt, die während des Sommers sich meistentheils im Muotathale aufhalten.

S.

Sattel, Pfarrdorf, an der Straße von Steinen nach Rothenthurm, im Bezirke Schwyz. Es zählt 119 Häuser und 961 Einwohner. In der Kirche sind 5 Altäre und eine Orgel. Früher war Sattel eine Filiale von Steinen. Gegenwärtig gehören zu diesem Dorfe zwei Kapellen. Die Kapelle Eccehomo, eine Filiale, wurde 1670 erbaut und mit drei Altären zu Ehren des leidenden Heilandes versehen, auf welchen man sieht, wie er gegeißelt, gekrönt und von Pilatus dem jüdischen Volke vorgestellt wird. Vor einigen Jahren wurde sie wieder erneuert. Sie steht an der Landstraße. Am ersten Feiertage nach der alten Fastnacht, am St. Matthäustage den 21. September, und alle Freitage werden darin Gottesdienst und Predigt gehalten. Die Kapelle ist von fruchtbaren Bauernhöfen umgeben. Die andere Kapelle befindet sich in dem Dörfchen Schorno, am Fuße des Morgarten. Von der Letze sieht man noch einen Thurm. Jährlich wird in der zu Ehren des heiligen Jakobs erbauten Kapelle am Sonntage nach St. Martinstag, das Gedächtnißfest der Morgartnerschlacht feierlich begangen, bei welchem der Landsseckelmeister und zwei Rathsglieder erscheinen. Schorno ist eine der angesehensten Familien des Landes. Martin war schon 1278 im Dienste König Rudolphs I. und hatte bei dem über König Ottokar von Böhmen am 26. August 1278 erfochtenen Siege auf dem Marchfelde bei Wien sich so ausgezeichnet, daß ihn der Kaiser zum Ritter schlug und ihn und seine Nachkommen in den Adelstand erhob. Sechs Male bekleideten Glieder dieser Familie die Landammannsstelle. Joseph Anton war Feldmarschall in neapolitanischen Diensten, Joseph Carl Marechal de Camp und Gouverneur del Stato del presidi a Napoli u. s. w. — Im Jahr 1516 nahmen, meldet eine von Herrn Fehndrich Friedli Boleer besiegelte Urkunde, „der Zyt Schulthees (heißt es) unser unüberwindtlichen Burgerschaft" Räth und Gemeine Burger des hohen Gebirgs am Gattel im Lande Schwitz Herrn Johann Aeschmann, Landschreiber in der angrenzenden, damals dem Johanniterorden zuständigen Herrschaft Wädensweil am Zürchersee zu ihrem Bürger an, mit dem Vorbehalte, heißt es in der Urkunde, „daß es sich unsers Burgerrechts settigen lasse und nit me dann viert-halb hundert ungehörte Schaaf uff die Allment trybe. Ouch soll er sich settigen lassen in Holz und Böum lut unsern Statuten, wie och, sich in allweg burgerlich halten; es lige im Kallatz (Frühstück), Imbis (Mittagessen), Thagtrunk, Nachtmal, Schlaftrunk, von einem zu dem andern, wie och, so es über Land reisen wurde, Barmherzigkeit ze üben an schönen Döchtern, sie machen riten bis zu dem nechsten Wirtzhus, inen alba einen Thrunk bezalen und alsdann lassen fort paßiren."

Schattenberg, Seite 234.
Schindellege, Seite 268.
Schorno, Seite 309.

Schübelbach, Pfarrdorf, hat eine anziehende Lage in lachenden, üppigen Wiesen, im Bezirke March, an der Landstraße nach Lachen mit 246 Häusern und 1713 Einwohnern. Bei der Kirche ist ein Beinhaus. In dem Dörfchen Buttikon ist eine Filialkapelle zu Ehren des heiligen Magnus, dessen Namensfest die ganze March feiert, um sich gegen die Inger zu schützen. Bei den Höfen Brestenburg sind noch die Ueberreste eines alten Schlosses zu sehen. In dem Dörfchen Sibnen bildet die Aa die Grenze zwischen den Gemeinden Schübelbach und Galgenen. Die Häuser auf der linken Seite des Baches gehören zu letzterm, diejenigen auf der rechten zu ersterm Orte. In diesem Theile steht eine Filialkapelle, St. Nikolaus. Den 22. September wird in Siebnen ein stark besuchter Pferde- und Viehmarkt gehalten. Merkwürdig ist es, daß im Jahr 1834 wegen dieses Marktes der eidgenössische Bettag in der March nicht mit der übrigen Schweiz gefeiert, sondern um acht

Tage zurückgestellt wurde, weil einige der dortigen Obern dafür hielten, es gebühre dem Roßmarkt von Siebnen der Vor-
rang!

Schutt, Seite 239 ff.

Schwanau, Seite 285.

Schwarzenbach, Seite 290.

Schwyz, der Bezirk, wird von den Kantonen Uri, Glarus,
den Bezirken March, Einsiedeln, dem Kanton Zug, dem Bezirke Küßnacht, dem Kanton Luzern und dem Bezirke Gersau
eingeschlossen. In diesem Bezirke liegen der Lowerzersee und
folgende 14 Pfarrgemeinden: Riemenstalden, Muotathal, Illgau, Ingenbohl, Morschach, Schwyz, Iberg, Alpthal, Rothenthurm, Sattel, Steinen, Steinerberg, Lowerz, Art, welche
16,317 Einwohner zählen, die in 2174 Häusern wohnen. Viehzucht und Alpenwirthschaft sind die Hauptbeschäftigung, daneben
nähren sich auch viele vom Feldbau; über die Manufakturen
(Seite 136); die 17 Getreidemühlen des Bezirkes sind: 1 in
Brunnen, 1 in Ingenbohl, 3 in Ibach, 6 in Schwyz, 2 in
Steinen, 2 in Art, 1 in Lowerz und 1 im Muotathal; die
30 Sägemühlen: 1 in Brunnen, 2 in Lowerz, 2 in Art, 4 in
Schwyz, 1 in Steinen, 1 im Steinerberg, 3 in Sattel, 1 am
Rothenthurm, 4 im Alpthale, 5 in Iberg, 2 in den Stauden,
3 im Muotathale und 1 im Illgau. Vom Schulwesen wurde
(Seite 149 ff.) gesprochen.

Schwyz, der Flecken, Hauptort des Bezirkes Schwyz und
des Kantons, liegt nach dem Grundriß des Hauptmanns Nie-
beröst unter dem 31° 51′ östlicher Länge und 46° 35′ nördlicher Breite, und nach der meyerischen Karte unter dem 26°
18′ der Länge und unter dem 47° 2′ der Breite, am Zusammentreffen des Muotathales mit den nach Brunnen und Art
sich hinziehenden Thälern und ist von dem Tobel-, Dorf- und
dem Uetenbache theils durchschnitten, theils umflossen.

Die Kirchgemeinde Schwyz zählt 4878 Einwohner und
650 bewohnte Häuser;

im Ried, Hacken, Kaltbach und Engenberg oberhalb der Landstraße	86 Häuser
in Seewen und Urmiberg unterhalb der Land-straße	53 „
im Dorf- und Klosterkilbe	166 „
im Dorfbach und Obdorf	111 „
in Ibach und Großstein	103 „
in Oberschönenbuch	28 „
in Rickenbach und Versiben	62 „
in Berg, Laujinen und auf Iberg	41 „
Gesammtzahl . . .	650 Häuser.

Wirthshäuser: Hirsch, Rößli, Krone, Schäflein, Ochs,
schwarze Taube, weiße Taube, drei Könige (ein großes Gebäude), Engel, Kreuz, Adler und Sonne (diese drei letztern
führen gegenwärtig keine Aushängschilde). Noch sind viele
Schenkwirthschaften, denn Jeder kann diesen Beruf treiben.
Fremde, welche einen langern Aufenthalt machen wollen und
Privatwohnungen den Wirthshäusern vorziehen, können sich
auf längere oder kürzere Zeit bei Herrn Kriegscommissair Inß

im obern Grund, bei Herrn General Auf der Mauer oder bei
Herrn Maler David Aloys Schmid einmiethen, der jetzt in
Brunnen wohnt und dort ein sehr schön am Ufer des Vier-
waldstättersees liegendes Haus besitzt. Einen besondern Boden
mit drei schönen Zimmern kann Herr Schmid abtreten. Das
Haus liegt nicht im geräuschvollen Dorfe selbst, sondern etwa
einen Schuß weit davon entfernt links von demselben. Dieser
Mittelpunkt zwischen den klassischen Stellen des Sees und den
Ortschaften Schwyz, Steinen, Seewen u. s. f. gewahrt einen
angenehmen Aufenthalt.

Der eigentliche Flecken hat zwei Hauptgassen. Die erste,
von Norden nach Süden sich ziehend, etwas schmutzig, wird
Herrengaß genannt. Sie wird durch mehrere sehr ansehnliche
Gebäude geziert. Die zweite (die Straße nach Brunnen) heißt
Schmidgasse. Die Nebengassen sind folgende: Die Strelgaß,
das untere und obere Gäßchen gegen den Dorfbach, die Schul-
gaß, die Hirschengaß, die Nagelgaß und die Italsgaß, nach
dem Landammann Ital Reding, der 1632 an derselben ein
Haus baute, genannt. Der Hauptplatz mitten im Flecken und
vor der Kirche ist sehr ansehnlich, aber nicht horizontal; auch
wäre sowohl für die Füße als ihre Bekleidung ein besseres Pfla-
ster zu wünschen. Auf der Brunnensäule des Hauptbrunnens
steht ein alter Schweizer. Den Brunnen zunächst der Kirche
ziert ein Marienbild; derjenige beim Rathhause ist ohne solchen
Schmuck. Alle drei sind von Stein und reichlich mit dem besten
Wasser versehen.

Von einzelnen Gebäuden heben wir aus:
Die Pfarrkirche zum heiligen Martin. Sie steht auf
einer Erhöhung und nimmt eine der langern Seiten des Haupt-
platzes ein. Eine steinerne Treppe führt zu derselben hinauf.
Sie gehört zu den schönsten Kirchen der Schweiz. Der Bau
dieser Kirche wurde 1769 angefangen und 1774 vollendet. Die
freiwilligen Beiträge der Kirchgenossen betrugen 80,248 Gulden
14 Schillinge. Wir heben einige dieser Beiträge aus:

			Gulb.	Schill.
. . . Reding	. . . .		37200	—
die Familie Reding	. . . .		8323	18
„ „ Auf der Mauer	. . . .		4759	20
„ „ Weber	. . . .		2842	6
. . . Köferli	. . . .		2210	—
die Familie Betschart	. . . .		1881	—
„ „ Schorno	. . . .		1627	—
. . . Keibt	. . . . . .		1565	—
die Familie Gasser	. . . .		1453	10
„ „ Ab-Iberg	. . . .		1340	10
„ „ Hedlinger	. . . . . .		1020	—
„ „ Jütz	. . . . . .		1017	—
„ „ Knuser	. . . .		1015	—

Die Decke ruht auf jonischen und korinthischen Säulen.
Die 7 Altäre sind von schönem rothem Marmor mit weißen
Adern, und die Deckengemälde zeichnen sich durch ein kräftiges
und gutes Colorit aus. Für den Freund der Orgel bemerken
wir, daß er sie nicht bloß anzuschauen braucht, sondern auch
außer dem Gottesdienste gegen eine billige Entschädigung sich

ihren seelenerhebenden Jubel verschaffen kann. Die Orgel ist von Franz Bouteller. Die Kirche in Schwyz besitzt zwar nicht große Kostbarkeiten, aber viele Kirchengerathschaften. Einige silberne Bilder sind nicht ganz unwichtig, z. B. der Landespatron St. Martin zu Pferde und ein Brustbild der heiligen Jungfrau, eine sehr schöne silberne Lampe; auch sind viele Kelche, Kreuze und Lichtstöcke vom nämlichen Metalle, sowie viele kirchliche Gewänder von Gold- und Seidenstoffen. Von Schnitzwerk findet sich nichts ausgezeichnetes, es sey denn, daß man die zwei Bilder von Maria und Johannes (in Lebensgröße) am heiligen Grabe, das nur in den letzten Tagen der stillen Woche offen steht, hieher zählen wolle. Sie sind von einem Schweizer, Namens Janser, verfertigt. Auf dem Frontispice der Kirche stehen drei steinerne Bildsäulen: Salvator, Peter und Paul. In dem Kirchthurme befinden sich sechs Glocken, die ein harmonisches Geläute bilden. Die größte soll 77 Centner wiegen. Von diesem hohen Thurme genießt man eines Uebersicht, die um so viel vollständiger ist, da die Häuser einander nicht berühren. Der 350 Centner schwere Eckstein an der Kirche wurde bei dem Bau derselben von den jungen Leuten, nachdem sie den ganzen Tag den Vergnügungen der Fastnacht sich überlassen hatten, am Abend mit Musik und Jubel aus dem Steinbruche von Seewen nach Schwyz geschleppt. Hinter der Kirche steht die kleine, aber niedliche Kapelle zum heiligen Kreuz. Bei dem Brande von 1642 blieb das heilige Kreuz, ungeachtet der Ort offen und nur mit Brettern bedeckt war, von den Flammen verschont. Die jetzige Kapelle ließ Zeugherr Anastasius Kid über dieses Bild erbauen. Man besucht diese Kapelle häufig. Neben derselben ist die St. Michaelskapelle, Kerker genannt. Sie soll in frühern Jahrhunderten eine Bannkirche gewesen seyn, in der während des Bannes öffentlich oder in der Stille Gottesdienst gehalten und die heiligen Sacramente mitgetheilt werden durften. Man erzählt, sie sey zur Zeit eines solchen Kirchenbannes in drei Tagen zur Hälfte aufgeführt, und die andere Hälfte bei einem nachfolgenden Kirchenbanne darauf gesetzt worden. Sie ist dunkel und von gothischer Bauart. Um die Pfarrkirche her ist der Friedhof angelegt. Die meisten Grabmäler sind von Stein und aus neuerer Zeit mehrere geschmackvoll gearbeitet. Auf den einen dieser Denksteine liest man Lobreden und große Titulaturen; andere haben einfache und sinnige Inschriften. Sehenswerth ist der Grabstein Aloys Redings. Dieses frommen Christen, altschweizerischen Helden und tugendhaften Staatsmannes würdig ist die Inschrift, welche die Seinigen ihm setzen ließen:

✝

Aloysius Reding
De Biberegg
Comes
Cujus Nomen
Summa Laus.
MDCCCXVIII.

Das Grabmal des Medailleurs Hedlinger ist durch einen Schneesturz vom Kirchendache zertrümmert worden.

Das Frauenkloster zu St. Peter ist ein geräumiges, aber altliches und unansehnliches Gebäude. Das Innere der Kirche ist bemalt. Im Jahre 1272 schenkte Hartmann zum Bach vier geistlichen Schwestern vom dritten Orden des heiligen Dominikus das Schlößchen, wo jetzt das Kloster steht, welches er seinem Schwiegervater, einem Revel von Zürich um dreißig Pfennig Zürcherwährung abgekauft hatte, mit einigen Gütern zu Rickenbach. Diese Schwestern richteten zehn Zellen, zwei Stuben, eine Küche und zwei Keller ein, und schliefen unterdessen auf einer Kornbühne. Sie standen unter der Leitung des Leutpriesters zu Schwyz und besuchten den Gottesdienst in der Pfarrkirche. 1283 wurde ihnen erlaubt, ein Kirchlein zu bauen, worin sie ihre Tagzeiten beteten. Wegen Armuth wurde es ihnen erst 1400 möglich, einen eigenen Kaplan zu halten. 1449 war die Theurung so groß, sagt die Klosterchronik, daß die Frauen von Haus zu Haus Almosen sammelten und Brod und Wasser ihren ganzen Unterhalt ausmachten; doch sie litten, duldeten und wankten nicht in ihrem Vertrauen zu Gott. Zur Reformationszeit war das Kloster vierzig Jahre lang wie verlassen. Durch ungetreue Verwaltung büßte es einen bedeutenden Theil Güter ein. Weil auch im Kloster selbst Unordnungen Statt fanden, wurde die Clausur, welche zuerst 1356 eingeführt, 1449 wieder eröffnet worden war, nicht nur hergestellt, sondern das ganze Kloster mit einer Mauer eingeschlossen. In den Jahren 1625 bis 1628 wurde dasselbe, und 1639 bis 1642 die Kirche neu aufgeführt und zur nämlichen Zeit den Bewohnerinnen gegen ihren Willen die Aufnahme der Klosterfrauen aus der Au zur Pflicht gemacht. Nie erfahrenes Ungemach betraf das Kloster 1799. Es mußte Einquartirungen und Fuhrleistungen auf sich nehmen, wie die übrigen Einwohner. Die Klosterfrauen verfertigten Verbande, Charpien, buken Brod für das Militär und mußten sogar Patronen machen. Am 14. August 1799 sprengte ein französischer Dragoner in die Kirche hinein, gerade als sie dort ihrer Andacht oblagen; allein sein schnelles Umkehren erlöste sie von der Angst. Auf Veranstaltung des Erziehungsraths wurde 1800 in dem Kloster eine Schule für arme Mädchen, vornämlich zu Erlernung der weiblichen Arbeiten errichtet; doch schon im September hörte sie wieder auf, weil die Kinder lieber im Bettel herumzogen.

Das Capuzinerkloster steht an der Herrengasse. In seiner Kirche sind gute Altargemälde von Salteri.

Das Rathhaus ist in den Jahren .... aufgeführt und nach Erbauung der jetzigen Pfarrkirche erneuert worden. Es ist das dritte; das zweite im Jahre 1594 erbaut, verzehrte die Feuersbrunst von 1642. In der kleinen Rathsstube ist die schöne Tischlerarbeit in gothischer Manier sehenswerth, sowie in der großen Rathsstube die Bildnisse von 43 Landammännern (der erste ist Dieterich Inderhalden 1543). Ein Gemälde von beträchtlicher Größe erinnert an die Reihe von Begebenheiten, welche den ersten Bund der Länder veranlaßten und begleiteten, und ein anderes mit verschiedenen Scenen des Weltgerichtes und der Auferstehung hängt vor den Augen der Richter. Auf

dem letztern liest man vier Inschriften. Eine derselben lautet
folgendermaßen.

> Wilt Richten das du Gott gefellst
> So Richt denn Nächsten, wie dier selbst.

Auf dem Flure hängt über der Thüre des Zimmers des großen
Rathes der Grundriß des Fleckens Schwyz und seiner Umgebungen, von Niberöst. Auch sind auf dem Rathhause zwei Gemälde von Triner, Darstellungen des Bergsturzes von Goldau.

Unten am Flecken bei der sogenannten Landmetzg liegt das
Archiv, ein drei Stock hohes, viereckigtes, aus Stein in
starken Mauern aufgeführtes Gebäude. In demselben werden
die sämmtlichen Schriften und Urkunden des Landes aufbewahrt.

Das Hospital, an der Herrengasse, ist ein hohes, aber
nicht sehr weitläufiges Gebäude. Im Erdgeschosse befinden sich
zwei Zimmer für Kranke und Handwerksgesellen; auf dem ersten Stocke ist die Wohnung des Spitalmeisters, auf dem zweiten diejenige des Spitalpfarrers und auf dem dritten sind
burgerliche Gefängnisse angebracht. Dieses Gebäude wurde
1752 aus Beiträgen einiger Privatpersonen aufgeführt.

Das jetzige Schulhaus wurde bis 1801 als Zeughaus
gebraucht. In demselben ist das Theater eingerichtet, worin
zuweilen von Einheimischen, insbesondere von Studirenden, als
Uebungsschule für öffentliche Vorträge, zuweilen aber auch von
fremden Schauspielern Vorstellungen gegeben werden. Der
oberste Boden des Schulhauses wird für die Bibliothek benutzt.

Der Bau des Zeughauses begann 1711 und wurde
1713 vollendet. Es war zu einem Kornmagazine bestimmt.
Der unterste Boden wird als Salzniederlage gebraucht, die
beiden höchststehenden dienen als Zeughaus.

Von Privatgebäuden sind im Flecken bemerkenswerth:
die Häuser der Herren Landammann Theodor Ab-Iberg, Oberst
Müller (an der Herrengasse), das sogenannte große Haus oder
der Brühl an der Strelgasse, (in dieser schönen Wohnung, des
Herrn Gardehauptmanns Franz Weber, wurden nach der Feuersbrunst von 1642 bis das Rathhaus wieder erbaut war, die
Rathsversammlungen gehalten). Das itelsche Haus an der
Itelsgasse, und das redingsche Haus an der Schmidgasse. Nahe
bei diesem ist die Kapelle zur schmerzhaften Mutter, die, weil
noch ein Kapellchen neben ihr steht, auch zu den zwei Kapellen
genannt wird.

Die Hofmatt, beim Zeughause, ist nach uralter Tradition
die Vergabung einer reichen, nicht gramlichen Wittwe, damit
die Jugend sich auf derselben belustige. Auch dient sie dem
Militär zu seinen Uebungen. Kallenbergli heißt, hinter
dem Frauenkloster, die Stätte, wo die Hinrichtungen geschehen.
Eine seit ungefähr 50 Jahren angelegte tiefe, mit einem Steine
und Schloß versehene Grube nimmt die Leichname auf, die
ehemals auf dem allgemeinen Begräbnißplatze beerdigt wurden.
Am Tobelbache und an dem Wege, der nach dem Grund
führt, wurde 1660 von dem Zeugherrn Georg Faßbind eine
Kapelle zu Ehren des Schweizer Apostels Beat, des Cardinals
und Erzbischofs von Mailand, Carl Borromäus, und des Bruders Klaus erbaut, die aber nur St. Carli genannt wird.
Die Familie Faßbind besorgt diese Kapelle. Links am Tobel.

bache und am Wege nach dem Immenfeld liegt die schöne Kapelle Allerheiligen. Sie wurde 1570 von dem Ritter und Landammann Johannes Gasser erbaut, 1651 wieder neu aufgeführt und bis jetzt immer von dieser Familie unterhalten.

Von Privatsammlungen ist in Schwyz nichts von Bedeutung vorhanden, als die durch Kunst und Werth sich auszeichnende Medaillensammlung des Ritters Hedlinger. Sie ist Familiengut und unveräußerlich erklärt. Man legte ihr früher einen Werth bis auf 80,000 Gulden bei.

Die gesellschaftlichen Vergnügungen sind sehr einfach und bringen weder Zeitverlust noch Aufwand in die Familien. Im Sommer wird spaziert und außer den Zerstreuungen, welche der Carneval und einzelne festliche Tage herbeiführen, ist wenig dergleichen zu beobachten. Das Kartenspiel hilft den Männern manche Stunde verkürzen.

Geschichtliches. Aus dem Ausdrucke „zu Schwyz an der Kirchgasse," der in alten Documenten sich vorfindet, suchte man das höhere Alterthum der Kirchen von Iberg und Steinen zu beweisen, weil hier der Kirchenweg durchgeführt habe. Man könnte aber auch annehmen, daß schon in alten Zeiten in Schwyz selbst eine Gasse in der Richtung nach der Kirche angelegt gewesen sey. — Die heftigste Feuersbrunst, welche Schwyz je betraf, war die bereits bemerkte vom Jahre 1642. Sie brach am Ostersonntage den 20. April, um Mitternacht an der Schmidgasse durch Nachlässigkeit einer jungen Dienstmagd aus, die ein Wachskerzchen auszulöschen vergaß. Der heftige Wind verursachte, daß innerhalb vier Stunden 45 Firsten abbrannten, unter denen die Kirche (wo 11 Glocken schmolzen, deren größte 85 Centner wog), das Rathhaus und viele andere schöne Gebäude sich befanden. Der Pfarrhelfer Joß Hickli rettete mit Muth sämmtliche Kirchenparamente und Orgelpfeifen. Ebenso konnten alle Staatsschriften in Sicherheit gebracht werden. Die Hitze war so groß, daß das Wasser in den Brunnen beinahe siedend wurde. — Am 25., 26. und 27. September 1815 wurde im Flecken Schwyz das Säcularfest der Schlacht am Morgarten gefeiert. Aus allen Kantonen waren Zuschauer erschienen, zum Theil auch durch das am 24. begonnene Freischießen herbeigeführt. Am 25. Nachmittags wurde von den Theaterliebhabern eine Operette: das Grab des Mufti, von Meißner, aufgeführt, und am 26. Abends Müller-Friedbergs Schauspiel: die Schlacht am Morgarten. Der Hauptfesttag war der 27., an welchem Alte und Junge aus allen Gemeinen des Kantons in Menge zusammenströmten. Um halb 9 Uhr zog der versammelte Rath, unter militairischer Begleitung und Musik aus dem Rathhause in die Kirche. Den Anfang des Zugs machte eine Compagnie Grenadiere, neugekleidet und bewaffnet; dieser folgten zwölf Urner, Schwyzer und Unterwaldner, mit den Hellebarden, Spießen und Fahnen, die am Morgarten getragen wurden und in der Kleidung jenes Zeitalters; nach denselben erschien der gesammte Landrath und der Marschall Reding in voller spanischer Uniform mit dem Degen, den die Stadt Malaga seinem Bruder Theodor geschenkt hatte, von zwanzig Officieren begleitet, nach ihm wieder zwölf Urner, Schwyzer und Unterwaldner, in der oben angeführten Kleidung. Den Zug schloß eine Compagnie Grenadiere. In der Kirche wurde die Fahne auf eine Estrade gesteckt und der Dekan von Uri hielt eine Rede, während welcher der Rath und die Priesterschaft den Fürstabt von Einsiedeln zur Haltung eines Hochamtes abholten. Nach Beendigung desselben zog alles wieder in obiger Ordnung in das Rathhaus zurück. Im spatern Nachmittage wurde von 84 Musikliebhabern ein großes Concert aufgeführt und ein glänzender Ball machte den Schluß des Festes.

In die Pfarrkirche von Schwyz gehören folgende Filialdörfer und Kapellen:

Rickenbach, Dörfchen unweit des Tobelbaches. In Rickenbach ist die Kapelle St. Maria Magdalena, welche von der Familie Belmont erbaut, bis vor kurzer Zeit von ihr unterhalten wurde, und jetzt von der Gemeine besorgt wird.

In Immenfeld steht die Kapelle des heiligen Antonius von Padua, die 1686 der Oberstwachtmeister, Landammann und Pannerherr Dominik Betschart erbauen ließ. Hier müssen jährlich 104 heilige Messen gelesen werden. In der Kapelle sind einige Gemälde aus der italienischen Schule, die besten in Schwyz. Weil diese Familie ausgestorben ist, wird sie nun von einem Reding besorgt.

Der Grund theilt sich in den obern und untern. In jenem ist das jützesche Haus, ein heiteres, geraumiges Gebäude, wo man entweder an die Kost gehen, oder sich zu eigener Wirthschaft einmiethen kann; in dem untern Grund ist das freundliche und schöne Haus des Herrn Kantonsrichters Ab-Iberg. Bei demselben steht eine Kapelle, die 1593 von dem Landammann Caspar Ab-Iberg erbaut, schon 1606 neu und größer aufgeführt und mit drei Altaren versehen wurde. Vor einigen Jahren wurde sie erneuert. Patronin ist die Mutter Gottes in Einsiedeln. Die Familie Ab-Iberg unterhält diese Kapelle.

Auf Iberg, am Rücken des Gibels, ist eine Filiale. Einige schöne Bauernhöfe mit fünfzehn Wohnungen liegen umher zerstreut. 1650 ließ Landammann und Pannerherr Wolf Dieterich Reding hier eine Kapelle erbauen, zu Maria Himmelfahrt, Catharina und Barbara genannt. Ungeachtet der einsamen Lage erfuhr diese Gegend 1799 dennoch die Gräuel des Krieges.

Der vordere Großstein besteht beinahe nur aus Gemüsegarten und einigen Häusern, der hintere auch aus einigen Häusern, Gärten und Wiesenland.

Auf der linken Seite der Muota liegt Oberschönenbuch, durch das die Fahrstraße in das Muotathal geht. Dieser Weiler ist dadurch geschichtlich geworden, daß 1799 die Franzosen von den Russen aus dem Muotathale bis hieher zurückgetrieben wurden. In Schönenbuch befindet sich eine schöne Kapelle, welche 1581 zu Ehren der heiligen Jungfrau und Martyrerin Catharina von der Familie Niederöst erbaut wurde. Das Catharina- und Kirchweihfest wird darin mit Predigt, Amt und Vesper feierlich begangen; an halben Feiertagen und bei ungünstiger Witterung, auch an Sonntagen werden hier Messen gelesen und wird Christenlehre gehalten.

Das aus zerstreuten Häusern bestehende Dorf Ibach liegt auf beiden Seiten der Muota. Durch dasselbe führt die Straße von Schwyz nach Brunnen. In Ibach ist der gevierte Platz, auf welchem früher die Kantonslandsgemeine gehalten wurde und jetzt noch die Bezirksgemeine. Eine Kapelle, die 1663 neu erbaut wurde, ist dem heiligen Antonius, dem Einsiedler, gewidmet; eine andere hat Landammann Johann Franz Betschart zu Ehren der Heiligen Franz Seraphicus, Franz Xaver, Franz Borgias, Franz von Sales und Franz von Paula aufgeführt.

Am Fuße des Urmiberges liegt das größte Filialdorf von Schwyz, Seewen. Die Kirche wurde 1644 neu erbaut und ist der Mutter Gottes geweiht. Sie ist ganz weiß wie die meisten neuen katholischen Kirchen, die schicklichste Farbe für die Unschuld und den heitern Geist des Glaubens, welche darin wohnen sollen. — In jener Zeit, wo Hexenprocesse eine Menge von Schlachtopfern auf die Richtstätte führten, wurde 1659 Barbara Heinrich von Aegeri als eine Unholdin zum Tode verdammt. Sie war reich und hatte ihr ganzes Vermögen der Kirche in Seewen durch Testament verordnet, auch Gültbriefe während der Messe auf den Altar geopfert, sich aber den Zins lebenslänglich vorbehalten. Nach ihrer Hinrichtung entstand zwischen Schwyz und Zug eine langwierige Streitigkeit. Schwyz sprach den Nachlaß als ein vermachtes Opfer für Seewen an; Zug rief den Satz an; wo der Leib, da falle auch das Gut, und bezog sich auf das kaiserliche Recht. Nicht ohne harten Kampf verblieb es hiebei. — Durch das Austreten des Lowerzersees bei dem Bergfalle von Goldau, 1806, wurde Seewen unter Wasser gesetzt. Augustin Schuler von Seewen, der in fremden Kriegsdiensten die Schrecknisse des stürmischen Meeres kennen gelernt hatte, stand auf einer Anhöhe über dem Dorfe, wo er die furchtbare Ueberschwemmung heranwogen sah. Er schrie: Jedermann möchte schleunigst bergan fliehen, um nicht das Opfer des Todes zu werden, und trug so zur Rettung seiner Mitbürger bei. Durch diesen Austritt der Gewässer wurde das Wirthshaus zum Kreuz, welches von dem See ziemlich entfernt ist, mit seinen Nebengebäuden von den Fluthungen erreicht; eine seiner langen Mauern bildete den Damm gegen die vorbeiströmende Seewern, und ein Theil der Bewohner, die noch etwas zu retten suchten, wurde großer Todesgefahr bloßgestellt, der sie nur durch die Flucht auf den dritten Stock zu entgehen vermochten. Der Wirth zum weißen Kreuz berechnete seinen Schaden auf mehr als 2000 Gulden.

Das Seewerbad wurde 1700 von Rochus Ab-Jberg besser eingerichtet, und seit jener Zeit von den Benachbarten stark besucht; das Verdienst einer zweckmäßigen Anordnung gehört aber ganz dem jetzigen Besitzer, Herrn Landesfürsprecher Franz Carl Ab Egg, dessen Gefälligkeit und genaue Kenntniß der Verhältnisse seines Landes für die Kurgäste und Reisenden sehr vortheilhaft sind und ihnen manchen Genuß verschaffen. Drei Gebäude gehören zu der Badeanstalt des Herrn Ab Egg; zwei sind den Kurgästen, das eigentliche Wirthshaus zum Kreuz hingegen vornämlich den Durchreisenden bestimmt, so daß beide Classen einander genießen können und dennoch die Kurgäste von den Durchreisenden nicht beunruhigt werden. In diesen drei Gebäuden befinden sich 48 Zimmer und 69 Betten. Rein- lichkeit, gute Bedienung, sehr billige Preise findet jeder zu sei- ner Befriedigung. Die Kosten für einen Badegast betragen täglich 20 Batzen für die Bewirthung. Das Zimmer mit zwei Betten wird mit 10, das Zimmer mit einem Bett mit 5 Batzen, ein Bad mit 2 Batzen bezahlt. Man kann auf dem Zimmer speisen; der größte Theil der Badegäste aber speist an der Wirthstafel. Die Glocke, welche zu dieser ruft, diente vor dem Bergsturze von Goldau der Kapelle zu Otten. Sie wurde durch die Strömung in den See versenkt, nachher bei niedrigem Wasserstand entdeckt und aufs Neue in Thätigkeit gesetzt. Das größere Kurhaus steht frei, hat eine liebliche Lage und angenehme Zimmer. In diesem Gebäude befindet sich auch die Badeeinrichtung. Nach der Analyse des ausge- zeichneten Chemikers, des Doctors und Professors Löwig in Zürich, ergiebt sich, daß die Quelle auf 1000 Theile Wasser 0,00528 Chlorkalium, 0,01585 Chlornatrium, 0,05044 quellsau- res Natron, 0,23378 kohlensaurer Kalk, 0,00487 Talkerde, 0,00601 Kohlensäure und Wasser mit der Talkerde vereinigt, 0,00063 phosphorsaure Thonerde, 0,00137 quellsalzsaures Eisen- oxyd, 0,00188 kohlensaures Eisenoxydul, 0,00152 kohlensaures Manganoxydul, Spuren von quellsaurem Kalk, Bittererde und Eisenoxydul, und 0,01392 Kieselerde enthält, und daß das See- wenerwasser dem Franzensbrunnen bei Eger am nächsten steht. Man gebraucht das Wasser hauptsächlich für Magen- und Un- terleibsbeschwerden, Wassersucht, Scropheln, Rhachitis, Atro- phie, Gelbsucht, Verstopfung und Verhärtung der Eingeweide, Hypochondrie, schleimiges Asthma, hartnäckige Schleimflüsse, langwierige Rheumatismen, Gicht, vorzüglich für Frauenzim- merkrankheiten: Bleichsucht, weißen Fluß, häufige Fehlgebur- ten, Unfruchtbarkeit (die letztere soll es noch besser heilen, als   .). Die meisten Kurgäste baden nicht nur, sondern trinken zugleich das Wasser; auch ist für Douchebäder Vorkehrung getroffen. Für Ziegenmilch und Molken ist hinlängliche Vorsorge gethan. Das Seewerbad wird aus Zug, Luzern, Zürich und noch entferntern Gegenden immer mehr besucht. Der von Zürich nach Brunnen führende wohleingerichtete Postwagen geht täglich hier vorüber. Die schönen Aussichten und die Leichtigkeit von Seewen aus Aus- flüge zu machen: nach dem Rigikulm (4 St.), der Fronalp (3 St.), Art (2 St.), Goldau (1½ St.), Lowerz (¾ St.), der Insel Schwanau (½ St.), Steinen und der Au (½ St.), der Schlachtkapelle an der Schorno (2 St.), dem Morgarten- schlachtfelde (2¼ St.), dem Hohe-Rhone (3½ St.), Einsie- deln über den Haken (3½ St.), Schwyz (⅓ St.), Muota- thal Kirche (3 St.), Brunnen (1 St.), Gersau (2½ St.), nach den klassischen Punkten des Urnersees und in die benach- barten Kantone, nach dem Zingel, wo aus dem Felsen eine vorzügliche Trinkquelle hervorsprudelt und wo man oft die äch- ten Schweizerblumen (Alpenrosen) pflücken kann (¼ St.), eig- nen diesen Ort zu einem Standpunkte für Reisende, welche die schöne Gegend kennen zu lernen und zu genießen wünschen. Eine hinter dem Wirthshause angebrachte Anlage am Urmi-

berge gewährt einen genußreichen Ausblick über die reizende
Gegend, und muß insbesondere in den spätern Stunden des
Tages besucht werden. Wenn die Sonne am Abend die herrliche Fläche erleuchtet, die Mythen zuerst röthlich, dann weiß,
und endlich graulich werden, die Stille nur hie und da durch
eine zum Ave Maria rufende Abendglocke unterbrochen wird,
so giebt es keine oder wenige Worte für die Größe und Schönheit dieses Anblicks. „Es war ein goldener Sommerabend,
eine arkadische Beleuchtung, Ruhe der Natur, ein poussinsches
Gemälde; hier, wo noch so manche treuherzige und fromme
Schweizer wohnen, möchte ich mir eine Hütte bauen.“ — In
Seewen befindet sich außerdem noch eine andere kleinere Kuranstalt, diejenige der Frau Wittwe Schuler.

Kaltbach heißt rechts von der Landstraße, die nach Steinen führt, ein Theil der Gemeinde Schwyz. Unter seinen Gebäuden ist das schöne des Rathsherrn Victor Jütz. Auf der
Anhöhe Platten, die von dem Lowerzersee bis an den Hacken
hinansteigt, wurde 1828 ein Wirthshaus erbaut, das an der
von Schwyz nach Steinen führenden Landstraße liegt. In
der Nähe ist das Dörfchen Engeberg, wo in Bogingen, im
Anfange des siebzehnten Jahrhunderts der Landammann Jost
Schilter, ein vielgebrauchter Geschäftsmann von einer Schaar
Anverwandter eines Mannes angefallen und ermordet wurde,
bei dessen Todesurtheil er, als die Stimmen der Richter inne
standen, für den Tod gestimmt hatte.

In dem Weiler Ried ist eine Kapelle, welche 1692 zu
Ehren des heil. Fridolin erbaut wurde.

Im obern Dorfbach befinden sich das Tschütschi, wo eine
den 14 Nothhelfern geweihte Kapelle steht; gegenwärtig wohnt
wieder ein Waldbruder (S. 156) in dem bei der Kapelle stehenden Häuschen. Tiefer unten sind die Kapelle zu St. Johannes (Täufer und Apostel) und St. Agatha, sowie ein
wenig unterhalb derselben St. Joseph, bei dem ehemaligen
Capuzinerkloster; daher der Name Klösterli. 1611 starben die
sammtlichen sechs Capuziner an der Pest, von denen Michael
Angelus von Baden den Ruf der Heiligkeit erhielt.

Die Lage von Schwyz und seine Spaziergänge.
Da wo das Hackengebirge in sanften Abdachungen nach und
nach zu dem herrlichen Thale sich verflacht, das im Westen von
dem Lowerzer-, im Süden von dem Urnersee begrenzt, still
und grün im Schooße eines Kranzes gewaltiger Berge ruht,
liegt am Fuße der großen Mythe der Flecken Schwyz, rings um
die große schöne Kirche ausgebreitet, die sich hoch über die sie
umgebenden Häuser und Hütten erhebt. Am schönsten ist der
Anblick des Dorfes (wie die Schwyzer ihren Hauptort immer
nennen) von dem gegenüberliegenden Urmiberge, dem letzten
Theile der Rigi, wo sich insbesondere in einem der Familie Reding angehörenden Landhause die herrlichste Aussicht auf das
ganze Schwyzerthal, den Urnersee und die jenseitigen Urner-
gebirge darbiethet. Die Kunst hat wenig gethan, den Ort zu
schmücken, welcher der Schweiz den Namen giebt; er bedarf
ihrer aber auch nicht; denn die Natur hat hier selbst einen
Garten Gottes angelegt. Einen eigenthümlichen Reiz geben der

14 *

Gegend von Schwyz die zahlreichen, theils an die Berge hinge-
saeten, theils im Thale versteckten, schneeweiß glänzenden Kapellchen und die gewaltigen Nußbäume, die im Morgen- und vorzüglich im Abendlichte in einem Goldgrün schimmern, das dem
ganzen Thale einen wunderbaren Glanz verleiht. Keine Pro-
menaden finden sich um Schwyz her; aber jeder Gang durch die
frischgrünen, reichbeschatteten Matten zwischen rieselnden Bächen
im Angesichte der Hochgebirge gleicht einem auserlesenen Lust-
gang. So die Fußwege nach Seewen, Ibach, Brunnen und
die Straße nach Steinen, die eine halbe Stunde von Schwyz
bei dem Gasthofe zur schönen Aussicht einen reizenden Blick auf
den ganzen Lowerzersee und das ihn gleichsam umarmende Rigigebirge darbiethet. Eine Viertelstunde unterhalb Schwyz, auf
einer Anhöhe dicht hinter dem Dörfchen Ibach findet der Wan-
dernde am Abhange einer Wiese die anmuthige Aussicht auf
den klaren Alpenstrom der Muota, die sich zwischen dem Gibel
(der letzten und niedrigsten Höhe des Hackens) und der hohen
schönen Fronalp hervordrängt und dem Urnersee zueilt. Freundlich ist der Weg am Ufer dieses Flusses mit der Aussicht vorwärts
auf Ingenbohl und rückwärts auf den Flecken Schwyz. Der
Fußweg, der aus dem Flecken am Fuße der großen Mythe entlang nach dem obern Grund und zur St. Agathakapelle führt,
ist ein reizender Spaziergang, auf dem man beständig vor sich
die Aussicht auf das blühende, von der Muota durchflossene
Thal mit seinen Hütten und Kapellen und den nahen Urner-
bergen hat, dessen herrlichen Rahmen die Fronalp und der
Urmiberg mit dem gegenüberliegenden reizenden Seelisberg,
seinem Kulme und den sich darüber erhebenden Urnerhochge-
birgen bildet. Je höher man auf den einsamen Fußpfaden an
die beiden Mythen hinaufsteigt, die sich, insbesondere die große,
so schroff und nahe hinter Schwyz erheben, daß ihr Anblick bei
trübem Himmel oder bei Gewittern Grauen erregen kann, je
freier und schöner wird die Aussicht. So ist ein Sommerabend
bei der Kapelle St. Joseph oberhalb Schwyz eines der herrlich-
sten Schauspiele der Natur. Wenn die Sonne sich gegen den
Rigikulm senkt, dann erglänzt der Lowerzersee wie ein Gold-
strom, während gegenüber die ernste, tiefe Urnersee im dunkeln
Schatten ruht und hoch über ihm die ewigen Schneegipfel ins
Thal hereinleuchten. Im Süden wird die Fernsicht durch die
nahe, erhabene Fronalp, an Gestalt dem Rigikulm ähnlich, im
Norden durch den Ruß und das noch immer schauerliche Grab
von Goldau, sowie durch das gegenüberliegende Rigigebirge
begrenzt; aber gerne weilt das Auge auf dem lieblichen Thale,
das zu den Füßen liegt. Dörfchen, Kirchen, Matten, Nuß-
baumhaine, zwischen denen hie und da ein silberner Streifen
der Muota hervorschimmert und zunächst beinahe senkrecht unter
den Blicken des Schauenden das freundliche Schwyz, dessen
Kirche und manche schöne Häuser einen eigenthümlichen Gegen-
satz bilden, mit den ihnen ganz nahen, wunderkleinen, stein-
bedeckten Hüttchen, die an den schroffen Abhängen der beiden
Mythen gleichsam kleben und über die menschliche Kühnheit
staunen machen, die sich so anzubauen wagte. Wendet sich der
Schauende um, so erhebt sich dicht hinter seinem Rücken so
nahe, daß er sie anfassen zu können wähnt, die gewaltige Pyra-

wide der großen Mythe, deren nackte Felsen, vom Abendlichte
angestrahlt in einem ganz eigenthümlichen Rosenroth erglühen.
Die Stille, welche über die ganze Landschaft ausgegossen, nur
etwa durch eine Gebetglocke oder durch den Kuhreihen eines
Hirtenknaben unterbrochen wird, vollendet den Eindruck dieser
großen Natur. Auch die Kapelle und Einsiedelei, Tschütschi genannt, welche höher an der Mythe, drei Viertelstunden von
Schwyz in einer romantischen Wildniß, am Rande eines schönen
Buchenwaldes erbaut ist, und wo dieselbe Aussicht sich noch freier
öffnet, darf nicht übergangen werden.

Seeberg, Seite 290.

Seewen, Seite 317.

Seewern, Seite 60.

Sibnen, Seite 309.

Sihl, Seite 59.

Sihlthal, das, öffnet sich nördlich gegen Einsiedeln.
Oestlich und westlich sind zwei Reihen Berge, die sich südlich
schließen. Zu beiden Seiten sind fruchtbare Alpen, rechts die
Stafelwand, links das Aueli und Schönenbühl, oberher die
beiden Sihlhütten. Im Thale steht eine von Fürst Augustin
erbaute Kapelle, zu Ehren der heiligen Magdalena und ein
altes dem Gotteshaus Einsiedeln zugehöriges Haus mit Ge-
wölben. Einer Sage zufolge soll hier eine Sust gestanden,
und eine (zwar nicht leicht erklärliche) Saumstraße von Zürich
über den Pragel nach dem Kanton Glarus und von da nach
Italien geführt haben. Im Sihlthale liegen die Pfarre Iberg
und die Filialen Stauden, Euthal, Willerzell und Groß.

Sonnenberg, Seite 234.

Staffelhaus, Seite 301.

Stauden, Seite 277.

Steinen, Pfarrdorf im Bezirke Schwyz, an der Straße
von Schwyz nach Einsiedeln und dem Zürchersee und in der
Nähe des Lowerzersees. Es zählt 170 Häuser und 1356 Einwohner. Der Marktplatz ist von ansehnlichen Häusern umgeben.
Die jetzige Pfarrkirche, der heiligen Anna gewidmet, ein dunk-
les Gebäude, wurde 1540 aufgeführt; sie hat drei Altäre und
eine Orgel. Neben derselben befindet sich das Beinhaus, das
schon 1111 erbaut und 1125 geweiht wurde. Auch dieses hat
drei Altäre und ist überdieß durch Glasmalereien geschmückt.
Steinen ist ein gefeierter Ort, als die Heimath Werners Stauffacher, der in der Schweizergeschichte durch die ruhige Besonnenheit die er dem Uebermuthe des Landvogts Geßler entgegensetzte
und mit welcher er als einer der drei ersten Eidgenossen zu
Gründung schweizerischer Freiheit mitwirkte, ruhmvoll bekannt
ist. Ebenso darf auch seine ihm innig zugethane Gattin und
treue Rathgeberin nicht vergessen werden, die von den Einen
Herlobig, von den Andern Ab-Iberg genannt wird. Die sogenannte Stauffacherskapelle wurde um 1400 unter dem Namen
Heilig-Kreuz erbaut, und nachher dem Andenken Stauffachers

gewidmet. Bei ihrer Erneuerung wetteiferten gute Köpfe, sie mit trefflichen Versen zu zieren; aber das Volk verwarf diese. Ueber dem Eingang in dieselbe liest man folgenden:

Hier ist zu sehen Wo Stauffacher gebaut sein Hauß
1308 ist Es gwessen, da Grißler sein Rach geübet Aus.
Margaretha die Getreue Hat diese Andung geschmerzet sehr
-Wolt sich mit fürst und Arnold berathen und anderen Freunden mehr.
Von da fengt An die Freyheit zleben
So unsere Väter gebracht zu Wegen
Und Wir geniesen die selbe in fried und Ruoh
sohne seyd dankbar und schaut Wohl dar zu.

Mehrere Gemälde stellen die Geschichte jener Tage dar; doch mußten Maler und Dichter dem Geschmacke des freien Volkes sich fügen. Auf der einen Seite sieht man den Stauffacher vor dem Landvogt, und wie er sich von seiner Gattin verabschiedet und schnell entflieht. Ein Seitenstück zur Linken stellt die Matte auf dem Grütli vor mit den drei schwörenden Eidgenossen. Der Lowerzersee mit seinen zwei Inseln und dem alten Schlosse darauf ist auf dem rechten Seitenstücke abgeschildert, zum Andenken an das Ereigniß, welches bald hernach sich dort zugetragen. Auf der erhöhetesten Stelle endlich ist die Schlacht bei Morgarten vorgestellt. Die Eidgenossen kommen mit den Pannern von Uri, Schwyz und Unterwalden von dem Thurme von Schorno her, um die feindliche Reiterei zu überfallen, welche bereits von den bekannten funfzig Verbannten in Unordnung gebracht ist. Dieses Gemälde trägt die Aufschrift: Morgarten MCCCXV, und dieselbe hat in der That einen großern Werth als die längste Lobrede. — Solche Gemälde sprechen zu den Augen mehr als die prächtigsten Erzählungen zu den Ohren, und diese Art Nationalunterricht wird in den kleinen Kantonen, wo alles die Sprache der Freiheit führt, nirgends vernachläßigt. Die St. Vincenzkapelle, am Wege nach Lowerz, ist eine Filialkapelle.

In der Gemeinde Steinen liegt die Au, eine ausgedehnte Strecke Landes, worauf die heilige Kreuzkapelle, das Schützenhaus, mehrere Gebäude und die Trümmer des Klosters sich befinden. Im Jahre 1253 vereinigten sich einige Frauenspersonen zu einem gemeinschaftlichen Gottesdienste. Sie wohnten anfangs in einem Hause zu Steinen selbst. 1262 schenkte ihnen Conrad Heßo (Heß) ein reicher Mann, aus Glarus gebürtig und Rathsherr *) zu Schwyz, in Betrachtung, daß er Vater eines einzigen Töchterchens sey, die Au und eines seiner Häuser, damit sie aus dem Dorfe dorthin ziehen und dasselbe zu einem Kloster einrichten können. 1277 wurde es eingeweiht. Mit den Menschen und den Elementen hatte die neue Anstalt öfters zu kämpfen. Schon 1270 erhob sich zwischen dem Kloster und dem Lande Schwyz ein wichtiger Streit. Es verlangte von König

---

*) In jenem grauen Alterthume fiel es den Männern von Schwyz nicht auf, einen angesehenen Mann, der nicht geborener Landmann war, in den Rath zu wählen.

Rudolph Steuerfreiheit, der König hörte aber auf die Vorstellung des alt Landammanns Conrad Hunno und urtheilte für das Land Schwyz, gegen den Ausspruch des Vogtes von Kyburg, bei welchem die Nonnen Hülfe gesucht hatten. In dem außerordentlich kalten Winter von 1404 litt das Kloster ungemein durch tiefen Schnee. Nicht bloß die Dächer wurden beschädigt, sondern sogar die Mauern eingedrückt. Von 1506 an, in welchem Jahre die Pest beinahe alle Klosterfrauen wegraffte, stand das Kloster 67 Jahre lang verödet und Güter und Habe desselben wurden vertheilt. Auf die Beschwerde eines Abkömmlings des Stifters des Klosters über Zersplitterung der Güter des Gotteshauses wurde 1574 der Abt zu St. Gallen von der Regierung in Schwyz ersucht, einige Klosterfrauen nach Steinen zu senden. Er wählte Dominikanerinnen. Nach wenigen Jahren 1587 betraf sie ein neues Unglück, indem eine Diebsbande, welche nachher in Luzern hingerichtet wurde, das Kloster in Brand steckte. Die Bewohnerinnen sammelten Beiträge zu einem neuen Bau, der 1590 schon vollendet war. 1610 erlitten sie abermals großen Schaden und als 1640 den 29. Januar das Waschhaus abbrannte, wurde unter dem Vorwande, es sey unvermögend, dasselbe herzustellen, das Kloster aufgehoben, die Frauen in dem Kloster zu Schwyz untergebracht, die Steine, Säulen und Treppen desselben bei dem Bau der Kirche, des Rathhauses und des Bogens auf dem Platze in Schwyz, sowie für die Pfarrhäuser in Schwyz und Steinen und das Schützenhaus auf der Au gebraucht. Nur ein kleiner Theil des Klostergebäudes blieb stehen. Die Kapelle wurde erst um 1690 wieder hergestellt. Eine Sage erzählt nach dem Tode derjenigen welche dem Kloster den Untergang gebracht, haben die fürchterlichsten Erscheinungen um dasselbe herum statt gefunden, und die ganze Nachbarschaft in Grausen und Schrecken versetzt. Hievon wird der Gebrauch hergeleitet, daß der Frühmesser in Steinen jeden Abend den Segen auf dieser Stätte spricht. — Laut eines Vertrages von 1345 hatten die Klosterfrauen gegen den Beichtvater die nachfolgenden Verpflichtungen: „Wenn ein neuer ankam, mußten sie ihm geben zehn Schilling und wenn einer abkam zehn Schilling. Item alle Jahre zwei Paar Strümpf, zwei Paar Hosen, für Waschen und Kleider zwei Pfund Pfennig und vier Schuh und dieselben allweg büetzen (flicken) lassen. Item sollen sie ihm Wißbrod von Luzern oder Zug gnug geben. Item wegen ihm auch acht Hüner halten. Item ihn mit Ziger, Käs, Briden u. s. f. versehen, daß es anständig ist, auch ihm einen eigenen Abwart halten. So oft das Convent communicirt, soll man ihm eine Maas Wein geben oder das Geld dafür und soll ihm nichts abgebrochen werden, es sey theuer oder wohlfeil, Krieg oder Frieden.“

Steinerberg, Pfarrdorf im Bezirke Schwyz. Diese Pfarre zählt 50 zerstreute Häuser und 382 Seelen. Bis 1648 war hier nur eine Kapelle, worin das Bildniß der heiligen Anna verehrt wird, das zur Zeit der Bilderstürmerei in den Niederlanden von andächtigen Frauen hieher gebracht worden seyn soll. Dahin geschehen häufige Wallfahrten. In der Kirche befindet sich eine Orgel. Neben der Kirche ist ein Beinhaus.

An vielen Stellen dieser Gemeinde zeigen sich unverkennbare Spuren eines frühern Bergsturzes.

T.

Tellskapelle, Seite 281.

Tschütschi, Seite 319.

Tuggen, Pfarrdorf im Bezirke March, am Fuße eines Berges, empfiehlt sich durch seine Lage ganz besonders. Es wird von 851 Seelen bewohnt und zählt 108 Häuser. Tuggen ist in der Kirchengeschichte bekannt, weil Columban und Gallus, als sie im Anfange des siebenten Jahrhunderts nach Helvetien kamen, hier die Bekehrung der heidnischen Einwohner versuchten. Nicht eingedenk des sanften Verfahrens der Apostel, stürzten sie in ihrem Eifer die Götzenbilder um und warfen sie ins Wasser. Die erzürnten Einwohner züchtigten Columban mit Ruthen. Er ging nach Italien; Gallus hingegen ließ sich in der Wildniß nieder, wo jetzt St. Gallen steht. Ein bei Muratori in den Antiquitatibus Italicis medii aevi angeführtes Document vom Jahr 880 nennt die March Marcha Tuccuniae und den dortigen Besitzer Graf Ato. Einen Beweis, wie entfernte berühmte Gelehrte sich über Ortsverhältnisse leicht täuschen können, findet man darin, daß Muratori in Tucconia Toggenburg, Mabillon Zug zu entdecken glaubte. Tuggen gehörte den Grafen von Rapperswyl, fiel aber nach der Schlacht bei Grynau 1337 an die Grafen von Toggenburg. Die Burg, welche in Müllinen stand, wurde 1386 von den Zürchern und Luzernern zerstört. Jetzt umgeben die dortige Kapelle einige Häuser. Als Grynau an die Grafen von Toggenburg gekommen war, machten die Grafen von Homberg-Habsburg, als Erben von Rapperswyl, Ansprüche an das Schloß. Die Streitigkeiten dauerten lange, und die Schlacht bei Grynau 1337, in welchen die zuerst besiegten Zürcher nachher den Sieg wieder errangen, machten denselben ein Ende. So lange der Stamm der toggenburgischen Grafen blühte, blieben sie im Besitze des Schlosses Grynau. Nach dem Tode des letzten Grafen Friederich (Seite 22) fiel Grynau an Schwyz, welches einen Schloßvogt dahin setzte und den Zoll bezog. Bei dem Schlosse befindet sich eine Kapelle. Oberher Grynau ist an der Linth eine große Allmeinde, Linthport genannt, die vor der Linthcorrection bei hohem Wasser oft ganz überschwemmt war. Auf derselben stehen einige Häuser und eine Kapelle. Ein Wunder soll die Erbauung der letztern veranlaßt haben. Anna Gruber von Appenzell, eine lahme Person, sey, durch ihre Sehnsucht zu einer Wallfahrt nach Einsiedeln angetrieben, aus dem Spital in Utznach auf Händen und Füßen bis an diese Stelle gekrochen, ein ansehnlicher Mann habe hier ihre Füße berührt und sie im Namen Gottes aufstehen geheißen. Sogleich habe sie dieß gethan, mit Leichtigkeit ihre Wallfahrt vollendet und nachher ihre Tage im Kloster auf der Au im Rufe der Heiligkeit beschlossen.

U.

Unterschönenbuch, Seite 316.

V.

Vorderwäggithal, Seite 325.

W.

Waag, Seite 277.

Wäggithal, ein von Nord-Nord-Ost gegen Süd-Süd-West sich erstreckendes Hochalpenthal im Bezirke March. Bei Galgenen wendet man sich rechts von der Straße nach Glarus auf einen Saum- oder Fußweg, steigt ziemlich steil eine halbe Stunde lang an dem sogenannten Stalden hinan und genießt zuweilen der schönsten Rückblicke auf die weit ausgedehnte belebte Thal- und Seefläche, sowie auf die schönen gegenüberliegenden Gestade und die Gebirge der Hörnlikette. Nach dem Eintritte ins Thal geht der meistens mit Knüppeln belegte Weg (Prügelweg) ziemlich horizontal am Felsenabhange fort. Die Aa hat man in einer rauhen, tiefen Schlucht zur Linken. Bis zur Kirche im vordern Dorfe Wäggithal, deren Patronin die heilige Elisabetha ist, sind ungefähr zwei Stunden. Dieses Dorf hat 584 Einwohner, 87 Häuser und liegt in einem grünen Thalgrunde, an dem östlichen von der Aa bewässerten Fuße des großen Auberig, der sich hier mit seinen steilen Felswänden sehr imposant darstellt. Einer alten Sage zufolge soll am Fuße dieses Berges ein Dorf gestanden haben, welches wie Goldau durch einen Felsenbruch seinen Untergang fand. Einen solchen scheinen die vielen zerstreuten Felsblöcke anzudeuten. Jetzt noch nennt man ein dortiges Gut die Kilchblatte, ein anderes Müllsbühl. Die Entfernung von der Kirche im vordern Wäggithale bis zu derjenigen im hintern Wäggithale ist ungefähr eine Stunde. Auf beiden Seiten der Aa sind Wege vorhanden. Derjenige rechts führt über eine kleine Anhöhe und heißt der Sommerweg; der linkseitige oder Winterweg zieht sich ganz dem Flusse entlang hin, führt zuerst durch einen engen Thaleinschnitt etwas ansteigend zwischen dem großen Auberig und seiner östlichen Fortsetzung hindurch und nach einer halben Stunde in den weiten Grund des Hinterwäggithales, der viel größer ist als der des Vorderthales. Der große Aubrig oder die Scheidewand zwischen beiden Thälern bleibt im Rücken und in dieser obgleich noch nicht beträchtlichen Höhe ist man beinahe ganz von Alpengelände umgeben. Sehr schön ist das Grün der üppigen Weiden. Der beinahe zwei Stunden lange und an einigen Stellen fast eine halbe Stunde breite, flache Grund des Hinterwäggithales ist von hohen Kalkgebirgen eingeschlossen, die nicht weit hinauf mit Wald und höher mit fruchtbaren Alpen besetzt sind. Ihre höchsten Gipfel und Kuppen sind meistens kahle, schroffe Felsen, deren herabfallendes Gerölle mehr und minder bewachsene Schutthalden bildet. Die höchsten, von dem Thale aus sichtbaren Gebirgsstöcke sind östlich die Bockshorner und der Scheinberg oder Hochfläschen, etwas mehr südlich der Zündli- oder Zünglispitz. Südlich, den Hintergrund des Wäggithales gleichsam schließend, erhebt sich der Redertenstock, die höchste dieser Bergspitzen. Auf der Westseite, dem Redertenstock gegenüber, steigt der Fluhberig empor. Die Gebirgsumkränzung schließen nörd-

14 **

14**

lich die beiden Auberig und geben dem Thale die Gestalt eines
tiefen Gebirgskessels, dessen Wände 2000 bis 5000 Fuß ansteigen. — Seit undenklichen Zeiten soll die Gemeine Hinterthal
bewohnt gewesen seyn. Alte Ueberlieferungen sagen: Einst
habe von dem Landungsplätze bei Nuolen ein gebrauchter Weg
durch das Waggi- und Muotathal nach Uri und Italien geführt. Nach einer andern Sage soll an dem Pfade nach Näfels auf Schwarzenegg ein Wirthshaus gewesen seyn. Die
erste Kirche wurde für beide Abtheilungen im Hinterthale gebaut und 1364 eingeweiht; allein wegen des beschwerlichen Weges, insbesondere im Winter, und der örtlichen Lage selbst, erbaute man im Jahre 1778 eine eigene Kirche und trennte sich
den 22. October 1785 ganz von der Mutterkirche. Noch jetzt
sind Zeugnisse vorhanden, daß das Thal zum Kirchspiel Tuggen
gehörte. Die Kirchenpatroninnen sind Maria Magdalena und
Katharina; vornämlich aber wird im Juli das Fest der erstern
gefeiert. Die Sennen bilden eine Brüderschaft, die jährlich am
zweiten Sonntage im September ihr Fest feiert. Nach vollendetem Gottesdienste versammeln sich die muntern Hirten außerhalb des Kirchhofes und ziehen, von Mädchen begleitet, unter
Violinspiel paarweise ins Wirthshaus. Jeder schwingt noch
vor dem Mittagsmale kunstfertig die Sennenfahne; man macht
sich schäkernd Mittheilungen, die Stoff zu Idyllen verschaffen
könnten, bis die ersehnte Stunde da ist, wo die Reigen beginnen. Je im zweiten Jahre wird ein Sennenhauptmann
und ein Sennenfähnderich gewählt. Die Gemeine zählt 255
Seelen und 40 Wohnungen, die wie im Vorderthale sehr zerstreut sind. Das Hinterthal ist bei weitem nicht so wild, wie
es im Rufe steht. Kartoffeln, Rüben, Gerste, Korn, Hanf
und Flachs gedeihen ganz gut. Kirschbäume sind nicht selten.
Man trifft sogar beim Pfarrhause noch einen Birnbaum an,
der schöne Früchte trägt. In Hinterwäggithal ist ein Wirthshaus; allein der anständige Reisende thut besser, wenn er im
Pfarrhause ankehrt. In dem Pfarrer Jakob Anton Knobel
findet er einen sehr gefälligen Mann. Das Wäggithal ist von
Wichtigkeit für die ganze March, weil seine fetten Weiden und
Alpen allein während des Sommers mehr Vieh ernähren, als
das tiefere Land nicht vermögend wäre. Eine bessere Straße
dahin wäre sehr zu wünschen.

Wangen, Pfarrdorf, im Bezirke March, am Fuße eines
mit Weinbergen gekrönten Hügels. Es hat 1041 Einwohner
und 125 Häuser. Wangen gehörte im zehnten Jahrhundert
zur Pfarre Aufenau. Heinrich III., Bischof von Constanz, vorher Abt zu Einsiedeln, verleibte (incorporirte) die Pfarre dem
Kloster Einsiedeln ein, wie dies in jenen Zeiten häufig geschah,
um die Einkünfte der Klöster zu vermehren; allein da die Pfarrgeschäfte dadurch sehr vernachläßigt wurden und das Kloster
den Wünschen der Einwohner nicht entsprach, wandten sich dieselben an Schwyz und erhielten wieder einen eigenen Pfarrer.
Die Kirche ist den heiligen Gallus und Columban geweiht.
Neben derselben befindet sich ein Beinhaus.

Weilen, Seite 269.
Weilen, Seite 280.

Wollerau, der Bezirk, grenzt an den Kanton Zürich und an die Bezirke Pfaffikon und Einsiedeln. Seine zwei Pfarrgemeinen Wollerau und Feusisberg zählen 227 Häuser, die von 2060 Menschen bewohnt werden, welche sich mit Vieh- zucht und Feldbau beschäftigen, einige auch mit Manufaktur- arbeiten. Es giebt vier Getreidemühlen: die Löli-, Ober-, Un- ter- und Bächmühle. Bei jeder befindet sich eine Sägemühle; außerdem sind noch eine in der Harte, eine an der Schindellege und eine Lattensäge bei Bäch.

Wollerau, Pfarrdorf, im gleichnamigen Bezirke. Es hat 110 Häuser und 960 Einwohner. Der sogenannte Hafen ist durch den Mühlebach von dem eigentlichen Kanton Zürich geschieden; allein die dortigen Gebäude werden als eine un- mittelbare Fortsetzung des Dorfes Richtensweil angesehen. Diese Strecke Landes steht in besondern Territorialverhältnissen, wel- che im Jahr 1470 zwischen Zürich und Schwyz von den sechs übrigen alten Orten durch den sogeheißenen Hafenbrief festge- stellt wurden. Sie hat einen Flächenraum von ungefähr 130 Jucharten, welche theils Gemeindegut von Richtensweil sind, theils Partikularen gehören. Die drei Häuser und mehrere Scheunen sind Eigenthum von Bürgern in Richtensweil. In kirchlichen und Schulverhältnissen haben die Hafenbewohner, so- wie in Ausübung politischer Rechte von jeher zu Richtensweil gehört, ebenso die Notariatssachen, die Execution im Schulden- wesen, die Brandversicherung u. s. f. Die Straße bis nahe an Wollerau wurde von der Gemeinde Richtensweil angelegt. In der Nähe des Dorfes Richtensweil zwischen den Brücken und Straßen, welche die Kantone Schwyz und Zürich verbinden, befinden sich in schöner Umgebung das Wohnhaus und die übrigen Gebäude des Herrn Doctor, Bezirksarzt und Kantons- rath Schmid von Richtensweil, der sich in neuester Zeit für die Aufnahme von Gemüthskranken, so wie für Patienten, die Kuhstallluftkuren, trockene und nasse Dampf- und jede andere Art künstlicher Bäder bedürfen, auf das zweckmäßigste einge- richtet hat.

Perfonen-Regifter.

Verbesserungen.

S. 21 Zeile 17 von oben statt Balb lies Bald.
„ 24 „ 19 „ unten statt Ufenau lies Aufenau.
„ 34 „ 23 „ unten statt Bettschart lies Betschart.
„ 44 „ 9 „ oben statt hier auf lies hierauf.
„ 48 „ 13 „ oben statt Maur lies Mauer.
„ 65 „ 26 „ unten statt hinter auch füge bei: nahe.
„ 67 „ 5 „ oben statt Roßalp lies Roßberg.
„ 73 „ 13 „ oben statt Yberg lies Iberg.
„ 87 „ 20 „ unten statt Pfeissikon lies Pfäffikon.
„ 101 „ 2 „ oben statt Tschümperlin lies Tschümperli.
„ 102 „ 2 „ unten statt diesem lies der.
„ 103 „ 19 „ unten statt Niewasserviert lies Niederwasserviert.
„ 113 „ 26 „ unten hinter Genossame füge bei . . .
„ 135 „ 15 „ oben statt verdrängt, so lies verdrängt. So.
„ 144 „ 3 „ oben statt figlios milaneli lies figlioli milanesi.
„ 146 „ 14 „ unten statt Ques lies Onus.
„ 146 „ 9 „ unten statt müne Frinde lies mine Fründe.
„ 146 „ 3 „ unten statt hümmer lies hämmer.
„ 159 „ 6 „ unten statt Ts. lies Fol.
„ 164 „ 18 „ oben hinter Eidgenossen füge bei "
„ 164 „ 22 „ oben statt Protonatorus lies Protonotarius.
„ 166 „ 17 „ oben hinter 1833 füge bei „, hinter Glauben fällt " weg.
„ 166 „ 8 „ unten hinter 1835 füge bei „
„ 166 „ 7 „ unten hinter Hoffen füge bei ,
„ 169 „ 25 „ oben „ vor werde fällt weg.
„ 169 „ 26 „ oben hinter kommen füge bei "
„ 169 „ 10 „ unten statt Mosaik-Scenen lies Mosaik Scenen.
„ 186 „ 20 „ oben statt Miteingenossen lies Miteidgenossen.
„ 208 „ 3 „ oben vor Eine füge bei „
„ 210 „ 21 „ oben statt gerodneten lies gerodeten.
„ 214 „ 19 „ oben statt 1883 lies 1833.
„ 223 „ 26 „ unten statt Brui lies Bruhi.

S. 232 Zeile 5 von oben statt kneeworn lies knie-worn.
„ 263 „ 2 „ oben statt 31 lies 30.
„ 265 „ 7 „ unten statt haltend haltind.
„ 285 „ 13 „ unten statt Maur lies Mauer.
„ 286 „ 22 „ unten statt 282 lies 281.
„ 294 „ 13 „ oben statt in lies während.
„ 295 „ 2 „ oben statt 4½ und 4 lies 4 und 3½.
„ 309 „ 19 „ oben statt Napoli lies Neapoli.

9 781333 158491